本书由信托金融理论研究公益目的信托项目
提供资金支持

信托金融理论研究公益目的信托项目由中国信托业协会发起，于2016年7月设立，旨在为信托行业的金融理论研究等活动提供资金支持，进一步推动信托知识宣传普及教育，百瑞信托担任受托人。

截至2021年上半年，委托人包括行业内28家信托公司和其他机构（按拼音首字母排序）：

百瑞信托、渤海信托、财信信托、长安信托、大业信托、东莞信托、国投泰康信托、国元信托、华融信托、华鑫信托、吉林信托、江苏信托、交银国际信托、锦天城律师事务所、昆仑信托、陕国投、上海信托、四川信托、苏州信托、天津信托、外贸信托、西部信托、英大信托、中国信托业协会、中航信托、中泰信托、中铁信托、中信信托。

感谢以上单位对中国信托金融理论研究作出的积极贡献！

信托金融理论研究丛书

主　编：漆艰明
副主编：姚江涛　王增业　蔡概还　李宪明　苏小军

TRUST FINANCE

信托金融学

（上册）

翟立宏　等　｜　编著

中国金融出版社

责任编辑：李 融 李林子
责任校对：潘 洁
责任印制：张也男

图书在版编目（CIP）数据

信托金融学/翟立宏等编著 .—北京：中国金融出版社，2021.6
（信托金融理论研究丛书）
ISBN 978 – 7 – 5220 – 1185 – 1

Ⅰ.①信… Ⅱ.①翟… Ⅲ.①金融信托 Ⅳ.①F830.8

中国版本图书馆 CIP 数据核字（2021）第 100010 号

信托金融学
XINTUO JINRONGXUE

出版
发行　中国金融出版社

社址　北京市丰台区益泽路 2 号
市场开发部　（010）66024766，63805472，63439533（传真）
网 上 书 店　www.cfph.cn
　　　　　　（010）66024766，63372837（传真）
读者服务部　（010）66070833，62568380
邮编　100071
经销　新华书店
印刷　北京市松源印刷有限公司
尺寸　185 毫米 × 260 毫米
印张　47
字数　637 千
版次　2021 年 8 月第 1 版
印次　2021 年 8 月第 1 次印刷
定价　188.00 元
ISBN 978 – 7 – 5220 – 1185 – 1
如出现印装错误本社负责调换　联系电话（010）63263947

丛书编委会

主　　　编：漆艰明
副 主 编：姚江涛　王增业　蔡概还
　　　　　　李宪明　苏小军
编委会成员：袁　田　矫德峰　梁光勇
　　　　　　陈　进　薛　晴

丛书总序

欣闻"信托金融理论研究丛书"出版,特致祝贺。

在西方发达国家,信托业已经发展成为现代金融业的重要组成部分,与银行、保险、证券一起并称为金融四大支柱。境外实践证明,信托已日益成为一项重要的财产管理制度安排。从应用范围来看,信托在社会生活的各个方面都有涉足,从家庭财产的管理、各种基金、投资融资、商事活动、公益事业、社会保障乃至国际合作开发的重大工程项目,都可以利用信托的组织形式。

在我国,自1979年新中国第一家信托投资公司成立以来,信托业作为改革开放的重要标志和窗口,跌宕起伏,风雨兼程,也已走过近40年的改革与发展历程,取得了令人瞩目的成绩。截至2017年底,信托行业管理的资产规模超过26万亿元,已经成为我国现代金融体系的重要组成部分,在丰富我国金融市场和支持国家经济社会发展方面发挥着重要作用。

然而,信托制度在我国社会经济生活中的认知普及和作用影响还远未达到其应有的广度;信托行业在构建现代金融体系和多层次资本市场这一蓝图大略中的基础定位还未被提升至其应有的高度;信托公司在优化内部治理、重塑商业模式、提升营运效率、拓展业务空间、回归信托本源等方面也还未发挥其应有的力度,也未达到其应有的深度。造成我国信托业发展存在诸多不足和问题的重要原因之一，就是与其他金融子行业相比，信托的金融理论基础相对薄弱，与信托在金融体系中的地位并不匹配。

现代金融领域的理论研究和实践探索从来都是相伴相生、相辅相成的。从现代金融行业在世界各国的发展历史来看，每一个金融子行业的产生、发展与壮大都离不开理论研究的支持辅佐，信托业的发展自然也不例外。中国的信托行业是在金融体系结构变迁与理财市场演进发展的进程中应运而生的，是中国资产管理和财富管理领域当之无愧的探路者和先行者。在全行业面临经营转型、战略调整与整体提升的关键时期，我国信托业亟须加强金融理论研究，强化理论自信。

在这种背景下，"信托金融理论研究丛书"的编写和出版恰逢其时，是信托行业盼望已久的一件有意义的事。信托兼具法律属性和金融属性，目前国内信托理论研究多围绕信托的法律属性展开，基于金融属性的理论研究成果相对较少，同时也比较片面和分散，尚未形成完整、系统的理论体系。因此，有必要借鉴国外信托金融研究的前沿思想精髓，探索搭建中国的信托金融理论体系。丛书通过翻译国外经典信托金融理论专著、论文，可以帮助我国信托业更好地开拓国际视野和关注理论前沿，为信托业转型发展提供重要的理论支持。

"博学之，审问之，慎思之，明辨之，笃行之。"伴随中国特色社会主义进入新时代，信托业的发展也迎来新机遇，知识理论的更新更是一日千里，衷心希望"信托金融理论研究丛书"对所有从事和关心信托业的读者有所启发，对信托公司树立世界眼光和回归业务本源有所帮助，对中国信托业的持续稳定发展有所贡献。

漆艰明
中国信托业协会党委书记、专职常务副会长
2018 年 6 月

目 录

行业基础篇

导论：金融体系结构变迁中的信托与信托金融学 / 3
    一、信托金融在现代金融体系中有其独特性吗？/ 3
    二、信托金融学的学科定位和框架体系 / 8

第一章　信托金融学的概念范畴、理论基础与研究框架 / 13
  第一节　信托的金融学界定 / 14
    一、金融定义的两个视角 / 14
    二、信托金融行为与信托金融子系统 / 15
  第二节　信托的金融属性分析 / 17
    一、信托金融属性的一般性——基于系统功能的分析 / 17
    二、信托金融属性的特殊性——基于行为特征的分析 / 24
  第三节　信托金融学的理论基础和研究框架 / 32
    一、信托与现代金融投资理论和实践的结合 / 32
    二、一个基于现代金融理论体系的信托金融研究框架构想 / 34
  第四节　信托金融学研究的主要领域和方向 / 36
    一、微观层面 / 36

二、中观层面 / 37

三、宏观层面 / 39

第二章 信任、信用与信托文化 / 42

第一节 信任、信用与信托金融 / 43

一、信任与信用 / 43

二、金融行业中的信用 / 53

第二节 信托金融的特征：信任基础与信义关系 / 59

一、信托金融中信任的含义与意义 / 59

二、信义关系及其制度基础 / 61

三、信托与其他信用形式的比较 / 64

第三节 信义义务的法经济学分析与技术标准 / 70

一、忠实义务的分析 / 71

二、注意义务的分析 / 76

三、信义义务的金融技术标准 / 80

第四节 信义关系与信托文化 / 83

一、文化、金融文化与信托文化 / 83

二、信托文化建设的目标与路径 / 92

第三章 金融体系中的信托：沿革与发展 / 104

第一节 全球金融体系的结构变迁 / 104

一、金融结构理论 / 105

二、金融结构测度的指标体系 / 108

三、全球金融结构的演变 / 111

第二节 英国的金融体系与信托金融 / 118

一、20世纪60年代末至21世纪初 / 118

二、21世纪初至2006年次贷危机前夕 / 123

三、2007年次贷危机至今 / 131

第三节 美国的金融体系与信托金融 / 137

一、第二次世界大战后至 20 世纪 70 年代初 / 137

二、20 世纪 70 年代中期至 20 世纪 90 年代末 / 143

三、21 世纪初至 2006 年次贷危机前夕 / 148

四、2007 年次贷危机至今 / 160

第四节 日本的金融体系与信托金融 / 167

一、20 世纪 80 年代至 2006 年次贷危机前夕 / 167

二、2007 年次贷危机至今 / 179

第五节 我国的金融体系与信托金融 / 185

一、2000 年至 2006 年次贷危机前夕 / 185

二、2007 年次贷危机至今 / 191

第六节 小结与展望 / 199

一、全球金融体系的发展与展望 / 199

二、信托金融体系的发展与展望 / 204

第四章 信托金融的规制与监管 / 209

第一节 信托业的规制与监管概述 / 210

一、规制与监管的含义 / 210

二、信托金融监管的理论基础 / 211

三、信托金融监管的目标 / 213

第二节 信托金融的市场准入与退出监管 / 215

一、监管主体 / 215

二、市场准入监管 / 216

三、市场退出监管 / 223

第三节 信托金融的日常审慎监管 / 224

一、监管内容 / 224

二、监管方式 / 228

三、监管结果评价 / 238

第四节 信托金融的稳定机制 / 241

一、行业自律机制 / 241

二、市场约束机制 / 246

　　三、安全保障机制 / 249

第五节　信托金融监管的未来走向 / 252

　　一、信托金融的宏观审慎监管 / 254

　　二、信托金融的行为监管 / 264

　　三、信托金融的功能监管 / 270

第五章　信托金融与实体经济 / 274

第一节　信托业影响实体经济发展的宏观机理分析 / 275

　　一、信托业影响实体经济发展的金融逻辑分析 / 275

　　二、信托业影响实体经济发展的经济属性分析 / 299

第二节　信托业影响实体经济发展的历史经验分析 / 305

　　一、数据和变量 / 306

　　二、信托融资规模的构建 / 308

　　三、实证结果和分析 / 309

第三节　本章总结 / 330

—— 行业基础篇

Trust

导 论

金融体系结构变迁中的信托与信托金融学

信托金融学是以金融体系中的信托子系统为研究对象，主要运用金融学科的理论体系和工具方法，研究信托的金融特征、金融规律和金融功能的一门学科。作为一门新兴且正在构建中的探索性学科，我们需要在基础层面上梳理两个问题。第一，现代金融体系的结构在发生怎样的变化？这其中信托金融有其相对独立的运行机制和表现方式吗？第二，信托金融学的学科基础和特征定位是怎样的？在此定位下其理论框架和内容体系该如何搭建？本书的导论部分尝试对这两个层面的问题做简要回答。

一、信托金融在现代金融体系中有其独特性吗？

现代金融体系的结构应该是怎样的？遵循什么样的演化路径？人们对这些问题的认识就像金融体系本身一样也是在不断演化的。20世纪80年代，采用经典金融结构理论与内生增长理论相结合所形成的二分法，人们习惯将金融体系分为银行主导型金融体系（间接金融体系）与市场主导型金融体系（直接金融体系），并对这两种金融体系结构的优劣进行了大量研究，总体的结论似乎认为后者在理论上要更优于前者，金融体系演进的目标和方向应该是直接金融逐渐取代间接金融成为主导型的金融机制，但后来的进一步研究却发现事实远非如此。例如，艾伦和盖尔对美国、英国、法国、德国、日本等主要发达国家金融体系的异同和演进进行了深入研究，发现各个国家金融系统市场与机构关系演进路径和结果差异非常大，但在金融效率实现上并无明显的优劣之分。[①] 米什金和埃金斯基于1970—2000年间美国、德国、日本和加拿大的数据，梳理了各国金融结构的一些基本事实，包括股票不是工商企业最重要的外部融资来源；发行可交易的债券和权益证券不是工商企业为其经营活动融资的主要方式；间接融资的重要性远远大于直接融资；金融中介机构（尤其是银行）是工商企业最重要的外部融资来源；等等。[②] 近年来尤其是2007—2008年国际金融危机之后，各国的金融结构数据和相关研究也大多支持这些观点，同时还凸显出一些新的趋势。例如，尽管银行在整个金融产业体系中依然具有最高的重要性，但其重要性却逐年下降，与此同时，各类非银行金融机构在整个金融产业体系中的重要性正逐步上升。这其中最引人关注的就是以资产管理和财富管理为主业的各类金融机构，近年来相对于传统金融行业，其规模、形式和作用范围都在迅速扩张和变化。更为重要的是，这一金融行业在全球各主要国家和地区尽管在业态模式上风格各异，在服务内容上丰富多彩，但其内在运行机制却较为接近，并且越来越表现出与传统间接金融和直接金融完全不同的系统性特征。鉴于各国在实践中对这一类型的金融活动通常要么以明确的信托法律作为其制度基础，要么以隐含的

[①] 艾伦，D. 盖尔. 比较金融系统[M]. 王晋斌，等，译. 北京：中国人民大学出版社，2002.

[②] 弗雷德里克·S. 米什金，斯坦利·G. 埃金斯. 金融市场与金融机构[M]. 8版. 杜惠芬，译. 北京：中国人民大学出版社，2017.

信义关系架构其交易结构，而信托无疑是信义关系的渊源和典范，本书就将金融体系中的这一子系统命名为信托金融系统，以突出强调其由信托法律基础和契约关系所决定的金融交易结构的独特性，进而分析其具有怎样的运行机制和行业特征。

第一，信托金融系统与间接金融和直接金融的市场交易结构不同。间接金融是由金融中介机构通过向社会经济中的盈余方发行负债凭证形成资金来源，再将该资金以借贷或投资的方式运用于社会经济中的赤字方，由此在盈余方和赤字方之间形成间接的金融关系。直接金融是由盈余方直接购买或投资于赤字方自己发行的债券或股票信用凭证，由此在盈余方和赤字方之间形成直接的金融关系，金融机构在其中并未发行自己的信用凭证，但可以提供与证券发行与交易相关的各种服务。而在信托金融系统中，信托机构可以通过发行信托产品来筹集资金，再将所筹资金以各种方式运用出去。从信托机构可以发行信托产品这种自己的信用凭证来看，其更像间接金融；但从信托机构并不承担所筹资金投资运用出去的实质风险来看，其更像直接金融。因此这是一种不同于间接金融和直接金融的新的金融交易结构。而造成交易结构不同的关键因素是其核心法律关系与契约形式，在间接金融和直接金融体系中，市场交易最基础的契约形式是债和股，这就决定了其与信托金融系统有着完全不同的市场结构、运行机制和收益风险特征。

第二，信托金融系统与间接金融和直接金融的风险机制不同。风险机制是金融系统不同于其他市场系统的最重要的机制，其建基于金融契约和交易结构，核心是风险交易与分担机制，作用效果直接体现在金融交易的估值定价与市场主体的行为特征中。在间接金融中，金融中介机构要承担金融系统大部分风险，包括信用风险、市场风险、流动性风险、操作风险、法律风险、合规风险、声誉风险等，而作为金融机构资金来源方的盈余者基本上只承担金融中介机构的信用风险，金融机构资金运用方的赤字者基本只考虑自身的经营风险和财务风险。在直接金融中，金融机构只承担与提供中介服务相关的操作风险、法律风险、合规风险、声誉风险等,而盈余方和赤字方要各自承担金融交易中最重要的基本风险如信用风险、市场风险、流动性风险和财务风险。在信托金融中,作为投资者的盈余方和作为融资者的赤字方固然要承担与基础金融交易所对应的信用风险、市场风险、流动性风险和财务风险,而作为金融中介的信托机构也要承担由信托规制所界定和规范的信义义务的责任和风险,这种风险本质上是一种受托管理责任的风险。由于受托管理责任本身就要求管理与信托资产相关的投融资活动中的各类风险,因此信托机构经营管理的风险来源几乎涵盖了金融系统中的所有风险,但这些风险对信托机构的影响机制、重要性排序和程度与银行、保险、券商等金融机构大不相同。因此,信托金融系统这种独特的风险分担机制被称为"卖者尽责,买者自负"。

第三,信托金融系统与间接金融和直接金融的定价机制不同。定价是所有市场系统最基本的一个功能,因而定价机制是区分不同市场系统最重要的一个机制。金融系统在运行中实际上包括两套定价机制,一个是资金资产的定价机制(包含时间价值和风险定价),另一个是作为金融中介的服务定价机制①。这两套定价机制是相互关联相互影响的,关联点和影响因素主要是风险分担机制以及与信息生产相关的交易成本。直接金融中,金融机构几乎不承担任何实质性金融风险,由所有市场主体基于金融市场和所交易证券的公开信息进行公开定价和集合竞价,市场主体承担风险成本和信息成本,金融机构所提供的服务定价主要基于信息加工和服务成本。间接金融中,金融机构承担了金融交易中的大部分风险,主要由金融中介机构基于私有信息生产加工进行非公开定价和协议定价,金融机构所提供产品中同时包含了风险定价和服务定价。而在信托金融中,如前所述,信托中介机构的风险承担和服务内容与直接金融机构和间接金融机构

---

① 金融体系中市场交易的对象本应是同质化的资金和资产,但现实中的金融资产具有非标准化特征,需要信息生产和服务来解决,从而使现实中由金融中介组织的市场交易对象具有了资产和服务的双重特点,因此定价机制不仅包括资金价格,也包括服务价格。

都不相同，在程度和数量上大体介于两类机构之间，因此信托金融系统的整体定价机制也有所不同，更能体现风险定价和服务定价的综合。但无论如何，风险分担方式、服务内容以及相应定价机制的多样化，都会促进整体金融系统更加高效。

第四，信托金融系统在客户需求、业态模式和监管导向等方面有其特殊性。这些方面的特殊性是由前述信托金融的契约基础、交易结构、运行机制的特征直接决定的，是一类金融机构日常运营方面最为关注的显性要素。在客户需求方面，信托机构客户群体最主要的是资产管理和财富管理的相关需求，而与融资相关的需求则集中在私募投行、资产证券化、夹层融资等方面。除此之外，还有大量基于信托独特制度功能和交易结构特征的事务管理类的服务需求。在业态模式方面，信托机构的业务范围具有综合性跨领域的特点，而经营主体具有专营和兼营相结合的特点，这就使信托机构内部的组织运营、经营管理与其他金融机构有很大差别，整个行业的竞合机制和格局都与传统金融行业有所不同。在规制监管方面，信托金融的发展壮大使金融业中分业与混业的界限更为模糊，直接金融与间接金融的融合更为深入，因而分业监管与统一监管相结合、机构监管与功能监管相结合、微观审慎监管与宏观审慎监管相结合的要求就更为迫切。同时，基于信托契约的高度不完备性和信义关系对受托人的强约束特征，信托金融的监管导向更须加强行为监管。

综上所述，信托金融从契约基础、交易结构、运行机制来看与直接金融和间接金融这两类金融渠道都不相同，从客户基础、业态模式和监管导向来看与银行业、保险业、证券业等主要金融行业都有明显区分，其在现代金融体系中作为一个子系统而存在的独特性是毋庸置疑的。信托金融子系统的独特性决定了尝试建设信托金融学的必要性。这就需要进一步探讨信托金融学的学科特征与定位以及理论框架和内容体系应如何搭建。

二、信托金融学的学科定位和框架体系

信托金融学的学科定位首先是其在整个学科分类中的定位问题。就像其研究对象的特征一样,信托金融学的学科基础本身也是综合性跨领域的,其至少涵盖或涉及应用经济学、管理学、法学等一级学科及其下相关二级学科。为了与现有的学科划分口径保持一致,也为了能系统高效地嫁接和使用现有金融学科的理论体系和工具方法,我们还是将信托金融学的学科基础定位于金融学这一应用经济学下的二级学科,并将其和商业银行学、保险(机构)学、投资银行学一样归属于金融中介学的范畴。

金融中介学近年来最重要的研究进展之一就在于金融市场和金融机构的融合研究。20世纪90年代,默顿和博迪创建的金融功能分析框架迅速崛起,与演进中的最优金融结构理论相结合,成为评判金融体系效率和引导金融结构优化的主流思想和理论工具。这一理论认为,金融体系应该具备的功能是稳定的,但实现这一功能的工具、机构及其相互关系却可能是多元的、多层的,也是多变的。直接金融和间接金融不是替代关系而是互补关系,各国金融体系的演进和选择有很多影响因素,即使最终目标是提高直接金融的占比,也可能有很多不同的路径和方式。很显然,这样的理论思想和前述各国金融实践中呈现出的基本事实,再要用传统的直接金融和间接金融的二分法已无法清晰表述和完整涵盖,因此需要在金融功能理论框架下对传统的金融结构理论,尤其是对二分法进行扩展和重构,引入新的维度,增加新的子系统。信托金融学的概念范畴和分析框架就是在这方面的尝试。

特别需要说明的是,本书将介于直接金融和间接金融之间的金融子系统命名为信托金融系统,旨在强调该系统的核心法律关系和契约基础,这建基于我们对金融体系要素和金融体系结构的思考。我们认为传统的金融结构理论着重从金融机构、金融市场、金融工具的角度划分金融体系是不够的,还应该增加从法律关系和契约形式划分的维度,不同法律契约所对

应的权利义务关系可以为揭示和刻画金融交易中的收益风险特征提供一个新的视角和一套不同学科体系支持的理论工具和分析方法。金融体系中，相关交易的法律关系和契约形式除传统的债、股之外，还有信托、委托、有限合伙、买卖、行纪、居间等，之所以选择以"信托金融系统"为其命名，如前所述是因为这一新系统最基本的特征是基于信义信用关系和特殊目的载体（SPV）形成的独特交易结构和运行机制，这种独特性目前来看用信托法律关系概括最为适用。当然，考虑到在其他一些国家，信托法律制度和信托金融行业的内涵、外延、名称等还存在较大差别，似乎还应有更宽泛的名称来命名这一金融子系统。现有的资料中有一些关于管道金融（Conduit Financing）[①]的研究文献，管道金融的交易结构和运行机制与我们界定的信托金融非常相近，同时在语义上与直接金融和间接金融可比性更强，因此在未来的研究中我们也会使用这一概念。但考虑到本书的定位和视角，我们还是在金融市场机制层面将信托金融与间接金融和直接金融进行比较，在金融行业机构层面将信托机构与商业银行、保险公司、投资银行进行比较。这种比较研究的思路在本书很多章节的内容编排上都有体现。

除比较研究的思路外，本书还尝试搭建了一个包含微观、中观、宏观三个层面的信托金融学理论框架，并在每个层面梳理了可能的研究方向和最具理论意义和应用价值的研究问题。微观层面包括信托产品的创设运行、信托客户金融需求与行为特征、信托机构的经营管理三个研究方向，最具意义和价值的问题是信托的金融契约特征研究。中观层面包括对现代金融体系中整体信托行业的研究，以及基于信托视角的产业金融研究和区

[①] 投资百科（Investopedia）中将管道金融界定如下：管道金融是一种为私人公司、非营利组织和公共实体提供融资的方式，通过免税的市政债券为通常有利于公众的大型项目筹集资金。这些项目包括医院、机场、工业和住房项目、公共设施和学校。这些市政债券也被称为收入债券或管道债券。对于发行人来说，管道发行人不负责还款，担保债券的税收、费用或收入由管道发行人从借款人那里收取，然后支付给债券持有人，并且债券偿还的责任也归于借款机构。也就是说该发行人为政府实体提供了一个通道给借款人发布项目，撮合借贷双方。从该定义可以发现，管道金融是一类通过债券进行融资的方式，但其债券发行主体却不是实际的融资主体。

域金融研究，最具意义和价值的问题是金融体系结构变迁中的信托子系统功能研究。宏观层面的基础研究暂设两个方向，基于信托视角的社会融资规模研究和对信托系统的宏观审慎监管研究，最具意义与价值的问题是信托的宏观经济效应研究。应当说，这样的理论框架在某种程度上已经突破了目前金融中介学的学科定位和逻辑框架，之所以做这样的架构，一方面是为满足信托从业人员和相关学习研究者全面、深入了解信托金融系统的需求，另一方面是对金融中介学研究内容和研究范式的一种尝试性扩展和创新。当然，考虑到教程编写的特点和各类使用者的需求，本书的章节顺序并非完全按照理论研究的模块思路，而是主要遵循信托金融系统各构成要素之间的关系和信托金融行业的业务逻辑来编排。

本书主体部分包括十章，分为上、下两册。上册为行业基础篇，包括导论和第一章至第五章，主要从系统整体层面对信托金融学的概念范畴和基本要素进行构建、演绎与梳理；下册为机构管理篇，包括第六章至第十章，主要从信托公司层面对其经营管理中所涉及的金融理论与技术方法做系统的介绍、分析与阐述。全书十章内容大致如下。

第一章构建信托金融学的概念范畴，梳理其金融学科的理论逻辑和研究框架。首先，从金融学的角度对信托进行重新界定；其次，从金融系统和金融行为两个层面阐述和分析信托金融属性的一般性和特殊性；再次，基于现代金融理论的层级和工具体系，梳理信托金融学的理论逻辑和可用的金融理论工具；最后，尝试搭建一个信托金融学微观、中观、宏观三个层面八个方向的研究框架，并在其中列举了一些具有重要理论意义与实践价值的研究问题。

第二章从金融行为视角对信托金融中所涉及的信任基础、信用形式、信义关系和信托文化进行要素解构。首先，从信任与信用这一对社会经济领域的常用概念入手，对信托金融与其他形式的信用进行比较分析；其次，重点对信托金融的信任基础和信义关系做制度层面、经济学层面和金融技术层面的分析；最后，从文化与金融文化的基本定义入手，对信托文化的含义、意义、要素和表现进行分析，并针对信托文化建设提出相应的目标与路径设计。

第三章从金融体系视角考察信托金融的沿革与发展。首先，以金融结构理论为基础，梳理金融结构测度的指标体系，在此基础上对全球金融结构的演变趋势进行了系统性的描述分析；其次，以英国、美国、日本和中国为例，对不同时期金融体系结构的特点以及信托金融的发展历程进行阐述；最后，总结全球金融体系以及信托金融体系结构变迁的特点，对信托金融业未来的发展方向做了展望。

第四章介绍信托金融的规制与监管。首先对规制与监管的理论含义、信托金融监管的理论基础以及监管目标进行阐述，进而从市场准入监管、市场退出监管以及日常审慎监管三个方面对信托金融的监管进行介绍，在此基础上，进一步对信托金融的稳定机制进行阐述；最后着眼于信托金融监管未来走向，根据金融监管理论和各国金融监管实践的进展，重点介绍了信托金融的宏观审慎监管、行为监管与功能监管。

第五章从宏观层面分析信托金融与实体经济的关系，分为宏观机理分析和历史经验分析两部分。首先，从社会融资规模出发，系统地阐述金融支持实体经济的方式、渠道和口径，并基于现有社会融资规模统计口径的特点，分广义口径和狭义口径分别构建信托融资规模统计指标，再从需求端和供给端出发，分别基于总量视角和结构性视角讨论信托业支持实体经济的理论机理；其次，结合历史数据，对信托融资能否从总产出、固定资产投资、居民消费、公共财政支出、全要素生产率、融资公平等几个渠道支持实体经济以及力度如何进行实证验证，并与传统的间接融资和直接融资进行对比。

第六章对信托公司的经营管理做整体概述。首先，梳理和回顾了金融中介理论，对信托机构的存在提供经济学解释；其次，基于信托公司的金融机构性质和特征，对其业务组合、公司治理、体系流程、风险管理等做了全面的介绍和分析；再次，从金融机构的财务报表特征出发，介绍了信托公司财务报表的结构和分析思路；最后，结合金融机构经营绩效评价的理论方法，尝试构建了一个从外部对信托公司经营管理进行评价的指标体系。

第七章分析信托金融的市场需求和客户群体。首先，基于信托金融的功能，根据客户需求和目的的不同，将信托金融市场的目标客户分为以融资为目的的信托客户、以投资为目的的信托客户、以特定服务为目的的信托客户；其次，分别论述了三类信托客户的金融需求与行为特征，与银行客户、证券客户、保险客户等进行比较，为有效识别信托客户并对其进一步细分提供了思路和线索；最后，结合金融服务营销理论，论述了信托客户的营销与客户关系管理，包括战略性市场规划、营销服务流程、营销策略与战术、客户关系管理等。

第八章介绍信托公司的业务与产品。首先，将信托公司业务和产品与主要的金融业务和产品谱系进行概览性的比较；其次，基于不同口径和标准介绍了信托业务与产品的分类，并简要介绍了信托产品的设立、登记与流转；再次，结合金融产品的定价理论和估值方法，梳理了不同类别信托产品的定价估值思路；最后，结合理论工具和市场实践，尝试构建了一套从外部对信托产品进行评价的指标体系。

第九章介绍信托中的投资管理和资产配置。首先，从投资管理的理论知识出发，介绍以现代投资理论为主的基本理论与研究框架；其次，从资产配置的内涵与分类入手，详细介绍大类资产配置与细分资产配置的具体策略方法；再次，介绍信托标准化投资管理的流程及信托非标投资管理的流程；最后，分别介绍国外信托的资产配置，概述了英国、美国、日本的信托资产配置发展情况，并重点分析我国信托资产配置的发展方向。

第十章介绍信托业务中的风险管理。首先，按照风险种类的通常划分，并结合信托业务的特点对其风险来源进行梳理介绍；其次，按照风险识别、风险评估、风险决策、风险监测的金融风险管理流程对信托业务中的风险管控环节和相关技术方法逐一进行介绍与分析。

第一章

信托金融学的概念范畴、理论基础与研究框架

信托金融学是一门综合性跨领域的新兴学科，其学科基础至少涵盖或涉及经济学、管理学、法学等一级学科及其下相关二级学科。形成和发展一门新兴学科的基本前提和基础性工作包括明确其学科基础、构建其概念范畴、梳理其理论逻辑等。本章重点关注这些基础性工作，分为四节。第一节从金融学学科的角度对信托进行重新界定。第二节从金融系统和金融行为两个层面阐述和分析信托金融属性的一般性和特殊性。第三节基于现代金融理论的层级和工具体系，梳理信托金融学的理论逻辑和可用的金融理论工具。第四节将尝试搭建一个信托金融学微观、中观、宏观三个层面八个方向的研究框架，并在其中列举一些具有重要理论意义与实践价值的研究问题。

第一节　信托的金融学界定

"信托"一词，从词源上讲，具有相信而托付和信任委托的含义；从社会学角度讲，信托在早期多表现为一种道义行为，因之产生的利益冲突也多是以道德规范加以调整。随着信托在社会生活，尤其是在经济生活中越来越被广泛和频繁使用，因信托而产生的利益冲突也越来越多，随之产生了以专门法律制度对其调整的必要。随着规范信托关系和信托行为的法律规制在各国的产生和发展，"信托"一词越来越多地被作为一个规范的法律词汇来使用，信托的特点与功能也就更多地从法学视角以法律法务的语词体系来描述。而如果要研究信托的金融学特征及其在金融领域的功能作用，首先就需要对信托做一个金融学界定。

一、金融定义的两个视角

现代金融学科对金融的定义通常基于两个视角，一是行为视角，二是系统视角。行为视角的金融定义更多关注金融行为的内涵特征和外延形式，系统视角的金融定义更多关注金融系统的要素构成和功能作用。

代表性的定义如，罗伯特·默顿和兹维·博迪从金融学从属于经济学的学科特征出发，将金融定义为人们在不确定的环境中进行资源的时间配置的决策行为。[①] 不确定的环境和在时间维度上配置资源是金融决策行为的两个基本特征。这是两个涵盖范围非常广泛的特征，因而可以说几乎所有资源配置的决策问题都不同程度地具有金融行为的特征。金融系统是帮助人们完成决策的载体，包括股票、债券和其他金融工具的市场，金融中介，金融服务公司，以及监控管理所有这些单位的管理机构。金融学就是

---

① 兹维·博迪，罗伯特·默顿，等著. 金融学 [M]. 2 版. 曹辉，曹音，译. 北京：中国人民大学出版社，2018（10）：3.

研究金融系统的构成与功能以及基于其上的金融决策行为的科学。

黄达通过梳理金融范畴形成的历史轨迹和语义溯源，将金融表述为：凡是既涉及货币，又涉及信用，以及以货币与信用结合为一体的形式生成、运作的所有经济关系与交易行为的集合，其领域覆盖了货币、信用、投资、保险、信托、租赁等。① 现代金融体系有五个构成要素，即由货币制度所规范的货币流通、金融机构、金融市场、金融工具、制度和调控机制。金融在市场资源配置中起核心作用，金融政策是国家调节宏观经济的重要杠杆，金融的稳定和效率对一国经济的稳定和效率有关键意义。因此，金融是现代经济的核心，这是对金融系统功能的最高概括，也是最恰当的概括。在本章下一节中我们还会从理论层面对金融体系功能做更系统和更详尽的阐述。

二、信托金融行为与信托金融子系统

从上述金融定义来看，信托的概念范畴很显然与金融范畴也是密切相关、高度重合的。

信托在大多数情况下体现为一种金融行为。作为法律制度的信托本是源自英美法系的，进入20世纪以后，一些大陆法系的国家如日本和韩国也都以立法形式确立了自己的信托制度。或许部分是因为法系的差异性，部分是因为信托实务本身的灵活性，各国对信托概念的法律表述体现出一些不同。相比之下，我国更倾向于从法律行为的角度来定义信托。《中华人民共和国信托法》第二条规定："本法所称信托，是指委托人基于对受托人的信任，将其财产权委托给受托人，由受托人按委托人的意愿以自己的名义，为受益人的利益或者特定目的，进行管理或者处分的行为。"尽管法学界很多人士认为这一定义依然存在一些令人费解和含糊不清的地

---

① 黄达. 金融学 [M]. 2版. 北京：中国人民大学出版社，2009：98-107.

方[①]，并且呼吁通过进一步的司法解释或实施细则等形式对其进行必要的廓清和完善[②]，但这并不影响我们基于该定义从整体上对信托概念的把握，也不影响我们将信托法律行为与金融行为联系起来。因为这一定义中包含的信任基础、财产资源，以及对财产的管理和处分行为中体现的不确定性和资源的时间配置因素，显然都涉及金融范畴的基本内涵，符合金融行为的概念界定。因此，如果从金融行为角度定义信托，则信托行为完全可以说是一种金融行为，或更确切地说，信托行为是基于信托制度和信托契约安排形成的一种金融行为。信托金融行为具有在不确定背景下对经济资源进行时间上配置的金融行为的基本特征，其不同于其他金融行为的独特性仅在于其行为同时受信托规制与信托契约的规范和约束。

信托行为在现实中得以施行的环境和载体可称为信托系统。信托系统与金融整体系统具有相同的要素结构，同样由机构、市场、工具、制度与调控机制等要素构成，且大体也是在货币制度所规范的货币流通中运行，因此从要素构成上，信托系统完全可视为金融整体系统的一个子系统。更为重要的是，在相同要素构成的基础上，信托功能的演化扩展与现代金融体系功能的演化扩展有着非常相似的逻辑和轨迹，最终所形成的信托体系的功能作用与金融体系的整体功能作用也高度重合，更彰显出信托与金融的密不可分。因此，如果从系统角度定义信托，则信托系统可以说是金融系统的一个子系统，由信托机构、信托市场、信托工具、信托制度与调控机制等要素构成，以不同的机制和方式（确切地说是既不同于直接金融，也不同于间接金融的机制与方式），履行着与其他金融子系统相同或相近的功能和作用，与其他子系统共同构成金融系统的有机整体。

需要说明的是，信托业是一国金融体系的一部分，履行着广泛的金融功能与作用，这已经是业界、学界及决策监管部门的通行观点。对这一观

---

① 张天民. 失去衡平法的信托：信托观念的扩张与中国《信托法》的机遇与挑战 [M]. 北京：中信出版社，2004（3）：335-350.

② 翟立宏. 信托产品创新：要素解构与环境分析 [D]. 成都：西南财经大学，2005.

点的论证可以使用两种方法：一是从各国信托业和整体金融体系实际运行的情况来归纳。现有文献中很多对信托业在金融体系中功能与作用机制的论述都是依这种方法进行的①。二是基于一套概念体系来进行演绎。即从信托的基本制度功能和金融体系所具有的功能二者中重合或共通的部分来阐述论证信托业是否具有金融功能和具有怎样的金融功能。逻辑演绎论证方法的优势在于使用前后一致的概念范畴，将不同视角、不同学理的分析联系起来，在论证信托业金融功能的同时，突出信托业所履行金融功能的特殊性。更为重要的是，使用相同的概念范畴，就意味着可能使用相同的理论基础和模型工具，这就为下一步将信托金融学与主流金融学科的研究范式和研究框架相结合奠定了基础。因此，下一节我们将采用演绎和归纳相结合的方法，从功能视角和行为视角分别分析信托金融属性的一般性和特殊性。

第二节　信托的金融属性分析

一、信托金融属性的一般性——基于系统功能的分析

（一）金融体系的功能与信托的金融功能

在现代经济生活中，金融体系是一个极其庞大的复杂系统。一般认为，广义的金融体系包括了五个要素，即货币流通、金融机构、金融市场、金融工具以及监督和调控机制。传统理论对金融体系的研究分为两个基本的方面：一是分析金融市场上各经济行为主体之间的关系；二是分析金融中介如银行、保险公司等机构的活动②。而在 20 世纪 90 年代初，罗伯特·默顿和兹维·博迪系统地提出了一种新的分析框架，即金融功能框

---

① 代表性文献参见中国信托业协会主持编撰的历年行业发展报告、季度数据分析报告以及各种带有金融行业特征的专题研究报告。
② 黄达. 金融学（精编版）[M]. 北京：中国人民大学出版社，2004：243.

架（perspective of financial function）①。

金融功能观认为，各国的金融机构大不相同，在不同的时期也不一样，甚至即使名称相同，执行的职能也迥然不同。这其中的原因有很多，如规模、复杂性、技术水平，以及政治、文化和历史背景的差异。而分析这种金融机构的不同所采用的概念框架，其主线应是功能而不是机构。原因有二：一是金融功能比金融机构更为稳定，也就是说，在不同时期、不同国家，金融功能的变化较小；二是机构的形式随功能而变化，也就是说，机构之间的创新和竞争最终会导致金融系统执行各项功能的效率提高。

从进行高效资源配置这一最基本的功能出发，金融体系的核心功能可归纳为六项：一是转移资源的功能，即金融体系在不同的时间和空间上提供了资源转移的途径；二是管理风险的功能，即金融体系能够为风险的转移、分散和管理提供方法与途径，将风险合理地配置到有能力且愿意承担的部门和经济行为主体；三是清算结算功能，即金融体系提供清算和结算支付的途径可使交易便捷、安全、快速、节省地完成，润滑了经济运行，节省了经济发展的社会成本；四是集中资本和股份分割的功能，即金融体系为储备资源和在不同的企业中分割所有权提供有关机制；五是提供价格信息的功能，即金融体系能提供形成各种金融价格信息的机制，帮助协调不同经济部门的决策；六是提供解决激励问题的方法，即金融体系可以为解决由于信息不对称而产生的道德风险、逆向选择以及委托—代理问题提供方法与途径。从信托的基本法律构造和作用机制来看，这六项普适意义上的金融功能，信托都能够以其特有的架构和方式予以不同程度地履行。因此，信托系统的金融功能也可依此概括为：转移资源、管理风险、清算结算、集中资本和权益分割、提供价格信息以及提供解决激励问题的

---

① 兹维·博迪，罗伯特·默顿，等，著. 金融学［M］. 2版. 曹辉，曹音，译. 北京：中国人民大学出版社，2018（10）：24-32.

方法。

需要说明的是，从金融作用于社会经济的领域来说，除传统的金融经济领域外，当代金融的作用范围已经开始延伸至关乎社会进步和民生发展的很多方面，例如：通过金融运作（如特定时期推行的独生子女保险）调控人口增长，优生优育；通过金融运作（如推行人身保险）增进社会福利，老有所养，老有所乐；通过金融运作，支持教育、科技发展，促进精神文明建设；通过防范化解金融风险，减轻社会负担；通过提高效率，降低社会成本[①]；等等。

由此看来，金融对社会经济的作用可以体现在社会经济生活的各个层次、各个方面，并且是一个动态的、不断变化和发展的过程。相应地，信托的金融功能也会作用于社会经济生活的各个层次和各个方面，并随社会经济的进步和发展不断地扩展和延伸。下面我们从信托功能的演化扩展来看其中金融功能的形成发展。

(二) 信托功能的演化与扩展

1. 信托基本功能的演化：从制度功能到系统功能

关于信托的基本制度功能，在业界、学界已形成了共识，即信托实质上是一项财产转移和财产管理的法律设计，其基本的制度功能是转移财产和管理财产。从历史的角度观察，信托制度的功能经历过一个曲折的演变过程，其早期最基本、最原始的目的仅是为了绕开法律的限制以实现财产的自由移转。

从 19 世纪初叶开始，商事性质的信托在欧美各国相继兴起，从而扩大了信托制度的利用范围，信托的制度功能也从以实现财产转移为目的转变为以转移财产和管理财产为双重目的，并且日益将管理财产作为信托设

[①] 尽管从概念的逻辑关系上来说，金融体系所能发挥的功能是信托业可发挥金融功能的边界。但若从历史演进来看，在特定的国家和特定的时期，却有可能是信托业的产生和发展提高了金融体系的效率，从而完善了金融体系的功能。当然，后一点从系统论的理论逻辑上也可得到论证，因为系统分工越精细，效率越高，功能也就越完善。

计所追求的首要目的。直至今日，不论在英美法系国家还是大陆法系国家，信托制度都已成为一项重要的财产管理制度①。为什么会出现这样的转变呢？主要是因为随着封建制度的彻底崩溃和资本主义市场经济以及法治原则的确立，原先加诸于财产转移上的种种不合理限制，已被弘扬个人主义和自由主义的资本主义市场经济法制所取代，市场社会的法治原则也不允许信托被主要用作一种规避法律的制度，因此，信托作为一种单纯的、消极的、以规避法律限制为目的的财产转移设计，已经失去了用武之地。另外，随着商品生产和交换的日益频繁复杂，商品交换的目的也从满足自身生活的需要，转变为通过商品交换实现利润的最大化，商品交换行为本身的性质也逐渐从单纯的民事行为转变为商事行为。在这种背景下，社会分工日益细密，财产的管理方法也渐趋复杂，从而要求财产的管理者也必须具备专门的财产管理知识和经验。适应新的社会发展，信托于是逐渐转化成为一个提供专业财产管理的管道，受托人不仅担当起财产转移中转站的角色，更重要的是以其专门化的管理知识和经验为委托人或者受益人管理财产，以实现财产保值增值的目的②。

上述这一过程说明，信托的财产转移功能与财产管理功能已紧密结合，并日益突出了财产管理功能，这代表着现代信托的一种发展趋势。尽管信托早期的产生背景已经全然改变，但信托却并未因此而失去存在的意义，信托因其功能转换而得以延续，它已不再是为持有世袭土地的一种转让设计，而成为持有金融性财产的管理设计，现代信托即管理型信托是对家庭不动产作为财富绝对重要形式的根本转变的回应。信托的功能演进过程同时也充分说明了信托适应社会环境的制度优势，信托的财产转移和管理功能一起提供了长期的、多层次的、连续的利益传承和管理体制③，并

---

① 赖源河，王子诚. 现代信托法论 [M]. 北京：中国政法大学出版社，2002：7.
② 钟瑞栋，陈向聪. 信托法 [M]. 厦门：厦门大学出版社，2004：28.
③ 张天民. 论信托财产上权利义务的冲突和衡平：信托的合同基础与中国继受信托法 [J]. 民商法论丛，1998（9）：607 - 655.

在商业领域中得到了广泛的应用。

在信托功能的内涵由财产转移演进为财产管理的同时,信托功能的外延或载体也在由单纯的法律架构演进为综合的系统要素,即信托系统功能的实现不仅要基于其独特的法律制度设计,还要立足于相应的社会环境与市场基础,借助于相应的业务种类与产品工具,依托于相应的运营流程和管理架构,规范于相应的监管政策与调控意图。信托传统意义上的制度功能特征日益显化和表现为整体金融系统的功能。

2. 信托系统功能的扩展与延伸

信托系统功能的扩展与延伸,是指信托在履行财产转移和财产管理功能时所产生的社会效果或社会作用,是信托基本制度功能所派生的综合社会功能。具体来说,派生性的信托系统功能包括以下几个方面:

(1) 融通资金的功能

信托融通资金的功能是指受托人在接受信托财产后,通过对信托财产的管理运用,引起资金的流动,从而起到融通资金的作用。这一功能的发挥,受社会融资体制和金融市场发展程度的制约,视各国对信托业务的认识和利用程度高低而定。但一般来说,这一功能的实现会有以下几个特点[①]:第一,它完全依赖于信托的财产管理功能,是在信托财产的管理和运用过程中产生的。因此,信托首先是一种财产管理制度,这也是信托业务区别于纯粹的银行业务和其他金融业务的标志,只有明确这一点,才能找准信托产品创新和信托业发展的方向,确立信托在金融体系中的地位。第二,信托融资具有长期性。对委托人来说,只有需要在长期内进行管理和运用的财产才有必要采用信托的方式,由于委托人的目的是较长期的,受托人也就可以对信托财产做长期性的运用。因此,信托产品是基于长期投资管理需求而设计的,信托机构借助这样的产品一般能够为社会提供长期资金,相应也就成为提供长期信用的金融机构。第三,信托融资的发挥

---

① 赵奎,朱崇利. 金融信托理论与实务 [M]. 北京:经济科学出版社,2003:67-69.

可能使受益人的收益高于银行的存款利息。这既是由信托资金长期融资的使用方式决定的，又是由信托资金特定的运用方向和投资领域决定的。

（2）中介服务功能

中介服务功能是指信托能够沟通和协调各经济主体之间的经济关系，并为其提供信息和咨询的功能。信托业务具有多边经济关系，受托人作为委托人和受益人的中介，是天然的横向经济联系的桥梁和纽带。通过信托业务的办理，特别是通过代理和咨询业务，受托人以代理人、见证人、担保人、介绍人、咨询人、监督人等身份为经营各方建立相互信任关系，为经营者提供可靠经济信息，为委托人的财产寻找投资场所等，从而加强了横向经济联系和沟通，促进了地区之间的物资和资金交流，也推进了跨国经济技术协作[①]。

（3）投资开发的功能

投资开发功能是指受托人按照信托契约将货币形式的信托财产运用于投资领域，参与社会投资行为所产生的功能。这一功能是在19世纪初英国工业化过程中发展起来的，后逐渐为各国认识与推广。当时，由于对外投资的高利诱惑和投资安全的需要，投资基金应运而生，人们集中资金，委托可信赖的专家进行投资管理，受托人将基金运用于金融市场中的各种金融产品，并将投资收益返还投资人，自己获得约定报酬。特别是第二次世界大战后，投资信托业务日益向基础产业及房地产业开发中拓展，其投资开发功能明显扩大[②]。我国自恢复信托业务以来，投资业务就是信托机构固有业务的主要业务之一，以致一段时期内我国大多数信托机构都名为"信托投资公司"。

（4）社会福利与公益功能

社会福利与公益功能是指信托可通过以年金信托为代表的雇员利益信

---

① 王淑敏，陆世敏. 金融信托与租赁［M］. 北京：中国金融出版社，2002：19.
② 吴弘. 信托法论：中国信托市场发育发展的法律调整［M］. 北京：立信会计出版社，2003：9.

托业务，促进社会福利事业的发展；可以通过公益慈善信托业务，促进教育、文化、科技、艺术、慈善等各种社会公益事业的发展①。

(5) 促进培育社会信用基础的功能

从社会学意义上来说，信托是建立在当事人之间信任关系基础上的，虽然信用并不是信托的全部内容，但信托制度的发达却有利于培养社会公众的信用意识。首先，信托关系的建立和个人信用的生成具有相似或相近的物质基础。信托财产是设立信托关系的基本要素，而个人信用的生成与个人掌握的财产数量之间也存在密切的相关性。因为，财产是人格的舞台，人无恒产则无恒心，在社会财富主要掌控在国家手中，个人基本不掌握什么财产的情况下，失去个人财产的人其人格本身在某种程度上就有所缺失，则与人格密切相关的个人信用也便无从谈起②。其次，信用与信托之间存在一种必然因果关系，因为只有受托人有信用，才能得到委托人信任，并在信任前提下，将其财产交付受托人管理。同时各国的实践也可为此提供佐证：一方面，信托的产业化推动了现代信托制度的建立，而随之确立的信托的财产转移功能、财产管理功能和融资功能都充分体现了信用基础的充实和完善；另一方面，通过信托制度的不断运用，与之相伴的财产转移制度、财产管理制度及投融资体制的健全和实施也能够从理念和基础设施上实现对社会信用体系的构筑与夯实③。因此，发展信托有利于发展社会的信用基础。

从上述分析来看，信托系统的功能源于其财产转移和财产管理的基本制度功能，并由此派生出融通资金、中介服务、投资开发以及促进社会福利和公益事业的发展等诸多社会功能。同时由于信托本身具有十分独特的

---

① 周小明. 中国信托业：何去何从——分业政策下信托业的定位和未来发展 [J]. 经济导刊，1997 (2).
② 王长庚. 信托生成发展的学理分析：对重建我国信托业的研究 [D]. 成都：西南财经大学，2000：106.
③ 中国人民大学信托与基金研究所. 中国信托业发展报告 (1979—2003) [R]. 北京：中国经济出版社，2004：95.

制度构造，因此其在履行上述功能时，相比于代理、有限合伙和公司等其他财产管理制度，具有自己独特的长期规划、弹性空间和对受益人切实保障等制度优势。这样的制度功能和制度优势与中国当前社会对财产管理及长期投融资方面的需求之间是存在相当程度契合基础的。如何寻求有效的财产管理制度是新时期我国建设现代经济体系和现代化国家必然要面对的问题，而对于当前我国社会经济生活中出现的较为突出的金融体系效率低下、投融资障碍来说，这一需求便显得尤为迫切。同时，上述分析还说明，作为现代金融体系的一个子系统，信托系统功能的充分发挥，不能仅停留在信托制度的完善和优化上，还要关注其他的系统要素，包括信托市场需求的培育引导、信托产品的创设运行、信托机构的经营管理等。

二、信托金融属性的特殊性——基于行为特征的分析

上述对信托金融属性的一般性分析是基于所有金融子系统都应具备的金融要素，都要实现的金融功能，其内在逻辑是信托系统与金融系统的构成要素是对应的，基本功能是重合的，因此信托系统具有金融系统的一般属性。下面我们将分析信托金融属性的特殊性，这一特殊性是在上述一般性的基础上，由信托特殊的法律制度构造赋予的。但需要说明的是，信托独特的法律制度构造并不会在技术层面产生新的金融要素，也不会提供新的金融功能，而只是使一般的金融要素以一种新的形式表现出来，以新的机制履行金融功能。本章将这种特殊性归纳为三个方面：特殊的行为基础、特殊的经济关系、特殊的效用提升方式。

（一）信托财产：特殊的行为基础

信托财产是信托法律关系的核心要素之一。由于法律上对信托财产特殊性的规定，作为金融行为的信托行为具有了特殊的契约基础。这种特殊规定有两个：一是信托财产的独立性；二是信托财产的多元化。

信托财产的独立性是指信托一旦有效设立，信托财产便从委托人、受托人及受益人的自有财产中分离出来，仅为信托目的而独立存在。这种规

定会产生非常重要的法律后果，既是信托制度能够重构权利、隔离风险的前提，又是从根本上决定信托产品风险收益特征的制度基础。因此，信托产品的提供者在构造信托产品的过程中尤其要注意利用和突出信托财产的独立性特征。从实践中来看，在解决许多金融问题，尤其是解决跨期较长、关系复杂的金融问题时也需要利用信托财产的这种独立性特征。

信托财产的多元化是信托制度功能优越性的具体表现之一，它赋予了信托制度巨大的弹性空间。就信托来说，凡具有金钱价值的东西，无论是动产还是不动产，物权还是债权，有形的还是无形的，都可以作为信托财产交付信托。相比之下，同为金融工具的其他类产品，作为其产品基础的财产形式就显得比较单一。例如，银行信贷类产品只能以货币资金为基础；券商类产品只能以有价证券的发行和流通为基础；保险类产品的基础虽然看似包含了人身和财产，但就其所派生的金融功能来看，也只是对以货币资金为形式的保险费的投资运用。唯有信托行为所对应的产品的财产形式是不拘一格的，只要与一国政策、法令不相抵触，同时又有实际需求，不动产、动产（包括资金）、有价证券、知识产权中的财产权、股权、债权、用益物权、担保物权等，都可作为信托财产并服务于特定的信托目的。这种经营对象范围的广泛性和多样性，决定了信托机构经营方式的多样、灵活和较强的适应性，也就意味着信托业务和产品的价值构成中可能要包含一些非货币化形式和服务性因素。

如果我们将信托财产的多元化特征和信托管理长期规划的特征综合考虑，就会发现这其中还蕴藏着更为深刻的金融学含义。如前所述，行为角度的金融定义并不仅仅是针对货币资金和金融资产而言，而是适用于所有涉及在不确定性情形下的资源跨期配置问题。从这个意义上说，金融学的原理、技术、工具和方法在信托领域的应用，在深度和广度上都会有非常大的拓展空间。同时，信托的加入也使金融行为具有了更丰富的形式和内涵。

（二）权利重构：特殊的经济关系

除信托产品以外的其他金融工具按照金融工具中所含信用关系的性质

可分为债权信用工具和股权信用工具①。债权信用工具中所反映的经济关系相对来说比较简单，只包含一对利益主体，即债权人和债务人，法律上的权利义务非常清晰；股权信用工具中所反映的经济关系相对比较复杂，包含了三个利益主体，即公司法人、公司股东和公司管理者，但法律上对其各自的权利义务关系的规定也非常明确。而对信托来说，因为法律赋予了其权利重构的制度功能，这就使信托可以反映一种特殊的经济关系，并且这种经济关系中的权利义务的具体内容很大程度上是由信托合约来约定，而非由法律来规定。

这种特殊的经济关系首先表现为信托财产的虚拟主体特征。在实务操作中，信托财产会表现出一种强烈的人格化倾向。这种人格化倾向是由信托财产的独立性特征赋予的。信托财产在法律关系上，归属于受托人，名义上也为受托人所有，但信托财产最终应受信托目的的约束，并为信托目的独立存在。信托财产具有与各信托当事人相独立的法律地位，与委托人未设立信托的其他财产以及属于受托人所有的财产要区别开来。这种虚拟主体构成了信托经济关系中一个非常独特的要素。

这种经济关系的特殊性还表现为受托人的双重义务特征。一般来说，信托关系是一种三方法律关系，信托当事人包括委托人、受托人和受益人。由于信托财产上的权利具有所有权和受益权二元并存的特性，受托人的义务相应也就有了双重性。一方面，受托人对信托财产具有对物的义务，即有管理和处分信托财产的义务，这是由信托财产所有权的本质决定的；另一方面，受托人对受益人又负有对人的义务，即有忠实地为受益人利益管理处分信托财产并将信托利益支付给受益人的义务，这是由受益权的本质决定的。

一般来说，经济关系越简单明确的金融工具，其构成要素的组合方式越少，所能反映的风险收益组合的种类也就越少，满足多元化、多样性金

---

① 此处仅指基础性的金融工具，暂不考虑衍生金融产品。

融需求的能力也就越弱。当代社会经济生活中金融需求的多元化和多样性趋势早已被大量的事实所说明,也正在被基础性的金融理论研究所证实[①]。在这样的金融需求背景下,仅有传统的债权信用工具和股权信用工具越来越显得力不从心。尽管传统的金融工具在产品种类上适时创新,但终归无法突破其基本的制度构造特征约束。相比之下,信托类金融工具由于具有经权利重构后的特殊经济关系,其构成要素的组合方式可依合约而定,以满足各种各样的风险收益需求。尽管从理论上我们还不能一概而论,将信托产品与债权信用工具和股权信用工具的风险收益进行统一的比较,但却大致可以推断,对传统的债权信用工具和股权信用工具无法满足的金融需求所形成的巨大市场空间,信托产品可以很好地予以填补。

需要说明的是,在上述分析中我们没有考虑基于传统金融工具的衍生金融产品。但事实上,传统的金融工具借助于衍生金融产品的创新在一定程度上已经解决了其无法满足个性化、多样化金融需求的问题。那么,我们应该如何看待衍生金融产品和信托产品的关系呢?

对于衍生金融产品和信托产品的关系,有两点值得注意:第一,衍生金融产品设计的基本思想一是量体裁衣,二是分解组合,从这一意义上来说,信托产品倒是颇具衍生金融产品的特色,只不过信托产品依赖的是法律制度上的独特构造,而衍生金融产品依赖的是金融工程学的思想和技术。第二,衍生金融产品是通过风险收益重构来实现产品功能,而信托产品是通过权利义务重构来实现产品功能。风险收益重构和权利义务重构尽管分属于不同的专业术语体系,但其指向本质上是一致的,都要服务于产品使用者效用的提高。有了这种一致的基础,信托产品的制度性理念和衍生金融产品的工程化技术就可以有一个非常广阔的结合空间,从而可以在市场上提供更多的信托产品或衍生金融产品的创新品种。事实上,衍生金

---

① 如近年来越来越受关注的行为金融研究正是因为突破了传统金融理论中关于行为人同质和风险态度一致的假设,而使其理论具有了很好的解释能力。从行为金融学的理论假设、研究思路和基本结论来看,其很符合信托产品服务设计中所要求的务实、灵活、多样的理念特征。

融产品中大量存在的期权产品已经打破了传统金融工具中权利和义务必须对等的思维定式,从而实现了风险和收益或权利和义务的重构。

(三) 风险隔离:特殊的效用提升方式

在经济金融领域,人们通过减少风险来提高效用的方式通常有四类:一是风险回避,即在已知或可能的条件下,有意识地避免某些自己无力或不愿承担的特定风险;二是预防并控制损失,即在与风险相关的事前、事中或事后采取一些行动,以降低损失的概率或程度;三是风险留存,即主动或被动地承担风险并以自己的资产来弥补损失;四是风险转移,即将风险部分或全部转移给他人,在实践中这主要是依托金融系统来实施的,具体又分为对冲、保险和分散三种技术方法。每一种减少风险的方式方法都有其适用的场景和条件,都需要在其预期收益或效果和承担的成本或放弃的机会之间进行权衡取舍,没有哪一种是在所有的场景下都是最优的。

而信托为人们减少风险提升效用提供了一种新的思路和方式——风险隔离。风险隔离基于信托财产的独立性特征而存在[1],与前述四类减少风险的方式相比有着更大的灵活性(其交易结构的设计和技术方法的应用都更加灵活)、兼容性(与其他四类方式可以结合使用并行存在)和跨期稳定性(通过契约和规制的稳定预期尤其减少了长期情景下的不确定性),因此对风险的管理也可以更加主动、更加超前,从而在经济金融系统中可能会形成和发展出一种新的风险防控机制。

从法律关系视角来分析,信托的这种风险隔离功能主要表现在两个方面:一是受托人的责任有限度;二是受益人的权益有保障。

从受托人的有限责任来看,信托设立后,受托人负有依信托文件规定为受益人利益管理处分信托财产的义务,但受托人因信托关系而对受益人

---

[1] 本章此处只讨论由信托财产独立性带来的风险削减功能。事实上,信托特殊的风险削减方式还包括信托产品在现阶段所具有的横跨货币市场、资本市场和实物市场的综合性制度优势。关于这一点在翟立宏所著《信托产品创新:要素解构与环境分析》第六章结合信托产品创新的实际市场环境中有说明。

所负的债务（即支付信托利益），仅以信托财产为限度负有限清偿责任。也就是说，只要受托人在信托事务处理过程中没有违反信托并已尽了职守，即使未能取得信托利益或造成了信托财产的损失，受托人也不应以自有财产负个人责任。当然，如果信托利益的未能取得或信托财产的损失，是由受托人的失职或违反信托而造成，那么受托人必须以自有财产担负责任。

从受益人的权益保障来看，表现为以下方面：一是责任和利益的分离，一方面伴随所有权所产生的管理责任与风险负担都归属于受托人，另一方面伴随所有权而生的利益则纯由受益人享有；二是受益权的优先性，即受益人对信托财产享有优先于委托人或受托人的债权人的权利；三是受益权的追及性，即当受托人违反信托宗旨处分信托财产而使信托财产旁落他人之手时，受益人有权向转得人请求返还该财产；四是信托利益的超越性，即在某些特殊形态的信托设计下，受益人享受信托利益的权利也可超越于其债权人所能追及的范围。

从参与者的行为视角来看，信托的风险隔离功能对信托产品的风险因素具有非常独特的削减作用，其总体上的效果是降低了不确定性，提高了受托人信托财产管理决策过程中的理性程度，增加了委托人和受益人在信托产品上所获得的效用[①]。下面我们尝试以行为金融学的理论思想对一论断进行分析。

其一，为什么风险隔离功能可以提高信托财产管理决策中的理性程度呢？这需要考虑在风险状态下人们的判断和决策过程。金融学中的风险概念基础是不确定性。在不确定性条件下，人们是如何进行判断和决策的呢？主流的金融学理论中，一般把人们对不确定条件下各种未知变量的认知假定为了解其概率分布；而具体到决策过程，则认为个体所遵循的基本

---

① 投资性的金融信托产品大多是自益信托，委托人和受益人合二为一。因此，提高受益人的效用也就是提高委托人的效用。

法则是贝叶斯规则，即人们根据新的信息从先验概率（prior probability）得到后验概率（posterior probability）的方法①。这就意味着，在无风险状态和风险状态下，或在确定性条件和不确定条件下，人们判断和决策的过程没有本质的区别，都是理性的。但行为金融学基于认知心理学的基本原理和实验经济学提供的大量可靠的心理实验，对此提出了异议，认为面对不确定条件，人们的决策过程存在系统性偏差，表现为非理性或有限理性②。基于行为金融学的这一结论我们可以有这样的推断：如果不确定状态能得到某种程度的改善，那么决策过程中的非理性程度就会相应减少。信托正是以合约的方式隔离风险，降低不确定性，从而提高受托人财产管理决策中的理性程度，进而提高财产管理的效率。没有规范和完善的信托合约，信托产品就不能充分发挥其风险隔离功能，也就无法通过受托人理性决策来提高信托财产的管理效率③。这一结论也同时说明信托行为的制度基础是其实现金融功能的依据。

其二，为什么风险隔离功能可以增加委托人和受益人在信托产品上所获得的效用感受呢？总的来说，信托的风险隔离功能可以通过以下几个方面来提高委托人和受益人的效用感受：首先，由于风险隔离功能可以通过

---

① 贝叶斯规则（Bayes' theorem）是计算事件概率的一种方法。认为事件完成之后某个假设是正确的概率依赖于：（1）事件出现之前，该假设是正确的概率；（2）如该假设是正确的，事件可能出现的概率；（3）如其他任何假设是正确的，事件可能出现的概率。贝叶斯规则对于决策理论十分重要，因为它假定了个体理性在不确定条件下的动态特征，即持续调整与学习过程，该思想在预期效用理论中被充分强调。因此，预期效用的最大化有时也称贝叶斯理性。

② 行为金融学论证不确定条件下人们决策偏差的思路是把金融投资过程看成一个心理过程，包括对市场的认知过程、情绪过程和意志过程。认知过程往往会产生系统性的认知偏差；情绪过程可能会导致系统性的或非系统性的情绪偏差；意志过程则既可能受到认知偏差的影响，又可能受到情绪偏差的影响，这些个体偏差加上金融市场上可能的群体偏差或羊群效应，可能导致投资或投资组合中的决策偏差。在这之后是基于上述偏差的资产定价偏差对上述偏差的反馈机制和放大效应（饶育蕾，刘达锋，2003）。

③ 此处的分析是就受托人的理性决策来说。事实上，不确定状态改善可以提高决策理性的原理对委托人的决策过程同样适用，包括选择受托人的决策和对信托合约具体内容的决策。因此，信托制度法律基础建设的一个重要方面就是如何改善作为信托产品投资者的委托人决策环境的不确定性，从而增加其在选择受托人和确定信托合约具体内容时的理性程度。

增加决策理性而提高信托财产管理效率，使受益人的货币收益增多[①]。其次，信托产品高收益的一个原因是其期限较长，而风险隔离功能是信托财产能够进行长期管理的前提。再次，信托产品高收益的另一个原因是其通常较特殊的投资领域，这些特殊的投资领域一般都存在较为复杂的经济关系，需要借助信托独特的风险隔离功能来进行梳理或在一定时间内闭锁风险，从而为其高增值赢取必要的时间和空间。最后，风险隔离功能还会给委托人（受益人）带来一些非货币性的效用感受，如减少后悔厌恶等效应[②]。

后悔厌恶（regret aversion），是指当人们作出错误的决策时，会对自己的行为感到痛苦。这种认为自己没有作出正确决定的情绪就是后悔。后悔比受到损失更加痛苦，因为这种痛苦让人觉得要为损失承担责任。因此，追求效用最大化的倾向往往导致人们转而追求后悔最小化（regret minimization）。但在金融市场上，为追求后悔最小化往往又会产生一些不理性的行为方式，如隔离效应（disjunction effect）所描述的那样，投资者趋向于等待一定的信息到来后，才作出决策，即便是这些信息对决策来讲并不重要，没有它们也能作出决策。而信托产品中的风险隔离功能恰恰能为投资者提供一种寻求后悔最小化的有效途径。因为责任和利益相分离的机制，使伴随所有权所产生的管理责任与风险负担都归属于受托人，而伴随所有权而生的利益则纯由受益人享有。在这种情况下，投资者脱离了决策的责任，也就避免了可能的决策后悔，从而增加了非货币性的效用感受[③]。

最后需要说明的是，信托产品给投资者所带来的非货币性的效用感受尽管不易衡量，但它却往往是信托产品能否吸引投资者的关键因素。因

[①] 此处分析信托制度功能对其金融要素的影响，暂不考虑受托人的专业水平对信托财产管理效率的影响。

[②] 更多行为金融学概念与分析工具在财富管理领域的应用参见《新财富管理》第4章。

[③] 后悔厌恶等概念对受托人也同样适用，受托人也可能基于追求后悔最小化而产生不理性行为，这需要通过信托合约的完善和受托人决策行为的规范化和纪律性来解决。

此，在信托产品创新和信托机构展业营销中不仅不能忽视，反而需要通过特殊的要素构造及服务附加来增加其在这方面的吸引力。

第三节　信托金融学的理论基础和研究框架

一、信托与现代金融投资理论和实践的结合

作为一个肇始于法学范畴，演进发展中又融入金融学领域的新兴学科，信托金融学的理论基础无疑具有综合性和跨领域的特点。由于现代金融学科本身跨越了经济学和管理学两大学科，因此信托金融学的理论基础至少涵盖法学、经济学、管理学等学科领域。尽管现代金融学科的理论体系已相对比较完备，理论工具也可谓丰富，但对信托金融学这样一个新兴学科来说，如何从整体金融学科体系中汲取理论养分，如何借鉴并创造性地使用在金融领域中业已成熟的理论工具，必将会是一个长期而艰难的探索过程。在这方面美国的信托法学界和金融投资界长期以来都在探索尝试且多有突破，其最近的成效主要反映在 1992 年的《信托与谨慎投资人第三次法律重述》（以下简称《信托法第三次重述》）和 1994 年发布的《统一谨慎投资人法案》（UPIA）中[①]。

20 世纪 80 年代早期，美国哥伦比亚大学、哈佛大学、普林斯顿大学和斯坦福大学联合委托了受托投资方面的研究项目，该项目由证券交易委员会（SEC）前委员贝维斯·朗斯特雷思牵头组织，其研究成果《现代投资管理与谨慎人规则》于 1986 年发布。根据其研究结论，朗斯特雷思建议美国法学会（ALI）对信托法做一个新的重述。

1990 年 5 月 18 日，美国法学会正式通过了《信托法第三次重述》并

---

① 哈罗德·埃文斯基，斯蒂芬·M. 霍伦，托马斯·R. 罗宾逊，等. 新财富管理［M］. 北京：机械工业出版社，2015：14-15.

于 1992 年正式发布。这次重述结合了金融投资领域理论和实证研究最重要的有效成果，反映了法律发展的趋势和方向。美国法学会主席杰弗里·哈扎德在《信托法第三次重述》前言中写道，"谨慎投资人规则反映了现代投资的理论与实践，认识到投资的收益和风险是相连的，而风险包括了由通货膨胀引起的真实收益受到的侵蚀。受托人在管理受托资产的过程中必须考虑风险和收益的这种关系，并且这种考量应该是与信托目的和管理资产的环境相适应的"。

《统一谨慎投资人法案》于 1994 年 8 月在美国所有的州都获得认可和通过，并于 1995 年 2 月获得美国律师协会（ABA）的认可和通过，从而成为信托投资领域最重要的法案。UPIA 充分认识和吸收了过去 30 多年的时间里投资实践领域中的重大变革，以及现代投资组合理论的重大发展，这与《信托法第三次重述》一脉相承。基于金融投资理论和实践的成果，UPIA 更为全面、清晰地明确了谨慎投资行为的五个标准。

第一，谨慎标准适用于作为整体资产组合中的任何投资，而不是单个的投资。在信托语境下，"资产组合"这一术语包括所有信托资产。

第二，是否对所有投资的收益和风险进行了充分权衡，是认定是否履行了受托人责任最核心的考量。

第三，所有投资类型和科目上的限制都被取消；受托人可以投资于任何标的，只要其符合实现信托目的的收益风险权衡，并且符合谨慎投资行为的其他要求。

第四，长期以来人们所熟悉的受托人分散投资的要求被写入谨慎投资行为的标准定义中。

第五，改变了之前的信托法中饱受争议的禁止受托人委托授权其投资与管理职能的规则；受托人现在可以再进行委托授权，但要受安全保护方面的约束。

需要说明的是，从现有的理论研究和实践发展来看，人们对信托与金融融合的认识和探索还主要体现在微观层面，在中观和宏观层面还鲜有系统深入的认识和研究。本书将尝试在信托与金融融合的所有层面做一个构建和梳理,这就需要对现代金融理论体系先做一个简要回顾与梳理。

二、一个基于现代金融理论体系的信托金融研究框架构想

在西方,早期金融理论研究的核心是信用货币创造机制和利率问题。现代意义上的金融理论是从20世纪50年代兴起的,基于微观经济学的研究框架,虚拟化的资产价格研究成为主流,形成了经典的微观金融理论体系,包括最优资产组合理论、资本资产定价模型、M-M融资结构理论、套利定价理论、期权定价模型、有效资本市场假说。20世纪70年代以后,微观金融理论沿三条线索展开:一是在经典定价理论中强调数学、现代计算科学、工程学的应用,发展成为数理金融经济学和金融工程学,可称为技术金融学派;二是在过去的金融理论模型中嵌入制度等因素,着重研究金融契约的性质和边界、金融契约选择与产品设计、金融契约的治理与金融系统演化、法律和习俗等制度因素对金融活动的影响等,形成了制度金融学派;三是引入心理学、社会学、人类学等相关学科的研究成果和方法,基于非线性效用理论,论证金融决策中的非理性特征,解释金融产品交易中的异象,形成了行为金融学派。微观金融的另一重要研究对象是金融中介机构,20世纪60年代之后的现代金融中介理论主要基于对其存在价值的理论解释来展开,先后形成了基于交易成本、不确定性和跨期平滑、信息不对称、金融功能观、风险管理和参与成本等多个方面的理论模型,同时在金融机构的经营管理方面也产生了资产负债综合管理、营销管理等理论工具。

20世纪70年代前后,在微观金融领域之外,西方金融理论研究还开拓了一个新的领域,即以金融体系结构为研究对象,探讨金融结构与金融发展的关系。基于20世纪70年代中叶西方经济学研究提出的"中观经济"这一新范畴,有学者把金融理论研究的这一新领域称为中观金融学,其理论体系包括产业金融理论和区域金融理论。20世纪80年代兴起的金

融功能观，以整体金融体系为研究对象，揭示金融体系在资源配置中的稳定功能，也可归入这一领域。

当然，宏观层面的西方现代金融理论在早期信用货币理论和利率理论的基础上逐渐发展出更为丰富完整的理论体系，包括货币需求理论、货币供给理论、利率结构理论、通货膨胀理论、货币政策理论、实体经济理论、经济危机理论、国际收支调节理论、汇率理论等。

在我国，现代意义上的金融学科体系建设是从1997年之后才开始的。是年，国务院学位委员会修订研究生学科专业目录，将原目录中的"货币银行学"专业和"国际金融"专业合并为"金融学（含：保险学）"专业。此后，国内对于金融学科体系的口径和架构展开过多次讨论，对金融学科的理论部分比较一致的意见是其大致可分为宏观、中观、微观三个层面，但对三个层面所涵盖的具体研究内容仍有分歧。基于上述梳理及对金融学科理论研究发展方向的理解和预判，本书将金融学科三个层面理论研究的领域划分为宏观层面研究一切与货币收支相关的资金融通行为及其理论范畴；中观层面研究金融体系中的金融市场整体与金融机构整体及其相互关系和功能作用、产业金融与区域金融；微观层面研究金融工具的技术层面、个体金融决策行为以及单个金融机构的经营管理。各层次的理论模型与研究方法基本沿用现代西方金融理论模型工具。

如前所述，作为金融子系统的信托与金融整体系统具有相同的要素结构，都是在货币制度所规范的货币流通中，由机构、市场、工具、制度与调控机制等要素构成。因此，信托金融理论体系的架构思路总体上也可划分为微观、中观、宏观三个层次，这样可以将现代金融理论体系中业已成熟的理论模型和研究方法快速引入信托金融理论研究的相应领域，以产出高层次、高质量的研究成果。同时，考虑到信托子系统在制度基础上与其他金融子系统有着根本差异，在系统内外因素的共同作用下，信托子系统的运行和演进路线与其他金融子系统也有很大不同。因此，信托金融理论研究在三个层面上都应突出信托在制度功能、业态模式、宏观效应等方面的特征。

第四节 信托金融学研究的主要领域和方向

下面依次从微观、中观、宏观三个层面阐述信托金融学的研究领域和方向。首先，概述每一领域信托金融学的主要研究方向和理论工具；其次，在每个研究方向下列举一些具体研究问题；最后，指出这些研究方向中可能最有金融理论和实践价值的研究问题，尝试从信托视角为丰富完善现代金融理论与实践研究体系做些贡献。

一、微观层面

（一）研究方向与理论工具

微观层面信托金融学的基础研究可以分为信托产品的创设运行、信托客户金融需求与行为特征、单个信托机构的经营管理三个研究方向。可以使用的现代金融理论工具与研究方法非常丰富，包括资产组合理论、资产定价理论、风险管理理论、金融工程理论、金融契约理论、行为金融理论、金融中介理论、公司金融理论、金融营销理论等。

（二）各研究方向下的具体问题

信托产品的创设运行研究。具体问题如：基于学理层面的信托产品要素解构与组合创新研究；基于大数据平台和数据挖掘技术的信托产品创设研究；信托产品综合定价研究（含货币时间价值、风险定价和服务定价）；信托产品标准化改造与交易流转研究；等等。

信托客户金融需求与行为特征研究。具体问题如：基于金融需求的信托客户价值取向与行为目标研究；信托客户的金融风险偏好与约束条件研究；信托客户的金融决策行为特征研究；高净值家庭金融资产配置行为的调研与分析；新形势下信托公司机构客户需求与行为特征研究；等等。

信托机构的经营管理研究。具体问题如：信托公司治理结构研究；信托公司的规模经济研究；信托公司业务组合的范围经济研究；信托公司风险管理研究；信托公司组织架构与流程再造研究；信托公司中的团队建设与金融人才战略研究；信托公司金融技术战略构建与实施研究；对信托公司的微观审慎监管研究；等等。

（三）信托的金融契约特征研究

这是微观层面最具价值的信托金融理论问题，理由有三。第一，从理论渊源来看，金融契约理论的形成和发展经历了从古典契约理论（强调契约的自由意志、个别和不连续、即时性）到新古典契约理论（强调契约的抽象性、完全性和长期性），再到现代契约理论（基于有限理性和交易成本的存在，强调契约的不完全性）的演进路径，这对同样是从法律领域扩展到金融领域的信托金融理论研究具有非常好的方法论借鉴意义。第二，目前现代契约理论对金融领域的研究绝大多数是针对债和股两类信用关系，针对信托的金融契约理论的典型研究还很少见。换言之，信托的金融契约价值还远未被理论界充分认识和深入研究，未来的研究空间极大。第三，现代契约理论的应用不仅体现在金融契约理论对金融产品和交易结构的设计和创新上，还广泛应用于产权理论、委托代理理论、经理人市场理论、经济组织理论等领域，所以相关的理论工具在信托产品创设、客户行为研究、信托公司经营管理方面都有应用价值。

二、中观层面

（一）研究方向与理论工具

中观层面信托金融学的基础研究大致可分为三个方向：对现代金融体系中整体信托行业的研究、基于信托视角的产业金融研究和区域金融研究。可以使用的现代金融理论工具包括金融功能观、金融结构理论、金融发展理论、部门金融理论、集团金融理论、产业金融理论、区域金融理论，金融监管理论等。

（二）各研究方向下的具体问题

对现代金融体系中整体信托行业的研究。具体问题如：金融体系结构变迁中的信托子系统功能研究；信托行业市场环境研究；信托行业发展周期研究；信托行业集中度与竞争格局研究；不同资产管理子行业竞争与合作研究；对资产管理行业的功能监管与统一监管研究；等等。

基于信托视角的产业金融研究。具体问题如：信托的实业投行功能研究；信托与供给侧结构性调整的关系研究；信托对不同类别实体产业的支持研究；基于信托的产融结合研究；基于信托的集团金融研究；等等。

基于信托视角的区域金融研究。具体问题如：信托与区域金融发展差异关系研究；信托与区域金融调控关系研究；信托与"一带一路"建设、京津冀协同发展战略、自贸区政策、自由港、新区政策等的研究；等等。

(三) 金融体系结构变迁中的信托子系统功能研究

如前所述，在国内外的现代金融理论研究中，宏观和微观层面的理论体系和理论工具都是相对完备和成熟的，而中观金融由于出现时间较晚，理论基础较为薄弱，理论体系的架构也不稳定。现有文献主要有两种架构思路：一种是较主流的基于西方中观经济学的框架（分为部门经济、集团经济、区域经济），将中观金融划分为金融产业、产业金融、区域金融三个部分，这也是本书目前使用的中观框架；另一种是国内学者基于新金融观提出的，将中观金融划分为商业性金融、合作性金融、政策性金融三个部分。这两种架构逻辑各有特色，对理论工具的使用也各有侧重，但前者对现有金融理论工具的使用似乎过于笼统，而后者又过于具体，至少并不全面。本书据此提出，在研究金融体系结构变迁中的信托子系统功能这一大课题中，可以考虑以金融结构理论、金融发展理论、金融功能观等为主流金融理论工具，为中观金融理论研究提供一种新范式。信托在微观上有不同于债和股的契约结构，因而在中观上就有不同于直接金融和间接金融的市场结构和行业结构，这就使新研究范式的建立具备了理论上的基本条件。我国近年来理财市场和资产管理行业蓬勃发展形成的丰富数据和鲜活案例，也为新研究范式提供了实证条件。

三、宏观层面

（一）研究方向与理论工具

宏观金融理论的研究内容非常广泛，大体包括货币需求与货币供给、货币均衡与市场均衡、利率形成与汇率形成、通货膨胀与通货紧缩、金融危机、国际资本流动与国际金融震荡、名义经济与实际经济、虚拟经济与实体经济、货币政策及其与财政政策等宏观调控政策的配合、国际金融的制度安排与国际宏观政策的协调，等等[①]。宏观层面的信托金融理论研究也可据此设立研究方向，如信托视角下的货币均衡研究、利率形成研究、国际资本流动研究、系统性金融风险研究、宏观调控研究等。但考虑到信托在宏观金融层面的主要作用机制独特性可能有限，以及金融子系统理论研究在宏观层面不宜区分过细，本书在宏观层面信托金融理论的基础研究上暂设两个方向：基于信托视角的社会融资规模研究和宏观审慎监管研究。现有的宏观金融理论工具都可使用，如货币理论、利率理论、通货膨胀理论、货币政策理论、实体经济理论、系统性风险理论、经济危机理论、（宏观）金融监管理论、国际金融理论等。

（二）各研究方向下的具体问题

基于信托视角的社会融资规模研究。具体问题如：社会融资规模的信托渠道与货币政策传导研究；社会融资规模的信托渠道与利率市场化研究；社会融资规模的信托渠道与实体经济发展研究；社会融资规模统计、金融业综合统计与信托金融统计标准化研究；社会融资规模的信托渠道存量统计与分析；等等。

基于信托视角的宏观审慎监管研究。具体问题如：基于信托视角的金融系统性风险机制研究；信托行业的逆周期监管研究；信托行业的流动性监管研究；基于信托视角的影子银行体系监管研究；信托行业系统重要性

---

① 黄达. 金融学（精编版）[M]. 北京：中国人民大学出版社，2004.

金融机构监管研究；等等。

（三）信托金融的宏观效应研究

信托金融的宏观效应主要应体现在支持实体经济和化解系统性金融风险两个方面，这是宏观层面最具理论意义和实践价值的信托金融研究课题，可以覆盖社会融资规模和宏观审慎监管两个宏观层面的研究方向。同时，研究信托金融的宏观效应问题必须要基于对信托子系统功能和信托金融契约特征的研究，因而这一课题可以贯穿和统领信托金融理论研究的三个层面，几乎所有的理论工具都可使用。从实践来看，近年来业内外、国内外对中国信托行业的讨论和指摘时有发生、不绝于耳，总的来说要么是质疑信托对实体经济发展的贡献，要么是猜忌信托引发金融系统性风险的可能，因此非常有必要从理论研究的高度对此作出科学合理的解释和回应。

上述整体构想的框架和思路如图1-1所示。

三大研究层面	现有金融理论工具	主要研究方向	最具理论研究价值课题
宏观层面	货币供需理论、货币均衡与市场均衡理论、利率与汇率理论、通货膨胀理论、资本流动与金融危机理论、虚拟与实体经济理论、宏观调控理论等	方向一：基于信托视角的社会融资规模研究 方向二：基于信托视角的宏观审慎监管研究	信托支持实体经济发展和化解系统性金融风险的宏观效应研究
中观层面	金融功能观、金融结构理论、金融发展理论、部门金融理论、集团金融理论、产业金融理论、区域金融发展理论，金融监管理论等	方向一：现代金融体系中的整体信托行业研究 方向二：基于信托视角的产业金融研究 方向三：基于信托视角的区域金融研究	中观金融理论研究新范式：金融体系结构变迁中的信托子系统功能研究
微观层面	资产组合理论、资产定价理论、风险管理理论、金融工程理论、金融契约理论、行为金融理论、金融中介理论、公司金融理论、金融营销理论等	方向一：信托产品创设运行研究 方向二：信托客户金融需求与行为特征研究 方向三：信托机构经营管理研究	信托的金融契约理论研究

图1-1 信托金融学的主要领域和研究方向

作为本章的结语，对上述构想做以下几点补充说明。

一是信托金融理论体系宏观、中观、微观三个层次的划分并非截然划断、泾渭分明，只是架构理论体系逻辑思路的一种表述方式，主要考虑与现有经济学、金融学的理论体系相对应，以方便使用相关层次的理论工具。事实上，三个层次的研究对象都是统一的信托子系统，每一层次都具有全息特征，研究下去都必然交叉融合。

二是各层次中不同研究方向之间在理论基础上的相关性很强，所使用的理论工具绝大多数都是相通的。因此本章没有将研究方向和理论工具做一一对应，以免自缚手脚、画地为牢，影响在研究活动中对理论工具的创造性应用。

三是本章列举具体研究问题是为说明相关理论研究的应用场景，只是示例，远非全部。限于篇幅和目前研究思考的程度，这些问题本身也是概括性的，没有进一步细分。我们相信，实践中的信托问题一定会更为丰富，也更为精彩，既能检验信托金融学研究的功效，又能充实信托金融学研究的未来。

第二章

信任、信用与信托文化

本章从金融行为视角对信托金融中所涉及的信任基础、信用形式、信义关系和信托文化进行要素解构。在金融范畴的构建和分析中，信任和信用是一对既相联系，又有区别的概念。由于信用相对于信任有更多的外显性、客观性和可操作性，因此在一般意义上与金融相关的语境中，我们更多使用"信用"一词。但在具体分析信托金融时，我们会格外强调其信任基础。在金融体系中，信托和其他所有的金融关系一样都是基于信任而建立的信用关系，是由信用主体、客体和内容组合而成的具有独特功能的一种信用形式。但信托契约的不完备性，使信托关系的形成需要授信者对其受信者报以更高程度的信任，相应的受信者也应恪守更高程度的信用，信托关系也因此成为由信任与信用在更高层级上相辅相成的一种对应关系——信义关系。在信义关系中，受托人需要承担更严格的法律和契约义务与责任，从行为规范的文化视域看，这是一种以受益人利益最大化为目的的利他文化——信义文化。信义文化既是信托行业文化的核心所在，又应该是金融行业文化的最高标准。

第一节 信任、信用与信托金融

信任是一个横跨社会学、心理学、经济学的概念，信用亦有广义、狭义之分。金融行为本质上是一种信用行为，银行、保险、券商和信托等金融关系通过信用主体、客体和内容的不同组合而具备了各自独特的功能，但所有的金融关系都应以不同程度的信任为基础和前提。

一、信任与信用

（一）信任

1. 信任的含义与意义

根据标准释义，信任即相信并加以任用，可以看出相信是任用的前提，任用是相信的结果。在中国古代典籍中，最先将信与任结合使用的是《论语》，《论语》有云"信则人任焉"，这也说明信是任的前提，因信而任。

信任是社会科学中一个非常重要的概念，社会学、心理学、经济学都表现出极大的关注，并从不同的视角对信任做了解读与释义。社会学对信任问题的关注可以上溯到古典社会学家涂尔干（Emile Durkheim）对社会团结的分析，以及韦伯（Max Weber）对"特殊信任"和"普遍信任"的区分。① 社会学家詹姆斯·科尔曼（J·Coleman）在《社会理论的基础》中认为，最简单的信任关系有授信者与受信者两个行为主体，信任的前提是双方都是以满足自身利益为目的的行动者；信任意味着风险承担，个人

---

① 田凯. 政府与非营利组织的信任关系研究：一个社会学理性选择理论视角的分析 [J]. 学术研究, 2005 (1): 17-24.

在这类行动中承担的风险程度取决于其他行动者完成交易的情况。①

总体来看,目前学术界尚未对信任形成一个权威的定义。但学者们无一例外地肯定了信任对人类社会的重要作用。齐美尔把信任看作是社会中最重要的综合力量之一,他认为信任是社会生活的重要基础,如果没有人们之间相互享有的信任,社会本身将分崩离析。② 社会学家大卫·古德持有相似的观点,他认为没有信任,我们的日常生活是不可能进行的。③ 肯尼斯·约瑟夫·阿罗强调信任是经济交换的有效润滑剂,并且在《礼品与交换》一书中将世界上很多地区的经济落后现象归结于信任的缺失。

在本书中,基于金融行为和金融体系的背景,我们认为信任是包括信托金融在内的所有金融行为的基础和前提,是授信者对受信者抱有的一种预期,相信即使受信者在不受监控的情况下,仍然不会采取损害自己利益的行为,从而将自己主动暴露在更易受到利益损失的地位。

2. 信任的特质④

信任是授信者对受信者抱有的一种预期,受信者可以是个人、企业、政府和其他组织;信任的缘由也因信任对象、基本诉求等的不同而表现出一定的差异。不过,普遍来看,信任一般都具有以下六项共同的特质。⑤

善意。信任是授信者对受信者正面动机的期待,因为授信者相信受信者的行为符合自身利益。⑥ 善意的依据包括过往经验、口碑以及在既往的

---

① 詹姆斯·科尔曼. 社会理论的基础(上)[M]. 邓方,译. 北京:社会科学文献出版社,1990:41-80.

② G. 齐美尔. 货币哲学[M]. 许泽民,译. 贵阳:贵州出版集团,贵州人民出版社,2009.

③ DAVID GOOD. 9 - Social Skills and the Analysis of, Conversation [J]. Handbook of social skills training, 1986:217-235.

④ 洪明,林哲. 论信托公司的信任基础构建:基于信任的六维特质视角[J]. 上海经济研究. 2004(8):17.

⑤ 弗朗西斯·福山. 信任[M]. 海口:海南出版社,2001.

⑥ DAS T K, TENG B. Between trust and control:Developing confidence in partner cooperation in alliances [J]. Academy of Management Review, 1998, 23(3):491-512.

往来中受信者的言行举止等。① 更进一步地讲,善意实质上是慈善心的流露,饱含善意之人往往不以己利为导向,不行损人利己之事。善意可视作信任的前提,缺乏善意的信任仅仅只是信心。

情感成分。信任具有感情的成分,个人情感状态会影响信任的经验,并影响对受信者可信度的判断。② 需要说明的是,情感成分与下述理性选择并不矛盾。本质上来说,人类的行为是感性与理性相互纠缠的复杂现象,信任作为一种抽象的心理活动,不可避免地受到个人价值观、态度、心情以及情绪等多种因素的影响。也可以说,信任是具有感性成分的理性抉择。

相互依赖性。信任以两个实体之间的相互依赖为基础,这也表明两者之间存在某种交换关系。这种交换关系可能是经济利益交换,也可能是情感因素的交换。但无论交换的内容是什么,都表示双方至少有某种程度的利害关系,只有依赖于对方才能实现己方利益。③ 只是在不同的信任关系中,两个对象之间的依赖性可能并不对等。

风险。信任是有风险的,信任与风险是互为镜像的孪生关系。④ 风险的来源主要是不确定性和易受伤害性,⑤ 在信息不完全或无法完全掌控受信者行动的情况下,授信者选择信任受信者意味着将自身置于易受损失的位置,就需要承受受信者作出不利于自己利益行为的风险。

理性决策。授信者需要理性地判断对方是否能够信任,判断的依据包

---

① MCKNIGHT D H, CUMMINGS L L, CHERVANY N L. Initial Trust Formation in New Organizational Relationships [J]. The Academy of Management Review, 1998.
② JONES G R, GEORGE J M. The Experience and Evolution of Trust: Implications for Cooperation and Teamwork [J]. The Academy of Management Review, 1998, 23 (3): 531 – 546.
③ ROUSSEAU D M, SITKIN S B, BURT R S, CAMERER C. Not So Different After All: A Cross – Discipline View of Trust [J]. Academy of Management Review, 1998, 23 (3): 393 – 404.
④ DAS T K, TENG B. Between trust and control: Developing confidence in partner cooperation in alliances [J]. Academy of Management Review, 1998, 23 (3): 491 – 512.
⑤ DONEY P M, CANNON J P, MULLEN M R. Understanding the Influence of National Culture on the Development of Trust [J]. Academy of Management Review, 1998, 23 (3): 601 – 620.

括对方的文化背景、信誉、能力、社会地位、出身以及前述善意等。在无法完全掌控受信者行动的情况下,授信者必须审慎评估在交换关系中可能遭遇的损失及收益,以决定是否信任。① 而这时的理性决策就必须立足于特定的制度环境并与相关契约条款的设定相结合。

心理概念。无论将信任视为一种信念或是意愿,其都是一种抽象的心理概念。② 信任是个人价值观、态度、心情或情绪相互作用的结果,是一系列心理活动的产物③,显示出授信者对受信者的信心或期望。信任的形成具有认知性及情感性的基础,无论是个人在交换过程中,对受信者可信赖证据的认知和评估,或是对其善意的感觉及其牵动的情绪反应,都是透过一系列的心理活动而形成的。

在不同的场景以及不同的主体之间,信任的侧重点可能会有所区别。例如,个人之间的信任可能注重情感因素,机构之间信任相互依赖性更为重要,金融领域中投资者与金融机构的信任更多体现理性决策和风险因素。

3. 信任的来源④

人们的行为通常有一定的动因,授信者对受信者的信任必定有其来源或基础。我们对学者们关于信任来源的研究做了梳理,总体来看主要有以下三种观点。

(1) 信任来源于文化⑤

持有这一观点的学者认为信任源自文化上的共鸣,信任最容易从共同

---

① HOSMER L T. Trust: The connecting link between organizational theory and philosophical ethics [J]. Academy of Management Review, 1995, 20 (2): 379-403.
② MAYER R C, DAVIS J H, SCHOORMAN F D. An Integrative Model of Organizational Trust [J]. Academy of Management Review, 1995, 20 (3): 709-734.
③ JONES G R, GEORGE J M. The Experience and Evolution of Trust: Implications for Cooperation and Teamwork [J]. The Academy of Management Review, 1998, 23 (3): 531-546.
④ 李义奇. 由信任而信用:论信用问题的社会根源 [J]. 征信, 2010, 28 (2): 5-8.
⑤ 此处的文化主要指非正式制度层面的道德习俗、意识形态、宗教信仰等。

的价值观和文化中产生①。如福山就认为，信任来自先天的道德共识，是本社会共享的道德规范的产物②。英格哈特（Inglehart）利用大规模跨国时间序列数据证明，有些社会具有高信任度的政治文化，而另一些社会的政治文化却是以低信任度为特征的。一般而言，受新教和儒家学说影响的国家比受天主教、东正教和伊斯兰教影响的国家更容易产生信任。③ 这似乎印证了信任来源于文化，但却并不能回答在相同文化背景下仍然存在社会信任差异的问题。

（2）信任来源于制度

制度学派认为，某些制度环境更有利于信任的产生。民主制度、有效的政府、健全的法制与较高的社会信任之间有一定的相关性。稳定的社会环境、公开透明的制度有助于增强社会公众对公平、公正和有效性的信心，这种信心可以提升社会主体彼此之间的信任度。制度论和文化论一样，都能解决不同社会群体之间信任程度差异的问题，并且制度论还可以部分解释同一社会群体之间信任程度差异的问题。社会制度不可能做到完全中性，那些从制度中得益的团体可能会产生较高的信任度，而那些从制度中受益较少甚至受损的团体必然会产生较低的信任度，因此即使在相同的制度背景下依然会产生信任差异。

（3）信任来源于理性选择

这种观点认为，信任是社会主体在社会交往中理性选择的结果，是在对潜在收益与损失、守信成本与失信损失进行衡量之后的结果。詹姆斯·科尔曼（J. Coleman）在《社会理论的基础》里就采用了理性选择理论来

---

① 彼得·什托姆普卡. 信任：一种社会学理论［M］. 程胜利, 译. 中华书局, 2005.
② 弗朗西斯·福山. 信任：社会道德与繁荣的创造［M］. 李宛蓉, 译. 呼和浩特：远方出版社, 1998.
③ INGLEHART, RONALD. Modernization and Postmodernization: Cultural, Economic, and Political Change in 43 Societie［M］. Princeton: Princeton University Press, 1997.

分析信任问题。① 但这一理论也存在两点明显的不足之处。首先,理性选择理论以"理性人"为出发点,而在现实中,并不存在真正意义上的"理性人"。其次,理性选择理论无法解释陌生人之间存在的信任,但正如英格哈特的跨国研究所揭示的,各国都有一批人相信社会上大多数人是可以信任的。

综上所述,虽然学者们从不同角度出发对信任的来源进行了大量的剖析,但是每一种单独的观点都不足以完整地解释信任的来源。我们认为,信任的来源是多元的,文化、制度和理性选择都是信任的重要来源,但在分析具体问题时需要有所侧重,关注特定时期特定场景下影响信任的主导因素。

中国历史上的社会结构和文化习俗,决定了中国社会呈现出私人信任发达的特征。我国传统的社会正如费孝通先生在《乡土中国》中所描述的,是典型的乡土社会,乡土社会的生活是富于地方性的,人们的活动范围有地域上的限制。在区域间接触少,生活隔离,各自保持着孤立的社会圈子。乡土社会中人们的信任基础主要基于私人关系,尤其是血缘关系,坚持亲疏远近行事原则。关系越近,彼此之间了解度越高,信任度便越高,交易就越频繁。但当交易扩展到陌生人层面时,信任度和交易频率便出现明显的下降。② 显然,这种信任结构与以陌生人之间交易为主的市场经济是不匹配的。因此,在我国金融市场乃至市场经济的发展中,必须要对市场主体的利益给予充足的制度保障,帮助市场主体建立互信。

(二)信用

1. 信用的含义与意义③

信用,是人类特有的一种观念认知。拥有对过去和未来的认知能力,

---

① 詹姆斯·科尔曼. 社会理论的基础(上)[M]. 邓方,译. 北京:社会科学文献出版社,1990:41-80.

② 王芳. 中国金融转型秩序型构的非正式制度分析[J]. 西北大学学报(哲学社会科学版),2017(3).

③ 李新庚. 信用论纲[M]. 北京:中国方正出版社,2004:19-23.

是人类区别于动物的一个重大差异;① 因此,人类行为最重要的特性是它指向未来。所有的人类行动在时间中发生,利用不能逆转的过去并面向未来。② 信用,亦产生于过去和未来之间,根源于基于过去而对未来产生的信任,二者皆为一种行为期待或期望。③

信用的核心在于信任。信用一方面是指特定社会主体在主观上是否具有履行义务的能力,从而能否给他人以信任的因素,包括诚实、守信的良好品格等人格方面的因素与资本状况、生产能力等财产方面的因素;另一方面是指其履行义务能力在客观上能为他人所信任的程度,这是来自社会的评价。

信用作为人类社会交往的基本行为规范,形成于人类社会的初期,根源于人类的社会需要,并随着人类社会实践的发展而发展。随着人类社会的变化发展,信用概念的发展也体现为一个有规律的连续过程。现在的信用概念是历史演变的产物,它与过去有着难以割裂的内在联系。在现代市场经济社会中,信用是一个非常复杂的概念,包含多方面的内容。人们对信用的理解,既有伦理学、法学意义,又有经济学、管理学意义。信用概念既可以指作为思想观念形态的道德、规范,又可以指作为社会行为准则的法律、规章,还可以指作为管理制度的方法、技术等。因此,现代信用是一系列观念、规范、法律、准则、方法、技术的总和,它至少有以下三种含义。

(1) 广义的信用——作为道德准则和行为规范的信用

从最宽泛的视角来看,信用通常是一个伦理学范畴,泛指社会主体在经济、社会交往中恪守承诺,它体现了人们最基本的道德准则和行为规范,即参与社会和经济活动的当事人之间建立起来的以诚实守信为道德基

---

① GRIFFIN J. On Human Rights. Oxford University Press, 2008: 32-33.
② 什托姆普卡. 信任:一种社会学理论 [M]. 程胜利, 译. 中华书局, 2005: 23.
③ 卢曼指出,"在其最广泛的含义上,信任指的是对某人期望的信心"。卢曼. 信任 [M]. 李强, 译. 上海:上海人民出版社, 2005: 1.

础的思想观念和践约行为。这种道德准则和行为规范反映在经济关系中，是指各经济主体之间，以谋求长期利益最大化为目的，建立在诚实守信基础上的主观承诺与约期践履相结合的意志和能力，以及由此形成和发展起来的行为规范及交易规则。

（2）狭义的信用——作为市场交易规则的信用

随着人类社会的发展，商品交易逐渐成为常态，信用交易也随之出现，广义的信用由最基本的道德准则和行为规范演变为商品交易的基本规则。在此背景下的信用更多表现为一个经济学和法学范畴，是人们在经济活动中的基本行为规则，也是人们在资金借贷和商品交换中普遍采取的一种重要交易形式。从内容看，信用交易就是人们主观上的诚实守信和客观上的按约偿付的统一。市场经济下所指的信用，更多的是狭义的信用。在我国，诚实信用原则是我国民法的基本原则之一。《中华人民共和国民法典》第七条规定："民事主体从事民事活动，应当遵循诚信原则，秉承诚实，恪守承诺。"这说明信用已经上升为法律原则，违反信用不仅受到道德的谴责，在某些领域可能还要受到法律的制裁。

（3）作为社会管理制度的信用

社会信用制度是现代信用观念、信用法规、信用管理技术的产物，它在现代社会中发挥了巨大的社会管理作用。社会信用制度的状况，是社会文明程度的重要标志。信用的制度化或商业化，是当代社会（尤其是市场经济和社会征信制度发达国家）的一个重要现象，也是社会信用制度建设的基本内容。制度化的信用作为一种社会信用管理方式，其产生的基本前提是社会建立了健全的信用管理制度，并且有专门的征信公司将社会经济主体（个人和企业等）的信用资料和信息，当作一种供客户进行认识和评价的资源性商品进入市场。此时，信用成为一种普通的市场要素，并像其他商品那样可以买卖。

综上所述，我们认为信用的本质特征主要表现在，信用内在地包含着经济关系中的等价交换原则、公平原则、守信原则等伦理精神和市场经济发展规律。具体地说：第一，信用实质上反映了社会经济关系的普遍准则，体现为人们之间的一种权利与义务关系。第二，信用当事人在主观上具有遵守承诺、履行义务的道德品格，在客观上具有兑现或偿付的能力。正如约翰·穆勒所说："究竟乙（契约关系中的一方）有多少信用，要看人们对他的偿付能力的评价。"① 因此，信用包括一个人的道德品格和资产信用两个方面。第三，信用的结果具有未来性和预期性，带有对未来经济利益的一种心理预期和要求。在以金融为核心的现代经济中，基础的市场交易就是信用交易，是由货币信用、商品信用和服务信用共同支撑和推动的。

2. 信用的基本要素

在现代经济社会中，信用不仅仅是一种最基本的道德要求，更是对各类经济主体的一种行为规范要求，它表现为一系列制度和行为规范的总和。人们在经济活动中发生各种具体的信用行为，这些行为过程必有其主体、客体和内容，它们构成信用的基本要素。

（1）信用的主体

信用的主体是指信用关系中的当事双方，即授信者和受信者。授信者通常是指将自身拥有的商品、货币、资财或权利等授予对方，并因此期待对方会按自己的预想进行行动的一方。受信者则是被期待的一方，通常被期待提供对等的商品、服务、货币或资财，其行为发生在交易预期中的未来。需要说明的是，由于信用交易双方之间的信任关系具有相互依赖性，因而现实中的交易双方通常同时兼具授信者和受信者的身份。信用的主体是具有各种民事行为能力的经济主体，包括自然人和法人，也可能是政府或其他组织。

（2）信用的客体

信用的客体是指信用行为中被交易的对象，表现为交易双方拥有的财产、提供的劳动以及或现实或预期中的各种权益，既可以是有形的（如

---

① 约翰·穆勒. 政治经济学原理：下册［M］. 北京：商务印书馆，1997：62.

商品、货币形式），也可以是无形的（如服务形式）。需要说明的是，金融市场作为最重要的信用交易领域，其信用交易的客体通常被认为是金融资产和货币资金的使用权，但作为金融市场主体之一的金融机构，其所提供的信用交易对象或信用客体本质上却是与资金融通和投资管理相关的金融服务。

（3）信用的内容

信用关系的内容是指当事双方基于信用制度形成的交易契约，该契约对当事双方的权利与义务作出规定。信用关系发生过程中，授信方取得一种权利，受信方承担着相应义务，没有对权利和义务具体内容的界定就无所谓信用。所以对任何一种信用关系内容的了解都需要把握两个要素：一是信用关系形成所依据的法律制度基础；二是信用关系当事人所达成的合意契约条款。

（三）信任与信用的关系辨析

信任与信用，是两个彼此之间紧密关联又存在差异的概念。信任，本质上是一种内心期待、期望，是心理感受和精神态度；而信用，更准确地讲，则是这一内在心理倾向、内心状态，即某种行为兑现的期待可能性的评价性转化，本质上可视作一种信息。它是信任程度可观察、可识别、可度量、可比较、具体化了的社会共评信息，表达着某主体的可信程度，彰显着兑现承诺、履行约定的能力，是信任的交互性或公共性的信息评估和传递体系。①

在此基础上，二者的客观程度亦有不同。信任，所包含的期待只是一种可能性，建基于过去的表现、品质的预判和关系的传递之上，具有一定程度的不确定性。用齐美尔的话来讲，"信任产生于知识与无知的结合，借助心理夸大了过去的信息"。它本身包含部分非理性情绪，因此信任有

---

① 万俊人. 信用伦理及其现代解释 [J]. 孔子研究, 2002 (5). 张维迎. 信息、信任与法律 [M]. 北京：三联书店, 2003：253 – 257.

时是盲目的、推测的。而信用试图对信任进行去主观化评估与认定，让这一评价性信息获得一定形式的社会认证与公示，具有公共识别性，而不再依赖于情绪或情感这些非理性因素。

从信用与信任的关联看，信任是信用建立的前提和基础；而信用关系的建立，又可以促进信任，因为恪守诺言的守信之人，更容易取得他人的信任。简而言之，信任是所有授信者的行为基础和前提条件，信用是所有受信者的行为要求和表征形式。

二、金融行业中的信用

如第一章所述，金融作为一种决策行为时，博迪和默顿将之定义为人们在不确定的环境中进行资源的时间配置的决策行为。① 这些决策行为外化为各类大大小小的交易行为，而任何交易行为均是基于当事双方的互信而进行的，因此金融行为的本质是一种信用行为，是信用在资源的跨期配置中的行为具化。

黄达教授将金融表述为：凡是既涉及货币，又涉及信用，以及以货币与信用②结合为一体的形式生成、运作的所有经济关系与交易行为的集合，其领域覆盖了货币、信用、投资、保险、信托、租赁等。在现代社会中，金融体系是由货币制度所规范的货币流通、金融机构、金融市场、金融工具、制度和调控机制五个要素构成的极其庞大复杂系统。③ 在这一表述中，信用与货币是金融的两个基本要素，金融的范畴形成于信用和货币的互相渗透之中，并随着这种渗透的发展而不断外延。信用贯穿在整个金融系统之中，它是信用货币的实质所在，是金融机构和金融市场形成和存在的根本前提，是金融工具的基本要素，也体现在金融的制度和调控机制之中。

---

① 兹维·博迪，罗伯特·默顿，等，著. 金融学 [M]. 2 版. 曹辉，曹音，译. 北京：中国人民大学出版社，2018（10）：3.
② 在《金融学（第二版）》一书中，黄达更多地将信用界定为一个借贷的范畴。
③ 黄达. 金融学 [M]. 2 版. 北京：中国人民大学出版社，2009：98-107.

（一）银行信用与商业银行

商业信用的出现远早于银行信用，它是指在商品交易中由于延期付款或预收货款所形成的企业间的借贷关系。具体形式包括应付账款、应付票据、预收账款等。商业信用的出现，让商品交易能够突破时间、空间和熟人交易的限制，长距离、大规模、不在场、复杂化交易得以实现，商品交易的范围得到极大扩展。然而，商业信用存在明显的局限性。一方面，商业信用局限于企业之间，以产业资本的规模为上限；另一方面，商业信用具有较为严格的方向性，它一般发生在工商企业之间，由上游企业向下游企业提供。[①]并且即便有法治保障，陌生的交易对手间仍然存在较高的信用风险，这限制了商品交易范围的进一步扩大。

随着经济的进一步发展，商业信用的局限性逐渐显现。经济的发展需要更为有效的信用形式，为交易双方提供更为强有力的保障，银行信用的出现填补了这一需求。黄达教授将具备如下两个特征的信用定义为银行信用：第一，以金融机构为媒介（主要是银行，也包括经营类似银行业务的非银行金融机构）；第二，借贷对象直接是处于货币状态的资本。[②]最早的银行出现在文艺复兴时代的意大利，脱胎于货币兑换业，"bank"一词源自"banca"，在意大利语中意为"长凳"，因为在兑换货币的过程中，货币兑换者是在长凳上工作的。之后，货币兑换商开始代商人保管货币、收付现金等，手中逐渐聚集起大量货币资金。[③]当货币兑换商为了谋取更多的利润，利用手中聚集的货币发放贷款以取得利息时，货币兑换业就发展成了现代意义上的银行业。

银行的出现改变了资本的运作方式，也突破了商业信用的局限性。一方面，银行通过吸收社会公众的闲置资金，形成了规模庞大的资金池，使

---

① 预收货款形式的商业信用不在此列。
② 黄达. 金融学［M］. 2版. 北京：中国人民大学出版社，2009：79.
③ 兹维·博迪，罗伯特·默顿，等著. 金融学［M］. 2版. 曹辉，曹音，译. 北京：中国人民大学出版社，2018（10）：60.

银行具备了空前强大的资金供给能力,能够为企业提供前所未有的贷款支持,突破了商业信用在规模上的局限;另一方面,银行信用可将资金提供给任何符合信用要求的个人或企业,突破了商业信用方向性的局限。① 银行信用的出现极大地促进了商品经济的发展与繁荣。

银行信用也推动了商业信用的发展。以商业票据贴现为例,当银行嵌入商品交易之后,商品交易原本的流程就发生了改变。过程中,卖方向买方交付商品,买方向卖方开具商业票据,卖方可将该票据向银行发起贴现,银行代替买方向卖方支付货款,买方和卖方之间的债权债务关系转换为买方和银行的债权债务关系,卖方承担的信用风险也随之过渡给银行。银行信用的出现缓解了买卖双方在信息不对称情况下的逆向选择和道德风险,确保交易的顺利进行,商品交易的范围得以扩大。

(二) 保险信用与保险公司

财产保险是保险的最早形态,在中世纪的意大利,货主或船主为了避免货物或船舶损失,与基尔特等承保组织签订保险合同,开创了商业保险的最初形式。在伦敦火灾发生后,火灾保险在欧洲便得以快速发展,并推动了财产保险的全面发展。人身保险的产生稍迟于财产保险,但在性质上与财产保险别无二致。无论是财产保险抑或人身保险,都以保险合同作为典型形态,主要是权利人为了自己的财产或人身投保,即通过签订保险合同,投保人将损失风险转移给保险人,保险人收取保险费并在发生保险事故后承担保险责任。② 投保人对保险人的信任是保险关系建立的基本前提,投保人与保险人签订保险合同即为投保人的授信行为,保险人在保险事故发生后向投保人或被保险人偿付保险金即保险人的守信行为。信用在保险中不仅是交易规则,更是一种风险转移的机制。

保险之所以被纳入金融体系之中,是因为保险人通过承保,分散收取

---

① 黄达. 金融学 [M]. 2版. 北京:中国人民大学出版社,2009:80.
② 叶林,郭丹. 保险本质和功能的法学分析 [J]. 法学杂志,2012,33 (8):31-39.

投保人缴纳的保险费,汇集成规模巨大的保险资金,这些资金又通常被用于各项金融投资当中。[①] 通过有效运用保险资金,保险人不仅要满足投保人或被保险人的保险金偿付需求,还要保障自身获得利益。

(三)公司信用与投资银行

公司信用是指股份制公司通过发行股票或者债券,在金融市场上直接向投资者融通资金的信用形式。在这一过程中,发行股票或债券的公司是实际的受信主体,但提供相关服务的投资银行(即我国的证券公司)也占据着重要地位。根据美国著名投资银行家罗伯特·库恩(Robert kuhn)的定义,投资银行是指全部或部分经营资本市场业务的金融机构,其核心和本源业务是证券承销(以及在承销基础上的证券经纪业务),其他任何投资银行业务都是在这一基础上的衍生和发展。证券承销(Underwriting of Securities)业务是一种一级市场业务,它主要包含三个方面:一是对证券发行者和投资者提供咨询服务;二是对公开发行(又称公募发行,Public Placement)证券的承销;三是对私下发行(又称私募发行,Private Placement)证券的承销。投资银行为客户代理买卖已上市证券的经纪业务、融资融券业务和自行买卖上市证券的自营业务属于二级市场业务。[②]

融资方在金融市场上发行股票或债券时,由于融资方全面掌握着自己的经营管理情况,而投资者在信息上则处于显著的劣势地位。在这种情况下,投资者为了补偿自身承受的风险,会要求融资方以更低的价格发行股票,或以更高的利率发行债券,从而抬升融资成本。投资银行的加入可以缓解投融资双方的信息不对称,使融资方顺利地以合理的成本获得融资。投资银行之所以能够起到这种作用,是基于其较强的公信力,这种公信力来自投资银行自身较强的信用水平,其背后是资本市场的规制、政府对投资银行严格的监管、投资银行长期累积的信誉、专业能力以及相应的股东

---

① 兹维·博迪,罗伯特·默顿,等著. 金融学 [M]. 2 版. 曹辉,曹音,译. 北京:中国人民大学出版社,2018(10):290.

② 奚君羊. 投资银行学 [M]. 3 版. 北京:首都经济贸易大学出版社,2019:2-4.

背景等多方面的因素。在承销业务中，投资银行需要进行充分的尽职调查，并独立判断，确保融资方信息披露的真实性、完整性和准确性。这既是维持投资银行客观公正地位的要求，又是法律程序的要求。如《中华人民共和国证券法》第二十九条要求，证券公司承销证券，应当对公开发行募集文件的真实性、准确性、完整性进行核查。

（四）信托信用与信托公司

信托源于英国的尤斯（use）制度，起初只是一种道义行为，其主要目的是规避当时法律对财产转移所施加的种种限制，被作为一种消极的财产转移设计来使用。18世纪末，美国率先将信托用于商业之中，为现代信托的产业化奠定了基础。在发展过程中，信托的功能也从单一的财产转移目的，转变为财产转移和财产管理的双重目的，并且日益将财产管理作为信托设计所追求的首要目的。在现代信托制度中，委托人出于对受托人的信任，将其拥有的特定财产转移给受托人，受托人基于委托人设立信托的目的，以受益人利益最大化为原则对受托财产进行管理运作。在此过程中，受托人不仅担当起财产转移中转站的角色，更重要的是以其专业化的管理知识和经验为委托人或者受益人管理财产，以实现财产的保值增值[1]。不过，无论信托的功能和目的发生了怎样的变化，不变的一点是它始终基于委托人对受托人的信任而存在，并因此要求受托人承担相应的受托责任，这是信托最为本质的特征，这一特征源自信托诞生的初衷，并在信托的发展之中得以延续。

尤其需要注意的是，虽然信托信用与以银行信用和保险信用为代表的间接金融以及以公司信用为代表的直接金融一样，都由信用主体、客体和内容构成，但由于信托机构在信托信用中扮演的角色和承担的风险与间接金融或（和）直接金融截然不同，因此信托信用既不属于间接金融，又不属于直接金融，而是介于两者之间的一种独特的信用形式或金融关系。

---

[1] 钟瑞栋，陈向聪. 信托法 [M]. 厦门：厦门大学出版社，2004：28.

在信托金融中，信托机构通过信托产品与资金盈余者形成信义关系，与资金需求者形成债权债务或股权等金融关系，信托机构承担以受托财产为限的有限责任和风险。而在间接金融中，金融机构和资金盈余者形成债权债务关系，和资金需求者形成债权债务或股权投资关系，金融机构须承担资金需求者的信用风险，资金盈余者和资金需求者之间并不直接发生金融关系。在直接金融中，金融机构不介入资金盈余者和资金需求者之间的权利与义务，也不承担资金需求者的信用风险。证券公司为资金需求者提供承销服务，根据承销方式的不同可能构成委托代理关系（代销）或买卖合同关系（包销）；证券公司与资金盈余者之间的关系是一种委托关系①，证券公司通过信息生产和相关服务，确保资金需求者信息披露的真实性、完整性和准确性，降低投融资双方的信息不对称程度，保证债券和股票顺利发行（见图2-1）。

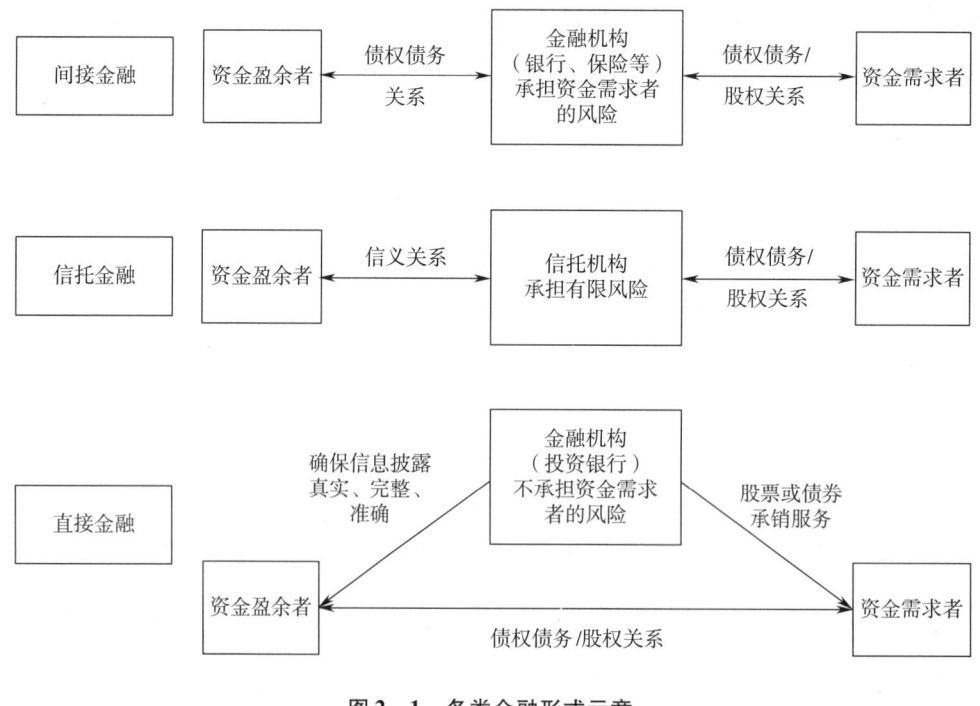

图2-1 各类金融形式示意

---

① 有学者进一步分析后认为二者之间是行纪合同关系。

第二节 信托金融的特征：信任基础与信义关系

从功能上看，信托诞生的初衷是为了实现财产转移的目的，但近代以来信托财产管理的功能被越来越多地认知和挖掘，并且日益成为信托最主要的功能。概括地说，信托基于信任而产生，是一种以财产管理为目的的信用形式。信托关系是典型的信义关系，且由于信托契约更高的不完备性，作为受托人的信托机构需要承担更严格的信义义务。

一、信托金融中信任的含义与意义

从字面上看，信托有因信而托、因信任而委托、因信赖而托付等含义。先有信任，后有托付，信托离不开信任，信任是信托的存在前提和立身之本。

（一）从信托起源看，信托基于信任建立

作为一项制度的信托起源于英国的 use 制度，use 制度在英国的盛行与当时社会上流行的教会遗赠、英国普通法和衡平法的并存密切相关。在封建时代，英国民众普遍信奉宗教，按照当时的基督教义，信徒"活着要多捐献，死后才可以升入天堂"，这使教会的土地不断增多。彼时，根据法律教会的土地免征役税，教会土地激增，意味着国家役税收入减少，进而影响国王和封建贵族的利益。作为对应措施，13 世纪初英王亨利三世颁布《没收条例》，规定凡把土地赠与教会团体的，须得到国王的许可，否则将没收其土地。当时英国的法官多数为教徒，为帮助教会摆脱不利的处境，他们通过衡平法，创造了 use 制度——凡要以土地贡献给教会者，不做直接的让渡，而是先赠送给第三者，并表明其赠送目的是维护教会的利益，第三者必须将从土地上所取得的收益转交给教会。

有人形象地表述为，中世纪英国所特有的地产权体系是催生信托萌芽发育的肥沃土壤，所特有的与普通法并行的衡平法则是浇灌信托之树茁壮成长的活水源头。① 前者从社会需求上推动了 use 制度的运用，后者从制度上保障了 use 制度的发展。信托作为一种非交易性的财产转让安排，必须基于信任才能够得以建立。尤其是在信托发展的初期，相关的法律体系还存在较多的缺陷，在缺乏制度保障的情况下，委托人对受托人信任的重要性更甚现今。

（二）从信托立法看，信托以信任为基础

从世界范围来看，不少国家的信托法律中，均明确指出信托关系以信任为基础建立。例如，我国《信托法》第二条将信托定义为，委托人基于对受托人的信任，将其财产权委托给受托人，由受托人按委托人的意愿以自己的名义，为受益人的利益或者特定目的，进行管理或者处分的行为。美国《信托法重述》（第三版）第二条规定，信托，除回复信托及拟制信托②外，是一种关于财产的信赖关系。③ 英国对信托的典型定义之一，"信托是关于特定财产的一种信任关系。受托人为了他人利益而享有该特定财产的法律上的所有权，该他人作为受益人则享有该特定财产的衡平法上的所有权。"④ 韩国《信托法》第一条规定："本法所称信托，是指以信托制定人（信托人）与信托接受人（受托人）间特别信任的关系为基础，信托人将特定财产转移给受托人，或经过其他手续，请受托人为指定者（受益人）的利益或特定目的，管理或处分其财产的法律关系。"

（三）信托金融发展有助于信任基础和信用体系完善

信任是包括信托在内的一切金融行为的基础，它同时具备感性与理性两种属性，可以视作具有感性成分的理性抉择。现代社会具有高度的复杂性，交易双方对彼此的了解往往非常有限，过多地出于情感因素而对他人信任很可能会损害自身的利益。因此，金融关系的形成更多地依赖于制度

---

① 陈赤. 信托文化的价值精髓［J］. 金融博览（财富），2018（10）：56.
② 回复信托与拟制信托共同构成了与明示信托相对的默示信托。
③ Restatement (Third) of Trusts.
④ 王泽鉴. 民法物权［M］. 北京：中国政法大学出版社，2001.

信任和契约信任，而不是血缘信任或熟人信任。制度信任和契约信任是所有金融关系中信任的核心特征。

金融关系中的信任首先是基于制度（尤其是和金融相关的制度）而产生的，是一种制度信任。罗尔斯（Rawls）在《正义论》中认为，制度规范规定了哪些行为类型是被禁止的，哪些行为类型是被允许的，并在出现违背的情况下，能实施某些惩罚与提供某些保护措施。历史唯物主义认为，制度就是社会制度，是社会的经济、政治、文化等制度的总称，经济制度是最基本的社会制度。法律是现代社会制度的核心，它具有特殊强制性、普遍约束力和至上的权威性，能够很好地降低信任风险，促进和保证人们行为的确定性、无害性和可靠性。[①]

契约信任和制度信任息息相关。契约（或合同）是当事人在法律的框架下根据其自身的意愿达成的，关于当事人在特定事务中的权利与义务的协议。法律对人们的行为进行原则上的规范，而契约则是以法律框架为基础，对人们在某一特定事务中行为的具体规范，可以说契约信任是基于制度而建立的。在现代社会中，由于没有熟人社会长期相处和了解积累的经验，习惯、习俗等道德约束又不具备强制性，通过契约明确权利义务关系就显得更加重要。

信托是一种以信任为基础、以财产管理和财产转移为目的的法律制度。信托契约更高的不完备性使信托关系的建立更加依赖于信托法律制度的保障。信托的发展要求不断完善与之相关的法律规范和监管措施，信托的发展与信托制度的发展相互促进，进而夯实全社会的信任基础和完善信用体系。

二、信义关系及其制度基础

信托关系中，委托人基于对受托人的信任，将特定财产交由受托人管

---

① 陶芝兰，王欢. 信任模式的历史变迁：从人际信任到制度信任 [J]. 北京邮电大学学报（社会科学版），2006，8（2）.

理运作，受托人的行为对受益人的利益实现起到决定性作用，但信托契约的不完备却使委托人和受益人无法完全约束或监控受托人的行为。受托人与委托人和受益人之间的这种不对等关系本质上是一种信义关系①，因此受托人对委托人和受益人负有信义义务。信义义务（Fiduciary Duty/Fiduciary Obligation）源自英国衡平法，意在防止受托人滥用其优势地位，充分地保障受益人的利益，它要求处在信托法律关系中的受信者必须对委托人和受益人履行诚信、忠实、正直并为其最佳利益工作的义务。② 信义义务是一种典型的为他人最大利益使用权利或者行为的利他义务。信义义务同时受到道德观念和法律制度的约束，其中信托法律是受托人履行信义义务的最低要求，它规范了信托公司作为受托人最基本的信义义务。

就信义义务的具体内容而言，可分为忠实义务与注意义务两个方面。在法律上，为防止受托人侵占信托财产及其收益设立忠实义务，为防止受托人不尽责管理信托事务建立了注意义务。忠实义务和注意义务的共同作用能够使主观上自我利益最大化的受托人客观上为受益人实现利益最大化。

（一）忠实义务

忠实义务（Duty of Loyalty）是法律创造出来的激励机制，在此机制下，受托人的个人利益和受益人的最佳利益实现一致。普通法系国家的信托法认为，信托是一种信赖关系，禁止受托人处于个人利益与职责冲突的地位。英国信托法权威海顿（D. J. Hayton）对受托人的忠实义务进行了分类，包括受托人不得从信托中获利；禁止受托人购买信托财产，购买信托项下受益人的衡平权益时应公平交易；受托人未经授权不得获取报酬及

---

① 信义关系是指特定当事人之间的一种不对等的法律关系，即一方 A 处于相对优势地位，而另一方 B 处于相对弱势地位，被动接受 A 行为的法律后果。英美的判例认为只要 A 为 B 的事务或者财产从事活动，或者 B 对 A 有信赖依赖，A 和 B 之间就存在衡平法下的信义关系。

② 汪其昌. 信义关系：金融服务者与金融消费者关系的另一视角 [J]. 上海经济研究，2011（6）：90-99.

不得与信托从事的业务竞争等。① 美国1994年制定的《统一谨慎投资人法》规定了受托人忠实义务的两方面内容：一是受托人应当仅为了受益人的利益投资和管理信托财产。二是如果一项信托有两个或更多的受益人时，受托人应当公平地投资和管理信托财产，考虑任何可能造成受益人利益不均的因素。美国《信托法重述》也规定，受托人管理信托财产和处理信托事务只能是为了受益人的利益，忠实于受托人利益的所在。我国《信托法》第二十五条对受托人的义务进行了规定，受托人应当遵守信托文件的规定，为受益人的最大利益处理信托事务。受托人管理信托财产，必须恪尽职守，履行诚实、信用、谨慎、有效管理的义务。其中诚实和信用属于忠实义务。

（二）注意义务

注意义务（Duty of Care），又称谨慎义务，它要求受托人像对待自己的财物一样谨慎、勤勉地对待受托财产。美国《信托法重述》规定，受托人对信托的管理，应尽一般人处理自己事务的同一注意义务及能力，但受托人因较高的注意能力而被委托为受托人时，应尽较高的注意义务及能力。英国《2000年受托人法》规定，当适用注意义务时，受托人必须付出该情况下合理的注意与技能，同时需要考虑受托人拥有或宣传拥有的特殊知识或经验，如果是商业或专业运作中的受托人，还必须考虑商业或专业运作环境下合理的特殊知识或经验。我国《信托法》第二十五条要求的"谨慎"属于注意义务。

值得注意的是，受托人对受益人负有的义务和责任是以信托财产为限的，这根源于信托财产的独立性。只要受托人尽到了信义义务，即使未能取得信托利益或造成了信托财产的损失，受托人也不应以自有财产负任何责任。当然，如果是由于受托人未尽信义义务造成了信托利益的未能取得或信托财产的损失，那么受托人必须以自有财产承担赔偿责任。在我国

---

① 孟建兵. 论英国信托法上受托人的忠诚义务［D］. 北京：对外经济贸易大学，2005：2.

《信托法》第二十六条、第二十七条、第二十八条中,分别规定了信托违反责任的三种情形,即受托人利用信托财产为自己谋取利益的责任;受托人将信托财产转为其固有财产的责任;受托人将其固有财产与信托财产进行交易或者将不同委托人的信托财产进行相互交易的责任[①]。当然,这仅是对受托人法律责任的原则规定,更具体的责任要求还应反映在相应的规制细则和技术标准上。

三、信托与其他信用形式的比较

按照本章前述对信用含义的界定与阐述,信托和债、股、有限合伙、租赁、委托等是当今社会经济金融领域中的信用形式,这些信用形式在信用的主体、客体和内容上存在显著的差异,机制原理各不相同,功能作用各有千秋,共同构成现代金融体系中的信用谱系。通过对这些不同的信用形式的差异进行分析,有助于更好地认识信托这种信用形式的特点。

在此之前,我们首先需要明确信托关系中的信用主体、信用客体和信用内容。信托关系中,委托人、受托人和受益人(委托人和受益人可为同一人)是信用主体;信托财产以及受托人提供的服务是信用客体;信用内容——由信托制度规范的信托合同——的核心是明确信托目的和为保证信托目的的实现而对受托人受托义务的规范。除信义义务的高标准外,信托信用内容中最突出的特点就是信托财产的独立性和信托关系的稳定性,信托财产独立于委托人未设立信托的其他财产和受托人的固有财产,信托的存续不因受托人的解散、破产或死亡而终止。[②]

[①] 钟瑞栋,陈向聪. 信托法 [M]. 厦门:厦门大学出版社,2004 (1):118 – 119.
[②] 《信托法》第十五条规定信托财产与委托人未设立信托的其他财产相区别。设立信托后,委托人死亡或者依法解散、被依法撤销、被宣告破产时,委托人是唯一受益人的,信托终止,信托财产作为其遗产或者清算财产;委托人不是唯一受益人的,信托存续,信托财产不作为其遗产或者清算财产;但作为共同受益人的委托人死亡或者依法解散、被依法撤销、被宣告破产时,其信托受益权作为其遗产或者清算财产。第十六条规定,信托财产与属于受托人所有的财产(以下简称固有财产)相区别,不得归入受托人的固有财产或者成为固有财产的一部分。受托人死亡或者依法解散、被依法撤销、被宣告破产而终止,信托财产不属于其遗产或者清算财产。

(一) 债与信托

债是一种常见的信用关系，早在商品交易萌芽之初便广泛存在于经济社会之中。根据我国《民法典》，债权是因合同、侵权行为、无因管理、不当得利以及法律的其他规定，权利人请求特定义务人为或者不为一定行为的权利。现代社会中，债权债务关系主要是指资金借贷形成的关系，其中债权人是授信者，债务人是受信者，被借贷的现金资产和债务人支付的利息即为信用客体。在信用内容方面，债和信托存在明显的差异。

(1) 主要目的

债权债务关系中，债权人的目的在于通过标的物的借出，获得一定的经济利益。债务人的目的在于借入标的物，以满足特定需求。而在信托关系中，委托人设立信托的目的十分多元化，包括但不限于获取投资收益、财富管理、财富传承、子女教育等。

(2) 核心内容

债权债务契约的核心在于明确债务人的还本付息义务，并保障债务人如约履行该义务。《民法典》第六百六十八条规定，借款合同的内容一般包括借款种类、币种、用途、数额、利率、期限和还款方式等条款。此外，由于债权人和债务人之间存在信息不对称，债权人会通过在合约中加入一些限制性条款，来限制债务人对债权人的不利行为。相比之下，信托契约的核心内容是明确信托目的和规范受托义务。

(3) 财产独立性

债权人持有的债权是一种资产，但这些资产与债权人持有的其他资产不独立，当债权人破产或者死亡时，债权资产会与其他资产一并遭到清算或者纳为遗产。而信托财产则同时独立于委托人、受托人和受益人三方各自的财产。

(二) 股与信托

股权是有限责任公司或者股份有限公司的股东对公司享有的一种综合性权利。江平教授将股权界定为股东因出资而取得的、依法定或公司章程规定的规则和程序参与公司事务并在公司中享受财产利益的、具有转让性的权利。[①] 股权关系中，股东是授信者，公司（更准确地说是董事会）是受信者，股东的出资以及出资所获得的对公司的权利是该信用关系中的信用客体。股与信托在信用内容方面的区别主要如下。

（1）主要目的

公司是以营利为目的的企业法人，股东通过设立或入股公司，获得公司经营运作带来的收益。如公司制基金，投资者认购基金公司的股份，成为该共同基金的普通股股东，从而获取投资收益。而设立信托的目的则远不止获取收益。

（2）核心内容

股权投资协议的核心内容主要是明确股东权利与义务、公司组织构架、运营管理以及盈亏分配等。在大型股份制企业中，由于股东数量庞大，绝大多数股东并不参与公司的经营管理，公司的经营管理主要依赖董事会和管理层。目前，主流观点认为，董事对股东负有信义义务，而且该信义义务就是源于信托法上的信义义务。

（3）财产独立性

在股权关系中，在公司进行清算时，股东以其认缴的出资为限对公司承担责任，股东持有的股权独立于其持有的其他资产；但当股东自身陷入债务危机或破产时，其持有的股权不独立于其持有的其他资产。

（三）有限合伙与信托

有限合伙的前身为康孟达契约[②]，从普通合伙到有限合伙，合伙跨越了合伙人无限责任至有限责任的屏障。[③]《中华人民共和国合伙企业法》

[①] 江平，孔祥俊. 论股权 [J]. 中国法学，1994（1）：73-82.

[②] 由于中世纪的海上贸易尤其是远洋贸易，是当时风险最大但同时也是利润丰厚的贸易，有足够资本的投资者希望进行投资来获取高额利润，但是他们不愿意承担高风险带来的无限责任，船主则往往苦于缺乏足够的资金来造船、购货，于是产生了船主企业家和银行投资家之间的新式联合——康孟达契约。

[③] 江平，曹冬岩. 论有限合伙 [J]. 中国法学，2000（4）：49-57.

规定，有限合伙企业由二个以上五十个以下合伙人设立，且至少有一个普通合伙人。普通合伙人对合伙企业债务承担无限连带责任，有限合伙人以其认缴的出资额为限对合伙企业债务承担责任。有限合伙企业由普通合伙人执行合伙事务，对应信托中的受托人，是有限合伙关系中的受信者；有限合伙人对应委托人，是有限合伙关系中的授信者；有限合伙人的出资以及出资获得的对合伙企业的权益即为信用客体。有限合伙与信托在信用内容上的主要区别如下。

（1）主要目的

合伙合同是两个以上合伙人为了共同的事业目的，订立的共享利益、共担风险的协议。① 一般来说，有限合伙的主要目的是通过合伙企业的经营运作获取收益。例如，有限合伙制私募投资基金②，投资通过认缴出资成为基金的有限合伙人，从而获得投资收益。

（2）核心内容

有限合伙最鲜明的特点是，合伙人对合伙债务只承担有限责任，承担责任的财产是其在合伙中的权益；普通合伙人执行合伙事务，并对合伙企业的债务承担无限连带责任。③ 因此有限合伙协议最核心的内容应当是对普通合伙人和有限合伙人的权利与义务的明确规定。④

---

① 《民法典》第九百六十七条。
② 有限合伙可以作为一种财产管理制度用于私募投资基金。《私募投资基金管理办法》第二条规定，非公开募集资金，以进行投资活动为目的设立的公司或者合伙企业，资产由基金管理人或者普通合伙人管理的，其登记备案、资金募集和投资运作适用本办法。
③ 沈四宝．美国合伙制企业法比较评析及对中国法的借鉴［J］．甘肃政法学院学报，2006（02）：18－26．
④ 《合伙企业法》第十八条规定，合伙协议应当载明下列事项：①合伙企业的名称和主要经营场所的地点；②合伙目的和合伙经营范围；③合伙人的姓名或者名称、住所；④合伙人的出资方式、数额和缴付期限；⑤利润分配、亏损分担方式；⑥合伙事务的执行；⑦入伙与退伙；⑧争议解决办法；⑨合伙企业的解散与清算；⑩违约责任。第六十三条规定，有限合伙企业合伙协议除符合本法第十八条的规定外，还应当载明下列事项：①普通合伙人和有限合伙人的姓名或者名称、住所；②执行事务合伙人应具备的条件和选择程序；③执行事务合伙人权限与违约处理办法；④执行事务合伙人的除名条件和更换程序；⑤有限合伙人入伙、退伙的条件、程序以及相关责任；⑥有限合伙人和普通合伙人相互转变程序。

(3) 财产独立性

有限合伙人以其对合伙企业的出资为上限承担责任，合伙企业的债务独立于有限合伙人持有的其他资产。但当有限合伙人自身陷入债务危机或破产时，其持有的有限合伙企业的权益不独立于其他资产。普通合伙人对合伙企业承担无限连带责任，其持有的合伙企业权益不具备独立性。

(四) 保险与信托

保险是一种以风险转移为目的的信用机制。投保人是保险关系中的授信人，保险人是受信人。投保人缴纳的保费和保险人对投保人的承诺（在保险事故发生后向投保人偿付保险金）是保险关系中的信用客体。信用内容方面，保险和信托有如下差异。

(1) 主要目的

保险主要的目的在于风险转移或风险规避，投保人通过投保，将某些不确定风险以及可能由此造成的损失，转化为确定数额的保险费支出，并在未来获得保险人给付的保险金[1]。虽然，保险也可以实现财富传承的目的，但整体而言保险与信托的目的仍存在较大的差异。

(2) 核心内容

保险合同是投保人与保险人约定保险权利义务关系的协议。[2] 基于保险风险转移的目的，保险合同以保护保险利益受损者为宗旨及目标，强调保险利益的存在是保险合同效力确认的基本原则，其核心内容应当包括对保险范围、保险条件、赔偿金额等问题的明确。[3]

---

[1] 叶林，郭丹. 保险本质和功能的法学分析 [J]. 法学杂志，2012，33 (8)：31-39.

[2] 《中华人民共和国保险法》第十八条规定，保险合同应当包括下列事项：保险人的名称和住所；投保人、被保险人的姓名或者名称、住所，以及人身保险的受益人的姓名或者名称、住所；保险标的；保险责任和责任免除；保险期间和保险责任开始时间；保险金额；保险费以及支付办法；保险金赔偿或者给付办法；违约责任和争议处理；订立合同的年、月、日。投保人和保险人可以约定与保险有关的其他事项。

[3] 叶林. 郭丹. 保险本质和功能的法学分析 [J]. 法学杂志，2012，33 (8)：31-39.

（3）财产独立性

保单属于投保人的资产，它拥有一定的独立性①，但保单的资产隔离效果远不如信托。

（五）租赁与信托

在租赁信用中，出租人是授信者，承租人是受信者，租赁物的使用权和租金均是信用客体，信用的内容方面，租赁和信托的区别如下。

（1）主要目的

租赁合同是出租人将租赁物交付承租人使用、收益，承租人支付租金的合同。融资租赁合同中，出租人根据承租人对出卖人、租赁物的选择，向出卖人购买租赁物。② 租赁信用中，出租人的主要目的是通过租赁物使用权的转移获得租金收入，承租人的主要目的是以租金为代价获得租赁物的使用权，其目的明显不同于信托。

（2）核心内容

租赁合同的内容一般包括租赁物的名称、数量、用途、租赁期限、租金及其支付期限和方式、租赁物维修等条款。融资租赁合同还包括租赁期限届满租赁物的归属等条款。③ 由于出租人和承租人之间存在信息不对称，出租人处于劣势地位，所以出租人通常会在租赁合同中加入对承租人行为的限制条款。

（3）财产独立性

租赁信用中，出租人授予承租人租赁物的使用权，租赁物的所有权仍归属于出租人，租赁物不独立于出租人的其他资产。

（六）委托与信托

委托是指委托人和受托人约定，由受托人处理委托人事务的行为。委托人可以特别委托受托人处理一项或者数项事务，也可以概括委托受托人

---

① 保单的独立性涉及较多法律条款，其独立性受多种因素影响。
② 《民法典》第七百零三条和第七百三十五条。
③ 《民法典》第七百零四条和第七百三十六条。

处理一切事务。① 委托人对受托人的信任是委托关系成立的基本前提，在委托关系中，委托人是授信人，受托人是受信人，委托人支付的费用（或有）和受托人提供的服务就是信用客体。从信用的内容上看，委托和信托的差别主要体现在以下几点。

（1）主要目的

委托是受托人基于委托人的委托而代为从事一定的法律行为、处理一定的委托事务。委托的范围十分宽泛，包括但不限于委托他人管理、运用或处分财产。

（2）核心内容

《民法典》第九百二十二条规定，受托人应当按照委托人的指示处理委托事务。需要变更委托人指示的，应当经委托人同意；因情况紧急，难以和委托人取得联系的，受托人应当妥善处理委托事务，但是事后应当将该情况及时报告委托人。因此，委托合同的核心内容应当是对委托事务、委托财产、受托人权责等内容的明确。

（3）财产独立性

在以财产管理为目的的委托关系中，受托人以委托人的名义进行财产管理，委托关系的成立不以财产的转移为基础，被管理的财产不独立于委托人的其他资产。

第三节 信义义务的法经济学分析与技术标准

在本节中我们将用法经济学的理论工具对信托关系中当事人尤其是受托人的行为特征进行分析，对信托制度中关于信义义务的法律规定进行经济学解释。同时结合现代金融理论与实践的成果，说明信义义务的金融技术标准。库特（Cooter）首次用委托代理理论系统研究了信托关系和信托

---

① 《民法典》第九百一十九条和第九百二十条。

法规，认为单纯使用委托代理合同对受托人激励无法实现最优结果，需要使用信义义务规范受托人行为，并对可能违反受托人信义义务的行为施以惩罚或要求受托人赔偿，使违反受托人责任的预期成本大于预期收益，可以最大化信托行为总价值。① 这一分析思路构成了信托法对受托人忠实义务和注意义务进行规范的基本经济学逻辑。此外，在现代金融理论逐渐成熟的背景下，金融研究的理论和实践在信托中得到越来越多的体现，在此基础上逐渐形成了信托业务的技术标准。

一、忠实义务的分析②

（一）侵占信托财产的动因

在信托关系中，通过法律和契约条款完全预防侵占行为是不可行的，原因主要集中于规定和执行层面。首先是规定层面。由于存在外部环境变化等不可控因素，契约各方无法预测并明确界定在某一特定情形下受托人应当作出的最佳行为。同时，法律又需要对受托人责任进行清晰表述，这种原则性表述无法做到完全信息假设下的完美预防。其次是执行层面。即使受托人的责任被明确界定，由于信息不对称，委托人也很难识别受托人违反既有规定的行为。在这种情况下，委托人的可行做法是通过信托财产的管理结果来推断受托人的具体行为。但影响信托财产管理结果的因素除了受托人行为外，还有许多外部因素，如宏观环境的变化。通过结果推断受托人的行为究竟是利己还是利他存在一定的猜测成分，这称为委托人困境。

资产侵占模型通过简化的决策树来说明委托人困境（见图 2-2）。该模型存在以下假设：

---

① COOTER R D, FREEDMAN B J. The Fiduciary Relationship: Its Economic Character and Legal Consequences [J]. New York University Law Review, 1991, 66 (4): 1045–1075.
② 申燕霞. 信托受托人忠诚义务的经济学研究 [D]. 山东大学, 2013.

自然仅会呈现两种状态——良好状态和不良状态；

良好状态下的信托财产终值为 G，不良状态下的信托财产终值为 B，$G > B$；

受托人如侵占信托财产，为了免于惩罚，会选择不如实告知自然状态；

在良好状态下受托人侵占财产数额为 $G - B$，以使报告给委托人的结果具有迷惑性，在不良状态下受托人侵占财产数额为 M，$0 < M < B$；

影响信托财产终值的因素只有自然状态和受托人是否侵占财产。

在决策树的第一个分支，契约各方决策是否建立信托关系。如果建立了信托关系，委托人则将 P 单位资产交由受托人管理。在第二个分支，自然选择呈现出一种良好状态或不良状态，自然状态影响信托财产终值。在第三个分支点，受托人决定是否侵占信托财产，如侵占，则不如实报告信托财产终值，反之，则如实报告信托财产终值。决策树终点的信托财产价值反映了受托人的报告结果。

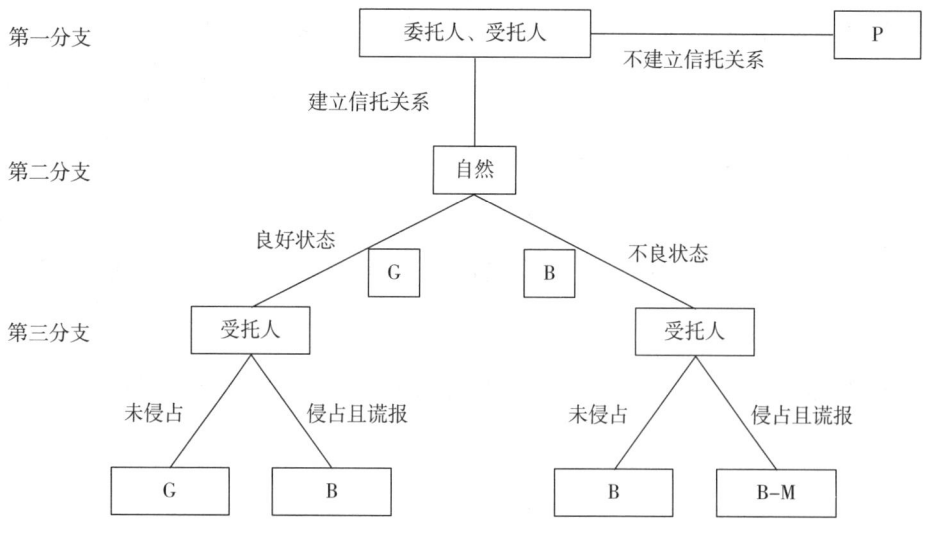

图 2-2　资产侵占模型

在资产侵占模型的假设前提下，委托人在某些情况下无法通过得知的信托财产终值推断受托人的财产侵占行为。假设委托人知道良好状态和不良状态下的结果，但是不知道具体呈现出的自然状态和受托人的行为。当受托人报告的信托财产终值为 G 时，委托人可以正确推断出决策树的路径：良好的自然状态，没有财产侵占，且受托人如实报告财产终值。当受托人报告的信托财产终值为 B－M 时，委托人可以正确推断出决策树的路径：不良的自然状态，存在财产侵占，且受托人谎报财产终值。当受托人报告的信托财产终值是 B 时，问题就出现了，委托人无法判断该结果是在不良状态下的如实报告还是良好状态下的财产侵占且谎报，进而无法判断受托人是否尽到了忠实义务。

资产侵占模型将资产侵占时的委托人困境进行了简化，现实中影响信托财产报告终值的因素，除了自然呈现出的状态和受托人是否侵占信托财产且谎报外，还有很多不确定性影响。不确定性影响不是受托人带来的，不能归责于受托人，但是在信息不对称前提下很难将不确定性影响从侵占行为中分离出来。

(二) 惩罚财产侵占行为

由于信息不对称，委托人所得信息不完全，发现并证实受托人侵占的概率很小，因此信托关系存在预防侵占的内生障碍。当出现受托人侵占信托财产的情形，对委托人的一般救济方法是追索。如果存在完美追索，该追索将使受托人的财产状况还原为不存在财产侵占时的水平。由于存在信息不对称，委托人只能以一定概率发现财产侵占行为并对受托人进行惩罚。只有对受托人惩罚的期望值等于或超过受托人侵占的信托财产价值时，该惩罚才能有效防止财产侵占行为。设受托人被惩罚的概率为 P，惩罚金额与完美追索的比率——惩罚乘数为 m，只有 $P \times m \geq 1$ 时，该惩罚才能有效防止财产侵占行为。因此，受托人被惩罚的概率 P 对惩罚效果有重大影响。

在一般侵权纠纷中，原告承担对被告不当行为的举证责任。在信托关系中，委托人对受托人的行为认知信息不完全，如果按照一般侵权纠纷的处理模式，由原告（即委托人）承担对被告（即受托人）不当行为的举证责任，对受托人施以法律制裁的概率会很小，进而降低惩罚期望值，削弱了对受托人侵占信托财产的防控力度。因此，增加对受托人侵占信托财产防控力度，可以从提高 P 或提高 m 两个角度入手。

（三）忠实义务及举证责任转移

为了提高受托人被惩罚的概率，信托法要求受托人履行忠实义务。忠实义务由一组推定的规则组成，在当前的认知范围内，对委托人和受托人之间可能发生利益冲突的每一个方面，忠实义务规定了受托人被许可的行为范围。类似于有罪推定，信托法事先假定受托人违反了忠实义务，由受托人承担其未侵占信托财产的举证责任。这种举证责任归属提高了受托人被惩罚的概率，从而提高了惩罚的期望值 $P \times m$。

受托人行为的两个基本限制性规定分别针对利益冲突和隐藏利润。利益冲突是受托人在委托人不知情的情况下与信托财产进行交易。这种交易包括受托人以其信托财产受托人的角色与自己签署合同或者用信托资金购买受托人自有财产而未进行信息披露等情况。传统的信托法实践严格禁止受托人的自我交易，当前的法律规范放松了在公司间交易等方面的规定，但对交易公允性的举证责任仍然由受托人承担。一般来说，一旦受托人进行了自我交易而未事先征得委托人同意，受托人就被假定违反了忠实义务，为了免于处罚，受托人必须自证清白。

隐藏利润是指虽然受托人交易前征得了委托人或法庭的同意，但未能披露所有重大信息，因此受托人可能以牺牲委托人利益为代价而获得隐藏利润。这类争议的焦点往往在于信息披露质量及获得委托人或法庭认可的程度。一旦争议出现，受托人需要证明其已经披露了所有重大信息。

（四）忠实义务的最佳责任范围

信托法的重要目标之一是最大化所有信托关系参与者的净利益。受托人的法律责任提高了其服务成本。由于当前法律对忠实义务的监管极为严格,很多受托人都会避免争议行为,这些行为很可能提高受托人的成本,降低运作效率,或促使其放弃有利可图的交易机会。如果增加的成本或机会成本低于委托人因此获得的收益,则该行为就是被信托法鼓励的。一般而言,法律认为以受托人身份直接发现的交易机会应该属于委托人[1],以受托人身份偶然发现的交易机会不应属于委托人,受托人利用这些交易机会并不应被认定为违背忠实义务。因此,对受托人忠实义务的界定可以转化为对偶然交易机会和直接交易机会的划分。

如图2-3所示,横轴表示交易机会与受托人角色的关联程度。最左侧的交易机会是与受托人角色关系最密切的,最右侧的交易机会与受托人角色几乎不相关。法律需要选择一点,以区分应该归属于委托人的交易机会和应该归属于受托人的交易机会。

受托人承担的责任越多,委托人获得的利益越多,但是利益增速递减,因此边际收益曲线(MB)向右下方倾斜。交易机会越偶然,受托人将其归属于委托人需要履行的忠实义务就越多,其承担的成本越高,且增速递增,因此边际成本曲线(MC)向右上方倾斜。边际成本和边际收益曲线的交点O代表了最优的忠实义务水平,O点将直接机会和偶然机会区分开来,并使信托关系各方总利益最大化。最佳责任范围的位置取决于边际成本和边际收益水平,二者在不同的信托关系中并不相同。公司经营者可以进行自我交易,而信托财产托管人则被禁止自我交易。法律之所以对公司经营者放松要求,是因为如果按照托管人的标准要求公司经营者,将会降低他们的效率,部分经营者可能要求加薪或拒绝提供服务。法律规定的责任和权利范围必须随着环境的变化而不断调整,这种调整应该遵循图2-3所示的经济学原理。

---

[1] BRUDNEY, VICTOR, CLARK, et al. A New Look at Corporate Opportunities [J]. Harvard Law Review, 1981.

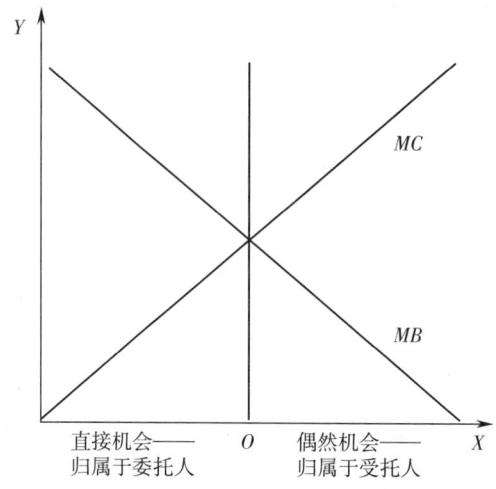

图 2-3 交易机会的划分

二、注意义务的分析[①]

（一）不尽责管理信托财产的动因

图 2-4 所示原理与图 2-2 所示原理相同。受托人的努力会提高信托财产的价值，不尽责管理的受托人实际上侵占了归属于委托人的努力。该模型存在以下假设：

自然仅会呈现两种状态——良好状态和不良状态；

良好状态下的信托财产终值为 G，不良状态下的信托财产终值为 B，$G > B$；

在良好状态下受托人如不尽责，即侵占了归属于委托人的努力，将使信托财产终值减少 $G-B$，在不良状态下受托人不尽责使信托财产终值减少 M，$0 < M < B$；

影响信托财产终值的因素只有自然状态和受托人是否尽责，受托人始终如实报告信托财产终值。

在决策树的第一个分支，契约各方决策是否建立信托关系。如果建立

---

① 王旭. 信托关系中的受托人努力程度、总福利与注意义务 [D]. 山东大学，2012.

了信托关系，委托人则将 P 单位资产交由受托人管理。在第二个分支，自然选择呈现出一种良好状态或不良状态，自然状态影响信托财产终值。在第三个分支点，受托人决定是否尽责管理信托财产。决策树终点的信托财产价值反映了受托人管理的结果。

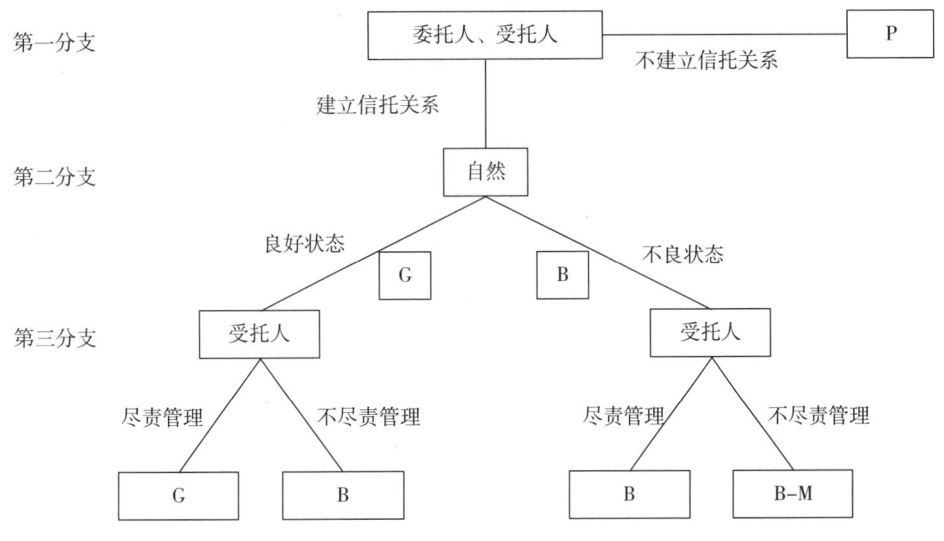

图 2-4 不尽责管理模型

如果委托人可以完全观测到受托人的行为，可以通过完美契约的设计来防止不尽责行为的发生。然而，正如信托财产侵占一样，委托人只能基于不完全信息对受托人的尽责情况作出推断。我们假设委托人可以观测到最终结果，并以此推断受托人的行为。委托人知晓财产的最终价值却不知道得出此价值的具体路径。

如信托财产终值为 G，委托人可以准确推断出受托人在良好状态下对信托财产进行了尽责管理。同理，如信托财产终值为 B-M，委托人可以准确推断出受托人在不良状态下没有尽责管理。当财产价值为 B 时，委托人面临与信托财产侵占相同的困境，他无法判断该结果究竟是良好状态下未尽责管理所致还是不良状态下尽责管理造成。此时又出现了委托人困境。

（二）注意义务的最佳责任范围

面对不尽责管理的可能，法律必须决定合理尽责的水平。一般侵权责任法利用边际分析工具给出了一种解答。只要尽责注意的边际成本不超过边际收益，潜在侵权者就应该继续采取注意措施。同理，只要受托人合理注意的边际成本低于委托人因此可得收益，受托人就应该合理注意。

图2-5显示了这一成本收益的均衡。横轴表示受托人的注意水平，纵轴表示成本收益的价值水平。随着注意水平的提高，委托人利益增加，但增速递减。因此，边际收益曲线（MB）向右下方倾斜。随着注意水平的提高，受托人增加注意水平的边际成本不变甚至提高，因此边际成本曲线（MC）向右上方倾斜。两条曲线相交于X^*，此时委托人的边际收益等于受托人的边际成本，信托关系参与者的总利益最大化。不尽责是注意水平低于X^*的区域。如在X_1点，受托人未完全尽到注意义务。

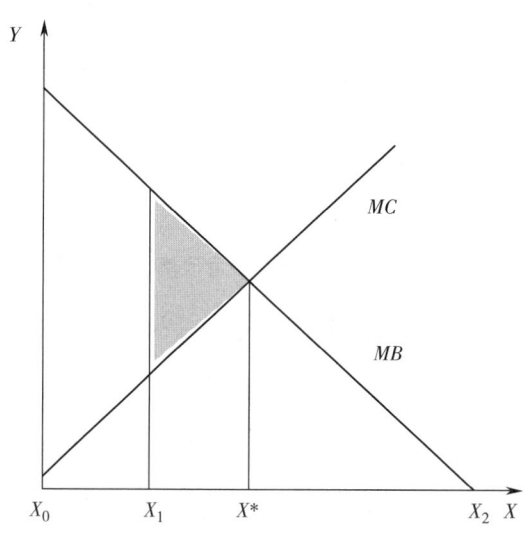

图2-5 尽责注意的边际分析

图2-5显示了忠实义务和注意义务的鲜明对比。忠实义务有时要求受托人完全不考虑自身利益，而在注意义务中该项要求变得不合理。如果受托人履行注意义务的成本为零，他应当一直提高注意水平直到委托人的边际收益降为零，在图2-5中表现为X_2。由于高于X^*的注意水平产生的边际收益低于边际成本，因此该区域是整体无效率的。为了避免整体无效率和不合理的注意水平，注意义务不能要求受托人对委托人的利益赋予

高于其自身利益的权重。

(三) 通过完美赔偿预防不尽责管理

当出现受托人不尽责管理的情形，对委托人的一般救济方法是赔偿。如果存在完美赔偿，该赔偿将使委托人的财产状况还原为不存在不尽责管理时的水平。

如果受托人通过降低注意水平节约的成本高于委托人因此受到的利益损失，就不能说受托人违背注意义务，反之受托人应该负赔偿责任。例如，如果受托人的注意水平为 X_1 而非 X^*，阴影部分面积表示委托人利益损失超过受托人成本节约的部分，在完美赔偿下阴影部分所代表的损失应该由受托人赔偿给委托人，而完美追索则不包括这一部分，因为该部分并非受托人对信托财产的侵占。

不完全信息下的不精确性提高了赔偿的惩罚色彩。有些风险先于受托人的不尽责而存在，提高注意水平可能会降低风险发生的概率，但不会彻底杜绝风险发生。在这种情况下由于无法精确计算不尽责在何种程度上导致了损失的发生，一旦发生损失，只要存在受托人努力程度低于合理努力程度的情况，无论损失是否完全源于受托人不尽责，受托人都要赔偿委托人的全部损失。如果无法将事先存在的其他风险从受托人不尽责带来的风险中精确区分开，赔偿就具有了惩罚性，这种惩罚有助于预防受托人不尽责。

(四) 注意义务的理想结果——承担合理风险

成功的资产管理需要决策，而在决策过程中需要受托人履行注意义务，避免不必要的风险。然而，在不同的信托关系中风险水平是不同的。投资组合理论给出了一个统一的框架，能够为制定各种特定信托关系的风险标准提供依据[1]。

投资组合的非系统性风险可以通过投资于收益不相关和负相关的不同

---

[1] 埃德温·J. 埃尔顿，马丁·J. 格鲁伯，斯蒂芬·J. 布朗，威廉·N. 戈茨曼. 现代投资组合理论和投资分析 [M]. 北京：中国人民大学出版社，2006.

标的来降低,但是系统性风险无法通过投资组合来降低。市场为投资人提供了系统性风险与收益率之间的关系,称为风险回报边界(见图2-6)。

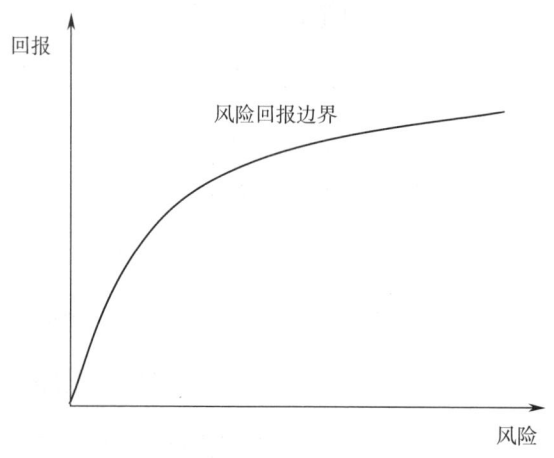

图2-6 投资组合的风险收益

风险厌恶者会选择边界上期望回报和风险都低的点,风险偏好者会选择边界上更高的点。一个成熟的受托人会通过投资组合将非系统性风险完全规避,以使委托人的资产组合落在风险回报边界上。

在信托关系中,受托人应该通过资产管理在风险回报边界上寻找到合适的点,只要做到这一点,受托人就不必为受托财产价值的减损承担责任。如果受托人由于过失或不够努力而没有做到,就违背了注意义务。如果受托人由于故意而没有做到,就违背了忠实义务。只要足够努力、注意并尊重委托人的风险偏好,受托人就不会被追责。

三、信义义务的金融技术标准

20世纪90年代,美国对信托法进行了重述,最重要的背景是当时现代投资组合理论的形成与成熟。以往信托领域中违背金融学基本原理的做法,在近代发生了巨大变化,金融研究的理论和实践在信托中得到充分体现。财富管理是信托中最核心的业务,此处我们以财富管理业务为例,将财富管理服务的技术标准总结为下述 15 条[①]，包括对受托人的基本要求、专业要求、尽职要求等，其中绝大多数都源自现代金融理论。

（1）遵循投资组合管理流程且考虑客户的独特性

信托公司为受托人提供财富管理服务须遵从标准化、规范化的投资组合管理流程。同时，还须考虑客户的非标准化特征，如信托目标、家庭收入情况、流动性偏好、投资期限、分配比例等，借助信托制度的灵活性满足受托人差异化的投资需求。

（2）确定客户的风险容忍度

信托公司首先需要确定委托人的风险容忍度，这样才能确定资产配置的目标起点。这要求信托公司不仅要具备管理风险的专业能力，还必须对认知心理学与如何评估客户风险容忍度有充分的了解。

（3）为实现总收益设计操作策略

在明确委托人投资需求的基础上，确定信托计划的总收益要求，然后综合考虑收入和资本增值，设计相应的操作策略。操作策略的设计需要充分考虑信托财产的安全性，致力于保全信托财产的实际价值。

（4）撰写投资策略书

根据委托人需求确定信托方案后，信托公司需要形成一个正式的投资或财富管理策略，并以书面契约的形式准确载明策略的具体内容。信托公司在后续的实际操作过程中，须严格按照该策略进行，履行受托义务。

（5）风险管理

现代投资组合理论认为风险管理比风险回避更重要。风险是客观存在的，不可能完全规避。长期来看，不冒任何风险才是最大的风险，主动管理风险才是理性的选择。坚持过度的保守主义和承担过度的风险同样会损害受益人的利益，注意义务不是要求回避风险而是谨慎管理风险。

---

① 哈罗德·埃文斯基，斯蒂芬 M. 霍伦，托马斯 R. 罗宾逊，等. 新财富管理［M］. 北京：机械工业出版社，2015.

(6) 可分散风险最小化

现代投资组合理论将风险分为系统性风险和非系统性风险，非系统性风险不能获得有效补偿，而资产组合能够有效地分散、消除非系统性风险。因此，信托公司需要构建合理的资产组合，实现分散化投资，将无补偿的非系统性风险最小化。

(7) 跨弱相关资产类别的分散化投资

根据现代投资组合理论，合理分散化不仅指投资资产类别的数目，更需要各类资产间保持较弱的相关性，即要挑选弱相关性的资产类别。

(8) 形成适当的资产配置和采用组合投资工具

资产配置决策是投资策略的基础和制定分散化投资规划的起点，也是资产管理、财富管理中最核心的部分。为协助分散化并控制成本，投资性的信托可以考虑使用组合投资工具，如共同基金和交易型开放式指数基金（ETF）等。

(9) 合理处置不恰当的投资

信托公司不能被动保持信托财产交付时的形式（委托人要求的除外），应当审查、制定和执行有关保留与处置的决策，通过合理的方式处置不合理的资产。

(10) 适当委托

现代投资管理的问题复杂多样，金融投资领域专业性强、专业化细分程度高，信托公司可以适当进行转委托。在进行转委托时，信托公司需要确保转委托的受托人具备足够的专业知识和能力，并充分考虑转委托的受托人的行为后果。

(11) 考虑积极管理和消极管理的不同使用

积极管理较消极管理成本要高得多，信托公司离消极管理策略越远，调整管理和持续监控的责任负担就越重。信托相关法规中明确要求受托人承担控制成本的责任，因此信托公司需要谨慎地评估积极管理和消极管理的成本效率，妥善调整由积极管理引致的额外费用。

(12) 公益信托

公益信托是指以公共利益为目的而设立的信托,由于公益信托涉及公共利益,所以理应受到更加严格的监管,确保资金妥善地用于设计目的。

(13) 充分合理的依据

信托公司在根据客户状况提出投资建议时须具备充分合理的依据。这要求信托公司进行充分的调研,全面掌握投资标的的各项信息(包括但不限于投资标的定价相关信息),勤勉尽责地履行投资标的的筛选和监督责任。

(14) 业务管理流程

受托人须确保业务管理系统和程序满足谨慎性规则,信托公司的公司治理、组织架构、激励约束等须满足相应标准。包括建立可以避免利益冲突和披露无法避免的冲突的合理流程,建立信息保密机制、记录保存机制及灾难备份机制等。

(15) 明确自身法律责任

信托业务的监管环境处于不断的变化和发展之中,信托公司要密切关注规则制度的变化和发展,清楚认识和了解自身的法律责任及专业职责。

第四节 信义关系与信托文化

在社会分工高度精细化的现代社会,文化表现出明显的行业特征,如金融行业的金融文化,以及更细分的信托行业的信托文化。信义文化是信托文化的核心和灵魂,是一种以受益人利益最大化为最显著标志的利他文化。当前,信托文化建设已经成为我国信托业转型升级的关键所在。

一、文化、金融文化与信托文化

(一) 文化的定义与意义[①]

文化是一个内涵极其丰富、定义种类繁多的概念范畴,相对权威且系

---

① 郭莲. 文化的定义与综述 [J]. 中共中央党校学报, 2002, 6 (1): 115-118.

统归纳起来的定义源于《大英百科全书》引用的美国著名文化人类学专家克罗伯（A. L. Kroeber）和拉克洪（D. Kluckhohn）的《文化：一个概念定义的考评》（Culture: A Critical Reviews of Concepts and Definitions）一书，该书共收集了166条有关文化的定义，这些定义由世界著名的人类学家、社会学家、心理学家、哲学家、政治学家等所界定，作者将这些定义分为下述6组。

描述性的定义。该定义强调文化所涵盖内容的广泛性。其中以泰勒的定义为代表："文化或文明是一个复杂的整体，它包括知识、信仰、艺术、法律、伦理道德、风俗和作为社会成员的人通过学习而获得的任何其他能力和习惯。"

历史性定义。这组定义主要强调文化的社会遗传与传统属性。其中最具代表性的是美国文化语言学奠基人萨皮尔（E. Sapir）的定义："文化被民族学家和文化史学家用来表达在人类生活中任何通过社会遗传下来的东西，这些包括物质和精神两方面。"

规范性定义。这组定义中，一类定义主要强调文化的规则和方式属性，其中具有代表性的是美国人类学家威斯勒（C. Wissler）的定义："某个社会或部落所遵循的生活方式被称作文化，它包括所有标准化的社会传统行为。"另一类定义强调文化中理想、价值与行为因素，包括托马斯（W. I. Thomas）的定义"文化是指任何无论是野蛮人还是文明的人群所拥有的物质和社会价值观（包括制度、风俗、态度和行为反应）"。

心理性定义。这一组定义中，第一类定义主要强调文化是调整和作为解决问题的方法手段。萨姆纳（W. G. Sumner）和凯勒（A. G. Keller）指出："人类为适应他们的生活环境所作出的调整行为的总和就是文化或文明。"福特（Ford）指出："文化包括所有解决问题的传统方法"。第二类定义强调文化中学习因素，威斯勒认为"文化包含所有人类通过学习所获得的行为"。第三类定义强调文化的习惯属性，美国人类学家默多克（G. P. Murdock）将文化定义为："文化是行为的传统习惯模式。"第四类定义属于纯心理性定义，罗海姆（G. Roheim）认为，"文化是所有升华作用、替代物，或反应形成物的总和"。

结构性定义。结构性的定义强调文化的模式或结构。其中以奥格本（W. S. Ogburn）和尼姆科夫（M. F. Nimkoff）为代表："一个文化包括各种发明或特性，这些发明和特性彼此之间含有不同程度的相互关系，它们结合在一起构成完整的体系，社会制度是文化的核心。"

遗传性定义。遗传性定义中，一类定义主要强调文化是产品或人工制品，其中福尔瑟姆（G. J. Folsom）的定义最具代表性，他指出"文化不是人类自身或天生的才能，而是人类所生产的一切产品的总和，它既包括物质产品，又包括非物质产品，并可以通过代际传递"。另一类定义强调文化的观念因素，美国社会学的创建者沃德（L. F. Ward）认为"文化是一种社会结构，或是一个社会有机体，而观念则是它的起源之地"。

此外，还有一类强调符号的定义，其中怀特（LA. White）做了如下定义："文化是一组现象，其中包括物质产品、身体行为、观念和情感，这些现象由符号组成或依赖于符号的使用而存在。"

文化根植于历史，又与时俱进，它产生于人类的社会实践，是人类智慧的结晶。文化一经产生又反作用于人类的社会实践活动，为人类的社会实践活动提供规范与指引。文化的发展表现出明显的历史继承性和阶级性，同时也具有显著的民族性、地域性，不同民族、不同地域的文化形成了人类文化的多样性。文化对经济发展具有规范、引导、执行和阻碍作用。道德、宗教、心理和习俗等文化因素深刻地影响着人们的经济行为，特别是信任对经济社会的影响更为深远，而且也是多方面的。[①] 因此，在人们的经济活动中，不仅要考虑经济动机，也要考虑到文化因素的导向作用。[②] 同时，还要注重文化在经济活动中的执行和阻碍作用。作为经济制

---

① 穆勒. 政治经济学原理［M］. 北京：商务印书馆，1991.
② 马歇尔. 经济学原理［M］. 北京：商务印书馆，2005.

度的文化是一种因经济需要而内生的隐性合约执行机制，积极的影响是促进经济增长，负面的作用则会成为经济发展的一大障碍。哈里森关于拉美国家经济发展中的文化因素的研究很好地验证了这一观点。①

（二）金融文化的定义与共性要求

文化定义一个具体的应用是与特定行业领域相结合而形成的行业文化或企业文化，金融文化就是这样一个概念。考虑到行业文化应该有的具体功用和金融行业不同于其他行业的特性，本书从规范性和结构性两个角度来定义金融文化，即金融文化是一种普遍意义上的对金融关系中各行为主体的行为规范，从其构成要素来看，则包括观念意识、法律制度、技术标准、管理规范四个主要方面。其中观念意识是金融文化的核心，它表现为一种价值观体系，广义来讲是指全社会建立的一种诚实互信的观念，它依赖于健全的法律基础和制度规范；狭义来讲是指金融企业员工在长期的生产经营活动中逐步形成的，并经过企业家有意识地概括、总结、提炼而得到确立的思想成果和精神力量②。法律制度是金融文化最基础的构成，它是金融机构最基本的行为准则，也是依法管理企业的重要依据和保障，意识观念和法律制度共同构成了金融文化的上层建筑。技术标准是指金融机构为客户提供金融服务所遵循的技术要求，通常是现代金融理论和长时间的金融实践相结合的产物。管理规范是指金融机构经营运作的管理要求，它要求金融机构健全管理运作机制，完善风险防控系统，包括企业的规章、制度、守则、纪律和道德标准等③。

金融文化的构成要素相互作用相互影响，共同作用于金融体系的功能指向。下文尝试结合金融行业基本定位和运营机制，对金融文化在功能与机制层面的共性要求进行阐释。

---

① HARRISON, LAWRENCE E. Underdevelopment Is a State of Mind: The Latin American Case [J]. Harvard Center for International Affairs. Lan－ham: Madison Books, 1985.

② 黎群. 试论企业文化的形成机制与建设 [J]. 北京交通大学学报, 2001, 25 (5): 64－68.

③ 艾亮. 企业文化建设研究 [D]. 天津大学, 2012.

1. 服务实体经济和社会民生

服务实体经济是金融文化的基本定位。狭义地讲，所谓金融即资金的融通，其作用在于实现社会生产资料的有效配置。金融业的发展极大地提高了社会资源的配置效率，也使其成为现代经济的核心，对于一国经济的发展有举足轻重的作用。然而，我们也应该清晰地认识到，金融是一把"双刃剑"。从社会分工来看，金融部门不是社会财富的生产部门，它运营的是生息资本，收益源于实体经济的利润。当金融服务于实体经济时，它促进经济的发展；而当其脱离实体经济时，金融业极易形成资产泡沫，泡沫的破灭可能会带来系统性的金融风险，危及实体经济的发展。因此，金融文化首先应当明确服务实体经济的定位。金融因实体经济和社会民生需要而产生，必须在服务实体经济和满足人民群众需求的过程中创造价值，这样才能行稳致远。

2. 坚守诚信规则底线

诚信和规则意识是金融文化的基本底线。人无信不立，业无信不兴，国无信则衰，诚信是中华文明的精华，中国人自古推崇一诺千金、一言九鼎。金融业是信用行业，信用是金融业的本质和生命线。金融行业的高风险特性和其对实体经济发展的重要性，决定了金融行业必须有严格的法律体系和监管规则进行规范。依法合规经营是金融行业稳健发展的内在要求，也是防范金融风险的先决条件。诚信和规则意识是金融机构和金融从业者必须遵守的底线。

3. 防控管理风险

防范和控制风险是金融文化的基本边界。习近平总书记曾指出，"防范化解金融风险特别是防止发生系统性金融风险，是金融工作的根本性任务"。金融体系建立在实体经济的基础之上，它通过虚拟的价值符号交易，实现对其背后的资金和实物资产的配置。金融企业负债经营，且其活动游离于实体经济之外，使金融业天生具有高风险的特质。但金融业在现代经济社会中的核心地位又要求金融体系必须保持稳定运作，这就需要建立和完善与创新服务实体经济模式和金融业对外开放相适应的金融风险防范体系，使金融监管能力与金融创新和金融开放度相匹配。

4. 改革开放与创新

改革开放和创新是金融文化的基本内核。改革开放是我国的基本国策，金融业开放是改革开放的重要内涵。改革开放以来，我国经济取得了快速的发展，伴随着实体经济的对外开放，金融业对外开放也取得了一定进展，但是仍有较大发展空间，尤其是金融法制的接轨与金融监管的完善等。灵活创新是金融业的基本特征，也是金融文化的基本内容。在供给侧结构性改革和产业升级背景下，要满足实体经济不同层次的融资需求，需要金融业持续创新。同时，互联网和科技的迅速发展以及金融业对外开放的推进，也需要金融业积极创新，不断提升竞争力。总体来看，开放和创新是金融业保持活力、持续发展的基本要求。

（三）信托文化的要素结构特性

信托、银行、保险、证券等金融子行业基于其不可替代的功能，形成了各自鲜明的文化特征。通过解构信托文化的要素并与金融同业进行比较，可以让我们更加准确地把握信托文化的特性。

1. 观念意识

英国作为信托的发源地，社会的信托观念和意识深入人心，形成了良好的信托文化基因，民事信托和公益慈善信托非常发达，即便在现代信托制度发达的今天，英国信托业仍然保持着传统的信托模式，超过80%的信托由个人受托管理。美国是当今世界上信托业最为发达的国家。18世纪末，美国从英国引入信托业务，并将其作为一种商业模式，大范围地运用公司组织形式经营信托业务，奠定了现代信托制度基础。目前，美国的信托业务以商事信托为主，主要以养老金信托、信托型共同基金和不动产投资信托（REITs）等形式存在。[①] 不难发现，信托在各国的发展初衷和

[①] 蒋霞. 英美信托文化比较及对我国的启示 [J]. 西南金融，2012 (5)：28-30.

发展历程决定了信托被赋予的功能和价值可能有所差异，但不变的是信托始终围绕着为委托人提供服务而展开，是根源于信任的受托服务，其核心在于信义义务的履行，这要求受托人具备高尚的道德品质，不谋私利、尽职尽责，形成以受益人利益最大化为核心的观念意识。更宽泛地讲，信托文化的意识观念还包括投资者乃至社会公众对信托的功能、特色和诚实守信等信托文化内涵的理解，这也是投资者金融素养的基本构成之一。

相较于信托，由于信贷业务是银行的核心业务，同时银行又是我国金融系统的核心，因此银行业必须树立服务于实体经济发展、严格防控业务风险的信贷观念。保险的本质在于满足（服务于）人们分散或转移风险的风险管理和互济需求，这需要保险人建立足够的风险管理意识，在风险可控的前提下对险资进行投资运用。对于证券公司而言，它一方面为融资方提供债券和股票的承销服务，另一方面通过信息生产和相关服务确保融资方信息披露的真实、完整和准确，在业务过程中需要秉持公开、公平、公正的原则（以下简称三公原则）①，树立公开、公平、公正的意识观念。

2. 法律制度

目前我国信托业、银行业、保险业、证券业实行分业经营、分业管理，针对各金融子行业的功能、运作、风险特征，形成了相对完备的法律制度和监管体系。概括来讲，信托、银行、保险和证券公司分别主要受以《中华人民共和国信托法》《中华人民共和国商业银行法》《中华人民共和国保险法》和《中华人民共和国证券法》为首的法律约束；信托、银行和保险同属于中国银行保险监督管理委员会（以下简称银保监会）② 监管，证券公司则由中国证券监督管理委员会（以下简称证监会）进行监管；此外，各行业还有各自对应的自律组织进行自律约束，如中国信托业

---

① 《证券法》第三条规定，证券的发行、交易活动，必须遵循公开、公平、公正的原则。
② 2018年3月13日，国务院机构改革方案提请十三届全国人大一次会议审议。根据该方案，组建中国银行保险监督管理委员会，不再保留中国银行业监督管理委员会和中国保险监督管理委员会。

协会、中国银行业协会等。单就信托而言,由于信托本质上是根源于信任的受托服务,而委托人和受托人又处于不平等地位,因此信托相关的法律制度以及监管要求应以对受托人信义义务的规范与履行为核心,以确保受托人围绕受益人的最大利益而展开活动。除《信托法》外,信托机构还受《中华人民共和国慈善法》等法律法规,《信托公司管理办法》《关于规范金融机构资产管理业务的指导意见》《信托公司监管评级与分类监管指引》等监管文件,以及《信托公司信托文化建设指引》《信托公司受托责任尽职指引》等自律公约的规范与约束。

3. 技术标准

金融行业的技术标准是现代金融理论(如资产组合理论、资产定价理论、风险管理理论和行为金融理论等)、长时间的金融实践和监管经验结合的产物,具有较强的实操性。具体到信托金融领域,信义义务的技术标准包含了对信托公司作为受托人的基本要求、专业要求、尽职要求等①,通过对这些技术标准的执行,可以在很大程度上保障信托目标的实现。金融同业方面,银行为信贷业务设置了详细的技术标准,这些技术标准通常遵循安全性、流动性、盈利性三大基本原则,并受《流动资金贷款管理暂行办法》《个人贷款管理暂行办法》《固定资产贷款管理暂行办法》《项目融资业务指引》等监管办法的规范与约束。2018年9月17日,中国保险行业首个国家标准《保险术语》(GB/T 36687—2018)发布,该标准共收纳817项保险专业术语,是保险行业内部沟通和外部交流的规范性、通用性语言,是保险业各类标准的基础标准。证券公司进行证券承销亦有其技术标准或标准流程,以首次公开发行股票为例,证券公司须遵循路演推介、询价、定价、配售、撰写并发布投资价值研究报告、信息披露的流程。

4. 管理规范

信托机构的管理规范包含信托机构的公司治理、经营管理等内容。管

---

① 相关内容在本章第三节有详细叙述,此处不再赘述。

理规范的制定应以法律法规和监管要求为基础，以实现受益人的最大利益为最终目标。

2007年1月22日，银监会发布的《信托公司治理指引》对信托公司治理应遵循的原则做了规定，可总结为以下五个方面：第一，信托公司应当认真履行受托职责，遵循诚实、守信、谨慎、有效管理的原则，恪尽职守，为受益人能获得最大利益处理信托事务。第二，信托公司应当明确股东、董事、监事、高级管理人员的职责和权利、义务，完善股东（大）会、董事会、监事会、高级管理层的议事制度和决策程序。第三，信托公司应当建立完备的内部控制、风险管理和信息披露体系以及合理的绩效评估和薪酬制度。第四，信托公司应当树立风险管理理念，制定有效的风险管理政策和翔实的风险管理制度，建立全面的风险管理程序。第五，信托公司应当积极鼓励引进合格战略投资者、优秀的管理团队和专业的管理人才，优化治理结构。

按照《信托公司管理办法》的要求，信托公司应当建立以股东（大）会、董事会、监事会、高级管理层等为主体的组织架构，明确各自的职责划分，保证相互之间独立运行、有效制衡，形成科学高效的决策、激励与约束机制；并按照职责分离的原则设立相应的工作岗位，保证公司对风险能够进行事前防范、事中控制、事后监督和纠正，形成健全的内部约束机制和监督机制；信托公司还需要按规定制订本公司的信托业务及其他业务规则，建立、健全本公司的各项业务管理制度和内部控制制度。

其他金融同业也分别针对各自的业务特点，制定了较完善的管理规范。《商业银行资本管理办法（试行）》要求商业银行建立完备的风险管理框架和稳健的内部资本充足评估程序，明确风险治理结构。对于核心的信贷业务，由于资金一经贷出便脱离了银行的控制，因此在实践中各银行均建立了严密的信贷管理制度、内部控制制度等体系。根据《商业银行法》要求，商业银行贷款，应当对借款人的借款用途、偿还能力、还款方式等情况进行严格审查。在保险金融中，保险风险保障的基本功能决定了保险公司必须谨慎地对险资进行管理，以保障有足够的资金用于保险金偿付，因此保险公司在管理规范的制定上需要尤其注意对风险的管理防控。我国《保险法》明确要求保险公司的资金运用必须稳健，遵循安全性原则。证券公司的经营管理应以三公原则为中心，禁止欺诈、内幕交易和操纵证券市场的行为。

综上所述，信托作为一种财产管理制度，它基于信任而产生，受托人与委托人和受益人之间形成信义关系。以受益人利益最大化为最显著标志的信义文化是对信托文化的高度概括和提炼，同时也是信托义务的起源和根据。相比之下，虽然近年来银行的中间业务和表外业务（以银行理财为代表）获得了快速发展，但存贷款业务仍是其核心业务，这决定了信贷文化仍是银行最典型的文化特征。保险的本质和基本功能内在地要求保险公司将风险文化置于最突出的位置。对于证券行业，三公原则既是法律的要求，又是证券市场的基石。因此，证券行业的文化应当以三公文化为核心。尽管信托同为金融行业，具备金融行业文化的共性和要素，但信义文化终究应是信托行业最全面且深刻的特征，也应是信托行业最应维护和奉行的圭臬。

二、信托文化建设的目标与路径

（一）信托文化建设的目标与意义

文化是一个国家、一个民族的灵魂，是其发展中更基本、更深沉、更持久的力量。对于一个行业而言，文化也是其存在的基础和持久发展的动力。信托之所以历经数百年的岁月洗礼，仍旧熠熠生辉，是因为其具有的普适性文化价值早已被普遍接受并认同，进而成为各个国家信托业发展的共同遵循。毫不夸张地讲，信托文化是信托行业发展的基础。

虽然，信托业已然成为我国金融体系的第二大子行业，但信托文化的建设却乏善可陈。这也正是我国信托行业发展大而不强、缺乏核心竞争优势的根本原因。信托文化建设是信托业在金融供给侧结构性改革背景之下转型发展的必然选择。唯有建设好信托文化,才能从根本上推动信托公司回归受托人定位,从源头上防范信托业务风险发生;才能发挥好信托制度的独特优势,让信托业在服务实体经济、满足人民群众财富管理需求等方面发挥更大作用。

文化的发展具有显著的历史继承性。建设中国特色的信托文化,一方面,要兼顾信托自身的文化特性和信托作为金融行业的文化共性;另一方面,信托作为舶来品,其文化建设要充分结合我国经济社会在特定历史阶段的具体情况,因地制宜、有的放矢,让信托文化建设真正服务于我国信托业和实体经济的转型升级需求。综上所述,本书认为我国信托文化建设的总体目标如下。

第一,夯实信任基础。信托——因信任而托付,信任是信托关系形成的基础与前提,信托契约更高的不完备性,使信托关系的形成对当事双方的互信程度有更高的要求,因此信托文化建设首先需要夯实信任基础。信托关系中的信任是典型的制度信任和契约信任,其中契约信任又以法律法规为框架而建立,因此夯实信任基础的关键在于完善信托相关的法律法规和监管措施,如修订完善《信托法》、出台《信托公司条例》、完善各类信托业务监管要求和自律文件等。通过完善信托相关的法律法规和监管措施,增强对受托人行为的约束,充分保障委托人权利,进而促进信托行业的发展。同时,也可以通过政策设计有意识地引导信托机构发展以家族信托、财富管理、公益(慈善)信托等为代表的信托本源业务,让信托机构在本源业务的开展中自然地建设信托文化。

第二,强化信义责任。信托公司区别于其他金融机构最显著的特征是其首要身份应是受托人,其次才是金融机构。信义文化是信托最本质的文化特征,也是信托机构的安身立命之本。信义文化内在要求信托公司履行信义义务、承担信义责任,因此,在夯实信任基础的同时,必须强化信托公司的信义责任,让信托回归"受人之托,忠人之事"的本源。强化信义责任首先需要立法者和监管层通过法律法规和监管措施规定信义义务最基本的范围，为信义义务的履行提供明确的指引。在此基础上，信托公司作为信义义务的履行主体，必须按照法律法规和监管措施的要求，坚持受益人利益优先的原则，遵循委托人的意愿，尽自身最大的努力对受托财产进行管理。

第三，重塑信托形象。现代社会中的信托以财产管理为主要目的，受托人理应具备基于受托理念和专业能力的良好社会形象。然而，由于信托文化长时间缺失，当前我国信托业"重利润、轻责任"问题十分突出，致使信托公司的社会形象一直欠佳。很多信托公司披着光鲜的信托外衣，与其他金融机构开展同质化、低端化竞争，盲目追寻市场热点，过度开展投机活动，而真正体现信托本源的财富管理、家族信托、公益慈善信托等业务却迟迟不见起色。这其中虽有法律制度不完备等客观因素的制约，但根本还是信托公司对自身受托人的地位认识不够清晰，同时信托公司的专业能力也有所欠缺。重塑信托形象要求信托公司摆正自身受托人的定位，将信托文化建设融入公司的公司治理、发展战略以及经营管理之中，坚守诚信规则底线，持续加强人才队伍的建设，增强专业能力和创新能力，通过多方面的努力重新塑造信托公司可以信赖并且值得信赖的受托人形象。

第四，提高信用效率。信托本质上是一项特殊的法律制度安排，其价值作用远非一般金融工具所能比拟，不能单纯地用金融视角去简单看待信托。从国外经验来看，信托的社会属性超过金融属性是一个自然共识。信托文化的建设具有显著的正外部性，它不仅能够促进信托业的发展，同时也有助于全社会信用意识的培育和社会信用效率的提高。实体经济是财富创造的真正源泉，宏观经济的运行无疑深刻地影响着受托人的利益，信托目标的实现内在要求信托公司服务于实体经济，与实体经济形成良性循环，履行广义上的忠实义务。同时，信托公司必须严格地防控管理风险，这一方面是为了保全信托财产、履行注意义务，另一方面也是防控化解系统性金融风险的要求。随着信托制度被越来越广泛地运用于财富管理、财富传承和公益慈善等各个领域，信托文化中包含的诚实守信、忠实尽责等观念会逐渐突破信托行业的局限，越来越多地被其他金融机构乃至信托客户和社会公众所接受，并将之视作社会交往中的普遍共识和基本行为准则，从而提高全社会的信用意识，信用意识的提高将有助于降低交易成本、提升社会信用效率。

(二) 信托文化建设的主体与路径

信托文化建设是一项系统性工程，它涉及立法者、监管层、信托业协会、信托公司、信托客户和行业外各类主体。其中，夯实信任基础主要需要立法者、监管层和信托业协会完善信托相关法律法规和监管措施以及行业自律要求，强化信托文化顶层设计，为培育良好受托文化提供制度环境。强化信义责任一方面需要立法者和监管层明确信义责任的基本内涵；另一方面需要信托公司在业务的开展中履行信义义务，执行信义责任。重塑信托形象需要信托公司摆正自身的受托人定位，树立以受益人利益最大化为目的的经营理念，不断提升专业能力和创新能力。提高信用效率则需要信托行业内外各类主体的共同努力。

1. 立法者与监管者

在我国现行法律背景下，信托法律制度体系的完善要从法律（全国人大）—行政法规（国务院）—部门规章和规范性文件（银保监会）—行业自律（协会）的条线出发，查遗补缺，进而构建完整的信托法律制度体系。

(1) 明确和规范受托义务

明确和规范受托义务是信托机构回归本源的前提，也是信托文化建设的基本要求。我国《信托法》规定了信托公司必须恪尽职守，履行诚实、信用、谨慎、有效管理的受托义务，但对于信托公司具体如何履行受托义务，现行的法律、部门规章以及监管文件中并无明确要求。因此，需要立法者从信托机构作为受托人的基本定位出发，在《信托法》或者后续可能出台的《信托公司条例》中对受托义务进行详细的明确和规范，从制度层面落实受托义务；同时监管层在业务监管中也须给予配合，将受托义务的履行作为监管的重点。

(2) 明确信托财产登记

我国《信托法》规定了信托财产需要登记方可生效,[①] 但对于信托登记的登记机关、登记效力、登记时点等具体事项,现行法律法规并未作出明确规定。由于信托财产登记制度长期缺位,不动产、特殊动产、股权等需要登记的信托业务难以开展,制约了财富管理、家族信托和公益慈善信托等服务类业务的发展。对此,我们建议加紧修订《信托法》并且制定配套法规。《信托法》作为一部基本法,应当补充信托登记的具体条款,增加信托登记机关、登记事项等内容。同时,还须制定《信托登记条例》作为《信托法》的配套法规,其内容应当包括信托登记的范围与类型(包括不动产、特殊动产、股权和知识产权等)、信托登记的效力、登记机关、登记事项、登记程序等。通过对信托登记制度的完善,释放信托本源业务的发展空间,推动信托文化的建设。

(3) 完善信托税收制度

对信托实施单独的税费制度是各国的普遍做法。然而,我国现行税收制度没有针对信托业务征税原则作出明确规定,缺乏专门的税收政策和税务监管。信托税收制度的缺失带来了纳税主体不明确、重复征税[②]以及公益慈善信托缺乏配套税收优惠等问题,对财富管理等信托本源业务的发展造成了明显的阻碍。完善信托税制需要遵循"实质重于形式"的思想,针对信托财产特有的所有权和受益权相分离的特征,明确纳税主体、纳税环节、纳税基数、慈善信托活动的税收等具体问题,推动信托本源业务的发展。

此外,虽然《慈善信托管理办法》明确指出慈善信托委托人、受托

---

① 《信托法》第十条规定,对于信托财产,有关法律、行政法规规定应当办理登记手续的,应当依法办理信托登记。未依照前款规定办理信托登记的,应当补办登记手续;不补办的,该信托不产生效力。

② 重复征税是当前信托税制面临的最突出的问题,其根源在于现行的税制没有考虑信托业务所有权的二元化问题且混淆了纳税主体。

人、受益人享受税收优惠，但在实践中，信托公司由于无法为捐赠人开具捐赠发票，只能绕道联合慈善组织开展慈善信托业务，增加交易成本。因此，有必要出台专门的税收优惠制度，以提高信托公司开展公益慈善信托和社会公众参与公益慈善信托的积极性。

(4) 出台《信托公司条例》

从日本的经验来看，《信托法》和《信托业法》并行，前者规范信托关系，后者规定信托机构经营和发展。我国《信托法》第四条规定，受托人采取信托机构形式从事信托活动，其组织和管理办法由国务院制定具体办法。目前国务院尚未出台关于信托机构的组织管理办法。现行的《信托公司管理办法》属于部门规章，在执行效力上与《信托法》等国家法律之间层级跨度过大，缺乏必要的衔接，有必要加快《信托公司条例》立法进程，完善信托业制度基础。可以考虑在现行《信托公司管理办法》的基础上，结合国内外成熟监管经验和信托业发展实际，对相关内容进行补充完善，增加受托人义务和责任规范，适应信托行业向受托服务转型的趋势，引领信托公司培育良好受托文化。

(5) 完善信托业务监管要求

资管新规对包含资金信托在内的资管产品进行了统一规范，2020年5月8日，银保监会进一步就《信托公司资金信托管理暂行办法（征求意见稿）》公开征求意见。然而，相较于资金信托，明确不适用资管新规的资产证券化、财产权信托、家族信托等服务类信托以及公益慈善信托更能体现出信托制度独特的优越性，发展服务信托和公益慈善信托是信托业回归本源的内在要求和必然选择。因此，需要监管层针对上述业务出台专门的监管政策，明确各类业务的内涵和外延，以及信托公司的受托职责，引导信托公司发展本源业务。同时，对于信托资金的投资方向，也需要监管层给予适当的引导，以最大化地支持实体经济的发展。此外，我们建议监管层将信托文化建设的考评纳入行业评级、监管评级、新业务资格准入和分类监管的评价体系中，用明确的奖惩机制激励信托公司将信托文化建设落到实处。

(6) 发挥信托业协会自律作用

从境外经验看，行业协会在信托业发展中发挥了重要作用。我国信托业协会作为管理部门与信托业间的桥梁和纽带，在信托文化建设的进程中也应发挥积极作用。例如，2018 年 9 月 18 日，中国信托业协会发布《信托公司受托责任尽职指引》，明确了信托公司开展信托业务的受托责任尽职要求。2020 年 6 月 30 日，中国信托业协会发布了《信托公司信托文化建设指引》，明确了信托文化的内容以及建设要求。未来，可以借鉴国外经验，在信托公司行为规范、信托文件模板、信托从业人员素质、社会舆论宣传、数据统计和发布、信托知识普及等更多领域发挥作用。

2. 信托机构

信托机构是信托文化建设中最重要的主体。信托文化建设中，无论是基本制度的完善，还是部门规章和规范性文件的监管要求，大都是对信托机构作为受托人的行为规范，因此信托文化建设最终能否取得成效，信托机构在其中起到至关重要的作用。

(1) 公司治理

对于信托机构而言，信托文化建设就是企业文化的建设，而企业文化则很大程度上受到企业领导文化素养的影响，领导的一举一动都对基层员工起到表率、导向的作用。因此，信托公司的文化建设应当是一个自上而下的过程，首先需要领导队伍以身作则确定信托文化建设的高层基调。唯有董事会、监事会成员和高级管理人员等公司高层人员正确认识了信托文化，理解了信托文化建设对信托公司乃至信托行业发展的基础性作用，信托文化建设才有可能真正落实到信托公司的公司治理、战略规划、经营管理以及日常运作等各个方面，让信托文化建设脱离仅满足监管要求的低级层次。

在此基础上，信托文化建设要抓住公司治理机制这个"牛鼻子"，从受托人的定位出发，将实现受益人合法利益最大化作为公司价值取向和公司治理目标，持续完善公司治理架构，不断提升规范化运作水平。信托公司需要按照《信托公司治理指引》的要求，构建"三会一层"科学合理有效的制衡机制，构建激励相容、权责对等的激励约束机制，将信托文化建设的基本要求制度化、规范化，嵌入信托公司的业务流程、内部控制、合规管理中，以制度固化良好品行、强化文化认同。尤其需要注意的是，建设中国特色信托公司治理机制，必须坚持将党的领导融入公司治理全过程，把发挥党组织政治核心作用和完善公司治理有机结合，正确处理好党委参与重大问题决策与董事会依法决策的关系。

（2）战略规划

信托公司需要将信托文化建设提升到公司发展战略的位置，与信托机构的发展充分结合。信托公司需要严格按照中国银保监会关于信托文化建设"赋之以形、付之以行"的工作要求，牢牢把握中国信托业协会《信托公司信托文化建设指引》和信托文化建设五年规划的精神实质，将信托文化的价值观念去抽象化，做好公司层面的顶层设计，将信托文化切实融入公司的战略规划。尤其是在信托业转型升级的背景下，传统融资类信托业务和通道业务持续压降，资本市场投资类业务、服务信托、公益慈善信托等信托本源业务正日益成为信托行业新的增长极和战略突围方向，信托公司应将未来重点发展的战略性新兴业务与信托文化建设有机融合。

（3）经营管理

经营与管理相伴而生。一般而言，经营对外，追求从企业外部获取资源和建立影响；管理对内，强调对内部资源的整合和建立秩序。信托公司开展信托业务，应以受益人合法利益最大化为宗旨，遵循卖者尽责、买者自负原则，履行诚实、信用、谨慎、有效管理的义务。依法合规经营是信托公司的生命线，既是实现行业稳健发展的内在要求，又是防范金融风险的先决条件。因此，信托公司需要坚定不移地做法律制度和监管规则的拥护者和实践者，以依法合规为前提创造经营效益。

为了各项经营活动的稳定开展，切实保障委托人和受益人的合法利益,信托公司须加强内部管理,不断提高风险抵御能力。信托公司的内部管理主要包括以下几个方面:第一,建立符合现代化企业制度要求的、健全的管理结构。信托公司应按照职责分离的原则设立相应的工作岗位,前、中、后台设置合理、分工明确,操作相互独立。第二,制定规范的信托业务操作规程。信托公司应当设立符合要求的营业场所,完善各种符合法律要求的信托业务操作规范与风险控制措施,以规范信托人员的行为,保护委托人和受益人的利益,维护信托公司的信誉。第三,建立完善的信托从业人员管理制度。信托业务具有很强的专业性,信托公司必须建立从业人员管理制度,包括对董事、高级管理人员任职资格的审查制度,确保从业人员具备足够的财产管理经验、专门的技术和知识水平以及高度的责任心。

(4) 业务流程

信托公司开展信托业务,应当按照法律、行政法规、部门规章及其他规范性文件的要求,制定完善符合信托文化和受托责任的信托业务操作规程,将良好信托文化贯穿于信托业务各个环节。在信托产品设计环节,信托公司应确保信托目的的合法性、信托财产的确定性和合法性,根据法律法规和信托文件的约定全面开展尽职调查,强化项目审核评审,做实风险缓释措施。在信托产品销售环节,信托公司应依法确保投资者适当性,向投资者提供规范详尽的信息披露材料,明示信托产品的风险收益特征,充分揭示参与信托计划的风险及风险承担原则。在信托项目运营管理环节,信托公司应妥善管理运用或处分信托财产,保存处理信托事务的完整记录,定期向委托人、受益人报告。在信托财产出现风险时,信托公司应当根据法律法规和信托文件的约定,积极采取资产保全措施保障受益人利益,并及时披露相关信息。

(5) 人才与激励

文化产生于人类的社会实践,是人类智慧的结晶,信托人是信托文化建设最基本的落脚点,高尚的职业操守是做好受托履职的关键前提。建设信托文化需要信托公司加强人才队伍专业能力建设以及对员工的文化培训。信托文化培育要从员工日常执业规范做起，将良好信托文化形成于日常行为，逐步养成员工的受托人意识。更为重要的是，信托公司须通过优化考评机制和薪酬安排，激励维护公司诚信、增强专业能力的行为，纠正追求短期回报、忽视受益人合法权益的不当行为。信托公司建立的绩效考评体系应符合提升受托服务质量、服务实体经济、防范化解风险的战略方向。信托公司设置的绩效考评指标应包括履行受托人职责、坚守良好职业操守类指标，且该类指标权重应当明显高于其他类指标。

（6）投资者教育

委托人和受益人是信托关系中的重要主体，信托文化建设不仅要求立法者和监管层完善法律法规和监管要求，夯实信任基础；信托公司约束自身行为、履行受托义务；还要求监管层和信托公司加强投资者教育，向投资者传递"卖者尽责，买者自负"的理念，不断提高投资者的金融素养。具体而言，监管机构需要做好投资者教育的顶层规划，明确投资者教育的目的、意义和要求，为信托公司的投资者教育提供指引；同时运用好监管层已有的投教渠道，为投资者教育起到领头和示范作用。信托公司需要将投资者教育融入日常的业务开展之中，通过线下、线上多种形式进行投资者教育。由于信托公司与投资者的接触最为频繁，因此应当在投资者教育中起到主要作用。

3. 信托客户

在一个合理、成熟的信托文化环境中，信托客户的思维和决策应遵循以下逻辑。[①]

第一，了解自己的需求和约束条件。了解自己对信托服务的需求和约束条件，即想要什么和能要什么。如果是财富管理的需求就包括两个方面：一是确认要达到的收益目标，这通常要和特定的财富管理目标结合起

---

① 这同时也应该是信托公司做投资者教育的基本思路和话术逻辑。

来，做到风险与收益相匹配；二是要了解自己的风险特征，主要包括由客观因素决定的风险承受能力和由心理因素决定的风险容忍态度。

第二，了解信托行业的价值。从理论上来说，专业的受托管理行业存在的价值已被交易成本、不确定性和跨期平滑、信息不对称、风险管理和参与成本等多种理论所证实。从实证来看，国内外大量的研究发现，与机构投资者相比，散户投资者资产选择面相对更狭窄，投资风格相对更激进，对市场行情判断过度自信，风险控制更趋感性等，且大多数研究并未发现这些特征能为散户带来稳健的超额回报。

第三，了解信托产品的特征。信托可以实现丰富的功能，同时也有繁杂的产品体系。投资者需要了解信托产品最基本的分类方法和相应的收益风险特征，这样才能将其与自己的收益需求和风险约束结合起来，保证在产品选择上不会出现根本性的失误。

第四，了解信托公司的能力。在投资之前，投资者需要了解的主要是信托公司的各项专业能力，判断信托公司能否满足自身的财产管理需求。在选择了信托公司之后，投资者最需要了解的是信托公司对自己应履行的责任，主要包括法定责任和协定责任。

4. 行业外主体

提高信用效率是信托文化建设的最终目的，这不仅需要信托行业内当事各方的努力，也需要行业外如高校、科研组织、第三方机构、媒体和社会公众的广泛参与。信托文化的概念很大程度上是意识、观念和精神层面的，建设信托文化需要形成一个有效的、可持续的内容生产和宣传推广机制，包括与信托行业相关的知识体系和即时信息，如规制政策、行业机构、产品服务和市场需求等。只有各主体共同努力、积极参与，致力于通过信托知识的教育与传播，培育全社会的诚信意识、规则意识和契约精神，信托文化的基础和外围生态才能得以优化，信托文化建设的系统目标才能最终实现。

(三) 小结

信托是一种规范"基于信任而托付"行为或关系的制度安排或制度供给，信托制度为满足财产转移的需求而产生发展，并随财产管理需求的不断丰富而完善成熟。无论信托制度在各国的移植传播中表现出怎样的特色，它的初衷总是要去规范一种名为"受人之托，代人理财，忠人之事"的服务标准；受托人在受托管理他人财产的过程中，都必须恪尽职守，履行诚实、信用、谨慎、有效管理的义务，这是由信托文化与生俱来的基因——以受益人利益最大化为最显著标志的利他文化——所决定的。我国信托文化建设应以夯实信任基础、强化信义责任、重塑信托形象、提高信用效率为目的，以促进信托业转型发展、回归本源。这需要立法者、监管层、信托业协会、信托公司、信托客户以及信托行业外的各类主体付出大量的努力。

虽然信义义务产生于英美信托法，但发展至今早已不局限于信托，而是成为外延范围更加宽泛的法律范畴，扩展到包括拥有受托地位的任何人的行为。公司法、信托法、代理法、合伙法等法律领域均属于英美法所称信义法律关系。换言之，无论是哪种信用契约形态，受信人都需要为受益人的最大利益服务。信托文化的建设不仅能够作用于信托行业本身，而且随着信托文化建设的逐渐完善，信托文化中内含的诚实守信、忠实尽责等观念也会慢慢地深入人心，从而有助于夯实全社会的信任基础和完善信用体系。

第三章

金融体系中的信托：沿革与发展

从金融体系结构变迁的轨迹和趋势来看，直接金融与间接金融之间的界限正逐渐模糊，以银行为代表的间接金融机构的重要性有所下降，各类非银行金融机构的重要性正逐步上升。本章基于这一背景，从金融体系视角考察信托金融的沿革与发展，共分六节。第一节以金融结构理论为基础，梳理了金融结构测度的指标体系，并以此对全球金融结构的演变趋势进行回顾和分析。其后四节分别以英国、美国、日本和我国为例，对典型国家不同时期金融体系结构的特点以及信托金融的发展历程进行阐述分析。第六节在对全球金融体系变迁以及信托金融子系统变化的特点进行总结的基础上，对信托金融业未来的发展方向进行了展望。

第一节 全球金融体系的结构变迁

随着经济结构的变化，全球金融体系的结构也正逐渐发生改变。我们将通过梳理金融结构理论,构建金融结构测度的指标体系,以此勾勒出全球金融结构的演变特征。

一、金融结构理论

(一)经典金融结构理论

金融结构理论最早由格利和肖(1960)[①]提出。随后,戈德史密斯(1969)[②]指出"一国现存的金融工具与金融机构之和就构成该国的金融结构",进而提出"金融结构的变迁即金融发展"的理论观点,并通过构建一系列衡量金融结构的指标来揭示金融结构的演变规律,主要包括三个层面[③]:第一个层面的指标为金融上层结构和经济上层结构之间的相对规模关系,以金融相关率(Financial Interrelations Ratio,FIR)指标,即金融总资产与国民财富之比来表示;第二个层面的指标为金融上层结构在经济上层结构中的组成关系,以金融工具总量在经济中的分布,即各种金融工具和金融资产在经济各部门的相应分布状况来表示;第三个层面的指标为不同金融机构在经济中的相对重要性,以各种类型的金融中介在所有金融机构总资产中所占的份额来表示。戈德史密斯的金融结构理论为金融结构研究提供了量化的指标体系,一度成为该领域的权威理论。

(二)传统金融结构理论

20世纪80年代,受内生增长理论[④]启发,学者们采用二分法将金融体系分为银行主导型金融体系与市场主导型金融体系,并对这两种金融体

[①] GURLEY J G, SHAW E S. Money in Theory of Finance [M]. Washington D. C.:Brookings Institution,1960.

[②] GOLDSMITH R W. Financial Structure and Development [M]. New Haven:Yale University Press,1969.

[③] 王曙光. 金融发展理论[M]. 北京:中国发展出版社,2010:34 – 35.

[④] 内生增长理论(The Theory of Endogenous Growth)产生于20世纪80年代中期,属于西方宏观经济理论分支,其核心思想是认为经济能够不依赖外力推动实现持续增长。基于内生增长理论,诞生了内生金融增长模型(Endogenous Financial Growth Models),该模型侧重于内生经济增长和内生金融机构的分析,从而能够解释金融中介产生的根源和金融中介在经济中的作用。

系结构的特点进行了大量研究。银行主导型金融体系主要以日本、德国、中国为代表国家。这些国家在全球分工中承担生产职能，通过吸纳资金、技术和资源，制造工业品和消费品，经济重心以实体经济为主，积累了相当规模的经常项目顺差。因此，银行主导型金融体系结构的倡导者认为，银行主导型的金融体系在动员储蓄、信息收集和处理、减缓信息不对称、选择项目、监督企业和管理风险等方面都优于市场主导型的金融体系[1]。此外，在市场主导型的金融结构下，具有较强市场流动性的金融衍生品会导致整个社会信用或可贷资金总量的大规模扩张，并成为一种新的流动性创造形式，若大量流入实体经济，则引发通货膨胀，若大量流入金融市场，则引发资产价格泡沫，即资产通胀[2]。这也是银行主导型金融体系结构优于市场主导型金融体系结构的原因之一。

  与之相反，市场主导型金融体系主要以美国、英国为代表。这些国家具有金融优势，金融产品多元化程度较高，储蓄率较低，通过高消费接受贸易盈余，消费和金融资产占比重高，经济重心以虚拟经济为主，实体经济占比较低。因此，市场主导型金融结构的倡导者强调市场主导型金融体系在信息透明化、价格发现、推动科技创新以及改善企业管理等方面都优于银行主导型金融体系[3,4,5,6]。此外，金融市场允许个人在既定的时点上通过分散化其投资，根据自己的风险承受能力调整资产组合的风险，风险厌恶倾向强的人少承担风险，风险厌恶倾向弱的人多承担风险，从而对

---

[1] BOYD J H, EDWARD C. Prescott. Financial Intermediary – Coalitions [J]. Journal of Economic Theory, 1986, 38 (2): 211 – 232.

[2] 肖崎. 金融体系的变革与系统性风险的累积 [J]. 国际金融研究, 2010 (8): 53 – 58.

[3] BOOT A W A, THAKOR A V. Financial System Architecture [J]. Review of Financial Studies, 1997, 10 (3): 693 – 733.

[4] BOYD J H, BRUCE D S. The Evolution of Debt and Equity Markets in Ecomomic Development [J]. Economic Theory, 1998, 12 (3): 519 – 560.

[5] 林毅夫, 孙希芳, 姜烨. 经济发展中的最优金融结构理论初探 [J]. 经济研究, 2009, 44 (8): 4 – 17.

[6] 陈雨露, 马勇. 社会信用文化、金融体系结构与金融业组织形式 [J]. 经济研究, 2008 (3): 29 – 38.

冲异质风险，即实现横向风险分担，这也构成了市场主导型金融体系结构优于银行主导型金融体系结构的原因之一[①]。

（三）最优金融结构理论

由于基于内生增长理论而形成的传统金融结构理论将金融机构和金融市场分裂开来进行研究，该理论也受到了部分学者的质疑。学者们指出银行和金融市场的重要性随着经济处于不同的发展阶段而显著不同：发展相对落后的国家的金融体系以银行为主，银行所特有的借贷监督机制有利于降低风险，提高融资效率，更有利于促进经济的动态增长；随着经济迈入更高的发展阶段，金融市场处理信息不对称问题的优势使其在金融体系中的重要性不断提升[②,③,④,⑤,⑥,⑦,⑧,⑨]。因此学者们提出：第一，随着一国经济增长，该国需要的金融服务（银行和证券市场）的组合也应不同[⑩,⑪]；第二，由于不同行业的企业在规模、风险、融资需要等方面各不相同，实体经济在某一发展阶段对金融服务的需求也会系统性地有别于在其他阶段

---

① 肖华东. 金融体系演变的内在逻辑与我国金融体系改革的方向 [D]. 武汉大学, 2004.

② HARRIS R. Stock Market and Development: A Re–assessment [J]. European Economic Review, 1997 (41): 139–146.

③ DEMIRGU–KUNT A, LEVINE R. Financial Structures and Economic Growth: A Cross–country Comparison of Banks, Markets and Development [M]. Cambridge: MIT Press, 2001.

④ TADESSE S. Financial Architecture and Economic Performance: International Evidence [J]. Journal of Financial Intermediation, 2002 (11): 429–454.

⑤ CULL R, XU L. Job Growth and Finance: Are Some Financial Institutions Better Suited To Early Stages of Development Than Others [R]. Policy Research Working Paper Series 5880: The World Bank, 2011.

⑥ DEMIRGU–KUNT A, FEYEN E, LEVINE R. The Evolving Importance of Banks and Securities Markets [R]. Policy Research Working Paper, WPS5805: The World Bank, 2011.

⑦ KPODAR K, SINGH R. Does Financial Structure Matter for Poverty [R]. Policy Research, No. WPS5915: The World Bank, 2011.

⑧ BECK T, BUYUKKARABACAK B, RIOJA F, VALEV N. Who Gets the Credit? And Does It Matter? Household Vs Firm Lending Across Countries [J]. Journal of Macroeconomics, 2012 (12): 1–46.

⑨ 林毅夫. 新结构经济学 [J]. 经济学, 2013 (3): 1095–1108.

⑩ ALLEN F, GALE D. Comparing Financial System [M]. Cambridge: MIT Press, 2000.

⑪ BOYD J H, SMITH B D. The Evolution of Debt and Equity Markets in Economic Development [J]. Economic Theory, 1998, 12: 519–560.

的需求,而高效的金融结构必定反映了实体经济的需求①;第三,只有当金融结构的特征与该经济体产业结构的特征相适应时,金融体系才能够最大效率地发挥基本功能,从而促进经济可持续、包容性发展。经济体在每一个发展阶段都存在最优的金融结构②·③,这是最优金融结构理论的主要观点。

(四)现代金融结构理论

随着研究的深入,学者们开始从金融体系功能出发,发现金融中介和金融市场可以互补、融合,从而形成不同融合状态的金融结构④,并提出最优的金融体系形态应满足当时整体系统环境的功能需求,而不仅是将金融市场与金融机构分离来考虑。支持该理论的学者将金融市场与金融机构联系起来考虑,认为金融中介与金融市场处在一个先后具有内在联系的逻辑链条上,金融产品的丰富使新交易市场迅速增长,从而使通过金融中介量身定做的新金融产品不断增加,提高了市场的完整性。金融产品往往会在中介和市场间做周期性的摆动和循环,直至达到某种稳定状态⑤。因此理论上,金融市场与金融中介之间存在着互补关系,即二者功能与行为之间存在融合的可能性。

二、金融结构测度的指标体系

从金融结构理论的发展来看,大致经历了从戈德史密斯提出的经典金融结构理论到基于内生增长理论而形成的传统金融结构理论,再到最优金

---

① 林毅夫,孙希芳,姜烨. 经济发展中的最优金融结构理论初探 [J]. 经济研究,2009 (8):4-17.

② 龚强,张一林,林毅夫. 产业结构、风险特征与最优金融结构 [J]. 经济研究,2014 (4):4-16.

③ 林毅夫,章奇,刘明兴. 金融结构与经济增长:以制造业为例 [J]. 世界经济,2003 (1):3-21.

④ 周莉萍. 金融结构理论:演变与述评 [J]. 经济学家,2017 (3):79-89.

⑤ MERTON R C. A Functional Perspective of Financial Intermediation [J]. Financial Management,1995,24 (2):23-41.

融结构理论,最后到基于金融功能观的现代金融结构理论的演变与发展过程。而戈德史密斯的经典金融结构理论由于在金融结构研究领域具有相当的权威性,同时又拥有坚实的理论基础,并且已形成完整的测度指标体系,此外,已有研究也大都从经典金融结构理论出发,对该理论形成的测度指标体系进行不断的扩展与丰富。因此,由经典金融结构理论所形成的测度指标体系也成为我们构建金融结构测度指标体系的基础与来源。我们基于经典金融结构理论,构建了包含不同维度、涵盖不同指标的金融结构测度指标体系。

(一) 宏观结构类指标

宏观结构类指标是从金融系统整体的角度来考察金融结构。代表性的指标为金融相关率指标,其以金融总资产与国民财富之比来表示,并以国内生产总值(Gross Domestic Product,GDP)代表国民财富,简化了金融相关率的计算。后续部分学者[1],[2],[3],[4],[5]使用金融相关率指标来刻画不同国家(地区)的金融结构。

(二) 工具结构类指标

工具结构类指标是从金融工具的视角来考察金融结构。代表性的指标为金融构成比率指标,其从契约关系出发,考察债务型金融工具、权益型金融工具、投资基金[6]等不同类型金融工具在金融体系中的重要性。部分

---

[1] BUTLER A W, COMAGGIA J. Does Access to External Finance Improve Productivity? Evidence from A Natural Experiment [J]. Journal of Finance Economics, 2011, 99 (1): 184 – 203.

[2] 周立,王子明. 中国各地区金融发展与经济增长实证分析:1978—2000 [J]. 金融研究, 2002 (10): 1 – 13.

[3] 赵勇,雷达. 金融发展与经济增长:生产率促进抑或资本形成 [J]. 世界经济, 2010 (2): 37 – 50.

[4] 顾红梅,何彬. 中国省域金融发展与碳排放研究 [J]. 中国人口·资源与环境, 2012, 22 (8): 22 – 27.

[5] 吕朝凤. 金融发展、不完全契约与经济增长 [J]. 经济学(季刊), 2017, 17 (1): 155 – 188.

[6] 从契约关系来看,投资基金是既非债又非股的一类金融工具,属于信托金融的组成部分。

学者[1],[2]使用金融构成比率指标来分析金融体系的结构特征。

（三）机构结构类指标

机构结构类指标是从金融机构的视角来考察金融结构。代表性的指标为金融行业结构指标，即各类金融机构持有的金融资产占全部金融机构持有的金融资产总额的比重。该指标能够考察银行、证券、保险、信托等不同金融行业在整个金融产业体系中的重要性。部分学者[3],[4],[5]使用金融行业结构指标来分析金融体系的结构特征。

（四）关联结构类指标

关联结构类指标是从金融体系内部的关联结构来考察金融结构。代表性的指标为不同金融机构内部资产的关联度，即某个金融机构从其余金融机构融资占该金融机构总资产的比重以及某个金融机构对其余金融机构的风险暴露占该金融机构总资产的比重。部分研究[6],[7]指出金融体系的相互关联性能够刻画不同金融机构活动之间相互的影响程度，间接表明该类指标对金融结构具有一定的刻画作用。2007年、2008年国际金融危机后，该类指标更加受到关注。

综上所述，基于经典金融结构理论，我们构建了包含宏观结构类、工具结构类、机构结构类与关联结构类四大维度且分别由金融相关率指标、金融构成比率指标、金融行业结构指标和不同金融机构内部资产关联度指标所构成的金融结构测度指标体系。接下来，我们将基于构建的指标体系对全球金融结构的演变进行剖析。

---

[1] GOLDSMITH R W. Financial Structure and Development [M]. New Haven: Yale University Press, 1969.

[2] 李健, 贾玉革. 金融结构的评价标准与分析指标 [J]. 金融研究, 2005 (4): 57 – 67.

[3] 李健, 贾玉革. 金融结构的评价标准与分析指标 [J]. 金融研究, 2005 (4): 57 – 67.

[4] 刘桂荣, 鲍曙明, 佘金凤, 张红历. 中国金融产业结构的时空演绎分析 [J]. 地理研究, 2016, 35 (11): 2153 – 2166.

[5] 周悦, 董竹. 金融结构与实体经济发展空间溢出效应研究 [J]. 经济问题探索, 2020 (5): 134 – 149.

[6] International Monetary Fund. Global Financial Stability Report [R]. IMF, 2009.

[7] NERA Economic Consulting. De – Mystifying Interconnectedness: Assessing "Too Interconnected to Fail" and the Fallout from Getting It Wrong [R]. PCI White Paper, 2010.

三、全球金融结构的演变

20世纪60年代以来,世界经济迅速发展,人均GDP、国民收入以及广义货币/GDP等宏观经济指标都呈现出逐年上涨的趋势。而储蓄总额/GDP基本趋于稳定(见图3-1)。伴随全球经济发展,经济结构也逐渐由简单向复杂演进,产业结构不断演变,实体经济对金融业所提供的产品与服务所产生的需求也在不断变化。在全球经济结构演变的大背景下,金融结构也在日益发生变化。结合前述构建的金融结构测度的指标体系,本部分将对全球金融结构的变迁路径进行细致的描绘。

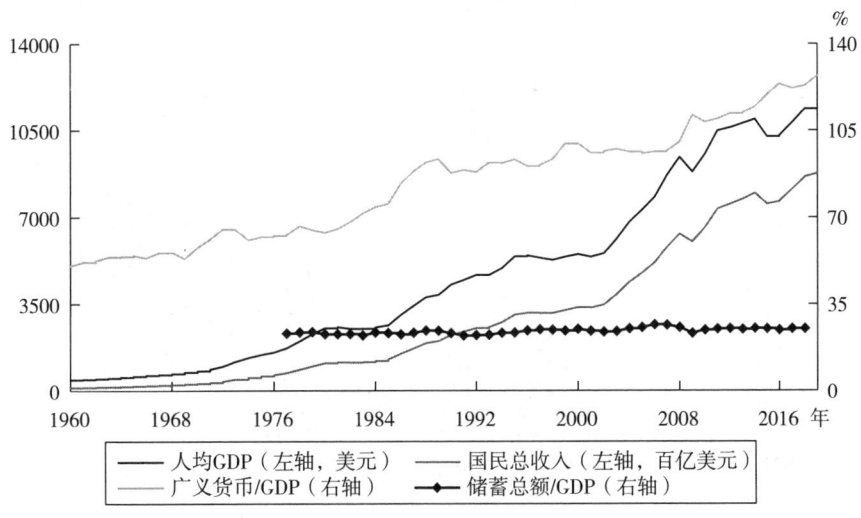

图3-1 全球主要经济指标变化(1960—2019年)

[资料来源:世界银行的世界发展指标(World Development Indicators,WDI)[①]]

(一)全球金融化程度

通过对全球金融相关率的统计数据可以看出,2013年以前,金融相关率稳定在350%左右窄幅波动,其后出现大幅上升,2016年达到463.64%的峰值,随后小幅回落,大体来看,全球金融化程度正在逐渐加深(见图3-2)。

---

① WDI [EB/OL]. http://datatopics.worldbank.org/world-development-indicators/.

根据金融稳定理事会（Financial Stability Board，FSB）（2020）①对于金融部门的划分，全球金融部门被划分为中央银行（Central Banks）、银行（Banks）、公共金融机构（Public Financial Institutions）、保险公司（Insurance Corporations）、养老基金（Pension Funds）、其他金融中介机构②（Other Financial Intermediaries，OFIs）和金融辅助机构（Financial Auxiliaries）七大类金融部门。从机构层面入手，对除金融辅助机构外的其余六大类金融部门的金融相关率进行统计发现（见图3-3），全球金融相关率从2013年至2016年的大幅上升主要得益于其他金融中介机构与银行部门金融相关率的大幅上升，其中，其他金融中介机构的金融相关率上升幅度（30.8%）高于银行部门的金融相关率上升幅度（16.6%）。

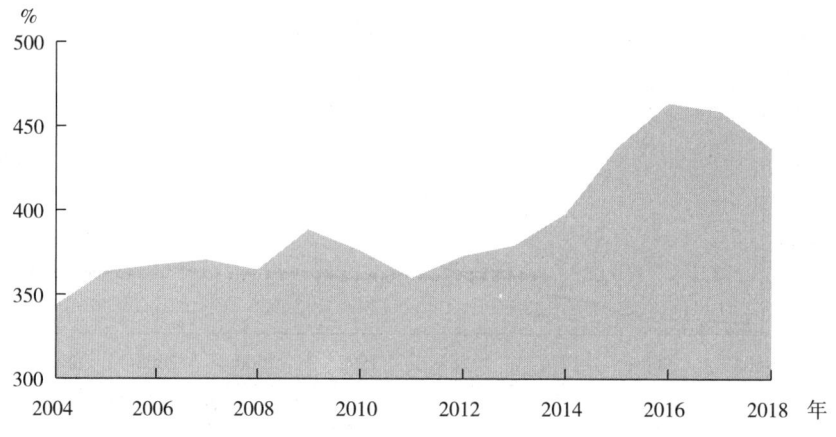

图3-2　全球金融相关率（2004—2018年）

（资料来源：FSB③）

---

①　FSB [EB/OL]．[2020-01-19]．https：//www.fsb.org/2020/01/global-monitoring-report-on-non-bank-financial-intermediation-2019/．

②　其他金融中介机构又包括投资基金（不包括货币市场基金、对冲基金）（Other Investment Funds，OIFs）、专属金融机构和贷款人（Captive Financial Institutions and Money Lenders，CFIMLs）、经纪交易商（Broker-Dealers，BDs）、信托公司（Trust Companies，TCs）、财务公司（Finance Companies，FinCos）、对冲基金（Hedge Funds，HFs）、房地产投资信托基金（Real Estate Investment Trusts and Funds，REITs）、中央交易对手（Central Counterparties，CCPs）、货币市场基金（Money Market Funds，MMFs）、结构性金融工具（Structured Finance Vehicles，SFVs）。

③　FSB [EB/OL]．[2019-02-04]．https：//www.fsb.org/2020/01/global-monitoring-report-on-non-bank-financial-intermediation-2019/；https：//www.fsb.org/2019/02/global-monitoring-report-on-non-bank-financial-intermediation-2018/．

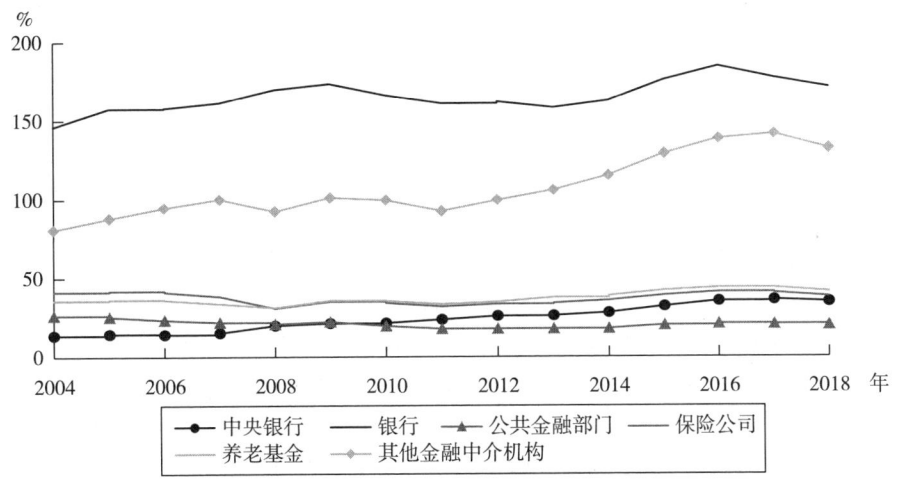

图 3-3 全球各金融部门的金融相关率（2004—2018 年）

（资料来源：FSB[①]）

（二）债务型工具、权益型工具与投资基金

本部分从金融工具结构视角对存款、贷款、股票、债券、投资基金[②]、保险养老与标准化担保（以下简称保险）以及金融衍生产品与雇员股票期权（以下简称衍生品）七类金融工具的规模及其占比进行考察，如表 3-1 所示。

从表 3-1 可以发现：以存款、债券和贷款为代表的各类债务型金融工具的规模占比呈现下降趋势，分别从 1995 年的 19.4%、16.4% 和 26.2% 下降至 2018 年的 17.5%、15.9% 和 19.1%，其中，贷款占比从最高下降至第二；以股票为代表的权益型金融工具的规模占比则从 20.3% 上升至 26.2%，占比最高，规模总额的年均增幅也达到 6.7%；投资基金的规模占比则从 3.4% 上升至 7%，规模总额的年均增幅达 8.8%，超过以股票为代表的权益型金融工具规模总额的年均增幅。由此可见，权益型金

[①] FSB [EB/OL]. [2019-02-04]. https://www.fsb.org/2020/01/global-monitoring-report-on-non-bank-financial-intermediation-2019/；https://www.fsb.org/2019/02/global-monitoring-report-on-non-bank-financial-intermediation-2018/.

[②] 投资基金具有非股非债的交易契约关系，是一类既不同于债务型又不同于权益型的金融工具。但从投资基金的外延来看，其有着与信托金融相同的市场结构、运行机制和收益风险特征，因此，本书以投资基金作为信托金融的代表进行数据统计，从而开展全球及各主要国家金融体系的研究。

融工具的重要性已逐步超过债务型金融工具的重要性，而投资基金的重要性正逐步提升。

表 3-1　　　　　　　　　　金融工具规模占比

单位：万亿美元，%

时间	存款		债券		贷款		股票		投资基金		保险		衍生品	
	总额	占比	总额	占比	总额	占比	总额	占比	总额	占比	总额	占比	总额	占比
1995年	28.9	19.4	24.5	16.4	39.0	26.2	30.2	20.3	5.1	3.4	20.7	13.9	0.5	0.3
1996年	28.5	18.6	25.4	16.6	38.4	25.1	32.4	21.2	6.0	3.9	21.7	14.2	0.5	0.3
1997年	27.4	17.4	25.5	16.2	38.1	24.2	36.2	23.0	7.1	4.5	22.4	14.2	0.8	0.5
1998年	30.2	16.8	28.8	16.1	41.8	23.3	43.6	24.3	9.0	5.0	25.2	14.0	1.0	0.6
1999年	32.7	16.1	30.8	15.2	45.1	22.3	54.8	27.1	11.1	5.5	26.8	13.3	0.9	0.5
2000年	31.5	15.8	31.0	15.5	45.0	22.6	51.6	25.9	11.2	5.6	27.8	14.0	1.1	0.6
2001年	31.2	16.0	32.1	16.5	44.3	22.7	46.6	23.9	11.0	5.6	28.4	14.6	1.3	0.7
2002年	36.2	17.1	37.0	17.5	49.9	23.6	43.9	20.8	10.7	5.1	32.0	15.1	1.6	0.8
2003年	43.8	17.2	43.2	17.0	58.1	22.8	58.8	23.1	13.4	5.3	35.3	13.9	2.1	0.8
2004年	49.0	16.9	48.6	16.8	64.6	22.3	68.9	23.7	15.3	5.3	38.6	13.3	5.2	1.8
2005年	47.9	16.1	48.1	16.2	64.8	21.8	75.7	25.5	16.7	5.6	38.7	13.0	5.5	1.9
2006年	55.2	16.3	52.3	15.4	73.6	21.7	89.9	26.5	20.2	5.9	41.8	12.3	6.7	2.0
2007年	64.7	16.7	59.0	15.3	86.4	22.4	97.2	25.1	23.3	6.0	45.4	11.8	10.5	2.7
2008年	69.5	18.5	61.9	16.4	88.9	23.6	71.0	18.9	18.4	4.9	45.7	12.1	20.7	5.5
2009年	73.9	18.2	70.2	17.3	89.0	22.0	86.9	21.4	23.3	5.8	48.8	12.0	13.2	3.3
2010年	76.3	17.8	74.0	17.3	91.1	21.3	94.5	22.1	25.2	5.9	52.4	12.2	14.5	3.4
2011年	84.0	18.7	78.7	17.5	95.5	21.3	92.3	20.6	24.4	5.4	55.5	12.4	18.3	4.1
2012年	86.3	18.3	82.8	17.6	98.2	20.8	103.5	21.9	27.4	5.8	57.2	12.1	16.5	3.5
2013年	86.4	17.7	80.4	16.5	97.7	20.0	117.9	24.2	31.1	6.4	60.4	12.4	13.7	2.8
2014年	81.8	16.9	80.0	16.5	93.4	19.3	120.4	24.9	32.3	6.7	61.4	12.6	15.2	3.1
2015年	79.6	16.9	77.6	16.5	90.7	19.2	119.5	25.4	31.7	6.7	61.1	13.0	11.2	2.4
2016年	80.7	16.8	77.6	16.2	91.2	19.0	124.5	26.0	32.0	6.7	62.1	13.0	10.8	2.2
2017年	91.5	17.0	84.3	15.7	100.4	18.7	147.0	27.4	38.0	7.1	66.7	12.4	9.2	1.7
2018年	88.7	17.5	80.9	15.9	97.1	19.1	132.9	26.2	35.5	7.0	65.0	12.8	7.9	1.6

资料来源：OECD[1]。

注：包含39个重要国家。

---

[1] OECD [EB/OL]. https：//stats. oecd. org/index. aspx#.

(三) 银行与非银行金融机构

本部分从金融产业结构视角对中央银行、银行、公共金融机构、保险公司、养老基金以及其他金融中介机构这六大类金融机构的金融资产及金融行业结构指标进行考察,结果如表3-2所示。可以看到,尽管银行持有的金融资产占比在各金融机构中最高,但波动下降,从2004年42.48%下降至2018年39.12%;保险公司与养老基金持有的金融资产占比也呈现下降趋势,分别从11.99%和10.38%下降至8.7%和9.41%;其他金融中介机构持有的金融资产占比却出现上升,从23.51%上升至30.24%,金融资产总额的年均增幅达8.7%。由此表明,银行在金融产业体系中的重要性正逐渐下降,而非银行金融机构的重要性正逐步上升。

表3-2　　　　　　　　全球各金融部门持有的金融资产占比

单位:万亿美元,%

时间	银行		中央银行		公共金融机构		保险公司		养老基金		其他金融中介机构	
	总额	占比	总额	占比	总额	占比	总额	占比	总额	占比	总额	占比
2004年	64.09	42.48	6.02	3.99	11.54	7.65	18.09	11.99	15.66	10.38	35.48	23.51
2005年	74.87	43.31	6.91	3.99	12.07	6.98	19.89	11.50	17.26	9.98	41.88	24.23
2006年	81.33	42.97	7.36	3.89	12.04	6.36	21.17	11.18	18.58	9.82	48.82	25.79
2007年	93.63	43.53	8.86	4.12	12.70	5.91	22.24	10.34	19.55	9.09	58.10	27.01
2008年	108.11	46.55	12.66	5.45	13.21	5.69	19.57	8.43	19.83	8.54	58.85	25.34
2009年	104.69	44.61	12.85	5.47	13.40	5.71	21.14	9.01	21.52	9.17	61.11	26.04
2010年	109.74	44.12	14.19	5.71	12.92	5.20	22.56	9.07	23.49	9.44	65.81	26.46
2011年	118.13	44.68	17.37	6.57	13.01	4.92	23.36	8.84	24.47	9.26	68.04	25.74
2012年	121.59	43.37	19.45	6.94	13.29	4.74	25.09	8.95	26.16	9.33	74.76	26.67
2013年	122.17	41.67	20.16	6.88	13.69	4.67	26.30	8.97	29.04	9.91	81.80	27.90
2014年	129.11	40.83	22.18	7.02	14.26	4.51	28.40	8.98	30.75	9.72	91.49	28.94
2015年	132.13	40.17	24.02	7.30	15.06	4.58	29.24	8.89	31.56	9.59	96.93	29.47
2016年	140.71	39.76	26.94	7.61	15.96	4.51	31.27	8.84	33.39	9.43	105.65	29.85
2017年	143.79	38.56	29.32	7.86	16.76	4.49	32.81	8.80	35.44	9.50	114.76	30.78
2018年	147.86	39.12	30.06	7.95	17.29	4.57	32.86	8.70	35.56	9.41	114.30	30.24

资料来源:FSB①。

注:金融部门持有的金融资产占比是指金融机构持有的金融资产占全部金融机构资产总额的比重。

---

① FSB [EB/OL]. [2019-02-04]. https://www.fsb.org/2020/01/global-monitoring-report-on-non-bank-financial-intermediation-2019/; https://www.fsb.org/2019/02/global-monitoring-report-on-non-bank-financial-intermediation-2018/.

（四）金融体系关联性

本部分从关联结构的视角对银行从其他金融中介机构融资占银行总资产比重、银行对其他金融中介机构的风险暴露占银行总资产比重、其他金融中介机构从银行融资占其他金融中介机构总资产比重、其他金融中介机构对银行的风险暴露占其他金融中介机构总资产的比重、其他金融中介机构从保险公司融资占其他金融中介机构资产的比重以及其他金融中介机构从养老基金融资占其他金融中介机构资产的比重这几个指标进行考察可以发现（见表3-3）：（1）银行对其他金融中介机构的融资依赖的比重一直维持在5%以上且有小幅上升，从2002年的5.21%上升至2018年的5.85%，最高达8.08%；（2）银行持有其他金融中介机构的资产比重整体呈现上升趋势，从4.45%上升至5.49%；（3）其他金融中介机构对银行的融资依赖的比重整体处于下降趋势，从9.1%下降至6.2%；（4）其他金融中介机构持有的银行资产比重整体也处于下降趋势，从10.42%下降至6.46%；（5）其他金融中介机构对保险公司的融资依赖的比重下降明显，从9.6%下降至5.41%，但对养老基金的融资依赖较为稳定，基本维持在10%左右。由于金融部门的资产互联性体现全球金融体系的一体化程度，因此从上述分析可以发现，近年来全球金融部门之间的资产互联性整体趋于稳定，其他金融中介机构对银行的影响逐渐增加，而银行对其他金融中介机构的影响逐渐减弱，其余非银行金融机构对其他金融中介机构的影响也逐渐下降，表明其他金融中介机构在金融体系中的独立性越来越大。

表 3–3　　　　　　　　　　金融部门间的内部联系

单位：%

时间	银行中关于其他金融中介机构的内部关联资产		其他金融中介机构中关于银行的内部关联资产		其他金融中介机构中关于保险公司、养老基金的内部关联资产	
	银行从其他金融中介机构融资/银行总资产	银行对其他金融中介机构的风险暴露/银行总资产	其他金融中介机构从银行融资/其他金融中介机构总资产	其他金融中介机构对银行的风险暴露/其他金融中介机构总资产	其他金融中介从保险公司融资/其他金融中介机构资产	其他金融中介从养老基金融资/其他金融中介机构资产
2002 年	5.21	4.45	9.10	10.42	9.60	11.04
2003 年	5.08	4.72	6.85	7.22	9.75	11.24
2004 年	5.03	4.79	6.85	7.05	9.97	11.10
2005 年	5.47	4.89	6.72	7.36	9.57	11.18
2006 年	6.00	5.86	7.54	7.58	9.14	11.08
2007 年	6.66	6.91	8.87	8.38	8.64	10.67
2008 年	6.79	6.84	10.06	9.83	7.55	9.02
2009 年	7.57	7.05	9.19	9.71	8.13	10.47
2010 年	8.08	6.73	8.46	9.98	7.29	10.57
2011 年	7.17	5.57	7.26	9.17	6.64	9.85
2012 年	6.89	5.73	6.80	8.01	6.49	9.94
2013 年	7.94	5.85	6.30	8.33	7.16	10.50
2014 年	7.72	5.52	5.61	7.65	6.78	10.18
2015 年	6.18	4.96	5.89	7.18	5.73	9.72
2016 年	5.78	4.99	5.77	6.55	5.50	10.05
2017 年	5.86	5.39	5.87	6.24	5.47	10.47
2018 年	5.85	5.49	6.20	6.46	5.41	10.24

资料来源：FSB[1]。

在对全球金融体系结构变迁的路径进行剖析的基础上，本章将以前述构建的金融结构分析框架为基础，以英国、美国、日本和我国为例，首先对各国的金融结构进行具体分析，进而对信托金融在金融体系结构中的角色定位以及信托金融的结构变迁路径进行研究，最终勾勒出信托金融沿革与发展的脉络。接下来将分国家进行信托金融发展历程的阐述。

---

[1] FSB［EB/OL］.［2019-02-04］. https://www.fsb.org/2020/01/global-monitoring-report-on-non-bank-financial-intermediation-2019/；https://www.fsb.org/2019/02/global-monitoring-report-on-non-bank-financial-intermediation-2018/.

第二节　英国的金融体系与信托金融

英国是现代金融体制的发源地，也是信托的发源地。本节介绍英国金融体系结构的变迁路径和信托金融的发展历程。

一、20世纪60年代末至21世纪初

（一）金融体系结构演变

英国是现代金融体制的发源地。第二次世界大战后至20世纪60年代末，英国金融体系以分业经营为主。此后受外国银行竞争的影响，英国金融业开始向混业经营发展，金融体系也经历了被称为"大爆炸"的一系列变革。对英国1987—1999年的金融资产进行分析，如表3-4所示。

金融资产总量迅速上升，从2.9万亿英镑大幅上升至10万亿英镑，年均增幅达10.87%。金融资产与GDP之比（即金融相关率①）从586.97%上升至963.17%，年均增幅为4.2%。

从金融资产构成来看，以存款、贷款和债券为代表的债务型金融工具与GDP之比分别从169.4%、123.3%和54.9%上升至191.7%、181%和103.7%，资产余额的年均增幅分别为7.5%、9.8%和12.1%。以股票为代表的权益型金融工具与GDP之比从115.1%上升至242.3%，资产余额的年均增幅达13.2%，超过上述各类债务型金融工具资产余额的年均增幅。投资基金与GDP之比尽管较低但从7%大幅上升至32.7%，资产余额的年均增幅高达21%，超过各类债务型以及权益型金融工具资产余额的年均增幅。

---

① 金融相关率是金融资产与GDP之比，是由Goldsmith（1969）提出，用于刻画金融发展水平。

从分部门的视角进一步对居民、企业、政府和金融机构四部门的金融资产和负债结构进行分析，如表3-5所示。

对于居民部门而言，从资金运用来看，保险资产占比一直最高且从46.3%上升至54%，资产余额的年均增幅达13.1%；存款以及债券资产占比则分别从28.3%和2.9%下降至18.3%和0.5%；与保险资产相比，股票与投资基金资产占比相应分别从14.1%和2%上升至19.4%和4.4%，资产余额的年均增幅分别达14.7%和19.2%，其中，投资基金资产余额的年均增幅最高，超过其余金融资产余额的年均增幅。从资金来源来看，金融负债中贷款占比最高，基本稳定在90%左右。

对于企业部门而言，从资金运用来看，股票资产为最主要的金融资产，占比从34.8%大幅上升至48.3%，资产余额的年均增幅达26.3%；存款资产作为第二大金融资产，占比从23.8%小幅下降至21.4%；投资基金资产占比极低，几乎只维持在0.1%左右。从资金来源来看，贷款和股票是最主要的金融负债，其中，股票占比最高且从58.5%逐步上升至64.2%，负债余额的年均增幅达13.7%；贷款占比则从26.7%逐渐下降至19%。

对于政府部门而言，从资金运用来看，贷款和债券资产占比都分别从48%和14.8%大幅下降至26.5%和6%；股票资产占比却从10.3%大幅上升至38.2%，资产余额的年均增幅达16%；投资基金资产在此期间尚未配置。从资金来源来看，金融负债主要以债券和贷款为主，其中，债券占比一直高于50%且从58.2%逐步上升至68.1%，负债余额的年均增幅为7.2%；贷款占比则从22%逐渐下降至14.8%。

对于金融机构而言，从资金运用来看，主要以存款、债券、贷款与股票资产为主。存款和贷款资产占比分别从32.4%和31.6%下降至20.9%和29.2%；债券与股票资产占比分别从13.6%和20.1%上升至17.9%和24.1%，资产余额的年均增幅分别达13.8%和12.9%；投资基金资产占比始终较低，1999年仅为3.5%，但资产余额的年均增幅达到22.4%，高于债券和股票资产余额的年均增幅。从资金来源来看，存款一直都是最主要的金融负债，但占比从53.3%逐渐下降至37.4%；保险资金占比则相应从24.6%上升至30.1%，负债余额的年均增幅为13.1%；债券占比一直较低，基本保持在8%左右；股票占比小幅上涨，1999年已接近10%；投资基金占比始终较低，1999年仅为5.5%，但负债余额的年均增幅却高达20.4%。

表3-4　　　　英国金融资产总量和各分项（1987—1999年）

单位：十亿英镑，%

科目	1987年		1990年		1993年		1996年		1999年	
	余额	与GDP之比	余额	与GDP之比	余额	与GDP之比	余额	与GDP之比	余额	与GDP之比
金融资产总量	2912.1	587.0	945.6	141.4	1397.5	181.7	7366.6	812.0	10015.9	963.2
1. 货币黄金和特别提款权	5.6	1.1	4.5	0.7	5.1	0.7	4.2	0.5	4.0	0.4
2. 通货和存款	857.8	172.9	433.0	64.7	552.0	71.8	1628.9	179.5	2030.3	195.2
通货	17.3	3.5	0.2	0.0	0.3	0.0	27.3	3.0	37.4	3.6
存款	840.5	169.4	432.8	64.7	551.8	71.7	1601.6	176.5	1993.0	191.7
3. 债券	272.4	54.9	122.8	18.4	299.2	38.9	791.6	87.2	1078.2	103.7
4. 贷款	611.8	123.3	158.5	23.7	170.0	22.1	1511.5	166.6	1882.7	181.0
5. 股票与投资基金份额/单位	605.4	122.0	219.0	32.7	361.3	47.0	1752.2	193.1	2859.9	275.0
股票	570.9	115.1	218.1	32.6	359.8	46.8	1574.6	173.6	2519.4	242.3
投资基金份额/单位	34.5	7.0	0.9	0.1	1.5	0.2	177.6	19.6	340.5	32.7
6. 保险养老与标准化担保	398.2	80.3	0.0	0.0	0.0	0.0	1464.7	161.4	1924.1	185.0
7. 金融衍生产品与雇员股票期权	0.0	0.0	0.0	0.0	0.0	0.0	0.0	0.0	0.5	0.1
8. 其他应收账款	160.9	32.4	7.9	1.2	9.9	1.3	213.5	23.5	236.1	22.7

资料来源：OECD[①]。

注：未列出全部年份的数据资料，未将国外部门的金融资产纳入统计。

---

① OECD［EB/OL］. https://stats.oecd.org/index.aspx#.

表 3-5 英国不同部门金融资金来源和运用（1987—1999年）

单位：十亿英镑，%

科目	时间	居民部门 运用	来源	占比	企业部门 运用	来源	占比	政府部门 运用	来源	占比	金融机构部门 运用	来源	占比
资金运用合计	1987年	840.5		100.0	339.4		100.0	144.4		100.0	1587.9		100.0
	1993年	1757.4		100.0	487.2		100.0	215.8		100.0	2568.3		100.0
	1999年	3150.4		100.0	920.3		100.0	231.1		100.0	5714.1		100.0
资金来源合计	1987年		270	100.0		713.8	100.0		252.4	100.0		1625.8	100.0
	1993年		485.5	100.0		1506.1	100.0		329.2	100.0		2679.4	100.0
	1999年		701.7	100.0		3030.1	100.0		498.1	100.0		5850.5	100.0
1. 货币黄金和特别提款权	1987年								0.0	0.0			
	1993年								0.0	0.0			
	1999年								1.6	0.3			
2. 通货和存款	1987年	250.2		29.8	82.8		24.4	7.8	42	16.6	517.0	882.7	54.3
	1993年	422.1		24	141		28.9	16.7	57.5	17.5	414.3	1048.0	39.1
	1999年	600.3		19.1	200.7		21.8	23.2	74.1	14.9	1206.1	2221.6	38.0
通货	1987年	12.0		1.4	2.0	0.0	0.6		1.7	0.7	3.3	15.7	1.0
	1993年	15.9	1.2	0.9	2.6	0.0	0.5		2.2	0.7	5.3	21.9	0.8
	1999年	24.1	2.8	0.8	3.3	0.4	0.4		2.8	0.6	9.2	35.1	0.6
存款	1987年	238.2		28.3	80.8	0.0	23.8	7.8	40.2	15.9	513.7	867.0	53.3
	1993年	406.2		23.1	138.4	0.4	28.4	16.7	55.4	16.8	409.0	1026.1	38.3
	1999年	576.2		18.3	197.4		21.4	23.2	71.3	14.3	1196.2	2186.4	37.4
3. 债券	1987年	24.3	0.0	2.9	10.3	2.1	3.0	21.3	146.8	58.2	216.6	122.2	7.5
	1993年	34.6	1.2	2.0	21.8	76.7	4.5	29.2	245.6	74.6	582.9	222.4	8.3
	1999年	14.1	2.8	0.5	28.8	179.1	3.1	13.9	339.0	68.1	1021.5	483.9	8.3
4. 贷款	1987年	5.6	239.0	0.7	34.4	190.8	10.1	69.3	55.5	48.0	502.4	76.3	4.7
	1993年	5.3	438.4	0.3	62.1	349.7	12.8	29.1	13.7	13.5	860.9	271.5	10.1
	1999年	6.6	629.3	0.2	145.0	576.0	15.8	61.2	73.9	26.5	1669.9	497.0	8.5

续表

科目	时间	居民部门			企业部门			政府部门			金融机构部门		
		运用	占比	来源	占比	运用	占比	来源	占比	运用	占比	来源	占比
5. 股票与投资基金份额/单位	1987年	134.9	16.1			117.9	34.8	417.2	58.5	14.8	10.3			337.7	21.3	137.2	8.4
	1993年	336.9	19.2			161.4	33.1	957.1	63.5	101.9	47.2			696.8	27.1	211.2	7.9
	1999年	748.5	23.8			445.2	48.4	1944.9	64.2	88.2	38.2			1578.1	27.6	868.8	14.9
股票	1987年	118.2	14.1			117.9	34.8	417.2	58.5	14.8	10.3			319.9	20.1	102.7	6.3
	1993年	282.8	16.1			161.0	33.1	957.1	63.5	101.9	47.2			627	24.4	87.5	3.3
	1999年	610.6	19.4			444.6	48.3	1944.9	64.2	88.2	38.2			1376.1	24.1	549.2	9.4
投资基金份额/单位	1987年	16.7	2.0			0.0	0.0							17.8	1.1	34.5	2.1
	1993年	54.1	3.1			0.3	0.1							69.7	2.7	123.6	4.6
	1999年	137.9	4.4			0.6	0.1							202	3.5	319.6	5.5
6. 保险养老与标准化担保	1987年	389.4	46.3	0.0	0.0	7.9	2.3	0.0	0.0	0.3	0.2	0.0	0.0	0.7	0.0	400.4	24.6
	1993年	895.8	51.0	0.0	0.0	10	2.1	0.0	0.0	0.6	0.3	0.0	0.0	1.2	0.0	914.8	34.1
	1999年	1699.6	54.0	9.8	1.4	10.7	1.2	190	6.3	1.1	0.5	-6.7	-1.3	212.7	3.7	1758.8	30.1
7. 金融衍生产品与雇员股票期权	1987年	0.0	0.0	0.0	0.0			0.0	0.0	0.0	0.0					0.0	0.0
	1993年	0.0	0.0	0.0	0.0			0.0	0.0	0.0	0.0					0.0	0.0
	1999年	0.9	0.0	0.0	0.0	-0.4		0.8	0.0		-0.2					-0.3	0.0
8. 其他应收(付)账款	1987年	36.1	4.3	31.0	11.5	86.1	25.4	103.7	14.5	25.2	17.4	8.1	3.2	13.5	0.8	6.9	0.4
	1993年	62.7	3.6	45.9	9.5	90.9	18.7	122.6	8.1	33.3	15.4	12.3	3.7	12.2	0.5	11.5	0.4
	1999年	80.4	2.6	59.9	8.5	90.0	9.8	139.0	4.6	39.9	17.3	16.1	3.2	25.8	0.5	20.8	0.4

资料来源：OECD[1]。

注：未列出全部年份的数据资料。占比指与合计资金之比。

[1] OECD [EB/OL]. https://stats.oecd.org/index.aspx#.

(二) 信托金融结构演变

英国是信托的发源地，其雏形为13世纪出现的尤斯制度，开始时完全是个人信托（Personal Trust），且大多是属于无偿性质的民事信托。随着英国产业革命的兴起，商品经济高速发展，到19世纪末，英国政府相继颁布了《受托人条例》、《官选受托者条例》以及《官设受托者条例》，信托关系中的受托人由个人发展到法人，信托财产从以土地为主的不动产发展到动产信托，动机由他益发展到自益，信托开始在功能和机制层面呈现出金融特征。按委托对象分类，信托业务分为个人信托（Personal Trust）和法人信托（Corporate Trust）。一直以来，英国的信托业都沿袭传统，以经营个人信托为主，其中多为民事信托（Civil Trust）和公益信托（Charitable Trust），且受法院监管。在20世纪70年代以前，英国金融监管以行业自律为主，此后至20世纪90年代末，英国对金融业实施分业监管，银行属于英格兰银行监管，而法人信托则由证券与投资委员会（Securities and Investment Board，SIB）下设自律组织——个人投资局（Personal Investment Authority，PIA）进行监管。

这一时期，不同金融机构对英国上市公司股票的投资总量也有所差异，保险公司（Insurance Companies）与养老基金（Pension Funds）对股票的投资总量远高于法人信托与银行机构（Banks）[①]，表明在21世纪以前，相对其他金融机构，信托业对股票资产的投资比重较低。

二、21世纪初至2006年次贷危机前夕

(一) 金融体系结构演变

面对混业经营对金融监管带来的挑战，《2000年金融服务与市场法》(*Financial Services and Markets Act* 2000) 出台，取消了英格兰银行的监管

---

① Office for National Statistics [EB/OL]. https://www.ons.gov.uk/economy/investmentspensionsandtrusts/datasets/ownershipofukshares.

权，成立了金融服务局（Financial Services Authority，FSA），对所有金融机构实施独立统一的监管。金融业的混业经营模式得到进一步巩固与规范。对英国2000—2006年的金融资产进行分析，如表3-6所示。

金融资产总量依然迅速上升，从11.3万亿英镑大幅上升至19.8万亿英镑，年均增幅达9.9%。金融资产与GDP之比也从1030.2%上升至1344.9%，年均增幅为4.5%。

从金融资产构成来看，存款和贷款两类债务型金融工具与GDP之比分别从213.2%和201.7%上升至327.9%和284.6%，资产余额的年均增幅分别为12.9%和11.3%。以股票为代表的权益型金融工具与GDP之比则从242.9%下降至222.7%，资产余额的年均增幅仅为3.6%。投资基金与GDP之比仍然较低，但从31.4%逐步上升至38.4%，资产余额的年均增幅为8.7%。

进一步对居民、企业、政府和金融机构四部门的金融资产和负债结构进行分析，如表3-7所示。

对于居民部门而言，从资金运用来看，保险资产占比一直最高且基本稳定在56%左右；存款资产占比从18.6%逐步上升至23.2%，资产余额的年均增幅达8%；债券资产占比一直稳定在0.4%的低水平；股票与投资基金资产占比则分别从16.9%和4.4%下降至11.7%和4.3%。从资金来源来看，贷款仍是最主要的金融负债，占比基本稳定在89%左右。

对于企业部门而言，从资金运用来看，股票资产为最主要的金融资产，但占比从51.6%下降至46.7%；存款资产占比则从19.4%上升至24%，资产余额的年均增幅达8.2%；投资基金资产占比极低。从资金来源来看，贷款和股票是最主要的金融负债，其中，股票占比最高但从59.7%下降至51.6%；贷款占比则从19.8%逐步上升至28.2%，负债余额的年均增幅达9.6%。

对于政府部门而言，从资金运用来看，股票资产占比最高且从32.4%上升至37.1%，资产余额的年均增幅达6.7%；贷款资产占比相应从24.1%小幅下降至22.7%；存款资产与债券资产占比都不大，2006年二者分别为10.7%和7.7%；投资基金资产在此期间尚未配置。从资金来源来看，债券仍然是最主要的金融负债，占比从61.4%上升至65%，负债余额的年均增幅达6.7%；贷款占比相应从14.6%小幅下降至12.8%。

对于金融机构而言，从资金运用来看，存款资产占比从22.2%上升至25.1%，资产余额的年均增幅达15.5%；债券和贷款资产占比则分别从16.9%和30.3%下降至13.2%和28.1%，但贷款资产占比仍然最高；股票资产占比相应从21.6%下降至14.2%；金融衍生产品与雇员股票期权资产占比从接近零上升至12.4%；投资基金资产占比较低且从3%小幅下降至2.8%。从资金来源来看，存款仍然是最主要的金融负债，占比一直稳定在40%左右；其次是保险资金，占比从28.5%逐步下降至17.6%；债券和股票占比都较小，前者从8.4%上升至9.4%，负债余额的年均增幅为15%，而后者则从9.2%逐渐下降至6.3%；投资基金在金融负债中的占比仍然较小，且从4.9%小幅下降至3.6%。

表3-6　　　　　　英国金融资产总量和各分项（2000—2006年）

单位：十亿英镑，%

科目	2000年 余额	与GDP之比	2002年 余额	与GDP之比	2004年 余额	与GDP之比	2006年 余额	与GDP之比
金融资产总量	11287.8	1030.2	11871.1	997.1	15826.2	1198.8	19835.8	1344.9
1. 货币黄金和特别提款权	3.1	0.3	2.4	0.2	2.5	0.2	3.4	0.2
2. 通货和存款	2373.9	216.7	2744.8	230.5	3629.0	274.9	4888.6	331.4
通货	37.9	3.5	40.5	3.4	49.1	3.7	52.0	3.5
存款	2336.0	213.2	2704.3	227.1	3579.9	271.2	4836.6	327.9
3. 债券	1202.4	109.7	1339.9	112.5	1521.5	115.2	1920.6	130.2
4. 贷款	2209.7	201.7	2480.7	208.4	3244.4	245.8	4197.9	284.6
5. 股票与投资基金份额/单位	3006.3	274.4	2399.3	201.5	2983.5	226.0	3851.1	261.1
股票	2661.8	242.9	2135.4	179.4	2602.8	197.3	3284.4	222.7
投资基金份额/单位	344.5	31.4	263.9	22.2	380.7	28.8	566.8	38.4
6. 保险养老与标准化担保	2207.5	201.5	2599.4	218.3	2724.1	206.4	2811.7	190.6
7. 金融衍生产品与雇员股票期权	1.9	0.2	3.7	0.3	1371.4	103.9	1731.4	117.4
8. 其他应收账款	283.1	25.8	301.1	25.3	349.9	26.5	431.2	29.2

资料来源：OECD[①]。

注：本文未列出全部年份的数据资料，未将国外部门的金融资产纳入统计。

---

① OECD[EB/OL]．https：//stats.oecd.org/index.aspx#．

表 3-7　英国不同部门金融资金来源和运用（2000—2006 年）

单位：十亿英镑，%

科目	时间	居民部门 运用	居民部门 占比	居民部门 来源	居民部门 占比	企业部门 运用	企业部门 占比	企业部门 来源	企业部门 占比	政府部门 运用	政府部门 占比	政府部门 来源	政府部门 占比	金融机构部门 运用	金融机构部门 占比	金融机构部门 来源	金融机构部门 占比
资金运用合计	2000 年	3291.7	100.0			1158.0	100.0			266.1	100.0			6572.0	100.0		
	2003 年	3441.1	100.0			1258.5	100.0			279.5	100.0			8125.8	100.0		
	2006 年	4178.2	100.0			1499.1	100.0			343.2	100.0			3815.3	100.0		
资金来源合计	2000 年			761.1	100.0			3270.6	100.0			541.5	100.0			6690.9	100.0
	2003 年			1084.9	100.0			3154.0	100.0			611.5	100.0			8222.9	100.0
	2006 年			1459.6	100.0			3983.1	100.0			755.3	100.0			13763	100.0
1. 货币黄金和特别提款权	2000 年									3.1	1.2	1.7	0.3				
	2003 年									2.6	0.9	1.6	0.3				
	2006 年									3.4	1.0	1.5	0.2				
2. 通货和存款	2000 年	636.7	19.3			228.0	19.7	0.4	0.0	41.8	15.7	77.5	14.3	1467.4	22.3	2620.8	39.2
	2003 年	794.2	23.1			265.0	21.1			29.4	10.5	79.9	13.1	2141.6	26.4	3560.0	43.3
	2006 年	1007.9	24.1			364.4	24.3			36.8	10.7	92.1	12.2	3479.5	25.2	5382.6	39.1
通货	2000 年	25.8	0.8			3.6	0.3					3.0	0.6	8.5	0.1	35.6	0.5
	2003 年	31.2	0.9			4.1	0.3					3.4	0.6	8.3	0.1	40.8	0.5
	2006 年	37.4	0.9			4.5	0.3					3.8	0.5	10.1	0.1	49.0	0.4
存款	2000 年	611.0	18.6			224.4	19.4	0.4	0.0	41.8	15.7	74.5	13.8	1458.8	22.2	2585.2	38.6
	2003 年	763.1	22.2			260.8	20.7			29.4	10.5	76.5	12.5	2133.3	26.3	3519.2	42.8
	2006 年	970.5	23.2			359.9	24.0			36.8	10.7	88.3	11.7	3469.4	25.1	5333.7	38.8
3. 债券	2000 年	13.4	0.4	2.9	0.4	51.3	4.4	223.6	6.8	25.3	9.5	332.6	61.4	1112.4	16.9	559.8	8.4
	2003 年	14.7	0.4	0.6	0.1	59.1	4.7	250.9	8.0	21.4	7.6	358.0	58.5	1310.6	16.1	784.0	9.5
	2006 年	18.6	0.4	1.4	0.1	46.0	3.1	247.0	6.2	26.4	7.7	491.3	65.0	1829.5	13.2	1294.6	9.4
4. 贷款	2000 年	6.7	0.2	681.7	89.6	150.0	13.0	648.2	19.8	64.3	24.1	79.2	14.6	1988.7	30.3	625.1	9.3
	2003 年	6.8	0.2	965.2	89.0	180.2	14.3	789.7	25.0	66.3	23.7	77.5	12.7	2554.6	31.4	876.1	10.7
	2006 年	7.3	0.2	1303.7	89.3	224.2	15.0	1124.5	28.2	77.9	22.7	96.5	12.8	3888.6	28.1	1467.7	10.7

续表

科目	时间	居民部门 运用	居民部门 来源	居民部门 占比	企业部门 运用	企业部门 来源	企业部门 占比	政府部门 运用	政府部门 来源	政府部门 占比	金融机构部门 运用	金融机构部门 来源	金融机构部门 占比
5. 股票与投资基金份额/单位	2000年	700.8		21.3	598.5	1952.8	51.7	86.1		32.4	1620.9	940.9	14.1
	2003年	533.7		15.5	622.4	1506.3	49.5	108.8		38.9	1480.4	892.6	10.9
	2006年	671.1		16.1	700.0	2056.5	46.7	127.2		37.1	2352.8	1368.1	9.9
股票	2000年	555.0		16.9	598.0	1952.8	51.6	86.1		32.4	1422.7	613.5	9.2
	2003年	395.1		11.5	622.0	1506.3	49.4	108.8		38.9	1293.5	604.8	7.4
	2006年	490.1		11.7	699.5	2056.5	46.7	127.2		37.1	1967.6	871.7	6.3
投资基金份额/单位	2000年	145.7		4.4	0.5		0.0				198.2	327.4	4.9
	2003年	138.6		4.0	0.4		0.0				186.8	287.9	3.5
	2006年	181.0		4.3	0.6		0.0				385.2	496.4	3.6
6. 保险养老与标准化担保	2000年	1837.3	14.7	55.8	14.7	298.0	1.3	1.0	11.0	0.4	354.4	1909.0	28.5
	2003年	1991.2	26.7	57.9	15.7	453.0	1.2	0.8	54.3	0.3	575.4	2069.6	25.2
	2006年	2335.6	24.0	55.9	16.4	357.9	1.1	0.8	29.1	0.2	458.9	2426.8	17.6
7. 金融衍生产品与雇员股票期权	2000年	1.9	0.0	0.1	0.0	1.7	0.0	0.0	0.0	0.0	0.0	0.1	0.0
	2003年	3.6	0.0	0.1	0.0	3.3	0.1	0.0	0.0	0.0	0.0	0.3	0.0
	2006年	4.8	0.7	0.1	18.9	26.0	1.3	0.8	0.2	0.2	1706.9	1741.3	12.7
8. 其他应收(付)账款	2000年	94.9	61.8	2.9	115.5	145.8	10.0	44.5	39.5	16.7	28.2	35.2	0.5
	2003年	96.8	92.4	2.8	116.1	150.8	9.2	50.3	40.1	18.0	63.2	40.2	0.8
	2006年	133.0	129.9	3.2	129.1	171.3	8.6	69.9	44.6	20.4	99.2	81.9	0.6

资料来源：OECD①。

注：未列出全部年份的数据资料。占比指与合计资金之比。

① OECD [EB/OL]. https://stats.oecd.org/index.aspx#.

(二) 信托金融结构演变

21世纪初期的《2000年金融服务与市场法》令分散监管体制转变为单一监管,不仅节省了不同监管机构协调成本和金融集团的监管成本,还在一定程度上适应了混业经营的金融全球化趋势。银行业凭借资金优势加强混业经营,综合实力得以提升。从图3-4可以发现,以银行为代表的货币金融机构(Money Financial Institution,MFI)的资产占比从2000年逐渐上升,至2006年已接近60%。而此时的信托机构资产占比一直较低,2006年仅3.8%。

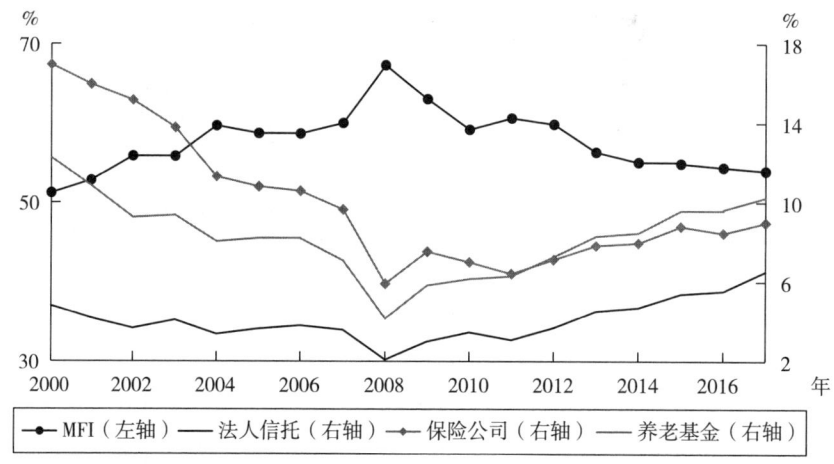

注：MFI指英国的货币金融机构,包括英国的银行与房屋信贷互助会(Building Society)。法人信托包括投资信托(Investment Trusts)与单位信托(Unit Trusts)。

图3-4 英国各金融机构资产占比(2000—2017年)

(资料来源：英国国家统计局[①])

尽管银行机构资产在整个金融体系中占比最高,但银行通常采取短期投资策略,在长期融资中发挥的功能较弱。与银行相反,法人信托更加注

---

① Office for National Statistics [EB/OL]. https://www.ons.gov.uk/economy/nationalaccounts/uksectoraccounts/datasets/unitedkingdomeconomicaccountssectorfinancialcorporations/current.

重采取长期投资策略，持有的长期资产又以股票资产为主[①]，在金融体系中发挥着重要的长期融资功能。

在英国，法人信托主要由投资信托（Investment Trusts）与单位信托（Unit Trusts）构成。投资信托公司通过发行普通股、债券等方式筹集资金，以自己的名义持有资产并投向证券市场。投资信托公司的业务由律师事务所、会计师事务所、信托管理机构等专业机构负责管理，由它们制定投资决策、确定具体的投资方向和进行日常投资管理。投资信托公司设有董事会，实行投资信托经理负责制。投资者一旦对投资信托进行投资，就成为该公司的股东。投资信托公司的股票像其他上市公司的股票一样可以在证券交易所上市买卖，投资人认购的股份具有较高的流动性。单位信托是由信托公司通过出售单位信托券，募集众多投资者的资金并分散投资于股票、债券等多种有价证券的信托业务，这与信托投资公司出售股份的经营模式存在明显的区别。单位信托公司与投资人签订信托契约，投资者为信托份额的受益人，委托人是单位信托公司，而受托人通常是银行或保险公司，代表单位持有人持有资产，这一点与投资信托公司以自身名义持有资产不同。另外，还必须有另一家投资经营公司负责对单位信托公司的资金作出具体的投资决策和进行日常的经营管理，通常是由一些大型、中型金融机构（如商人银行等）下属的子公司担任。与投资信托公司的股票可以在证券交易所上市交易不同，组成单位信托的单位，是由信托经营公司制定买入或卖出价格来进行买卖活动，并且单位总数也并非固定不变，而是可视实际需求增加或减少发行数量。

分析2000—2006年的资产规模可以发现，单位信托的资产规模一直超过2000亿英镑，而投资信托的资产规模一直低于1000亿英镑。对比单位信托与投资信托长期资产的投向可以发现，尽管投资信托与单位信托在

---

① Office for National Statistics [EB/OL]. https：//www.ons.gov.uk/economy/nationalaccounts/uksectoraccounts/datasets/unitedkingdomeconomicaccountssectorfinancialcorporations/current.

长期资产的配置上都以股票资产为主,但单位信托也配置有相当部分债券资产,而投资信托只配置有极少部分的债券资产,表明单位信托的资产配置较投资信托更为多元化(见表3-8)。

表3-8　英国不同法人信托的资产规模及其长期资产投向占比

单位:百亿英镑,%

日期	投资信托			单位信托		
	规模	债券	股票	规模	债券	股票
2000年	6.4	6.7	90.7	24.1	10.4	84.8
2001年	5.8	6.7	90.7	22.1	12.6	82.4
2002年	4.0	5.3	89.9	20.7	18.9	73.9
2003年	5.1	4.4	90.7	26.5	17.9	75.8
2004年	5.0	5.2	90.9	29.1	17.1	75.7
2005年	5.6	4.8	90.3	38.5	20.1	71.3
2006年	5.2	4.7	89.0	46.7	20.3	70.2
2007年	5.9	5.7	87.8	21.3	19.9	69.5
2008年	4.2	6.3	83.8	44.3	24.5	63.0
2009年	5.0	5.1	86.6	52.7	23.5	64.9
2010年	5.8	4.9	86.4	66.7	23.3	65.4
2011年	6.1	4.9	82.9	64.6	25.5	61.2
2012年	6.4	4.5	83.5	74.9	26.2	60.1
2013年	6.4	3.8	85.5	86.7	23.1	62.2
2014年	6.6	2.5	84.0	92.6	24.6	61.0
2015年	7.2	2.2	96.9	97.0	24.4	60.6
2016年	9.0	1.7	87.2	112.8	23.7	60.1
2017年	10.2	1.8	85.2	131.2	23.3	60.0

资料来源:英国国家统计局[①]。

[①] Office for National Statistics [EB/OL]. https://www.ons.gov.uk/economy/investmentspensionsandtrusts/datasets/mq5investmentbyinsurancecompaniespensionfundsandtrusts.

三、2007年次贷危机至今

(一) 金融体系结构演变

2007年次贷危机的爆发也蔓延至英国，同年9月北岩银行挤兑事件的爆发以及随后的苏格兰皇家银行、哈利法克斯银行、莱斯银行和巴克莱银行等金融机构遭受危机的冲击，使当时的单一监管模式受到质疑。为此，英国开始实施金融监管体系改革，2012年《金融服务法案》的颁布使"英格兰银行+双峰监管"的新金融监管框架得以构建，并一直保持至今。对英国2007—2018年的金融资产进行分析，如表3-9所示。

金融资产总量仍然保持增势，从22.6万亿英镑上升至31.3万亿英镑，但增速有所减缓，年均增幅仅为3%。金融资产与GDP之比经历了从上涨到回落的阶段，从2007年的1458.7%上涨至2010年的1766.9%，后又下降至2018年的1461.2%。

从金融资产构成来看，存款和贷款两类债务型金融工具与GDP之比仍然高居第一位和第二位，其中，前者从331.8%上升至362.5%，资产余额的年均增幅为3.8%，而后者相应从322.1%下降至260.3%。以股票为代表的权益型金融工具与GDP之比相应从220.1%下降至187.4%。投资基金与GDP之比则从41.8%大幅上升至71.5%，资产余额的年均增幅达8.1%。

进一步对居民、企业、政府和金融机构四部门的金融资产和负债结构进行分析，如表3-10所示。

对于居民部门而言，从资金运用来看，保险资产仍然是占比最大的金融资产，且占比一直稳定在55%左右；存款资产占比基本稳定在24%左右；股票资产占比从12.1%小幅下降至10.3%；投资基金资产占比则从4%小幅上升至4.9%，资产余额的年均增幅达5.9%。从资金来源来看，贷款仍然占据金融负债的绝大比重且近年来占比从90%小幅上升至92.6%。

对于企业部门而言，从资金运用来看，股票资产仍然是最主要的金融资产，近年来占比基本维持在46%左右；存款资产占比从24.1%逐步上升至29.5%，资产余额的年均增幅达6.1%；投资基金资产占比极低。从资金来源来看，股票与贷款是最主要的两类金融负债，其中，股票占比最高，基本维持在50%以上，贷款占比从28.6%小幅下降至24.4%。

对于政府部门而言，从资金运用来看，股票资产占比从34.8%下降至24.9%；贷款资产占比相应从23.1%上升至27.9%，资产余额的年均增幅达8.6%；债券和存款资产的占比也都分别从7.8%和13.3%逐步上升至12.5%和14.3%，资产余额的年均增幅分别为11.4%和7.4%；投资基金资产尚未配置。从资金来源来看，债券在金融负债中占比最高，从65%大幅上升至82.3%，负债余额的年均增幅达13.1%，而贷款占比相应从12.3%大幅下降至5.1%。

对于金融机构而言，从资金运用来看，存款和债券资产占比都分别从22.5%和12.6%小幅上升至24.8%和15.9%，资产余额的年均增幅分别为3.5%和4.8%，其中，存款资产占比最高；贷款、股票和金融衍生产品与雇员股票期权资产的占比则分别从28.5%、12.3%和17.3%小幅下降至23.4%、9.2%和16.8%；投资基金资产占比尽管较低，但近年来从2.9%逐步上升至5.6%，资产余额的年均增幅达8.9%。从资金来源来看，存款占比从36.7%小幅下降至35.9%；保险资金占比则从15.7%小幅上升至17.6%，负债余额的年均增幅为3.8%；贷款、债券以及金融衍生产品与雇员股票期权的占比都小幅下降；股票占比较低但从5%逐步上升至6.1%，负债余额的年均增幅为4.4%；投资基金在金融负债中的占比尽管较低，但相应从3.5%上升至5.7%，负债余额的年均增幅为7.4%。

表 3-9　英国金融资产总量和各分项（2007—2018 年）

单位：十亿英镑，%

科目	2007 年 余额	2007 年 与 GDP 之比	2010 年 余额	2010 年 与 GDP 之比	2013 年 余额	2013 年 与 GDP 之比	2016 年 余额	2016 年 与 GDP 之比	2018 年 余额	2018 年 与 GDP 之比
金融资产总量	22607.4	1458.7	28303.7	1766.9	28571.1	1603.2	31840.0	1595.6	31332.5	1461.2
1. 货币黄金和特别提款权	4.3	0.3	18.2	1.1	16.3	0.9	18.3	0.9	20.4	1.0
2. 通货和存款	5195.5	335.2	6273.7	391.6	6557.1	367.9	6981.4	349.9	7862.1	366.6
通货	53.1	3.4	64.0	4.0	72.8	4.1	87.6	4.4	88.6	4.1
存款	5142.4	331.8	6209.8	387.6	6484.4	363.9	6893.8	345.5	7773.4	362.5
3. 债券	2129.1	137.4	2760.0	172.3	2949.7	165.5	3572.3	179.0	3600.3	167.9
4. 贷款	4992.6	322.1	4916.9	306.9	4772.6	267.8	5161.6	258.7	5582.4	260.3
5. 股票与投资基金份额/单位	4058.8	261.9	4485.4	280.0	4753.9	266.8	5487.9	275.0	5550.3	258.8
股票	3411.3	220.1	3636.6	227.0	3644.3	204.5	4108.1	205.9	4017.5	187.4
投资基金份额/单位	647.6	41.8	848.9	53.0	1109.6	62.3	1379.8	69.1	1532.8	71.5
6. 保险养老与标准化担保	2984.4	192.6	3030.1	189.2	3460.3	194.2	4700.6	235.6	4544.7	211.9
7. 金融衍生产品与雇员股票期权	2826.1	182.4	6421.8	400.9	5600.1	314.2	5404.7	270.8	3651.9	170.3
8. 其他应收账款	416.5	26.9	397.5	24.8	461.2	25.9	513.3	25.7	520.4	24.3

资料来源：OECD[①]。

注：未列出全部年份的数据资料，未将国外部门的金融资产纳入统计。

---

① OECD [EB/OL]. https：//stats.oecd.org/index.aspx#.

表 3-10　英国不同部门金融资金来源和运用（2007—2018 年）

单位：十亿英镑，%

科目	时间	居民部门 运用	占比	来源	占比	企业部门 运用	占比	来源	占比	政府部门 运用	占比	来源	占比	金融机构部门 运用	占比	来源	占比
资金运用合计	2007 年	4395.3	100.0			1627.0	100.0			360.7	100.0			16224.4	100.0		
	2013 年	5271.7	100.0			1930.6	100.0			636.5	100.0			20732.2	100.0		
	2018 年	6661.0	100.0			2540.5	100.0			736.4	100.0			21394.5	100.0		
资金来源合计	2007 年			1573.9	100.0			4230.8	100.0			820.5	100.0			16118.1	100.0
	2013 年			1628.7	100.0			4702.1	100.0			1841.0	100.0			20716.1	100.0
	2018 年			1931.3	100.0			5590.8	100.0			2500.6	100.0			21584.9	100.0
1. 货币黄金和特别提款权	2007 年									4.3	1.2	1.5	0.2	8.7	0.1	50.0	0.3
	2013 年									16.3	2.6	9.5	0.5	10.9	0.1	69.4	0.3
	2018 年									20.4	2.8	11.1	0.4	11.6	0.1	85.4	0.4
2. 通货和存款	2007 年	1089.6	24.8			396.5	24.4			48.0	13.3	99.9	12.2	3661.4	22.6	5958.6	37.0
	2013 年	1352.5	25.7			500.0	25.9			87.4	13.7	126.5	6.9	4617.3	22.3	6855.4	33.1
	2018 年	1674.0	25.1			756.5	29.8			105.4	14.3	191.3	7.6	5326.2	24.9	7838.7	36.3
通货	2007 年	39.7	0.9			4.8	0.3					3.9	0.5				
	2013 年	55.8	1.1			6.0	0.3					4.3	0.2				
	2018 年	69.3	1.0			7.7	0.3					4.6	0.2				
存款	2007 年	1049.9	23.9			391.7	24.1			48.0	13.3	96.1	11.7	3652.7	22.5	5908.6	36.7
	2013 年	1296.7	24.6			494.0	25.6			87.4	13.7	122.3	6.6	4606.3	22.2	6786.0	32.8
	2018 年	1604.7	24.1			748.8	29.5			105.4	14.3	186.6	7.5	5314.6	24.8	7753.3	35.9
3. 债券	2007 年	19.0	0.4	1.8	0.1	42.4	2.6	252.2	6.0	28.0	7.8	533.0	65.0	2039.7	12.6	1557.8	9.7
	2013 年	20.4	0.4	1.7	0.1	61.3	3.2	371.0	7.9	52.0	8.2	1488.3	80.8	2816.0	13.6	1702.1	8.2
	2018 年	24	0.4	3.7	0.2	84.5	3.3	401.4	7.2	92.2	12.5	2058.0	82.3	3399.6	15.9	2033.5	9.4
4. 贷款	2007 年	9.9	0.2	1417.1	90.0	273.5	16.8	1210.0	28.6	83.2	23.1	100.8	12.3	4626.0	28.5	1816.3	11.3
	2013 年	18.7	0.4	1512.8	92.9	302.2	15.7	1195.2	25.4	199.1	31.3	93.7	5.1	4252.6	20.5	1647.4	8.0
	2018 年	18.8	0.3	1789.3	92.6	351.3	13.8	1363.1	24.4	205.4	27.9	128.5	5.1	5006.9	23.4	1731.8	8.0

续表

科目	时间	居民部门				企业部门				政府部门				金融机构部门			
		运用	占比	来源	占比	运用	占比	来源	占比	运用	占比	来源	占比	运用	占比	来源	占比
5. 股票与投资基金份额/单位	2007年	706.9	16.1			756.1	46.5	2165.9	51.2	125.7	34.8			2470.2	15.2	1370.8	8.5
	2013年	788.2	15.0			905.3	46.9	2461.4	52.3	195.3	30.7			2865.1	13.8	2001.5	9.7
	2018年	1011.3	15.2			1175.6	46.3	2848.0	50.9	183.5	24.9			3179.8	14.9	2528.3	11.7
股票	2007年	532.1	12.1			755.5	46.4	2165.9	51.2	125.7	34.8			1997.9	12.3	812.0	5.0
	2013年	573.9	10.9			904.7	46.9	2461.4	52.3	195.3	30.7			1970.4	9.5	1117.8	5.4
	2018年	684.5	10.3			1174.7	46.2	2848.0	50.9	183.5	24.9			1974.8	9.2	1306.5	6.1
投资基金份额/单位	2007年	174.8	4.0			0.6	0.0							472.3	2.9	558.8	3.5
	2013年	214.3	4.1			0.6	0.0							894.7	4.3	883.7	4.3
	2018年	326.8	4.9			0.9	0.0							1205.0	5.6	1221.9	5.7
6. 保险养老与标准化担保	2007年	2440.1	55.5	27.3	1.7	12.9	0.8	406.0	9.6	0.9	0.2	40.7	5.0	530.5	3.3	2552.1	15.7
	2013年	2899.3	55.0	28.7	1.8	4.0	0.2	448.0	9.5	0.7	0.1	32.6	1.8	556.3	2.7	2971.0	14.3
	2018年	3720.1	55.8	50.8	2.6	3.7	0.1	692.7	12.4	0.6	0.1	8.9	0.4	820.2	3.8	3807.8	17.6
7. 金融衍生产品与雇员股票期权	2007年	5.7	0.1	1.2	0.1	15.4	0.9	24.8	0.6	-0.1	0.0	0.2	0.0	2805.1	17.3	2814	17.5
	2013年	8.6	0.2	4.2	0.3	25.6	1.3	40.6	0.9	2.9	0.5	1.3	0.1	5562.9	26.8	5445.4	26.3
	2018年	6.7	0.1	1.3	0.1	45.8	1.8	61.1	1.1	-3.8	-0.5	1.2	0.0	3603.1	16.8	3537.9	16.4
8. 其他应收（付）账款	2007年	124.1	2.8	126.5	8.0	130.2	8.0	172	4.1	70.7	19.6	44.4	5.4	91.4	0.6	68.5	0.4
	2013年	184.0	3.5	81.3	5.0	132.2	6.8	185.9	4.0	82.9	13.0	89.1	4.8	62.0	0.3	93.3	0.5
	2018年	206.2	3.1	86.2	4.5	123.0	4.8	224.5	4.0	132.6	18.0	101.6	4.1	58.7	0.3	106.8	0.5

资料来源：OECD[1]。

注：未列出全部年份的数据资料。占比指与合计资金之比。

---

[1] OECD[EB/OL]. https://stats.oecd.org/index.aspx#.

（二）信托金融结构演变

次贷危机后，英国银行业乃至整体金融体系受到重创，人们开始意识到 FSA 缺乏宏观审慎视角，难以预判系统性风险，并且其与央行之间缺乏高效协作。因此既关注金融系统稳定，又关注市场行为规范的双峰（Twin Peaks）监管模式重新受到重视。英国的双峰监管主要是将 FSA 拆分为审慎监管局（Prudential Regulation Authority，PRA）与金融行为监管局（Financial Conduct Authority，FCA），存款机构、保险公司和系统重要性投资公司由 PRA 负责监管，而其他金融服务公司则由 FCA 负责监管。《2016 年英格兰银行与金融服务法案》的颁布，进一步明确了英格兰银行在英国金融体系中的核心地位，形成了由货币政策委员会（Monetary Policy Committee，MPC）、金融政策委员会（Financial Policy Committee，FPC）和审慎监管委员会（Prudential Regulation Committee，PRC）三大平行机构组成的央行新架构，其中，法人信托由 PRC 负责监管。

次贷危机对英国的银行业造成了较大的冲击：英国境内多家银行的存款业务受到了储户信心下降的影响，并出现了挤兑现象，这种挤兑通过英国银行间同业拆借业务而蔓延至整个银行业，银行业资金的流动性遭受了严重损害，而非银行业却借此开始迅速发展。从图 3-4 中可以发现，以银行为代表的 MFI 的资产占比自次贷危机开始处于下降趋势，至 2017 年已下降至 54%。而在非银行金融机构中，保险公司的资产占比从 9.6% 小幅下降至 9%，法人信托和养老基金的资产占比则分别从 3.6% 和 7.1% 上升至 6.5% 和 10.2%。

从融资功能来看，与其余非银行金融机构通过债券融资发挥长期融资功能以及与银行机构发挥短期融资功能相比，法人信托主要还是通过股权投资发挥长期融资功能[①]。从各金融机构对各行业股票投资分布情况来看，以法人信托、保险公司和养老基金为代表的非银行金融机构近年来更

---

① Office for National Statistics [EB/OL]. https：//www.ons.gov.uk/economy/investmentspensionsandtrusts/datasets/mq5investmentbyinsurancecompaniespensionfundsandtrusts.

为注重对实体经济的融资①。

如前所述,法人信托分为投资信托与单位信托。对比二者自 2007 年至 2017 年的资产规模可以发现(见表 3-8),单位信托的资产规模远高于投资信托,且单位信托资产规模的年均增幅(16.6%)也远高于投资信托资产规模的年均增幅(4.4%),表明单位信托在信托金融中占据绝对地位。进一步对比两类法人信托长期资产的投向可以发现(见表 3-8),两类信托在长期资产的配置上都以股票资产为主,但单位信托也配置有部分债券资产,近年来债券配置的比重小幅上升而股票配置的比重小幅下降。投资信托几乎不配置债券资产,2017 年其配置比重已降至 1.8%。由此表明单位信托的投资配置策略越加稳健。同时,两类法人信托的股票投资在不同行业的分布也有明显差异,单位信托和投资信托在非制造业上的投资比重最高,但相对制造业,投资信托更加重视金融业的投资,而单位信托正好相反,更加重视对制造业的投资②。

第三节　美国的金融体系与信托金融

美国是当前全球金融体系最为发达的国家,也是信托金融最为发达的国家。本节介绍美国金融体系结构的变迁路径和信托金融的发展历程。

一、第二次世界大战后至 20 世纪 70 年代初

(一) 金融体系结构演变

20 世纪 30 年代的大危机,对美国金融体系造成了极大的冲击。联邦政府于 1933 年颁布《格拉斯—斯蒂格尔法案》(Glass-Steagall Act),由此拉开了

---

① Office for National Statistics [EB/OL]. https://www.ons.uk/economy/investmentspensionsandtrusts/datasets/mq5investmentbyinsurancecompaniespensionfundsandtrusts.
② Office for National Statistics [EB/OL]. https://www.ons.uk/economy/nationalaccounts/uksectoraccounts/datasets/unitedkingdomeconomicaccountssectorfinancialcorporations/current.

美国分业经营时代。此后尤其是第二次世界大战以后，美国银行业迅速发展，银行体系得以巩固，至20世纪70年代初期，银行业在整个金融体系中占据着主导地位。对美国1950—1973年的金融资产进行分析，如表3-11所示。

金融资产总量迅速上升，从1.4万亿美元大幅上升至7.5万亿美元，年均增幅达7.5%。但金融资产与GDP之比从477.8%小幅上升至525.8%，年均增幅仅为0.4%。

从金融资产构成来看，以股票为代表的权益型金融工具与GDP之比一直最高，但从151.7%逐渐下降至140.9%。与之相比，以存款、债券和贷款为代表的各类债务型金融工具与GDP之比更低，但存款和贷款与GDP之比却分别从31.3%和49.7%逐步上升至51.9%和92.2%，资产余额的年均增幅分别为9.4%和9.9%。投资基金与GDP之比极低，1973年仅为3.3%。

进一步从居民、企业、政府和金融机构四部门的金融资产和负债结构对美国金融资产结构的变化进行考察，如表3-12所示。

对于居民部门而言，从资金运用来看，股票和债券资产占比分别从52.8%和9.6%逐渐下降至41.7%和5.1%；存款和保险资产占比却分别从8.6%和19.1%逐步上升至16.4%和30.3%，资产余额的年均增幅分别为10%和9.1%；投资基金资产占比较低，但却从0.4%逐步上升至1.1%，资产余额的年均增幅达11.9%，增速第一。从资金来源来看，贷款是占比最大的金融负债，基本稳定在98%左右。

对于企业部门而言，从资金运用来看，其他应收账款为最主要的金融资产，占比基本稳定在44%左右；通货和债券资产占比分别从32%和14.3%大幅下降至10.8%和3.8%；股票资产占比则从8.9%大幅上升至26%，资产余额的年均增幅达12.3%；投资基金资产占比极低。从资金来源来看，股票为最主要的金融负债，但占比从73.9%逐渐下降至63.3%；贷款占比则从9.5%大幅上升至18.3%，负债余额的年均增幅达10.1%。

对于政府部门而言，从资金运用来看，贷款和债券资产占比分别从26.6%和15.1%上升至32.2%和17.9%，资产余额的年均增幅分别为6.9%和

6.8%；通货占比则从19.6%下降至13%；股票资产占比极低，而投资基金资产在此期间尚未配置。从资金来源来看，金融负债结构有明显变化，从以债券为最主要的金融负债（1950年占比为78.9%）转变为以债券和保险资金并重的金融负债结构（1973年债券占比下降至48.8%，而保险资金占比从1950年的18.4%大幅上升至46.7%，负债余额的年均增幅达10.3%）。

对于金融机构而言，从资金运用来看，债券资产占比从41.7%下降至22.5%；贷款资产、保险资产和股票资产的占比则相应分别从25.1%、17.2%和2.5%上升至41%、21.9%和8.9%，资产余额的年均增幅分别达10.9%、9.7%和14.7%；投资基金资产占比极低。从资金来源来看，保险资金和存款的占比分别从37.3%和22.8%上升至42%和26.5%，负债余额的年均增幅分别为9.3%和9.4%；通货占比则相应从30.2%下降至11.2%；债券与股票占比一直都处于较低水平；投资基金占比极低，1973年仅为1.7%。

表3－11　　　　　美国金融资产总量和各分项（1950—1973年）

单位：十亿美元，%

科目	1950年		1956年		1962年		1968年		1973年	
	余额	与GDP之比	余额	与GDP之比	余额	与GDP之比	余额	与GDP之比	余额	与GDP之比
金融资产总量	1432.4	477.8	2193.5	488.1	3152.3	522.0	5052.5	537.1	7494.3	525.8
1. 货币黄金和特别提款权	22.8	7.6	22.1	4.9	16.1	2.7	10.9	1.2	13.8	1.0
2. 通货和存款	217.0	72.4	291.0	64.7	413.2	68.4	649.8	69.1	1021.2	71.6
通货	123.3	41.1	146.0	32.5	166.3	27.5	213.8	22.7	282.0	19.8
存款	93.8	31.3	144.9	32.3	246.9	40.9	435.9	46.3	739.2	51.9
3. 债券	283.2	94.4	350.3	78.0	453.1	75.0	628.9	66.9	891.4	62.5
4. 贷款	148.9	49.7	273.9	60.9	449.2	74.4	780.7	83.0	1314.9	92.2
5. 股票与投资基金份额/单位	458.0	152.8	711.1	158.2	988.4	163.7	1684.1	179.0	2054.6	144.1
股票	454.7	151.7	702.1	156.2	967.1	160.1	1632.9	173.6	2008.0	140.9
投资基金份额/单位	3.3	1.1	9.0	2.0	21.3	3.5	51.2	5.4	46.6	3.3
6. 保险养老与标准化担保	232.8	77.6	447.9	99.7	699.4	115.8	1096.8	116.6	1800.5	126.3
7. 金融衍生产品与雇员股票期权	0.0	0.0	0.0	0.0	0.0	0.0	0.0	0.0	0.0	0.0
8. 其他应收账款	69.6	23.2	97.3	21.6	133.0	22.0	201.2	21.4	397.8	27.9

资料来源：OECD[①]。

注：未列出全部年份的数据资料，未将国外部门的金融资产纳入统计。

---

① OECD [EB/OL]. https：//stats. oecd. org/index. aspx#.

表 3-12　美国不同部门金融资金来源和运用（1950—1973 年）

单位：十亿美元，%

科目		时间	居民部门				企业部门				政府部门				金融机构部门			
			运用	占比	来源	占比	运用	占比	来源	占比	运用	占比	来源	占比	运用	占比	来源	占比
资金运用合计		1950 年	817.2	100.0			130.3	100.0			60.5	100.0			424.4	100.0		
		1962 年	1779.1	100.0			240.2	100.0			96.9	100.0			1036.1	100.0		
		1973 年	3803.5	100.0			646.5	100.0			230.0	100.0			2814.2	100.0		
资金来源合计		1950 年			76.9	100.0			582.7	100.0			309.1	100.0			412.1	100.0
		1962 年			265.0	100.0			1199.0	100.0			569.5	100.0			1045.4	100.0
		1973 年			652.0	100.0			2783.3	100.0			1168.0	100.0			2799.2	100.0
1. 货币黄金和特别提款权		1950 年									0.1	0.2	0.0	0.0	22.7	5.3		
		1962 年									0.1	0.1	0.0	0.0	16.0	1.5		
		1973 年									2.3	1.0	2.8	0.2	11.6	0.4		
2. 通货和存款		1950 年	129.1	15.8			42.7	32.8			14.9	24.7	5.4	1.8	30.2	7.1	218.5	53.0
		1962 年	286.6	16.1			58.5	24.4			27.9	28.8	3.4	0.6	40.2	3.9	417.1	39.9
		1973 年	776.4	20.4			96.1	14.9			75.4	32.8	7.0	0.6	73.3	2.6	1053.2	37.6
通货		1950 年	58.9	7.2			41.7	32.0			11.9	19.6	2.4	0.8	10.7	2.5	124.5	30.2
		1962 年	77.1	4.3			52.7	21.9			20.1	20.7	2.8	0.5	16.3	1.6	171.0	16.4
		1973 年	152.4	4.0			70.0	10.8			30.0	13.0	7.0	0.6	29.7	1.1	312.3	11.2
存款		1950 年	70.2	8.6			1.0	0.7							19.5	4.6	94.0	22.8
		1962 年	209.4	11.8			5.8	2.4							23.9	2.3	246.1	23.5
		1973 年	624.1	16.4			26.2	4.0							43.5	1.5	740.9	26.5
3. 债券		1950 年	78.5	9.6	0.0	0.0	18.7	14.3	36.7	6.3	9.1	15.1	243.9	78.9	176.8	41.7	4.3	1.0
		1962 年	116.3	6.5	0.0	0.0	17.6	7.3	85.8	7.2	19.6	20.2	346.1	60.8	299.7	28.9	28.7	2.7
		1973 年	193.5	5.1	0.4	0.1	24.6	3.8	217.7	7.8	41.1	17.9	570.4	48.8	632.2	22.5	160.6	5.7
4. 贷款		1950 年	18.7	2.3	74.9	97.5	7.8	6.0	55.4	9.5	16.1	26.6	0.6	0.2	106.4	25.1	7.2	1.7
		1962 年	38.1	2.1	259.8	98	13.8	5.7	146.9	12.3	32.9	34.0	3.7	0.7	364.4	35.2	18.3	1.8
		1973 年	50.8	1.3	636.3	97.6	37.5	5.8	509.9	18.3	74	32.2	6.2	0.5	1152.6	41.0	115.6	4.1

续表

科目	时间	居民部门 运用	居民部门 来源	居民部门 占比	企业部门 运用	企业部门 来源	企业部门 占比	政府部门 运用	政府部门 来源	政府部门 占比	金融机构部门 运用	金融机构部门 来源	金融机构部门 占比
5. 股票与投资基金份额/单位	1950年	434.9		53.2	11.6	430.8	8.9	0.9		1.5	10.7	20.0	2.5
	1962年	885.0		49.7	36.4	863.0	15.1	1.5		1.5	65.5	100.1	6.3
	1973年	1628.8		42.8	169.1	1761.6	26.2	2.8		1.2	253.9	202.8	9.0
股票	1950年	431.5		52.8	11.6	430.8	8.9	0.9		1.5	10.7	16.6	2.5
	1962年	864.1		48.6	36.2	863.0	15.1	1.5		1.5	65.3	78.9	6.3
	1973年	1585.1		41.7	168.3	1761.6	26	2.8		1.2	251.7	156.2	8.9
投资基金份额/单位	1950年	3.3		0.4	0.0		0.0				0.0	3.3	0.0
	1962年	20.9		1.2	0.2	21.2	0.1				0.2	21.3	0.0
	1973年	43.7		1.1	0.8	37.0	0.1				2.2	46.6	0.1
6. 保险养老与标准化担保	1950年	156.0	1.0	19.1	3.7	21.2	2.9				73.1	153.7	17.2
	1962年	453.2	2.7	25.5	10.7	37.0	4.4		56.8	18.4	235.5	457.2	22.7
	1973年	1154.0	6.4	30.3	30.1	72.4	4.7		202.5	35.6	616.4	1176.3	21.9
7. 金融衍生产品与雇员股票期权	1950年								545.4	46.7			
8. 其他应收（付）账款	1950年		1.0	1.2	45.8	38.6	35.2	19.3	2.4	31.9	4.5	8.4	1.1
	1962年		2.6	1.0	103.4	66.2	43.0	14.9	13.8	15.4	14.7	23.9	1.4
	1973年		8.9	1.4	289.1	221.8	44.7	34.4	36.2	15.0	74.3	90.7	2.6

资料来源：OECD[①]。

注：未列出全部年份的数据资料。占比指与合计资金之比。

---

① OECD [EB/OL]. https://stats.oecd.org/index.aspx#.

（二）信托金融结构演变

得益于英国信托制度的确立，美国于独立战争后开始从英国引入信托制度，当时主要发展的是民事信托。1822 年，纽约农业火灾保险及放款公司（Farmer's Fire Insurance and Loan Company）成立，最初经营不动产抵押贷款和承保房屋财产等火灾业务，但成立不到两个月便将其业务扩展至执行以遗嘱或契约为依据的动产和不动产信托，并逐渐放弃保险业务，成为独立经营信托业务的实体，于 1836 年改名为农业放款信托公司。该公司也被认为是美国信托业的鼻祖。1853 年，美国信托公司在纽约成立，这是美国历史上第一家专业经营商事信托业务的公司。1933 年《格拉斯—斯蒂格尔法案》的颁布拉开了美国分业经营的序幕，在这样的金融监管体制下，银行虽然不能从事证券投资业务，但可以经营信托业务，因此通过信托业务间接从事证券买卖成为各银行涉足证券业务的重要渠道。随着第二次世界大战的结束，美国经济进入快速发展通道，从而大大提升了信托对证券市场的投资需求。这一时期开展信托业务的主体主要有美国商业银行的信托部门或银行设立的信托分支机构、信托服务办公室以及信托公司。而信托公司又分为银行控股集团下的信托公司成员、银行控股的子公司以及无母公司的独立信托公司。其中，独立信托公司较小，大部分都为银行机构兼营信托业务。从统计数据来看[①]，1970 年商业银行的信托资产为 2885 亿美元，商业银行总资产为 5049 亿美元，占比高达 57.1%，由此表明，信托业务已成为商业银行的主要经营业务之一。同时，通过分析 1970 年美国商业银行信托资产的结构（见表 3-13）可以发现，有价证券占比都在 85% 以上，其中普通股票的占比高达 62.2%，表明银行的信托资产主要以有价证券尤其是股票资产为主。

---

① 魏曾勋，姚得骥，王春满. 信托投资总论 [M]. 成都：西南财经大学出版社，1993：116.

表 3-13　　　　　　　1970 年和 1980 年美国商业银行信托资产结构

单位：亿美元，%

资产类别	1970 年		1980 年	
	金额	占比	金额	占比
国家债券	182	6.3	746	13.1
地方债券	167	5.8	290	5.1
其他债券	426	14.8	1192	20.9
普通股票	1795	62.2	2750	48.1
优先股票	59	2.0	38	0.7
不动产抵押证券	63	2.2	68	1.2
不动产	85	2.9	232	4.1
其他	108	3.8	396	6.8
合计	2885	100	5712	100

资料来源：《投资信托总论》[①]。

二、20 世纪 70 年代中期至 20 世纪 90 年代末

（一）金融体系结构演变

20 世纪 70 年代中期开始，美国经济陷入滞胀困境，从而打破了自《格拉斯—斯蒂格尔法案》颁布以来稳定的金融发展局面。金融市场开始迅速发展，金融工具不断创新，非银行机构异军突起，金融机构业务也出现交叉，混业经营趋势逐渐明显。对美国 1974—1999 年的金融资产进行分析，如表 3-14 所示。

金融资产总量急速上升，从 7.8 万亿美元大幅上升至 84 万亿美元，年均增幅达 10%。美国金融化率也持续上升，金融资产与 GDP 之比从 506.9% 上升至 872.7%，年均增幅达 2.2%。

从金融资产构成来看，以股票为代表的权益型金融工具与 GDP 之比一直最高且从 119.3% 大幅上升至 281.4%，资产余额的年均增幅达 11.3%。债券和贷款两类债务型金融工具与 GDP 之比也相应分别从

---

① 魏曾勋，姚得骥，王春满. 信托投资总论 [M]. 成都：西南财经大学出版社，1993：116.

63.7%和94.2%大幅上升至137%和131.3%,资产余额的年均增幅分别为10.9%和9%,而存款类债券型金融工具则从52.5%逐渐下降至39.8%。投资基金与GDP之比从2.4%大幅上升至69.3%,资产余额的年均增幅高达23%,远超过各类债务型与权益型金融工具资产余额的年均增幅。

进一步对居民、企业、政府和金融机构四部门的金融资产和负债结构进行考察,如表3-15所示。

对于居民部门而言,从资金运用来看,股票与保险资产为最主要的金融资产,其中,股票资产占比最高,1999年已达37.1%,而保险资产占比第二,基本稳定在34%左右;存款资产占比相应从17.6%下降至8.2%;投资基金资产占比则从0.9%大幅上升至11.2%,成为继股票与保险资产后的第三大金融资产,资产余额的年均增幅更是高达20.8%。从资金来源来看,贷款仍是最主要的金融负债,占比基本稳定在95%以上。

对于企业部门而言,从资金运用来看,其他应收账款资产占比从44.9%下降至32%;股票资产相应从26.3%上升至49.4%,资产余额的年均增幅达13.8%;投资基金资产占比从0.1%上升至3.9%,资产余额的年均增幅高达27.7%,超过其余金融资产余额的年均增幅。从资金来源来看,股票为最主要的金融负债,且占比从60.4%上升至67.3%,资产余额的年均增幅达11%;贷款占比则从21.4%逐渐下降至10.8%。

对于政府部门而言,从资金运用来看,贷款资产从33.4%下降至24.8%;债券资产则相应从18.4%上升至31.7%,资产余额的年均增幅达11.6%;投资基金资产占比极低,1999年仅为1.8%。从资金来源来看,金融负债从以债券和保险资金为主(1974年二者占比分别为47.4%和47.9%)转变为仅以债券为主(1999年债券占比上升至72.5%,负债余额的年均增幅达9.3%,保险资金占比下降至21.8%)。

对于金融机构而言,从资金运用来看,债券和股票资产占比分别从

22.5%和7.1%上升至27.2%和25.1%,资产余额的年均增幅分别为11.5%和16.4%;贷款和保险资产占比则分别从42.3%和23%下降至30.3%和5.6%;投资基金资产占比从0.1%大幅上升至6.3%,资产余额的年均增幅高达31.6%。从资金来源来看,保险资金为占比最大的金融负债,但占比却从43%逐渐下降至31.7%;债券和股票占比相应分别从6.8%和3.8%上升至16.9%和11.2%,负债余额的年均增幅分别达15.1%和15.9%;投资基金占比从1.3%大幅上升至17%,负债余额的年均增幅高达23.2%。

表3-14 美国金融资产总量和各分项(1974—1999年)

单位:十亿美元,%

科目	1974年		1981年		1988年		1995年		1999年	
	余额	与GDP之比	余额	与GDP之比	余额	与GDP之比	余额	与GDP之比	余额	与GDP之比
金融资产总量	7832.0	506.9	16716.6	521.3	33145.6	633.0	54383.4	711.9	84042.7	872.7
1. 货币黄金和特别提款权	14.0	0.9	15.2	0.5	20.7	0.4	22.1	0.3	21.4	0.2
2. 通货和存款	1097.3	71.0	2118.6	66.1	3877.8	74.1	4024.7	52.7	5050.8	52.4
通货	285.9	18.5	473.6	14.8	853.8	16.3	1137.0	14.9	1217.0	12.6
存款	811.4	52.5	1645.0	51.3	3024.0	57.7	2887.7	37.8	3833.8	39.8
3. 债券	984.2	63.7	2252.1	70.2	5946.4	113.6	10213.7	133.7	13192.8	137.0
4. 贷款	1455.7	94.2	3173.6	99.0	6391.8	122.1	8943.8	117.1	12642.8	131.3
5. 股票与投资基金份额/单位	1881.2	121.7	4493.4	140.1	7739.2	147.8	16365.1	214.2	33767.6	350.6
股票	1843.7	119.3	4238.3	132.2	6897.3	131.7	13619.1	178.3	27097.7	281.4
投资基金份额/单位	37.5	2.4	255.1	8.0	842.0	16.1	2746.0	35.9	6669.9	69.3
6. 保险养老与标准化担保	1986.9	128.6	3518.2	109.7	6433.4	122.9	10834.3	141.8	14285.8	148.3
7. 金融衍生产品与雇员股票期权	0.0	0.0	0.0	0.0	0.0	0.0	0.0	0.0	0.0	0.0
8. 其他应收账款	412.7	26.7	1145.4	35.7	2736.3	52.3	3979.6	52.1	5081.6	52.8

资料来源:OECD[1]。

注:未列出全部年份的数据资料,未将国外部门的金融资产纳入统计。

---

[1] OECD [EB/OL]. https://stats.oecd.org/index.aspx#.

表 3-15 美国不同部门金融资金来源和运用（1974—1999 年）

单位：十亿美元，%

科目	时间	居民部门				企业部门				政府部门				金融机构部门			
		运用	占比	来源	占比	运用	占比	来源	占比	运用	占比	来源	占比	运用	占比	来源	占比
资金运用合计	1974年	3849.9	100.0			695.6	100.0			245.8	100.0			3040.7	100.0		
	1986年	12113.3	100.0			2976.0	100.0			1174.2	100.0			11727.9	100.0		
	1999年	34507.7	100.0			9342.3	100.0			2229.3	100.0			37963.4	100.0		
资金来源合计	1974年			708.6	100.0			2695.1	100.0			1260.6	100.0			2980.9	100.0
	1986年			2632.8	100.0			9765.5	100.0			4132.6	100.0			11778.6	100.0
	1999年			6805.2	100.0			32550.3	100.0			7637.1	100.0			40365.9	100.0
1. 货币黄金和特别提款权	1974年									2.4	1.0	2.8	0.2	11.7	0.4		
	1986年									8.4	0.7	6.0	0.1	11.1	0.1		
	1999年									10.3	0.5	6.7	0.1	11.0	0.0		
2. 通货和存款	1974年	837.0	21.7	104.7	15.1					77.5	31.5	7.3	0.6	78.1	2.6	1136.6	38.1
	1986年	2667.9	22.0	345.3	11.6					153.3	13.1	13.8	0.3	331.6	2.8	3390.6	28.8
	1999年	3345.3	9.7	809.4	8.7					285.6	12.8	20.9	0.3	610.4	1.6	5323.6	13.2
通货	1974年	157.5	4.1	71.5	10.3					25.0	10.2	7.3	0.6	31.9	1.0	319.5	10.7
	1986年	456.1	3.8	198.3	6.7					62.0	5.3	13.8	0.3	93.4	0.8	855.2	7.3
	1999年	502.0	1.5	361.6	3.9					153.3	6.9	20.9	0.3	200.1	0.5	1369.1	3.4
存款	1974年	679.5	17.6	33.2	4.8												
	1986年	2211.9	18.3	147.0	4.9												
	1999年	2843.3	8.2	447.8	4.8												
3. 债券	1974年	227.4	5.9	28.0	4.0	243.2	9.0			45.2	18.4	597.9	47.4	683.6	22.5	201.8	6.8
	1986年	861.0	7.1	88.7	3.0	885.4	9.1			439.8	37.5	2732.4	66.1	3422.6	29.2	1431.4	12.2
	1999年	2033.3	5.9	144.3	1.5	2511.8	7.7			707.2	31.7	5537.5	72.5	10308	27.2	6823.4	16.9
4. 贷款	1974年	54.0	1.4	690.2	97.4	33.0	4.7	577.1	21.4	82.2	33.4	6.8	0.5	1286.5	42.3	134.1	4.5
	1986年	171.6	1.4	2513.9	95.5	146.9	4.9	1979.3	20.3	422.4	36.0	27.3	0.7	4723.3	40.3	828.1	7
	1999年	446.4	1.3	6512.3	95.7	147.2	1.6	3520.4	10.8	552.9	24.8	8.5	0.1	11496.3	30.3	2610.2	6.5

续表

科目	时间	居民部门 运用	居民部门 占比	居民部门 来源	居民部门 占比	企业部门 运用	企业部门 占比	企业部门 来源	企业部门 占比	政府部门 运用	政府部门 占比	政府部门 来源	政府部门 占比	金融机构部门 运用	金融机构部门 占比	金融机构部门 来源	金融机构部门 占比
5. 股票与投资基金份额/单位	1974年	1476.8	38.4			183.9	26.4	1626.8	60.4	3.4	1.4			217.2	7.1	149.8	5.0
	1986年	4478.9	37			839.2	28.2	5113.2	52.4	16.1	1.4			1459.4	12.4	1470.3	12.5
	1999年	16670.6	48.3			4981.5	53.3	21906.9	67.3	176.3	7.9			11939.1	31.4	11367.3	28.2
股票	1974年	1442.6	37.5			183.1	26.3	1626.8	60.4	3.4	1.4			214.6	7.1	112.2	3.8
	1986年	3856.5	31.8			802.2	27	5113.2	52.4	16.1	1.4			1376.3	11.7	727.8	6.2
	1999年	12805.6	37.1			4616.7	49.4	21906.9	67.3	136.9	6.1			9538.5	25.1	4520.9	11.2
投资基金份额/单位	1974年	34.2	0.9			0.8	0.1			0.0	0.0			2.5	0.1	37.5	1.3
	1986年	622.4	5.1			37.0	1.2			0.0	0.0			83.1	0.7	742.5	6.3
	1999年	3865.0	11.2			364.8	3.9			39.4	1.8			2400.7	6.3	6846.3	17.0
6. 保险养老与标准化担保	1974年	1254.6	32.6	7.1	1.0	33.8	4.9	95.5	3.5			603.9	47.9	698.6	23.0	1280.5	43.0
	1986年	3933.8	32.5	13.9	0.5	146.0	4.9	28.8	0.3			1167.7	28.3	1338.3	11.4	4207.7	35.7
	1999年	11898.7	34.5	19.4	0.3	272.3	2.9	-284.6	-0.9			1667.6	21.8	2114.7	5.6	12811.1	31.7
7. 金融衍生产品与雇员股票期权	1974年																
	1986年																
	1999年																
8. 其他应收（付）账款	1974年	0.0	0.0	10.1	1.4	312.2	44.9	152.5	5.7	35.3	14.3	41.9	3.3	65.2	2.1	78.2	2.6
	1986年	0.0	0.0	26.6	1.0	1409.8	47.4	1758.8	18.0	134.1	11.4	185.5	4.5	441.6	3.8	450.5	3.8
	1999年	113.5	0.3	141.7	2.1	2987.4	32.0	4895.7	15.0	496.8	22.3	395.8	5.2	1483.8	3.9	1430.4	3.5

资料来源：OECD[1]。

注：未列出全部年份的数据资料。占比指与合计资金之比。

---

[1] OECD [EB/OL]. https：//stats.oecd.org/index.aspx#.

（二）信托金融结构演变

这一时期大部分信托业务仍然由银行机构兼营，从统计数据来看[①]，1980年商业银行的信托资产为5712亿美元，商业银行总资产为13863亿美元，占比高达41.2%，由此表明，信托业务仍然为商业银行的主要经营业务之一。同时，通过分析1980年美国商业银行信托资产的结构（见表3-13）可以发现，有价证券占比接近88%，其中普通股票占比最高，达到48.1%，由此表明，银行的信托资产主要以有价证券尤其是股票资产为主。

三、21世纪初至2006年次贷危机前夕

（一）金融体系结构演变

1999年11月4日，《金融服务现代化法》（*Financial Services Modernization Act of* 1999）[②]颁布，这标志着美国金融业正式从分业走向混业，整个金融业稳步发展。对美国2000—2006年的金融资产进行分析，如表3-16所示。

金融资产总量持续上升，从88.3万亿美元大幅上升至135.3万亿美元，年均增幅达7.4%。与此同时，美国金融化率也稳步上升，金融资产与GDP之比从861.6%上升至979.4%，年均增幅达2.2%。

从金融资产构成来看，以股票为代表的权益型金融工具与GDP之比仍然最高且从251.4%逐步上升至276.6%，资产余额的年均增幅达6.8%；债券和贷款两类债务型金融工具与GDP之比也分别从135%和134.9%逐步上升至148.7%和169.5%，资产余额的年均增幅分别达6.8%和9.2%。投资基金与GDP之比则相应从66.4%上升至73.6%，资

---

① 魏曾勋，姚得骥，王春满. 信托投资总论 [M]. 成都：西南财经大学出版社，1993：116.

② Investopedia [EB/OL]. [2018-06-14]. https://www.investopedia.com/terms/f/financial-services-act-of-1999.asp.

产余额的年均增幅达 6.9%。

进一步，对居民、企业、政府和金融机构四部门的金融资产和负债结构进行考察，如表 3-17 所示。

对于居民部门而言，从资金运用来看，股票和保险资产为最主要的两类金融资产，其中，股票资产占比最高，2006 年达 36.6%，保险资产占比第二，2006 年达 33.7%；存款资产占比基本稳定在 10% 左右；投资基金资产占比也基本稳定在 11% 左右。从资金来源来看，贷款仍是占比最大的金融负债，基本稳定在 96% 左右。

对于企业部门而言，从资金运用来看，其他应收账款资产占比最高且从 46.3% 上升至 50.5%，资产余额的年均增幅为 7.4%；股票资产占比则从 36.6% 下降至 30.7%；投资基金资产占比从 3.4% 上升至 4.3%，资产余额的年均增幅为 9.9%。从资金来源来看，股票为最主要的金融负债，占比基本稳定在 62% 左右；贷款占比从 11.9% 逐步上升至 13.6%，负债余额的年均增幅为 7.1%。

对于政府部门而言，从资金运用来看，债券资产占比最高且从 35% 上升至 44%，资产余额的年均增幅达 10.4%；贷款资产占比相应从 24.5% 下降至 19.6%；投资基金资产占比一直较小，2006 年仅为 1.6%。从资金来源来看，债券为占比最高的金融负债，基本维持在 68% 左右；保险资金占比则基本维持在 25% 左右。

对于金融机构而言，从资金运用来看，债券与股票资产占比分别从 26.9% 和 23.3% 小幅下降至 24.6% 和 22.1%；贷款资产占比则相应从 31.1% 上升至 33.6%，资产余额的年均增幅为 9.6%；投资基金资产从 6.3% 小幅下降至 6.1%。从资金来源来看，保险资金占比从 30.6% 下降至 27.4%；债券、股票与贷款占比分别从 17.6%、11.7% 和 7% 上升至 19.8%、12.3% 和 8.2%，负债余额的年均增幅分别为 3.6%、8.9% 和 10.8%；投资基金占比从 16.2% 小幅下降至 15.3%。

表 3-16　　美国金融资产总量和各分项（2000—2006 年）

单位：十亿美元，%

科目	2000 年		2002 年		2004 年		2006 年	
	余额	与GDP之比	余额	与GDP之比	余额	与GDP之比	余额	与GDP之比
金融资产总量	88334.9	861.6	92392.5	844.8	113313.9	927.8	135296.9	979.4
1. 货币黄金和特别提款权	21.6	0.2	23.2	0.2	24.6	0.2	19.9	0.1
2. 通货和存款	5326.5	52.0	6228.3	57.0	7356.6	60.2	8533.5	61.8
通货	1078.0	10.5	1194.6	10.9	1344.1	11.0	1322.2	9.6
存款	4248.6	41.4	5033.7	46.0	6012.6	49.2	7211.2	52.2
3. 债券	13842.3	135.0	16147.2	147.6	18898.7	154.7	20543.5	148.7
4. 贷款	13825.7	134.9	15766.6	144.2	19074.1	156.2	23409.6	169.5
5. 股票与投资基金份额/单位	32578.0	317.8	27349.4	250.1	38415.7	314.5	48380.6	350.2
股票	25774.1	251.4	21072.6	192.7	30491.0	249.6	38216.0	276.6
投资基金份额/单位	6804.0	66.4	6276.8	57.4	7924.7	64.9	10164.7	73.6
6. 保险养老与标准化担保	15137.3	147.6	17041.0	155.8	19511.3	159.7	22019.1	159.4
7. 金融衍生产品与雇员股票期权	0.0	0.0	0.0	0.0	0.0	0.0	0.0	0.0
8. 其他应收账款	7603.5	74.2	9836.8	89.9	10032.8	82.1	12390.7	89.7

资料来源：OECD[①]。

注：未列出全部年份的数据资料，未将国外部门的金融资产纳入统计。

---

① OECD [EB/OL]. https：//stats. oecd. org/index. aspx#.

表 3-17　美国不同部门金融资金来源和运用（2000—2006 年）

单位：十亿美元，%

科目	时间	居民部门 运用	占比	来源	占比	企业部门 运用	占比	来源	占比	政府部门 运用	占比	来源	占比	金融机构部门 运用	占比	来源	占比
资金运用合计	2000 年	34489.3	100.0			11264.4	100.0			2237.8	100.0			40343.4	100.0		
	2003 年	38346.0	100.0			11949.5	100.0			2605.9	100.0			49036.0	100.0		
	2006 年	51594.4	100.0			15831.4	100.0			3218.4	100.0			64652.7	100.0		
资金来源合计	2000 年			7407.1	100.0			32558.4	100.0			7703.2	100.0			43057.9	100.0
	2003 年			9901.8	100.0			32582.1	100.0			9753.3	100.0			51457.5	100.0
	2006 年			13561.3	100.0			42999.9	100.0			12461.5	100.0			67913.6	100.0
1. 货币黄金和特别提款权	2000 年									10.5	0.5	6.4	0.1	11.0			0.0
	2003 年									12.6	0.5	7.3	0.1	11.0			0.0
	2006 年									8.9	0.3	7.4	0.1	11.0			0.0
2. 通货和存款	2000 年	3512.7	10.2			948.8	8.4			230.7	10.3	23.2	0.3	634.3	1.6	5548.2	12.9
	2003 年	4511.9	11.8			1101.7	9.2			329.0	12.6	26.0	0.3	811.5	1.7	6868.0	13.3
	2006 年	5781.4	11.2			1478.8	9.3			348.2	10.8	28.1	0.2	925.1	1.4	8751.6	12.9
通货	2000 年	397.7	1.2			404.9	3.6			90.1	4.0	23.2	0.3	185.3	0.5	1256.1	2.9
	2003 年	447.7	1.2			387.0	3.2			144.2	5.5	26.0	0.3	324.0	0.7	1478.6	2.9
	2006 年	313.8	0.6			508.0	3.2			131.0	4.1	28.1	0.2	369.4	0.6	1553.1	2.3
存款	2000 年	3115.0	9.0			544.0	4.8			140.7	6.3			448.9	1.1	4292.1	10.0
	2003 年	4064.2	10.6			714.8	6.0			184.9	7.1			487.5	1.0	5389.5	10.5
	2006 年	5467.5	10.6			970.7	6.1			217.2	6.7			555.8	0.9	7198.5	10.6
3. 债券	2000 年	2041.0	5.9	137.5	1.9	165.8	1.5	2697.8	8.3	783.2	35.0	5279.1	68.5	10852.2	26.9	7577.1	17.6
	2003 年	2232.5	5.8	177.7	1.8	203.6	1.7	2941.2	9.0	1039.4	39.9	6406.8	65.7	13850.6	28.2	10255.7	19.9
	2006 年	2973.7	5.8	233.3	1.7	273.5	1.7	3140.7	7.3	1416.2	44	8558.4	68.7	15880.2	24.6	13415.8	19.8
4. 贷款	2000 年	558.4	1.6	7102.2	95.9	152.7	1.4	3870.1	11.9	547.8	24.5	8.9	0.1	12566.9	31.1	3008.6	7.0
	2003 年	636.1	1.7	9531.6	96.3	143.1	1.2	4147.6	12.7	540.7	20.7	9.7	0.1	15702.1	32.0	3820.2	7.4
	2006 年	892.2	1.7	13085.2	96.5	158.3	1.0	5828	13.6	630.1	19.6	11.2	0.1	21729	33.6	5566	8.2

信托金融学（上册）

续表

科目	时间	居民部门 运用	来源	占比	企业部门 运用	占比	来源	占比	政府部门 运用	占比	来源	占比	金融机构部门 运用	占比	来源	占比
5. 股票与投资基金份额/单位	2000年	15947.8		46.2	4509.2	40.0	20434.0	62.8	170.2	7.6			11950.7	29.6	11994.8	27.9
	2003年	16750.5		43.7	3931.8	32.9	19701.2	60.5	170.7	6.5			12526.7	25.5	13090.7	25.4
	2006年	24376.7		47.2	5530.3	34.9	26771.5	62.3	210.8	6.6			18262.7	28.2	18780.5	27.7
股票	2000年	12094.0		35.1	4127.9	36.6	20434.0	62.8	133.2	6.0			9419.0	23.3	5030.2	11.7
	2003年	12649.8		33.0	3459.7	29.0	19701.2	60.5	135.3	5.2			9875.9	20.1	5688.5	11.1
	2006年	18900.5		36.6	4856.9	30.7	26771.5	62.3	158.6	4.9			14299.9	22.1	8382.4	12.3
投资基金份额/单位	2000年	3853.9		11.2	381.3	3.4			37.0	1.7			2531.7	6.3	6964.6	16.2
	2003年	4100.6		10.7	472.1	4.0			35.4	1.4			2650.8	5.4	7402.1	14.4
	2006年	5476.3		10.6	673.4	4.3			52.2	1.6			3962.8	6.1	10398.2	15.3
6. 保险养老与标准化担保	2000年	12305.8	19.6	35.7	272.3	2.4	−120.5	−0.4					2559.2	6.3	13189.4	30.6
	2003年	14081.4	21.6	36.7	332.2	2.8	78.0	0.2			1963.5	25.5	3623.4	7.4	15072.7	29.3
	2006年	17409.2	23.6	33.7	395.2	2.5	48.5	0.1			2722.0	27.9	4214.7	6.5	18631.8	27.4
7. 金融衍生产品与雇员股票期权											3124.1	25.1				
8. 其他应收（付）账款	2000年	123.6	147.8	0.4	5215.6	46.3	5677.1	17.4	495.3	22.1	422.3	5.5	1769.0	4.4	1739.8	4.0
	2003年	133.6	170.8	0.3	6237.1	52.2	5714.1	17.5	513.4	19.7	581.6	6.0	2510.8	5.1	2350.3	4.6
	2006年	161.2	219.3	0.3	7995.3	50.5	7211.1	16.8	604.3	18.8	732.4	5.9	3629.9	5.6	2767.9	4.1

资料来源：OECD[1]。

注：未列出全部年份的数据资料。占比指与合计资金之比。

---

[1] OECD [EB/OL]. https：//stats.oecd.org/index.aspx#.

(二) 信托金融结构演变

商业银行依据是否参加联邦存款保险制度而分为参加联邦存款保险的银行与未参加联邦存款保险的银行,其中,国民银行与加入了联邦储备体系的州银行都参加联邦存款保险,而非联邦储备体系成员的州银行自愿选择参加联邦存款保险。因此,美国联邦存款保险公司(Federal Deposit Insurance Corporation,FDIC)仅对纳入其保险范围的银行控股的信托机构以及银行信托部门的信托业务进行统计。根据 FDIC 的统计(见图 3-5),实际报告开展受托业务的商业银行与储蓄机构自 2000 年开始逐渐减少,至 2006 年减少到 8680 家,下降幅度达 12.4%。

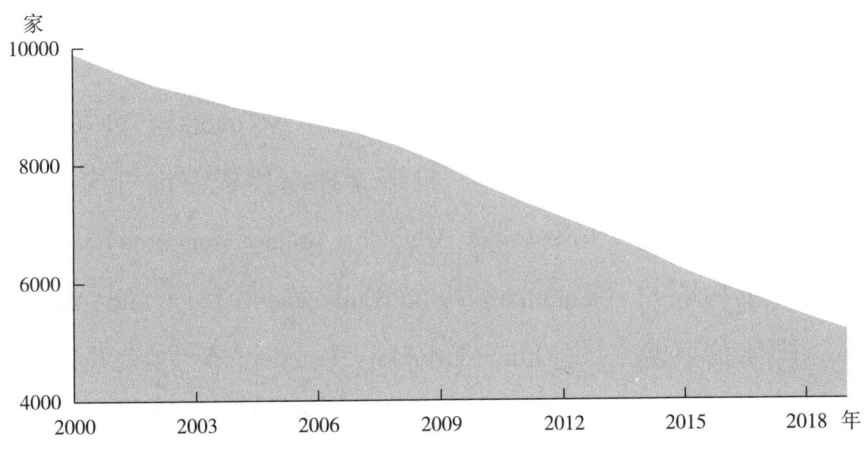

图 3-5　美国经营信托业务的商业银行与储蓄机构的数量(2000—2019 年)

(资料来源:FDIC①)

美国银行信托部门及信托机构开展的信托业务分为信托资产账户管理业务、托管及保管业务、信托基金管理三大类业务。信托资产账户管理业务为最主要业务,尽管其账户总数从 2001 年的 2004.1 万个减少至 2006 年的 1904.8 万个,减少幅度达 5%,但资产管理规模与业务收入却逐年上升(见表 3-18),资产规模从 11.6 万亿美元上升至 19.3 万亿美元,年

---

① FDIC [EB/OL]. https://www7.fdic.gov/idasp/advSearch_warp_download_all.asp?intTab=4.

均增幅达 10.7%；业务收入从 208.3 亿美元上升至 253.2 亿美元，年均增幅达 4%。

信托资产账户管理业务按照管理方式又划分为管理型账户（Managed Accounts）管理业务与非管理型账户（Non-managed Accounts）管理业务。根据表 3-18 的统计结果可知，管理型账户数占比与资产总量占比分别从 2001 年的 24.7% 和 27% 逐渐下降至 2006 年的 15.7% 和 22.8%；非管理型账户数占比与资产总量占比同期则分别从 75.3% 和 73% 上升至 84.3% 和 77.2%，账户数和资产总量的年均增幅分别达 1.2% 和 11.9%，表明美国的信托资产账户管理业务以被动管理为主。

同时，信托资产账户管理业务根据账户属性进行分类，又可分为个人信托账户（Personal Trust and Agency Accounts）、养老金账户（Employee Benefit and Retirement-related Trust and Agency Accounts）、公司及信托账户（Corporate and Trust Accounts）、投资管理与投资咨询机构账户（Investment Management and Investment Advisory Agency Accounts）、基金会和捐赠信托及机构账户（Foundation and Endowment Trust and Agency Accounts）、其他信托账户（Other Fiduciary Accounts）六大类。通过对 2001—2006 年这六大类账户的账户数、资产总量与业务收入进行分析可以发现（见表 3-19）：

对于账户数而言，养老金账户的数量占比最高且从 74.2% 逐步上升至 80.6%；投资管理与投资咨询机构账户的数量占比则从 19.4% 逐渐下降至 10.8%；其余账户的数量占比都很小，皆未超过 5%。

对于资产总量而言，养老金账户的资产总量占比最高，基本稳定在 53% 左右；其他信托账户的资产总量占比第二且从 15.4% 上升至 18.1%，资产总量的年均增幅达 14.2%；公司及信托账户的资产总量占比也较大且从 14.3% 上升至 15.5%，资产总量的年均增幅达 12%；投资管理与投资咨询机构账户的资产总量占比低于 10% 且从 8.3% 下降至 7.8%。

对于业务收入而言，个人信托账户的业务收入占比最高，但却从

43.9%逐渐下降至40.3%；养老基金账户的业务收入占比第二且从27.6%逐步上升至32.3%，业务收入的年均增幅达3.9%；公司及信托账户的业务收入占比基本稳定在16%左右；其他信托账户的业务收入占比从12.4%下降至11.3%。

从信托产品层面来看，美国银行部门及信托机构的信托产品主要分为集合投资基金和共同信托基金（Collective Investment & Common Trust Funds）。从2001—2006年的统计数据中（见图3-6）可以发现：集合投资基金和共同信托基金的数量大幅下降，从15398只大幅下降至2981只，下降幅度高达80.6%；但从资产规模来看，其总市值同期从1.1万亿美元上升至1.5万亿美元，年均增幅达6.4%，表明这一时期美国信托业的产品数量下降的同时却伴随着资产规模的上升。此外，集合投资基金和共同投资基金的资产配置分散化程度较高，且在国内股票资产的配置上具有最大比重，其次是短期投资及货币市场的资产①。

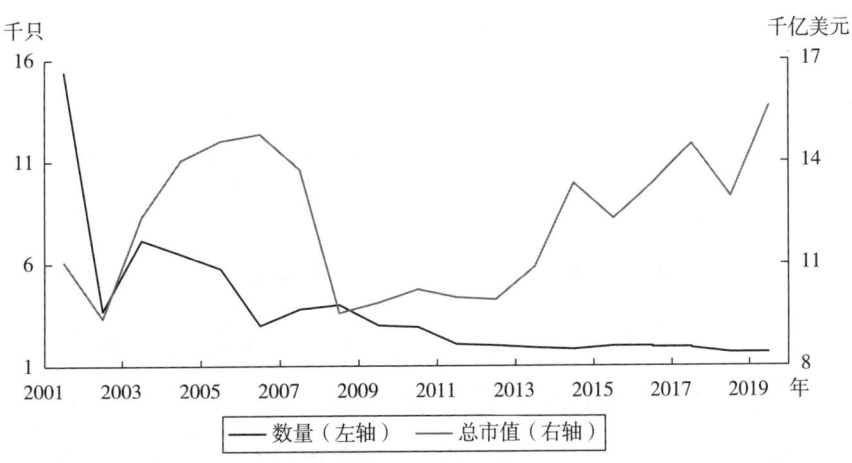

图3-6 美国集合投资基金和共同信托基金的发展情况（2001—2019年）

（资料来源：FDIC②）

如果说财产管理是信托的最本源功能，那么在受托管理基础上为财产

---

① FDIC [EB/OL]. https：//www7.fdic.gov/idasp/advSearch_warp_download_all.asp?intTab=4.
② FDIC [EB/OL]. https：//www7.fdic.gov/idasp/advSearch_warp_download_all.asp?intTab=4.

保值增值而进行的投资管理则是信托基本功能的拓展和升级。美国很早就将信托用作资产管理的法律架构。美国第一只投资基金——马萨诸塞投资信托基金（Massachusetts Investors Trust）于 1924 年 3 月在波士顿成立，该基金就是采取信托的构架，被视为美国投资基金发展的萌芽。根据《韦伯斯特新二十世纪辞典》（Webster's New Twentieth Century Dictionary）的解释，投资基金是一种信托或公司，它投资于证券，通过出售其股份获得资金，并将其从证券投资中得来的收入分配给股东。在美国，根据人们约定俗成，投资基金特指共同基金（Mutual Fund）和单位投资信托（Unit Investment Trust）①。

共同基金是由专业的证券投资信托公司以发行公司股份或者发行受益凭证的方式，募集多数人的基金交由专家进行投资运用，是一种共聚资金、共担风险、共享收益的投资方式。而单位投资信托是以信托形式设立，单位持有人委任独立、公正、专业的信托人为其代表，与基金经理签订信托契约，并行使监督的职能以确保单位持有人的投资受到保障。美国投资公司协会（The Investment Company Institute，ICI）对美国的四类投资公司，即共同基金、封闭式基金（Closed - end Funds）、交易所交易基金（Exchange Traded Fund，ETF）以及单位投资信托 2001—2006 年的统计（见表 3 - 20）结果表明：

除单位投资信托公司的数量在减少外（从 9295 家下降至 5907 家，从第一大公司数量下降至第二大），其余投资公司的数量都在增加，共同基金的公司数量从 8480 家上升至 8704 家，年均增幅为 0.5%，公司数量从第二上升为第一；封闭式基金和 ETF 的公司数量分别从 490 家和 102 家上升至 646 家和 359 家，年均增幅分别为 5.7% 和 28.6%。

从资产规模来看，共同基金占据绝对优势，在四类投资公司的资产规模中占比一直维持在 93% 以上，但却从 96.1% 逐渐下降至 93.1%；封闭

---

① 盖永光. 信托业比较研究：历史演进、定位与发展 [M]. 济南：山东人民出版社，2004：77.

式基金和 ETF 公司的资产规模尽管占比较低但相应分别从 2.1% 和 1.1% 上升至 2.7% 和 3.8%，资产规模的年均增幅分别达 14.9% 和 39.2%；单位投资信托公司的资产规模占比最低且逐年下降，至 2006 年仅为 0.4%。

进一步从投资期限长短来分析，共同基金可分为长期共同基金和短期共同基金，长期共同基金又分为股票基金、债券基金和股债混合基金，而短期共同基金则为货币市场基金。美国共同基金的投资期限主要以长期为主，且大部分资产都投资于股票市场①。同时从共同基金的投资者来看，共同基金主要以个人投资者为主②。此外，共同基金是美国养老金的最主要投向。ICI 2000—2006 年的统计结果显示（见图 3-7），缴费确定计划（Defined Contribution Plans，DC）中投向共同基金的资产比重从 2000 年低于个人退休账户（Individual Retirement Accounts，IRA）中投向共同基金的资产比重逐渐上升至 2006 年超过个人退休账户（Individual Retirement Accounts，IRA）中投向共同基金的资产比重。

图 3-7　美国共同基金在养老金中的占比（2000—2018 年）

（资料来源：ICI③）

---

① ICI [EB/OL]. https://www.icifactbook.org/ch2/19_fb_ch2.
② ICI [EB/OL]. https://www.icifactbook.org/ch2/19_fb_ch2.
③ ICI [EB/OL]. https://www.icifactbook.org/ch2/19_fb_ch2.

表 3-18 美国信托资产账户管理业务及管理型与非管理型账户统计结果（2001—2019 年）

日期	信托资产账户管理业务			管理型				非管理型			
	账户数（万个）	资产总量（万亿美元）	业务收入（亿美元）	账户数（万个）	占比（%）	资产总量（万亿美元）	占比（%）	账户数（万个）	占比（%）	资产总量（万亿美元）	占比（%）
2001 年	2004.1	11.6	208.3	494.3	24.7	3.1	27.0	1509.7	75.3	8.5	73.0
2002 年	2539.5	11.0	204.5	450.1	17.7	2.9	26.4	2089.4	82.3	8.1	73.6
2003 年	2575.1	13.1	208.6	439.9	17.1	3.4	26.1	2135.2	82.9	9.7	73.9
2004 年	2605.3	14.9	227.1	399.4	15.3	3.7	25.1	2205.9	84.7	11.2	74.9
2005 年	1862.9	16.5	240.1	291.5	15.6	3.9	23.6	1571.4	84.4	12.6	76.4
2006 年	1904.8	19.3	253.2	299.8	15.7	4.4	22.8	1605.0	84.3	14.9	77.2
2007 年	1797.1	21.8	282.2	152.4	8.5	4.4	20.2	1644.7	91.5	17.4	79.8
2008 年	2007.0	15.7	285.8	143.3	7.1	3.0	19.0	1863.7	92.9	12.7	81.0
2009 年	1603.5	16.2	245.5	137.4	8.6	3.0	18.4	1466.1	91.4	13.2	81.6
2010 年	1450.6	16.9	255.5	135.4	9.3	3.1	18.2	1315.2	90.7	13.8	81.8
2011 年	1478.4	16.5	271.2	138.5	9.4	2.9	17.8	1339.9	90.6	13.6	82.2
2012 年	1555.7	17.5	287.7	143.2	9.2	3.5	19.7	1412.5	90.8	14.1	80.3
2013 年	1593.7	19.6	309.9	155.8	9.8	3.8	19.4	1437.9	90.2	15.8	80.6
2014 年	548.3	18.3	325.2	163.6	29.8	3.9	21.5	384.7	70.2	14.4	78.5
2015 年	549.8	17.1	328.9	169.0	30.7	3.7	21.3	380.8	69.3	13.5	78.7
2016 年	569.7	17.6	334.1	175.6	30.8	4.0	22.5	394.2	69.2	13.7	77.5
2017 年	571.2	20.3	358.6	183.9	32.2	4.4	21.8	387.3	67.8	15.8	78.2
2018 年	576.2	19.3	375.1	185.3	32.2	4.1	21.3	391.0	67.8	15.2	78.7
2019 年	620.3	21.6	368.4	189.2	30.5	4.8	22.3	431.1	69.5	16.7	77.7

资料来源：FDIC[1]。

---

[1] FDIC [EB/OL]. https://www7.fdic.gov/idasp/advSearch_warp_download_all.asp?intTab=4.

表 3-19 美国不同属性账户的数量（2001—2019 年）

日期	项目	个人信托账户 规模	个人信托账户 占比(%)	养老金账户 规模	养老金账户 占比(%)	公司及信托账户 规模	公司及信托账户 占比(%)	投资管理与投资咨询机构账户 规模	投资管理与投资咨询机构账户 占比(%)	基金会和捐赠信托及机构账户 规模	基金会和捐赠信托及机构账户 占比(%)	其他信托账户 规模	其他信托账户 占比(%)
2001年	账户总数（万个）	86.7	4.3	1486.3	74.2	27.7	1.4	389.6	19.4			13.7	0.7
	资产总量（万亿美元）	1.0	8.4	6.2	53.6	1.7	14.3	1.0	8.3			1.8	15.4
	业务收入（亿美元）	53.9	43.9	34.0	27.6	19.7	16.1					15.3	12.4
2004年	账户总数（万个）	97.8	3.8	2156.7	82.8	35.4	1.4	300.8	11.5			14.6	0.6
	资产总量（万亿美元）	1.0	6.8	7.8	52.1	2.2	14.7	1.3	8.6			2.7	17.8
	业务收入（亿美元）	48.8	42.2	33.5	29.0	23.5	20.3					9.9	8.6
2006年	账户总数（万个）	94.7	5.0	1535.8	80.6	45.3	2.4	205.2	10.8			23.8	1.2
	资产总量（万亿美元）	1.1	5.6	10.2	53.0	3.0	15.5	1.5	7.8			3.5	18.1
	业务收入（亿美元）	51.5	40.3	41.2	32.3	20.5	16.1					14.4	11.3
2007年	账户总数（万个）	94.2	5.2	1570.2	87.4	49.9	2.8	38.6	2.1			44.1	2.5
	资产总量（万亿美元）	1.2	5.3	11.1	50.7	4.5	20.4	1.5	7.1			3.6	16.5
	业务收入（亿美元）	57.7	40.1	40.2	28.0	24.4	17.0					21.5	15.0
2010年	账户总数（万个）	80.9	5.6	1267.3	87.4	46.7	3.2	42.8	2.9	5.4	0.4	7.4	0.5
	资产总量（万亿美元）	0.8	4.9	8.5	50.5	3.8	22.3	1.1	6.5	0.2	1.0	2.5	14.8
	业务收入（亿美元）	43.2	27.0	34.0	21.3	17.3	10.8	42.2	26.4	4.5	2.8	18.5	11.6
2013年	账户总数（万个）	73.3	4.6	1393.6	87.4	48.0	3.0	58.7	3.7	8.3	0.5	11.6	0.7
	资产总量（万亿美元）	0.9	4.8	11.0	56.0	2.5	12.7	1.4	6.9	0.3	1.6	3.5	17.9
	业务收入（亿美元）	46.6	27.6	39.7	23.5	13.2	7.8	52.9	31.4	8.3	4.9	8.2	4.8
2016年	账户总数（万个）	67.9	11.9	374.8	65.8	41.6	7.3	67.9	11.9	7.6	1.3	9.8	1.7
	资产总量（万亿美元）	0.9	5.1	8.9	50.6	2.6	14.8	1.8	10.2	0.5	2.6	2.9	16.7
	业务收入（亿美元）	45.1	23.7	43.0	22.6	16.8	8.8	68.2	35.8	9.5	5.0	7.6	4.0
2019年	账户总数（万个）	65.5	10.6	425.9	68.7	42.3	6.8	73.3	11.8	8.2	1.3	5.1	0.8
	资产总量（万亿美元）	1.0	4.9	10.3	47.9	3.6	16.7	2.3	10.9	0.6	2.9	3.6	16.7
	业务收入（亿美元）	45.9	21.7	47.3	22.4	18.7	8.9	79.4	37.6	11.6	5.5	8.0	3.8

资料来源：FDIC[1]。

注：未列出全部年份的数据资料。

---

[1] FDIC [EB/OL]. https://www7.fdic.gov/idasp/advSearch_warp_download_all.asp?intTab=4.

表3-20　美国不同类型投资公司的数量与资产规模（2001—2018年）

单位：家，千亿美元，%

日期	共同基金			封闭式基金			ETF			单位投资信托		
	数量	规模	规模占比	数量	规模	规模占比	数量	规模	规模占比	数量	规模	规模占比
2001年	8480	69.7	96.1	490	1.5	2.1	102	0.8	1.1	9295	0.5	0.7
2002年	8490	63.8	95.5	543	1.6	2.4	113	1.0	1.5	8303	0.4	0.6
2003年	8406	74.0	94.8	581	2.2	2.8	119	1.5	1.9	7233	0.4	0.5
2004年	8411	80.9	93.9	618	2.6	3.0	152	2.3	2.7	6499	0.4	0.5
2005年	8439	88.9	93.5	635	2.8	2.9	204	3.0	3.2	6019	0.4	0.4
2006年	8704	104.0	93.1	646	3.0	2.7	359	4.2	3.8	5907	0.5	0.4
2007年	8723	120.0	92.5	664	3.2	2.4	629	6.1	4.7	6030	0.5	0.4
2008年	8860	96.2	92.8	644	1.9	1.8	743	5.3	5.1	5984	0.3	0.3
2009年	8594	111.1	91.4	629	2.2	1.8	820	7.7	6.4	6049	0.4	0.3
2010年	8523	118.3	90.2	626	2.4	1.8	950	9.9	7.6	5971	0.5	0.4
2011年	8662	116.3	89.6	634	2.4	1.9	1166	10.5	8.1	6043	0.6	0.5
2012年	8742	130.5	88.6	604	2.7	1.8	1239	13.4	9.1	5787	0.7	0.5
2013年	8970	150.5	88.0	601	2.8	1.6	1332	16.8	9.8	5552	0.9	0.5
2014年	9256	158.8	87.0	570	2.9	1.6	1451	19.8	10.8	5381	1.0	0.6
2015年	9515	156.6	86.4	561	2.6	1.5	1644	21.0	11.6	5188	0.9	0.5
2016年	9505	163.5	85.1	534	2.7	1.4	1774	25.2	13.1	5100	0.9	0.4
2017年	9354	187.6	83.3	533	2.8	1.2	1900	34.0	15.1	5035	0.9	0.4
2018年	9599	177.1	82.8	506	2.5	1.2	2057	33.7	15.8	4917	0.7	0.3

资料来源：ICI[①]。

四、2007年次贷危机至今

（一）金融体系结构演变

次贷危机爆发导致大量商业银行和投资银行等金融机构倒闭。2010年7月美国国会颁布《多德—弗兰克华尔街改革和消费者保护法》（Dodd-Frank Wall Street Reform and Consumer Protection Act），再次实施严格的金融监管制度，美国的银行业开始面临规范与整顿，整个金融业进入复苏与稳定发展阶段。对美国2007—2019年的金融资产进行分析，如表3-21所示。

---

① ICI [EB/OL]. https：//www.icifactbook.org/ch2/19_fb_ch2.

金融资产总量逐年上升，从146.4万亿美元上升至237.1万亿美元，年均增幅达4.1%。与此同时，美国金融化率也稳步上升，金融资产与GDP之比从1012.8%上升至1106.3%，年均增幅达0.7%。

从金融资产构成来看，存款和债券两类债务型金融工具与GDP之比分别从54.4%和153.4%逐步上升至65.8%和169%，资产余额的年均增幅分别为5%和4.2%，但贷款类债务型金融工具与GDP之比则从181.8%下降至146%。以股票为代表的权益型金融工具与GDP之比相应从277.6%上升至337.5%，资产余额的年均增幅达5%。投资基金与GDP之比也相应从81.1%上升至94%，资产余额的年均增幅达4.6%。

进一步，本部分对居民、企业、政府和金融机构四部门的金融资产和负债结构进行展示，如表3-22所示。

对于居民部门而言，从资金运用来看，股票资产占比最高且从34.2%小幅上升至36.2%，资产余额的年均增幅为5.3%；保险资产占比则从33.7%小幅下降至32.5%；投资基金资产相应从11.9%小幅上升至12.4%，资产余额的年均增幅为5.1%。从资金来源来看，贷款占比稳定在96%以上，一直是占比最大的金融负债。

对于企业部门而言，从资金运用来看，其他应收账款资产占比仍最高，基本稳定在50%左右；股票资产占比第二，基本稳定在31%左右；投资基金资产占比从4.7%小幅下降至3.6%。从资金来源来看，金融负债中股票占比最高且从61.3%逐步上升至65%，负债余额的年均增幅为5.7%；贷款占比则从14.7%逐渐下降至11.3%。

对于政府部门而言，从资金运用来看，债券资产占比从44.8%大幅下降至24.1%；贷款资产占比相应从19.1%大幅上升至35.9%，资产余额的年均增幅达9.8%；投资基金资产占比仍然较小，2019年仅为2.1%。从资金来源来看，债券是最主要的金融负债且占比从68.4%上升至74.5%，负债余额的年均增幅达7.8%；保险资金占比则相应从25.1%下降至20.4%。

对于金融机构而言，从资金运用来看，贷款资产占比从34.4%下降至26.1%；债券和股票资产占比分别从23.8%和22.3%上升至26.8%和26.7%，资产余额的年均增幅分别为4.6%和5.2%；投资基金资产占比也从6.1%小幅上升至6.6%，资产余额的年均增幅为4.3%。从资金来源来看，保险资金为占比最大的金融负债，从27%上升至29.1%，负债余额的年均增幅为4.4%；债券占比从20.7%大幅下降至13.1%；股票占比相应从10.5%上升至15.6%，负债余额的年均增幅达7.1%；投资基金占比从16.5%逐步上升至18.9%，负债余额的年均增幅达4.9%。

表 3-21　　美国金融资产总量和各分项（2007—2019 年）

单位：十亿美元，%

科目	2007 年		2010 年		2013 年		2016 年		2019 年	
	余额	与GDP之比	余额	与GDP之比	余额	与GDP之比	余额	与GDP之比	余额	与GDP之比
金融资产总量	146367.8	1012.8	148323.7	989.3	176421.8	1051.1	199455.5	1065.8	237062.1	1106.3
1. 货币黄金和特别提款权	20.5	0.1	67.9	0.5	66.2	0.4	59.9	0.3	61.8	0.3
2. 通货和存款	9215.3	63.8	11656.2	77.7	14730.5	87.8	16302.4	87.1	18093.4	84.4
通货	1359.3	9.4	2118.9	14.1	2800.9	16.7	3505.4	18.7	3990.1	18.6
存款	7856.0	54.4	9537.3	63.6	11929.6	71.1	12797.0	68.4	14103.3	65.8
3. 债券	22162.2	153.4	25786.7	172.0	28268.9	168.4	31021.2	165.8	36215.3	169.0
4. 贷款	26280.2	181.8	23834.5	159.0	24521.3	146.1	27215.0	145.4	31285.6	146.0
5. 股票与投资基金份额/单位	51836.9	358.7	47521.5	317.0	63248.5	376.8	72329.9	386.5	92450.7	431.4
股票	40114.4	277.6	36020.4	240.3	48841.3	291.0	56770.5	303.3	72316.1	337.5
投资基金份额/单位	11722.5	81.1	11501.1	76.7	14407.2	85.8	15559.3	83.1	20134.6	94.0
6. 保险养老与标准化担保	23219.4	160.7	27302.4	182.1	32580.2	194.1	35705.7	190.8	39291.6	183.4
7. 金融衍生产品与雇员股票期权										
8. 其他应收账款	13633.3	94.3	12154.6	81.1	13006.2	77.5	16821.3	89.9	19663.7	91.8

资料来源：OECD①。

注：未列出全部年份的数据资料，未将国外部门的金融资产纳入统计。

---

① OECD [EB/OL]. https://stats.oecd.org/index.aspx#.

第三章 金融体系中的信托：沿革与发展

表 3-22　美国不同部门金融资金来源和运用（2007—2019 年）

单位：十亿美元，%

科目	时间	居民部门 运用	占比	来源	占比	企业部门 运用	占比	来源	占比	政府部门 运用	占比	来源	占比	金融机构部门 运用	占比	来源	占比
资金运用合计	2007 年	54603.3	100.0			17403.8	100.0			3451.2	100.0			70909.5	100.0		
	2013 年	68557.0	100.0			18547.1	100.0			4541.3	100.0			84776.5	100.0		
	2019 年	95609.8	100.0			27627.1	100.0			5651.2	100.0			108174.0	100.0		
资金来源合计	2007 年			14503.2	100.0			46092.3	100.0			13149.7	100.0			72859.4	100.0
	2013 年			14047.0	100.0			55798.7	100.0			23517.9	100.0			87081.6	100.0
	2019 年			16576.2	100.0			84386.8	100.0			29651	100.0			112500.3	100.0
1. 货币黄金和特别提款权	2007 年									9.5	0.3	7.7	0.1	11	0.0		
	2013 年									55.2	1.2	54.4	0.2	11	0.0		
	2019 年									50.8	0.9	48.8	0.2	11	0.0		
2. 通货和存款	2007 年	6214.8	11.4			1487.2	8.5			410.6	11.9	27.4	0.2	1102.7	1.6	9294.2	12.8
	2013 年	8481.6	12.4			2029.6	10.9			698.2	15.4	25.6	0.1	3521.1	4.2	15765.3	18.1
	2019 年	11459.7	12.0			2998.7	10.9			1022.2	18.1	25.3	0.1	2612.8	2.4	19501.0	17.3
通货	2007 年	210.6	0.4			586.3	3.4			156.7	4.5	27.4	0.2	405.7	0.6	1569.8	2.2
	2013 年	1104.8	1.6			825.4	4.5			318.2	7.0	25.6	0.1	552.6	0.7	3059.9	3.5
	2019 年	1263.4	1.3			1565.7	5.7			569.6	10.1	25.3	0.1	591.4	0.5	4443.4	3.9
存款	2007 年	6004.2	11.0			900.9	5.2							697.0	1		
	2013 年	7376.9	10.8			1204.2	6.5							2968.5	3.5		
	2019 年	10196.3	10.7			1433	5.2							2021.4	1.9		
3. 债券	2007 年	3507.9	6.4	256.0	1.8	214.4	1.2	3346.6	7.3	1544.8	44.8	9000.4	68.4	16895.1	23.8	15082.6	20.7
	2013 年	4544.0	6.6	234.6	1.7	238.9	1.3	4811.3	8.6	1400.4	30.8	16808.0	71.5	22085.6	26.1	13258.5	15.2
	2019 年	5513.5	5.8	212.9	1.3	385.9	1.4	6557.6	7.8	1360.0	24.1	22103.8	74.5	28955.9	26.8	14747.7	13.1
4. 贷款	2007 年	1109.8	2.0	13985.5	96.4	140.9	0.8	6753.7	14.7	658.9	19.1	11.9	0.1	24370.5	34.4	6424.3	8.8
	2013 年	1017.7	1.5	13488.3	96	123.6	0.7	6429.7	11.5	1403.7	30.9	16.2	0.1	21976.3	25.9	4705.2	5.4
	2019 年	891.4	0.9	15935.7	96.1	131.7	0.5	9500.4	11.3	2026.6	35.9	36.9	0.1	28235.9	26.1	5171	4.6

续表

科目	时间	居民部门			企业部门			政府部门			金融机构部门		
		运用	占比	来源	运用	占比	来源	占比	运用	占比	来源	占比	运用	占比	来源	占比

科目	时间	运用	占比	来源	占比	运用	占比	来源	占比	运用	占比	来源	占比	运用	占比	来源	占比
5. 股票与投资基金份额/单位	2007 年	25192.4	46.1			6278.1	36.1	28258.6	61.3	223.0	6.5			20143.4	28.4	19680.2	27.0
	2013 年	29583.0	43.2			7567.7	40.8	34839.3	62.4	292.9	6.5			25805	30.4	26337.3	30.2
	2019 年	46448.5	48.6			9542.1	34.5	54884.8	65.0	393.0	7.0			36067.1	33.3	38852.4	34.5
股票	2007 年	18688.7	34.2			5460.1	31.4	28258.6	61.3	161.2	4.7			15804.5	22.3	7680.1	10.5
	2013 年	21390.3	31.2			6739.7	36.3	34839.3	62.4	213.3	4.7			20498.1	24.2	11270.8	12.9
	2019 年	34617.5	36.2			8539.3	30.9	54884.8	65.0	277.0	4.9			28882.3	26.7	17558.5	15.6
投资基金份额/单位	2007 年	6503.7	11.9			818.0	4.7			61.9	1.8			4339.0	6.1	12000.2	16.5
	2013 年	8192.7	12.0			828.0	4.5			79.6	1.8			5306.8	6.3	15066.4	17.3
	2019 年	11831.0	12.4			1002.9	3.6			116.0	2.1			7184.8	6.6	21293.9	18.9
6. 保险养老与标准化担保	2007 年	18407.2	33.7		0.2	407.2	2.3	41.0	0.1			3304.0	25.1	4405	6.2	19645.8	27.0
	2013 年	24717.5	36.1	295.4	0.2	449.3	2.4	671.0	1.2			5572.5	23.7	7413.4	8.7	26127.8	30.0
	2019 年	31037.2	32.5	390.9	0.2	520.5	1.9	192.6	0.2			6041.3	20.4	7733.8	7.1	32774.8	29.1
7. 金融衍生产品与雇员股票期权																	
8. 其他应收（付）账款	2007 年	171.2	0.3	237.1	1.6	8876	51.0	7692.3	16.7	604.3	17.5	798.3	6.1	3981.7	5.6	2732.3	3.8
	2013 年	213.2	0.3	295.4	2.1	8137.9	43.9	9047.3	16.2	691.0	15.2	1041.2	4.4	3964.1	4.7	887.5	1.0
	2019 年	259.5	0.3	390.9	2.4	14048.1	50.8	13251.4	15.7	798.7	14.1	1394.7	4.7	4557.4	4.2	1453.4	1.3

资料来源：OECD[1]。

注：未列出全部年份的数据资料。占比指与合计资金之比。

[1] OECD [EB/OL]. https://stats.oecd.org/index.aspx#.

(二) 信托金融结构演变

次贷危机导致大量商业银行机构倒闭，因而由银行控股的信托机构以及银行信托部门的信托业务也遭受了一定的影响。根据 FDIC 的统计（见图 3-5），实际报告开展受托业务的商业银行与储蓄机构自 2007 年迅速减少，2019 年减少至 5177 家，下降幅度达 39.3%。

信托资产账户管理业务作为美国银行信托部门及信托机构最主要的业务，从表 3-18 可以看到，其账户总数从 2007 年的 1797.1 万个大幅减少至 2019 年的 620.3 万个，下降幅度达 65.5%；资产管理规模先受次贷危机影响出现下降，后随经济恢复而出现上升，2019 年达到 21.6 万亿美元，但仍低于 2007 年 21.8 万亿美元的资产管理规模；业务收入也同样先受次贷危机影响出现小幅下降，但后随经济恢复出现快速上升，2019 年已达 368.4 亿美元，超过 2007 年的 282.2 亿美元，年均增幅为 2.2%。

将信托资产账户管理业务中的管理型账户管理业务和非管理型账户管理业务进行对比可以发现（见表 3-18）：2007—2019 年，非管理型账户数占比与资产总量占比分别从 91.5% 和 79.8% 逐渐下降至 69.5% 和 77.7%；管理型账户数占比与资产总量占比则分别从 8.5% 和 20.2% 逐步上升至 30.5% 和 22.3%，年均增幅分别达 1.8% 和 0.7%，表明次贷危机过后，美国信托业出现向主动管理转变的趋势。

同时，将 2007—2019 年不同账户属性的信托资产管理业务的账户数、资产总量与业务收入进行对比可以发现（见表 3-19）：

对于账户数而言，养老金账户的数量占比仍然最高但却从 87.4% 下降至 68.7%；投资管理与投资咨询机构账户的数量占比则从 2.1% 大幅上升至 11.8%，账户数的年均增幅达 5.5%；个人信托账户以及基金会和捐赠信托及机构账户的数量占比也相应分别从 5.2% 和 0.4% 上升至 10.6% 和 1.3%。

对于资产总量而言，养老金账户的资产总量占比仍然最高，但近年来从 50.7% 小幅下降至 47.9%；公司及信托账户的资产总量占比也从

20.4%逐渐下降至16.7%；其他信托账户的资产总量占比至2019年稳定在16.7%；基金会和捐赠信托及机构账户的资产总量占比2019年上升至2.9%。

对于业务收入而言，个人信托账户的业务收入占比从40.1%大幅下降至21.7%；养老基金账户和其他信托账户的业务收入占比也分别从28%和15%下降至22.4%和3.8%；投资管理与投资咨询机构账户的业务收入占比则相应从2010年的26.4%上升至37.6%，业务收入的年均增幅达7.3%。

从信托产品层面来看，通过对2007—2019年美国银行部门及信托机构的信托产品中的集合投资基金和共同信托基金进行统计可以发现（见图3-6），集合投资基金和共同信托基金的数量从3789只持续下降至1656只，下降幅度达56.3%；但从资产规模来看，其总市值尽管受次贷危机影响，2007—2009年间出现明显下降，但自2010年开始恢复，从1万亿美元上升至2019年的1.6万亿美元，年均增幅达5.4%。此外，集合投资基金和共同投资基金的资产配置仍然具有较高的分散化程度，且资产配置分布主要以国内股票资产为主，而国际股票资产则跃居为第二大资产[①]。

如前所述，美国的共同基金属于美国的一类投资公司，根据ICI的划分，投资公司除共同基金外，还包括封闭式基金、交易所交易基金（ETF）和单位投资信托，对这四类投资公司2007—2018年的统计结果如表3-20所示。

封闭式基金与单位投资信托的公司数量分别从664家和6030家下降至506家和4917家；共同基金和ETF的公司数量却分别从8723家和629家逐步上升至9599家和2057家，年均增幅分别达0.9%和11.4%。显然，

---

① FDIC［EB/OL］. https：//www7.fdic.gov/idasp/advSearch_warp_download_all.asp?intTab=4.

ETF 的公司数量在次贷危机后增速最快。

从资产规模来看，共同基金占据绝对优势，但占比近年来从92.5%逐渐下降至82.8%；ETF 也占有一定比重且从4.7%逐步上升至15.8%，资产规模的年均增幅达16.8%。其余投资公司的资产规模占比都极低。

进一步从投资期限来看，共同基金主要以长期基金为主，且在长期基金中又主要以股票基金为主[①]。而从投资者来看，共同基金一直都以个人投资者为主[②]。此外，共同基金是美国养老金的最主要投向。ICI 从2007—2018年的统计结果显示（见图3-7），DC 中投向共同基金的资产的比重一直高于IRA 中投向共同基金的资产比重，且次贷危机后二者的比重差距越加明显。

第四节 日本的金融体系与信托金融

尽管日本的信托制度来源于欧美国家，但迄今为止，日本已是全球信托金融最为发达的国家之一。本节介绍日本金融体系结构的变迁路径和信托金融的发展历程。

一、20 世纪80 年代至2006 年次贷危机前夕

（一）金融体系结构演变

明治维新后，日本开始引入西方的金融制度，逐渐建立起现代金融体系。第二次世界大战后，日本通过一系列改革，到20 世纪80 年代已成为经济金融强国。为实现金融国际化，日本开始实施金融自由化改革，如1984 年日本大藏省发布《金融自由化与日元国际化的现状与展望》，提出逐步实施金融自由化和国际化的步骤；1982 年《新银行法》实施，允许

---

① ICI [EB/OL]. https：//www.icifactbook.org/ch2/19_fb_ch2.
② ICI [EB/OL]. https：//www.icifactbook.org/ch2/19_fb_ch2.

银行业实行混业经营等。一系列的改革促进了日本经济的快速发展，但也加速了金融体系的膨胀，最终导致20世纪90年代日本经济泡沫的破灭，日本经济由此衰退并进入长期停滞阶段。对日本1980—2006年的金融资产进行分析，如表3-23所示。

金融资产总量呈现上升趋势，从1541.6万亿日元大幅上升至6302.4万亿日元，年均增幅为5.6%。金融资产与GDP之比从634.8%上升至1196.2%，年均增幅为2.5%。同时，金融资产与GDP之比在1987年已高达1022.6%，此后一直保持低速增长，而金融资产总量1980—1987年7年间增长134.9%，但此后近20年，金融资产总量仅增长74%，这也反映了日本在20世纪80年代经济与金融的快速发展以及20世纪90年代开始的经济衰退与萧条的事实。

从金融资产构成来看，以存款、贷款和债券为代表的各类债务型金融工具与GDP之比分别从181.9%、200.9%、72.5%逐步上升至215.7%、273.9%和194.6%，资产余额的年均增幅分别为3.7%、4.3%和7%。以股票为代表的权益型金融工具和投资基金与GDP之比则分别从53.2%和2.5%大幅上升至172.8%和21%，资产余额的年均增幅分别达7.8%和11.8%。

进一步考察居民、企业、政府和金融机构四部门的金融资产和负债结构，见表3-24。

对于居民部门而言，从资金运用来看，存款资产占比最高但却从56.3%逐渐下降至43.5%；保险资产从13%上升至28.2%，资产余额的年均增幅为9.1%；股票资产也从11.4%逐步上升至14.3%，资产余额的年均增幅为6.9%；投资基金资产占比较低但却从1.2%上升至4%，资产余额的年均增幅达11%，超过其余金融资产余额的年均增幅。从资金来源来看，贷款占比最大且从81.4%逐步上升至91%，负债余额的年均增幅达3.8%。

对于企业部门而言，从资金运用来看，其他应收账款资产为最主要的金融资产，但占比从55.1%逐渐下降至41.3%；存款资产占比也从22.2%小幅下降至18.8%；股票资产占比则从11.4%大幅上升至30%，资产余额的年均增幅达8.2%；投资基金资产占比极低。从资金来源来看，贷款与股票为最主要的两类金融负债，前者占比从43.6%下降至26.6%，而后者占比则从20.5%上升至48.3%，负债余额的年均增幅达8.2%。

对于政府部门而言，从资金运用来看，存款资产占比从49.1%大幅下降至8.2%；债券、股票与其他应收账款资产占比则相应分别从13.6%、11.7%和12.3%上升至23.3%、24.5%和39.1%，资产余额的年均增幅分别为9.5%、10.3%和12.1%；投资基金资产占比极低。从资金来源来看，债券为最主要的金融负债且占比从69.3%上升至74.1%，负债余额的年均增幅达8.2%，而贷款占比则相应从23.6%下降至20%。

对于金融机构而言，从资金运用来看，贷款资产占比最高但却从61.3%逐渐下降至44.9%；存款资产也相应从14.6%大幅下降至5.4%；债券和股票资产占比则分别从15.8%和5.1%逐步上升至26.1%和7.8%，资产余额的年均增幅达7.6%和7.4%；投资基金资产占比极低，2006年仅为1.3%。从资金来源来看，存款为最主要的金融负债，但占比从61.2%大幅下降至37.3%；债券、股票与贷款占比则分别从7.6%、3%和13.9%上升至10.3%、7.5%和15.5%，负债余额的年均增幅分别为6.9%、9.4%和6.1%；保险资金也占有一定比重，2006年已达到16%；投资基金占比较低但却相应从0.9%上升至3.5%，负债余额的年均增幅达11.6%。

表3-23　　日本金融资产总量和各分项（1980—2006年）

单位：十亿日元，%

科目	1980年		1987年		1994年		2001年		2006年	
	余额	与GDP之比	余额	与GDP之比	余额	与GDP之比	余额	与GDP之比	余额	与GDP之比
金融资产总量	1541581.1	634.8	3621643.9	1022.6	4956850.8	988.3	5820568.9	1112.9	6302429.5	1196.2
1. 货币黄金和特别提款权					786.1	0.2	2102.5	0.4	2435.1	0.5
2. 通货和存款	459462.2	189.2	894703.9	252.6	1031707.4	205.7	1219596.2	233.2	1216914.4	231.0
通货	17778.5	7.3	29900.7	8.4	41782.8	8.3	72096.3	13.8	80381.6	15.3
存款	441683.7	181.9	864803.2	244.2	989924.6	197.4	1147499.9	219.4	1136532.8	215.7
3. 债券	175943.6	72.5	431818.3	121.9	552986.7	110.3	816675.4	156.2	1025470.3	194.6
4. 贷款	487967.7	200.9	1018943.2	287.7	1567033.0	312.4	1607844.4	307.4	1443078.6	273.9
5. 股票与投资基金份额/单位	135297.1	55.7	675251.3	190.7	499401.8	99.6	510004.9	97.5	1021149.0	193.8
股票	129141.8	53.2	629055.9	177.6	460617.5	91.8	462050.5	88.3	910307.7	172.8
投资基金份额/单位	6155.3	2.5	46195.4	13.0	38784.3	7.7	47954.4	9.2	110841.3	21.0
6. 保险养老与标准化担保	49932.7	20.6	141868.1	40.1	384410.1	76.6	578760.1	110.7	516668.1	98.1
7. 金融衍生产品与雇员股票期权							23515.7	4.5	20795.4	3.9
8. 其他应收账款	232977.8	95.9	459059.1	129.6	920525.7	183.5	1062069.7	203.1	1055918.6	200.4

资料来源：OECD①。

注：未列出全部年份的数据资料，未将国外部门的金融资产纳入统计。

---

① OECD [EB/OL]. https：//stats.oecd.org/index.aspx#.

第三章 金融体系中的信托：沿革与发展

表 3-24 日本不同部门金融资金来源和运用（1980—2006 年）

单位：十亿日元，%

科目	时间	居民部门 运用	居民部门 占比	居民部门 来源	居民部门 占比	企业部门 运用	企业部门 占比	企业部门 来源	企业部门 占比	政府部门 运用	政府部门 占比	政府部门 来源	政府部门 占比	金融机构部门 运用	金融机构部门 占比	金融机构部门 来源	金融机构部门 占比
资金运用合计	1980 年	382688.7	100.0			321473.1	100.0			95269.3	100.0			742150.0	100.0		
	1993 年	1188654.0	100.0			745793.6	100.0			315565.9	100.0			2606944.7	100.0		
	2006 年	1721268.9	100.0			938080.7	100.0			587214.3	100.0			3055865.6	100.0		
资金来源合计	1980 年			146557.4	100.0			533669.5	100.0			130301.4	100.0			723231.4	100.0
	1993 年			391674.6	100.0			1387551.8	100.0			386243.0	100.0			2610029.0	100.0
	2006 年			342811.7	100.0			1752688.2	100.0			941684.4	100.0			3044562.2	100.0
1. 货币黄金和特别提款权	1980 年									0.0	0.0	0.0	0.0				
	1993 年									600.5	0.1	158.9	0.0				
	2006 年									0.0	0.0	0.0	0.0				
2. 通货和存款	1980 年	224397.6	58.6			74467.0	24.1			46740.1	49.1			110857.5	14.9	460222.5	63.6
	1993 年	586105.8	49.3			173381.5	23.2			166517.4	52.8			400585.6	15.4	1324913.4	50.8
	2006 年	809991.9	47.1			186268.1	19.9			48359.9	8.2			172294.5	5.6	1215541.5	39.9
通货	1980 年	8790.6	2.3			6149.1	1.9			0.0	0.0			2838.8	0.4	17778.7	2.5
	1993 年	19786.9	1.7			14161.3	1.9			9.8	0.0			6075.5	0.2	40033.8	1.5
	2006 年	61660.3	3.6			9999.3	1.1			1.5	0.0			8720.5	0.3	80381.6	2.6
存款	1980 年	215607	56.3			71317.9	22.2			46740.1	49.1			108018.7	14.6	442443.8	61.2
	1993 年	566318.9	47.6			159220.2	21.3			166507.6	52.8			394510.1	15.1	1284879.6	49.2
	2006 年	748331.6	43.5			176268.8	18.8			48358.4	8.2			163574.0	5.4	1135159.9	37.3
3. 债券	1980 年	30844.1	8.1			14686.7	4.6			12941.2	13.6	90355.5	69.3	117471.6	15.8	54691.0	7.6
	1993 年	104133.2	8.8			22057.4	3.0			26707.6	8.5	250922.5	65.0	450627.7	17.3	260809.4	10.0
	2006 年	56120.4	3.3			35841.5	3.8			1337060.4	23.3	697598.7	74.1	796448.0	26.1	313250.3	10.3
4. 贷款	1980 年	5708.3	1.5	119282.6	81.4	15288.7	4.8	232516.1	43.6	12336.8	12.9	30766.1	23.6	454633.9	61.3	100524.6	13.9
	1993 年	7023.1	0.6	332716.6	84.9	37783.3	5.1	580498.5	41.8	30918.5	9.8	103630.3	26.8	1456728.9	55.9	506139.5	19.4
	2006 年	2386.8	0.1	312084.6	91.0	41908.8	4.5	465421.7	26.6	27814.7	4.7	188378.2	20.0	1370968.3	44.9	470944.5	15.5

续表

科目	时间	居民部门 运用	占比	来源	占比	企业部门 运用	占比	来源	占比	政府部门 运用	占比	来源	占比	金融机构部门 运用	占比	来源	占比
5. 股票与投资基金份额/单位	1980 年	48327.2	12.6	47.9	0.0	36899.3	11.5	109230.6	20.5	11553.5	12.1	4086.2	3.1	38517.1	5.2	28005.4	3.9
	1993 年	155372.3	13.1	109.6	0.0	159431.7	21.4	404795.6	29.2	53558.3	17.0	11867.1	3.1	178761.6	6.9	164127.2	6.3
	2006 年	315061.3	18.3	13200.5	3.9	281923.2	30.1	852195.6	48.6	143772.3	24.5	14535.9	1.5	280392.2	9.2	333949.1	11.0
股票	1980 年	43761.2	11.4	47.9	0.0	36630.5	11.4	109230.6	20.5	11159.1	11.7	4086.2	3.1	37591	5.1	21850.1	3.0
	1993 年	125155.9	10.5	109.6	0.0	154905.6	20.8	404795.6	29.2	50480.1	16.0	11867.1	3.1	170870	6.6	118414.9	4.5
	2006 年	246407.9	14.3	13200.5	3.9	280964.6	30	845860.7	48.3	143588.8	24.5	14535.9	1.5	239346.4	7.8	227401.1	7.5
投资基金份额/单位	1980 年	4566.0	1.2			268.8	0.1	0.0	0.0	394.4	0.4			926.1	0.1	6155.3	0.9
	1993 年	30216.4	2.5			4526.1	0.6	6334.9	0.4	3078.2	1.0			7891.6	0.3	45712.3	1.8
	2006 年	68653.4	4.0			958.6	0.1	0.0	0.0	183.5	0.0			41045.8	1.3	106548.0	3.5
6. 保险养老与标准化担保	1980 年	49932.7	13.0			0.0	0.0	0.0	0.0					0.0	0.0	49932.7	6.9
	1993 年	274702.2	23.1			0.0	0.0	28633.0	1.6					0.0	0.0	274702.2	10.5
	2006 年	486209.8	28.2			3245.7	0.3	0.0	0.0					27212.6	0.9	488035.1	16.0
7. 金融衍生产品与雇员股票期权	1980 年	0.0	0.0			0.0	0.0	0.0	0.0					0.0	0.0	0.0	0.0
	1993 年	0.0	0.0			0.0	0.0	0.0	0.0					0.0	0.0	0.0	0.0
	2006 年	160.0	0.0	174.6	0.1	1495.8	0.2	2158.0	0.1					19139.6	0.6	21533.4	0.7
8. 其他应收（付）账款	1980 年	23478.8	6.1	27226.9	18.6	177131.4	55.1	149796.5	28.1	11697.7	12.3	5093.6	3.9	20669.9	2.8	29855.2	4.1
	1993 年	61317.4	5.2	58848.4	15.0	353139.7	47.4	275868.3	19.9	37864.1	12.0	19823.1	5.1	120240.9	4.6	79337.3	3.0
	2006 年	51338.7	3.0	17352	5.1	387397.6	41.3	330796.9	18.9	229606.5	39.1	41003.7	4.4	387575.8	12.7	201308.3	6.6

资料来源：OECD[1]。

注：未列出全部年份的数据资料。占比指与合计资金之比。

---

① OECD [EB/OL]. https://stats.oecd.org/index.aspx#.

(二) 信托金融结构演变

1900年，日本政府颁布《日本商业银行条例》，首次使用"信托"一词，允许兴业银行从事"关于地方债券、公司债券及股票信托业"，由此标志着信托制度正式导入日本。1904年，日本第一家专业信托公司——东京信托公司成立，并于1906年改组为股份公司，其主要经营不动产管理和以不动产为抵押的贷款业务，信托业务从证券代理领域扩展至为委托人进行财产管理的领域。第二次世界大战后，为发挥信托的筹资作用，按照《兼营法》的要求，信托公司改组为信托银行，兼营信托业务。1953年，日本政府又对信托业确定了分业经营的模式，并提出了长期金融和短期金融分离的方针，要求信托银行发挥长期金融职能。20世纪80年代，受西方国家强烈要求开放金融市场的影响，日本金融自由化改革的序幕正式开启，金融自由化改革放松了各金融行业之间的分业管制，不仅银行可以兼营信托业务，证券公司也开始设立信托子公司来经营信托业务，并随着"金融大爆炸"的开始，各金融机构不断重组与整合。例如，1999年三井信托银行与中央信托银行合并，从而成立了中央三井信托银行；2000年，三菱信托银行、日本信托银行和东京三菱银行实行联合经营；2001年，三和银行、东海银行、东洋信托银行合并，成立了日本联合金融控股集团；2001年，中央三井信托银行接受樱花信托银行的全部股票，樱花信托银行从此改名为三井资产信托银行；2001年，三菱信托银行、日本信托银行和东京信托银行合并，成立了新的三菱信托银行；2002年，三井信托控股公司成立，中央三井信托银行与三井资产信托银行成为其全资子公司；2005年，三菱信托银行与日联信托银行合并成为新的三菱日联信托银行。

金融业的重组与整合也推动了信托业发展，其在金融体系中重要性逐步提升。从1998—2006年不同金融机构的资产与GDP比重的变化情况（见图3-8）可以发现，银行资产与GDP之比一直都最高，保险、共同基金和养老基金资产与GDP之比也一直保持稳定，而信托资产与GDP之比则逐年上升，2006年已接近银行资产与GDP之比，表明这一时期信托业在金融体系中的重要性已逐渐显现①。

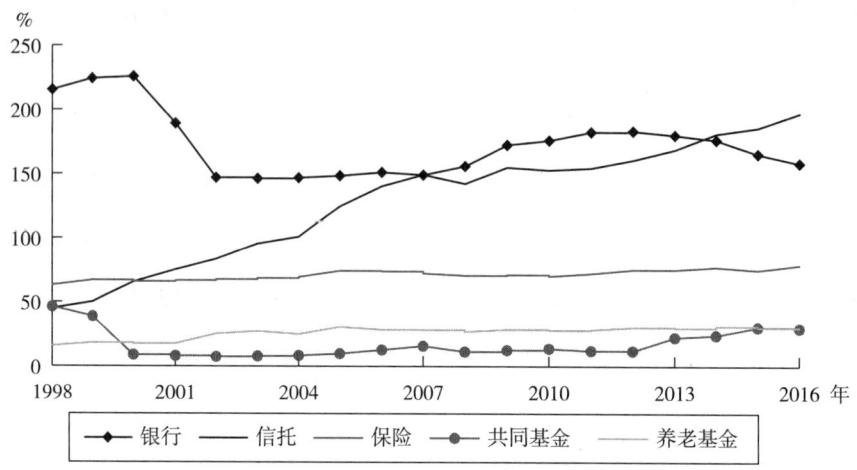

图3-8　日本不同金融机构的资产与GDP的比重

（资料来源：世界银行GFDD数据库②，世界银行WDI数据库③，日本信托协会④）

对比1998—2006年信托资产、保险资产与银行资产在贷款和有价证券上的配置比重可以发现（见表3-25）：银行在贷款上的配置比重尽管有所下降，但始终高于在有价证券资产上的配置比重，这与银行业的本质是相联系的；而信托与保险公司在资产配置上则恰好与银行相反，在有价证券上的配置比重大大高于在贷款上的配置比重⑤；同时，信托机构在贷款上的配置比重从7.7%下降至0.8%，表明贷款业务已不再是信托机构的主营业务。

---

① 在日本，尽管信托业务主要以银行业兼营为主，即以信托银行的形式出现，但为将银行业与信托业进行区分，本书将主营信托业务的信托银行也归属于非银行金融机构，从而凸显其信托业务的特点。

② GFDD [EB/OL]. https：//datacatalog. worldbank. org/dataset/global - financial - development.

③ WDI [EB/OL]. http：//datatopics. worldbank. org/world - development - indicators/.

④ 日本信托协会 [EB/OL]. https：//www. shintaku - kyokai. or. jp/data/statistics _ list/.

⑤ 由于银行和保险公司配置的主要资产为贷款和有价证券，为进行统一对比，信托机构也仅列示贷款资产和有价证券资产，但实际上，信托机构配置的主要资产不仅包括有价证券，也包括信托受益权。

表 3-25　日本主要金融机构的贷款资产与有价证券资产的占比

单位：%

时间	信托		银行		保险	
	贷款	有价证券	贷款	有价证券	贷款	有价证券
1998 年	7.7	45.1	62.8	16.0		
1999 年	5.6	46.3	61.0	17.7		
2000 年	3.2	38.5	61.1	21.6		
2001 年	2.3	38.7	59.0	21.7		
2002 年	2.1	38.4	59.0	22.1		
2003 年	1.4	35.4	56.3	24.6		
2004 年	1.2	36.1	54.6	26.2		
2005 年	0.9	39.9	54.6	26.4		
2006 年	0.8	40.3	55.5	25.2	15.9	73.7
2007 年	0.8	38.6	54.3	23.2	16.0	72.6
2008 年	0.7	39.6	53.7	23.2	16.4	73.9
2009 年	0.6	40.5	53.6	26.5	14.7	76.7
2010 年	0.5	39.8	51.6	29.9	13.7	77.3
2011 年	0.3	39.7	50.0	30.8	12.9	78.8
2012 年	0.3	38.7	49.1	30.7	11.7	80.7
2013 年	0.3	38.5	48.5	28.0	10.9	81.3
2014 年	0.3	37.0	47.0	25.5	10.0	81.5
2015 年	0.4	36.0	47.1	22.8	9.5	81.8
2016 年	0.5	35.2	45.6	19.6	9.1	82.5
2017 年	0.4	35.1	45.8	18.7	8.6	82.3
2018 年	0.6	35.6	46.2	17.2	8.2	82.6

资料来源：日本银行[1]，日本信托协会[2]，日本生命保险协会[3]。

有价证券资产是日本各主要金融机构的主要资产之一，因此，进一步对 1998—2006 年各主要金融机构在有价证券资产上的具体配置类别进行分析（见表 3-26），银行和保险公司的有价证券资产主要以国内债券资产为主，且银行的国内债券资产占比和外国证券资产占比整体呈现上升趋

---

[1] 日本银行 [EB/OL]. https://www.boj.or.jp/statistics/pub/sk/index.htm/.
[2] 日本信托协会 [EB/OL]. https://www.shintaku-kyokai.or.jp/data/statistics_list/.
[3] 日本生命保险协会 [EB/OL]. https://www.seiho.or.jp/data/statistics/summary/.

势,而国内股票资产占比则整体呈现下降趋势;信托机构的有价证券资产中,从以国内股票资产为主转变为以国内债券资产为主,外国证券资产占比则整体呈现下降趋势。

表3-26　日本主要金融机构的有价证券资产的具体配置类别的比重　　单位:%

时间	金融机构	国内债券	国内股票	外国证券	其他证券
1998年	信托机构	33.7	37.5	27.8	1
	银行	47.6	36.9	12.3	3.3
2001年	信托机构	29.4	42	26.8	1.7
	银行	58.8	23.4	14.8	3
2004年	信托机构	32.6	33.4	26.5	7.5
	银行	70.7	11.8	15.2	2.3
2006年	信托机构	44.6	24.4	21.7	9.3
	银行	67.5	11.6	16.7	4.2
	保险公司	45.3	20	25.5	9.2
2007年	信托机构	47.9	21.7	20.6	9.9
	银行	66.6	11.7	17.5	4.2
	保险公司	48	15.4	26.8	9.8
2010年	信托机构	48.7	20.3	22.2	8.7
	银行	78.3	7.5	12.3	2
	保险公司	68.4	6.5	18.4	6.6
2013年	信托机构	45.6	20.7	25.2	8.4
	银行	70.5	7.7	19.2	2.6
	保险公司	62.2	6.3	21.6	5.9
2016年	信托机构	32.4	26.7	31.9	9.1
	银行	58.9	9.8	24.5	6.8
	保险公司	60.5	6.9	27.5	5.1
2018年	信托机构	26.6	30	33.5	10
	银行	56	10	24.1	9.9
	保险公司	58.2	6.8	30.1	4.9

资料来源:日本银行①,日本信托协会②,日本生命保险协会③。

对比1998—2006年信托机构的信托报酬与证券公司的手续费收入可

---

① 日本银行[EB/OL]. https://www.boj.or.jp/statistics/pub/sk/index.htm/.
② 日本信托协会[EB/OL]. https://www.shintaku-kyokai.or.jp/data/statistics_list/.
③ 日本生命保险协会[EB/OL]. https://www.seiho.or.jp/data/statistics/summary/.

以看到（见表3－27）：信托报酬自1998年开始下降，而证券公司的手续费收入却出现上升；同时，信托报酬远低于证券手续费收入，表明信托报酬偏低。

表3－27　日本信托机构信托报酬与证券公司手续费收入的对比

单位：十亿日元

时间	1998年	2001年	2004年	2006年	2007年	2010年	2013年	2016年	2018年
信托报酬	631.6	469.2	480.9	451.6	434	295.7	298.6	309.2	330.6
证券手续费收入	1582.9	1669.1	2221.8	2956.8	2830.4	1898.3	2461.1	2134	2010.1

资料来源：日本信托协会[①]，日本证券业协会[②]。

对于日本的信托业务而言，从财产类型的角度来看，主要划分为金钱的信托与非金钱的信托，前者包含金钱信托、年金信托、财产形成给付信托、贷款信托、投资信托与金钱信托以外的信托资金持有这六大类业务，后者包含有价证券信托、金钱债权信托、动产信托、土地及固定物的信托、综合信托[③]以及其他信托等业务。因此，考察1998—2006年不同信托规模与信托总规模的占比（以下简称规模占比）可以发现（见表3－28），金钱的信托的规模占比都在80%左右，而非金钱的信托的规模占比都在20%左右，前者规模几乎为后者的4倍，很显然在日本，金钱的信托是最为重要的信托业务。进一步考察更为具体的信托业务的规模占比（见表3－28）可以发现，在金钱的信托中，金钱信托和投资信托的占比高居第一位和第二位，且分别从36.1%和18.1%上升至43.8%和21.5%；贷款信托占比则从11.6%大幅下降至0.5%。

---

① 日本信托协会［EB/OL］. https：//www.shintaku－kyokai.or.jp/data/statistics_list/.
② 日本证券业协会［EB/OL］. http：//www.jsda.or.jp/shiryoshitsu/toukei/kessan/index.html.
③ 综合信托也称包括信托，是指对《信托业法》第4条所列举的各财产，将两个以上不同种类的财产，以一项信托行为而接受的信托。参见《日本（信托）业务种类及方法书》第一章第一条。而《信托业法》第4条列举的财产有金钱、有价证券、金钱债权、动产、土地及固定物、地上权及土地租借权。因此可以发现，综合信托可能是金融信托中金钱的信托所对应的金钱这一财产与非金钱的信托中的各业务所对应的财产进行结合而产生的新业务，也可能是非金钱的信托中不同业务所对应的财产相结合所产生的新业务。因而在比较信托业务种类的规模时，通常都不将综合信托纳入比较的对象中。

表3-28 日本金钱的信托与非金钱的信托的规模占比

单位：%

时间	金钱的信托								非金钱的信托			
	整体	金钱信托	年金信托	财产形成给付信托	贷款信托	投资信托	金钱信托以外的信托资金	整体	有价证券信托	金钱债权信托	动产的信托	土地及固定物的信托	其他信托
1998年末	86.1	36.1	14.0	0.0	11.6	18.1	6.3	13.9	9.2	4.1	0.0	0.6	0.0
1999年末	87.5	36.7	13.8	0.0	8.8	21.9	6.2	12.5	8.6	3.3	0.1	0.6	0.0
2000年末	84.8	36.6	13.7	0.0	6.7	21.7	6.1	15.2	11.0	3.5	0.0	0.6	0.0
2001年末	81.5	37.6	14.5	0.0	4.7	18.8	5.9	18.5	13.1	4.6	0.1	0.8	0.0
2002年末	79.4	39.1	13.7	0.0	2.8	17.5	6.3	20.6	13.5	6.2	0.1	0.7	0.0
2003年末	77.4	37.1	13.2	0.0	1.9	18.7	6.4	22.6	14.8	6.9	0.0	0.8	0.0
2004年末	77.3	38.4	11.4	0.0	1.4	20.2	5.8	22.7	14.3	7.5	0.0	1.0	0.0
2005年末	79.6	44.3	9.6	0.0	0.8	20.2	4.6	20.4	11.8	7.8	0.0	0.7	0.0
2006年末	80.0	43.8	9.4	0.0	0.5	21.5	4.8	20.0	11.4	8.0	0.0	0.5	0.0
2007年末	79.2	42.6	8.6	0.0	0.3	24.0	3.7	20.8	12.1	8.1	0.0	0.5	0.0
2008年末	78.3	40.9	8.6	0.0	0.2	25.1	3.5	21.7	12.7	8.5	0.0	0.5	0.0
2009年末	78.3	40.9	8.1	0.0	0.1	26.0	3.2	21.7	13.3	8.0	0.0	0.4	0.0
2010年末	77.6	39.5	8.4	0.0	0.1	26.6	3.0	22.4	14.4	7.6	0.0	0.4	0.0
2011年末	76.1	39.0	8.1	0.0	0.0	25.7	3.2	23.9	15.9	7.6	0.0	0.4	0.0
2012年末	76.2	37.9	8.2	0.0	0.0	26.7	3.4	23.8	16.6	6.9	0.0	0.2	0.0
2013年末	79.3	37.4	8.9	0.0	0.0	29.0	4.0	20.7	14.0	6.5	0.0	0.2	0.0
2014年末	79.8	34.5	8.8	0.0	0.0	32.0	4.5	20.2	13.8	6.1	0.0	0.2	0.0
2015年末	81.9	34.2	8.0	0.0	0.0	34.9	4.8	18.1	12.1	5.8	0.0	0.2	0.0
2016年末	80.2	32.2	6.6	0.0	0.0	35.6	5.9	19.8	11.5	8.0	0.0	0.2	0.1
2017年末	80.0	30.6	5.7	0.0	0.0	36.9	6.8	20.0	10.6	9.2	0.0	0.2	0.0
2018年末	80.1	29.7	5.4	0.0	0.0	37.1	7.8	19.9	10.1	9.6	0.0	0.2	0.0

资料来源：日本信托协会①。

① 日本信托协会 [EB/OL]. https://www.shintaku-kyokai.or.jp/data/statistics_list/.

二、2007 年次贷危机至今

(一) 金融体系结构演变

次贷危机爆发尽管对日本经济与金融体系造成了一定冲击,但以银行为代表的金融机构由于长期以来都注重稳健经营,因而对整个金融系统的直接影响较小[1]。同时,次贷危机后日本政府加快金融监管改革,促进了日本金融体系的发展。对日本 2007—2018 年的金融资产进行分析,如表 3-29 所示。

金融资产总量先降后升,从 5951.9 万亿日元下降至 2010 年的 5795 万亿日元,随后又上升至 7879.3 万亿日元,年均增幅为 2.6%。金融资产与 GDP 之比从 1119.4% 上升至 1440.1%,年均增幅为 2.3%。

从金融资产构成来看,贷款类债务型金融工具与 GDP 之比受次贷危机影响,从 268% 小幅下降至 2013 年的 260.8%,但随后又上升至 268.2%,与 2007 年基本持平;存款和债券两类债务型金融工具与 GDP 之比则分别从 217.3% 和 195.9% 上升至 349.8% 和 236.5%,资产余额的年均增幅分别为 4.7% 和 2%。以股票为代表的权益型金融工具与 GDP 之比尽管受次贷危机影响,从 117.6% 下降至 2010 年的 99.1%,但随后又上升至 165.1%,资产余额的年均增幅达 3.4%。投资基金与 GDP 之比从 19.6% 上升至 39.5%,资产余额的年均增幅达 3.1%。

进一步考察居民、企业、政府和金融机构四部门的金融资产和负债结构,如表 3-30 所示。

对于居民部门而言,从资金运用来看,存款资产占比仍然最高,且基本稳定在 47% 左右;保险资产占比 29.6% 小幅下降至 27.3%;股票资产占比相应从 8.8% 小幅上升至 11.6%,资产余额的年均增幅为 4.3%;投

---

[1] 王爱俭,牛凯龙. 次贷危机与日本金融监管改革:实践与启示 [J]. 国际金融研究,2010 (1):68-73.

资基金资产占比从 4.1% 小幅下降至 3.7%。从资金来源来看，贷款为最主要的金融负债，占比基本稳定在 91% 左右。

对于企业部门而言，从资金运用来看，其他应收账款资产占比最高，基本稳定在 44% 左右；股票和存款资产占比分别从 22.1% 和 21.7% 逐步上升至 25.8% 和 23.5%，资产余额的年均增幅分别为 5% 和 4.2%；投资基金资产占比极低。从资金来源来看，股票和贷款为最主要的两类金融负债，其中，股票占比最高且从 38.7% 逐步上升至 51.3%，负债余额的年均增幅达 5%，贷款占比则相应从 31.3% 逐渐下降至 25.4%。

对于政府部门而言，从资金运用来看，其他应收账款与存款资产占比分别从 36.2% 和 7.6% 逐步上升至 44% 和 13.4%，资产余额的年均增幅分别为 2.9% 和 6.5%；股票资产占比基本稳定在 25% 左右；债券资产占比从 26% 大幅下降至 11.8%；投资基金资产占比极低。从资金来源来看，债券为最主要的金融负债，且占比从 75.7% 逐步上升至 83.5%，负债余额的年均增幅达 3.9%；贷款占比则相应从 18.7% 逐渐下降至 11.7%。

对于金融机构而言，从资金运用来看，贷款资产占比最高，但却从 45.8% 大幅下降至 34.1%；债券资产占比第二，基本保持在 28% 左右；存款资产占比则从 6.2% 大幅上升至 15.2%，资产余额的年均增幅高达 11.8%；投资基金资产占比也相应从 1.3% 逐步上升至 3.5%，资产余额的年均增幅高达 12.9%，高于其余金融资产余额的年均增幅。从资金来源来看，存款为最主要的金融负债且占比从 38.6% 上升至 47.7%，负债余额的年均增幅达 4.7%；债券、贷款与股票占比却分别从 10.5%、16.2% 和 5.7% 下降至 7.3%、14% 和 4.2%；投资基金占比从 3.4% 逐步上升至 5.1%，负债余额的年均增幅达 6.6%。

表 3-29　日本金融资产总量和各分项（2007—2018 年）

单位：十亿日元，%

科目	2007 年		2010 年		2013 年		2016 年		2018 年	
	余额	与GDP之比	余额	与GDP之比	余额	与GDP之比	余额	与GDP之比	余额	与GDP之比
金融资产总量	5951879.3	1119.4	5795030.1	1158.2	6507077.8	1293.2	7484399.8	1397.5	7879251.1	1440.1
1. 货币黄金和特别提款权	2737.1	0.5	6144.3	1.2	6789.5	1.3	6810.3	1.3	6849.5	1.3
2. 通货和存款	1236548.0	232.6	1314821.5	262.8	1501288.4	298.4	1903360.5	355.4	2026500.6	370.4
通货	80994.2	15.2	85426.6	17.1	91217.6	18.1	104512.3	19.5	112409.5	20.5
存款	1155553.8	217.3	1229394.9	245.7	1410070.8	280.2	1798848.2	335.9	1914091.1	349.8
3. 债券	1041670.8	195.9	1102306.0	220.3	1200923.4	238.7	1264505.5	236.1	1294224.3	236.5
4. 贷款	1425092.3	268.0	1298713.2	259.6	1312271.4	260.8	1406159.7	262.6	1467224.9	268.2
5. 股票与投资基金份额/单位	729559.6	137.2	594091.1	118.7	830217.6	165.0	1053520.9	196.7	1119488.6	204.6
股票	625117.9	117.6	495885.5	99.1	704239.6	140.0	868537.8	162.2	903413.7	165.1
投资基金份额/单位	104441.7	19.6	98205.6	19.6	125978.0	25.0	184983.1	34.5	216074.9	39.5
6. 保险养老与标准化担保	513641.1	96.6	524334.6	104.8	526487.2	104.6	551031.0	102.9	555330.4	101.5
7. 金融衍生产品与雇员股票期权	33435.9	6.3	51846.5	10.4	60588.3	12.0	75092.1	14.0	50995.8	9.3
8. 其他应收账款	969194.5	182.3	902772.9	180.4	1068512.0	212.4	1223919.8	228.5	1358637.0	248.3

资料来源：OECD[①]。

注：未列出全部年份的数据资料，未将国外部门的金融资产纳入统计。

① OECD [EB/OL]. https://stats.oecd.org/index.aspx#.

表 3-30 日本不同部门金融资金来源和运用（2007—2018年）

单位：十亿日元，%

科目	时间	居民部门 运用	占比	来源	占比	企业部门 运用	占比	来源	占比	政府部门 运用	占比	来源	占比	金融机构部门 运用	占比	来源	占比
资金运用合计	2007年	1610059.7	100.0			806832.1	100.0			568905.9	100.0			2966081.6	100.0		
	2013年	1749141.8	100.0			931142.2	100.0			593793.3	100.0			3233000.5	100.0		
	2018年	1932142.1	100.0			1173251.8	100.0			643793.1	100.0			4130064.1	100.0		
资金来源合计	2007年			343419	100.0			1445412.6	100.0			958259.2	100.0			2959809.5	100.0
	2013年			326342.2	100.0			1509948.1	100.0			1187773.4	100.0			3165197.8	100.0
	2018年			355194.6	100.0			1855110.7	100.0			1323175.4	100.0			3985463	100.0
1. 货币黄金和特别提款权	2007年									558.6	0.1	145.7	0.0	2178.5	0.1		
	2013年									3665.2	0.6	1955.9	0.2	3124.3	0.1		
	2018年									3480.6	0.5	1888.5	0.1	3368.9	0.1		
2. 通货和存款	2007年	816523.7	50.7			184397.6	22.9			43102.7	7.6			192524.0	6.5	1224556.5	41.4
	2013年	913923.8	52.2			225446.0	24.2			47449.4	8.0			314469.2	9.7	1500311.5	47.4
	2018年	1019328.2	52.8			283748.2	24.2			86580.5	13.4			636843.7	15.4	2013898.4	50.5
通货	2007年	62294.2	3.9			9488.3	1.2			0.9	0.0			9210.8	0.3	80994.2	2.7
	2013年	73621.1	4.2			8310.8	0.9			4.0	0.0			9281.7	0.3	91217.6	2.9
	2018年	93654.8	4.8			8614.2	0.7			6.6	0.0			10133.9	0.2	112409.5	2.8
存款	2007年	754229.5	46.8			174909.3	21.7			43101.8	7.6			183313.2	6.2	1143562.3	38.6
	2013年	840302.7	48.0			217135.2	23.3			47445.4	8			305187.5	9.4	1409093.9	44.5
	2018年	925673.4	47.9			275134	23.5			86573.9	13.4			626709.8	15.2	1901488.9	47.7
3. 债券	2007年	57737.9	3.6			35377.3	4.4			147897.8	26.0	725691.9	75.5	800657.8	27.0	310718.3	10.5
	2013年	37763.5	2.2			31866.8	3.4			129551.4	21.8	967624.5	81.5	1001741.7	31.0	265934.8	8.4
	2018年	35007.7	1.8			30383.1	2.6			75727.3	11.8	1104636.6	83.5	1153106.2	27.9	291424.0	7.3
4. 贷款	2007年	2335.1	0.1	312269.7	90.9	36755.2	4.6	452644.5	31.3	28133	4.9	179327.2	18.7	1357869.0	45.8	478414.1	16.2
	2013年	2375.2	0.1	296922.5	91.0	35296.8	3.8	432698.5	28.7	31822.2	5.4	165918.7	14.0	1242777.2	38.4	434396.8	13.7
	2018年	2720.7	0.1	322954.4	90.9	31609.0	2.7	470553.0	25.4	26066.7	4.0	155164.7	11.7	1406828.5	34.1	558139.7	14.0

第三章 金融体系中的信托：沿革与发展

续表

科目	时间	居民部门 运用	居民部门 占比	居民部门 来源	居民部门 占比	企业部门 运用	企业部门 占比	企业部门 来源	企业部门 占比	政府部门 运用	政府部门 占比	政府部门 来源	政府部门 占比	金融机构部门 运用	金融机构部门 占比	金融机构部门 来源	金融机构部门 占比
5. 股票与投资基金基金份额/单位	2007年	207826.8	12.9			178521.1	22.1	563187.5	39	143131.4	25.2	14560.7	1.5	200080.3	6.7	271712.1	9.2
	2013年	248641.8	14.2	13200.5	3.8	225288.2	24.2	703471.8	46.6	147290.7	24.8	15414.6	1.3	208996.9	6.5	279727.1	8.8
	2018年	295964.9	15.3	13200.5	4.0	305044.8	26	967929.6	52.2	168520.9	26.2	17026.7	1.3	349958	8.5	374231.7	9.4
股票	2007年	141843.4	8.8	13200.5	3.7	177928.5	22.1	559060	38.7	142974.2	25.1	14560.7	1.5	162371.8	5.5	169792.9	5.7
	2013年	178721.5	10.2	13200.5	3.8	224136.7	24.1	695434.4	46.1	147114	24.8	15414.6	1.3	154267.4	4.8	159320.6	5.0
	2018年	224670	11.6	13200.5	4	303046.1	25.8	951814.3	51.3	168365.4	26.2	17026.7	1.3	207332.2	5.0	169303.8	4.2
投资基金基金份额/单位	2007年	65983.4	4.1		3.7	592.6	0.1	4127.5	0.3	157.2	0.0			37708.5	1.3	101919.2	3.4
	2013年	69920.3	4.0			1151.5	0.1	8037.4	0.5	176.7	0.0			54729.5	1.7	120406.5	3.8
	2018年	71294.9	3.7			1998.7	0.2	16115.3	0.9	155.5	0.0			142625.8	3.5	204927.9	5.1
6. 保险养老与标准化担保	2007年	476998.2	29.6			3211.0	0.4	33032.2	2.3					33431.9	1.1	480608.9	16.2
	2013年	497377.6	28.4			3024.9	0.3	25033.5	1.7					26084.7	0.8	501453.7	15.8
	2018年	527346.9	27.3			3116.1	0.3	26106.4	1.4					24867.4	0.6	529224	13.3
7. 金融衍生产品与雇员股票期权	2007年	323.5	0.0	447.7	0.1	1652.6	0.2	3392.6	0.2		0.0	28.3	0.0	31459.8	1.1	32218.8	1.1
	2013年	661.9	0.0	402.8	0.1	2150.6	0.2	4123.4	0.3	46.6	0.0	43.4	0.0	57729.2	1.8	62206.7	2.0
	2018年	854.8	0.0	811.1	0.2	1491.6	0.1	3733.2	0.2	10.9	0.0	15.7	0.0	48638.5	1.2	49073.5	1.2
8. 其他应收（付）账款	2007年	48314.5	3	17501.1	5.1	366917.3	45.5	313445.8	21.7	206082.4	36.2	38505.4	4.0	347880.3	11.7	161580.8	5.5
	2013年	48398.0	2.8	15816.4	4.8	408068.9	43.8	276622.8	18.3	233967.8	39.4	36816.3	3.1	378077.3	11.7	1211167.2	3.8
	2018年	50918.9	2.6	18228.6	5.1	517859	44.1	308557.8	16.6	283406.2	44	44443.2	3.4	506452.9	12.3	169471.7	4.3

资料来源：OECD[1]。

注：未列出全部年份的数据资料。占比指与合计资金之比。

---

[1] OECD [EB/OL]. https://stats.oecd.org/index.aspx#.

(二)信托金融结构演变

次贷危机后,日本银行业得以巩固与发展,从图3-8所展示的2007—2016年各金融机构的资产与GDP之比可以看到,银行资产与GDP之比和其余金融机构资产与GDP之比的差距自2007年开始逐渐拉大,但2014年开始又逐渐缩小。信托资产与GDP之比从2014年开始超过银行资产与GDP之比,表明信托业在日本金融体系中已具有重要地位。

对比2007—2018年信托资产、保险资产与银行资产在贷款和有价证券上的配置比重可以发现(见表3-25):银行在贷款资产上的配置比重最高,但却从54.3%下降至46.2%,有价证券的配置比重也从23.6%下降至17.2%;保险公司在有价证券上的配置比重高于在贷款上的配置比重,且前者从72.6%上升至82.6%,后者则从16%下降至8.2%;与保险公司一样,信托机构在有价证券上的配置比重高于在贷款上的配置比重,但二者却分别从38.6%和0.8%下降至35.6%和0.6%。

有价证券资产是日本各主要金融机构的主要资产之一,因此,进一步对2007—2018年各主要金融机构在有价证券资产上的具体配置类别进行分析,如表3-26所示。从表3-26可以看到,在银行、信托机构和保险公司的有价证券资产中,最主要的资产为国内债券,但银行和信托机构的国内债券资产占比整体呈现下降趋势,而保险公司的国内债券资产占比则整体呈现上升趋势;在国内股票资产占比上,信托机构整体呈现上升趋势,而银行和保险公司则整体呈现下降趋势;在外国证券资产占比上,银行、信托机构和保险公司整体呈现上升趋势,其中信托机构上升趋势明显。由此表明,次贷危机后,信托机构逐渐加大对国内股票资产的配置,同时积极开拓海外投资市场,资产配置进一步优化。

对比2007—2018年信托机构的信托报酬与证券公司的手续费收入可以看到(见表3-27):信托报酬和证券公司的手续费收入呈现下降的趋势,但信托报酬仍远低于证券手续费收入,表明信托报酬仍然偏低。

考察2007—2018年不同信托的规模占比可以发现(见表3-28),金钱的信托的规模占比都在 80% 左右，而非金钱的信托的规模占比则在 20% 左右，前者规模仍然约为后者的 4 倍，因此在日本，金钱的信托一直都是最为重要的信托业务。进一步考察更为具体的信托业务的规模占比（见表 3-28）可以发现，次贷危机后，信托业务的占比发生了明显变化，金钱信托的规模占比从 42.6% 下降至 29.7%，而投资信托的规模占比则从 24% 上升至 37.1%；贷款信托的规模占比几乎降至零；有价证券信托的规模占比小幅下降。

第五节 我国的金融体系与信托金融

我国信托业尽管起步较晚，但发展较快，在金融体系中发挥的作用也越来越大。本节介绍我国金融体系结构的变迁路径和信托金融的发展历程。

一、2000 年至 2006 年次贷危机前夕

（一）金融体系结构演变

随着中国正式加入世界贸易组织（WTO），我国的金融业开始从政策开放转向制度性开放，金融业的改革步伐明显加快。2003 年中国银监会正式成立，标志着中国"一行三会"的监管格局形成，我国金融业由此进入稳定发展阶段。对我国 2000—2006 年的金融资产进行分析，如表 3-31 所示。

金融资产总量急剧上升，从 53.2 万亿元人民币大幅上升至 149.9 万亿元人民币，年均增幅高达 18.9%。但金融资产与 GDP 之比从 530.2% 小幅上升至 682.9%，年均增幅仅为 4.3%。

从金融资产构成来看，以股票及股权为代表的权益类金融工具与 GDP 之比最高且从 161.7% 上升至 180.8%，资产余额的年均增幅达 16.1%。以存款、贷款和债券为代表的各类债务型金融工具与 GDP 之比也相应分别从 125.2%、103.4% 和 31.4% 上升至 150%、114.5% 和 54.5%，资产余额的年均增幅分别为 17.4%、15.8% 和 24.9%。证券投资基金与 GDP

之比从2.1%上升至6%，资产余额的年均增幅高达36%，远远超过其他金融工具资产余额的年均增幅。

进一步从居民、企业、政府和金融机构四部门的金融资产和负债结构对我国金融资产结构的变化进行考察，如表3－32所示。

对于居民部门而言，从资金运用来看，存款资产占比最高，但却从56.6%逐步下降至48.1%；债券资产占比也相应从8.5%下降至3.3%；股票及股权资产占比却从15.8%上升至21.2%，资产余额的年均增幅高达26.8%；证券投资基金资产占比较低却从0.8%上升至2.4%，资产余额的年均增幅高达44.8%，超过股票及股权资产余额的年均增幅。从资金来源来看，贷款为最主要的金融负债。

对于企业部门而言，从资金运用来看，股票及股权资产占比最高且基本稳定在59%左右；存款资产占比基本稳定在35%左右；证券投资基金资产占比极低。从资金来源来看，股票及股权为占比最高的金融负债但占比从55.4%下降至49.8%；贷款占比也从32.1%逐渐下降至28%；其他金融负债的占比则相应从4.9%上升至14.5%，负债余额的年均增幅达41.9%。

对于政府部门而言，从资金运用来看，股票及股权资产占比最高却从72.7%大幅下降至46%；存款资产占比相应从7.4%上升至12.4%，资产余额的年均增幅为28.6%；其他金融资产占比也相应从18.6%上升至39.5%，资产余额的年均增幅达33.9%；证券投资基金资产占比极低却从0.7%上升至1.3%，资产余额的年均增幅达30%。从资金来源来看，债券为最主要的金融负债但占比从78.1%逐渐下降至62.5%；贷款占比也相应从10.1%大幅下降至1.5%；其他负债占比则从11.8%大幅上升至36%，负债余额的年均增幅达43.1%。

对于金融机构而言，从资金运用来看，贷款资产占比最高却从50.9%下降至43.9%；债券资产从10.4%上升至18.5%，资产余额的年均增幅达30.8%；股票及股权资产占比较低且逐年下降，2006年仅2.7%；国际储备资产占比相应从7.6%上升至14.8%，资产余额的年均增幅为32.6%；证券投资基金资产占比极低，各年基本保持在0.2%。从资金来源来看，存款为最主要的金融负债，且占比基本稳定在57%左右；债券占比从3.5%上升至9.8%，负债余额的年均增幅达40.7%；股票及股权占比基本稳定在4.5%左右；证券投资基金占比始终较低且从1%逐步上升至2.3%，负债余额的年均增幅高达36%。

表3-31　　　　　我国金融资产总量和各分项（2000—2006年）

单位：亿元人民币，%

科目	2000年		2002年		2004年		2006年	
	余额	与GDP之比	余额	与GDP之比	余额	与GDP之比	余额	与GDP之比
金融资产总量	531669.0	530.2	707051.0	580.9	1069788.0	661.0	1498630.0	682.9
1. 通货	15674.0	15.6	18179.0	14.9	22602.0	14.0	28145.0	12.8
2. 存款	125548.0	125.2	174554.0	143.4	248873.0	153.8	329200.0	150.0
3. 贷款	103697.0	103.4	136055.0	111.8	196161.0	121.2	251318.0	114.5
4. 未贴现银行承兑汇票	1072.0	1.1	1625.0	1.3	3378.0	2.1	4930.0	2.2
5. 保险	3037.0	3.0	5845.0	4.8	10668.0	6.6	17758.0	8.1
6. 债券	31467.0	31.4	41830.0	34.4	63948.0	39.5	119510.0	54.5
7. 股票及股权	162111.0	161.7	202746.0	166.6	297085.0	183.6	396637.0	180.8
8. 证券投资基金份额	2096.0	2.1	2809.0	2.3	6059.0	3.7	13247.0	6.0
9. 金融机构往来	8958.0	8.9	15445.0	12.7	20749.0	12.8	28667.0	13.1
10. 准备金	15532.0	15.5	19301.0	15.9	36063.0	22.3	48400.0	22.1
11. 中央银行贷款	22230.0	22.2	19735.0	16.2	19426.0	12.0	28533.0	13.0
12. 其他	22035.0	22.0	42397.0	34.8	94015.0	58.1	140349.0	64.0
13. 外商直接投资	2630.0	2.6	3712.0	3.0	4362.0	2.7	7091.0	3.2
14. 国际储备资产	15583.0	15.5	22820.0	18.7	46398.0	28.7	84846.0	38.7

资料来源：Wind数据库。

注：未列出全部年份的数据资料，未将国外部门的金融资产纳入统计。

表 3-32 我国不同部门金融资金来源和运用（2000—2006 年）

单位：亿元人民币，%

科目	时间	居民部门			企业部门			政府部门			金融机构部门			
		运用	来源	占比	运用	来源	占比	运用	来源	占比	运用	占比	来源	占比
资金运用合计	2000年	118819.0		100.0	131757.0		100.0	77220.0		100.0	203871.0	100.0		
	2003年	203208.0		100.0	201350.0		100.0	121554.0		100.0	320688.0	100.0		
	2006年	369061.0		100.0	347785.0		100.0	209565.0		100.0	572221.0	100.0		
资金来源合计	2000年		14148.0	100.0		276721.0	100.0		20815.0	100.0			215178.0	100.0
	2003年		25250.0	100.0		441447.0	100.0		38066.0	100.0			334154.0	100.0
	2006年		42817.0	100.0		758197	100.0		58675.0	100.0			588260.0	100.0
1. 通货	2000年	11923.0		10.0	1954.0		1.5	308.0		0.4	1489.0	0.7	15941.0	7.4
	2003年	16164.0		8.0	2412.0		1.2	410.0		0.3	1696.0	0.5	21240.0	6.4
	2006年	22250.0		6.0	3073.0		0.9	556.0		0.3	2267.0	0.4	29139.0	5.0
2. 存款	2000年	67209.0		56.6	46737.0	88873.0	35.5 / 32.1	5732.0		7.4	5870.0	2.9	124156.0	57.7
	2003年	108601.0		53.4	77385.0	142642.0	38.4 / 32.3	11855.0		9.8	12546.0	3.9	209519.0	62.7
	2006年	177384.0		48.1	120630.0	212197.0	34.7 / 28.0	25973.0		12.4	5214.0	0.9	328098.0	55.8
3. 贷款	2000年		14148.0	100.0		1072.0	0.4		2111.0	10.1	103697.0	50.9		
	2003年		25250.0	100.0		3672.0	1.1		436.0	1.1	164081.0	51.2		
	2006年		42817.0	100.0		4930.0	1.5		903.0	1.5	251318.0	43.9		
4. 未贴现银行承兑汇票	2000年				1072.0 / 1072.0		0.8 / 0.4							
	2003年				3672.0 / 3672.0		1.8 / 0.8							
	2006年				4930.0 / 4930.0		1.4 / 0.7							
5. 保险	2000年	2126.0		1.8	911.0		0.7						3037.0	1.4
	2003年	5747.0		2.8	2463		1.2						8211.0	2.5
	2006年	12431.0		3.4	5327.0		1.5						17758.0	3.0
6. 债券	2000年	10145.0		8.5	77.0	779.0	0.1 / 0.3	76.0	16248.0	0.1 / 78.1	21169.0	10.4	7437.0	3.5
	2003年	12414.0		6.1	77.0	1418.0	0.0 / 0.3	293.0	27650.0	0.2 / 72.6	38604.0	12.0	14600.0	4.4
	2006年	12234.0		3.3	77.0	5699.0	0.0 / 0.8	1127.0	36668.0	0.5 / 62.5	106072.0	18.5	57622.0	9.8

续表

科目	时间	居民部门			企业部门			政府部门			金融机构部门		
		运用	来源	占比	运用	来源	占比	运用	来源	占比	运用	来源	占比
						占比			占比			占比	
7. 股票及股权	2000年	18789.0		15.8	78314.0	153428.0	59.4 / 55.4	56153.0		72.7	8855.0	9681.0	4.3 / 4.5
	2003年	34724.0		17.1	111219.0	216620.0	55.2 / 49.1	68968.0		56.7	11786.0	13609.0	3.7 / 4.1
	2006年	78207.0		21.2	206360.0	377207.0	59.3 / 49.8	96383.0		46.0	15687.0	27649.0	2.7 / 4.7
8. 证券投资基金份额	2000年	971.0		0.8	63.0		0.0	573.0		0.7	490.0	2096.0	0.2 / 1.0
	2003年	1924.0		0.9	124.0		0.1	1259.0		1.0	637.0	3944.0	0.2 / 1.2
	2006年	8961.0		2.4	297.0		0.1	2770.0		1.3	1218.0	13247.0	0.2 / 2.3
9. 金融机构往来	2000年										8958.0	8958.0	4.4 / 4.2
	2003年										18154.0	18154.0	5.7 / 5.4
	2006年										28667.0	28667.0	5.0 / 4.9
10. 准备金	2000年										15532.0	15532.0	7.6 / 7.2
	2003年										23079.0	23079.0	7.2 / 6.9
	2006年										48400.0	48400.0	8.5 / 8.2
11. 中央银行贷款	2000年										22230.0	22230.0	10.9 / 10.3
	2003年										19445.0	19445.0	6.1 / 5.8
	2006年										28533.0	28533.0	5.0 / 4.9
12. 其他	2000年	7656.0		6.4	2630.0	13467.0	2.0 / 4.9	14378.0	2456.0	18.6 / 11.8		6111.0	2.8
	2003年	23634.0		11.6	3997.0	50070.0	2.0 / 11.3	38769.0	9980.0	31.9 / 26.2		2353.0	0.7
	2006年	57593.0		15.6	7091.0	110097.0	2.0 / 14.5	82756.0	21104.0	39.5 / 36.0		9148.0	1.6
13. 外商直接投资	2000年					19101.0	6.9						
	2003年					27026.0	6.1						
	2006年					48068.0	6.3						
14. 国际储备资产	2000年										15583.0		7.6
	2003年										30659.0		9.6
	2006年										84846.0		14.8

资料来源：Wind 数据库。

注：未列出全部年份的数据资料。占比指与合计资金之比。

(二)信托金融结构演变

中华人民共和国成立初期,政府对信托业实施了接管与改造,但时间不长信托业就被停办,我国信托业暂时中断发展。1979年10月,中国国际信托投资公司在北京成立,这标志着我国信托业的正式恢复。

在恢复之初,信托公司与银行一样,可以吸收存款并用于放贷,早期信托公司大量涌现,资本实力和风险管理能力参差不齐,加之缺乏有效的监管制度,信托业高息揽存、无序扩张,行业风险聚焦,影响经济发展秩序和金融稳定,由此引发了国家对行业的六次清理整顿。这六次清理整顿分别发生于1982年、1985年、1988年、1993年、1998年和2007年,主要是对信托贷款、投资业务进行规范,将银行及证券业务从信托公司中剥离出来,明确信托业务作为信托公司的主业。其中,时间最长、最为彻底的一次整顿是开始于1998年的第五次大整顿,这主要是因为经过前面四次整顿,信托公司仍然没有找准自己的定位,忽视专业理财职能,一方面在资本市场上开展高风险的证券业务,另一方面高息揽存,扰乱金融秩序,形成了大量的不良资产,甚至出现兑付危机。在此背景下,中国人民银行启动了对行业的第五次整顿,其目标是保留少量规模较大、管理规范、真正从事受托理财业务的信托公司,对信托经营业务进行全面规范,剥离存款、证券承销及经纪、结算等业务,重新登记,促使信托业回归本业,实现信托业与银行业、证券业的严格分业经营、分业管理。

2001年,《中华人民共和国信托法》的颁布实施为信托公司的发展提供了有力的制度支持。此后,《信托投资公司管理办法》和《信托投资公司资金信托管理暂行办法》相继颁布,明确了"受人之托,代人理财"的行业定位,信托公司逐步开始回归信托主业,开启了行业发展新篇章。2003年,中国银行业监督管理委员会成立,信托业纳入其监管范围;2005年,中国信托业协会成立,行业自律的监管框架正式建立。

二、2007 年次贷危机至今

(一) 金融体系结构演变

次贷危机爆发尽管对我国经济与金融形成一定冲击,但我国通过一系列政策措施刺激经济,稳定金融体系,有效地抵御了次贷危机的进一步冲击,且推动了金融体系结构的变化。对我国在 2007—2016 年的金融资产进行分析,如表 3-33 所示。

金融资产总量持续迅速上升,从 189.1 万亿元人民币上升至 786.2 万亿元人民币,年均增幅高达 17.2%。同时,金融化率也稳步上升,金融资产与 GDP 之比从 700.3% 上升至 1053.3%,年均增幅达 4.6%。

从金融资产构成来看,以股票及股权为代表的权益型金融工具与 GDP 之比最高且从 181.6% 上升至 251.1%,资产余额的年均增幅达 16.1%。以存款、贷款和债券为代表的各类债务型金融工具与 GDP 之比也分别从 143.9%、110.3% 和 56.1% 上升至 246.1%、183.6% 和 80.7%,资产余额的年均增幅分别为 18.8%、18.5% 和 16.6%。证券投资基金与 GDP 之比从 16.1% 大幅上升至 98%,已超过债券与 GDP 之比,且其资产余额的年均增幅高达 36.8%,远远高于各类债务型与权益型金融工具资产余额的年均增幅。

进一步从居民、企业、政府和金融机构四部门的金融资产和负债结构对我国金融资产结构的变化进行考察(见表 3-34)。

对于居民部门而言,从资金运用来看,存款资产占比一直最高且从 41.6% 上升至 48.9%,资产余额的年均增幅达 18.6%;债券资产占比极低,2016 年仅为 1.5%;股票及股权资产占比近年来基本稳定在 22% 左右;证券投资基金占比相应从 7.4% 上升至 7.8%,资产余额的年均增幅为 17.2%。从资金来源来看,贷款为最主要的金融负债。

对于企业部门而言,从资金运用来看,股票及股权资产占比最高但却从 56.5% 下降至 46.9%;存款资产占比第二且从 35.8% 上升至

37.6%，资产余额的年均增幅达 15.3%；证券投资基金资产占比较低，但近年来从 0.2% 上升至 2.5%，资产余额的年均增幅高达 55.3%。从资金来源来看，股票及股权为最主要的金融负债，占比基本保持在 50% 左右；贷款占比从 26.7% 上升至 27.5%，负债余额的年均增幅达 16.1%；其他金融负债也占据一定比重，占比从 15% 逐渐下降至 10.4%。

对于政府部门而言，从资金运用来看，股票及股权占比最高且从 46.7% 上升至 51.7%，资产余额的年均增幅达 16.1%；存款资产占比从 12.7% 大幅上升至 27%，资产余额的年均增幅达 24.9%；其他金融资产占比则相应从 38.3% 大幅下降至 18.7%；证券投资基金资产占比极低从 1.5% 上升至 1.9%，资产余额的年均增幅达 18.2%。从资金来源来看，债券占比最高且从 65.3% 大幅上升至 82.9%，负债余额的年均增幅达 17.5%；其他金融负债占比则从 33.6% 大幅下降至 15.8%；贷款占比极低，2016 年仅为 1.3%。

对于金融机构而言，从资金运用来看，贷款资产占比最高却从 40.7% 下降至 37.2%；债券资产占比也相应从 18.8% 小幅下降至 15.5%；股票及股权资产占比从 2.4% 逐步上升至 8.6%，资产余额的年均增幅达 38.1%；证券投资基金资产占比从 0.6% 大幅上升至 14.7%，资产余额的年均增幅高达 69.9%。从资金来源来看，存款为最主要的金融负债，占比近年来基本保持在 50% 左右；债券占比从 9.6% 逐渐下降至 5.5%；股票及股权占比则相应从 4.9% 上升至 5.7%，负债余额的年均增幅为 21.2%；证券投资基金占比也相应从 5.8% 上升至 19.9%，负债余额的年均增幅达 36.8%。

第三章 金融体系中的信托：沿革与发展

表 3-33 我国金融资产总量和各分项（2007—2016 年）

单位：亿元人民币，%

科目	2007 年		2010 年		2013 年		2016 年	
	余额	与GDP之比	余额	与GDP之比	余额	与GDP之比	余额	与GDP之比
金融资产总量	1891454.0	700.3	3445650.0	836.1	5398011.0	910.3	7862076.0	1053.3
1. 通货	31739.0	11.8	46574.0	11.3	62069.0	10.5	71389.0	9.6
2. 存款	388750.0	143.9	761627.0	184.8	1202758.0	202.8	1837226.0	246.1
3. 贷款	297976.0	110.3	557476.0	135.3	889360.0	150.0	1370588.0	183.6
4. 未贴现银行承兑汇票	11752.0	4.4	41253.0	10.0	69971.0	11.8	39000.0	5.2
5. 保险	26104.0	9.7	45433.0	11.0	76873.0	13.0	134149.0	18.0
6. 债券	151518.0	56.1	221699.0	53.8	303585.0	51.2	602268.0	80.7
7. 股票及股权	490556.0	181.6	867458.0	210.5	1454519.0	245.3	1874419.0	251.1
8. 证券投资基金份额	43435.0	16.1	70422.0	17.1	223050.0	37.6	731151.0	98.0
9. 金融机构住来	44043.0	16.3	87098.0	21.1	115696.0	19.5	150096.0	20.1
10. 准备金	68228.0	25.3	133659.0	32.4	206699.0	34.9	246352.0	33.0
11. 中央银行贷款	20899.0	7.7	20837.0	5.1	22080.0	3.7	91144.0	12.2
12. 其他	184034.0	68.1	356314.0	86.5	460808.0	77.7	396563.0	53.1
13. 外商直接投资	8543.0	3.2	21099.0	5.1	40395.0	6.8	91129.0	12.2
14. 国际储备资产	123878.0	45.9	214700.0	52.1	270145.0	45.6	226601.0	30.4

资料来源：Wind 数据库。

注：未列出全部年份的数据资料，未将国外部门的金融资产纳入统计。

表 3-34 我国不同部门金融资金来源和运用（2007—2016 年）

单位：亿元人民币，%

科目	时间	居民部门 运用	居民部门 占比	居民部门 来源	居民部门 占比	企业部门 运用	企业部门 占比	企业部门 来源	企业部门 占比	政府部门 运用	政府部门 占比	政府部门 来源	政府部门 占比	金融机构部门 运用	金融机构部门 占比	金融机构部门 来源	金融机构部门 占比
资金运用合计	2007 年	456810.0	100.0			413830.0	100.0			289366.0	100.0			731449.0	100.0		
	2012 年	1123415.0	100.0			1010396.0	100.0			699073.0	100.0			1819761.0	100.0		
	2016 年	1805676.0	100.0			1410097.0	100.0			1005242.0	100.0			3641061.0	100.0		
资金来源合计	2007 年			56247.0	100.0			915045.0	100.0			81300.0	100.0			748450.0	100.0
	2012 年			183913.0	100.0			2310935.0	100.0			174160.0	100.0			1842513.0	100.0
	2016 年			391700.0	100.0			3398922.0	100.0			272516.0	100.0			3669784.0	100.0
1. 通货	2007 年	24991.0	5.5			3329.0	0.8			623.0	0.2			2797.0	0.4	32931.0	4.4
	2012 年	45409.0	4			5112.0	0.5			1117.0	0.2			6331.0	0.3	60646.0	3.3
	2016 年	55508.0	3.1			6306.0	0.4			1390.0	0.1			8186.0	0.2	74884.0	2.0
2. 存款	2007 年	189979.0	41.6			147957.0	35.8			36665.0	12.7			14149.0	1.9	384411.0	51.4
	2012 年	477464.0	42.5			345124.0	34.2			157321.0	22.5			58182.0	3.2	1028911.0	55.8
	2016 年	883250.0	48.9			530895.0	37.6			271064.0	27.0			152016.0	4.2	1832665.0	49.9
3. 贷款	2007 年	0.0	0.0	56247.0	100.0			244304.0	26.7			904.0	1.1	297976.0	40.7		
	2012 年	5977.0	0.5	183913.0	100.0			575955.0	24.9			3550.0	2	754735.0	41.5		
	2016 年	17435.0	1	391700.0	100.0			936280.0	27.5			3536.0	1.3	1353153.0	37.2		
4. 未贴现银行承兑汇票	2007 年					11752.0	2.8	11752.0	1.3								
	2012 年					62141.0	6.2	62141.0	2.7								
	2016 年					39000.0	2.8	39000.0	1.1								
5. 保险	2007 年	18272.0	4.0			7831.0	1.9	8035.0	0.9	1766.0	0.6	53061.0	65.3	137676.0	18.8	26104.0	3.5
	2012 年	46334.0	4.1			19857.0	2.0	74827.0	3.2	2854.0	0.4	84378.0	48.4	248437.0	13.7	66191.0	3.6
	2016 年	93737.0	5.2			40412.0	2.9	179200.0	5.3	5108.0	0.5	225981.0	82.9	563288.0	15.5	133911.0	3.6
6. 债券	2007 年	11998.0	2.6			77.0	0.0									72198.0	9.6
	2012 年	14079.0	1.3			1162.0	0.1									105027.0	5.7
	2016 年	27439.0	1.5			6433.0	0.5									201636.0	5.5

第三章 金融体系中的信托：沿革与发展

续表

科目	时间	居民部门 运用	居民部门 占比	居民部门 来源	居民部门 占比	企业部门 运用	企业部门 占比	企业部门 来源	企业部门 占比	政府部门 运用	政府部门 占比	政府部门 来源	政府部门 占比	金融机构部门 运用	金融机构部门 占比	金融机构部门 来源	金融机构部门 占比
7. 股票及股权	2007年	104369.0	22.8			233679.0	56.5	461740.0	50.5	135252.0	46.7			17255.0	2.4	36874.0	4.9
	2012年	271524.0	24.2			537862.0	53.2	1112927.0	48.2	309420.0	44.3			87388.0	4.8	101571.0	5.5
	2016年	378749.0	21			661036.0	46.9	1692606.0	49.8	519726.0	51.7			314908.0	8.6	207945.0	5.7
8. 证券投资基金份额	2007年	33888.0	7.4			662.0	0.2	4338.0	1.5					4547.0	0.6	43435.0	5.8
	2012年	38998.0	3.5			5679.0	0.6	10754.0	1.5					92023.0	5.1	147453.0	8.0
	2016年	141460.0	7.8			34885.0	2.5	19488.0	1.9					535318.0	14.7	731151.0	19.9
9. 金融机构往来	2007年													44043.0	6.0	44043.0	5.9
	2012年													113454.0	6.2	113454.0	6.2
	2016年													150096.0	4.1	150096.0	4.1
10. 准备金	2007年													68228.0	9.3	68228.0	9.1
	2012年													192495.0	10.6	192495.0	10.4
	2016年													246352.0	6.8	246352.0	6.7
11. 中央银行贷款	2007年													20899.0	2.9	20899.0	2.8
	2012年													26765.0	1.5	26765.0	1.5
	2016年													91144.0	2.5	91144.0	2.5
12. 其他	2007年	73312.0	16.0					137371.0	15.0	110722.0	38.3	27335.0	33.6	19327.0	2.6		
	2012年	223630.0	19.9					355005.0	15.4	217608.0	31.1	86232.0	49.5		0.0	0.0	
	2016年	208097.0	11.5					353564.0	10.4	188466.0	18.7	42999.0	15.8		0.0	0.0	
13. 外商直接投资	2007年					8543.0	2.1	51843.0	5.7								
	2012年					33459.0	3.3	130079.0	5.6								
	2016年					91129.0	6.5	198272.0	5.8								
14. 国际储备资产	2007年													123878.0	16.9		
	2012年													239953.0	13.2		
	2016年													226601.0	6.2		

资料来源：Wind 数据库。

注：未列出全部年份的数据资料。占比指与合计资金之比。

（二）信托金融结构演变

2007—2017年，受到监管制度支撑、市场需求上升等有利因素推动，信托业经历了黄金发展十年；自2018年至今，人民银行等部门联合发布资管新规后，信托业进入了转型发展时期，加快推动塑造新业务模式。

从信托业务规模看，得益于国家政策赋予的制度红利、我国经济的持续成长以及居民财富管理需求的显现，从2007年开始，信托业资产管理规模快速扩张[1]，自2007年的0.95万亿元上升至2017年的26.25万亿元，其中2008—2012年信托资产规模年增幅均超过50%，但是自2013年开始，信托资产规模增速逐步放缓，2013年、2014年、2015年信托资产规模同比增速分别为46.05%、28.14%、16.60%，这主要是因为自2012年起，监管部门加快资管行业的开放速度，信托公司跨市场运作资金的制度优势逐步被削弱，资管业务竞争更加激烈。虽然2016年和2017年，信托资产规模增速有所提升，但2018年4月27日，人民银行联合六部委正式发布《关于规范金融机构资产管理业务的指导意见》（以下简称资管新规），标志着我国金融监管理念从机构监管走向功能监管的重大突破，资管市场统一监管的时代正式到来。在去杠杆、严监管政策实施的背景下，2018年，信托行业的资管规模首次出现下滑，且2019年也仍然处于下滑态势，两年的规模增速分别为-13.36%和-4.85%，而规模的下滑很大程度上是由于以通道业务为主的事务管理类信托的规模下滑，从2017年15.6万亿元的规模下降至2019年10.65万亿元的规模，占信托资产总规模的比重也从2017年的59.62%下降至49.3%。

从信托功能看，在功能的多样化发展上，信托业务可划分为融资类信托、投资类信托和事务管理类信托。受监管政策、客户需求等因素影响，不同功能的信托业务发生了较大变化。2010—2019年，事务管理类信托占比从17.11%上升至49.3%，实现了较大的提升，这与通道业务较快增

---

[1] 中国信托业协会［EB/OL］. http://www.xtxh.net/xtxh/statistics/index.htm.

长有很大关系,不过自资管新规实施后,2019年事务管理类信托占比较2018年下降了9个百分点。同期,融资类信托占比从59.01%下降至26.99%,仅次于事务管理类信托占比。从历史演变看,2010—2017年融资类信托占比呈现逐步下滑的态势,而2018年至今呈现逐步上升的态势,这与信托公司主动管理能力不断增强有很大关系。2010年的投资类信托占比与2019年基本相同,不过2010—2015年投资类信托占比持续上升,最高达到37%,持续逐步下滑[①]。

从资金来源看,根据信托资金的来源划分,信托业务分为单一资金信托、集合资金信托与管理财产信托。从图3-9的统计数据来看,以机构为主导的单一资金信托的规模占比尽管最大,但处于下降趋势,截至2019年末已降至37.1%。此类业务多为通道业务,监管部门对此类业务施加了越来越严格的要求。以体现主动管理能力为核心的集合资金信托的规模占比稳步上升,达到45.93%,并首次超过单一资金信托占比,表明信托业正加快提升主动管理能力,转型效应正逐步体现。

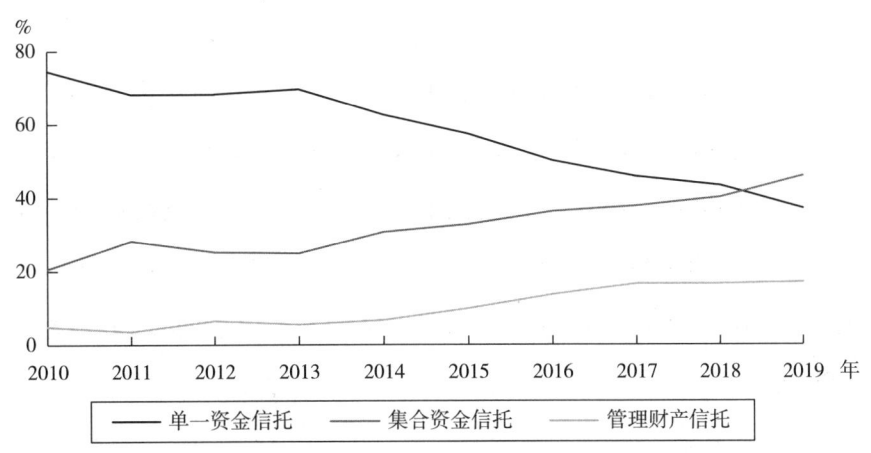

图3-9 中国单一资金信托、集合资金信托与管理财产信托的规模占比

(资料来源:中国信托业协会[②])

---

① 中国信托业协会[EB/OL]. http://www.xtxh.net/xtxh/statistics/index.htm.
② 中国信托业协会[EB/OL]. http://www.xtxh.net/xtxh/statistics/index.htm.

从信托业务报酬率看，信托业务报酬率波动加大，但是整体呈现下降趋势。2010—2016 年，信托业务报酬率都维持在 0.5%～0.8%，2017 年跌至 0.42%，2018 年和 2019 年更是跌至 0.4% 以下（见图 3-10）。这种变化与信托业务结构变化、信托公司议价能力都有一定关系，随着信托公司主动管理能力的提升，有助于带动信托业务报酬率的上升。

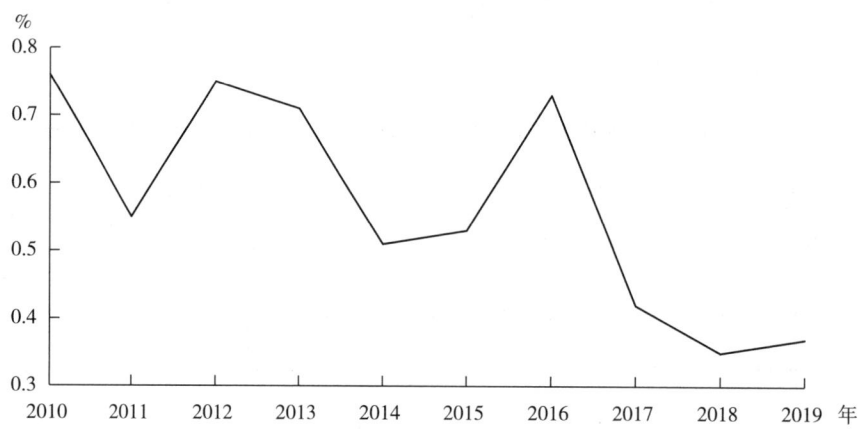

图 3-10　中国平均年化综合信托业务报酬率

（资料来源：中国信托业协会[1]）

从收入结构看，信托业务作为信托公司主营业务的作用逐步体现，信托业务收入对总收入的贡献保持较高水平，从 2010 年的 58.78% 上升至 2019 年末的 69.48%。不过受到信托业务和固有业务的波动影响，信托业务收入对总收入的贡献也呈现较明显的波动性，2011 年超过 80%，之后逐步下降至 2015 年的 58.61%，与 2010 年的水平相接近，此后逐步呈现回升态势[2]。

---

[1]　中国信托业协会［EB/OL］. http：//www.xtxh.net/xtxh/statistics/index.htm.
[2]　中国信托业协会［EB/OL］. http：//www.xtxh.net/xtxh/statistics/index.htm.

第六节 小结与展望

基于前述对全球金融体系结构、代表性国家金融体系结构以及信托金融子系统发展脉络的剖析,我们大致可以总结出全球金融体系结构变迁与信托金融子系统发展变化的一些特征。

一、全球金融体系的发展与展望

随着经济结构从简单向复杂演变,金融体系结构变迁也随之发生。金融机构业务逐步多元化、金融创新加剧,使金融体系结构呈现出从简单到复杂的演化趋势。纵观各国金融体系结构变迁的脉络,可以大致梳理提炼出现代全球金融体系结构变迁的以下特征。

(一)全球金融化程度

全球的金融相关率自2013年出现大幅上升,至2016年达到峰值并出现小幅回落,英国、美国、日本、我国的金融相关率增速也较大,尤其是我国的金融相关率年均增幅远远高于其他三个国家,目前已接近美国的金融相关率。全球金融相关率的上升主要得益于其他金融中介机构与银行部门金融相关率的增长,而其他金融中介机构的贡献度最高。由此表明,当前全球金融化程度正逐步加深。

(二)债务型工具、权益型工具与投资基金

从全球来看,以股票为代表的权益型金融工具的资产规模占比已位居第一,同时,投资基金的资产规模年均增幅最高。美国和我国的权益型金融工具的资产规模占比已超过债务型金融工具的资产规模占比,同时,各国投资基金的资产规模占比也出现明显上升。由此表明,当前全球的权益型金融工具的重要性超过债务型金融工具的重要性,且投资基金越加受到市场青睐。

（三）银行与非银行金融机构

尽管从全球来看，银行持有的金融资产占比最高，但已呈现下降趋势，而其他金融中介机构持有的金融资产占比却逐步上升。以英国、美国、日本和我国为例，截至2017年末，美国、英国的非银行金融机构的资产与GDP之比已高于银行机构的资产与GDP之比，日本的非银行金融机构的资产与GDP之比已接近银行机构的资产与GDP之比，而我国的非银行金融机构的资产与GDP之比的年均增幅也高于银行机构资产与GDP之比的年均增幅。由此表明，当前全球银行机构的重要性正逐步下降，而非银行金融机构的重要性正逐步上升。

（四）金融体系关联性

从全球来看，近年来金融部门之间的资产互联性整体趋于稳定，其他金融中介机构对银行的影响逐渐增加，而银行对其他金融中介机构的影响逐渐减弱，其余非银行金融机构对其他金融中介机构的影响也逐渐下降。由此表明，金融体系全球化程度趋于稳定，其他金融中介机构的独立性越来越强，对银行的影响逐渐增加。

（五）直接金融、间接金融与信托金融

从全球金融结构演变来看，不同金融工具、不同金融行业之间的交叉越来越频繁，直接金融与间接金融之间界限也越来越模糊，从而涌现出以信托金融为代表的一类新的金融机制。其在微观层面上具有不同于债和股的契约内容和交易结构，在中观层面上又具有不同于直接金融和间接金融的市场机制和业态模式，对推动整个金融体系的发展发挥着日益重要的作用。

（六）金融科技

从全球来看，一方面，金融科技近年来发展迅速，据统计，2019年全球将近2/3的消费者正在使用两项或两项以上的金融科技服务[①]，大数

[①] Ernst & Young Global Limited (EY). Global Fintech Adoption Index 2019 [R]. EY, 2019.

据、人工智能等金融科技在投资顾问、智能营销、风险防控等金融领域已全面深化应用，同时，全球大部分国家对数字货币也予以高度重视，如日本、德国、英国等国已承认比特币的合法地位，并将其逐步纳入监管范围，中国的数字货币目前也已在部分城市进行内部封闭试点测度，在世界主要经济体中率先进入了实测阶段。另一方面，对金融科技的监管态度也逐渐从密切关注过渡为鼓励创新。从国际实践来看，各国监管部门以合规为底线，在此基础上，力求在鼓励创新和防控风险之间寻求平衡[1]。例如，美国主要以功能性监管为原则，注重对金融消费者的保护；欧盟注重强化数据保护，充分挖掘数据价值；英国开创性地提出监管沙箱等监管措施；日本已通过立法明确了数字货币法律地位；中国近年来也先后出台一系列政策文件[2]，陆续发布了云计算、声纹识别等金融应用规范，为金融科技发展创造了良好的政策环境。由此表明，金融科技已在全球范围内广泛地影响全球金融生态系统，并推动金融体系的不断发展。

 专栏 3-1　金融科技简介

1. 金融科技的定义

"金融科技（FinTech）"一词最早是由花旗集团董事长约翰·里德于 20 世纪 90 年代初在智能卡论坛（Smart Card Forum）上提出[3]。国际金融稳定理事会（Financial Stability Board，FSB）对金融科技给予了

---

[1] 刘连舸. 金融科技引领全球金融业新格局 [J]. 国际金融，2015（12）：3-4.
[2] 具体包括：《促进大数据发展行动纲要》（国发〔2015〕50 号）、《新一代人工智能发展规划》（国发〔2017〕35 号）、《金融科技（FinTech）发展规划（2019—2021 年）》（银发〔2019〕209 号）。
[3] PUSCHMANN T. FinTech [J]. Business & Information Systems Engineering, 2017, 59 (1): 69-76.

权威定义[①]:"金融科技是指技术带来的金融创新,它能产生新的商业模式、业务、流程与产品,从而对金融市场、金融机构或金融服务的提供方式产生重大影响。"因此,从定义来看,金融科技的本质仍然是金融,是科技服务金融的新手段,是对金融的延伸。

2. 金融科技的发展历程

从金融与科技的结合程度来看,金融科技的发展历程大致分为如下三个阶段[②]。

第一阶段:金融科技起步探索阶段,即金融电子化阶段。这一阶段的特征是,金融业逐渐应用IT技术推进内部办公的自动化和金融业务的电子化。同时,金融机构在利用现代通信网络技术的基础上,更加注重数据库技术的应用,将数据逐步集中汇总,提升服务和管理水平。代表性应用包括ATM、POS机、银行的核心交易系统、信贷系统、清算系统等。

第二阶段:金融科技创新应用阶段,即互联网金融阶段。这一阶段的特征是,一方面,互联网技术渗透到金融服务的各个环节,催生了移动支付、P2P网贷、股权众筹、金融垂直搜索引擎等新应用和新业态;另一方面,传统金融机构积极利用互联网技术和信息技术变革金融渠道,将金融服务对接资产端、交易端、支付端和资金端,实现渠道网络化,如推出了互联网银行、互联网保险、互联网基金等新的业务。

第三阶段:金融科技融合升级阶段,即金融科技阶段。这一阶段的特征是,金融科技范围更广,更多新兴技术如大数据、云计算、人工

[①] FSB. [EB/OL]. https://www.fsb.org/work-of-the-fsb/financial-innovation-and-structural-change/fintech/.

[②] 周雷,张玉玉,陈音. 金融科技概念辨析、发展历程梳理及前景展望 [J]. 江苏经贸职业技术学院学报,2020(1):20-23. 锦创合生.《2019年金融科技的现状及发展趋势》[EB/OL]. [2019-07-11]. https://xueqiu.com/9077305181/129469891.

智能、区块链等融入金融业务,显著地提升了金融业服务效率与质量,扩大了金融业服务的覆盖面。金融与科技实现了更深层次的融合:一是传统金融机构与科技企业优势互补、强强联合;二是传统金融机构与科技企业共同出资设立新型金融机构;三是传统金融机构设立金融科技子公司或金融科技平台。代表性应用包括大数据征信、智能投顾、供应链金融等。

3. 金融科技发展的推动因素

金融科技的发展主要有以下几方面推动因素[①]。

一是金融服务需求发生变化。随着社会经济的发展,金融服务客户群体的需求特点已发生显著变化。小微企业、个人的金融服务需求大幅增长,对服务范围、产品种类、服务效率等诸多方面提出了更高且更加多样化的要求。面对快速变化的市场需求,传统金融服务难以满足,从而为金融科技带来了重要的机会。

二是技术条件逐渐成熟。金融科技发展的基础是科学技术的发展。自20世纪90年代以来,计算机、互联网等IT技术的不断创新与升级,区块链、大数据、云计算、人工智能等高科技从概念走向应用并陆续取得突破性进展,从而为金融科技的持续腾飞提供了技术支撑。

三是监管政策逐步宽松。为鼓励金融科技的创新发展,各国监管部门都力求在鼓励创新和防控风险之间寻求平衡。以我国为例,近年来,我国政府先后出台《促进大数据发展行动纲要》、《新一代人工智能发展规划》、《金融科技(FinTech)发展规划(2019—2021年)》等系列政策文件,为金融科技发展创造了良好的政策环境。

4. 金融科技的重要意义

加快金融科技发展创新,已成为推动金融转型升级、增强金融服务

---

① 陈卫伟,宋良荣,刘雨欣. 我国金融科技发展现状及推动因素分析 [J]. 生产力研究,2018(1):33-38.

实体经济能力、促进普惠金融发展、防范化解金融风险的内在需要和重要选择,其意义体现在如下几个方面[①]。

金融科技是推动金融转型升级的新引擎。金融科技的核心是利用现代科技成果优化和创新金融产品、经营模式和业务流程,从而能够有效降低资金融通边际成本,推动金融机构在盈利模式、业务形态、资产负债、信贷关系、渠道拓展等方面持续优化,为金融业转型升级持续赋能。

金融科技是金融服务实体经济的新途径。金融科技能够快速捕捉数字经济时代市场需求变化,有效增加和完善金融产品供给,引导资金向高科技、高附加值新兴产业流动,推动实体经济健康可持续发展。

金融科技是促进普惠金融发展的新机遇。金融科技能够缩小数字鸿沟,解决普惠金融发展面临的成本较高、收益不足、效率和安全难以兼顾等问题,为普惠金融的发展提供支持。

金融科技是防范化解金融风险的新利器。运用大数据、人工智能等高科技建立金融风控模型,从而有效实现风险早识别、早预警、早处置;运用数字化监管协议、智能风控平台等监管科技手段,从而有效消除信息壁垒、缓解监管时滞,最终提升金融监管效率。

资料来源:根据公开资料整理。

二、信托金融体系的发展与展望

信托业作为金融体系的子系统之一,在整个金融体系结构变迁的背景下,其发展变化也展现出如下一些特征。

[①] 中国人民银行. 金融科技(FinTech)发展规划(2019—2021年)(银发〔2019〕209号)[EB/OL]. [2019-08]. http://www.pbc.gov.cn/zhengwugongkai/127924/128038/128109/3886683/index.html.

(一) 信托业的经济贡献

基于信托制度资产管理和财富管理的基本功能定位,信托业的长期融资功能也持续巩固,对实体经济的贡献度日益增大。从融资期限来看,融资方式分为长期融资与短期融资。银行长期以来都是以行使短期融资功能为主,长期融资功能的发挥十分有限。而信托一直以来都坚持长期融资的定位,很好地弥补了银行体系在长期融资上的功能缺失,为国民经济的长远发展提供了充足的资金供给。从资金投向的行业分布来看,近年来信托业对非金融业的投入比重逐渐增加,如英国法人信托的股票资产投向制造业的比重从2010年的23.33%上升至2018年的33.61%,我国资金信托投向工商企业的比重从2010年的18.56%上升至2019年的30.6%,表明信托业对实体经济的贡献度日益增大。

(二) 信托业的业务品种

信托业务品种日益丰富。如英国信托业最早仅有个人信托,但发展至今已出现由投资信托和单位信托构成的法人信托,但受传统文化影响,英国信托业仍更加偏重于经营个人信托,且多为民事信托和公益信托。而法人信托中单位信托的资产规模远高于投资信托,且差距逐年扩大。美国在引入英国信托制度时,刚开始也主要发展以民事信托为主的个人信托,但很快就开始经营法人信托业务,且法人信托与个人信托各占一席之地。同时,美国信托业务又分为资产账户管理业务、托客及保管业务、信托基金三大类业务,以资产账户管理业务为最主要业务。根据账户属性,资产账户管理业务又分为个人信托账户、养老金账户、公司及信托账户、投资管理与投资咨询机构账户、基金会和捐赠信托及机构账户、其他信托账户六大类,其中,养老金账户的资产占比几乎占所有账户资产总量的一半,而在信托业务收入上,投资管理与投资咨询机构账户占比第一。日本从引入信托制度开始,仅从事证券代理业务,但很快扩展至经营不动产管理和以不动产为抵押的贷款业务,至今,日本经营的信托业务种类更加丰富,按照财产类型划分,可分为金钱的信托与非金钱的信托,前者又进一步分为金钱信托、年金信托、财产形成给付信托、贷款信托、投资信托与金钱信托以外的信托资金持有这六大类业务，后者进一步分为有价证券信托、金钱债权信托、动产信托、土地及固定物的信托、综合信托以及其他信托等业务，其中，金钱的信托是最重要的信托业务。我国信托业务从来源划分，可分为资金信托与管理财产信托，其中以资金信托为主。近年来信托公司发展了家族信托、慈善信托、消费信托、养老信托、国际信托等，资金信托品种日渐增多。由此表明，随着社会经济发展，信托业务品种也在不断丰富，且不同品种的重要性也在随之发生变化。

（三）信托业的功能发展

信托功能在不断拓展与升级。从各国信托业发展实践来看，信托的基本功能在不断拓展与升级，从最初的财产管理这一信托基本功能拓展和升级至融通资金、投资开发、中介服务、社会福利与公益等功能。例如，英国的投资信托与单位信托主要通过股权融资方式，为金融业、制造业以及非制造业的长远发展提供了长期资金保障，有效地发挥了资金融通功能；美国的投资管理与投资咨询机构账户的设立，其功能也在于实施投资开发与中介服务，养老金账户设立同样也是为养老提供中介服务、资产管理等功能的体现；日本的贷款信托、投资信托、年金信托等也都体现了信托基本功能的拓展；我国的融资类信托、投资类信托以及事务管理类信托更是展现了信托的融资、投资、中介服务、资产管理等功能。此外，各国的公益信托也是信托基本功能向社会福利与公益等功能拓展的体现。

（四）信托业的主动管理能力

信托的主动管理取向在逐步清晰，相应能力也有所提升。例如，美国的非管理型账户的资产总量尽管一直都高于管理型账户的资产总量，但近年来管理型账户的资产总量占比出现上升而非管理型账户的资产总量占比则出现下降，表明信托业正逐步提升主动管理的能力。我国近年来集合资金信托的规模已逐渐上升，并超过单一资金信托规模，表明信托业正快速向主动管理型业务转型。由此可见，各国信托业都在加快转型升级，增强财富渠道建设，注重主动管理能力的培养。

（五）信托业的业态模式

信托业态模式日益丰富。信托业的兼业与专业经营在不同国家不同时期都有各自的表现形态，如美国最早的信托业发轫于保险公司，随后又成为独立经营的实体，但受分业监管制度的约束，银行开始兼营信托业务，以间接涉足证券业务，此时既存在银行的信托部门或银行设立的信托分支机构，也存在单独的信托公司，但在美国，独立的信托公司较少，大部分都为银行兼营信托业务。日本最早是由银行兼营信托业务，但很快就建立了大量独立的信托经营实体，第二次世界大战后，在《兼营法》的要求下，信托公司改组为信托银行，兼营信托业务，20世纪80年代，金融自由化改革推动了各金融行业混业经营的发展，除银行兼营信托业务外，证券公司也设立信托子公司来经营信托业务，同时，各金融机构还不断重组与整合，甚至形成了包含多种金融业态的金融控股集团。由此可见，信托业态模式的丰富度正日益提升。

（六）信托业的制度保障

信托业发展的法律制度保障日渐充分，信托业监管与信托业发展相辅相成。如英国尤斯制度的创设以及《尤斯条例》的颁布，成为最早的信托制度法律保障，后来颁布的《受托人条例》《官选受托者条例》《官设受托者条例》等，都为英国信托制度的发展提供了充分的法律规范引导。美国通过颁布《国民银行的信托权限》《国民银行的信托权限和集体投资资金》等法律对信托业进行了规范化管理。日本更是具有完备和健全的法律制度，相继颁布有《信托法》《信托业法》《兼营法》《银行法》《证券投资信托法》等法律法规，为日本信托业的规范化运作奠定了坚实的法律基础。我国由《信托法》《信托公司管理办法》《信托公司集合资金信托计划管理办法》所组成的"一法两规"为信托业的发展提供了有力的制度支持。可见，各国信托业发展的法律保障日益充分。同时，监管体制的变革既是适应信托业发展的需要，又是推动信托业发展的基石。美国分业监管体制的实施，推动了信托兼营模式的发展，甚至使该模式成为当前美国信托业经营的重要模式。而我国对银信合作业务的约束与规范、对房地产信托业务发展的限制以及资管新规对信托回归本源的引导也是在通道业务大行其道、资金投向过于集中在房地产市场、信托业脱离服务实体的本源等问题暴露下应运而生。由此可见，信托业的发展促进了监管体制的改革，而监管体制的改革也进一步促进了信托业的规范与发展，二者相辅相成。

第四章

信托金融的规制与监管

金融体系是社会经济运行中受到最严格监管的系统之一,而金融监管无论在理论还是在实践方面都是一个充满问题与挑战的领域。信托金融在金融体系中发挥的重要性日益增强,对其监管也成为当前金融监管的重要内容之一。本章聚焦于信托金融的规制与监管,分为五节。第一节首先对规制与监管的理论含义、信托金融监管的理论基础以及监管目标进行阐述。第二节至第四节从市场准入监管、市场退出监管以及日常审慎监管三个方面对信托金融的监管实践给予简要介绍,在此基础上,进一步对信托金融的稳定机制进行阐述。第五节则根据金融监管理论和各国金融监管实践的进展,着眼于信托金融监管的未来走向,重点分析了与信托金融的宏观审慎监管、行为监管与功能监管相关的内容。

第一节　信托业的规制与监管概述

在对信托金融的规制与监管进行具体阐述之前，我们首先需要对金融业的规制与监管之间的区别与联系进行了解，并明确信托金融监管的理论基础与目标。

一、规制与监管的含义

"规制"一词来源于英文"regulation"，按照植草益教授（1992）[①] 的定义，通常意义上的规制，是依据一定的规则对特定社会的个人和特定经济的经济主体的活动进行限制的行为。但《新帕尔格雷夫经济学大辞典》[②] 中，"regulation"被翻译为"管制"，指政府为了控制企业的价格、销售和生产决策而采取的各种行动，政府公开宣布这些政策是要努力制止不充分重视"社会利益"的私人决策。同时，三联书店于1999年引入美国学者史普博（1999）[③] 的著作《管制与市场》（*Regulation and Markets*）时也将"regulation"译为"管制"。尽管"规制"与"管制"都来源于"regulation"，但存在十分明显的区别[④]：第一，依据不同。规制依据的是法律、法规的正式规定，而管制则无法保证具有这样的依据，有时甚至是一种政府随机的只是出于政府本身愿望的任意行为。第二，原则不同。规制必须体现出保证社会公正、公平的内涵，充分实现一视同仁的原则，而管制无法保证这一点，有时甚至完全是一种倾斜性行为。第三，程序不同。规制有固定的程序，而且这些程序是完全公开的、透明的，管制既没有严格的固定程序，又不能做到完全公开透明，暗箱操作的成分比较大。

[①] 植草益. 微观规制经济学 [M]. 北京：中国发展出版社，1992.
[②] 布雷耶尔，麦卡沃伊. 新帕尔格雷夫经济学大辞典：第4卷 [M]. 北京：经济科学出版社，1992.
[③] 丹尼尔·史普博. 管制与市场 [M]. 上海：上海人民出版社，1999.
[④] 沈伯平. 管制、规制与监管：一个文献综述 [J]. 改革，2005（5）：116－120.

第四，结果不同。规制充分考虑了规制者在执行法律法规时可能出现的非理性行为，因而建立了固定的纠错机制，确定了法定的纠错措施，而管制则不能保证有这种纠错机制和纠错措施。

监管一词来源于英文"supervision"，通常与"regulation"一起使用，即"regulation and supervision"，普遍译为"规制与监管"。有学者认为，这两个词在使用过程中经常是可以互换的，或者同时使用的，表明二者相关性较强①。但严格来讲，二者又存在一定的区别。根据《欧盟金融监管高层报告》(The High – Level Group of Financial Supervision in the EU) (2009)②对金融"规制"与"监管"的概念解释："规制是指导金融机构行为的规则和标准，其目的在于促进金融稳定与保护金融服务的客户；监管可以采取不同形式，从信息要求到诸如资本金要求等严格措施，同时，监管又是一种对金融机构实施监管以确保规则和标准恰当应用的过程。"由此可见，规制是监管的前提，监管是围绕规制所实施的行为，二者既相互区别，又相互联系。需要说明的是，《欧盟金融监管高层报告》(2009) 在关于"规制"与"监管"概念解释时也提道："实际上，规制与监管是交织在一起的，因此在某些情况下，必须在本章和下一章一起加以评估。"因此，正是基于规制与监管存在的较强交织性，本章将在后文中不再严格区分规制与监管，而是统一以"监管"进行囊括与阐述。

二、信托金融监管的理论基础

(一) 社会利益论

社会利益论认为，金融监管的基本出发点首先是维护社会公众的利益。而社会公众利益的高度分散化决定了只能由国家授权的机构来履行这

---

① JORDAN J L. The 11th Annual Meeting of the Ohio Bankers Association, May 31, 2001 [C]. Federal Reserve Bank of Cleveland: Economic Commentary, 2001.
② DELAROSIÈRE J. The High – Level Group of Financial Supervision in the EU [R]. Brusseis, 2009. http://www.hofinet.org/documents/doc.aspx?id=882.

一职责。按照经济学的一般原理，当某一经济主体的经济活动存在着某种外在效益时，其自我运行所追求的利益目标就有可能与社会利益目标发生冲突，因而就需要代表社会利益的国家对其活动进行必要的干预，使其行为尽量符合社会公众的利益。与其他金融行业相同，信托业行为可能会产生一定的负外部性（Minus Externality），例如，为追求利润开展的某些通道类业务在一定程度上增加了金融体系的信贷风险，如果不实施监管，社会公众的利益就很可能会受到损害。因此，为保护社会公众利益不受损害，就必须对信托业实施必要的监管。

（二）金融风险论

金融风险论认为，金融业是特殊的高风险行业，其运行对社会经济体系将产生重要影响，因此需要政府实施监管。对于信托业而言，其本身就面临市场风险、信用风险、流动性风险、操作风险、道德风险等众多风险，这些风险不仅需要信托机构自身进行防范与控制，更需要政府实施监管。更为重要的是，金融业务间的交叉性，使金融风险具有显著的传染性，那么信托金融机构的风险也就极有可能会危及其他金融机构，最终造成整个金融体系的动荡。在经济全球化的背景下，一国的金融危机甚至还会蔓延至其他国家，引发全球性的金融危机。因此，从金融风险的角度来看，对信托业实施监管是必要的。

（三）信息不对称理论

在完全竞争市场中，价格可以反映所有信息，但在现实中，信息不对称的现象屡见不鲜。在信息获取不对等的情况下，交易双方中的某一方往往会因为信息劣势而遭受利益损害。例如，一般而言，相对于自然人客户，信托机构拥有更多的信息，属于信息优势方，因而更有可能利用信息优势为自身牟取利益，并将风险或损失转嫁给客户。因此，为保护信息劣势方的利益，就有必要对信息优势方的行为加以规范与约束，从而创造公平、公正的金融交易环境。

(四) 监管供求论

监管供求论将金融监管本身看成是存在供给与需求的特殊商品。从监管的需求方来看，金融监管是利益需求者的诉求。就信托业而言，现有的信托机构可能希望通过金融监管来限制潜在的竞争者，消费者也可能希望通过监管来促使信托机构提高服务质量、降低服务费用等。从监管的供给方来看，监管者实施监管也可能是为了提升自身的政绩。通常，监管者会存在通过过度监管来规避监管不力的动机，但这样做却会增加被监管者（如信托机构）的成本，降低行业效率，从而受到来自被监管者的阻力。因此，监管供求双方力量的对抗将决定监管的具体实施以及监管干预程度等。

(五) 公共选择论

与监管供求论相似，公共选择论也是运用供求分析法来研究各利益集团在监管实施过程中的相互作用。但公共选择论强调寻租的思想，即监管者与被监管者都寻求监管牟利。监管者将监管当做一种"租"，主动向被监管者提供监管以获益，而被监管者则利用监管来维护自身的既得利益。对信托业而言，监管者可以选择通过限制过度竞争的制度安排在信托部门形成一定的监管利益，从而达到间接补贴信托业、稳定金融体系的目的。而已有的信托机构出于对既得市场地位的保护，也希望通过监管限制潜在的竞争者进入。

三、信托金融监管的目标

金融监管目标是金融监管行为要取得的最终效果或达到的最终目标，是实现金融有效监管的前提和监管当局采取监管行动的依据[①]。有研究将金融监管的核心目标概括为"维持系统稳定性、维护金融机构稳健运行和保护消费者"，并提出评估金融监管和结构的三个标准：稳定（Stabili-

---

① 祁敬宇. 金融监管学 [M]. 2版. 西安：西安交通大学出版社，2013：44.

ty)、效率(Efficiency)和公平(Fairness)①。又有研究将监管政策目标概括为五个方面:确保安全与稳健、确保金融市场有效且有竞争性、确保货币稳定、确保支付系统的完整性、提供消费者保护②。另外,巴塞尔银行监管委员会制定的《有效银行监管核心原则》(Core Principles for Effective Banking Supervision)③对银行监管目标的单一表述为:保持金融体系的稳定性和信心,以降低存款人和金融体系的风险。因此,从上述关于监管目标的理论与实践来看,都突出了金融机构稳健运行、金融体系稳定以及消费者保护三方面的目标。因此,从金融监管的目标出发,我们认为,信托金融监管的目标包含以下三方面。

(一)受益人利益最大化

在信托业务中,信托受益人一般属于市场的弱势一方,他们在信息占有、专业知识储备等方面都不如受托人,因而对于市场优势的一方,即受托人而言,其掌握的信息更加全面、专业技能更加熟练,在业务经营上更容易引发道德风险问题,因此,保护受益人利益是信托金融监管的首要目标。同时,从制度构成的视角来看,信托是基于信任产生的一种关系,因而对受托人就产生了信义义务的要求,即受托人应当遵守信托文件的规定,为受益人的最大利益处理信托事务。因此,信托监管的目标不仅要保护受益人利益,而且要保证受益人利益的最大化。

(二)维护信托机构稳健经营

金融发展的前提在于金融稳定,金融稳定的基础在于机构稳健。由于信托机构业务范围与资金运用情况较为复杂,因此导致信托业务的风险同样呈现出复杂化特征,既存在信托业务特有的受托赔偿责任风险,又面临投资管理过程中的信用风险、市场风险、流动性风险、操作风险、声誉风

---

① MILLARD L, DIMITRI V. Financial Regulation: Change the Rules of the Game [R]. Policy Research Working Paper Series 803, The World Bank, 1991.
② KOCH T W, MACDONALD S S. Bank Management [M]. 8th ed. Cengage Learning, 2015.
③ BIS. Core Principles for Effective Banking Supervision [EB/OL]. [2012-09]. https://www.bis.org/publ/bcbs230.pdf.

险等，从而影响信托机构的经营稳健性，阻碍信托业的健康发展。因此，开展信托金融监管，能够通过提前预判和防范各类经营风险，确保信托机构的资产状况，从而维护信托公司的经营稳健，促进信托业健康发展。

(三) 防范信托业系统性金融风险

系统性金融风险由于具有突发性、传染性、外部性和破坏性四大特征，一旦出现，将会导致金融市场服务功能失灵、无法正常运转，并对实体经济造成十分严重的负面影响，因而受到各国监管部门的高度重视。随着信托业务与规模的不断发展壮大，其业务领域已覆盖实体、资本、货币等各类市场，其跨行业、跨机构的特点尤其明显，因而风险在各行业、各机构间流动的可能性大大增加，信托业触发系统性金融风险的可能性也在增加。因此，对信托金融进行监管，有助于构筑信托业与其他行业、机构间的防火墙，从而有效防范系统性金融风险。

第二节 信托金融的市场准入与退出监管

市场准入与退出对应着金融机构"起始"与"终止"两个重要环节。我们将在对信托金融监管主体进行阐述的基础上，对信托金融的市场准入，包括机构准入、业务准入、高级管理人员准入，以及市场退出进行详细了解。

一、监管主体

金融监管主体，即金融监管机构，是对金融业实施监督与管理的政府机构，其是政府组织机构体系的构成部分，具有权威性、独立性和公共性。其权威性是指金融监管机构作为最高金融监管权力机构，履行金融监管法律赋予的职责与权力，其监管决策对金融业相应的经济活动或行为主体具有强制力和不可逆性。其独立性是指金融监管机构依法对金融活动实施监督和管理，直接对政府或国家立法机构负责，其他任何组织、单位和个人都无权干预金融监管机构的监管工作。其公共性是指金融监管机构作为政府公共管理部门的一部分，代表了社会公众的利益，其履行的监管权力属于公共权力的范畴。

我国的信托业在2003年以前主要受中国人民银行（以下简称央行）监管。2003年，中国银行业监督管理委员会（以下简称银监会）成立，履行从前由央行履行的审批、监督管理银行、金融资产管理公司、信托投资公司及其他存款类金融机构等的职责。信托业的监管职能具体归属于银监会非银行金融机构监管部（以下简称非银部）。在日常监管方面，对全国信托公司采取"中央—地方"两级监管模式：中信信托、中诚信托、外贸信托、英大信托、中粮信托、华鑫信托、民生信托、金谷信托和建信信托共9家信托公司由银监会非银部直管，其余信托公司由注册地所在银监会派出机构负责监管。2015年，银监会对信托业的监管组织架构进行了改革，将信托业从非银部分离出来，单独成立信托部这一专业的监管部门对信托业进行监管，对全国信托公司的监管模式也由"中央—地方"两级监管模式转变为"地方主导"监管模式，因此，上述中信信托等9家信托公司也改为由注册地所在银监会派出机构负责监管。2018年，中国银监会和中国保监会合并为中国银行保险监督管理委员会（以下简称银保监会），银保监会的信托部成为新的国内信托行业的监管机关，其职责主要为：承担信托机构准入管理；开展非现场监测、风险分析和监管评级；根据风险监管需要开展现场调查；提出个案风险监控处置和市场退出措施并承担组织实施具体工作；指导信托业保障基金经营管理。由此，全国信托公司依旧由注册地所在银保监会派出机构负责具体的日常监管工作。除此之外，银保监会创新部还协调开展银行业和保险业机构资产业务等功能监管。

二、市场准入监管

市场准入是金融监管的首要环节。市场准入条件通常包含机构准入条件、业务准入条件和高级管理人员准入条件三个方面。机构准入是指依据法定标准，批准金融机构法人或其分支机构的设立；业务准入是指按照审慎性标准，批准金融机构的业务范围和开办新的业务品种；高级管理人员准入是指对金融机构高级管理人员任职资格进行核准或认可。

（一）信托机构准入

信托业的机构准入条件主要体现在《中国银监会信托公司行政许可事项实施办法》（银监会令2015年第5号）[①]中。该办法第六条对注册资本的要求为一次性实缴货币资本，最低限额为3亿元人民币或等值的可自由兑换货币；处理信托事务不履行亲自管理职责，即不承担投资管理人职责的，最低限额为1亿元人民币或等值的可自由兑换货币。此外，针对信托公司出资人，该办法提出，境外金融机构作为信托公司出资人应满足最近一个会计年度末总资产原则上不少于10亿美元的要求，境内非金融机构作为信托公司出资人应满足最近1个会计年度末净资产不低于资产总额的30%的要求。与境内非金融机构相比，该办法对境内金融机构作为信托公司出资人的要求较宽松，其无须满足净资产的最低限额要求。2020年4月，为强化信托公司监管，银保监会结合市场准入工作实践和行业转型发展实际，对《中国银监会信托公司行政许可事项实施办法》进行了修订，2020年11月《中国银保监会信托公司行政许可事项实施办法》[②]发布，该办法对机构准入注册资本的要求不变，加强了对境内非金融机构作为信托公司出资人的要求——新增了对该机构权益性投资余额的限制，即权益性投资余额不超过本企业净资产的50%（含本次投资额）；如取得控股权，权益性投资余额应不超过本企业净资产的40%（含本次投资额）。同时，取消了境外金融机构入股信托公司应具备的总资产不少于10

[①] 国务院［EB/OL］.［2015-06-05］. http://www.gov.cn/zhengce/2016-05/24/content_5076327.htm.

[②] 中国银保监会［EB/OL］.［2020-11-24］. http://www.cbirc.gov.cn/cn/view/pages/ItemDetail.html?docId=944462&itemId=928&generaltype=0.

亿美元的数量型限制门槛要求。此外,《信托公司股权管理暂行办法》(银保监会令2020年第4号)[①]又专门针对信托公司的股东(即出资人)资质进行了详细的规定,包括对境内非金融机构、境内金融机构、境外金融机构等不同类别的股东资质进行了规定。

(二) 信托业务准入

信托公司根据《信托公司管理办法》(银监会令2007年第2号)[②]第十六条规定可以经营下列部分或者全部本外币业务:资金信托;动产信托;不动产信托;有价证券信托;其他财产或财产权信托;作为投资基金或者基金管理公司的发起人从事投资基金业务;经营企业资产的重组、购并及项目融资、公司理财、财务顾问等业务;受托经营国务院有关部门批准的证券承销业务;办理居间、咨询、资信调查等业务;代保管及保管箱业务;法律法规规定或中国银行业监督管理委员会批准的其他业务。同时,该办法第十七条规定:"信托公司可以根据《中华人民共和国信托法》等法律法规的有关规定开展公益信托活动。"第二十条第一款规定:"信托公司固有业务项下可以开展存放同业、拆放同业、贷款、租赁、投资等业务。投资业务限定为金融类公司股权投资、金融产品投资和自用固定资产投资。"第二十二条规定:"信托公司可以开展对外担保业务,但对外担保余额不得超过其净资产的50%。"此外,《中国银保监会信托公司行政许可事项实施办法》第五章中对信托公司的业务范围进行了调整,并增加了业务品种,规定信托公司还可申请开办的业务范围和业务品种包括:企业年金基金管理业务资格、特定目的信托受托机构资格、受托境外理财业务资格、股指期货交易等衍生产品交易业务资格、以固有资产从事股权投资业务资格等。

---

① 中国银保监会 [EB/OL]. [2020-02-06]. http://www.cbirc.gov.cn/cn/view/pages/ItemDetail.html? docId=889646&itemId=928.
② 中国信托业协会 [EB/OL]. [2012-02-22]. http://www.xtxh.net/xtxh/policytrustee/8094.htm.

(三) 信托高级管理人员准入

对信托公司高级管理人员准入的规定主要体现在《中国银保监会信托公司行政许可事项实施办法》中。该办法对申请信托公司董事和高级管理人员任职资格作出了民事行为能力、守法合规、品行声誉、金融知识及经历、家庭财务情况、职业道德等基本条件的规定，并提出拟任人若有以下情形之一，不可担任信托公司董事和高级管理人员：有故意或重大过失犯罪记录的；有违反社会公德的不良行为，造成恶劣影响的；对曾任职机构违法违规经营活动或重大损失负有个人责任或直接领导责任，情节严重的；担任或曾任被接管、撤销、宣告破产或吊销营业执照机构董事或高级管理人员的，但能够证明本人对曾任职机构被接管、撤销、宣告破产或吊销营业执照不负有个人责任的除外；因违反职业道德、操守或者工作严重失职，造成重大损失或恶劣影响的；指使、参与所任职机构不配合依法监管或案件查处的；被取消终身的董事和高级管理人员任职资格，或者受到监管机构或其他金融管理部门处罚累计达到2次以上的；不具备本办法规定的任职资格条件，采取不正当手段以获得任职资格核准的；截至申请任职资格时，本人或其配偶仍有数额较大的逾期债务未能偿还，包括但不限于在该信托公司的逾期债务；本人及其近亲属合并持有该信托公司5%以上股份，且从该信托公司获得的授信总额明显超过其持有的该信托公司股权净值；本人及其所控股的信托公司股东单位合并持有该信托公司5%以上股份，且从该信托公司获得的授信总额明显超过其持有的该信托公司股权净值；本人或其配偶在持有该信托公司5%以上股份的股东单位任职，且该股东单位从该信托公司获得的授信总额明显超过其持有的该信托公司股权净值，但能够证明授信与本人及其配偶没有关系的除外；存在其他所任职务与其在该信托公司拟任、现任职务有明显利益冲突，或明显分散其在该信托公司履职时间和精力的情形。

(四) 与其他金融业态的比较

在机构准入的监管上，商业银行、保险公司和证券公司在市场准入条件的规定上也同样对注册资本进行了要求。《中华人民共和国商业银行法》（以下简称《商业银行法》）[①] 第十三条规定，设立全国性商业银行、城市商业银行和农村商业银行的注册资本最低限额分别为十亿元人民币、一亿元人民币和五千万元人民币。《中华人民共和国保险法》（以下简称《保险法》）[②] 第六十九条规定，设立保险公司，其注册资本的最低限额为二亿元人民币。《中华人民共和国证券法》（以下简称《证券法》）[③] 第一百二十一条规定，证券公司经营证券经纪、证券投资咨询以及与证券交易、证券投资活动有关的财务顾问业务，其注册资本最低限额为五千万元人民币；经营证券承销与保荐、证券融资融券、证券做市交易、证券自营以及其他证券业务中的一项，注册资本最低限额为一亿元人民币，若是两项以上，则注册资本最低限额为五亿元人民币。此外，保险公司和证券公司在市场准入条件的规定上还对股东资质进行了要求。《保险法》第六十八条规定，主要股东具有持续盈利能力，信誉良好，最近三年内无重大违法违规记录，净资产不低于人民币二亿元。《证券法》第一百一十八条规定，主要股东及公司的实际控制人具有良好的财务状况和诚信记录，最近三年无重大违法违规记录。因此，从机构准入的监管来看，信托公司与其他金融机构都有注册资本的要求，同时，与保险公司和证券公司一样，也有针对股东（即出资人）的要求。但不同的是，商业银行的注册资本要求是根据商业银行的性质进行有差别的规定；保险公司则进行统一规定；证券公司则是根据不同业务进行有差别的规定；而信托公司则是按照是否承担投资管理人职责进行有差别的规定。同时，保险公司和证券公司对股东资质进行统一规定，而信托公司则是根据股东类别进行有差别的规定，

[①] 中国银保监会［EB/OL］.［2019-12-29］. http：//www.cbirc.gov.cn/cn/view/pages/ItemDetail.html? docId=879929&itemId=860&generaltype=0.

[②] 中国银保监会［EB/OL］.［2019-12-29］. http：//www.cbirc.gov.cn/cn/view/pages/ItemDetail.html? docId=879931&itemId=860&generaltype=0.

[③] 中国证监会［EB/OL］.［2019-12-31］. http：//www.csrc.gov.cn/pub/tianjin/tjfzyd/tjjflfg/tjgjfl/201912/t20191231_368792.htm.

且规定条款更为具体详细。

在业务准入的监管上,商业银行、证券公司和保险公司的业务范围则分别受《商业银行法》、《证券法》和《保险法》约束。《商业银行法》第三条规定:商业银行可以经营包括吸收公众存款,发放短期、中期和长期贷款,办理国内外结算等在内的十四项业务,另外,经中国人民银行批准,商业银行还可以经营结汇、售汇业务。《证券法》第一百二十条规定,证券公司可以经营包括证券经纪,证券投资咨询,与证券交易、证券投资活动有关的财务顾问等在内的八项业务。此外,证券公司在符合《中华人民共和国证券投资基金法》[①]等法律、行政法规的规定下,还可以经营证券资产管理业务。《保险法》第九十五条规定,保险公司可以经营人身保险业务、财产保险业务以及国务院保险监督管理机构批准的与保险有关的其他业务。此外,保险人不得兼营人身保险业务和财产保险业务。但是,经营财产保险业务的保险公司经国务院保险监督管理机构批准,可以经营短期健康保险业务和意外伤害保险业务。因此,从业务准入的监管来看,尽管相关法律法规都对各金融机构的业务进行了明确规定,如银行机构以存贷款、结售汇等业务为主,证券公司以经纪、承销等业务为主,保险公司以保险相关业务为主,信托公司以信托业务为主,但与其余金融业态相比,信托公司经营的业务种类更为复杂,具有明显的跨行业经营特征,如可以从事证券承销等证券公司的业务,开展贷款、对外担保等银行机构业务,等等。

在高级管理人员准入的监管上,对银行机构、证券公司与保险公司的高级管理人员准入的规定则分别体现在《银行业金融机构董事(理事)和高级管理人员任职资格管理办法》(银监会令 2013 年第 3 号)[②]、《证券

[①] 国务院 [EB/OL]. [2012-12-28]. http://www.gov.cn/flfg/2012-12/28/content_2305569.htm.

[②] 国务院 [EB/OL]. [2013-11-18]. http://www.gov.cn/gongbao/content/2014/content_2574745.htm.

公司董事、监事和高级管理人员任职资格监管办法》（证监会令第88号）[①]和《保险公司董事、监事和高级管理人员任职资格管理规定》（保监会令2014年第1号）[②]中。《银行业金融机构董事（理事）和高级管理人员任职资格管理办法》第八条对高级管理人员的任职资格提出了具有良好的经济、金融从业记录、履行对金融机构的忠实与勤勉义务等八项任职资格要求。《证券公司董事、监事和高级管理人员任职资格监管办法》中第七条对不得担任证券公司董事、监事、高管人员和分支机构负责人的情况进行了规定，包括因重大违法违规行为受到金融监管部门的行政处罚，执行期满未逾3年等五项要求。同时，该办法第八条还对证券公司董事、监事、高管人员和分支机构负责人的任职资格设定了基本条件，包括正直诚实，品行良好以及熟悉证券法律、行政法规、规章以及其他规范性文件，具备履行职责所必需的经营管理能力两项要求。该办法第十三条又对高管人员的任职资格条件进行了更严格的规定，即除满足上述第八条的基本条件外，还应当具备从事证券工作3年以上，或者金融、法律、会计工作5年以上等五项条件。《保险公司董事、监事和高级管理人员任职资格管理规定》第六条至第八条针对董事、监事和高级管理人员统一制定了基本的任职条件，且在第十一条对保险公司总经理、副总经理和总经理助理的任职条件提出了大学本科以上学历或者学士以上学位和从事金融工作8年以上或者经济工作10年以上两项更为严格的条件。同时，还要求保险公司总经理进一步具有担任保险公司分公司总经理以上职务高级管理人员5年以上等四项任职经历之一。此外，该规定第二十一条还规定了不予核准董事、监事或者高级管理人员任职资格的情形，包括被判处其他刑罚，执行期满未逾3年等在内的共十五条规定。因此，从高级管理人员准

---

① 中国证监会［EB/OL］.［2012-10-19］. http：//www.csrc.gov.cn/pub/zjhpublic/G00306201/201210/t20121019_216037.htm.

② 中国银保监会［EB/OL］.［2014-02-11］. http：//www.cbirc.gov.cn/cn/view/pages/ItemDetail.html? docId=372928&itemId=928&generaltype=0.

入的监管来看，信托公司与其他金融机构相同，既有对高级管理人员在民事行为能力、守法合规、品行声誉、职业道德等多方面的任职资格上的基本规定，又有对高级管理人员任职资格不予核准的相关要求。

三、市场退出监管

金融机构的市场退出是指停止金融业务，吊销金融营业许可证，取消其作为金融机构的资格。

（一）信托机构的市场退出

信托公司的市场退出情形和程序要求主要体现在《中国银保监会信托公司行政许可事项实施办法》中。该办法规定，信托公司法人机构满足以下情形之一的，可以申请解散：公司章程规定的营业期限届满或者其他应当解散的情形；股东会议决定解散；因公司合并或者分立需要解散；其他法定事由。而信托公司解散，应当向所在地银保监局提交申请，由银保监局受理并初步审查，再由银保监会审查并决定。若信托公司因分立、合并出现解散情形，则与分立、合并一并进行审批。信托公司有以下情形之一的，向法院申请破产前，应当向银保监会申请并获得批准：不能清偿到期债务，并且资产不足以清偿全部债务或者明显缺乏清偿能力，自愿或应其债权人要求申请破产的；已解散但未清算或者未清算完毕，依法负有清算责任的人发现该机构资产不足以清偿债务，应当申请破产的。信托公司向法院申请破产前，同样需要向所在地银保监局提交申请，由银保监局受理并初步审查，再由银保监会审查并决定。

（二）与其他金融业态的比较

在市场退出监管上，针对银行机构，《商业银行法》第七章规定了包括商业银行已经或者可能发生信用危机，严重影响存款人的利益时，国务院银行业监督管理机构可以对该银行实行接管等在内的市场退出要求。针对证券公司,《证券公司监督管理条例》[①] 第十五条明确规定:"证券公司停业、解散或者破产的,应当经国务院证券监督管理机构批准,并按照有关规定安置客户、处理未了结的业务。"针对保险公司,《保险法》第三章规定了保险公司因分立、合并需要解散,或者股东会、股东大会决议解散,或者公司章程规定的解散事由出现,经国务院保险监督管理机构批准后解散;保险公司解散,应当依法成立清算组进行清算等市场退出要求。

基于上述分析,从市场退出监管来看,各金融机构只有在满足特定条件和程序的情形下才能被允许退出,但与其他金融机构不同的是,信托公司申请解散以及向法院申请破产前,首先需要向所在地银保监局提交申请,由银保监局受理并初步审查,再由银保监会审查并决定,而银行机构、证券机构以及保险机构的解散申请则仅明确由国务院银行、证券和保险监督管理机构批准,未提及由所在地监督管理机构进行受理以及初步审查。

第三节 信托金融的日常审慎监管

日常审慎监管是指以安全和稳健为目标来监控金融机构经营业务的全过程。由于信托金融子行业与其他金融子行业面临的风险不同,因而在日常审慎监管的内容、方式、结果评价等方面也存在差异。

一、监管内容

(一)信托业的监管内容

针对信托公司的监管主要在业务经营、合规管理、股权管理和净资本管理上。

---

① 中国证监会[EB/OL].[2015-03-31]. http://www.csrc.gov.cn/pub/heilongjiang/xxfw/hljflfg/201503/t20150331_274411.htm.

关于业务经营，2009年颁布的《信托公司集合资金信托计划管理办法（2009年修订）》（银监会令2009年第1号）[1]，从信托计划的设立、信托计划财产的保管、信托计划的运营与风险管理等方面对信托公司集合资金信托业务的经营行为进行规范。《信托公司私人股权投资信托业务操作指引》（银监发〔2008〕45号）[2]、《银行与信托公司业务合作指引》（银监发〔2008〕83号）[3]、《信托公司证券投资信托业务操作指引》（银监发〔2009〕11号）[4]、《信托公司参与股指期货交易业务指引》（银监发〔2011〕70号）[5]、《慈善信托管理办法》（银监发〔2017〕37号）[6]等文件对信托公司不同信托业务的经营进行了严格的规范。

关于合规管理，2007年颁布的《信托公司治理指引》（银监发〔2007〕4号）[7]第四条明确规定，信托公司应当建立合规管理机制，督促公司董事会、监事会、高级管理层等各个层面在各自职责范围内履行合规职责，使信托公司的经营活动与法律、规则和准则相一致，促使公司合规经营。并在第二章至第五章分别就股东和股东（大）会、董事和董事会、监事和监事会以及高级管理层的合规职责进行了明确规定，以及在第六章对激励与约束机制进行了规定。

关于股权管理，2020年中国银保监会颁布的《信托公司股权管理暂

---

[1] 中国银保监会 [EB/OL]. [2009-03-15]. http://www.cbirc.gov.cn/cn/view/pages/ItemDetail.html?docId=3515&itemId=928&generaltype=0.

[2] 中国银保监会 [EB/OL]. [2008-06-25]. http://www.cbirc.gov.cn/cn/view/pages/ItemDetail.html?docId=274488&itemId=876&generaltype=1.

[3] 中国银保监会 [EB/OL]. [2008-12-04]. http://www.cbirc.gov.cn/cn/view/pages/ItemDetail.html?docId=267951&itemId=876&generaltype=1.

[4] 中国银保监会 [EB/OL]. [2009-01-23]. http://www.cbirc.gov.cn/cn/view/pages/ItemDetail.html?docId=272755&itemId=876&generaltype=1.

[5] 中国银保监会 [EB/OL]. [2011-07-15]. http://www.cbirc.gov.cn/cn/view/pages/ItemDetail.html?docId=3976&itemId=928&generaltype=0.

[6] 中国银保监会 [EB/OL]. [2017-07-10]. http://www.cbirc.gov.cn/cn/view/pages/ItemDetail.html?docId=277248&itemId=861&generaltype=1.

[7] 中国银保监会 [EB/OL]. [2007-03-07]. http://www.cbirc.gov.cn/cn/view/pages/ItemDetail.html?docId=2163&itemId=928&generaltype=0.

行办法》。对信托公司股东责任，包括股东资质、股权取得、股权持有、股权退出等内容进行了明确规定。

关于净资本管理，2010年颁布的《信托公司净资本管理办法》第四章对净资本进行了严格的要求。第四章第十五条规定，信托公司净资本不得低于人民币2亿元。第十六条对信托公司的风险控制指标进行如下规定：净资本不得低于各项风险资本之和的100%；净资本不得低于净资产的40%。第十七条规定，信托公司可以根据自身实际情况，在不低于中国银行业监督管理委员会规定标准的基础上，确定相应的风险控制指标要求。

（二）与其他金融业态的比较

在监管内容上，基于《巴塞尔协议Ⅲ》[①]的监管思路，国务院银行业监督管理机构出台了一系列规章制度，对银行机构的资本充足率、大额风险暴露限额、流动性风险、内部控制等作出了规定，建立了与《巴塞尔协议Ⅲ》相适应的资本监管框架[②]。关于资本充足率，《商业银行资本管理办法（试行）》（银监会令2012年第1号）[③]第二十二条至第二十五条对最低资本要求、储备资本和逆周期资本要求、系统重要性银行附加资本要求、第二支柱资本要求进行了详细规定。关于大额风险暴露限额，《商业银行大额风险暴露管理办法》（银保监会令2018年第1号）[④]第七条至第十二条对非同业单一客户、非同业关联客户、同业单一客户或集团客户等不同类别客户的大额风险暴露监管作出了相关要求。关于流动性风险，

---

① 巴塞尔银行监管委员会［EB/OL］. ［2011-06］. https：//www. bis. org/bcbs/basel3. htm? m=3%7C14%7C572.
② 刘超，谢启伟，马玉洁，高扬. 金融监管学［M］. 北京：中国铁道出版社，2019：80.
③ 中国银保监会［EB/OL］. ［2012-06-08］. http：//www. cbirc. gov. cn/cn/view/pages/ItemDetail. html? docId=13077&itemId=915&generaltype=0.
④ 中国银保监会［EB/OL］. ［2018-05-04］. http：//www. cbirc. gov. cn/cn/view/pages/ItemDetail. html? docId=178636.

《商业银行流动性风险管理办法》（银保监会令 2018 年第 3 号）① 第三十七条至第四十二条制定了包括流动性覆盖率、净稳定资金比例、流动性比例、流动性匹配率和优质流动性资产充足率等在内的不同流动性风险监管指标。关于内部控制，《商业银行内部控制指引》（银监发〔2014〕40号）② 对商业银行风险管理、信息系统控制、岗位设置、会计核算、员工管理、新机构设立和业务创新等提出了内部控制的原则性要求。

证券公司的监管重点主要是对证券公司的财务风险监管以及内部控制监管，财务风险监管主要围绕净资本与流动性开展相关的指标监管，《证券法》第一百二十三条、《证券公司风险控制指标管理办法》③ 第十六条与第十七条进行了相关规定。关于内部控制，《证券公司内部控制指引》（证监机构字〔2003〕260 号）④ 对证券公司的经纪业务、自营业务、投资银行业务等方面的内部控制提出了相应的要求。

保险公司的监管重点在于资金运用、准备金、偿付能力以及内部控制的监管。关于资金运用，《保险资金运用管理办法》（保监会令〔2018〕1号）⑤ 第六条对保险资金的运用形式进行了明确规定，第二十一条和第二十二条还进一步对保险公司的资金运用模式进行了详细规定。关于准备金，《保险法》第九十八条对准备金提取进行了要求，同时，《保险公司非寿险业务准备金管理办法（试行）》（保监会令 2004 年第 13 号）⑥ 第五

---

① 中国银保监会 [EB/OL]. [2018-05-25]. http：//www.cbirc.gov.cn/cn/view/pages/ItemDetail.html?docId=180252.
② 中国银保监会 [EB/OL]. [2014-09-28]. http：//www.cbirc.gov.cn/cn/view/pages/ItemDetail.html?docId=56360&itemId=928&generaltype=0.
③ 中国证监会 [EB/OL]. [2020-03-20]. https：//neris.csrc.gov.cn/falvfagui/rdqsHeader/mainbody?navbarId=3&secFutrsLawId=eb40394519bf4a58bf08164707d3e9eb&body=.
④ 中国证监会 [EB/OL]. [2014-02-20]. http：//www.csrc.gov.cn/pub/newsite/flb/flfg/bmgf/zjgs/gszlykz/201012/t20101231_189828.html.
⑤ 中国银保监会 [EB/OL]. [2018-01-26]. http：//www.cbirc.gov.cn/cn/view/pages/ItemDetail.html?docId=372936&itemId=928&generaltype=0.
⑥ 中国银保监会 [EB/OL]. [2004-12-15]. http：//www.cbirc.gov.cn/cn/view/pages/ItemDetail.html?docId=372779&itemId=928&generaltype=0.

条又进一步对非寿险业务准备金的管理进行了规定,且在第十一条至第十七条对相关准备金的提取方法进行了详细规定。关于偿付能力,《保险法》第一百零一条规定,保险公司应当具有与其业务规模和风险程度相适应的最低偿付能力。同时,《保险公司偿付能力管理规定》[①]又进一步细化了偿付能力的监管要求。关于内部控制,《保险公司内部控制基本准则》[②]对保险公司的销售、运营、基础管理、资金运用等方面的内部控制提出了相应的要求。

基于上述分析,从监管内容来看,监管机构对各类金融机构均强调股权管理、公司治理、内部控制、资本要求等事项的监管。但信托业的业务特征、功能定位与其他金融机构有所不同,因而在具体的监管内容上也呈现出差异化的设置。如信托公司的净资本要求中涉及对最低净资本的金额、最低净资本与各项风险资本之和的比较以及最低净资本与资产的比较等要求,但银行机构对资本充足率要求却包含最低资本要求、储备资本和逆周期资本要求、系统重要性银行附加资本要求、第二支柱资本要求,而证券公司则根据经营的业务种类设置不同的净资本要求,保险公司也根据不同保险业务设置了不同的偿付能力额度。又如除共同的监管事项外,信托公司还强调不同信托业务的经营规范,而银行机构则还强调大额风险暴露和流动性风险,证券公司也强调流动性风险,保险公司则还强调准备金,等等。

二、监管方式

金融机构的日常审慎监管方式由现场检查、非现场监管以及行政处罚构成。现场检查是指监管当局及其派出机构派出检查人员在金融机构的经

---

① 中国银保监会 [EB/OL]. [2008-07-10]. http://www.cbirc.gov.cn/cn/view/pages/ItemDetail.html?docId=263491&itemId=881&generaltype=1.
② 中国银保监会 [EB/OL]. [2010-08-16]. http://www.cbirc.gov.cn/cn/view/pages/ItemDetail.html?docId=344420&itemId=928&generaltype=0.

营管理场所以及其他相关场所,采取查阅、复制文件资料,采集数据信息,查看实物,外部调查,访谈,询问,评估及测试等方式,对其公司治理、风险管理、内部控制、业务活动和风险状况等情况进行监督检查的行为。非现场监管是指通过收集金融机构以及行业整体的业务活动和风险状况的报表数据、经营管理情况及其他内外部资料等信息,对金融机构以及行业整体风险状况和服务实体经济情况进行分析,作出评价,并采取相应措施的持续性监管过程。行政处罚是指监管当局及其派出机构对金融机构及个人违反法律、行政法规、规章和规范性文件中有关金融业监督管理规定(即违法、违规行为)给予警告、罚款、没收违法所得等处罚。

(一)信托业的监管方式

关于业务经营的监管,国务院银行业监督管理机构将依法对信托公司管理信托计划的情况实施现场检查和非现场监管,并要求信托公司提供管理信托计划的相关资料。若发现信托公司存在违法违规行为的,将根据相关法律法规的规定,采取相应的行政处罚措施。

2020年,中国银保监会颁布《中国银保监会行政处罚办法》(银保监会令2020年第8号)[①],对银保监会及其派出机构行政处罚行为进行规范。行政处罚对象涉及信托、银行、保险等金融机构。该办法第三条规定了处罚措施的范围,包括警告,罚款,没收违法所得,责令停业整顿,吊销金融、业务许可证,取消、撤销任职资格等十二项措施。并在第五条第一款规定:"银保监会及其派出机构实行立案调查、审理和决定相分离的行政处罚制度,设立行政处罚委员会。"除此之外,第六条规定:"银保监会及其派出机构在处罚银行保险机构时,依法对相关责任人员采取责令纪律处分、行政处罚等方式追究法律责任。"该办法从管辖、立案调查、取证、审理、审议、权利告知与听证、决定与执行和法律责任几方面对行政处罚

---

① 中国银保监会[EB/OL].[2020-06-23]. http://www.cbirc.gov.cn/cn/view/pages/ItemDetail.html?docId=911627&itemId=926.

的内容进行了更为详细的规定。

2006年，第十届全国人民代表大会常务委员会第二十四次会议通过《关于修改〈中华人民共和国银行业监督管理法〉的决定》①。《中华人民共和国银行业监督管理法》（以下简称《银行业监督管理法》）第四十六条规定，银行业金融机构有存在未经任职资格审查任命董事、高级管理人员的，拒绝或者阻碍非现场监管或者现场检查的，提供虚假的或者隐瞒重要事实的报表、报告等文件、资料的，未按照规定进行信息披露的，严重违反审慎经营规则的等六种情形之一，由国务院银行业监督管理机构责令改正，并处二十万元以上五十万元以下罚款；情节特别严重或者逾期不改正的，可以责令停业整顿或者吊销其经营许可证；构成犯罪的，依法追究刑事责任。此外，《银行业监督管理法》中的第四十五条、第四十七条以及第四十八条也是信托机构行政处罚的依据。

《信托公司集合资金信托计划管理办法》（银监会令2009年第1号）第八章第四十七条至第五十一条专门制定了相关规定对信托公司在设立、管理信托计划中存在的违法违规行为进行行政处罚，如第四十七条规定，信托公司设立信托计划不遵守本办法有关规定的，由中国银行业监督管理委员会责令改正；逾期不改正的，处十万元以上三十万元以下罚款；情节特别严重的，可以责令停业整顿或者吊销其金融许可证。又如第四十九条规定，信托公司管理信托计划违反本办法有关规定的，由中国银行业监督管理委员会责令改正；有违法所得的，没收违法所得，并处违法所得一倍以上五倍以下罚款；没有违法所得的，处二十万元以上五十万元以下罚款；情节特别严重或者逾期不改正的，可以责令停业整顿或者吊销其金融许可证；构成犯罪的，依法追究刑事责任。

《信托公司管理办法》（银监会令2007年第2号）第六章第五十八条

---

① 中国人民银行 [EB/OL]. [2018-04-24]. http://www.pbc.gov.cn/tiaofasi/144941/144951/3808036/index.html.

至第六十三条制定了针对信托公司经营行为的相关行政处罚规则，如第五十八条规定，未经中国银行业监督管理委员会批准，擅自设立信托公司的，由中国银行业监督管理委员会依法予以取缔；构成犯罪的，依法追究刑事责任；尚不构成犯罪的，由中国银行业监督管理委员会没收违法所得，违法所得50万元以上的，并处违法所得1倍以上5倍以下罚款；没有违法所得或者违法所得不足50万元的，处50万元以上200万元以下罚款。又如第六十二条规定，对信托公司违规负有直接责任的董事、高级管理人员和其他直接责任人员，中国银行业监督管理委员会可以区别不同情形，根据《中华人民共和国银行业监督管理法》等法律法规的规定，采取罚款、取消任职资格或从业资格等处罚措施。

除上述法律法规外，针对信托业务经营的行政处罚依据还包括《中华人民共和国行政处罚法》[①]、《中国银监会办公厅关于进一步加强信托公司风险监管工作的意见》（银监办发〔2016〕58号）[②]、《中国银监会办公厅关于信托公司风险监管的指导意见》（银监办发〔2014〕99号）[③]、《银行业金融机构董事（理事）和高级管理人员任职资格管理办法》（银监会令2013年第3号）等。

关于股权管理的监管，国务院银行业监督管理机构及其派出机构一是采取穿透监管的方式，对主要股东及其控股股东、实际控制人、关联方、一致行动人及最终受益人进行审查、识别和认定；二是实施对股东的动态监测机制，至少每年对信托公司主要股东的资质情况、履行承诺事项情况、承担股东责任和义务的意愿与能力、落实公司章程或协议条款情况、经营管理情况、财务和风险状况，以及信托公司面临经营困难时主要股东在信托公司恢复阶段可能采取的救助措施进行评估；三是针对相应的违法

---

① 国务院［EB/OL］．［2021－01－23］．http：//www.gov.cn/xinwen/2021－01/23/content_5582030.htm.

② 汇法网［EB/OL］．［2016－03－18］．https：//www.lawxp.com/statute/s1910534.html.

③ 中国银保监会［EB/OL］．［2014－04－08］．http：//www.cbirc.gov.cn/cn/view/pages/ItemDetail.html?docId=263146&itemId=876&generaltype=1.

违规行为采取相应的监管措施，如限期整改、调整监管评级等。

关于净资本管理的监管，国务院银行业监督管理机构可以根据监管需要，要求信托公司以合并数据为基础编制净资本计算表、风险资本计算表和风险控制指标监管报表。信托公司净资本等相关风险控制指标不符合规定标准的，国务院银行业监督管理机构可以视情况采取整改、调整业务和资产结构或补充资本、限制信托业务增长速度等措施。对于未按要求完成整改的信托公司，国务院银行业监督管理机构可以进一步采取限制分配红利、限制信托公司开办新业务、责令暂停部分或全部业务等措施。对信托公司净资本等风险控制指标继续恶化，严重危及该信托公司稳健运行的，国务院银行业监督管理机构还将进一步采取责令调整董事、监事及高级管理人员，责令控股股东转让股权或限制有关股东行使股东权利，责令停业整顿，依法对信托公司实行接管或督促机构重组直至予以撤销等措施。

专栏 4-1　行业监管力度提升，公司经营更加合规

2019年以来，世界经济增速持续下行，在新冠肺炎疫情的叠加影响下，全球政治与经济环境更加复杂、多变，国内经济下行压力进一步提升。在此环境下，信托业深入贯彻防控金融风险、深化金融供给侧结构性改革的决策部署，严格落实资管新规过渡期内的整改要求，严监管、强合规、重治理的监督执行效果明显。与此同时，打破刚性兑付、限制地产违规融资、禁止多层嵌套等监管要求给信托行业转型发展带来巨大挑战，合规经营将成为信托行业未来发展的重要一环。

1. 2019年罚单频现，房地产业务与通道业务合规问题突出

2019年，信托行业罚单数量与处罚金额创近五年新高，近三分之一信托机构收到罚单。根据银保监会官网公示数据统计分析，2015年各地银监局对信托机构仅开出6张罚单，但此后信托行业的罚单数量开始逐年上升。2019年，业内共21家信托机构因信托业务合规问题收

到各地银保监局开具的罚单，共34张，罚没总额达2078万元。这意味着2019年有近三分之一的信托机构因业务合规问题被监管部门处罚，罚单数量与处罚金额均创近五年之最。

从处罚原因看，罚单多集中在监管部门重点关注的领域，一是房地产，二是通道业务。2019年，银保监会对房地产融资监管持续升级。从具体的罚单情况看，有多家信托机构因涉房业务不合规被处罚，违规行为涵盖信托资金违规用于房地产开发企业缴交土地出让价款、违规投向"四证"不全的房地产项目、违规向不具备二级资质的房地产开发企业提供融资、开展房地产信托业务不审慎、违规发放房地产自营贷款等。

通道业务方面，2019年多家信托机构因违规提供通道服务、信托项目资金来源不合规、违规接受保险资金投资事务管理类及单一信托、未对同业业务资金来源与运用加强期限错配管理等违规行为被监管点名处罚。具体来看，全年有8家机构因违规开展通道业务而受到处罚，集中表现于违规开展银信合作业务、违规接受保险资金投资事务管理类及单一信托等。

2. 2020年合规经营取得成效

进入2020年，信托公司更加强调业务的合规性，在展业过程中加强业务监督、持续优化合规流程。在此背景下，信托公司收到的罚单数量相比2019年有所减少。

2020年，共有16家信托公司收到银保监局开具的业务罚单，罚单数量共计21张，被罚没金额总计2365.48万元。但值得注意的是，16家受罚机构中，安信信托被罚没金额为1400万元，其余15家信托公司被罚没金额合计为965.48万元（见表4-1）。

表 4-1　　2020 年中国信托公司监管罚单一览

受罚公司	处罚时间	处罚内容	处罚结果
中铁信托	2020 年 1 月 13 日	为委托人提供通道发放贷款尽职管理不到位，严重违反审慎经营规则	对中铁信托罚款 30 万元；对相关责任人员罚款 8 万元
中航信托	2020 年 2 月 20 日	未按规定报送案件风险信息	对中航信托罚款 30 万元；对相关管理人员给予警告
云南信托	2020 年 3 月 24 日	部分业务存在问题	责令改正
安信信托	2020 年 4 月 7 日	（1）承诺不受损失或最低收益；（2）违规挪用信托财产用于非信托目的之用途；（3）推介产品时未充分揭示风险；（4）违规开展影子银行业务；（5）信息披露不合规	（1）暂停自主管理类资金信托业务；（2）限制向股东上海国之杰投资发展有限公司分配红利；（3）责令改正违规行为，并处罚款共计 1400 万元
山西信托	2020 年 4 月 15 日	未按规定履行客户身份识别义务；未按规定报送可疑交易报告；违反《中华人民共和国反洗钱法》	对单位罚款 75.48 万元；对相关责任人员共计处罚 19 万元
新华信托	2020 年 4 月 21 日	涉嫌违反法律法规经营	立案调查
五矿国际信托	2020 年 6 月 15 日	违规接受保险资金投资事务管理类信托计划	罚款 30 万元
山东国际信托	2020 年 8 月 3 日	违规提供房地产融资；员工行为管理不到位	罚款 70 万元
吉林信托	2020 年 8 月 3 日	未严格审核信托目的的合法性，为银行规避监管提供通道	对吉林信托罚款 40 万元；对相关管理人员给予警告
吉林信托	2020 年 9 月 7 日	（1）未按规定履行客户身份识别义务；（2）未按规定报送可疑交易报告	罚款 90 万元
吉林信托	2020 年 12 月 23 日	违规提供隐性的第三方金融机构信用担保，向监管部门报送虚假业务报告	对吉林信托罚款 140 万元；对相关责任人员共计罚款 8 万元
中建投信托	2020 年 9 月 10 日	未按监管规定及时进行信息披露；推介信托计划时存在对公司过去的经营业绩做夸大介绍的情况	罚款 45 万元
华能贵诚信托	2020 年 12 月 1 日	违规提供融资相关服务	对华能贵诚信托罚款 50 万元；对相关管理人员罚款 5 万元

续表

受罚公司	处罚时间	处罚内容	处罚结果
长安国际信托	2020年12月22日	因合规管理不到位导致未落实监管要求	罚款35万元
长城新盛信托	2020年12月25日	(1)违规设立子公司；(2)抵押物评估严重不审慎	罚款150万元
江苏国际信托	2020年12月28日	违规开展融资平台业务；违规为银行提供通道服务	罚款80万元
苏州信托	2020年12月31日	信贷资产转让严重违反审慎经营原则	罚款30万元
国通信托	2020年12月31日	(1)信托资金未按约定用途使用；(2)资金池垫付风险项目未按要求计提减值准备	对国通信托罚款70万元；对相关责任人员共计处罚5万元，并予以警告

从罚单的处罚缘由来看，2020年监管当局主要针对监管信息报送、审慎经营、违规通道、客户身份管理、资金运用违规等问题对部分信托公司开出了罚单。罚单缘由与2019年相比，不再集中于某些业务领域，反映出业内机构对监管层重点观察的违规事项有一定程度改善。

但从监管罚单的处罚内容来看，监管部门的监管力度较以往明显加大。具体来看，安信信托与新华信托均受到了严厉的惩罚措施。安信信托收到的罚单的处罚缘由包括：向客户承诺产品不受损失或承诺最低收益；违规挪用信托财产用于非信托目的之用途；推介产品时未充分揭示风险；违规开展影子银行业务；信息披露不合规，违规情况较多，受到了较为严厉的处罚，包括暂停自主管理类信托业务、停止向部分股东分配红利、罚款合计1400万元。新华信托则由于涉嫌违法违规被公安机关立案调查。上述两张罚单处罚结果的严厉程度超过了2019年信托公司收到的所有罚单。

3. 严监管趋势下，合规转型成重心

总体来看，罚单频发背后，一方面暴露出信托机构在严监管环境下的转型阵痛；另一方面体现为信托行业精细化监管趋势，监管将更加具体化、明确化、全面化。

2019年以来的监管处罚事例基本集中在信托机构内部治理、信息披露、产品销售、监管信息报送、尽职管理、资金的投资与管理等信托业务的各个流程，梳理这些事例旨在引导信托机构合规经营，提升合规意识，这对信托机构合规展业具有重要参照意义。

此外，吸取2020年安信信托与新华信托的教训，信托公司需要进一步警惕全公司层面的整体风险，预防出现类似的重大监管事件。

未来，严监管趋势仍将持续，违规成本将大幅提升，过往通过"打擦边球"与"走捷径"等方式绕开监管、违规展业的手法将难以为继，唯有合规经营、谋求转型，才是信托机构可持续发展之路。具体来看，信托机构须顺应监管导向，摆脱传统的发展路径依赖、坚定业务转型与创新。

资料来源：根据公开资料整理。

（二）与其他金融业态的比较

在监管方式上，对于银行机构而言，关于资本充足率的监管，国务院银行业监督管理机构实行现场检查与非现场监控，并根据资本充足率的状况，将商业银行分为四类，并对每一类等级实施不同的监管措施。关于大额风险的监管，国务院银行业监督管理机构将定期评估商业银行大额风险暴露管理状况及效果，并将评估意见反馈给商业银行董事会和高级管理层，同时将评估结果作为监管评级的重要参考。关于流动性风险的监管，国务院银行业监督管理机构通过非现场监管、现场检查以及与商业银行的董事、高级管理人员进行监督管理谈话等方式，运用流动性风险监管指标和监测工具，在法人和集团层面对商业银行的流动性风险水平及其管理状况实施监督管理。关于内部控制的监管，国务院银行业监督管理机构通过非现场监管和现场检查等方式实施对商业银行内部控制的持续监管，并按年度组织对商业银行内部控制进行评估，提出监管意见，督促商业银行持续加以完善。同时，对违反大额风险暴露监管要求、违反流动性风险监管要求、违反内控管理规定的商业银行，国务院银行业监督管理机构将实施相应的监管措施甚至行政处罚。

对于证券公司而言，证监会主要是通过现场检查与非现场检查两种方式对证券公司的经营进行检查。关于财务风险的监管，证监会将根据注册会计师出具的意见采取不同的监管措施。同时，对不符合风险控制标准的证券公司，证监会将实施相应的监管措施甚至行政处罚。关于内部控制的监管，证券公司监督检查部门主要通过现场检查、非现场检查和常规稽核、非常规稽核的方式对证券公司进行内部控制，并将检查结果报证券公司注册地中国证监会派出机构。同时，中国证监会及外部审计机构也将对证券公司内部控制情况进行检查和评价。

对于保险公司而言，关于资金运用的监管，国务院保险监督管理机构采取现场监管与非现场监管相结合的方式，对保险公司保险资金运用实行分类监管、持续监管、风险监测和动态评估。关于偿付能力的监管，国务院保险监督管理机构将根据偿付能力的大小对保险公司采取不同的监管措施。关于内部控制的监管，检查方式包括对部分内控环节或业务单位进行抽查以及组织进行全面评价两种。国务院保险监督管理机构采取全面评价方式，可以委托独立的中介机构进行，保险公司应当配合并承担相应费用。国务院保险监督管理机构派出机构负责对辖区内保险公司分支机构内部控制进行检查。同时，对违反资金运用形式和比例有关规定的、偿付能力未达标准的、内部控制存在重大缺陷的保险公司，国务院保险监督管理机构将实施相应的监管措施甚至行政处罚。

基于上述分析，从监管方式来看，监管机构都围绕股权管理、公司治理、内部控制、资本要求等事项，运用现场检查、非现场监管以及行政处罚的监管方式对各类金融机构进行监管。同时，在业务经营监管的行政处罚措施上，信托业所依赖的《中国银保监会行政处罚办法》《银行业监督管理法》《银行业金融机构董事(理事)和高级管理人员任职资格管理办法》等法律依据也同样适用于银行机构。然而,由于信托业务特征不同,因而针对不同信托业务的经营监管实施有不同的行政处罚措施。同时,在股权管理的监管上,不同于其他金融机构的是,针对信托公司的监管手段还包括穿透监管方式和动态监测机制。

三、监管结果评价

对监管信息的分析与评价是监管过程的重要环节。监管机构基于现场检查结果与非现场监管结果所获得的信息数据,对金融机构的风险状况进行分析,从而得出综合的评价结论,其中,评级制度是日常审慎监管结果评价的重要载体。信托机构与其他金融机构有着不同的评级制度。

(一)信托业的监管结果评价

信托机构的评级文件主要参见《信托公司监管评级办法》。该办法主要供监管部门用以对信托公司经营状况进行综合评判,并依评判结果进一步采取针对性监管措施的规章制度,因而目前尚未对社会公开发布。该办法的指标体系由"定性+定量"两类指标要素构成,包括资本要求、资产质量、风险治理、盈利能力、跨业纪律、从属关系、投资者关系和外部评价等内容。评级满分为100分,定量与定性评价要素各占50%的权重,其中,定量评价指标由监管定量指标和中国信托业协会行业评级指标共同构成。最终根据评分,将信托公司的监管评级结果分为三大类六个级别。针对不同类别将规定不同的业务范围,且对应不同的监管收费风险调整系数[①]。评级内容如表4-2所示。

[①] 中国信托登记有限公司[EB/OL].[2017-03-20]. http://www.chinatrc.com.cn/contents/2017/3/20-0bf3f1ae61b548f1bba5fd5b96c925f4.html.

表 4-2　　　　　　　　　　　　中国信托公司监管评级内容

等级	类别	分值	收费风险调整系数	业务范围
A +	创新类	[90 分, 100 分]	一级	在发展类信托公司各项业务基础上, 还可优先试点经银保监会认可或批准的其他创新业务
A -		[85 分, 90 分)		
B +	发展类	[80 分, 85 分)	二级	在成长类信托公司可从事业务基础上, 还可以开展企业年金基金管理、特定目的信托受托机构、受托境外理财、股指期货交易等衍生产品交易等创新业务; 可以依法申请设立专业子公司
B -		[70 分, 80 分)		
C +	成长类	[60 分, 70 分)	三级	只能从事《信托公司管理办法》第十六条规定的基本业务①, 以及担任公益 (慈善) 信托受托人, 开展公益 (慈善) 信托
C -		[0 分, 60 分)		

（二）与其他金融业态的比较

在监管结果评价上, 对于银行业而言, 骆驼评级体系 (Camel Rating System) 已成为包括我国在内的大部分国家银行的评级制度。我国以骆驼评级体系为基础, 结合我国银行业监管实践经验, 制定了《商业银行监管评级内部指引》（银监发〔2014〕32 号）②, 构建了我国商业银行风险监管核心指标体系。该体系关注资本充足、资产质量、管理质量、盈利状况、流动性风险、市场风险以及信息科技风险七个维度的定性与定量指标, 并通过对每个指标的打分以及对每个维度的赋权, 计算得到综合评分, 并根据综合评分的结果划分档次, 档次越高表明监管级别越高。

我国证监会主要依据《证券公司分类监管规定》（中国证券监督管理委员会公告〔2020〕42 号）③对证券公司进行评级。该评级以风险管理能

---

① 《信托公司管理办法》第十六条规定的基本业务包括: 资金信托; 动产信托; 不动产信托; 有价证券信托; 其他财产或财产权信托; 作为投资基金或者基金管理公司的发起人从事投资基金业务; 经营企业资产的重组、购并及项目融资、公司理财、财务顾问等业务; 受托经营国务院有关部门批准的证券承销业务; 办理居间、咨询、资信调查等业务; 代保管及保管箱业务; 法律法规规定或中国银行业监督管理委员会批准的其他业务。

② 汇法网 [EB/OL]. [2014-06-19]. https://www.lawxp.com/wl/statuteInfo/Statuteshow.aspx?StatuteId = 1911105.

③ 中国证监会 [EB/OL]. [2020-07-10]. http://www.csrc.gov.cn/pub/zjhpublic/zjh/202007/t20200710_379932.htm.

力为基础,依据《证券公司风险管理能力评价指标与标准》(《证券公司分类监管规定》的附件内容),设计了资本充足、公司治理与合规管理、全面风险管理、信息技术管理、客户权益保护、信息披露等六类评价指标,同时,又加入市场竞争力以及持续合规状况两个维度进行评价。设定正常经营的证券公司基准分为 100 分,在此基础上,根据证券公司风险管理能力评价指标与标准、市场竞争力、持续合规状况等方面情况,进行相应加分或扣分以确定证券公司的评价计分。最后,根据评价计分的高低,将证券公司分为 A(AAA、AA、A)、B(BBB、BB、B)、C(CCC、CC、C)、D、E,五大类 11 个级别。

我国保险公司的评级主要参见国务院保险监督管理机构印发的《保险公司经营评价指标体系(试行)》(保监发〔2015〕80 号)[①],但具体的评价工作由中国保险业协会负责。保险公司法人机构经营评价指标由速度规模、效益质量和社会贡献三大类指标构成。产险公司 12 个评价指标,寿险公司 14 个评价指标。该经营评价采用十分制,满分为 10 分,最终根据分值将保险法人机构划分为 A、B、C、D 四类。

基于上述分析,从监管结果评价来看,监管机构都构建了定性与定量两类指标,对各类金融机构经营状况的不同维度进行打分,并设置相应的权重,进而依据加权得分汇总成不同等级的监管评级结果,最终基于不同评级设置不同的监管强度。但与其他金融机构相比,信托公司的评级中定量与定性评价要素各占一半的权重,银行机构评级中定量较定性评价要素的权重更高,保险公司评级中基本都为定量评价要素,而证券公司评级中又基本都为定性评价要素。同时,信托公司评级的定量评价指标既包含监管定量指标,又包含协会评级指标。此外,由于信托公司与其他金融机构在业务特征与功能定位上的差异,因而在评价要素的设置上也具有信托业

---

① 中国银保监会 [EB/OL]. [2015 - 08 - 26]. http://www.cbirc.gov.cn/cn/view/pages/ItemDetail.html? docId = 344615&itemId = 928&generaltype = 0.

独有的特点，如资产质量既包含固有资产质量，又包含信托资产质量；资本要求中设置有信托风险项目净资本覆盖率；外部评价中设置的社会价值贡献度包含信托业保障基金余额这一要素。

第四节 信托金融的稳定机制

各国金融监管实践表明，金融稳定的实现仅依靠各国监管机构实施刚性的监管工具是远远不够的。要防范信托业风险，还需要相应的稳定机制予以补充和配合。我国信托业的稳定机制由"三翼"构成，即中国信托业协会、中国信托登记有限公司、中国信托业保障基金有限公司，三者分别在行业自律、市场约束、安全保障三个方面对信托机构的稳定发挥着重要作用。

一、行业自律机制

行业自律是行业内成员为维护共同利益而自我约束、自我管理的行为。市场机制"无形之手"神话的破灭和对政府监管"有形之手"效用的质疑，共同促成了"第三只手"——自律组织的力量引入[1]。因此，金融行业的稳定发展与市场机制、政府监管与行业自律息息相关，缺一不可。

(一) 信托业的行业自律机制

行业的自律组织通常由行业协会构成，其为联结金融机构与负责金融监管的政府部门之间的纽带和桥梁[2]，并被视为市场经济的润滑剂、协调器和保险阀。在我国金融领域，信托业的行业协会为中国信托业协会，但

---

[1] 席月民，刘志远."活的自律"：两岸信托业行业协会自律职能实证研究 [J]. 海峡法学，2017（1）：44-53.

[2] 席月民. 我国金融监管方式的法定化及其合理匹配 [M]. 北京：社会科学出版社，2008. 王晓晔，邱本. 经济法学的新发展 [M]. 北京：中国社会科学出版社，2008：375.

在省一级尚未成立自律组织。

　　行业协会主要是通过制定行业执业标准与业务规范，对会员单位以及从业人员进行自律管理。中国信托业协会针对信托业的自律规范主要为《信托公司行业评级指引（试行）》及配套文件[①]、《信托公司受托责任尽职指引》[②]、《信托从业人员管理自律公约》[③]、《信托消费者权益保护自律公约》[④]、《绿色信托指引》[⑤]、《信托公司信托文化建设指引》[⑥]。《信托公司行业评级指引（试行）》及配套文件主要是为加强信托行业自律管理，全面评价信托公司经营管理情况，引领行业规范健康发展，提高信托业整体实力而制定，其按照定量、客观、公正、透明的原则开展，评价信托公司综合经营能力、发展质量、风险管理能力、市场影响力以及业务规模与风险管理能力的匹配性，评级的内容包括信托公司资本实力（Capital Strength）、风险管理能力（Risk Management）、增值能力（Incremental Value）、社会责任（Social Responsibility）四个方面，简称"短剑"（CRIS）体系。其中，资本实力主要评价信托公司净资本充足程度及其与业务风险的匹配程度，旨在引导信托公司优化资本结构，合理控制业务发展，确保固有资本充足并保持必要的流动性；风险管理能力主要评价信托公司信托业务的风险处置情况，以及固有信用风险资产不良情况，旨在引导信托公司强化"卖者尽责"的经营理念，提升风险管控能力，建立全面的风险管理体系，有效防范和化解风险；增值能力主要评价信托公司作为专业受托机构对资产的管理能力，旨在引导信托公司通过提高资产运营

[①] 中国信托业协会 [EB/OL]. [2015-12-15]. http://www.xtxh.net/xtxh/topnews/37017.htm.
[②] 中国信托业协会 [EB/OL]. [2018-09-18]. http://www.xtxh.net/xtxh/topnews/44706.htm.
[③] 中国信托业协会 [EB/OL]. [2019-12-30]. http://www.xtxh.net/xtxh/disciplineconvent/45756.htm.
[④] 中国信托业协会 [EB/OL]. [2019-12-30]. http://www.xtxh.net/xtxh/disciplineconvent/45757.htm.
[⑤] 中国信托业协会 [EB/OL]. [2019-12-30]. http://www.xtxh.net/xtxh/disciplineconvent/45758.htm.
[⑥] 中国信托业协会 [EB/OL]. [2020-06-30]. http://www.xtxh.net/xtxh/disciplineconvent/46064.htm.

效率、提供专业化服务、优化收入和成本结构、重视信托主业发展、提升客户满意度,不断增强市场核心竞争力;社会责任主要评价信托公司作为社会经济组织对国家和社会的和谐发展、公共利益实现、自然环境保护和资源科学利用,以及对利益相关方所应承担的责任,旨在引导信托公司与经济社会的良性互动,树立良好社会形象,实现行业可持续发展。《信托公司受托责任尽职指引》主要是为进一步规范信托公司的经营行为,明确信托公司开展信托业务的受托责任尽职要求,促进信托公司认真履行受托人义务,保障信托各方当事人的合法权益,维护信托业健康有序发展。作为引导信托公司经营行为的行业自律规则,该指引是对国家法律法规、银行业监督管理部门规章及规范性文件、信托公司内部规章制度的有益补充。该指引共十章六十四条,包括总则、尽职调查与审批管理、产品营销与信托设立、运营管理、合同规范、终止清算、信息披露、业务创新、自律管理及附则等内容。《信托从业人员管理自律公约》是为加强信托公司从业人员自律管理,规范从业人员行为,提高从业人员职业水平和职业道德水准,树立从业人员良好职业形象和维护行业声誉,维护信托业公平有序的市场竞争环境,促进信托行业健康可持续发展,维护信托当事人的合法权益而制定,该公约共九章三十六条,包括总则、从业条件、行为规范、职业道德、教育和培训、从业人员流动、管理、罚则及附则等内容。《信托消费者权益保护自律公约》是为保护信托消费者合法权益,维护信托业公平、公正的市场环境,促进信托行业可持续发展而制定,该公约共五章四十一条,包括总则、内部控制、权益保障、监督与评价及附则等内容。《绿色信托指引》是为了推动信托公司发展绿色信托、支持环境改善、应对气候变化和资源节约高效利用等而制定,该指引共七章二十六条,包括总则、目标和原则、组织管理、业务实施、内部管理与信息披露、监督和激励措施及附则等内容。《信托公司信托文化建设指引》是为加快构建良好的信托文化,推动信托公司回归受托人定位,从根本上转变发展方式,实现行业稳健发展而制定,该指引共四章二十四条,包括总则、信托文化内容、信托文化建设及附则等内容。

(二) 与其他金融业态的比较

在行业自律机制上,银行业的行业协会为中国银行业协会,且在省一级成立了自律组织,但省级自律组织属于中国银行业协会的会员单位。中国银行业协会发布了诸如《中国银行业自律公约》[1]《中国银行业反不正当竞争公约》[2]《中国银行业反商业贿赂承诺》[3]《银行业从业人员职业操守》[4]《中国银行业柜面服务规范》[5]等文件,对会员单位的相关经营行为进行了约束与管理。同时,中国银行业协会还制定了诸如商业银行稳健发展能力"陀螺"(GYROSCOPE)评价体系[6]、银行理财产品发行机构评价体系、《中国银行业绿色银行评价实施方案(试行)》[7]、村镇银行评价指标体系[8]等相关评价体系,对商业银行的不同方面进行评价。此外,银行业协会还设立了32个专业委员会,各专业委员会也通过发布相关的公约、指引与通知对会员单位的经营发展进行相应的规范与约束。

保险业的行业协会为中国保险行业协会,且在省一级成立了自律组织,但属于中国保险行业协会的会员单位。中国保险行业协会创建了国内

---

[1] 中国银行业协会 [EB/OL]. [2009-09-29]. https://www.china-cba.net/Index/show/catid/86/id/3939.html.

[2] 中国银行业协会 [EB/OL]. [2006-07-11]. https://www.china-cba.net/Index/show/catid/86/id/3958.html.

[3] 中国银行业协会 [EB/OL]. [2006-07-11]. https://www.china-cba.net/Index/show/catid/16/id/672.html.

[4] 中国银行业协会 [EB/OL]. [2007-02-12]. https://www.china-cba.net/Index/show/catid/16/id/650.html.

[5] 中国银行业协会 [EB/OL]. [2009-09-29]. https://www.china-cba.net/Index/show/catid/86/id/3942.html.

[6] 中国银行业协会 [EB/OL]. [2015-06-29]. https://www.china-cba.net/Index/show/catid/275/id/24661.html.

[7] 中国银行业协会 [EB/OL]. [2018-03-09]. https://www.china-cba.net/Index/show/catid/16/id/19006.html.

[8] 中国银行业协会 [EB/OL]. [2020-03-24]. https://www.china-cba.net/Index/show/catid/15/id/32034.html.

首个人身险行业客户满意度评价指数[①]，对人身保险公司服务进行评价。同时，中国保险行业协会还发布了相关的文件对保险费率进行规定，以提高保险产品费率厘定的科学性和合理性，如针对家具制造业承保过程中的潜在风险，发布中国保险行业协会家具制造业财产险（基本险、综合险、一切险）纯风险损失率表[②]等。此外，中国保险行业协会还制定了针对不同行业保险公估作业规范与风险评估指引，如《核保险风险评估工作指引》[③]《企业财产保险公估作业规范》[④] 等。

证券业的行业协会为中国证券业协会，且在省一级成立了自律组织，但省级自律组织属于中国证券业协会的会员单位。中国证券业协会制定了证券业执业标准和业务规范对会员单位进行自律管理，如针对会员执业行为规范的《中国证券业协会会员公约》[⑤]，针对证券公司自营业务规范的《证券公司证券自营业务指引》[⑥]，针对证券公司合规管理规范的《证券公司合规管理有效性评估指引》[⑦]，针对公司债券承销行为规范的《公司债券承销业务规范》[⑧]，针对证券公司风险控制规范的《证券公司风险控制指标动态监控系统指引》[⑨]，针对证券公司信用风险管理规范的《证券公

[①] 中国保险行业协会［EB/OL］．［2014-04-01］．http：//www.iachina.cn/art/2014/4/1/art_95_2817.html.

[②] 中国保险行业协会［EB/OL］．［2017-12-26］．http：//www.iachina.cn/art/2017/12/26/art_94_101109.html.

[③] 中国保险行业协会［EB/OL］．［2019-06-26］．http：//www.iachina.cn/art/2019/6/26/art_81_103610.html.

[④] 中国保险行业协会［EB/OL］．［2019-06-26］．http：//www.iachina.cn/art/2019/6/26/art_81_103610.html.

[⑤] 中国证券业协会［EB/OL］．［2002-07-03］．https：//www.sac.net.cn/flgz/zlgz/200207/t20020703_31064.html.

[⑥] 中国证券业协会［EB/OL］．［2005-11-23］．https：//www.sac.net.cn/flgz/zlgz/200511/t20051123_31087.html.

[⑦] 中国证券业协会［EB/OL］．［2012-02-12］．https：//www.sac.net.cn/flgz/zlgz/201303/t20130305_61743.html.

[⑧] 中国证券业协会［EB/OL］．［2015-10-16］．https：//www.sac.net.cn/flgz/zlgz/201510/t20151016_125459.html.

[⑨] 中国证券业协会［EB/OL］．［2016-12-30］．https：//www.sac.net.cn/flgz/zlgz/201701/t20170104_129997.html.

司信用风险管理指引》①，等等。

基于上述分析，从行业自律机制来看，各金融行业皆成立了行业协会对各行业实施自律管理，同时，各行业协会也都制定了相应的行业执业标准以及业务规范，对会员单位以及从业人员进行自律管理。但与其他金融业态不同的是，信托业的行业协会仅成立了国家层级的自律组织，在省一级尚未成立自律组织。同时，由于信托经营的目标之一是信托受益人利益最大化，因而更加强调受托人责任，因此信托业行业协会在制定行业执业标准与业务规范中也尤其注重对受托人责任的要求，如《信托公司受托责任尽职指引》直接明确了信托公司开展信托业务的受托责任尽职要求，《信托公司信托文化建设指引》也在推动信托公司回归受托人定位，《信托公司行业评级指引（试行）》及配套文件所设置的相应评价维度也旨在引导信托公司强化"卖者尽责"的经营理念。

二、市场约束机制

金融监管中的市场约束是指通过信息披露方式由金融机构所赖以生存的市场和客户来约束其经营行为，影响金融机构的市场份额，以迫使金融机构努力提高经营管理水平和竞争能力，维持整个金融业的稳健运行②。从实践来看，金融领域的市场约束机制包括信用评级机制、上市公司信息披露机制、金融产品登记机制等，其中金融产品登记机制是金融领域最常见的市场约束机制。

（一）信托业的市场约束机制

在信托业中，金融产品的登记机制以我国信托登记有限责任公司的信托登记机制为代表。2017 年发布的《信托登记管理办法》③ 规定，信托登

---

① 中国证券业协会［EB/OL］．［2019 - 07 - 15］．https：//www.sac.net.cn/flgz/zlgz/201907/t20190718_139458.html.
② 祁敬宇．金融监管学［M］．2 版．西安：西安交通大学出版社，2007：147.
③ 中国银保监会［EB/OL］．［2017 - 08 - 25］．http：//www.cbirc.gov.cn/cn/view/pages/ItemDetail.html?docId=279959&itemId=861&generaltype=1.

记是指中国信托登记有限责任公司对信托机构的信托产品及其受益权信息、国务院银行业监督管理机构规定的其他信息及其变动情况予以记录的行为。由此标志着信托产品登记机制在我国的正式建立。中国信托登记有限责任公司定位为我国信托业的信托产品及其信托受益权登记与信息统计平台、信托产品发行与交易平台、信托业监管信息服务平台，并以市场化方式运作。根据《中国信托登记有限责任公司监督管理办法》①的规定，中国信托登记有限责任公司可以经营以下业务：集合信托计划发行公示；信托产品及其信托受益权登记，包括预登记、初始登记、变更登记、终止登记、更正登记等；信托产品发行、交易、转让、结算等服务；信托受益权账户的设立和管理；信托产品及其权益的估值、评价、查询、咨询等相关服务；信托产品权属纠纷的查询和举证；提供其他不需要办理法定权属登记的信托财产的登记服务；国务院银行业监督管理机构批准的其他业务。同时，中国信托登记有限责任公司信托登记系统于2017年9月上线运行，开始全面提供信托登记服务，在全行业的配合下，随着全量信托产品登记基本信息于2018年8月末的归集完成，信托产品全覆盖、全口径、全流程、全生命周期的集中登记成为现实，信托登记正式步入"全登"新时代。在专注做好信托登记主业、持续优化系统功能的同时，中国信托登记有限责任公司正努力构建行业大数据中心、信托受益权账户体系、综合性信息查询披露平台和信托产品发行交易平台，积极探索信托财产登记。此外，自2019年1月28日起，中国信托登记有限责任公司开始提供信托登记信息现场查询服务。有权查询信托登记信息的委托人、受益人等可申请办理信托登记信息现场查询。现场查询服务的实现有助于信托投资者更好地甄别虚假信托产品，有效提高信托产品公信力，助力维护信托行业秩序，更好地保护信托投资者权益。

---

① 中国银保监会 [EB/OL]．[2016-12-22]．http：//www. cbirc. gov. cn/cn/view/pages/ItemDetail. html? docId=277549&itemId=861&generaltype=1.

（二）与其他金融业态的比较

在市场约束机制上，银行业的金融产品登记机制以我国银行业理财信息登记系统为代表。该系统于 2013 年由中国银监会指导中央国债登记结算有限责任公司建设开发。银行业金融机构发行的理财产品实行全国集中统一的电子化报告和信息登记制度。未在理财系统进行报告和登记的理财产品，银行业金融机构不得发售[1]。同时，各银行机构发行或销售普通个人客户理财产品时，宣传销售文本中必须包含所售产品在全国银行业理财信息登记系统中的登记编码[2]。在中国理财网[3]中输入登记编码可查询相应产品信息。

证券业的金融产品登记机制有两类，一类是针对公募基金产品和专户产品的登记机制，另一类是针对私募基金、券商资管和期货资管的登记机制。关于公募基金产品的登记机制，证监会已批准成立的公募基金产品信息可以在公募基金管理人的官网、Wind 资讯等行情资讯软件中查询，证监会下发的公募基金产品批文可以在证监会官网中"行政许可"栏目查询[4]，等待审批的公募基金产品审核进度可以在证监会官网"行政许可"栏目中的《证券投资基金募集申请行政许可受理及审核情况公示》中查询[5]。关于专户产品的登记机制，一对一专户的有关信息在 2018 年 3 月底之前可以在中国证券投资基金业协会查询，之后不再公示，一对多专户的有关信息可以在中国证券投资基金业协会官网中"信息公示"—"基金产品公示"—"基金专户产品"栏目查询[6]。而对于私募基金、券商资管

---

[1] 中国银保监会 [EB/OL]. [2013-06-14]. http://www.cbirc.gov.cn/cn/view/pages/ItemDetail.html?docId=270870&itemId=894&generaltype=1.

[2] 中国银保监会 [EB/OL]. [2014-12-10]. http://www.cbrc.gov.cn/chinese/home/docView/0E6FEC03409546C4BAEBFFCBBCFADBD1.html.

[3] 中国理财网 [EB/OL]. https://www.chinawealth.com.cn/zzlc/jsp/lccp.jsp.

[4] 中国证监会 [EB/OL]. http://www.csrc.gov.cn/pub/newsite/.

[5] 中 国 证 监 会 [EB/OL]. http://www.csrc.gov.cn/pub/zjhpublic/index.htm?channel=3300/3307.

[6] 中国证券投资基金业协会 [EB/OL]. http://www.csrc.gov.cn/pub/newsite/.

和期货资管,由中国证券投资基金业协会备案公示。该部分的公示系统相对完善,市场约束机制较为全面,在中国证券投资基金业协会官网上可以查询到多种公示信息①。

保险业的金融产品登记机制主要由监管机构,即中国银保监会负责推动。中国银保监会官网有对各保险公司推出的人身险、财产险等保险产品的公示,投保人可随时查询。此外,还可以查询保险机构、专业中介机构、营销员等相关信息。

基于上述分析,从市场约束机制来看,各金融行业皆构建了金融产品登记系统,且均对公众进行开放。但与其他金融行业不同的是,信托行业专门设立了中国信托登记有限责任公司来负责金融产品登记机制的实施。同时,中国信托登记有限责任公司信托登记系统所涵盖的信托登记信息更为全面,包含对信托产品全覆盖、全口径、全流程、全生命周期的集中登记。此外,除提供信托登记信息网上查询服务外,中国信托登记有限责任公司还提供信托登记信息现场查询服务。

三、安全保障机制

安全保障机制是金融安全基础设施的重要组成部分,其能按照市场化原则缓释、化解和处置风险,发挥行业稳定器、压舱石和救火队的作用。

(一) 信托业的安全保障机制

信托业的安全保障机制为信托业保障基金制度。2014年12月,《信托业保障基金管理办法》②颁布,成立中国信托业保障基金有限责任公司,依法负责保障基金的筹集、管理和使用。在筹集上,该基金的来源有以下几种途径:依据办法中第十四条筹集的资金;使用保障基金获得的净收益;国内外其他机构、组织和个人的捐赠;国务院银行业监督管理机构

---

① 中国证券投资基金业协会 [EB/OL]. http://www.csrc.gov.cn/pub/newsite/.
② 中国银保监会 [EB/OL]. [2014 - 12 - 10]. http://www.cbirc.gov.cn/cn/view/pages/ItemDetail.html?docId=267639&itemId=861&generaltype=1.

和财政部批准的其他来源。而办法中第十四条规定,保障基金现行认购执行下列统一标准,条件成熟后再依据信托公司风险状况实行差别认购标准:①信托公司按净资产余额的1%认购,每年4月底前以上年度末的净资产余额为基数动态调整。②资金信托按新发行金额的1%认购,其中,属于购买标准化产品的投资性资金信托的,由信托公司认购;属于融资性资金信托的,由融资者认购。在每个资金信托产品发行结束时,缴入信托公司基金专户,由信托公司按季度向保障基金公司集中划缴。③新设立的财产信托按信托公司收取报酬的5%计算,由信托公司认购。在使用上,当具备以下情形之一时,保障基金公司可以使用保障基金:信托公司因资不抵债,在实施恢复与处置计划后,仍需重组的;信托公司依法进入破产程序,并进行重整的;信托公司因违法违规经营,被责令关闭、撤销的;信托公司因临时资金周转困难,需要提供短期流动性支持的;需要使用保障基金的其他情形。在管理和监督管理上,基金的资金运用限于银行存款、同业拆借、购买政府债券、中央银行债券(票据)、金融债券、货币市场基金,以及经国务院银行业监督管理机构、财政部批准的其他资金运用方式。国务院银行业监督管理机构会同财政部对保障基金的筹集、管理和使用进行监督。

(二) 与其他金融业态的比较

在安全保障机制上,银行业的安全保障机制为存款保险制度。2015年2月《存款保险条例》(国务院令第660号)[①]颁布。根据该条例,投保机构为在中华人民共和国境内设立的商业银行、农村合作银行、农村信用社合作社等吸收存款的银行业金融机构。在2019年5月以前,存款保险基金管理机构为人民银行,投保机构向人民银行交纳保费,形成存款保险基金,并在存款保险基金管理机构实施被撤销投保机构的清算等情形出

---

① 国务院 [EB/OL]. [2015-03-31]. http://www.gov.cn/zhengce/content/2015-03-31/content_9562.htm.

现时，存款人有权要求人民银行在上述条例规定的限额内，使用存款保险基金偿付存款人的被保险存款。存款保险实行限额偿付，最高偿付限额为人民币 50 万元。2019 年 5 月，由人民银行独资设立的存款保险基金管理有限责任公司正式成立，这标志着我国存款保险制度的进一步完善。

证券业的安全保障机制为证券投资者保护基金制度。2005 年 6 月《证券投资者保护基金管理办法》[①] 颁布，成立中国证券投资者保护基金有限责任公司，负责基金的筹集、管理和使用。随后证监会于 2016 年 4 月发布该办法的修订版[②]。在筹集上，该基金的来源包含所有在中国境内注册的证券公司，按其营业收入的 0.5%～5% 缴纳基金等六种形式；在使用上，当证券公司被撤销、被关闭、破产或被证监会实施行政接管、托管经营等强制性监管措施时，按照国家有关政策规定对债权人予以偿付；在管理和监督上，基金的资金运用有限制。证监会负责基金公司的业务监管，监督基金的筹集、管理与使用。财政部负责基金公司的国有资产管理和财务监督。中国人民银行负责对基金公司向其借用再贷款资金的合规使用情况进行检查监督。

保险业的安全保障机制为保险保障基金制度。2008 年《保险保障基金管理办法》（中国保险监督管理委员会令 2008 年第 2 号）[③] 颁布，成立中国保险保障基金有限责任公司，依法负责保险保障基金的筹集、管理和使用。在筹集上，该基金的来源包含境内保险公司依法缴纳的保险保障基金等五种形式；在使用上，当满足保险公司被依法撤销或者依法实施破产，其清算财产不足以偿付保单利益等条件时，可以动用保险保障基金；在管理和监督上，基金的资金运用有限制。中国银保监会依法对保险保障

---

① 中国证监会 [EB/OL]. [2014-02-21]. http://www.csrc.gov.cn/pub/newsite/flb/flfg/bmgz/zjgs/201012/t20101231_189795.html.
② 中国证监会 [EB/OL]. [2016-04-19]. https://neris.csrc.gov.cn/falvfagui/rdqsHeader/mainbody?navbarId=3&secFutrsLawId=e6af71c957044c67b783abc0e41a4731&body=.
③ 中国保监会 [EB/OL]. [2008-09-16]. http://www.cbirc.gov.cn/cn/view/pages/ItemDetail.html?docId=372804&itemId=928&generaltype=0.

基金的业务和保险保障基金的筹集、管理、运作进行监督。财政部负责保险保障基金公司的国有资产管理和财务监督。

基于上述分析，从安全保障机制来看，各金融行业皆有相应的保障基金制度，通过成立基金管理公司负责基金的筹集、管理和使用，并由相应的监管部门对该公司实施监督。但与其他金融行业相比，信托业的安全保障机制第一个不同点在于信托业保障基金不仅在信托公司出现重大风险，面临被撤销的情形时开展接管救助工作，而且在信托公司日常经营过程中出现临时资金周转困难时也可以提供短期流动性支持。当信托公司因临时资金周转困难，需要短期流动性支持时，由信托公司向保障基金公司提出申请，并提交流动性困难解决方案及保障基金偿还计划，由保障基金公司审核决定是否使用保障基金。因此，在信托业保障基金制度下，出现流动性困难的信托公司能够及时得到资金支持，有利于缓解其面临的流动性压力，有效避免风险蔓延。信托业的安全保障机制第二个不同点在基金管理公司的设置上，与其他金融行业的管理人具有国资背景不同，中国信托业保障基金有限责任公司的出资来自信托行业的自筹资金。信托业的安全保障机制第三个不同点在基金来源上，信托业保障基金除来自信托公司缴纳的资金外，还包括参与信托市场融资的融资人缴纳的资金。

第五节 信托金融监管的未来走向

从前述对信托金融规制与监管的阐述来看，信托金融的监管目前主要集中在微观审慎层面以及机构层面。这样的监管模式存在改进的空间。微观审慎层面的监管主要关注单个信托机构自身的经营活动，通过抑制其引发的个体风险来保护客户利益，但对金融机构之间、市场之间的联系关注不够，因此对信托业的系统性风险难以做到提前的预防。机构层面的监管主要是对信托机构的市场准入、持续的稳健经营、风险管控和风险处置、市场退出等环节实施从"生"到"死"的全程监管[①]，从而能够对机构的风险状况、损失吸收能力等全面掌握，进而制订必要的风险处置预案来防止其倒闭破产。然而，由于信托机构经营的业务众多，且与其他金融机构的业务存在一定重叠性，因此机构层面的监管将同时存在监管重叠和监管真空问题，这将导致监管套利空间的增加，同时也将导致跨机构、跨行业风险的广泛蔓延。因此，对信托金融监管而言，仅有微观审慎层面的监管以及机构层面的监管都是不够的，还需要纳入其他监管方式进行补充和配合。

与微观审慎相对应，宏观审慎监管能够从金融体系的系统性角度出发对金融体系进行风险监测，因而是对微观审慎监管的有益补充。然而，无论是微观审慎监管还是宏观审慎监管，皆是以金融机构为核心，重在风险防范，对金融消费者的权益保护直接关注不足，而行为监管正是以消费者为核心，重在保护消费者权益的一种监管方式，因此行为监管成为了当前部分国家，如英国、南非、澳大利亚等国家监管体系中与审慎监管并列的一类监管方式。与机构监管相对应，功能监管则是根据金融业务的功能实施监管，其着眼点是防范监管套利，提高金融市场效率，因而是对机构监管的补充与完善。一般认为，次贷危机的爆发，也正是片面强调微观审慎层面的监管以及机构层面的监管而忽视宏观审慎监管、行为监管与功能监管所致。因此次贷危机后，宏观审慎监管、行为监管与功能监管开始受到广泛关注与重视，在此背景下，我国在 2017 年 7 月召开的第五次全国金融工作会议中也明确提出："强化监管，提高防范化解金融风险能力……加强宏观审慎管理制度建设，加强功能监管，更加重视行为监管。"这为信托金融监管的完善提供了重要的思路。本部分内容将分别对信托金融的宏观审慎监管、行为监管与功能监管展开阐述。

[①] 王兆星. 机构监管与功能监管的变革：银行监管改革探索之七［J］. 中国金融，2015 (3)：14 – 18.

一、信托金融的宏观审慎监管

(一) 宏观审慎监管的概念

"宏观审慎"（Marcoprudential）这一概念第一次被使用是在1979年6月28～29日召开的库克委员会（巴塞尔银行监管委员会的前身）会议上讨论"向发展中国家提供更多的贷款对宏观经济和金融稳定的影响"这一主题时提出的。会议指出："当微观经济问题开始形成宏观经济问题时，微观审慎性问题变成了所谓的宏观审慎性问题。"1979年10月，英格兰银行发布的一份关于银行业创新项目的背景材料中提出："'宏观审慎'的理念是，作为一个整体，市场所面临的问题与单个银行所面临的问题有所不同。"然而，直到1986年，"宏观审慎"一词才首次出现在公文中。当时，欧洲货币常设委员会（Euro-currency Standing Committee，ECSC）发布了题为《当前国际银行业的创新》（Recent Innovations in International Banking）①的联合报告，报告中"宏观审慎"被定义为维护广义金融体系和支付制度安全和稳健的一种政策。1997年亚洲金融危机后，"宏观审慎"被广泛提及。1998年1月，国际货币基金组织（International Money Fund，IMF）在题为《迈向一个健全的金融体系框架》（Toward a Framework for Financial Stability）②的报告中提到："必须实行持续有效的银行监管，这主要通过非现场监测实现，包括微观审慎与宏观审慎两个层面。宏观审慎分析是通过了解市场情况和宏观经济信息，包括关注重要的资产市场、金融中介机构、宏观经济发展和潜在失衡现象。"2000年10月，时任国际清算银行（BIS）总经理的克罗克特（Crockett）在国际银行监管会议上对比分析了微观审慎监管与宏观审慎监管，并对宏观审慎监

---

① BIS [EB/OL]. [1986-04]. https：//www.bis.org/publ/ecsc01a.pdf.
② IMF [EB/OL]. [1998-01-23]. https：//www.imf.org/en/Publications/World-Economic-and-Financial-Surveys/Issues/2016/12/30/Toward-a-Framework-for-Financial-Stability-2475.

管的内容与政策进行了阐述①。但宏观审慎监管真正受到广泛关注则是开始于美国次贷危机的爆发。2008 年起，G20、IMF 等国际组织以及美欧和部分新兴市场经济体的监管机构都对建立有效的宏观审慎监管框架进行了探索。2009 年 G20 峰会上《关于加强金融体系的声明》（*Declaration on Strengthening the Financial System*）②得到各国广泛认可。该报告呼吁加强宏观审慎监管，成立金融稳定委员会（Financial Stability Board，FSB），将其作为促进全球金融稳定的国际组织。2009 年 7 月，巴塞尔委员会专门成立宏观审慎工作组，以推动宏观审慎监管。

尽管宏观审慎监管已成为各国监管部门与学界热议的焦点，但至今对宏观审慎监管的定义尚无统一的定论。如 BIS（2001）③将其定义为："宏观审慎监管是微观审慎监管的有益补充，该方法不仅考虑单个金融机构的风险敞口，更是从金融体系的系统性角度出发对金融体系进行风险监测，从而实现金融稳定。"有学者认为④，在系统性风险的时间维度上，宏观审慎监管应对风险随时间变化而变化的关键问题是系统性风险如何对金融体系和实体经济之间的反馈效应进行放大。在系统性风险的空间维度上，宏观审慎监管应对特定时间点风险扩散的关键是处理金融机构面临的共同风险敞口。也有学者认为宏观审慎监管包含两个关键因素：一是关注整个金融体系，二是关注系统性风险对机构集体行为的依赖⑤。还有学者认为，宏观审慎监管部门的具体职能应涵盖以下三方面，一是监控庞大而迅速增长的金融风险，二是评估金融体系的潜在脆弱性，三是分析金融机构之间

---

① CROCKETT A. Marrying the Micro – Macro Prudential Dimensions of Financial Stability [R]. BIS Speech, 2000.
② G20. Declaration on Strengthening the Financial System [R/OL]. [2009 – 04 – 02]. https://www.mofa.go.jp/policy/economy/g20_summit/2009 – 1/annex2.html.
③ BIS. Cycles and the Financial System [R]. 71th Annual Report, 2001: 123 – 141.
④ BORIO C. Towards A Macroprudential Framework for Financial Supervision and Regulation [J]. Cesifo Economic Studies, 2003, 4 (2): 181 – 216.
⑤ KNIGHT M. Marrying the Micro and Macro Prudential Dimensions of Financial Stability [R]. Speech Delivered at the 14th International Conference of Banking Supervisions, BIS Speeches, 2006.

以及金融机构与金融市场之间的潜在连锁效应[①]。此外，也有学者认为，宏观审慎监管是通过对风险相关性的分析、对系统重要性机构的监管来防范和化解系统性风险，它是保障整个金融体系良好运作，避免经济遭受重大损失的一种审慎管理模式[②]。因此，尽管不同学者对宏观审慎监管都有各自的定义，但基本都涵盖了对金融体系整体进行监管、防范系统性风险和维护金融稳定等含义。

关于宏观审慎监管的特征，可以通过对其与微观审慎监管的比较进行体现：在监管目标上，宏观审慎监管通过抑制金融体系的系统性风险来避免金融不稳定对实体经济的影响，而微观审慎监管则是通过抑制单个金融机构的风险来保护客户。在监管方法上，宏观审慎监管采取自上而下的方法，其运行机制不仅包括金融机构的经营活动，还包括金融机构之间的联系、市场之间的联系，而微观审慎监管则是采取自下而上的方法，依赖对单个机构的监管。在风险特征上，宏观审慎监管认为风险与金融体系行为有关，即风险是内生的，而微观审慎监管则假定风险是外生的，个体机构的审慎行为不会带来总体不利的后果。

（二）我国宏观审慎监管的机构框架

2008年国际金融危机的爆发，各国认识到加强宏观审慎监管对系统性风险防范的重要性，为此，美国、英国等发达国家皆进行了金融监管体制改革，成立了金融业宏观审慎监管机构。我国在国际金融危机后，为强化金融业宏观审慎监管，防范系统性风险，于2008年7月10日颁布了《中国人民银行主要职责内设机构和人员编制规定》[③]，赋予中国人民银行完善金融宏观调控体系，负责防范、化解系统性金融风险，维护国家金融稳定与安全的职责。

[①] BERNANKE B. Financial Reform to Address Systemic Risk [R]. Remarks at the Council on Foreign Relations, 2009.

[②] 巴曙松，王璟怡，杜婧. 从微观审慎到宏观审慎：危机下的银行监管启示 [J]. 国际金融研究，2010（5）：83-89.

[③] 国务院 [EB/OL]. [2008-08-14]. http://www.gov.cn/gzdt/2008-08/14/content_1072077.htm.

2013年8月15日，国务院同意建立由人民银行牵头的金融监管协调部际联席会议制度。其成员单位包括中国银监会、中国证监会、中国保监会、外汇局等。其职责与任务包括：货币政策与金融监管政策之间的协调；金融监管政策、法律法规之间的协调；维护金融稳定和防范化解区域性系统性金融风险的协调；交叉性金融产品、跨市场金融创新的协调；金融信息共享和金融业综合统计体系的协调；国务院交办的其他事项。但联席会议不刻制印章，不正式行文，由于不具有强制性，因而在监管政策统一、监管协调方面作用受限。

2016年1月，国务院办公厅将秘书二局六处改设为金融事务局，负责涉及"一行三会"的行政事务协调。尽管国务院不断对金融监管体制进行调整，但仍然缺乏一个权威的金融监管协调机构。

为此，2017年7月，第五次金融工作会议提出要推进构建现代金融监管框架等要求，同年11月，国务院批准成立金融稳定发展委员会（以下简称金融委）。作为国务院统筹协调金融稳定和改革发展重大问题的议事协调机构，其职能包括：落实党中央、国务院关于金融工作的决策部署；审议金融业改革发展重大规划；统筹金融改革发展与监管，协调货币政策与金融监管相关事项，统筹协调金融监管重大事项，协调金融政策与相关财政政策、产业政策等；分析研判国际国内金融形势，做好国际金融风险应对，研究系统性金融风险防范处置和维护金融稳定重大政策；指导地方金融改革发展与监管，对金融管理部门和地方政府进行业务监督和履职问责等。

2018年3月，第十三届全国人大一次会议通过《国务院机构改革方案》[①]。根据该方案，银监会和保监会的职责合并，组建中国银行保险监督管理委员会，作为国务院直属事业单位。由此，"一委一行两会"的金融监管体系正式形成。

---

① 国务院［EB/OL］. ［2018-03-17］. http://www.gov.cn/xinwen/2018-03/17/content_5275116.htm.

2019年2月,《中国人民银行职能配置、内设机构和人员编制规定》[①]发布,其对中国人民银行的职能进行了明确,如强化了其宏观审慎监管职责,同时,也明确了内设机构以及金融委机构的设置及其相应职能。

(三)信托金融的宏观审慎监管

宏观审慎监管需要依靠宏观审慎监管工具的实施。我国宏观审慎监管最重要的措施有两类:一是构建系统重要性金融机构(Systemically Important Financial Institutions,SIFIs)评估体系;二是构建宏观审慎评估体系(Macro Prudential Assessment,MPA)。

1. 系统重要性金融机构评估体系

金融稳定理事会(Financial Stability Board,FSB)将SIFIs划为两个档次:全球系统重要性金融机构(Global Systemically Important Financial Institutions,G-SIFIs)和国内系统重要性金融机构(Domestic Systemically Important Financial Institutions,D-SIFIs)。

2018年9月20日,中央全面深化改革委员会第四次会议审议通过了《关于完善系统重要性金融机构监管的指导意见》[②],在仅中美两国未执行国内系统重要性银行监管规则的背景下,人民银行于同年11月2日在《中国金融稳定报告(2018)》[③]中提出将研究制定国内系统重要性金融机构(D-SIFIs)评估、监管和处置框架,明确D-SIFIs的定义和范围,规定其评估方法和流程,对其提出特别监管要求,施加审慎监管措施,并建立D-SIFIs特别处置机制。2018年11月27日,人民银行、银保监会、证监会联合印发《关于完善系统重要性金融机构监管的指导意见》(银发

[①] 国务院 [EB/OL]. [2019-02-02]. http://www.gov.cn/zhengce/2019-02/02/content_5363338.htm.

[②] 国务院 [EB/OL]. [2018-11-27]. http://www.gov.cn/xinwen/2018-11/27/content_5343833.htm.

[③] 国务院 [EB/OL]. [2018-11-03]. http://www.gov.cn/xinwen/2018-11/03/content_5337137.htm.

〔2018〕301号，以下简称指导意见）①。指导意见主要通过两条途径完善系统重要性金融机构监管：一方面，对系统重要性金融机构制定特别监管要求，以增强其持续经营能力，降低发生重大风险的可能性。相关部门采取相应审慎监管措施，确保系统重要性金融机构合理承担风险、避免盲目扩张。另一方面，建立系统重要性金融机构特别处置机制，推动恢复和处置计划的制订，开展可处置性评估，确保系统重要性金融机构发生重大风险时，能够得到安全、快速、有效的处置，保障其关键业务和服务不中断，同时防范"大而不能倒"风险。

值得注意的是，指导意见在总则第二条对机构范围进行了界定，该意见所称的系统重要性金融机构包括系统重要性银行业机构、系统重要性证券业机构、系统重要性保险业机构，以及国务院金融稳定发展委员会认定的其他具有系统重要性、从事金融业务的机构。该条规定表明，系统重要性金融机构的范围不仅包括银行、证券、保险机构，其他非银行金融机构都有可能纳入该范围，那么这也意味着，只要信托机构的系统重要性达到一定标准，也将会被列为D-SIFIs。此外，指导意见指出，将采用定量评估指标计算参评机构的系统重要性得分。评估指标主要衡量系统重要性金融机构经营失败对金融体系和实体经济的潜在影响，包括机构规模、关联度、复杂性、可替代性、资产变现等一级指标。人民银行会同银保监会、证监会根据各行业特点和发展状况设置二级指标及相应权重。每一参评机构具体指标值占全部参评机构该指标总和的比重与该指标相应权重的乘积之和，即为该参评机构的系统重要性得分。银保监会和证监会根据整体得分情况，确定系统重要性金融机构阈值，形成系统重要性金融机构初始名单，提交金融委办公室。由此表明，国内系统重要性金融机构的评估与全球系统重要性金融机构的评估基本保持一致。

---

① 国务院[EB/OL].[2018-11-27]. http://www.gov.cn/xinwen/2018-11/27/content_5343833.htm.

专栏4-2　信托业宏观审慎监管的必要性

中国人民银行于2020年4月17日发布了2020年第2号工作论文《系统性金融风险溢出效应研究》（以下简称论文）①，论文结论四提到："非银行金融机构抵御风险能力较弱。信托业作为资金供需方的中转枢纽，在刚兑尚未完全打破的情况下，极易受到资金供需双方的风险传导影响……因此，应注重对信托……非银行金融机构风险监控。"由此可见，信托业与系统性金融风险联系紧密，这也是对信托业开展宏观审慎监管的根本原因。然而，信托业究竟具有怎样的系统性风险隐患，从而需要对其开展宏观审慎监管，即信托业宏观审慎监管的必要性是什么，论文并未予以阐述与分析。

从业态模式来看，信托机构的业务范围具有综合性跨领域的特点，经营主体具有专营和兼营相结合的特点，因而信托业风险的传染性、关联性带有明显的系统性风险特征，从而导致信托业成为跨领域风险传染的典型载体，系统性风险隐患较为显著，具体集中在如下几方面。

一是跨领域传染性风险较大。由于信托机构的业务范围具有综合性跨领域的特点，信托产品跨机构跨市场进行交易与流通，从而形成了较长的金融产品链，涉及众多利益主体，因而某环节链条断裂时，风险会迅速在不同主体间转移，从而加剧金融市场波动，增大系统性风险隐患。

二是通道业务泛滥。在利益驱使下，为规避监管，各类金融机构都倾向于借助信托计划开展通道业务。一方面，通道业务的资金大量投向限制性行业的企业，这些企业的高风险特征大大增加了系统性风险的隐患；另一方面，通道业务还会造成资金在金融机构间往来，形成

---

① 何伊，曾嵘欣，邓飞，朱柳泉，何烈明. 系统性金融风险溢出效应研究［R］. 中国人民银行，2020（2）.

资金空转,这样复杂的资金流转过程将导致金融机构对资金把控能力下降,由于涉及多家金融机构,因此只要某个环节出现问题,风险将很容易传染至所有金融机构,从而产生系统性风险。

三是扰动金融稳定。信托产品往往存在层层嵌套形式,从而造成信托产品的杠杆率被无限放大与叠加,导致金融监管部门无法精确掌握金融市场的真实风险水平,从而扰动金融稳定,增大了系统性风险隐患。

资料来源:尹振涛. 资管业务的宏观审慎管理思路[J]. 中国金融,2017(23):33-35.

基于指导意见的要求,为完善我国系统重要性金融机构监管框架,建立系统重要性银行评估与识别机制,人民银行会同银保监会制定了《系统重要性银行评估办法》[①]。针对参评银行范围、系统重要性得分、阈值与分组以及评估指标体系都进行了相应的设计。同时,在银行被评为系统重要性银行后,后续的监管措施有:人民银行将会同银保监会制定系统重要性银行附加监管要求。拟从附加资本、杠杆率、大额风险暴露、公司治理、恢复处置计划、信息披露和数据报送等方面对系统重要性银行提出监管要求,还将建立早期纠正机制,推动系统重要性银行降低复杂性和系统性风险,建立健全资本内在约束机制,提升银行抵御风险和吸收损失的能力,提高自救能力,防范"大而不能倒"风险。在制定和实施附加监管要求时,人民银行、银保监会将充分考虑宏观经济形势、银行资本补充需求和服务实体经济等因素,合理安排出台时机。针对不同组别和类型的系统重要性银行,根据经营特点和系统性风险表现,分类施策,匹配差异化的附加监管实施方案,设置合理的过渡期安排,确保政策影响中性,稳妥有序实施。

---

① 中国人民银行[EB/OL]. [2020-12-03]. http://www.pbc.gov.cn/tiaofasi/144941/3581332/4138150/index.html.

对于保险机构而言，尽管我国尚未构建系统重要性保险机构评估指标体系，但早在 2016 年就已发布《国内系统重要性保险机构监管暂行办法（第二轮征求意见稿）》[①]。该意见稿指出，监管要素分为公司治理、并表风险管理、系统性风险管理计划、流动性风险管理计划、恢复计划、处置计划六个方面。同时，该意见稿也对监管与信息披露作出了要求，其中，在监管措施部分提到，中国保监会有权根据国内系统重要性保险机构（D‒SII）的风险状况和风险管理情况对 D‒SII 提出额外的资本要求，使 D‒SII 拥有更高的损失吸收能力。

此外，不仅针对保险机构的系统重要性评估体系尚未构建，针对除银行与保险外的其他金融子行业的系统重要性评估体系也未构建。不过，FSB 于 2015 年发布的《非银行非保险全球系统重要性金融机构评估方法》（Assessment Methodologies for Identifying Non‒Bank Non‒Insurer Global Systemically Important Financial Institutions）（以下简称评估方法）[②]，对我国非银行非保险金融机构的系统重要性评估体系的构建具有一定的参考价值。评估方法主要针对金融企业、市场中介（证券经纪商）、投资基金、资产管理公司设计了相应的评估指标。同时，对于参评的非银行非保险系统重要性金融机构，不同类别的机构有不同的标准。由于信托公司与投资基金和资产管理公司有着相似的业务运营模式，因此我国信托公司的系统重要性评估指标体系，可参考投资基金与资产管理公司：在参评公司的最低标准选择上，可考虑将信托公司的总资产以及信托资产的净额作为阈值指标。在系统重要性评估指标体系的构建上，可结合我国对系统重要性银行评估指标体系的设计，纳入投资基金与资产管理公司两类金融业态评估指标体系中的规模、关联性、可替代性以及复杂性这四个维度，并根据信托

---

① 国务院［EB/OL］．［2016‒08‒31］．http：//www.gov.cn/xinwen/2016‒08/31/content_5103986.htm．

② FSB［EB/OL］．［2015‒03‒04］．https：//www.fsb.org/2015/03/assessment‒methodologies‒for‒identifying‒non‒bank‒non‒insurer‒global‒systemically‒important‒financial‒institutions/．

公司的经营特点设计相应指标。在系统重要性信托机构的监管上，可参考《中国金融稳定报告（2018）》对系统重要性货币市场基金的监管要求，即设置更高的风险备付金要求，执行更高的流动性、投资分散度等监管标准。可考虑将系统重要性货币市场基金纳入央行宏观审慎管理框架，定期对其进行宏观审慎评估。考虑在风险备付金、流动性、投资分散度等指标上设置更高的标准，并将其纳入央行宏观审慎管理框架，定期进行宏观审慎评估。

2. 宏观审慎评估体系（MPA）

人民银行于 2015 年 12 月 29 日召开会议，会议宣布将从 2016 年起将现有的差别准备金动态调整和合意贷款管理机制升级为宏观审慎评估体系（Macro Prudential Assessment，MPA）。MPA 构建了七大类 16 项指标，每类指标总分均为 100 分，各项指标也被赋予相应权重。根据每个类别指标的得分情况，90 分以上为优秀，60～90 分为达标，低于 60 分为不达标。若七大类指标均为优秀，则为 A 档机构，若不达标指标不超过两类，且不包含资本和杠杆情况与定价行为中的任一类，则为 B 档机构，其余为 C 档机构。对于不同档机构的监管，人民银行对 A 档机构的准备金利率上浮 10%～30%，对 B 档机构维持不变，对 C 档机构下浮 10%～30%。

值得重视的是，从 2017 年第一季度开始，人民银行正式将表外理财纳入 MPA 的广义信贷范围，以合理引导金融机构加强对表外业务风险的管理。表外理财本质上属于资产管理业务，而资产管理业务本质上又是以信托法律关系为基础，因此这也为信托纳入 MPA 监管范围奠定了实践基础。2016 年第四季度《中国货币政策执行报告》[①] 指出："将更广泛的金融资产、金融机构、金融市场纳入宏观审慎管理，防范系统性风险是大势所趋。"此外，《"十三五"现代金融体系规划》（银发〔2018〕114 号）[②]

---

① 中国人民银行 [EB/OL]. [2017 - 02 - 17]. http：//www.pbc.gov.cn/zhengcehuobisi/125207/125227/125957/index.html.

② 搜狐新闻 [EB/OL]. [2018 - 05 - 30]. https：//www.sohu.com/a/233444159_100102451.

也指出，逐步扩大宏观审慎政策框架的覆盖范围，探索将影子银行、资管产品、互联网金融等更多金融活动纳入宏观审慎政策框架，实现宏观审慎管理和金融监管对所有金融机构、业务、活动及其风险全覆盖。显然，将包括信托在内的其他金融业态纳入 MPA 框架中，对完善当前宏观审慎政策框架具有十分重要的意义。基于此，未来应将信托业也纳入 MPA 的监管范围，MPA 的各指标也应根据信托业实际进行相应的调整与完善。

二、信托金融的行为监管

（一）行为监管的概念

"行为监管"（Conduct Regulation）一词最早于 20 世纪 70 年代在美国国家保险协会（National Association of Insurance Commission，NAIC）发布的《市场行为检查手册》（*Market Conduct Examiners Handbook*）[1] 中被正式提出，但在该手册中却是以"市场行为监管"（Market Conduct Regulation）一词进行表述。尽管这是第一次对行为监管进行描述，但由于当时金融市场自由主义理念占据主流，从而使行为监管这一概念并未引起学界与业界的广泛关注。直到 1995 年，英国经济学家泰勒（Taylor）针对金融监管创造性提出"双峰"理论（Twin Peaks）[2]。该理论认为金融监管应考虑两大目标：一是确保金融系统的稳定；二是保护个人储户、投资者与投保人，即保障各类消费者权益。针对上述两大目标，"双峰"理论提出分别从审慎监管（Prudential Regulation）与商业行为监管（Conduct of Business Regulation）两方面来实现，并建议应分别建立金融稳定委员会（Financial Stability Commission，FSC）和消费者保护协会（Consumer Protection Commission，CPC）两个独立的监管机构对上述两类监管理念加以

---

[1] National Association of Insurance Commission. Market Conduct Examiners Handbook [R/OL]. https：//www.naic.org/prod_serv_publications.htm.

[2] TAYLOR M. Twin Peaks：A Regulatory Structure for the New Century [M]. London：Centre for the Study of Financial Innovation, 1995.

贯彻。"双峰"理论的提出,为行为监管模式的开启提供了充分的理论契机。

所谓行为监管,是指按照金融行为,即金融机构对待金融消费者的行为,明确监管职责,其包含金融消费者保护、促进公平有效竞争、提高金融市场透明度、诚信建设和减少金融犯罪五大目标,围绕这五大目标[1],行为监管涵盖信息披露要求,禁止欺诈误导,保护个人金融信息,反对不正当竞争,打击操纵市场行为和内幕交易,规范广告行为、合同行为和债务催收行为,关注弱势群体保护,提升金融机构的诚信意识和消费者的诚信意识,解决消费争端等;同时,围绕这些制定相关规则,建立现场检查和非现场监管工作体系,促进公平交易,维持市场秩序,增强消费者信心,确保金融市场的健康、稳健运行[2]。显而易见,行为监管致力于提高金融效率,从金融行为角度出发实施金融监管。

(二)信托金融的行为监管

对于信托金融而言,行为监管更多地从维护整个金融市场竞争秩序、公平对待金融消费者角度展开。其多采用主动的、介入式的监管方法,因而可以帮助监管机构甄别信托业态模式的变化对金融体系而言是否有形成系统性风险的可能。同时,由于信托金融业态具有明显的跨行业、跨市场特征,且容易引发群体性效应,具有较大的系统性意义,因此行为监管能够帮助监管机构预警预判信托业的系统性风险,防控其积累、触发及传染扩散,防患于未然,在微观层面为宏观审慎管理打好基础,是实现宏观审慎管理与微观审慎监管相结合的可靠抓手。更为重要的是,信托业的经营宗旨是"受人之托、忠人之事",因而监管对其的基本要求是只要卖者尽责、就需买者自负,本质上是关注行为标准和程序规范,而把服务过程的

---

[1] 郑杨. 全球功能监管实践与中国金融综合监管探索[M]. 上海:上海人民出版社,2016:5.
[2] 孙天琦. 金融业行为风险、行为监管与金融消费者保护[J]. 金融监管研究,2015(3):64-77.

质量和管理资产的结果交由当事人自己去把握和承担。因此仅靠信息披露是不可能满足服务本身内在要求的，还需要信托机构和从业人员树立理性且具有良知的经营理念和职业操守，培育尊重和公正平等对待金融消费者的信托文化，这也需要由行为监管来实现。所以行为监管对信托金融来说既是基础性的，又是核心性的；既是日常性的，又是关键性的。

当前，我国对信托业的行为监管重点主要是针对受托人行为实施的监管。我国《信托法》《信托公司管理办法》《关于规范金融机构资产管理业务的指导意见》[①] 以及《信托公司受托责任尽职指引》都对受托人行为进行了相关规定。

《信托法》关于受托人行为及其承担义务都有明确规定。该法第二十五条规定："受托人应当遵守信托文件的规定，为受益人的最大利益处理信托事务。受托人管理信托财产，必须恪尽职守，履行诚实、信用、谨慎、有效管理的义务。"这对受托人的信义义务进行了规定。第二十六条规定："受托人除依照本法规定取得报酬外，不得利用信托财产为自己谋取利益。受托人违反前款规定，利用信托财产为自己谋取利益的，所得利益归入信托财产。"这对受托人的忠实义务进行了规定。第三十条规定："受托人应当自己处理信托事务，但信托文件另有规定或者有不得已事由的，可以委托他人代为处理。受托人依法将信托事务委托他人代理的，应当对他人处理信托事务的行为承担责任。"这对受托人亲自处理信托事务的义务进行了规定。

《信托公司管理办法》第二十四条规定："信托公司管理运用或者处分信托财产，必须恪尽职守，履行诚实、信用、谨慎、有效管理的义务，维护受益人的最大利益。"第三十四条规定："信托公司开展信托业务不得有下列行为：（一）利用受托人地位谋取不当利益；（二）将信托财产

---

① 中国人民银行 [EB/OL]. [2018-04-27]. http://www.pbc.gov.cn/goutongjiaoliu/113456/113469/3529600/index.html.

挪用于非信托目的的用途；（三）承诺信托财产不受损失或者保证最低收益；（四）以信托财产提供担保；（五）法律法规和中国银行业监督管理委员会禁止的其他行为。"第二十六条规定："信托公司应当亲自处理信托事务。信托文件另有约定或有不得已事由时，可委托他人代为处理，但信托公司应尽足够的监督义务，并对他人处理信托事务的行为承担责任。"这些条款分别对受托人的信义义务、忠实义务以及亲自处理信托事务的义务进行相关规定。除此之外，第二十五条规定："信托公司在处理信托事务时应当避免利益冲突，在无法避免时，应向委托人、受益人予以充分的信息披露，或拒绝从事该项业务。"第二十七条规定："信托公司对委托人、受益人以及所处理信托事务的情况和资料负有依法保密的义务，但法律法规另有规定或者信托文件另有约定的除外。"这些条款分别是对信托信息的充分披露义务以及对信托事务的保密义务进行的相关规定。

《关于规范金融机构资产管理业务的指导意见》第八条专门就管理人责任做了详细描述，金融机构运用受托资金进行投资，应当遵守审慎经营规则，制定科学合理的投资策略和风险管理制度，有效防范和控制风险。金融机构应当履行以下管理人职责：依法募集资金，办理产品份额的发售和登记事宜；办理产品登记备案手续或者注册手续；对所管理的不同产品受托财产分别管理、分别记账，进行投资；按照产品合同的约定确定收益分配方案，及时向投资者分配收益；进行产品会计核算并编制产品财务会计报告；依法计算并披露产品净值或者投资者收益情况，确定申购、赎回价格；办理与受托财产管理业务活动有关的信息披露事项；保存受托财产管理业务活动的记录、账册、报表和其他相关资料；以管理人名义，代表投资者利益行使诉讼权利或者实施其他法律行为；在兑付受托资金及收益时，金融机构应当保证受托资金及收益返回委托人的原账户、同名账户或者合同约定的受益人账户；金融监督管理部门规定的其他职责。金融机构未按照诚实信用、勤勉尽责原则切实履行受托管理职责，造成投资者损失的，应当依法向投资者承担赔偿责任。同时，资管新规还专门提出资管产品的受托机构要切实履行主动管理职责，第二十二条规定，金融机构将资产管理产品投资于其他机构发行的资产管理产品，从而将本机构的资产管理产品资金委托给其他机构进行投资的，该受托机构应当为具有专业投资能力和资质的受金融监督管理部门监管的机构，并切实履行主动管理职责，不得进行转委托，不得再投资其他资产管理产品（公募证券投资基金除外）。委托机构应当对受托机构开展尽职调查，实行名单制管理，明确规定受托机构的准入标准和程序、责任和义务、存续期管理、利益冲突防范机制、信息披露义务以及退出机制。委托机构不得因委托其他机构投资而免除自身应当承担的责任。"

《信托公司受托责任尽职指引》规定："信托公司开展信托业务，应当以受益人合法利益最大化为宗旨。信托公司开展信托业务，应当遵循卖者尽责、买者自负原则，按照信托文件约定的信托目的，恪尽职守，履行诚实、信用、谨慎、有效管理的义务。信托公司开展信托业务不得为委托人、受益人违法违规提供便利。"同时，该指引还进一步对尽职调查与审批管理、产品营销与信托设立、运营管理、合同规范、信息披露、业务创新等信托业务的各个环节所涉及的受托责任进行了详细的规定。如在"尽职调查与审批管理"部分要求，信托公司应当结合业务开展情况，根据委托人意愿以及信托财产运用的不同特点，严格按照公司信托业务操作规程开展尽职调查。又如在"产品营销与信托设立"部分要求，信托公司营销信托产品，应当坚持"了解产品"和"了解客户"的经营理念，遵循风险匹配原则、审慎合规原则，加强信托产品、营销行为合法性、合规性审查管理，向投资者销售与其风险识别能力和风险承担能力相匹配的信托产品，不得误导投资者，不得通过对信托产品进行拆分等方式，向风险识别能力和风险承担能力低于产品风险等级的投资者销售信托产品。在"运营管理"部分要求，信托公司应当按照职责分离的原则设立相应工作岗位，保证信托公司对信托业务的风险能够进行事前防范、事中控制、事后监督和纠正。在"合同规范"部分要求，信托公司与银行等金融机构开展各项业务合作时，应当签署书面文件明确各参与方的责任。在"信息披露"部分要求，信托公司应当依照法律、行政法规、部门规章及其他规范性文件及信托文件的约定，按时向委托人、受益人披露信息，并保证所披露信息的真实性、准确性和完整性，不得有虚假记载、误导性陈述和重大遗漏。在"业务创新"部分要求，信托公司不得以业务创新为名，违反法律、行政法规、部门规章及其他规范性文件的规定或变相逃避监管。

然而，针对信托业的行为监管仅有相关法律法规文件对受托人实施监管规定是远远不够的，还必须有与之配套的金融监管架构。从全球来看，"双峰"监管模式已得到越来越多国家的认可和接受。"双峰"监管模式中行为监管与审慎监管是相互并列、具有同等层次的两类监管方式。但我国尚未将行为监管提升至与审慎监管同等层次，仅作为审慎监管职能内部分工的组成部分，仍然秉持以审慎监管为主，行为监管为辅，且行为监管部门过于分散，无法全面统筹与掌握市场行为状况，职能与监管重叠，无法采取有效应对策略来保障消费者权益，因而更无法顾及行为监管在防控金融风险、维护市场秩序等其他方面的目标。

基于上述分析，我们认为，未来针对信托业的行为监管可考虑从如下方面进行升级与完善。

一是将现行"一行两会"中相分离的金融消费者权益保护功能进行合并，在人民银行内部设立行为监管机构，并设立金融消费者权益保护协会，受行为监管机构指导与管理，与审慎监管职能区别对待。行为监管机构负责制定不同行业行为监管的监管标准、监管工具以及信息平台的构建，对金融机构之间、金融机构与非金融机构之间及金融机构与消费者之间的市场行为进行独立监管，而金融消费者权益保护协会旨在维护、保障金融消费者的合法权益。

二是在具体的机构职责分工上，由人民银行负责全行业、全系统的宏观审慎监管,同时通过上述专设行为监管机构针对不同行业的行为监管提供规制指导。银保监会、证监会在宏观审慎监管方面接受人民银行指导,并分别对口负责银行业、保险业、信托业以及证券业的微观审慎监管和行为监管的具体执行。

三是由国务院金融稳定发展委员会对各机构部门间的"审慎监管+行为监管"进行统筹与协调,加强监管机构间的信息交流与共享,完善监管协调合作机制。

四是在上述监管体制完善的同时,要树立"双峰"监管理念,强化行为监管意识,推进制度建设与法律建设,为行为监管提供法律支持。此外,进一步加大对行为监管的资源支持,从行为监管的标准体系、工具体系与信息平台三个方面入手,提升行为监管能力,强化监管执法力度。

三、信托金融的功能监管

(一)功能监管的概念

默顿(1993,1995)[1,2]明确指出,金融机构分析包含两类不同的分析框架,其中之一就是基于功能观(Institutional Perspective)的分析框架。默顿(1993)认为,金融体系包含六大基本功能,分别是支付清算功能,汇集资金功能,跨时、跨区、跨业配置资源功能,管理风险功能,价格发现功能,降低信息不对称成本功能。因此,功能观强调透过复杂的表象挖掘金融的功能本质,把变革金融机构体系视为金融功能演进的要

---

[1] MERTON R C. A Functional Perspective of Financial Intermediation [J]. Financial Management, 1995, 24 (2): 23-41.

[2] MERTON R C. Operations and Regulation in Financial Intermediation: A Functional Perspective [R]. P. Englund, Ed., Operation and Regulation of Financial Markets, Stockholm, The Economic Council, 1993.

求,以提高金融功能实现效率作为改革创新的根本目标[①]。功能观分析框架存在两个基本前提:一是金融功能比金融机构更加稳定,即金融功能随时间和国界变动较金融机构更少;二是金融机构的形式以功能为指导,即机构之间的创新和竞争最终将导致金融体系功能绩效的更高效率[②]。这表明,一方面,伴随着金融体系在时间与空间上的演变,金融机构的结构将随时可能发生变化,但金融体系的上述六大基本功能却是大体稳定的,显而易见,基于功能观的分析框架更加适应复杂多变的金融发展环境;另一方面,则要求首先确定金融体系具备怎样的金融功能,然后据此建立能够最好地行使这些功能的机构与组织,显然,功能观是指导金融机构形式确立的最优分析框架。

正是由于功能观的明显优势,基于功能观分析框架的新型监管模式——功能监管(Functional Regulation)的诞生成为大势所趋。功能监管主张按照金融活动的功能划分监管对象[③,④,⑤]。也有学者认为,功能监管还可理解为对不同类型金融机构开展的相同或类似业务进行的标准统一或相对统一的监管[⑥,⑦]。其强调跨机构、跨市场监管,有利于缓和监管职能冲突,从而减少监管重叠与监管真空,消除监管套利,满足了在混业经营

[①] 郑杨. 全球功能监管实践与中国金融综合监管探索 [M]. 上海:上海人民出版社, 2016:3.

[②] 兹维·博迪,罗伯特·C. 默顿,戴维·L. 克利顿. 金融学 [M]. 2版. 北京:中国人民大学出版社, 2010:28.

[③] 郑勇. 货币银行学 [M]. 武汉:华中科技大学出版社, 2010:55.

[④] 郑杨. 全球功能监管实践与中国金融综合监管探索 [M]. 上海:上海人民出版社, 2016:4.

[⑤] 巴曙松. 资管行业的功能监管框架:国际经验与中国实践 [J]. 清华金融评论, 2018 (4):21-24.

[⑥] 王兆星. 机构监管与功能监管的变革:银行监管改革探索之七 [J]. 中国金融, 2015 (3):14-18.

[⑦] 牛绮思. 全国金融会议上的新概念:功能监管与行为监管 [J]. 中国经济周刊, 2017 (29):31.

趋势下防控交叉金融风险的需要[①,②,③]。

从实践来看,"功能监管"理论最早体现在美国1999年的《金融服务现代化法》(Financial Services Modernization Act of 1999)[④]中。该法专门设置了"功能监管"一章,要求商业银行的大部分证券业务转交单独的关联机构或子公司进行,并接受美国证券交易委员会(the U. S. Securities and Exchange Commission,SEC)的监管。由此可见,在功能监管框架下,不同金融机构相同或类似业务都将受到相对集中的监管。

(二)信托金融的功能监管

基于已有的关于功能监管的理论与实践,当前金融业态发挥的功能主要分为四大类别:一是银行业发挥吸收存款、发放贷款以及创造信用货币的功能;二是证券业发挥搭建投资者和融资者的桥梁,保证信息真实全面的中介功能;三是保险业发挥基于大数法则进行经济补偿的功能;四是信托业发挥基于受托人责任进行受托财产转移与管理的功能。因此,按照上述不同功能应设置对应的监管机构,制定对应的监管标准,构建对应的监管制度。如对于跨机构、跨行业的资产管理业务而言,资管新规规范了金融机构资产管理业务,统一了同类资产管理产品的监管标准,这是功能监管在我国监管实践中的直接体现。但资管业务的监管权限仍归属不同的监管部门,这又脱离了功能监管的意义。要实现真正的功能监管,既要规范资管业务、统一资管产品的监管标准,又要赋予资管业务单独的被监管权限。从上述金融业态发挥的功能出发,资管行业所发挥的受人之托、代人进行资产管理的功能与信托业发挥的功能极其相近,因此,从功能监管的

---

① 郑杨. 全球功能监管实践与中国金融综合监管探索 [M]. 上海:上海人民出版社,2016:4.

② 丁俊. 功能性金融监管:我国金融监管体制发展的新方向 [J]. 国际金融研究,2001(3):53-56.

③ 牛绮思. 全国金融会议上的新概念:功能监管与行为监管 [J]. 中国经济周刊,2017(29):31.

④ Investopedia [EB/OL]. [2018-06-14]. https://www.investopedia.com/terms/f/financial-services-act-of-1999.asp.

理论与实践出发,应对各金融业态中具有资产管理功能的业务(其中包括信托业务)制定统一的监管标准、构建统一的监管制度。同时,还应按照机构监管与功能监管并重的原则,打造纵横交错、经纬交织的"金融监管网"①,通过对信托机构的全程纵向监管,提高信托机构稳健经营水平,提升整个金融体系的稳健性,同时通过功能监管实现对同一或类似信托金融业务大体相当的监管,减少监管套利空间,维护市场效率和公平竞争。并且还要通过高效的协调配合机制形成二者之间的有机结合,最终实现统一监管。

---

① 王兆星. 机构监管与功能监管的变革:银行监管改革探索之七 [J]. 中国金融, 2015 (3): 14-18.

第五章

信托金融与实体经济

　　金融体系的根本任务在于支持实体经济。本章聚焦信托金融与实体经济的关系问题，分为宏观机理分析和历史经验分析两部分，其中宏观机理分析部分是本章的主要内容。首先，从社会融资规模出发，系统地阐述金融支持实体经济的方式、渠道和口径，并基于现有社会融资规模统计口径的特点，分广义口径和狭义口径分别构建信托融资规模统计指标，再从需求端和供给端出发，分别基于总量视角和结构性视角讨论信托业支持实体经济的理论机理；其次，运用历史数据，对信托融资能否从总产出、固定资产投资、居民消费、公共财政支出、全要素生产率、融资公平等几个渠道支持实体经济以及力度如何进行初步验证，并与传统的间接融资和直接融资进行对比。

第一节 信托业影响实体经济发展的宏观机理分析

本节主要开展信托业影响实体经济发展的宏观机理分析，重点在于厘清信托业影响实体经济的金融逻辑和经济属性。

一、信托业影响实体经济发展的金融逻辑分析

（一）信托融资方式与直接金融和间接金融的对比分析

金融业的核心功能是促进金融资源在不同时间和空间上进行合理配置，使有限的金融资源可以产生最大的社会效用。在这个过程中，资金的供给方和需求方需要互换信息并最终形成交易价格。人类经济活动的长期实践，最终形成了两种有效的信息获取和价格形成机制，即以金融市场为核心的直接金融系统和以金融中介机构（主要是商业银行）为核心的间接金融系统，这两种投融资渠道分别有着各自的优势和难以弥补的缺陷。

诞生之初，信托业的基本功能是财富管理，后来由于客户信托财产的保值增值需要，再加上信托关系中信托财产的相对独立性，因此受托人有了相对宽松的投资条件并派生出信托业的社会投资功能。在资金聚集和资金使用的过程中，信托融资都与传统的直接金融系统、间接金融系统存在明显差异。

本节将首先对金融系统的主要功能进行阐述，并基于这个视角对信托融资与直接金融、间接金融两种方式进行比较。

1. 金融系统的功能

金融系统是连接资金供给方和需求方的一个体系，包括金融市场和金融中介机构。20世纪90年代，默顿（Merton）和博迪（Bodie）（1993；1995）等提出了基于功能视角（functional perspective）的金融系统理论。他们认为，金融机构的构成及形式是不断变化的，但金融系统的以下六种基本功能却相对稳定。

(1) 在时间和空间上转移资源

一方面,金融系统可以创造平滑现金流的跨期金融产品并为其提供交易场所,实现金融资源的跨时期转移;另一方面,金融交易的双方可以属于不同的国家、地区,有助于实现金融资源的跨区域转移。

(2) 提供分散、转移和管理风险的途径

银行业、保险业以及股份制的产生和发展都与分散和转移风险有着直接关系,衍生金融工具出现的最初目的也是为标的资产投资者提供规避、对冲风险的工具。

(3) 提供清算和结算途径以完结商品、服务和各种资产的交易

所有的商品、服务和各种资产的交易都需要进行货币支付,而货币支付的形式较多,有时不能亲自收付,有时又需要延期、跨国等。各类金融中介提供的服务使清算和结算日益便捷、安全、快速,这润滑了经济运行,并节省了经济发展的社会成本。

(4) 提供了集中资本和股份分割的机制

股份公司、银行和投资基金等都是集中小额资金、短期资金以解决巨额资本需求的形式。例如,巨大的营运资本可以通过股票形式细分,巨大的债权可以通过基金形式分割。

(5) 提供价格信息

金融领域的价格信息,如利率、汇率和股市行情等,对投资决策、经营决策的重要性众所周知,而金融系统则提供了这些信息形成的机制。

(6) 提供解决激励问题的方法

在传统的金融实践中,公司内部的治理状况只是评价公司信誉和经营状况以决定是否向其提供金融支持的基础,而金融体系的业务行为并不介入公司治理的内部。然而,近年来的金融理论和实践认为,金融活动应该延伸至公司治理之中,以便更为有效地解决公司运营中的激励问题。

直接金融系统和间接金融系统同时具有以上六大功能。从目前信托业的展业趋势来看,信托业也已具备以上所有六种功能。接下来,本节将从

这六大基本功能出发，对信托融资和直接金融、间接金融进行比较。

2. 信托金融与直接金融和间接金融的对比

直接金融是指没有金融中介机构介入或尽管有金融中介机构介入但其并不发行自己的信用凭证的资金融通方式。资金的供给方和需求方可以直接达成协议，也可以在金融市场上交易有价证券，将金融资源进行重新配置。在这个过程中，投资者的风险偏好、金融资源的稀缺性以及融资者的信用资质，汇集在金融市场的交易行为中，并最终形成交易价格。

间接金融是有金融中介机构参与并发行其信用凭证的资金融通方式。资金的供给方和需求方之间不直接产生交易，而是分别与金融中介机构发生一笔独立的交易。例如，投资者通过存款或购买金融中介机构发行的有价证券等方式，将闲置资金先行提供给金融中介机构，再由金融中介机构通过贷款、贴现或购买融资者发行的有价证券等方式，将资金提供给融资者使用。在这个过程中，金融中介机构基于自身的专业知识和能力，判断融资者的信用资质和金融资源的稀缺性，并在满足投资者风险偏好的基础上形成交易价格。

本章的视角在于对信托业影响实体经济发展的特点分析，故这里将金融体系的六大功能总结为拓宽融资途径、优化资源配置、管理不确定性、清算和结算、提供价格信息和解决激励问题。

（1）拓宽融资途径

信托业的重要功能之一就是为实体经济提供融资服务，主要体现在以下几个方面：第一，信托公司以自身声誉为基础，通过发行有吸引力的信托产品，提升投资者的投资热情；第二，信托公司作为信息中介，有助于缓解投融资双方之间的信息不对称，促进长期项目和风险项目投资；第三，通过发行产品将大型投资项目划分为小额股份，方便中小投资者参与金融活动，充分利用社会闲置资金。

同时，信托业又有着直接金融系统和间接金融系统所不具备的灵活性。从动员社会资金的角度来看，直接金融系统主要依赖自身的价格发现和流动性提供等功能。当信息不对称较为严重时，就有可能陷入"柠檬市场"[①]的困境，进而破坏市场的正常功能，最终损害社会资金参与金融活动的积极性。而信托公司可以通过金融中介的信息共享联盟等形式获得信息优势，在为投资者提供价格信息的同时，也能以自身的专业能力为投资者提供信息支持，促进更多的社会资金参与金融活动。

另外，间接金融系统在安全性和流动性等原则的要求下，对不确定性较高或期限较长项目的支持力度较低或者支持成本较高。相比较而言，信托公司主要为投资者提供服务，不承担或较少承担投资风险，因此有着较高的风险承受能力。通过信托计划聚集起来的社会资金会适度地投向长期项目和风险项目，以追求更高的收益率。

从股份分割方式的角度来看，直接金融系统主要通过标准化的证券，将投资者的小额资金集中起来，满足融资方的资金需求，其中投资者是否进行交易，取决于投资者对融资方资质的判断；间接金融系统则省去了投资者价值判断的环节，投资者只须将资金交给金融中介，即可按时获得相对固定的收益。相比之下，信托公司作为典型的资管机构，可以设计不同类型的金融产品，对股权和债权的分割也更加灵活多样，更能充分地满足投资者和融资者的需求。

（2）优化资源配置

与直接金融系统和间接金融系统类似，一方面，信托业能够利用价格信息，引导金融资源在各经济部门中进行分配，促进社会资金对投资机会的有效利用；另一方面，信托公司发行的金融产品有助于实现金融资源的跨期、跨地域转移，满足实体经济在不同地区和不同时间节点对资金的需求。

---

① 柠檬市场，是指信息不对称的市场，即在市场中，产品的卖方对产品的质量拥有比买方更多的信息。在极端情况下，市场会止步萎缩和不存在，这就是信息经济学中的逆向选择。"柠檬"在美国俚语中表示"次品"或"不中用的东西"。柠檬市场效应则是指在信息不对称的情况下，好的商品往往遭受淘汰，而劣等品会逐渐占领市场，从而取代好的商品，导致市场中都是劣等品。

在直接金融系统中，投资者直接进入市场参与交易，而信息的不完备性往往会改变投资者的风险偏好，这意味着部分融资者将不得不以更高的成本获得资金，降低了社会资金的使用效率。而信托公司可以通过信息共享联盟等形式获得信息优势，对融资方收益和风险特征的评估更加充分，有效降低市场参与主体之间的信息不对称，进而引导社会资金流向最合理的投资项目。另外，与间接金融系统相比，信托公司具备较高的风险承受能力，可以在满足风险项目和长期项目资金需求的同时，提高投资者的收益率，使社会资金的使用效率在价格信息的引导下得到提升。

除此之外，信托公司可以发行比直接金融系统更为丰富的、收益平滑的金融产品来促进金融资源的跨期转移，而其信息优势又能解决跨地域交易中的信用需求。同时，在转换异质资产的过程中，金融中介还可以通过发挥规模和范围经济优势创造新的盈利空间，为投融资双方提供增加值。比较而言，间接金融系统也能实现上述功能，但是更为严格的监管和准入门槛，使间接金融系统在参与经济资源的跨期、跨地域转移方面有着较多的约束。

（3）管理不确定性

由于存在信息不对称和交易成本，金融体系的风险管理功能要求对风险进行交易、分散和转移，形成风险共担的机制。如果风险不能找到一种交易、分散和转移的机制，金融资源的配置就难以实现最优化。在风险承担主体和风险分散手段两个方面，信托业均具有独特的风险管理功能。

① 风险承担主体

在直接金融系统中，金融市场风险直接由投资者承担，包括投资者心理在内的诸多因素容易引发市场波动，同时投资者比较重视监管强度和企业的信息透明度；在间接金融系统中，违约风险主要由中介机构承担，因此投资者对企业信息披露的要求较低，同时在存款保险制度下，投资者对银行监管强度的重视程度较低。虽然直接金融系统中也存在为交易提供服务的中介机构，但是该类中介机构所承担的风险依然较小，不易因破产而引发系统性风险。另外，间接金融系统中的中介机构承担了较高的风险，该类中介机构存在因破产而造成投资者损失甚至引发系统性风险的可能。

信托业与传统金融体系的风险承担主体有所不同。与直接金融系统相比，首先，虽然投资者自负盈亏，但是依然可以"用脚投票"，选择盈利能力较好的信托公司和产品，信托公司则需要承担由此带来的业绩压力；其次，信托公司有专业的风险管理团队，降低了投资者直接参与市场交易所面临的风险。与间接金融系统相比，"卖者尽责、买者自负"的基本行业精神和展业理念，使信托理论上不必与投资者事先约定收益率而承担全部损失。

②风险分散手段

金融市场提供了多样化的金融资产，允许个人根据自己的风险承受能力调整资产组合，但是多样化分散投资无法消除影响全部金融资产的系统性风险。与直接金融系统相比，信托机构作为一种特定的金融中介，可以通过多样化的产品和降低市场准入门槛为投资者的风险分散提供更丰富的选择。与主要提供标准化产品的场内市场相比，信托机构在非标准化产品的提供上具有明显优势，信托产品的统一管理也可以避免由相关法律法规（如资金规模、交易单位等）对投资者参与金融市场交易的限制。

另外，以银行信贷为主的间接金融服务，为保证中介机构经营的可持续性，遵循安全性的经营原则，因此对风险项目和长期项目的支持力度通常较低。而信托公司在"卖者尽责、买者自负"的原则指导下，风险承受能力强于间接金融中介，这就意味着信托公司在管理客户投资风险的过程中可以拥有更多的选择[①]。

(4) 清算和结算

在传统的间接融资体系和直接融资体系中，资金的清算和结算服务是

---

① Allen 和 Gale（2000）将金融系统分散风险的功能区分为横向风险分担和跨期风险分担。他们认为直接金融系统在横向风险分散中占据优势，间接金融系统在跨期风险分散中占据优势。

其所发挥的重要功能之一。通过该项服务，金融交易关系得以确认，金融资产归属得以明晰，交易双方责任权利得以明确。

其实，除了间接融资体系和直接融资体系之外，信托也可以发挥清算和结算功能，其中一种重要的手段就是资金清结算服务信托。资金清结算服务信托是一种事务管理信托服务，它以信托法为法理基础，以委托人、受托人、受益人三者实现所有权、管理权和受益权三权分离的信托关系为其法律逻辑，以信托的破产隔离机制为其法律保障，以信托账户为基本工具，以互联网及IT系统为技术支撑，为客户提供多维度的清算和结算管理服务，是对信托本源业务的挖掘应用。

（5）提供价格信息

以信托为代表的资产管理业务是一种信任服务，投资者基于对信托机构及其从业人员的信任购买金融产品，而信托机构及其从业人员应当以最大化实现投资者目标为准则，在市场中寻找合适的投资标的，并进行风险管理，以实现预期收益。由于市场通常是不完美的，因此在金融产品的运作过程中，价格发现是一项基础性的工作。

信托机构需要在市场中寻找满足投资者需求的投资标的，而准确的定价才能使相关资产的收益与风险相匹配，一方面要满足不同风险偏好的投资者对投资收益的不同追求，另一方面也要满足不同风险等级的融资者获得所需的资金。因此，信托机构所出示的价格信息就引导着金融资源在不同市场参与主体之间进行转移和配置，并促进社会资金使用效率的最大化。

直接金融系统和间接金融系统也具备价格发现功能，但相比较而言，直接金融系统的价格发现功能依赖于完美市场。一旦市场参与主体间存在明显的信息不对称，就有可能导致"劣币驱逐良币"，使市场的价格发现功能遭到破坏，并打击投资者参与市场交易的积极性。间接金融系统依赖于金融中介，银行等金融中介在与企业的长期合作中积累了大量的信息，投资者可以将银行是否向企业发放贷款看成一种信号，然而银行等间接金融中介受到较为严格的监管限制，能够涉及的投资标的范围不如信托机构丰富，对市场错误定价的纠正能力有限。

(6) 解决激励问题

"激励"是一个外延较广的概念。金融活动中的激励，既包括传统的公司治理中的激励问题（即委托人和代理人之间的委托—代理问题），也包括金融交易活动中的道德风险问题。无论是委托—代理问题，还是道德风险问题，都是由于委托人（贷款人）和代理人（借款人）之间的目标不一致所导致的，也就是所谓的"激励不相容"问题。

直接金融系统主要通过如下两个渠道参与公司治理以解决激励问题：第一，通过创新型的金融工具（如期权等金融衍生工具），将代理人和委托人的利益捆绑，实现代理人与委托人的目标一致，进而实现激励相容；第二，通过提供价格信息来反映代理人是否尽责，例如，如果公司的股票价格反映了公司的盈利能力和成长空间等信息，委托人就可以据此来评价代理人的工作[①]。

间接金融系统主要通过一系列制度安排来防范债务活动中的道德风险，以激励借款人避免从事有可能导致违约的活动。例如，在银行信贷发放的过程中，对抵押物一般都有较高的要求，只有价值稳定、流动性好、对债务具有较高的覆盖率的资产才可以充当合格的抵押物。在借款人将抵押物抵押给银行后，如果还款出现困难，银行便可以自由处置抵押物，以便收回贷款或减少损失。另外，要求借款人提供担保也可以产生类似的激励机制。通过这样的制度安排，债务活动中的激励不相容问题在一定程度上得到了解决。

因为可以综合运用直接金融和间接金融的交易方式，所以相对于直接金融系统和间接金融系统，信托解决激励问题的方式更为灵活。信托既可

---

① 该渠道作用的发挥依赖于市场的有效性，即市场价格是否反映了所有信息。依据所反映的信息含量不同，可以将市场分为弱式有效、半强势有效、强式有效三种状态，具体可见兹维·博迪等（2017）第11章。

以通过股权投资等方式实现对公司治理活动的参与，以便解决委托—代理问题，也可以通过债务融资方式为实体企业提供资金，并在此过程中附加若干约束条款，以使借款人能够在很大程度上按照贷款人的意愿开展经营，并避免在高收益的诱惑下从事高风险活动，进而解决债务活动中的道德风险问题，降低信用风险。

（二）基于社会融资规模视角的信托影响实体经济分析（广义口径）

近年来，我国金融体系快速扩张，金融结构多元发展，金融产品和金融工具不断创新，商业银行表内贷款以外的金融机构和业务形式，如证券、保险类机构以及商业银行表外业务等，对实体经济的资金支持力度显著加大。因此，人民币贷款已难以全面反映实体经济的融资规模，在这种背景下，社会融资规模的概念应运而生。

社会融资规模指标在2010年被提出后，目前已为社会各界广泛接受与应用，成为衡量我国金融影响实体经济状况以及资金松紧程度的重要指标，该指标提供了行业、地域、融资结构等信息，全面反映实体经济融资状况、地区发展差异、行业发展动向、金融对经济薄弱环节的支持等。因此，尽管分析金融业对实体经济的支持有很多角度，但从机理、渠道和可实现性的角度来说，社会融资规模应该是一个最重要的突破口。

本部分将首先介绍社会融资规模的概念及构成，并致力于发掘社会融资规模的现有统计指标中与信托融资规模相关的内容，最后据此构建信托融资规模统计中的广义口径。

1. 社会融资规模的概念及构成

（1）社会融资规模的概念

为了分析方便起见，可以把经济主体分为非金融机构与金融机构两大类。非金融机构的融资即为实体经济的融资，具体可以分为两种：一是实体经济内部相互之间的资金融通；二是实体经济通过金融体系获得的融资。实体经济内部的资金融通一般属于民间融资，也是经济主体获得资金的渠道之一，但考虑到统计数据的可得性，民间融资难以纳入社会融资规模的统计范围。所以，中国人民银行目前将社会融资规模的资金来源界定为实体经济通过金融体系获得的融资。金融机构作为企业，也需要从外部融资，这种融资一方面要获得自身所需要的资本金，另一方面要获得对外进行融资的资金，以发挥其为实体经济服务的功能。金融机构从企业和居民等经济主体获得的融资通常构成它的负债，是货币供应量的范畴；金融机构以各种形式将资金配置给企业和居民，关系实体经济的发展，是社会融资规模的范畴。

在这种背景下，中国人民银行将社会融资规模定义为实体经济（非金融企业和居民）从金融体系获得的资金。其中，增量指标是指一定时期内（每月、每季度或每年）获得的资金额，存量指标是指一定时期末（月末、季度末或年末）获得的资金金额。这里的金融体系是整体金融的概念。从机构看，包括银行、证券、保险等金融机构；从市场看，包括信贷市场、债券市场、股票市场、保险市场以及中间业务市场等。具体来看，社会融资规模统计指标主要由以下四个部分构成：

第一，金融机构通过表内业务向实体经济提供的资金支持，包括人民币贷款和外币贷款。

第二，金融机构通过表外业务向实体经济提供的资金支持，包括委托贷款、信托贷款和未贴现的银行承兑汇票。

第三，实体经济利用规范的金融工具，在正规金融市场所获得的直接融资，主要包括非金融企业境内股票融资和企业债券融资。

第四，其他方式向实体经济提供的资金支持，主要包括保险公司赔偿、投资性房地产、小额贷款公司贷款和贷款公司贷款。

（2）社会融资规模统计指标的构成

社会融资规模统计指标由多项子指标构成，其中，社会融资规模增量指标由10项子指标构成，即对实体经济发放的人民币贷款（以下简称人民币贷款）、对实体经济发放的外币贷款（以下简称外币贷款）、委托贷款、信托贷款、未贴现的银行承兑汇票、企业债券、非金融企业境内股票融资、保险公司赔偿、投资性房地产和其他融资。社会融资规模存量指标则由9项子指标构成，不包括保险公司赔偿，原因是保险公司赔偿是指一定时期内因履行赔偿义务而发生的金额，没有存量和余额的概念。这些子指标的定义和统计方法如表5-1所示（盛松成等，2016）。

表5-1　　　　　　　　社会融资规模各子指标的定义和统计方法

指标名称	定义和统计方法
人民币贷款	人民币贷款是指金融机构向非金融企业、个人、机关团体以贷款、票据贴现、垫款等方式提供的人民币贷款，社会融资规模统计中的人民币贷款不包含银行业金融机构拆放给非银行业金融机构的款项和境外贷款。从期限结构看，人民币贷款主要由三项构成：短期贷款、中长期贷款和票据融资。人民币贷款属于银行业金融机构的表内业务，历来是我国金融业为实体经济提供的最主要的融资服务
外币贷款	外币贷款是指金融机构向非金融企业、个人、机关团体以贷款、票据贴现、垫款、押汇、福费廷等方式提供的外币贷款，属于银行业金融机构的表内业务。同样，社会融资规模统计中的外币贷款也不包含银行业金融机构拆放给非银行业金融机构的款项和境外贷款
委托贷款	委托贷款是指由企事业单位及个人等委托人提供资金，由金融机构（即贷款人或受托人）根据委托人确定的贷款对象、用途、金额、期限、利率等代为发放、监督使用并协助收回的贷款。社会融资规模指标统计中只包括一般委托贷款，不包含现金管理项下的委托贷款。委托贷款业务是金融机构（受托方）的表外业务
信托贷款	信托贷款是指信托投资公司在国家规定的范围内，运用信托投资计划吸收资金，对信托投资计划规定的单位和项目发放的贷款。它不列入信托投资公司自身的资产负债表，是其表外业务。社会融资规模中的信托贷款，实际是信托投资公司所管理的资金信托计划中的一种资金运用方式
未贴现的银行承兑汇票	未贴现的银行承兑汇票是指企业签发的银行承兑汇票未到金融机构进行贴现融资的部分，即境内金融机构表内表外并表后的银行承兑汇票。统计上表现为企业签发的全部银行承兑汇票扣减已在银行表内贴现的部分，其目的是保证社会融资规模不重复计算
企业债券	企业债券是指由非金融企业发行的各类债券，是一种在金融市场上的直接融资。具体包括企业债、超短期融资券、短期融资券、中期票据、中小企业集合票据、非公开定向融资工具、资产支持票据、公司债、可转债、可分离可转债和中小企业私募债等券种
非金融企业境内股票融资	非金融企业境内股票融资是指非金融企业通过正规金融市场进行的股票融资，是当前非金融企业重要的直接融资方式。目前计入社会融资规模的是非金融企业在我国境内沪深两市的股票融资，主要是A股融资（包括A股股票首发、公开增发、现金型定向增发、配股和行权融资等），也包括非金融企业的B股融资
保险公司赔偿	保险公司赔偿是指保险公司在保险合同有效期内履行赔偿义务而提供的各项资金。具体包括财产险赔款、健康险赔款和意外伤害险赔款。社会融资规模增量统计包含该子指标，而社会融资规模存量统计不包含该子指标

续表

指标名称	定义和统计方法
投资性房地产	投资性房地产是指金融机构为赚取租金或资本增值,或者两者兼有而持有的房地产,包括出资的土地所有权、持有的土地使用权、已出租的建筑物等。目前,纳入社会融资规模的投资性房地产包括银行业金融机构投资性房地产和保险公司投资性房地产两项,其中保险公司投资性房地产的量相对较大
其他融资	其他融资是指实体经济从小额贷款公司、贷款公司等获得的资金,目前主要包括小额贷款公司贷款、贷款公司贷款等

从表5-1可以看出,社会融资规模包含的内容是金融机构的资产,是非金融企业和个人的负债,因此可以从金融机构(金融市场)统计,也可以从非金融企业和个人统计。考虑到对非金融企业和个人开展统计,点多面广且统计基础薄弱,因此社会融资规模主要从金融机构的资产方和金融市场的发行方进行统计。

在实践过程中,中国人民银行不断对社会融资规模的统计方法进行完善。2018年7月起,中国人民银行将存款类金融机构资产支持证券和贷款核销纳入社会融资规模统计,在"其他融资"项下单独列示。2018年9月起,中国人民银行将地方政府专项债券纳入社会融资规模统计,地方政府专项债券按照债权债务在托管机构登记日统计。2019年9月起,中国人民银行进一步完善社会融资规模中的企业债券统计,将交易所企业资产支持证券纳入企业债券指标。

(3)社会融资规模的统计原则

社会融资规模主要包括以下五项基本统计原则。

①居民原则

社会融资规模的持有部门和发行部门均为居民部门。社会融资规模的持有部门(借款人或债务人),是指通过自身的负债活动获得资金的实体经济部门,即住户和非金融性公司;社会融资规模的发行部门(贷款人或债权人),是指实体经济所获资金的境内提供者,除境内金融性公司外,还包括住户和非金融性公司。

②金融原则

社会融资规模是指实体经济从金融体系获得的资金。也就是说,从非金融体系如通过个人途径和财政体系获得的融资,不在社会融资规模的统计范畴内。

③合并原则

社会融资规模包括金融机构、金融市场通过间接或直接方式向实体经济提供的资金支持,因此在统计社会融资规模时,要将金融机构间的债权和债务关系合并处理,金融机构通过金融市场对实体经济的资金支持与金融市场直接融资也要避免重复统计。在数据汇总方面,金融机构之间的债权和所有权关系相互轧差,不重复计算。

④计价原则

社会融资规模各项子指标在统计时,均采用发行价或账面值进行计价,以避免股票、债券等金融资产的市场价格波动扭曲实体经济的真实筹资。具体计价方式如下:贷款类金融资产直接用账面值计价;银行承兑汇票直接用承兑时的汇票账面值计价;债券和股票类资产按面值或账面值进行计价;计算社会融资规模增量时,外汇资产用当期平均汇率转换为人民币计价,计算社会融资规模存量时,外汇资产用期末汇率转换为人民币计价。

⑤可得性原则

可得性原则是指计入社会融资规模的指标应是可统计和计量的,并且其数量较大,对经济有较明显影响。在实际操作中,虽然某些统计指标具有良好的理论基础,但由于可得性差或数额较小,统计成本较大,也可暂时不计入。

(4) 现有统计口径的不足

如前文所述,现有社会融资规模的统计口径由 10 项统计指标构成,虽然该指标体系可以反映实体经济的大部分融资活动,但仍有一些融资方式没有被覆盖,至少包含以下三方面内容。

①交叉性金融产品

交叉性金融产品是各金融机构推出的涉及两个以上金融市场或金融机构的金融产品。在社会融资规模的现有统计口径中,未完全纳入商业银行通过信托计划、券商资管计划、保险资管计划、基金资管计划、期货资管计划和银行表内资产投资非标等交叉性金融产品投入实体经济的资金。例如,商业银行通过信托计划投资非上市公司股权,以及通过券商资管计划等投资非标资产的资金等,由于这些资产无法在正规金融市场获得公允价值,因此没有纳入现有社会融资规模统计口径,虽然这部分资金的确流入了实体经济,但是并没有被现有的社会融资规模统计口径所覆盖。

②信用类金融产品

对于信用类金融产品,社会融资规模的现有统计口径包含金融机构正常的表内贷款和表外贷款,以及在正规金融市场上发行的各类债券,不包括或不完全包括实体经济通过融资租赁业务、典当融资业务、北金所债权融资计划、产业投资基金和资产证券化等途径获得的资金。

③股权类融资工具

类似于信用类金融产品,在股权类融资工具中,社会融资规模的现有统计口径包括在正规金融市场上发行的各类股票,即 A 股和 B 股融资,不包括或不完全包括实体经济通过股票质押、新三板市场和四板市场获得的资金。

2. 广义信托口径构建

在介绍了社会融资规模的概念及构成之后,本节将挖掘社会融资规模现有统计指标中与信托业相关的部分。此外,本章将广义信托融资规模界定为由信托业投入实体经济的全部资金,因此这里还将讨论社会融资统计口径以外的,由信托业向实体经济进行的融资方式。

(1) 表内贷款与表外贷款

经历多次金融监管框架变革之后,目前我国主要是由银保监会负责批准经营贷款业务,目前可以发放贷款的也主要是银保监会监管的银行业金融机构,主要有两大类:一是银行,二是信托机构。

商业银行的贷款可以分为自营贷款和委托贷款两大类,但以自营贷款为主,由于《商业银行委托贷款管理办法》禁止商业银行通过资管产品发放委托贷款,委托贷款的规模急剧萎缩。根据《信托公司管理办法》的规定,信托公司管理运用或处分信托财产时,可以依照信托文件的约定,采取投资、出售、存放同业、买入返售、租赁、贷款等方式进行,同时信托公司固有业务项下可以开展存放同业、拆放同业、贷款、租赁、投资等业务。因此,信托公司不仅可以做信托贷款,其固有资金也可以发放贷款。然而,信托公司的贷款业务经营模式和银行不同,信托公司主要是以信托贷款为主,即通过受托管理的信托财产发放贷款,属于信托公司的表外业务;而固有资金贷款,即通过自有资金发放贷款则少之又少(见表5-2)。

表5-2　　　　　　　商业银行和信托公司贷款业务对比

金融机构	表内贷款业务	表外贷款业务
商业银行	自营贷款	委托贷款
信托公司	固有资金贷款	信托贷款/委托贷款

从社会融资规模的统计指标来看,涉及贷款的指标可以分为金融机构表内贷款业务和金融机构表外贷款业务两类。

①金融机构表内贷款业务

在社会融资规模的统计指标中,金融机构表内业务融资包括人民币贷款和外币贷款,这两类业务均属于银行业金融机构的表内业务。信托公司属于银行业金融机构,可以通过自有资金从事表内贷款业务,因此广义信托融资规模口径应包括人民币贷款和外币贷款中的信托成分。

②金融机构表外贷款业务

在社会融资规模的统计指标中,金融机构表外业务融资包括委托贷款、信托贷款和未贴现的银行承兑汇票。

委托贷款是指金融机构按委托人指定要求所发放的贷款。不同金融机构对委托贷款的会计处理方式不同,通常将其视为表外业务,但也有金融机构将其视为表内业务。就信托公司而言，这种贷款的资金来源是特约信托存款，贷款的对象、数量和用途均由委托人决定，信托公司只负责办理贷款的审查发放、监督使用、到期收回和计收利息等事项，不负盈亏责任。《商业银行委托贷款管理办法》规定，严禁交叉委托贷款，随后委托贷款的规模急剧萎缩，我们将在"狭义口径信托构建"中对此展开讨论。在现阶段，委托贷款应该被纳入广义信托融资规模口径。

信托贷款方面，信托公司可以开展资金信托业务和动产、不动产及其他财产的信托业务，因此信托公司可以按照约定的条件和目的，对委托人的资产进行管理运用和处分。信托贷款和委托贷款的重要区别在于：委托贷款中借款人负有直接向委托人还款的义务，贷款风险由委托人自行承担；信托贷款合同纠纷中，借款人是合同以外的第三人，其没有直接向委托人还款的义务。综上所述，信托贷款是典型的信托公司业务形式，广义信托融资规模口径应包括信托贷款。

未贴现的银行承兑汇票方面，信托公司参与票据业务的传统模式是与商业银行合作参与票据资产的转/受让，但2012年监管部门针对信托公司参与票据业务下发了专门通知，要求信托公司票据业务到期后自动终止，不得新增。2016年上海票据交易所的成立，《票据交易管理办法》明确信托公司等金融机构可以参与票据交易，目前，信托公司参与票据业务的交易模式主要有三种，如表5-3所示。

表5-3　　　　　信托公司参与票据业务的三种交易模式

交易模式	交易模式解释
自有资金参与票据交易	该交易模式下，信托公司的获利方式有两种：一是类似于股票的波段操作，信托公司低买高卖，获取波段收益；二是其他市场参与者将票据转让给信托公司后，信托公司持有到期后办理托收
成立信托计划参与票据交易	与自有资金参与票据交易在交易模式、获利方式和公司管理制度上是一致的，然而也有两点主要区别：一是两者监管要求不同，信托计划参与票据交易必须向监管部门报备，通过后方可成立，信托公司自有资金参与票据交易无须向监管部门报备；二是信托计划需要募集资金，自有资金无须募集资金

续表

交易模式	交易模式解释
票据资产证券化业务	由于银行承兑汇票流动性较好，不适宜作为资产证券化标的资产，所以汇票资产证券化主要指商业承兑汇票。而社会融资规模中统计的是未贴现的银行承兑汇票，因此该项目可以忽略不计

综上所述，信托机构参与票据业务主要通过前两种模式。从获利方式来看，信托机构可以直接参与二级市场交易赚取买卖价差，也可以接受市场参与者的转让并持有到期。事实上，接受市场参与者转让并持有到期的部分相当于提前为实体经济注入了流动性，应纳入广义的信托融资规模口径；直接参与二级市场赚取买卖价差的部分是否应纳入广义信托融资规模口径，实际上与金融工具融资具有相似之处，此部分内容将一并在后面进行讨论。

（2）金融工具融资

社会融资规模统计口径对金融工具的要求：实体经济利用规范的金融工具，在正规金融市场所获得的直接融资，主要包括非金融企业境内股票融资和企业债券融资。其中，非金融企业境内股票融资主要是指 A 股融资，也包括 B 股融资，但暂时不包括新三板市场融资和四板市场融资，也不包括场外融资；企业债券是指由非金融企业发行的各类债券，具体包括企业债、超短期融资券、短期融资券、中期票据、中小企业集合票据、非公开定向融资工具、资产支持票据、公司债、可转债、可分离可转债和中小企业私募债等券种。2019 年 9 月起，中国人民银行进一步将交易所企业资产支持证券纳入企业债券指标。

①一级市场

一级市场，也称发行市场或初级市场，是筹集资金的企业或政府机构将其新发行的股票和债券等证券销售给最初购买者的金融市场。一般而言，资金需求方直接在一级市场上获得资金，是金融市场影响实体经济的典型体现。就信托公司而言，信托公司有资格直接参与一级市场的股权和债权投资，因此这部分资金应纳入广义信托融资规模口径。

②二级市场

关于信托公司参与二级市场投资的资金是否应视为影响实体经济发展，本章认为：首先，二级市场的主要功能是提供流动性和价格发现，这也是一级市场能正常发挥融资功能的基础和保障；其次，企业或政府机构通过首次公开发行获得的资金由众多投资者聚集而来，信托公司通过二级市场购买证券，就意味着必定会有投资者将资金收回，信托公司投资的部分资金可以视为被企业或政府机构当前使用。因此，信托公司通过二级市场购买的证券也应视为影响实体经济发展，并纳入广义信托融资规模口径。

之所以信托公司的部分而不是全部资金被企业或政府机构当前使用，是因为信托公司通过二级市场购买证券是以市场价格成交，而企业或政府机构通过首次公开发行获得的资金是以发行价格成交。社会融资规模在统计中已经考虑到这一问题，并在统计原则中规定债券和股票类资产按面值或账面值进行计价。因此，广义信托融资规模口径也应遵循这个原则，用信托公司持有的债券或股票类资产的数量乘以面值或账面值进行计算。类似地，在表外贷款业务中提到的未贴现的银行承兑汇票，也应纳入广义信托融资规模口径，并直接用承兑时的汇票账面值计价。

（3）地方政府专项债券

2018年9月起，中国人民银行将地方政府专项债券纳入社会融资规模统计，地方政府专项债券按照债权债务在托管机构登记日统计，将地方政府专项债券纳入社会融资规模统计符合广义信用的统计理念。地方政府专项债券是指地方政府为有一定收益的公益性项目（如土地储备、收费公路、棚改等）发行的、约定一定期限内以公益性项目对应的政府性基金或专项收入还本付息的政府债券。从债券投资者看，主要为金融机构；从运作模式看，专项债券不纳入财政赤字，归口政府性基金预算管理，不属于一般公共预算。综上所述，在投资收益和风险合适的情况下，信托公司可以投资地方政府专项债券，这部分资金应纳入广义信托融资规模口径。

(4) 其他方式融资

在社会融资规模的现有统计口径中，其他方式融资主要包括保险公司赔偿、投资性房地产、小额贷款公司贷款和贷款公司贷款等。2018年7月起，中国人民银行将存款类金融机构资产支持证券和贷款核销纳入社会融资规模统计，在"其他融资"项下单独列示。信托公司是银行业金融机构，同时也是非存款类金融机构，因此上述融资方式中涉及信托公司的主要包括投资性房地产和贷款核销。

首先是投资性房地产，不同于金融系统向房地产企业提供的表内贷款和表外贷款，社会融资规模统计口径中的投资性房地产主要包括金融系统出资的土地所有权、持有的土地使用权、已出租的建筑物等。就信托公司而言，参与投资性房地产通常有两种形式：一是从自身利益出发，将自有资金投向房地产业以求赚取租金或资本增值；二是委托人基于对信托公司的信任，将自己合法拥有的资金委托给信托投资公司，由信托投资公司按委托人的意愿以自己的名义，为受益人的利益或特定目的，将资金投向房地产业并对其进行管理和处分的行为。上述两种参与形式都应纳入广义信托融资规模口径。

其次是贷款核销，贷款核销通常是指商业银行按规定将呆账贷款或贷款损失予以核销的一种制度。虽然信托公司的贷款业务规模与商业银行相去甚远，但是随着不良贷款率的攀升，信托公司也需要对不良贷款进行处置。贷款核销意味着对银行类金融机构的内部账面进行处理，因此在人民币贷款和外币贷款中不再体现，然而金融机构投入实体经济的资金并没有回笼。于是，贷款核销应纳入广义信托融资规模口径。

(5) 社会融资以外的融资途径

上文分析了社会融资规模现有统计口径未纳入的融资途径，主要包括三个方面：交叉性金融产品、信用类金融产品和股权类融资工具，下面将据此讨论其中涉及信托公司的部分。

第一，信托业可以通过银信合作模式参与交叉性金融产品。一方面，信托公司协助银行投资非标产品，或通过买入返售等方式向实体经济变相放贷，直接或间接为实体经济融资；另一方面，在商业银行表外信用扩张受限后，银行通过表内创新推动同业链条快速发展，最终成为主流的委外模式，使银行与非银行金融机构得以串联。

第二，信托业可以通过资产证券化（ABS）以及交易非正规金融市场债券的方式参与信用类金融产品。目前，现有社会融资规模统计口径中主要包含银行表内资产投资 ABS 的部分，对 ABS 的其他投资路径未纳入统计。此外，非正规金融市场债券主要包含以非公开方式挂牌或其他非标准化的债券。

第三，信托业可以通过上市公司股票质押、新三板市场和四板市场参与股权类融资工具。现有社会融资规模统计口径包括实体经济通过正规金融市场进行的股票融资，主要是 A 股融资和 B 股融资，未纳入其他形式的股权类融资方式。

3. 广义信托融资规模

基于上述讨论，对广义信托融资规模口径的总结如表 5-4 所示。

表 5-4　　　　　　　　　　广义信托融资规模口径

指标名称	定义和统计方法
人民币贷款	人民币贷款是指信托公司以自有资金向非金融企业、个人、机关团体以贷款、票据贴现、垫款等方式提供的人民币贷款；外币贷款是指信托公司以自有资金向非金融企业、个人、机关团体以贷款、票据贴现、垫款、押汇、福费廷等方式提供的外币贷款。广义信托融资规模中的人民币贷款和外币贷款不包含信托公司拆放给其他金融机构的款项和境外贷款，且这两项子指标都属于信托公司的表内贷款业务。
外币贷款	
委托贷款	委托贷款的资金来源是特约信托存款，贷款的对象、数量和用途均由委托人决定，信托公司只负责办理贷款的审查发放、监督使用、到期收回和计收利息等事项，不负盈亏责任。信托贷款是指信托公司在国家规定的范围内，运用信托投资计划吸收资金，对信托投资计划规定的单位和项目发放的贷款。委托贷款和信托贷款通常不列入信托公司自身的资产负债表，视为表外业务。
信托贷款	与社会融资规模的计价方式相同，贷款类金融资产直接用账面值计价；外汇资产用当期平均汇率（计算增量时）或期末汇率（计算存量时）转换为人民币计价。
未贴现的银行承兑汇票	未贴现的银行承兑汇票是指企业签发的银行承兑汇票未到金融机构进行贴现融资的部分，即境内金融机构表内表外并表后的银行承兑汇票。信托公司投资未贴现银行承兑汇票，可以通过自有资金，也可以通过成立信托计划。信托公司接受市场参与者转让的汇票，无论是否持有至到期，都实际上为实体经济注入了流动性。 与社会融资规模的计价方式相同，银行承兑汇票直接用承兑时的汇票账面值计价。

续表

指标名称	定义和统计方法
企业债券	企业债券融资和非金融企业境内股票融资都属于金融市场直接融资。企业债券是指由非金融企业发行的各类债券，具体包括企业债、超短期融资券、短期融资券、中期票据、中小企业集合票据、非公开定向融资工具、资产支持票据、公司债、可转债、可分离可转债、中小企业私募债和交易所企业资产支持证券等券种；非金融企业境内股票融资是指非金融企业通过正规金融市场进行的股票融资，包括非金融企业在我国境内沪深两市的股票融资，即A股融资（包括A股股票首发、公开增发、现金型定向增发、配股和行权融资等）和B股融资。信托公司无论是参与一级市场还是二级市场，实际上都可以视为企业利用了其资金。 与社会融资规模的计价方式相同，债券和股票类资产按面值或账面值进行计价。
非金融企业境内股票融资	
投资性房地产	投资性房地产是指金融机构为赚取租金或资本增值，或者两者兼有而持有的房地产，包括出资的土地所有权、持有的土地使用权、已出租的建筑物等。信托公司投资房地产，可以通过自有资金，也可以通过成立信托计划。
贷款核销	虽然信托公司的贷款业务规模与商业银行相去甚远，但是随着不良贷款率的攀升，信托公司也需要对不良贷款进行处置。贷款核销意味着对银行类金融机构的内部账面进行处理，因此在人民币贷款和外币贷款中不再体现，然而金融机构投入实体经济的资金并没有回笼。
交叉性金融产品	在银信合作模式中，除协助银行投资非标等金融产品外，信托公司还可以通过买入返售等方式协助银行"变相放贷"，因此这类信托计划事实上起到了向实体经济提供资金的作用。
非正规金融市场交易的股权和债权资产	现有的社会融资规模统计口径只包括通过在正规金融市场进行的股权融资和债权融资，而通过其他途径交易的股权资产和债权资产都应该纳入广义信托融资规模的统计口径。

（三）基于社会融资规模视角的信托影响实体经济分析（狭义口径）

基于社会融资规模的统计指标和统计原则，上文构建了广义信托融资规模口径。然而，广义信托融资规模口径下仍有部分脱实向虚的资金在金融体系内空转。具体而言，有部分资金在金融系统多个机构间流转，没有流入或者至少是没有直接流入实体经济，并造成金融统计中的重复计算。因此，本节将狭义信托融资规模界定为：信托业投入实体经济的资金，剔除金融体系空转后的剩余部分。为了方便分析，本章将对现有统计口径下信托公司的资金投向和资金来源进行讨论，并从广义信托口径中将在金融体系中空转的这部分资金剔除以构建狭义信托口径。

1. 资金空转的两种模式

无论是广义信托融资规模口径还是狭义信托融资规模口径，都继承了社会融资规模从金融机构资产方和金融市场发行方进行统计的基本原则，即从资金需求端来进行统计，因此可以确保该统计口径下的社会资金投向了实体经济。然而，这并不代表资金在投向实体经济之前没有在金融系统内部的复杂嵌套关系中进行传导。由此可见，在广义信托融资规模的基础上，还需要对这部分资金的来源进行讨论，并找出其中空转的部分予以剔除。

由于广义信托口径确保了资金从信托业流出时投入了实体经济，因此需要重点讨论资金在流入信托业之前经历了怎样的传导链条。为了方便讨论，本章将资金空转分为单个金融机构介入的空转链条（即金融机构中只有信托机构参与）以及多个金融机构介入的空转链条（即资金流入信托机构之前还经过了其他金融机构）。

（1）单个金融机构介入的空转链条

虽然广义信托口径可以确保资金投入实体经济，但是无法控制获得资金的非金融企业和居民如何使用这些资金。盛松成等学者提到了一种范式，如甲企业得到 A 银行的一笔贷款，并将部分资金投入日常运营，而将剩余部分资金存入银行，银行再次将这笔存款贷给乙企业，于是在统计贷款总额时就出现了重复计算，也可以理解为资金在金融体系中出现了一次空转。本章将这种情况定义为单个金融机构介入的空转链条，如图 5 – 1 所示。

由于融资方的资金用途具有不可预测性，因此这种情况在金融统计中难以避免，不符合可得性原则，于是中国人民银行在社会融资规模的统计中对该问题进行了忽略。综上所述，广义信托融资规模和狭义信托融资规模的构建，本章都参考中国人民银行的做法，直接将这部分资金纳入狭义信托融资规模的统计口径，不作为资金空转处理。

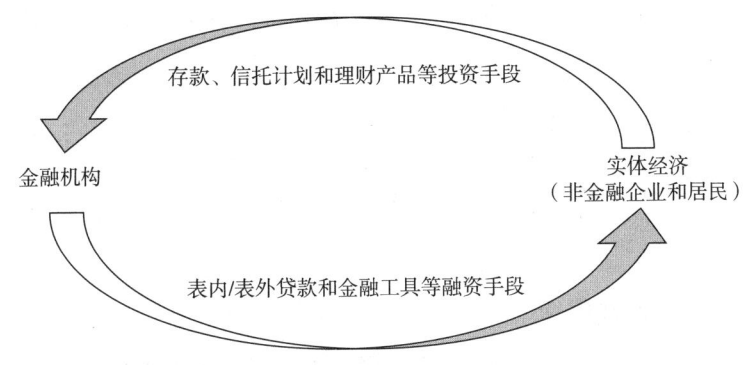

图 5-1　单个金融机构介入的空转链条①

(2) 多个金融机构介入的空转链条

资金在金融体系中的空转还可以有多个金融机构介入，鉴于本部分重点研究的是狭义信托融资规模的构建，因此这里将资金投入实体经济之前的最后一个环节设定为信托机构，如图 5-2 所示。

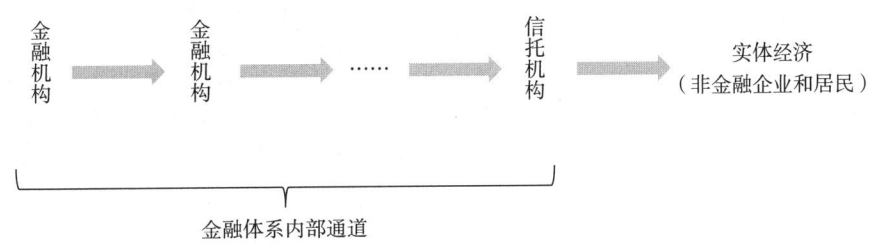

图 5-2　多个金融机构介入的空转链条

对于多个金融机构介入的空转链条，信托公司的资金来源为其他金融机构而不是实体经济，这意味着最初将资金纳入金融体系的不是信托机构而是其他金融机构，而信托机构只是作为通道的一个环节而存在。由于金融体系影响实体经济涵盖了从资金聚集到资金配置的完整过程，既然资金从金融体系外进入金融体系的聚集过程最初不是由信托机构完成的，换言之，信托公司没有参与这部分资金从社会聚集到金融体系的过程，因此不应该纳入信托业影响实体经济的资金统计口径。

---

① 在本部分讨论狭义信托口径时，图中的金融机构是指信托公司。

综上所述，就资金来源端而言，本章认为广义信托口径可以包含从其他金融机构流入信托公司，再由信托公司投入实体经济的社会资金，而狭义信托口径应该将其剔除。接下来，本章将对各个广义信托口径统计指标中是否包含由其他金融机构流入信托业的资金进行讨论，并在每个统计指标中予以剔除。

2. 狭义信托融资规模

通过上述分析，广义信托融资规模口径中在金融体系内空转的资金主要是指从其他金融机构流入信托公司的部分，于是狭义信托融资规模口径应对这部分进行剔除，如表 5-5 所示。

表 5-5   狭义信托融资规模口径

广义信托口径统计指标	是否存在从其他金融机构流入信托公司的资金	狭义信托口径指标的定义和统计方法
人民币贷款	否	信托公司的人民币贷款和外币贷款都使用其自有资金，属于信托公司的表内业务，因此狭义信托融资规模口径应对这部分资金完整保留，不存在需要剔除的部分。
外币贷款	否	与社会融资规模的计价方式相同，贷款类金融资产直接用账面值计价；外汇资产用当期平均汇率（计算增量时）或期末汇率（计算存量时）转换为人民币计价。
委托贷款	是	委托贷款、信托贷款和未贴现的银行承兑汇票都是信托公司的表外业务，且都属于典型的非标资产，是其他金融机构借道信托公司，规避监管的重灾区，因此应将其他金融机构投入信托公司的资金视为空转，并予以剔除。
信托贷款	是	与社会融资规模的计价方式相同，贷款类金融资产直接用账面值计价；外汇资产用当期平均汇率（计算增量时）或期末汇率（计算存量时）转换为人民币计价；银行承兑汇票直接用承兑时的汇票账面值计价。
未贴现的银行承兑汇票	是	
企业债券	是	信托公司可以通过设立信托计划为其他金融机构提供资产管理服务，并投资债权类资产和股权类资产。根据本节对狭义信托口径的定义，这部分应视为金融体系内部的资金空转，并予以剔除。
非金融企业境内股票融资	是	与社会融资规模的计价方式相同，债券和股票类资产按面值或账面值进行计价。
投资性房地产	是	投资性房地产也是信托公司发挥通道功能的主要领域，狭义信托融资规模口径应将其他金融机构借道信托公司进行房地产投资的资金予以剔除。

续表

广义信托口径统计指标	是否存在从其他金融机构流入信托公司的资金	狭义信托口径指标的定义和统计方法
贷款核销	否	贷款核销是银行业金融机构对不良贷款的一种处置制度，由于处置的对象主要为人民币贷款和外币贷款，属于信托公司的表内业务，因此狭义信托融资规模口径应对广义信托融资规模口径的这部分予以完整保留。
交叉性金融产品	是	根据本节对狭义信托融资规模的定义，所有信托业参与的交叉性金融产品都应该予以剔除。
非正规金融市场交易的股权和债权资产	是	信托公司可以通过设立信托计划帮助其他金融机构投资未上市公司的股权等非正规金融市场交易的金融资产，根据本节对狭义信托口径的定义，这部分应视为金融体系内部的资金空转，并予以剔除。

二、信托业影响实体经济发展的经济属性分析

信托业作为金融业的重要组成部分，影响实体经济发展的方向和路径是多元的。上文从金融属性分析了信托业相对于传统直接金融和间接金融的独特优势，本部分主要是从实体经济本身的角度出发，对信托业影响实体经济发展的功能和作用做进一步的系统分析。具体分析思路为先从宏观经济总量的角度，阐述信托业如何影响实体经济的各个组成部分，然后论述信托业对宏观经济发展的结构性影响，即着重分析信托业发展对实体经济的影响机理和渠道。

（一）总量分析

实体经济的发展通常可以从总需求和总产出两个角度来讨论，二者相辅相成，同增同减。通常而言，宏观经济的短期影响更适合从总需求来考察，即分析消费、投资、政府购买和净出口等宏观经济的组成部分如何变化；而长期影响更适合从总供给来考察，即从生产函数（通常是柯布—道格拉斯生产函数）出发，分析各生产要素的变化如何影响总产出。接下来，我们将分别从需求端和供给端对信托业的影响进行分析。

1. 信托业影响实体经济的需求端分析

社会总需求的含义为一定时期内社会用于消费和投资的支出所形成的对产品或劳务的购买总额,故需求端通常体现为社会支出总金额,这里主要通过支出法 GDP 核算方法衡量需求,进而体现实体经济的发展状况:

$$GDP = C + I + G + (X - M)$$

国内生产总值有四个主要组成部分,即最终消费 C、资本形成总额 I、政府支出 G 以及货物与服务的进出口额 $(X - M)$,其分别对应居民端、企业端、政府端、国际端的需求。如果将视角放在国内市场,则可以将上述模型简化为

$$GDP = C + I + G$$

因此从实体经济的需求端来看,信托业的影响途径被分为促进居民消费、固定资产投资以及政府购买三个部分。其中,居民消费指常住住户对货物和服务的全部最终消费支出,包括耐用消费品支出、非耐用消费品支出和劳务支出等;固定资产投资是指增加或更新资本资产(包括厂房、机器设备、住宅和存货等)的支出,通常包括基建投资、制造业投资和房地产投资三部分;政府购买是指各级政府购买物品和劳务的支出,是公共财政支出中除政府转移性支付以外的部分。

无论是消费、投资还是政府购买发生变化,都会影响国内生产总值(GDP),因此从需求端分析信托业如何影响实体经济,就需要讨论信托业为实体经济提供的投融资服务如何影响消费、投资和政府购买。

2. 信托业影响实体经济的供给端分析

除社会总需求外,分析信托业影响实体经济的另一视角是讨论其对社会总供给的影响。由于对实体经济供给端的分析通常从生产函数出发,所以本章对该部分的分析从最常见的柯布—道格拉斯生产函数开始:

$$Y = A L^{\alpha} K^{\beta}$$

式中,Y 是总产出,A 是全要素生产率,L 是劳动力存量,K 是资本存量,α 和 β 是劳动力和资本的相对重要性。其中:

当 $\alpha+\beta=1$ 时，意味着该生产函数满足规模报酬不变；

当 $\alpha+\beta>1$ 时，意味着该生产函数满足规模报酬递增；

当 $\alpha+\beta<1$ 时，意味着该生产函数满足规模报酬递减。

柯布—道格拉斯生产函数把生产活动的要素需求展现了出来：

首先，A 代表技术水平、制度特点等因素，也被称为全要素生产率。现代宏观经济理论非常看重该要素，并认为其是一个经济体长期增长的动力源泉。

其次，L 和 K 分别代表劳动力存量和资本存量。从社会融资规模的角度来看，资本存量通常满足以下假设：$K_t=(1-\delta)K_{t-1}+I_t$，其中 δ 代表折旧率，即本期的资本存量，是上一期资本存量折旧后再加上本期的净投资额，而社会融资规模影响的恰恰是本期的净投资额。

最后，α 和 β 分别代表劳动力和资本的投入比例，如果用社会融资规模代表一个国家的金融发展水平，那么金融发展水平越高的国家，通常越能够推动产业由劳动力密集型向资本密集型转化，具体表现为柯布—道格拉斯生产函数中的 α 值和 β 值。

综上所述，无论是 A、L、K 还是 α、β 值的改变，最终都会影响总产出 Y，而从供给端分析信托业如何影响实体经济，就需要讨论信托业为实体经济提供的融资服务分别如何影响这些要素。

（二）结构性分析

在总需求和总供给的框架下，本章将着重分析信托业发展对宏观经济的影响机理和渠道。其中，在需求端，将分别讨论信托业对居民消费、固定资产投资和政府购买的影响；在供给端，由于信托业对劳动力存量的影响不大，同时资本存量与需求端的固定资产投资存在较大的关联性，因此本章将重点讨论信托业对全要素生产率的影响。最后，考虑到当前各界对竞争中性的重视以及中小企业融资可获得性问题，本章将单独讨论信托业对融资公平问题的影响。

1. 信托与居民消费

就居民消费而言,由于经风险调整后信托产品的收益率往往较其他产品更高,因此投资者通常能在当期和未来获得更多的现金流。一方面,投资者当期获得的投资收益提升了其可支配收入的规模,因此投资者的消费行为有了更加坚实的基础;另一方面,在相关业务的实际运行中,信托产品往往能为投资者带来较为稳定的收益,为客户解决后顾之忧,因此客户可以减少为应对未来不确定性而进行的储蓄,最终促进其当期的消费行为。

2. 信托与固定资产投资

固定资产投资主要包括制造业投资、基建投资和房地产投资。其中,就制造业投资而言,信托业为实体企业尤其是中小企业的融资提供了更加多样和灵活的环境。在以商业银行为主导的间接金融系统中,由于商业银行受到更为严格的监管限制,其经营策略也更为稳健,因此对高风险项目和长期项目的支持往往较为犹豫。而在以金融市场为代表的直接金融系统中,由于投融资双方之间存在明显的信息不对称,因此交易价格必然包含了这种金融摩擦。信托业则能较好地结合二者的优势,一方面,信托业为投资者提供资产管理服务,不承担或较少承担投资损失,因此对中小企业融资风险的承受能力更强;另一方面,信托业还可以发挥金融中介的优势,通过信息共享联盟等形式充分了解融资方的信用资质,制定更为合理的利率水平。另外,在我国,以地方政府为主要投资者的基建投资和以房地产企业为主要投资者的房地产投资的重要资金来源也是信托业。综上所述,信托业可以通过灵活多样的业务形式结合直接金融系统和间接金融系统的优势,为固定资产投资提供重要的融资支持。

3. 信托与政府购买

就政府购买而言,信托业在民生工程、基础设施等领域与政府开展了良好的合作,从而增加了政府购买。政信类信托是由信托公司发起设立,将募集的资金投向国家基础产业领域,从而促进国家经济增长的一类信托产品。《中国中小城市绿皮书2019》显示，我国城镇化进程将于2020年超过60%，其间约有2.5亿人流向城市，其中传统基础设施投资需求有20万亿~30万亿元的规模。

从各发达国家的情况来看，在基础设施建设的过程中，政府资金支持较为有限，来自民间资本的资金占比逐渐增大，经过业务规范的政信类信托以其较高的安全保障性在促进政府基建项目中大有可为，是推动公共财政支出和促进实体经济增长的重要力量。

然而，也有学者认为，政府购买与居民消费和投资之间存在替代效应，居民投资的增长可能会降低社会对公共财政支出的依赖，进而降低政府财政支出的意愿。因此，信托业对公共财政支出的影响究竟如何，仍须实证检验。

4. 信托与全要素生产率

全要素生产率通常是指生产单位（主要为企业）作为系统中的各个要素的综合生产率，其中最重要的影响因素是科学技术水平。一方面，信托融资作为社会融资的一部分，能够通过为实体经济提供融资服务而促进企业投资新设备和开展相关技术研发；另一方面，信托业可以从居民消费、固定资产投资、政府购买等多角度为实体经济发展提供动力，而较高的实体经济发展水平有助于公共财政收入的提升，进而为财政支持科学研究、教育培训等领域提供基础支撑，提升全体居民的文化素养、企业产品的科技含量和生产过程的技术水平，并以此促进产业升级。

5. 信托与融资公平

由于大企业的竞争优势较为明显，通常拥有更为稳定的经营业绩，对投资者而言信用风险较低。另外，商业银行等中介机构受到较为严格的监管约束，本身对风险项目和长期项目的偏好较低，因此这些中介机构也更愿意将资金投向大企业。综合以上因素，在以间接融资为主的金融体系中，大企业总是能够比中小企业更受商业银行的青睐，中小企业面临着较为严重的融资公平问题。

信托业一方面能够通过中介机构的信息优势缓解投融资双方的信息不对称,最大化客户的投资收益,同时又激励信托公司及其从业人员充分挖掘市场中的投资机会,能够满足部分中小企业的融资需求;另一方面,由于自身不承担或较少承担投资损失,因此有利于风险项目和长期项目的融资,缓解金融系统中存在的融资歧视。综上所述,信托业对中小企业的融资需求较为友好,有利于维护融资公平。

6. 信托与产业结构升级

通过按照国家产业结构调整要求和地区未来产业空间布局,制定更具导向性的融资策略,信托有利于优化配置金融资源,推动传统行业转型升级。

与银行、证券和保险不同,信托对产业结构调整的支持作用主要体现在通过产业基金、创业基金、私募股权投资以及贷款等多种方式将资金配置到符合产业政策导向的创业企业、处于技术研发阶段的新兴产业以及具备良好发展潜力的中小企业。具体体现在:第一,信托是创业企业、中小企业和新兴产业的重要资金来源,能够有效弥补银行信贷的不足;第二,信托通过资金支持创业企业和处于技术研发阶段的新兴产业,为其最终在资本市场上市融资奠定了基础,与证券和保险形成了良性衔接;第三,作为金融服务行业,信托本身就是第三产业的重要组成部分,随着金融体系的进一步完善,其自身的发展也促成金融产业升级。

 专栏 5-1　平安信托打造私募投资平台

随着国家各类鼓励创业政策的不断出台,私募股权投资(PE)市场投资逐步升温,平安信托积极参与首次公开募股(IPO)、境外上市公司私有化、国企改制等符合国家政策发展方向的重大投资。平安信托结合多层次资本市场完善和发展的趋势,逆势推出"私募赢+"平台,为私募机构提供资金募集、系统运营、前台交易、中台风控、估值核算、专人对接等综合服务,打造国内一流的私募平台。目前,平安

> 信托瞄准国家产业升级的重点方向，全力打造"平安PE生态圈"，制定了横跨PE全产业链的成长型股权投资策略，聚焦环保、高端制造、医疗、现代服务、消费五大领域，助力国家产业升级。

7. 信托与区域经济发展

信托产生的重要原因之一，就是委托人和受益人无法完成对财产的管理和运作，从而将财产让渡给受托人进行管理。信托的专业化管理提高了财产管理效率。在信托业务中，信托财产要实现财产所有权的转移，所以信托业务的当事人之间的信任关系更加密切。信托的财产管理职能可以为区域内的居民提供财产管理服务，同时信托财产能够在相对封闭的安全环境内高效运行，可以最大限度实现财富的流转和增值。

区域之间的竞争，实质上是对资源的竞争，而其中对资本的竞争则占有举足轻重的地位。如果区域内信托业较为发达，必然可以提高区域内财产的运作效率，这对于促进内部资本的有效流动和吸纳外部资本注入，实现整个区域经济的高速发展具有重要作用。另外，通过信托手段的参与，也可以实现国有资产产权主体的相对转移，从而解决国有资产产权不实的问题，使国有所有权从占有转化为利用，从实物形态转化为价值形态，提高财产使用效率。

另外，信托业活跃于金融市场的各个层次，其灵活、多样的融资方式可以使其迅速成为聚集金融资产的主要渠道之一，进而可以极大地繁荣和丰富区域内的金融服务。此外，信托公司除了项目融资、企业购并、企业资产重组和其他的信托业务外，还可以接受保险公司、银行的委托代其经营产品。由此可见，信托公司的经营范围，明显比银行、证券公司、保险公司等金融机构要广阔得多。随着信托业的不断发展，信托产品不断创新，可以在很大程度上繁荣区域内的金融市场。

第二节 信托业影响实体经济发展的历史经验分析

本章第一节完成了信托支持实体经济的理论机理分析。这些理论机理是否得到了实证研究的支持？为了回答这一问题，本节对信托影响实体经济发展展开探索性的历史经验分析，即采用相关历史数据，对上一节所阐述的信托支持实体经济的渠道和方式进行初步验证。

一、数据和变量

本节将采用上一节若干变量的历史数据，重点对信托融资是否从上一节提到的几个方面影响了实体经济以及力度如何进行实证验证，并与传统的间接融资和直接融资进行对比①。

除信托融资规模外，本文所用其他变量的基础数据全部来源于 Wind 数据库。数据类型为时间序列数据，样本区间为 2010 年第三季度至 2019 年第三季度，数据频率为季度，共有 37 个时间节点。

按照上一节的分析，本节需要用到的变量包括国内生产总值、公共财政支出、公共财政收入、科教支出、社会消费品零售总额、固定资产投资完成额、进出口金额、消费者物价指数、贷款利率、全要素生产率、发明专利授权量、国有工业企业财务费用占比和国有工业企业利润占比。基础数据的信息如表 5-6 所示。

表 5-6 基础数据信息说明

变量	变量名	变量解释
国内生产总值	gdp	国内生产总值（GDP）是指按国家市场价格计算的一个国家（或地区）所有常住单位在一定时期内生产活动的最终成果。我们用该指标的当季值衡量当前季度宏观经济的运行状况。该指标同比增速的变量名为 gdpyy
公共财政支出	caizheng	公共财政支出一般包含 8 项内容，即一般公共服务、公共安全支出、教育支出、科学技术支出、社会保障和就业支出、医疗卫生与计划生育支出、节能环保支出和城乡社区支出。我们通过加总该指标的当月值得到当季值，用以衡量当前季度的政府消费和政府转移性支付。该指标同比增速的变量名为 caizhengyy

---

① 鉴于目前各界对产业结构升级和区域经济发展的测度方式存在较大争议，故本节的实证研究主要对信托业对实体经济其他五个方面（居民消费、固定资产投资、政府购买、全要素生产率、融资公平）的影响进行检验。

续表

变量	变量名	变量解释
公共财政收入	shuishou	公共财政收入是政府为了供应政府公共活动支出的需要，履行政府的公共管理、公共服务以及国民经济的市场化管理等职能而从企业、家庭等社会目标群体中所获得的一切货币收入的总和。我们通过加总该指标的当月值得到当季值，将其作为影响当前季度公共财政支出的重要因素（模型中的控制变量）。该指标同比增速的变量名为 shuishouyy
科教支出	kejiao	我们将公共财政支出中的教育支出和科学技术支出之和定义为科教支出，并将其作为影响国家科教水平的重要因素。该指标同比增速的变量名为 kejiaoyy
社会消费品零售总额	xiaofei	社会消费品零售总额是指企业（单位）通过交易售给个人和社会集团的非生产、非经营用的实物商品金额，以及提供餐饮服务所取得的收入金额。我们通过加总该指标的当月值得到当季值，用以衡量当前季度的社会消费水平。该指标同比增速的变量名为 xiaofeiyy
固定资产投资完成额	gutou	固定资产投资完成额是以货币表现的固定资产建设完成的工作量。我们通过该指标累计值的逐季相减得到当季值，用以衡量当前季度的社会投资水平。该指标同比增速的变量名为 gutouyy
进出口金额	maoyi	进出口金额是指实际进出我国关境的货物总金额，是进口总规模和出口总规模之和。我们通过加总该指标的当月值得到当季值，用以衡量当前季度的贸易水平。该指标同比增速的变量名为 maoyiyy
消费者物价指数	cpi	消费者物价指数（CPI）反映居民家庭一般所购买的消费品和服务项目价格水平变动情况。一方面，该指标影响其他变量的货币计价水平；另一方面，该指标影响实际利率水平
贷款利率	lilv	贷款利率是银行等金融机构发放贷款时向借款人收取利息的利率，我们选择的具体指标是金融机构人民币贷款加权平均利率。一方面，该指标反映实体经济的融资成本，影响实体经济的投资意愿；另一方面，该指标反映货币政策的松紧程度
全要素生产率	tfp	全要素生产率指生产单位（主要为企业）作为系统中的各个要素的综合生产率。我们采用索洛残差法对该指标进行估算，具体步骤如张军（2002），其中资本存量的估算参考单豪杰（2008）
国内外发明专利授权量	zhuanli	我们用该指标反映国家综合科教实力，一般而言，该指标越大，科教实力越强，全要素生产率也越高。该指标同比增速的变量名为 zhuanliyy
国有工业企业财务费用占比	gongping	国有工业企业财务费用占比是指国有工业企业财务费用占工业企业总财务费用的比例，我们用该指标反映实体经济的融资公平程度
国有工业企业利润占比	lirun	企业利润是企业融资的重要影响因素，经营绩效好的企业通常较容易获得融资，我们用该指标作为影响融资公平的控制变量
间接融资规模	jianjie	用金融机构各项贷款余额作为该指标的代理变量，反映的是我国间接金融系统影响实体经济发展的资金规模。该指标同比增速的变量名为 jianjieyy

续表

变量	变量名	变量解释
直接融资规模	zhijie	用境内上市公司总市值和债券托管总规模作为该指标的代理变量，反映的是我国直接金融系统影响实体经济发展的资金规模。该指标同比增速的变量名为 zhijieyy

二、信托融资规模的构建

本节主要基于 68 家信托公司年报中的数据构建广义信托融资规模和狭义信托融资规模。

在开始实证分析之前，需要对原始数据进行预处理。数据预处理的方式包括：第一，将信托公司自有资产和信托资产中投入非金融行业的资金总和，作为广义信托融资规模；第二，在广义信托融资规模中，将信托业协会每季度公布的信托资产中来源于银信合作的部分剔除，得到狭义信托融资规模；第三，对于以上年度数据，通过三次多项式插值法获得季度数据，结果如图 5-3 所示。

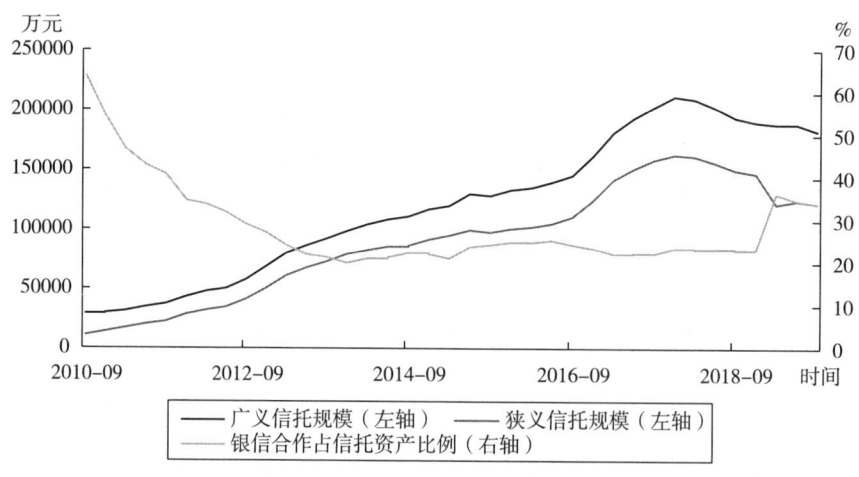

图 5-3 广义信托融资规模和狭义信托融资规模

由图 5-3 可以看出：

第一，2010 年第三季度至 2018 年第一季度，广义信托融资规模和狭义信托融资规模持续增长。

第二,2018年第一季度,即资管新规出台以后,金融监管的归位终结了整个资管行业的高速发展势头,广义信托融资规模和狭义信托融资规模出现缓慢下降。

第三,虽然近年来广义信托融资规模和狭义信托融资规模之间的差距有所拉大。但是从信托业协会公布的数据来看,银行合作模式的占比只是略微升高。

三、实证结果和分析

接下来的实证部分共包括6个部分,每个部分将信托融资、直接融资和间接融资的规模同时纳入解释变量,分析并比较三者对各经济变量的影响。具体来说,本章一方面要比较广义口径和狭义口径对各经济变量的影响差异,另一方面也要比较信托融资、直接融资和间接融资之间的差异。

除此之外,每个部分还同时包括基于规模数据的回归以及基于同比增速数据的回归。其中,规模数据采用历史累计值。由于社会融资活动对宏观经济的影响通常需要一个传导的过程,因此这部分回归重点考察各解释变量对被解释变量的长期积累效应。而同比增速数据衡量的是相邻两期的变化,因此这部分检验更侧重于考察各解释变量对被解释变量的短期影响。

另外,从内容角度来看,本章的实证检验还可以分为4个层次:第一,本章将验证各解释变量对当季GDP的总体影响;第二,从宏观经济的需求端出发,本章将分析各解释变量对GDP的主要组成部分(固定资产投资、居民消费和公共财政支出)的影响;第三,从宏观经济的供给端出发,本章将分析各解释变量对全要素生产率的影响;第四,融资公平是近年来我国金融系统特别强调的一个重要方面,本章将尝试研究信托业、直接金融系统和间接金融系统对国有企业和非国有企业之间融资公平的影响。

（一）信托融资对 GDP 增速的影响分析

前文的机理分析认为：信托业可以通过充分动员社会资金，拓宽实体经济的融资渠道，降低实体经济的融资成本，促进企业的投资和生产活动，并保障投资者在未来获得稳定的现金流，从而促进其当前消费，还可以通过在民生工程、基础设施等领域与政府部门开展良好的合作，从而增加政府消费规模。由此可见，信托业可以通过影响 GDP 的各组成部分，最终促进 GDP 的增长。

关于 GDP 的影响因素主要包括两类：一类是从需求端出发，包括上期 GDP、进出口总额、净出口、财政支出、财政收入、全社会固定资产投资、城乡储蓄存款年底余额、实际使用外资额和社会消费品零售总额等；另一类是从供给端出发，包括劳动力、资本存量、能源消费总量、产业结构等。

考虑到从需求角度出发考察 GDP 是通行做法，因此本节的检验工作主要从需求端出发，即 GDP 的 4 个重要组成部分：消费、投资、政府消费和净出口，其所对应的测度指标分别为：社会消费品零售总额、固定资产投资完成额、公共财政支出和进出口金额。

1. 基于规模数据

本节设定的计量模型为

$$gdp_t = \beta_1 \, guangyi_t + \beta_2 \, zhijie_t + \beta_3 \, jianjie_t + \beta_4 \, X_t + \varepsilon_t \qquad (1)$$

$$gdp_t = \beta_1 \, xiayi_t + \beta_2 \, zhijie_t + \beta_3 \, jianjie_t + \beta_4 \, X_t + \varepsilon_t \qquad (2)$$

式中各变量为：国内生产总值（gdp）、广义信托融资规模（$guangyi$）、狭义信托融资规模（$xiayi$）、直接融资规模（$zhijie$）和间接融资规模（$jianjie$），X 为其他控制变量，包括社会消费品零售总额（cpi）、固定资产投资完成额（$lilv$）、公共财政支出（$caizheng$）和进出口金额（$maoyi$）等。回归结果如表 5-7 所示。

表5-7 信托融资、直接融资和间接融资对GDP的影响（规模数据）

变量	模型1	模型2
常数项	6724 (19105)	7374 (18014)
guangyi	0.074 (0.083)	
xiayi		0.096 (0.060)
zhijie	0.012 (0.021)	0.011 (0.021)
jianjie	0.045** (0.018)	0.047*** (0.015)
maoyi	12.24*** (1.74)	12.07*** (1.97)
caizheng	0.616*** (0.205)	0.623*** (0.166)
cpi	2674* (1468)	3022** (1224)
lilv	-7947*** (2732)	-8072** (3503)
Adj R^2	0.97	0.98

基于规模数据的回归结果显示：

第一，同时考虑信托融资、直接融资和间接融资，只有间接融资对GDP有显著的正向影响。在模型1中，间接融资规模每提升1万亿元，当季GDP增加0.045万亿元；在模型2中，间接融资规模每提升1万亿元，当季GDP增加0.047万亿元。

第二，虽然信托融资和直接融资与GDP之间都得到了正向的回归系数，但是没有统计意义上的显著性。这表明从不同融资方式的规模数据来看，间接融资目前仍是我国宏观经济发展的主要驱动力，也证实了间接融资在我国金融体系中的主导地位。

第三，从广义信托和狭义信托融资规模比较来看，每单位狭义信托融资规模对GDP的影响大于每单位广义信托融资规模。对于这一结果，本章认为：由于广义信托融资规模包含资金在金融体系内部的传导，对于实体经济而言，这部分资金的使用成本更高，因此对实体经济的促进作用不及狭义信托融资规模。

2. 基于同比增速数据

本节设定的计量模型为

$$gdpyy_t = \beta_1 guangyiyy_t + \beta_2 zhijieyy_t + \beta_3 jianjieyy_t + \beta_4 X_t + \varepsilon_t \quad (1)$$

$$gdpyy_t = \beta_1 xiayiyy_t + \beta_2 zhijieyy_t + \beta_3 jianjieyy_t + \beta_4 X_t + \varepsilon_t \quad (2)$$

式中各变量为：国内生产总值同比增速（$gdpyy$）、广义信托融资规模同比增速（$guangyiyy$）、狭义信托融资规模同比增速（$xiayiyy$）、直接融资规模同比增速（$zhijieyy$）和间接融资规模同比增速（$jianjieyy$），X 为其他控制变量，包括进出口金额同比增速、公共财政支出同比增速、消费者物价指数和贷款利率等。回归结果如表 5-8 所示。

表 5-8　信托融资、直接融资和间接融资对 GDP 的影响（同比增速数据）

变量	模型 1	模型 2
常数项	0.029 ** (0.012)	0.04[1] *** (0.010)
$guangyiyy$	0.011 *** (0.003)	
$xiayiyy$		0.010 *** (0.002)
$zhijieyy$	0.007 ** (0.003)	0.006 ** (0.003)
$jianjieyy$	0.143 (0.087)	0.078 (0.076)
$maoyiyy$	0.015 (0.011)	0.007 (0.009)
$caizhengyy$	-0.001 (0.005)	-0.001 (0.005)
cpi	0.003 ** (0.001)	0.002 * (0.001)
$lilv$	-0.002 * (0.001)	-0.002 * (0.001)
Adj R^2	0.86	0.89

基于同比增速数据的回归结果显示：

第一，从模型1来看，广义信托融资和直接融资都对GDP有显著的正向影响。平均而言，广义信托融资规模同比增速每提升1%，当季GDP同比增速增加0.011%；直接融资规模同比增速每提升1%，当季GDP同比增速增加0.007%。

第二，从模型2来看，狭义信托融资和直接融资都对GDP有显著的正向影响。平均而言，狭义信托融资规模同比增速每提升1%，当季GDP同比增速增加0.010%；直接融资规模同比增速每提升1%，当季GDP同比增速增加0.006%。

第三，就回归系数而言，无论广义口径还是狭义口径，信托融资对当季GDP同比增速的影响都高于直接融资；而广义信托融资对当季GDP同比增速的影响高于狭义信托融资。

3. 小结

综合分析以上结果可以发现，无论是从广义角度看，还是从狭义角度看，信托融资在短期内对GDP增速的促进作用都是非常显著的，且这一作用的力度已经超过了直接融资。这意味着在重视传统的间接融资与直接融资对我国经济增长拉动作用的同时，也应该对信托融资的显著作用给予足够的重视。

(二) 信托融资对固定资产投资的影响

前面的机理分析认为信托业影响固定资产投资的途径主要是提高了资金供给规模，进而降低了实体经济的融资成本，特别是使原本无法获得贷款的企业拥有了新的融资渠道。

为了考察信托融资对固定资产投资的影响效应，需要将其他变量对固定资产投资的影响剔除。这些控制变量包括：GDP、贷款利率、财政支出等。

1. 基于规模数据

本节设定的计量模型为

$$gutou_t = \beta_1 guangyi_t + \beta_2 zhijie_t + \beta_3 jianjie_t + \beta_4 X_t + \varepsilon_t \quad (1)$$

$$gutou_t = \beta_1 xia\,yi_t + \beta_2 zhijie_t + \beta_3 jianjie_t + \beta_4 X_t + \varepsilon_t \quad (2)$$

式中各变量为：固定资产投资完成额（$gutou$）、广义信托融资规模（$guangyi$）、狭义信托融资规模（$xiayi$）、直接金融系统融资规模（$zhijie$）和间接金融系统融资规模（$jianjie$），X为其他控制变量，包括国内生产总值、公共财政支出和贷款利率等。回归结果如表5－9所示。

表5－9　信托业、直接金融和间接金融对固定资产投资的影响（规模数据）

变量	模型1	模型2
常数项	57991 * (33609)	52491 * (30611)
$guangyi$	0.496 *** (0.126)	
$xiayi$		0.461 *** (0.098)
$zhijie$	－0.023 (0.035)	－0.013 (0.034)
$jianjie$	－0.049 (0.033)	－0.025 (0.026)
gdp	0.290 (0.180)	0.236 (0.212)
$caizheng$	1.169 *** (0.408)	1.244 *** (0.422)
$lilv$	－3488 * (4522)	－3303 (4202)
Adj R^2	0.85	0.85

基于规模数据的回归结果显示：

第一，广义信托和狭义信托融资规模都对固定资产投资完成额有显著的正向影响。

第二，无论是广义还是狭义，信托融资规模对固定资产投资完成额影响的显著性均要高于间接融资和直接融资。

第三，广义信托和狭义信托融资规模比较来看，每单位广义信托融资规模对固定资产投资完成额的影响大于每单位狭义信托融资规模：在模型1中，广义信托融资规模每提升1万亿元，当季固定资产投资完成额增加0.496万亿元；在模型2中，狭义信托融资规模每提升1万亿元，当季固定资产投资完成额增加0.461万亿元。

2. 基于同比增速数据

本节设定的计量模型为

$$gutouyy_t = \beta_1 guangyiyy_t + \beta_2 zhijieyy_t + \beta_3 jianjieyy_t + \beta_4 X_t + \varepsilon_t \quad (1)$$

$$gutouyy_t = \beta_1 xiayiyy_t + \beta_2 zhijieyy_t + \beta_3 jianjieyy_t + \beta_4 X_t + \varepsilon_t \quad (2)$$

式中各变量为：固定资产投资完成额同比增速（$gutouyy$）、广义信托融资规模同比增速（$guangyiyy$）、狭义信托融资规模同比增速（$xiayiyy$）、直接金融系统融资规模同比增速（$zhijieyy$）和间接金融系统融资规模同比增速（$jianjieyy$），X为其他控制变量，包括国内生产总值同比增速、公共财政支出同比增速和贷款利率等。回归结果如表5-10所示：

表5-10 信托业、直接金融和间接金融对固定资产投资的影响（同比增速数据）

变量	模型1	模型2
常数项	-0.729*** (0.098)	-0.773*** (0.186)
$guangyiyy$	0.122*** (0.035)	
$xiayiyy$		0.051 (0.044)
$zhijieyy$	0.046 (0.037)	0.057 (0.047)
$jianjieyy$	1.649*** (0.517)	2.003** (0.724)
$gdpyy$	7.578*** (2.051)	7.725** (3.336)
$caizhengyy$	-0.009 (0.062)	-0.044 (0.071)
$lilv$	0.004 (0.019)	0.004 (0.020)
Adj R^2	0.81	0.78

基于同比增速数据的回归结果显示：

第一，就同比增速而言，广义信托始终对固定资产投资完成额有显著的正向影响。然而，狭义信托对固定资产投资完成额没有显著影响。平均而言，广义信托融资规模同比增速每提升1%，当季固定资产投资完成额同比增速增加0.122%。

第二，间接金融系统对固定资产投资完成额存在显著的正向影响。从模型1来看，间接金融系统融资规模同比增速每提升1%，当季固定资产投资完成额同比增速增加1.649%；从模型2来看，间接金融系统融资规模同比增速每提升1%，当季固定资产投资完成额同比增速增加2.003%。

第三，比较信托业和间接金融系统，从回归系数来看，间接金融系统对固定资产投资完成额同比增速的影响大于信托业。

3. 小结

基于规模数据和同比增速数据的回归结果显示，信托业能够有效促进固定资产投资完成额的增长。特别是对广义信托融资来说，无论是从长期角度考察其规模，还是从短期角度考察其增速，对固定资产投资的影响都是非常显著的。另外，狭义信托融资规模的短期增速也会对固定资产投资产生影响。

另外值得注意的是，信托融资对固定资产投资的促进程度在长期和短期内都超过了直接融资。实际上，本节的实证结果显示，无论是短期还是长期，直接融资对我国固定资产投资的影响均是不显著的，短期内的固定资产投资增速主要依赖间接融资和信托融资。

(三) 信托业发展对居民消费的影响分析

信托业之所以能影响社会消费水平，主要是因为信托产品能够为投资者提供稳定的未来现金流，并且由于降低了未来收入的不确定性，投资者存在扩大当期消费的动机。

为了单独考察信托融资对居民消费的影响，需要将其他因素对居民消费的影响剔除。这些因素主要包括人均国内生产总值、居民消费价格指数、城镇居民家庭人均可支配收入、农村居民家庭纯收入、城镇家庭恩格尔系数、农村居民家庭恩格尔系数、利率水平、货币流通量、消费偏好、制度虚拟变量等。其中，收入是消费的基础，本章选择 GDP 作为国民总收入的代理变量；物价水平是居民消费的重要影响因素，当物价水平较高时，社会消费受到抑制；公共财政支出在短期内可以通过增加需求而提升消费，但是从长期来看，财政支出对居民消费有显著的挤出效应。

1. 基于规模数据

本节设定的计量模型为

$$xiaofei_t = \beta_1 \, guangyi_t + \beta_2 \, zhijie_t + \beta_3 \, jianjie_t + \beta_4 \, X_t + \varepsilon_t \qquad (1)$$

$$xiaofei_t = \beta_1 \, xiayi_t + \beta_2 \, zhijie_t + \beta_3 \, jianjie_t + \beta_4 \, X_t + \varepsilon_t \qquad (2)$$

式中各变量为：社会消费品零售总额（xiaofei）、广义信托融资规模（guangyi）、狭义信托融资规模（xiayi）、直接金融系统融资规模（zhijie）和间接金融系统融资规模（jianjie），X 为其他控制变量，包括国内生产总值、公共财政支出和消费者物价指数等。回归结果如表 5-11 所示。

表 5-11　信托业、直接金融和间接金融对居民消费的影响（规模数据）

变量	模型1	模型2
常数项	9489 *** (2149)	8522 *** (2049)
guangyi	0.091 *** (0.031)	
xiayi		0.084 ** (0.032)
zhijie	0.016 ** (0.007)	0.018 ** (0.007)
jianjie	0.001 (0.006)	0.006 (0.007)
gdp	0.249 *** (0.042)	0.239 (0.047)
caizheng	-0.053 (0.071)	-0.038 *** (0.078)
cpi	-926 ** (427)	-883 * (470)
Adj R^2	0.98	0.98

基于规模数据的回归结果显示：

第一，广义信托和狭义信托融资规模都对社会消费品零售总额有显著的正向影响。从模型 1 来看，广义信托融资规模每提升 1 万亿元，社会消费品零售总额增加 0.091 万亿元；从模型 2 来看，狭义信托融资规模每提升 1 万亿元，社会消费品零售总额增加 0.084 万亿元。

第二，直接金融系统融资规模对社会消费品零售总额有显著的正向影响。从模型 1 来看，直接金融系统融资规模每提升 1 万亿元，社会消费品零售总额增加 0.016 万亿元；从模型 2 来看，直接金融系统融资规模每提升 1 万亿元，社会消费品零售总额增加 0.018 万亿元。虽然间接金融系统融资规模对社会消费品零售总额的回归系数为正，但是该相关关系并不显著。

第三，从回归系数值来看，信托业对社会消费品零售总额的影响大于直接金融系统；而广义信托对社会消费品零售总额的影响大于狭义信托。

2. 基于同比增速数据

本节设定的计量模型为

$$xiaofeiyy_t = \beta_1 guangyiyy_t + \beta_2 zhijieyy_t + \beta_3 jianjieyy_t + \beta_4 X_t + \varepsilon_t \quad (1)$$

$$xiaofeiyy_t = \beta_1 xiayiyy_t + \beta_2 zhijieyy_t + \beta_3 jianjieyy_t + \beta_4 X_t + \varepsilon_t \quad (2)$$

式中各变量为：社会消费品零售总额同比增速（$xiaofeiyy$）、广义信托融资规模同比增速（$guangyiyy$）、狭义信托融资规模同比增速（$xiayiyy$）、直接金融系统融资规模同比增速（$zhijieyy$）和间接金融系统融资规模同比增速（$jianjieyy$），X 为其他控制变量，包括国内生产总值同比增速、公共财政支出同比增速和消费者物价指数等。回归结果如表 5 - 12 所示。

表 5 - 12　信托业、直接金融和间接金融对居民消费的影响（同比增速数据）

变量	模型 1	模型 2
常数项	-0.162*** (0.051)	-0.140* (0.071)
$guangyiyy$	0.066* (0.037)	

续表

变量	模型1	模型2
$xiayiyy$		0.044 (0.028)
$zhijieyy$	0.090** (0.033)	0.089** (0.036)
$jianjieyy$	1.155*** (0.392)	1.171*** (0.402)
$gdpyy$	0.883 (1.205)	0.751 (1.534)
$caizhengyy$	0.008 (0.029)	0.004 (0.026)
cpi	0.009 (0.007)	0.004 (0.006)
Adj R^2	0.77	0.75

基于同比增速数据的回归结果显示：

第一，广义信托对社会消费品零售总额同比增速有显著的正向影响，而狭义信托与社会消费品零售总额同比增速之间的相关关系并不显著。平均而言，广义信托融资规模同比增速每提升1%，社会消费品零售总额同比增速增加0.066%。

第二，直接金融系统和间接金融系统对社会消费品零售总额同比增速都有显著的正向影响。从模型1来看，直接金融系统融资规模同比增速每提升1%，社会消费品零售总额同比增速增加0.090%；间接金融系统融资规模同比增速每提升1%，社会消费品零售总额同比增速增加1.155%。从模型2来看，直接金融系统融资规模同比增速每提升1%，社会消费品零售总额同比增速增加0.089%；间接金融系统融资规模同比增速每提升1%，社会消费品零售总额同比增速增加1.171%。

3. 小结

基于规模数据和同比增速数据的回归结果显示：信托业能够有效促进社会消费品零售总额的增长。特别是在基于规模数据的回归中，信托融资对社会消费的影响力超过了直接金融，而间接金融的影响并不显著。

对于上述结果,我们的认识是在长期内,影响居民消费的首要因素是可支配收入这一慢变量,而信托业、直接金融系统和间接金融系统都有为投资者保值增值,以及平滑未来现金流的功能。在我国的现实金融体系中,平均而言,在综合考虑了收益和风险因素后,我们认为,信托业给投资者带来的经风险调整后的收益最大。另外,考虑到信托产品的期限,我们认为,相对于间接融资和直接融资,信托融资给居民的提供投资回报的周期显然更长,因此从长期来看,信托业对居民消费的促进作用最为明显,超过了直接金融和间接金融。

(四)信托业发展对公共财政支出的影响分析

信托业可以通过在民生工程和基础设施等领域与政府开展良好的合作,同时通过灵活的信托计划为政府的消费和投资活动提供便利,最终促进公共财政支出。

为了单独考察信托融资对公共财政支出的影响,需要将公共财政收入、居民消费价格指数的影响予以控制。原因在于,一方面,政府的财政支出应以财政收入为基础;另一方面,物价水平也直接影响以货币计价的财政支出规模。

1. 基于规模数据

本节设定的计量模型为

$$caizheng_t = \beta_1 guangyi_t + \beta_2 zhijie_t + \beta_3 jianjie_t + \beta_4 X_t + \varepsilon_t \quad (1)$$

$$caizheng_t = \beta_1 xiayi_t + \beta_2 zhijie_t + \beta_3 jianjie_t + \beta_4 X_t + \varepsilon_t \quad (2)$$

式中各变量为:公共财政支出($caizheng$)、广义信托融资规模($guangyi$)、狭义信托融资规模($xiayi$)、直接金融系统融资规模($zhijie$)和间接金融系统融资规模($jianjie$),X 为其他控制变量,包括公共财政收入和消费者物价指数。回归结果如表 5-13 所示。

表 5-13 信托业、直接金融和间接金融对公共财政支出的影响（规模数据）

变量	模型 1	模型 2
常数项	13787 *** (3994)	13401 *** (3912)
guangyi	0.026 (0.050)	
xiayi		0.018 (0.042)
zhijie	0.004 (0.010)	0.005 (0.009)
jianjie	0.024 *** (0.007)	0.024 *** (0.007)
shuishou	0.058 (0.186)	0.063 (0.183)
cpi	-656 (787)	-699 (778)
Adj R^2	0.74	0.74

基于规模数据的回归结果显示：同时考虑信托业、直接金融系统和间接金融系统，只有间接金融系统对 GDP 有显著的正向影响。平均而言，在模型 1 中，间接金融系统融资规模每提升 1 万亿元，当季公共财政支出增加 0.024 万亿元；在模型 2 中，间接金融系统融资规模每提升 1 万亿元，当季公共财政支出增加 0.024 万亿元。

2. 基于同比增速数据

本节设定的计量模型为

$$caizhengyy_t = \beta_1 guangyiyy_t + \beta_2 zhijieyy_t + \beta_3 jianjieyy_t + \beta_4 X_t + \varepsilon_t \tag{1}$$

$$caizhengyy_t = \beta_1 xiayiyy_t + \beta_2 zhijieyy_t + \beta_3 jianjieyy_t + \beta_4 X_t + \varepsilon_t \tag{2}$$

式中各变量为：公共财政支出同比增速（caizhengyy）、广义信托融资规模同比增速（guangyiyy）、狭义信托融资规模同比增速（xiayiyy）、直接金融系统融资规模同比增速（zhijieyy）和间接金融系统融资规模同比增速

($jianjieyy$)，X 为其他控制变量，包括公共财政收入同比增速和消费者物价指数等。回归结果如表 5-14 所示。

表 5-14　信托业、直接金融和间接金融对公共财政支出的影响
（同比增速数据）

变量	模型 1	模型 2
常数项	-0.463** (3994)	-0.496** (0.207)
$guangyiyy$	-0.106*** (0.032)	
$xiayiyy$		-0.071** (0.026)
$zhijieyy$	-0.041 (0.050)	-0.071 (0.048)
$jianjieyy$	4.020*** (1.252)	4.077*** (1.409)
$shuishouyy$	0.481 (0.399)	0.480 (0.390)
cpi	-0.004 (0.017)	0.013 (0.018)
Adj R^2	0.29	0.28

基于同比增速数据的回归结果显示：

第一，无论是广义信托融资规模还是狭义信托融资规模，与公共财政支出之间都存在显著的负相关关系。平均而言，广义信托融资规模同比增速每提升 1%，当季公共财政支出同比增速降低 0.106%；狭义信托融资规模同比增速每提升 1%，当季公共财政支出同比增速降低 0.071%。

第二，直接金融系统与当季公共财政支出同比增速之间不存在显著的相关关系。而间接金融系统对当季公共财政支出同比增速有显著的正向影响，在模型 1 中，间接金融系统融资规模同比增速每提升 1%，当季公共财政支出同比增速增加 4.020%；在模型 2 中，间接金融系统融资规模同比增速每提升 1%，当季公共财政支出同比增速增加 4.077%。

3. 小结

基于同比增速数据的回归结果显示：信托业融资对公共财政支出有显著的抑制作用；在基于规模数据的回归中，二者之间并没有获得稳健的相关关系。而间接金融系统在两部分的回归中都对公共财政支出有显著的促进作用。

按照之前的分析逻辑，以上回归结果意味着从短期效应来看，当期的信托融资规模对公共财政支出规模有替代作用；但从长期累积影响来看，二者之间不存在显著的相关关系。从这一结果来看，信托业融资的发展，有助于降低我国公共财政支出的压力。

（五）信托业发展对全要素生产率的影响分析

全要素生产率是指一个经济体的总产出量与全部生产要素真实投入量之比，可以反映全社会的生产力水平。从微观来看，企业可以通过信托机构融资来更新设备和相关技术，并通过贸易交流来不断提升自身的生产力；从宏观来看，信托业有助于推动经济发展，而经济发展可以通过财政支出反哺教育和科研等基础领域，提升科技水平并促进产业升级。

为了单独考察信托融资对公共财政支出的影响，需要将其他因素的影响剔除。结合其他研究的结论，本章主要考虑科教支出和国内外发明专利授权量两个变量，原因在于：科教支出衡量的是政府对科教事业的支持力度，一般而言，较多的科教支出有助于提升一国的科技实力进而促进全要素生产率的提高，而国内外发明专利授权量是一国科技实力的显性结果。

全要素生产率无法在经济体系中直接观测得到，本章使用索洛残差法对我国的全要素生产率进行估算，得到的全要素生产率数据如图5-4所示。

如图5-4所示，虽然我国的全要素生产率稳步上升，但是全要素生产率同比增速却经历了"下降—上升—再下降"的三个阶段。

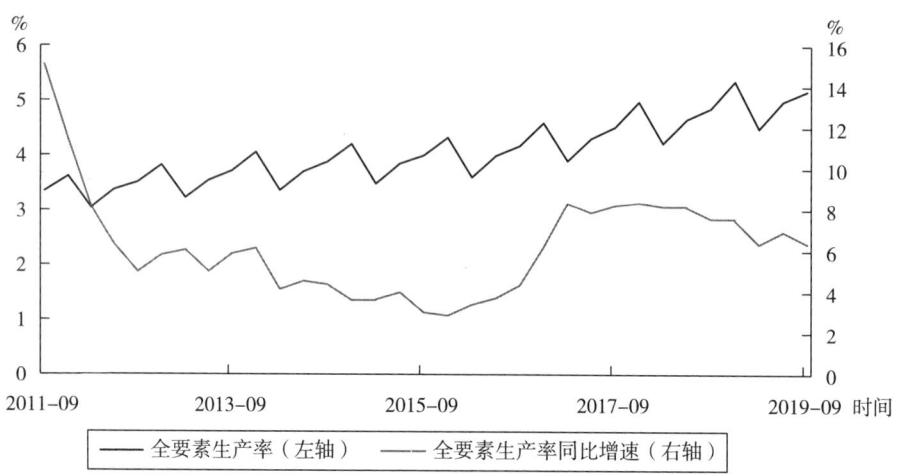

图 5-4　全要素生产率变化趋势

1. 基于规模数据

本节设定的计量模型为

$$tfp_t = \beta_1 guangyi_t + \beta_2 zhijie_t + \beta_3 jianjie_t + \beta_4 X_t + \varepsilon_t \quad (1)$$

$$tfp_t = \beta_1 xiayi_t + \beta_2 zhijie_t + \beta_3 jianjie_t + \beta_4 X_t + \varepsilon_t \quad (2)$$

式中各变量为：全要素生产率（tfp）、广义信托融资规模（$guangyi$）、狭义信托融资规模（$xiayi$）、直接金融系统融资规模（$zhijie$）和间接金融系统融资规模（$jianjie$），X 为其他控制变量，包括科教支出和国内外发明专利授权量。回归结果如表 5-15 所示：

表 5-15　信托业、直接金融和间接金融对全要素生产率的影响（规模数据）

变量	模型 1	模型 2
常数项	0.020*** (0.001)	0.020*** (0.001)
guangyi	2.7×10^{-9} (1.7×10^{-8})	
xiayi		8.2×10^{-9} (1.7×10^{-8})
zhijie	-5.7×10^{-9}* (3.3×10^{-9})	-5.9×10^{-9}* (3.5×10^{-9})
jianjie	1.9×10^{-8}*** (4.0×10^{-9})	1.8×10^{-8}*** (3.3×10^{-9})

续表

变量	模型1	模型2
$kejiao$	1.1×10^{-6}*** (8.8×10^{-8})	1.1×10^{-6}*** (9.2×10^{-8})
$zhuanli$	-2.8×10^{-8}* (1.4×10^{-8})	-2.9×10^{-8}* (1.5×10^{-8})
Adj R^2	0.91	0.91

基于规模数据的回归结果显示：

第一，广义信托融资规模和狭义信托融资规模与全要素生产率之间均不存在显著的相关关系。

第二，直接金融系统融资规模对全要素生产率有显著的负向影响，间接金融系统融资规模对全要素生产率有显著的正向影响。从模型1来看，直接金融系统融资规模每提升1万亿元，全要素生产率降低5.7×10^{-9}；间接金融系统融资规模每提升1万亿元，全要素生产率增加1.9×10^{-8}。从模型2来看，直接金融系统融资规模每提升1万亿元，全要素生产率降低5.9×10^{-9}；间接金融系统融资规模每提升1万亿元，全要素生产率增加1.8×10^{-8}。

2. 基于同比增速数据

本节设定的计量模型为

$$tfpyy_t = \beta_1 guangyiyy_t + \beta_2 zhijieyy_t + \beta_3 jianjieyy_t + \beta_4 X_t + \varepsilon_t \quad (1)$$

$$tfpyy_t = \beta_1 xiayiyy_t + \beta_2 zhijieyy_t + \beta_3 jianjieyy_t + \beta_4 X_t + \varepsilon_t \quad (2)$$

式中各变量为：全要素生产率同比增速（$tfpyy$）、广义信托融资规模同比增速（$guangyiyy$）、狭义信托融资规模同比增速（$xiayiyy$）、直接金融系统融资规模同比增速（$zhijieyy$）和间接金融系统融资规模同比增速（$jianjieyy$），X为其他控制变量，包括科教支出同比增速和国内外专利授权量同比增速等。回归结果如表5-16所示。

表 5-16　信托业、直接金融和间接金融对全要素生产率的影响
（同比增速数据）

变量	模型 1	模型 2
常数项	0.248 ***	0.291 ***
	(0.038)	(0.042)
guangyiyy	0.032 *	
	(0.017)	
xiayiyy		0.041 **
		(0.018)
zhijieyy	-0.050 **	-0.036 **
	(0.024)	(0.020)
jianjieyy	-1.405 ***	-1.759 ***
	(0.287)	(0.317)
kejiaoyy	0.076 **	0.060 **
	(0.032)	(0.022)
zhuanliyy	-0.001	0.003
	(0.013)	(0.011)
Adj R^2	0.28	0.50

基于同比增速数据的回归结果显示：

第一，广义信托和狭义信托都对全要素生产率同比增速有显著的正向影响。平均而言，广义信托融资规模同比增速每提升1%，全要素生产率同比增速增加0.032%；狭义信托融资规模同比增速每提升1%，全要素生产率同比增速增加0.041%。从回归系数值来看，狭义信托对全要素生产率同比增速的影响大于广义信托。

第二，直接金融系统对全要素生产率同比增速有显著的负向影响。从模型1来看，直接金融系统融资规模同比增速每提升1%，全要素生产率同比增速降低0.050%；从模型2来看，直接金融系统融资规模同比增速每提升1%，全要素生产率同比增速降低0.036%。间接金融系统对全要素生产率同比增速有显著的负向影响。从模型1来看，间接金融系统融资规模同比增速每提升1%，全要素生产率同比增速降低1.405%；从模型2来看，间接金融系统融资规模同比增速每提升1%，全要素生产率同比增速降低1.759%。

3. 小结

信托融资对全要素生产率的显著提升作用主要表现在短期,并且狭义信托对全要素生产率的提升作用大于广义信托。因此,信托融资中的"空转"部分并不能提升我国的全要素生产率。为了提升我国经济增长的质量和效率,应该进一步降低信托融资中的空转现象。

(六) 信托业发展对融资公平的影响分析

拓宽中小企业的融资渠道,增强其融资可得性,促进融资公平和竞争中性,是信托业的重要功能之一。由于商业银行受到较为严格的监管约束,因此在经营中通常承担较低的风险水平。而信托业拥有典型的资管业务特征,在投资中应该可以承担比商业银行更高的风险水平,因此可以满足部分中小企业的融资需求,有助于在全社会范围内促进融资公平。

为了单独考察信托融资对融资公平的影响,需要将其他因素的影响剔除。结合其他研究的结论,本章主要考虑国有工业企业利润占比和金融机构人民币贷款加权平均利率。在对融资公平程度的测量方面,本章考虑使用国有工业企业财务费用占比作为融资公平程度的代理变量,其原因在于:如果国有工业企业财务费用占比较高,说明较高比例的社会融资投向了国有企业,在控制了其他变量的影响之后,这对融资公平度有不利影响。

近年来该数据的变化趋势如图 5-5 所示。

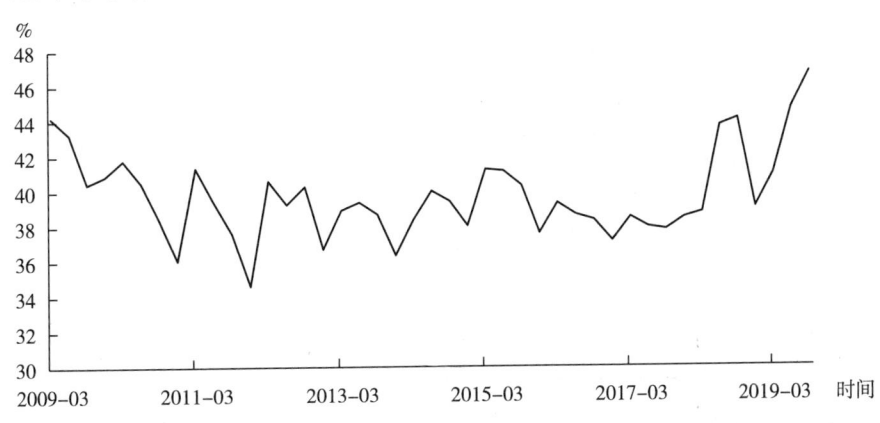

图 5-5 国有工业企业财务费用占比变化趋势

这里需要特别说明的是,在样本区间内,由于国有工业企业财务费用占比和国有工业企业利润占比两个变量的数值都介于 0~1 且波动较小,因此为保证数据的平稳性以避免伪回归,本章将核心解释变量(广义/狭义信托融资规模)做了对数化处理。

1. 基于规模数据

本节设定的计量模型为

$$gongping_t = \beta_1 guangyi_t + \beta_2 zhijie_t + \beta_3 jianjie_t + \beta_4 X_t + \varepsilon_t \quad (1)$$

$$gongping_t = \beta_1 xiayi_t + \beta_2 zhijie_t + \beta_3 jianjie_t + \beta_4 X_t + \varepsilon_t \quad (2)$$

式中各变量为:国有工业企业财务费用占比($gongping$)、广义信托融资规模($guangyi$)、狭义信托融资规模($xiayi$)、直接金融系统融资规模($zhijie$)和间接金融系统融资规模($jianjie$),X 为其他控制变量,包括国有工业企业利润占比($lirun$)和贷款利率。回归结果如表 5 - 17 所示。

表 5 - 17　信托业、直接金融和间接金融对融资公平的影响(规模数据)

变量	模型 1	模型 2
常数项	-0.458 *** (0.369)	-0.357 (0.371)
lnguangyi	-0.030 (0.029)	
lnxiayi		-0.014 (0.019)
lnzhijie	-0.007 (0.047)	-0.006 (0.048)
lnjianjie	0.092 (0.083)	0.069 (0.075)
lirun	0.194 *** (0.060)	0.201 *** (0.063)
lilv	-0.001 (0.008)	0.001 (0.008)
Adj R^2	0.56	0.54

基于规模数据的回归结果显示:信托业、直接金融系统和间接金融系统对国有工业企业财务费用占比的影响都不显著,其中信托业和直接金融

系统融资规模的回归系数为负,间接金融系统融资规模的回归系数为正。

2. 基于同比增速数据

本节设定的计量模型为

$$gongping_t = \beta_1 guangyiyy_t + \beta_2 zhijieyy_t + \beta_3 jianjieyy_t + \beta_4 X_t + \varepsilon_t \quad (1)$$

$$gongping_t = \beta_1 xiayiyy_t + \beta_2 zhijieyy_t + \beta_3 jianjieyy_t + \beta_4 X_t + \varepsilon_t \quad (2)$$

式中各变量为:国有工业企业财务费用占比($gongping$)、广义信托融资规模同比增速($guangyi$)、狭义信托融资规模同比增速($xiayi$)、直接金融系统融资规模同比增速($zhijie$)和间接金融系统融资规模同比增速($jianjie$),X 为其他控制变量,包括国有工业企业利润占比($lirun$)和贷款利率。回归结果如表 5-18 所示。

表 5-18 信托业、直接金融和间接金融对融资公平的影响(同比增速数据)

变量	模型 1	模型 2
常数项	0.308 *** (0.036)	0.275 *** (0.037)
$guangyiyy$	-0.057 *** (0.015)	
$xiayiyy$		-0.044 *** (0.010)
$zhijieyy$	0.037 *** (0.006)	0.025 *** (0.005)
$jianjieyy$	0.424 (0.262)	0.448 * (0.250)
$lirun$	0.309 *** (0.036)	0.297 *** (0.030)
$lilv$	-0.006 (0.004)	-0.001 (0.003)
Adj R²	0.62	0.65

基于同比增速数据的回归结果显示:

第一,广义信托和狭义信托融资规模同比增速与国有工业企业财务费用占比之间均存在显著的负相关关系。平均而言,广义信托融资规模同比增速每提升 1%,国有工业企业财务费用占比降低 0.057%;狭义信托融资规模同比增速每提升1%，国有工业企业财务费用占比降低0.044%。从这一点来看，信托业的发展确实有助于在短期内提升我国的融资公平度。另外，从回归系数值来看，广义信托对国有工业企业财务费用占比的影响大于狭义信托。

第二，直接融资和间接融资对国有工业企业财务费用占比有显著的短期正向影响。这一作用与信托融资的作用方向相反，说明直接融资和间接融资增速的提升会降低企业的融资公平度。

3. 小结

基于同比增速数据的回归结果显示：信托融资对国有工业企业财务费用占比有显著的负向影响，而直接融资和间接融资对国有工业企业财务费用占比有显著的正向影响。因此，信托融资的发展有助于在短期内提升融资公平性。

第三节　本章总结

在我国传统的金融结构中，金融资源的配置主要通过以商业银行为代表的间接融资机构实现。近年来，为建设创新型实体经济，代表直接融资的资本市场的重要性被提到了一个前所未有的高度。然而，在间接融资和直接融资之外，近年来不断壮大的一类金融服务主体不应被忽略，那就是作为典型资管机构之一的信托机构。与传统的间接融资和直接融资相比，资管机构支持实体经济的机理有很大的不同。信托业作为一种重要的资管机构，其背后的信托文化和制度构成了其他类型资管机构运作的底层逻辑。因此，对信托业支持实体经济的渠道和方式进行研究，具有重要的启发意义和标识作用。

本章从理论和实证两个角度对信托支持实体经济的渠道和方式进行了系统而深度的分析，主要结论如下：

第一，无论是广义信托融资规模，还是狭义信托融资规模，都有助于促进经济总产出的增加,且与直接金融系统、间接金融系统相比,信托业对总产出的支持力度强于直接金融系统。另外,从长期来看,信托业对实体经济的支持力度强于间接金融系统;从短期来看,信托业对实体经济的支持力度不及间接金融系统。以上结论意味着在发挥直接融资和间接融资对我国经济增长拉动作用的同时,也应该对信托融资的显著影响给予足够的重视。

第二,从总产出的各组成部分来看,信托融资可以拓宽实体经济的融资渠道并降低其融资成本,从而促进企业的投资和生产活动。同时,信托融资也可以保障投资者在未来获得稳定的现金流,从而促进其当前消费。另外,由于信托业可以对实体经济提供支持,短期内有助于缓解公共财政支出压力。

第三,从宏观经济的供给端来看,一方面,信托融资为实体经济提供资金,有助于企业更新设备和相关技术;另一方面,可以通过增加政府的公共财政支出反哺教育和科研等基础领域,提升我国的全要素生产率水平。实证结果显示:无论长期还是短期,信托融资都对全要素生产率有正向影响。

第四,就不同所有制和不同规模企业之间的融资公平而言,无论长期还是短期,信托融资规模增长越快,国有工业企业财务费用占比就越低,这代表非国有企业能够获得的融资规模增加,有助于提升不同类型企业之间的融资公平度。

需要注意的是,本章所讨论的是一个理论价值和现实意义兼具的主题,带有较强的探索性质。考虑到本章内容的主体是宏观机理分析部分,历史经验分析部分是为了对宏观机理分析进行初步验证,故未开展详尽的计量分析。期待这一部分内容与前面的宏观机理分析内容一起,能够引发学界和业界对"信托与实体经济关系"问题的研究兴趣,不断丰富对该问题的研究成果,使学界和业界对该问题的认识能够日趋深入、系统和完善。

信托金融理论研究丛书

主　编：漆艰明
副主编：姚江涛　王增业　蔡概还　李宪明　苏小军

TRUST
FINANCE

信托金融学

（下册）

翟立宏　等 ｜ 编著

中国金融出版社

目 录

机构管理篇

第六章 信托公司经营管理概述 / 335
第一节 信托机构存在的经济学解释 / 336
 一、金融中介体系中的信托机构 / 336
 二、金融中介的存在原由 / 341
 三、非银行金融中介的经济功能 / 343

第二节 信托公司管理与经营的特征 / 348
 一、信托机构的定义 / 348
 二、信托公司的性质 / 349
 三、信托公司的特征 / 350
 四、信托公司的经营与业务 / 352

第三节 信托公司的治理与管理 / 356
 一、信托公司的治理 / 356
 二、信托公司的管理 / 362
 三、信托公司的风险管理 / 368

第四节　信托公司的财务报表 / 375
　　一、金融机构财务报表的特征分析 / 375
　　二、信托公司的财务报表分析 / 379
第五节　信托公司的评价体系 / 396
　　一、金融机构的经营绩效评价 / 397
　　二、信托公司的评价体系 / 406

第七章　信托公司的市场需求与客户 / 415

第一节　信托公司的客户结构与市场需求基础 / 416
　　一、信托金融市场的目标客户及其分类 / 416
　　二、信托金融市场的融资需求概览 / 419
　　三、信托金融市场的投资需求概览 / 421
　　四、信托金融市场的服务信托需求概览 / 425
第二节　以融资为目的的信托客户需求与行为特征 / 427
　　一、识别信托金融市场的融资类客户 / 427
　　二、融资类客户信托融资方式和特点 / 429
　　三、融资类信托客户的行为约束与风险管理 / 432
第三节　以投资为目的的信托客户需求与行为特征 / 434
　　一、识别信托金融市场的投资类客户 / 434
　　二、投资类信托客户需求和风险特征 / 438
　　三、投资类信托客户服务流程与适当性管理 / 448
第四节　以特定服务为目的的信托客户需求与行为特征 / 450
　　一、识别信托金融市场的服务信托客户 / 450
　　二、服务信托客户需求特征 / 453
　　三、不同类型信托客户的联系及转换 / 457
第五节　信托客户的营销与关系管理 / 460
　　一、信托客户营销战略性市场规划 / 460
　　二、信托客户营销服务流程 / 462

三、信托客户营销策略组合 / 468

四、信托客户关系管理 / 473

第八章　信托公司的业务与产品 / 476

第一节　金融业务与产品谱系中的信托 / 477
一、商业银行的业务与产品 / 477

二、保险公司的业务与产品 / 478

三、证券公司的业务与产品 / 479

四、信托公司的业务与产品 / 480

第二节　信托业务与产品的分类 / 481
一、按信托功能分类 / 481

二、按信托财产类型分类 / 491

三、按投资资产性质分类 / 499

四、按最新监管导向分类 / 500

第三节　信托产品的设立、登记与流转 / 507
一、信托产品的设立 / 507

二、信托产品的登记 / 509

三、信托产品的流转 / 511

第四节　信托产品定价估值的理论基础和基本方法 / 515
一、金融产品的定价 / 515

二、金融产品的估值 / 519

第五节　信托产品的估值与定价 / 525
一、投资类信托产品的估值 / 525

二、融资类信托产品的定价 / 532

三、服务类信托产品的定价 / 537

四、慈善信托产品的定价 / 538

第六节　信托产品的外部评价 / 540
一、外部评价的目的和意义 / 541

二、评价对象 / 541

三、评价体系 / 542

第九章　信托中的投资管理与资产配置 / 545

第一节　投资管理的理论基础 / 546

一、现代投资组合理论 / 546

二、资本市场理论 / 550

三、多因子模型 / 555

四、市场异象与行为金融学 / 557

五、价值投资理论 / 561

第二节　信托资产配置的策略 / 563

一、资产配置的内涵与分类 / 563

二、大类资产配置的具体策略 / 566

三、细分资产配置的具体策略 / 577

第三节　信托投资管理的流程 / 590

一、信托标准化投资管理的流程 / 590

二、信托非标投资管理的流程 / 595

第四节　国外信托资产配置的发展 / 603

一、英国信托资产配置的发展 / 604

二、美国信托资产配置的发展 / 609

三、日本信托资产配置的发展 / 619

第五节　我国信托业的资产配置概览 / 623

一、我国信托业资产配置的发展 / 623

二、信托资产配置的比较与方向 / 634

第十章　信托业务中的风险管理 / 645

第一节　信托业务风险来源与特征 / 646

一、受托赔偿责任风险 / 646

二、信用风险 / 652

三、市场风险 / 655

四、流动性风险 / 659

五、操作风险 / 663

六、合规风险 / 667

七、声誉风险 / 670

第二节　信托业务风险识别 / 672

一、风险识别概述 / 672

二、信托业务风险识别的流程 / 674

三、信托业务风险识别的方法 / 675

第三节　信托业务风险评估 / 678

一、风险评估概述 / 679

二、信托业务风险评估的流程 / 680

三、信托业务风险评估的方法 / 683

第四节　信托业务风险决策 / 689

一、风险决策概述 / 690

二、信托业务风险决策的流程 / 692

三、信托业务风险决策的方法 / 693

第五节　信托业务风险监控 / 698

一、风险监控概述 / 698

二、信托业务风险监控的流程 / 699

三、信托业务风险监控的方法 / 701

参考文献 / 703

后记 / 730

机构管理篇

Trust

第六章

信托公司经营管理概述

本书上册从行业整体层面对信托金融子系统所包含的概念范畴和基本要素做了构建、演绎与梳理。如上册导论所述，信托金融学从其学科定位看应属金融中介学，而金融中介机构的经营管理是这一学科领域最重要的一类理论和实践问题。本书下册将从金融机构经营管理的角度，基于信托机构不同于银行机构、保险机构、券商投行的市场定位和业务逻辑，对信托机构经营管理中所涉及的金融理论与技术方法做系统的介绍、分析与阐述。需要说明的是，信托机构有广义与狭义之分，广义的信托机构是指担任受托人、提供信托服务的所有受托机构；而狭义的信托机构专指信托公司，是我国当前最主要的信托机构主体。本书聚焦于信托公司日常经营管理的具体实践，但其所涉理论基础和技术方法适用于广义上所有信托机构。

本章是对信托公司经营管理基本原理和内容的概述，分为五节。第一节基于信托机构在金融中介体系中的功能定位，对其产生和发展提供经济学解释，着重论证信托机构在降低参与成本、提供风险管理、创造具有平稳收益分布的金融产品、为市场主体提供增加值等方面的金融功能。第二节围绕信托公司担任受托人从事信托业务这一最基本的身份特征，分析信托公司作为金融中介机构经营管理的基本原则和业务属性。第三节介绍信托公司治理层面的原则和通行结构，信托公司管理架构的不同分类，以及信托公司风险管理的特征和全面风险管理体系的建设框架。第四节在介绍金融机构财务报表结构和项目的基础上，重点分析信托公司的财务报表，包括信托公司会计核算特点、财务报表特征分析、固有业务和信托业务的财务报表种类及结构等。第五节在介绍金融机构经营管理绩效评价的理论与方法基础上，尝试构建了一个基于外部市场视角的信托机构综合评价指标体系。

第一节　信托机构存在的经济学解释

在了解信托公司的经营与管理之前，我们需要回答一个最根本的问题，那就是为什么需要信托机构？即信托机构存在的经济学解释是什么？本节在金融中介定义和分类的基础上，分析信托业的市场定位和功能优势。结合金融理论研究中各类金融中介存在的经济学解释，分析信托机构的经济功能。

一、金融中介体系中的信托机构

（一）金融中介的定义与分类

在西方学术著作中，金融中介的概念没有准确的定义，托宾定义金融中介为"从事金融资产买卖的企业"[①]。格利和肖认为金融中介的本质是

[①] 约翰·伊特韦尔，皮特·纽曼，默里·米尔盖特. 新帕尔格雷夫经济学大辞典 [M]. 北京：经济科学出版社，1996.

提供资产转型服务,用"间接证券"去替换"本源证券"[①]。米什金认为"利用金融中介机构进行的间接金融过程叫做金融中介"[②]。由此可以看出金融中介的定义有时指金融机构,有时指金融市场,有时指金融机制和金融过程。

在国内,王广谦(2003)指出金融中介可以从宽窄不同的三个口径去界定。最宽泛最全面的金融中介涉及金融机构、金融市场和金融机制。中等口径的定义认为金融机制已包括在金融市场和金融机构的运行中,金融中介可从金融机构与金融市场两方面来定义。目前国内一般使用窄口径的定义:金融中介是指在经济金融活动中为资金盈余者和资金需求者提供条件、促使资金供需双方实现资金融通的各类金融机构的总称[③]。

在国内外各种学术著作中,对于金融中介机构的分类口径标准不同。如20世纪60年代,格利和肖将金融中介机构按是否具有信用创造功能分为货币系统中介机构和非货币系统中介机构。戈德史密斯也按照同样的标准将金融中介划分为负债为货币的金融中介机构和负债不为货币的金融机构。

米什金按照资金来源的不同将金融中介划分为三类:存款类中介、契约类储蓄中介和投资类中介。存款机构的主要资金来源是存款;契约类储蓄机构是在契约的基础上按期取得资金,如保费、缴费;投资中介机构的资金来自投资者购买的股票、债券、票据等金融工具[④]。

还有根据金融中介机构的资产和负债的风险程度分类。钱特首先提出根据最终贷款人持有的金融中介机构的负债的风险程度,可以将金融中介机构分为两类:一类是以银行为代表的吸收存款类中介机构,其发行的金融证券以固定的契约形式确定下来,不受金融中介机构自身经营状况的影

[①] 约翰·G. 格利,爱德华·S. 肖. 金融理论中的货币[M]. 上海:上海人民出版社,2006.
[②] 弗雷德里克·S. 米什金. 货币金融学[M],北京:中国人民大学出版社,1998.
[③] 王广谦. 金融中介学[M]. 北京:高等教育出版社,2003.
[④] 弗雷德里克·S. 米什金. 货币金融学[M]. 北京:中国人民大学出版社,1998.

响；另一类是以共同基金为代表的基金类金融中介机构，其发行的金融证券的价值随着金融中介机构的资产价值的变动而变动。邦德也根据金融中介机构持有的资产和负债的风险程度将金融中介机构分为两类：银行类金融中介机构和非银行类金融中介机构。前者为低风险/高质量的投资项目提供融资，同时它们发行的负债也是低风险的债务契约（如银行存款或者低风险债券）；后者为相对高风险/低质量的投资项目提供融资，同时它们发行的负债也是具有相当风险的权益契约（如股份）[1]。

国内研究中有的从金融监管的角度，分为银行业金融机构、证券业金融机构、保险业金融机构和其他金融机构。也有按照业务特点和基本功能分为融资类金融中介、投资类金融中介、保险类金融中介和信息咨询服务类金融中介。

各国金融组织对金融中介机构的分类也存在着差异。按照中国人民银行《金融机构编码规范》，除了货币当局和监管当局外，金融机构一般分为六类：银行业存款类金融机构、银行业非存款类金融机构、证券业金融机构、保险业金融机构、交易结算类金融机构、金融控股公司和其他。

日本按照专业化分工的原则将金融机构分为三类：中央银行、国有金融机构以及民间金融机构。其中民间金融机构按照业务范围划分，又可分为银行、保险公司和证券公司。[2]

欧盟的金融机构可分为货币金融机构（Monetary Financial Institutions，MFIs）和非货币金融机构（Non-Monetary Financial Institutions）两大类。货币金融机构包括信贷机构（Credit Institutions）、中央银行、货币市场基金以及其他类似机构，非货币金融机构包括投资基金公司（Investment Funds，IFs）、金融中介公司（Financial Vehicle Corporations，FVCs）、保

---

[1] BOND P. Bank and Non-bank Financial Intermediation（Philip Bond）[J]. Journal of Finance，2004，59（6）：2489－2529.

[2] 黄泽民. 日本金融制度论 [M]. 上海：华东师范大学出版社，2001.

险公司和养老基金公司（Insurance Corporations and Pension Funds）等①。

国际货币基金组织的 Monetary and Financial Statistic Manual and Compilation Guide 中将金融机构部门划分为金融中介机构和金融辅助机构两大类。其中，金融中介机构包括中央银行、其他存款类机构、保险公司、养老基金和其他金融中介。金融中介机构的职能是通过承担负债来获得资产。而金融辅助机构是为了促进金融中介活动的顺利进行，提供专门服务的单位，它们不将为了自身利益筹集资金或扩展信用作为主要活动。随着金融市场的不断演进和创新，金融中介活动与金融辅助活动的区别逐渐变得模糊起来②。

（二）信托机构在金融中介体系中的功能定位

从上述金融中介机构的分类来看，信托机构显然属于非银行金融机构，同时金融中介机构分类的不同口径和标准也为梳理和明确我国信托机构的功能定位提供了多元化的维度和视角。

1. 我国信托业市场定位的切入点③

长期以来，信托行业整体定位不清的问题一直是阻碍我国信托业发展和信托功能实现的关键所在。中国的信托市场定位问题不能仅从单个机构或产品的微观层面入手，而应该从行业整体层面进行反思。需要注意的是，信托业不应该仅仅指代信托公司，而应当涵盖现有金融体系中所有利用了信托的制度原理开展理财与资产管理业务的相关机构和部门。

对一类金融行业来说，一般可以在如下四个层次上定位：首先是行业整体定位；其次是机构定位；再次是产品大类的定位，如信托公司业务中资金信托、服务信托、慈善信托等各类产品的定位；最后是产品大类之下产品线及进一步的单个产品的定位，如信托投资公司资金信托业务中的单

---

① 何建雄，朱隽. 欧盟金融制度［M］. 北京：中国金融出版社，2015.
② International Monetary Fund. Monetary and Financial Statistic Manual and Compilation Guide (2008).
③ 翟立宏. 对中国信托业市场定位的理论反思［J］. 经济问题，2007（2）：96-98.

一资金信托业务、集合资金信托业务及其下各个品种的定位。可以预见，随着金融市场上竞争的加剧和创新的促进，银行、证券、保险、信托等各类市场主体在上述各层次上的交叉融合都将是不可避免的，因此需要用市场定位这种追求差别化的理念和方法来突出其各自的比较优势。

但需要说明的是，在特定的市场环境和特定的时期中，各类市场主体的初始地位和成熟度是不同的，因此其市场定位的层次侧重点也必然不同。与银行业、保险业、证券业相比，信托业在我国金融市场环境中的初始地位和成熟度都要低得多，加之在四十多年的发展历程中几起几落，数次整顿，行业整体定位问题始终未能彻底解决。因此，信托的市场定位像银行、证券、保险那样，仅从单个机构甚或产品这样的微观层面入手，肯定是不现实的。因为，中国的信托行业整体在金融体系中到底应如何定位这一问题其实远未真正解决。因此，要对信托业进行市场定位的关键其实在于回答"信托业的内涵和外延到底是什么"的问题。

2. 金融理论中的信托业含义

信托业通常被誉为金融业的四大支柱之一，但如何确切界定这一称号的内涵与外延呢？按照近年来金融理论界解释金融体系结构趋势性变化的主流观点——金融功能观，对信托业的理解不能只局限于信托公司，而应涵盖所有金融机构中那些在经营活动中利用了信托的特殊制度构造以实现金融核心功能的机构和业务部门。

金融功能观认为，从进行高效资源配置这一最基本的功能出发，金融体系的核心功能可归纳为转移资源、管理风险、清算结算、集中资本和分割股份、提供价格信息以及提供解决激励问题的方法等六项。每一项功能都可以分别通过不同的载体（金融机构、金融市场或金融产品）来实现；而每一种载体也都可以同时实现多项功能。一国金融体系中各类功能载体的构成及形式是不断变化的，但金融体系的基本功能变化却很微小，并且功能载体的形式变化或创新总是围绕如何更有效地实现金融功能而进行。因此，如果说银行、证券、保险、信托确实可称为金融业的四大支柱，那也一定不是基于既有的、固化的机构或组织而言，而是因为这每一根支柱在实现金融功能的过程中都有其各自无可替代的比较优势，这四大支柱有机结合而成的金融体系作为一个整体可以达到更高效配置资源的状态。

那么，上述四大支柱在实现金融功能时各自的比较优势又从何而来呢？或者说，是什么因素导致每一根支柱在实现金融功能上存在差异呢？答案是制度因素，是因为每一根支柱都对应着一类不同的制度安排。事实上，如果抛开不同机构的具体形式而从最根本的意义上来看，则银行、证券、保险、信托分别代表的是不同类型的金融业务或金融产品，而金融产品本质上都是制度性的产品，是通过合约方式对当事人的权利和义务所做出的一种制度安排，从而将风险和收益在当事人之间进行某种配置。因此银行、证券、保险、信托四大支柱的比较优势首先并且主要是来自其各自特殊的制度构造[①]。

按照上述分析，信托业存在的意义在于其制度功能上的优势，这种制度功能上的优势综合体现在信托业的契约基础、市场结构、机构运营和宏观效应等多个层面，这也是本书整体结构的一个基本线索。接下来，我们将从金融理论层面分析作为一类独特的非银行金融中介，信托行业的经济功能如何体现。

二、金融中介的存在原由

1930年，费雪发现金融中介的存在能增加市场参与者的总效用，从此打开了金融中介理论研究的闸门。而经济学对金融中介问题的真正关注始于20世纪60年代，但那一阶段的研究视金融中介的存在为前提，局限于从金融中介和经济发展的关系来分析金融中介的作用，没有深入分析金

---

① 当然，各个支柱的比较优势能否实现，还要取决于其所需要的制度基础是否完善以及相应的市场环境是否适应或成熟。

融中介存在的微观基础，不能回答"金融中介为什么能相对于市场而存在"。随着博弈论、信息经济学和交易成本经济学的发展，金融中介存在的理论解释和相关模型大量涌现，从而形成了相对独立的金融中介理论。现代金融中介理论以降低金融交易成本为主线，引入信息经济学和交易成本经济学的分析工具，探讨金融中介如何利用自身优势提供成本比市场更低的服务。

(一) 降低交易成本

格利和肖（1960）最先运用交易成本理论来研究金融中介，认为金融中介之所以存在是因为金融市场中的交易成本太高，而金融中介可以通过分工经济、专门金融技术、纵向上的规模经济与横向上的范围经济来降低交易成本。并且金融中介机构可以通过调整期限结构，以最大限度缩小流动性危机，还可通过协调借贷双方不同的金融需求而进一步降低金融交易的成本[1]。艾伦和桑托美罗（1998）认为中介能使成本得到分摊，从而比个人更容易分散交易成本[2]。多样化成本是金融中介机构产生的必要条件（克莱因，1973）[3]。弗雷克萨斯和罗切特（1997）注意到，在理想的无摩擦的完全金融市场上，投资人和借款人都能很好地得到多样化选择，而一旦交易技术中出现更小的不可分性和非凸性，则理想的多样化状态将不复存在，这就需要金融中介的参与。因而，金融中介机构可视作单个借贷者在交易技术中寻求规模经济的联合而使得个体选择多样化[4]。因此基于交易成本的金融中介理论认为，金融中介机构存在的意义在于降低交易成本。

---

[1] 约翰 G. 格利，爱德华 S. 肖. 金融理论中的货币 [M]. 上海：上海人民出版社，2006.
[2] FRANKLIN A, SANTOMERO ANTHONY M. The Theory of Financial Intermediation [J]. Journal of Banking & Finance, 1998 (21), 1461-1485.
[3] KLEIN M A. The Economics of Security Divisibility and Financial Intermediation [J]. Journal of Finance, 1973 (28): 923-931.
[4] FREIXAS, ROCHET X. Microeconomics of Banking [M]. Massachusetts Institute of Technology, 1997.

(二) 降低信息不对称

与交易成本论密切相关的还有基于信息不对称的金融中介理论,因为金融中介机构对于信息有系统性、广泛性和专业性的把握,而由此降低了交易成本。勒兰德与佩德(1977)建立了L-P模型,把金融中介看作是一种"信息共享联盟",认为金融中介可以低成本地搜寻和甄别好的投资项目,并再将好项目的信息让众多的贷款人共享时实现规模经济效应。勒兰德与佩德还分析了在缺少"信息共享联盟"条件下,贷款人和借款人所遇到的由于信息不对称而产生的逆向选择问题,最终将可能使风险投资市场无法存在。该研究强调了内部投资的信号作用,指出金融中介可以通过投资于他们具有专门知识的领域以显示其在信息方面的优势地位[1]。在勒兰德与佩德之后,很多经济学家继续运用非对称信息范式来解释金融中介的存在,他们认为,金融中介并不能像勒兰德与佩德认为的那样,完全解决信息市场中的公共属性问题和信息可信性问题,金融中介存在的解释还需要金融中介其他功能的补充。针对金融活动中因事后信息不对称产生的道德风险问题,戴蒙德(1984)的代理监督模型指出由银行代理监督比由投资者直接监督更有优势,而且银行的代理监督可以减少社会的监督成本,从而提高金融制度的效率[2]。

三、非银行金融中介的经济功能

(一) 金融中介体系的结构性转变

传统上金融体系的结构可以分为两个层次。一是宏观的市场结构,以市场机构功能的不同和金融风险承担方式的不同为标准,可划分为直接金融和间接金融。二是微观的交易结构,以金融交易参与者的权利义务约定

---

[1] LELAND H, PYLE. Informational Asymmetries, Financial Structure and Financial Intermediation [J]. Journal of Finance, 1977, 32, 2.

[2] DIAMOND D W. Financial Intermediation and Delegated Monitoring [J]. Review of Economic Studies, 1984, 51: 393-414.

内容的不同和收益风险对应方式的不同为标准,主要划分为债权交易和股权交易。随着经济金融环境日益复杂,信息量日益增多,技术性日益增强,以银行和保险为代表的间接融资和以券商为代表的直接融资已经难以满足经济社会发展和人们财产管理的需要。

过去几十年来,主要发达国家的金融体系结构经历了从债、股二元结构向多层次交易结构演变发展的过程,传统的二元市场划分的边界也逐渐模糊,间接金融和直接金融交叉融合、协同共生。我国金融体系的结构变迁有一个更鲜活的版本,那就是近十多年来在相对割裂的间接金融和直接金融之间出现的一个中间地带,并且这个中间地带的形式越来越多、范围越来越广、影响作用越来越大,大有与传统的间接金融和直接金融并驾齐驱甚而后来居上的可能,这个中间地带就是我们今天看到的理财市场或资产管理市场。

可以看到,金融中介体系的结构性转变是银行金融中介与非银行金融中介相对地位不断倾斜的一个发展过程。金融功能是理解金融中介体系结构变化的关键。莫顿和博迪(1995)认为,金融结构具有易变性,但金融体系的功能相对稳定,也就是说金融功能比金融机构更为稳定。尽管金融体系的功能较为稳定,但不同的功能在金融体系中的地位却是变化的。按照莫顿等人的理解,金融体系具有六大基本功能,由金融市场和金融中介来共同完成。金融中介之所以存在是由于交易成本、参与成本等的存在使得金融中介机构在风险管理、价值增值等方面相对于金融市场而言具有比较优势。同样地,不同的金融中介机构之所以存在,是由于不同的金融中介机构具有不同的比较优势,从而在整个金融中介体系中占有各自的一席之地[①]。

金融中介体系的结构变化只是外在现象,其深层次因素是金融技术的

---

① MERTON R C. A Functional Perspective of Financial Intermediation [J]. Financial Management, 1995, 24 (2): 23 – 41.

发展和金融工具的创新使市场分工与协作关系深化,市场分工深化导致金融功能配置格局的重构,最终引起金融中介结构的变化。随着经济金融的发展,风险管理和价值增值等面向个人投资者的功能重要性日益上升,而非银行金融中介机构在提供这些功能上又比银行具有一定的优势[1]。20世纪90年代中后期以来我国金融中介的结构性转变就是这样一个典型的例子,中国改革开放以来的一个事实就是国民财富的分配格局向个人倾斜,当个人财富随着国民财富总量的增长而大幅上升之后,其金融需求的层次也必然随之提高。而非银行金融中介中的信托机构以信托的制度原理来开展业务,其不同于债和股的契约结构,主要充当资金管理者的角色,以投资者利益最大化为目的,将所募集的投资者的资金,通过科学的手段配置到各类资产中去,能够在新的经济金融形势下更好地满足居民日益增长的财富保值增值等多层次的金融需求。

(二) 非银行金融中介的功能优势

本节开篇基于交易成本和信息不对称的金融中介理论被钱特(1989)称作旧范式,因为在理论中金融中介只提供资产转型服务,是被动的资产组合管理者。而随着科技和其他条件因素的发展,基于交易成本和信息不对称的金融中介理论却难以解释现实中的中介机构热潮[2]。艾伦和盖尔(1999)对美国的金融市场和中介进行实证分析时发现信息技术、交易技术和金融市场交易收费办法的改进极大地降低了交易成本和信息的不对称程度,却并未减少投资者对中介服务的需求,新的中介类型(如共同基金、养老基金等)在规模上急剧增长[3]。

为解决旧范式的缺陷,新范式引入风险管理、参与成本以及价值增加等概念试图通过金融中介在风险管理与市场分工上的比较优势来探究各类

---

[1] 王辉. 金融中介的结构性转变与启示 [J]. 理论探讨, 2005, 127 (6): 63-65.
[2] CHANT J. The New Theory of Financial Intermediation, Kevin Dowd & Mervvyn K. Lewis: Current Issues in Financial and Monetary Economics [M]. The Macmillan Press Ltd., 1989.
[3] ALLEN F, GALE D. Comparing Financial System [M]. Cambridge, MA: MIT Press, 2000.

金融中介存在的原因，其中典型的理论为艾伦和桑托美罗（1998）的风险管理与参与成本论，以及史高顿和文斯威的价值增加论（2000）。而不论是风险管理论还是价值增加论，它们都是建立在功能观的分析方法之上的。因此衍生出了基于现代金融业发展的金融中介功能观，功能观大大拓展了金融中介理论研究的视野，并被认为是对金融中介理论的革命性的贡献。

综合金融中介功能观的理论文献，包括信托机构在内的非银行金融中介的功能优势主要表现在以下两个方面。

1. 降低参与成本，提供风险管理功能

艾伦和桑托美罗（1998）提出了"参与成本"的概念，从参与成本上来看，金融市场具有有限参与的性质，参加交易必须付出相应的学习成本和机会成本，而金融中介可以为人们节省独自研究的时间和精力，能够以更低的参与成本进行有效投资，并且金融中介还可以创造能提供稳定现金流的金融产品，以较少的参与成本吸引顾客，从而帮助顾客达到风险管理的目的[①]。

参与成本具体是指投资者通过市场自我管理风险、实现个人资产的保值增值而进行学习、搜集信息和实施监管所产生的各类成本，其具体有两方面的含义：一是指花在参与风险管理和决策上的时间。艾伦和桑托美罗（1998）指出，近20年来，随着人们特别是专业人士的单位时间收入的提高，他们花在风险管理和决策上的时间的机会成本大大增加。二是指由于金融创新，金融工具越来越复杂，使得非金融从业人员了解金融风险交易和风险管理的难度也大大增加[②]。

参与成本尤其可以解释理财或资产管理行业的存在和发展。要评估复

[①] ALLEN F, SANTOMERO A. The Theory of Financial Intermediation [J]. Journal of Banking and Finance, 1998.

[②] ALLEN F, SANTOMERO A. The Theory of Financial Intermediation [J]. Journal of Banking and Finance, 1998.

杂的证券、复杂的投资组合或复杂的策略所需要的知识不仅仅是企业的资产负债表那样简单，还需要一般投资者不具备的金融专业技能，甚至非金融专业的大公司都缺乏这种专长。而此刻具有比较优势的非银行金融中介就可以承担顾问的角色，成为连接缺乏知识的投资者和被要求最有效利用成熟市场的专家之间的桥梁，代理人进行风险交易和管理，从而大大减少参与成本。在这里，非银行金融中介的职能主要是风险管理功能，已不同于传统商业银行机构的吸收存款和发放贷款的职能了[1]。

2. 创造具有平稳收益分布的金融产品，为投资者提供价值增值[2]

史高顿和文斯威（2000）认为金融中介不只是储蓄者和投资者之间的"代理人"，它还能创造金融产品，并通过转换财务风险、期限、规模、地点和流动性而为客户提供价值增值。因此价值增值是现代金融中介发展的主要驱动力，从而理应成为金融中介理论的核心。

非银行金融中介的一个重要作用是根据投资者个人目标，创造具有平稳收益分布的金融产品，这使得个人投资者可以不那么频繁地管理其资产组合或者完全不用再考虑风险。通过创造具有稳定收入分布的金融产品，非银行金融中介降低了客户的参与成本，从而增加了福利价值。而且，可以预见的是：即便是交易费用下降到理论上的极限，中介的辅助参与市场功能仍然是有作用的，而且这种作用将不断由于分工和经验的积累得以加强。这样非银行金融中介就可以最小成本为个人提供终身的最优投资配置服务，并把所有的风险管理和控制工作包揽到自己身上。

在金融中介功能观的框架中，风险管理和相应的参与成本与价值增值是一个问题的两个方面。史高顿和文斯威强调追求市场差异化所进行的新市场、新产品、新风险管理技术的开发所带来的投资价值的升值对于金融

---

[1] 王聪，于蓉. 关于金融委托理财业演变的理论研究 [J]. 金融研究. 2006（2）：126 - 136.
[2] SCHOLTENS, BERT, WENSVEEN, DICKVAN. A Critique on the Theory of Financial Intermediation [J]. Journal of Banking & Financ, 2000, 24 (2000): 1243 - 1251.

中介的重要意义。金融中介为消费者和工商户提供了能够满足它们不同需求的各种服务，这些机构参与了财务转换的复杂过程。在转换不同质的（存续期、流动性、风险、规模和位置等）资产过程中，金融中介通过发挥规模和范围经济优势以创造新的盈利空间，为最终储蓄者和投资者提供了增加值，而不仅仅是履行储蓄向投资转化的中介功能。这与传统的金融中介理论所流行的消极中介观点（中介把储蓄转化为投资）形成了鲜明的对比。史高顿和文斯威的理论修正实际是强调以市场细分为基础的客户导向和价值增加，也就是说，金融中介的服务就是根据客户的需要定做个性化的金融产品，节约交易成本、消除信息不对称以及降低参与成本都是其获利的手段。

第二节　信托公司管理与经营的特征

从理论层面了解了信托业的存在原由与市场定位之后，本节我们将把视角聚焦在狭义的信托机构，也就是信托公司，以充分了解其性质特征与经营特点。

一、信托机构的定义

一般来讲，广义的信托机构是指担任受托人、提供信托服务的受托机构，即从事信托业务的各类营业组织和机构，包括但不限于信托公司，大致还包括基金管理公司、企业年金受托人、慈善组织等[1]。按照本书前述，理论上来说现有金融体系中所有利用了信托的制度原理开展理财与资产管理业务的相关组织或机构都属信托行业。由于法人在处理信托业务的经验和能力上要比自然人有更高的可靠性和安全性，因此各国一般都把受托人

---

[1] 中国信托业协会. 信托基础 [M]. 2 版. 北京：中国金融出版社，2019：181.

明确为法人机构①。

而狭义的信托机构专指信托公司，信托公司是当前我国金融体系中最主要的信托机构主体。我国对信托公司有着明确定义，《信托公司管理办法》第一章第二条规定："本办法所称信托公司，是指依照《中华人民共和国公司法》和本办法设立的主要经营信托业务的金融机构。本办法所称信托业务，是指信托公司以营业和收取报酬为目的，以受托人身份承诺信托和处理信托事务的经营行为。"本书取其狭义的含义。

另外，我国也对信托公司名称的使用做出了相应的法律规定。根据《信托公司管理办法》的规定：设立信托公司，应当经银保监会批准，并领取金融许可证。未经银保监会批准，任何单位和个人不得经营信托业务，任何经营单位不得在其名称中使用"信托公司"字样。法律法规另有规定的除外。

二、信托公司的性质

（一）信托公司属于法人机构

在信托业务中，涉及委托人、受益人和受托人三方当事人，而信托公司一般担任受托人的角色，按照与委托人约定的信托条件，严格遵守信托目的，本着对受益人利益高度负责的精神，对信托财产进行管理或处分。由于法人在处理信托业务的经验和能力、信息资料的来源、完成委托人预定目标的及时性上均比个人有更高的可靠性、安全性和效益性，因此，为保证信托业乃至国家金融业健康发展，世界各国一般规定营业性的信托公司必须由法人担任。

（二）信托公司属于非银行金融机构

金融机构，是指专门从事各种金融服务业的中介组织。我国经过40多年的改革开放发展，金融机构体系日臻完善，已形成了以中国人民银行

---

① 杨忠海. 信托与租赁精讲 [M]. 大连：东北财经大学出版社，2018：154.

等为主导、大中小型商业银行为主体、多种非银行金融机构并存的层次丰富、种类较为齐全、服务功能相对完备的金融体系。其中，非银行金融机构，是指除了银行以外的其他金融机构，主要以接受信用委托、提供保险服务等形式募集资金，资金运用则多以非贷款的某种金融业务为主。《非银行金融机构行政许可事项实施办法》规定，非银行金融机构，包括经银保监会批准设立的信托公司、企业集团财务公司、金融租赁公司、汽车金融公司、货币经纪公司、境外非银行金融机构驻华代表处等机构。信托公司区别于银行的主要特征是不能吸收公众存款等银行业务，信托资金的募集现阶段只能以私募的形式进行。同时，商业银行的获利手段主要是贷款，而信托公司的资金运用方式则更为多元[1]。因此，信托公司是非银行金融机构。

三、信托公司的特征

根据《信托公司管理办法》规定，信托公司，是指依照《中华人民共和国公司法》和本办法设立的主要经营信托业务的金融机构。其经营范围中包括资金信托、有价证券信托、作为投资基金或者基金管理公司的发起人从事投资基金等业务，这些信托业务均具有明显的金融服务业的特征，因此信托公司属于金融机构，具备与其他金融机构相似的金融特征。此外，信托公司同一般商业银行均受中国银行保险监督管理委员会（以下简称银保监会）监管。

但信托公司作为金融市场体系中一类特殊金融机构，具有不同的特征。

（一）从事信托业务并担任受托人

在信托业务中，信托公司作为受托人，应按委托人的意愿以自己的名义，为受益人的利益或者特定目的，严格按照信托合同的约定对信托财产

---

[1] 中国信托业协会. 信托基础 [M]. 2版. 北京：中国金融出版社，2019.

进行管理或处分，不能挪用信托财产谋取私利。信托公司必须恪尽职守，履行诚实、信用、谨慎、有效管理的义务，必须为受益人的最大利益，依照信托文件和法律的规定管理和处分信托事务。由于信托公司的不当行为而造成的损失，受托人应负责赔偿。

（二）主要发挥财产管理职能

信托公司作为受托人，按照委托人的意愿管理信托财产，通过灵活多样的信托业务，为委托人提供有效的财产管理、运用与处分服务，发挥财产管理职能。《信托公司管理办法》总则中指出，信托公司其主要业务是以营业和收取报酬为目的，以受托人身份承诺信托和处理信托事务，因此信托公司是履行财产管理职能的财产管理类金融机构。这是信托公司区别于其他金融机构的主要特征之一[①]。

（三）专属的信托业务产品模式

根据《信托公司管理办法》规定，信托公司可以经营资金信托、动产信托、不动产信托、有价证券信托、其他财产或财产权信托等信托品种。信托公司还可以根据市场需要，按照信托目的、信托财产的种类或者对信托财产管理方式的不同设置信托业务品种。信托公司管理运用或处分信托财产时，可以依照信托文件的约定，采取投资、出售、存放同业、买入返售、租赁、贷款等方式进行。信托业务产品模式的多样性和灵活性，是其他金融机构所不能比拟的，集合资金信托计划是信托公司独有的业务模式[②]。

（四）利润主要来源于信托报酬

《信托公司管理办法》对信托报酬收取方式作出明确规定，信托公司经营信托业务，应依照信托文件约定以手续费或者佣金的方式收取报酬，信托公司收取报酬，应当向受益人公开，并向受益人说明收费的具体标

---

① 中国信托业协会. 信托基础 [M]. 2版. 北京：中国金融出版社，2019.
② 中国信托业协会. 信托基础 [M]. 2版. 北京：中国金融出版社，2019.

准。信托公司违反信托目的处分信托财产，或者因违背管理职责、处理信托事务不当致使信托财产受到损失的，在恢复信托财产的原状或者予以赔偿前，信托公司不得请求给付报酬。在信托关系中，作为受托人的信托公司不能分享信托收益，因为信托收益是归受益人所有的。所以，信托公司的利润来源主要依靠信托报酬或佣金收入。

（五）业务经营要遵循信托财产独立性要求

信托业务的客体（对象或标的物）是信托财产，而信托公司只能拥有信托财产法律意义上的所有权。作为管理与处分信托财产的受托人，信托公司必须严格遵循信托财产独立性要求，既要将信托财产与自身的固有财产分别管理，还要将不同委托人的信托财产分别管理、分别核算，这样才能对信托财产进行有效的管理和运用，更好地保护委托人和受益人的利益。

四、信托公司的经营与业务

（一）信托公司的经营原则[①]

1. 受益人利益最大化原则

信托公司管理运用或者处分信托财产，必须恪尽职守，履行诚实、信用、谨慎、有效管理的义务，维护受益人的最大利益。

在信托公司治理中，股东（大）会、董事会、监事会、高级管理层（三会一层）等组织架构的建立和运作，应当以受益人利益为根本出发点。公司、股东以及公司员工的利益与受益人利益发生冲突时，应当优先保障受益人的利益。这是信托公司经营的基本原则，信托公司开展的各项业务都必须以受益人利益最大化为前提。

2. 审慎处理信托事务原则

作为受托人，从受益人的最大利益出发，信托公司应该忠诚、尽力谨

---

① 《信托公司管理办法》（银监发〔2007〕2号）.

慎地管理信托财产，不得利用受托人地位牟取不正当利益，也不得将信托财产挪用于非信托目的用途。信托公司应当亲自处理信托事务。信托文件另有约定或有不得已事由时，可委托他人代为处理，但信托公司应尽足够的监督义务，并对他人处理信托事务的行为承担责任。受托人必须保存处理信托事务的完整记录。信托公司应当妥善保存、处理信托事务的完整记录，定期向委托人、受益人报告信托财产及其管理运用、处分及收支的情况。信托公司对委托人、受益人以及所处理信托事务的情况和材料有依法保密的义务，但法律法规另有规定或者信托文件另有约定的除外。

3. 信托财产与固有财产分别管理原则

信托公司应当将信托财产与其固有财产分别管理、分别记账，并将不同委托人的信托财产分别管理、分别记账。信托公司应当依法建账，对信托业务与非信托业务分别核算，并在符合监管要求的商业银行为信托业务开立单独信托专户。

信托公司不得将信托财产转为其固有财产。信托公司将信托财产转为其固有财产的，必须恢复该信托财产的原状；造成信托财产损失的，应当承担赔偿责任。信托公司不得将其固有财产与信托财产进行交易或者将不同委托人的信托财产进行相互交易，但信托文件另有规定或者经委托人或者受益人同意，并以公平的市场价格进行交易的除外。违反上述规定，造成信托财产损失的，信托公司应当承担赔偿责任。

（二）信托公司的经营特点

与银行、证券、保险等其他金融机构相比，信托公司经营业务具有经营范围的广泛性，经营手段的灵活性和服务功能的独特性。

1. 经营范围的广泛性

根据《信托公司管理办法》规定，信托公司可以申请经营下列部分或者全部本外币业务：（1）资金信托；（2）动产信托；（3）不动产信托；（4）有价证券信托；（5）其他财产或财产权信托；（6）作为投资基金或者基金管理公司的发起人从事投资基金业务；（7）经营企业资产的重组、购并及项目融资、公司理财、财务顾问等业务；（8）受托经营国务院有关部门批准的证券承销业务；（9）办理居间、咨询、资信调查等业务；（10）代保管及保管箱业务；（11）法律法规规定或国务院银行业监督管理机构批准的其他业务。

2. 经营手段的灵活性

在分业监管体系下，信托业的投融资活动更具灵活性优势。信托公司具有横跨货币市场、资本市场和实业投资的制度优势，拥有股权、债权以及其他多种灵活的资金运用方式，利于进行大类资产配置以及产品的跨市场组合。信托公司可以针对不同种类的市场需求和服务对象，根据客户的不同特征和不同需求，对金融产品进行个性化创设，例如通过信托品种的创新设计、组合运用，对信托财产采取出租、出售、贷款、投资、同业拆放、融资、租赁等多种方式，全方位满足各类市场需求，具有明显的综合优势。

3. 服务功能的独特性

引入特定目的信托能以《信托法》作为上位法支撑，在我国现有法律框架下实现有效破产隔离，具有其他金融机构无法比拟的制度优势。《信托法》规定"信托财产与委托人未设立信托的其他财产、受托人固有财产相区别，委托人、受托人的存续与否不影响信托财产的独立性"。成为独立运作的信托财产不能被清算、偿债和破产。信托制度所赋予的财产隔离与风险隔离功能，使信托在财富管理领域成为财富传承的最佳载体。同时，在资产证券化等领域，基于信托公司资产隔离和权利特定化的法理基础，通过信托设立 SPV，将资产从原始权益人转移到 SPV，使信托财产权利与原始权益的交易基础关系相分离，实现资产信用替代企业信用，使信托公司具备独特的金融服务功能。

（三）信托公司的经营业务

信托公司业务主要包括固有业务和信托业务两部分。固有业务是信托公司的表内业务，也是信托公司以固有资产开展的业务，信托业务是指信托公司以营业和收取报酬为目的，以受托人身份承诺信托和处理信托事务的经营行为。

1. 信托业务

根据我国《信托公司管理办法》第二条第二款的规定，信托业务是指信托公司以经营和收取报酬为目的，以受托人身份承诺信托和处理信托事务的经营行为。信托公司作为"受人之托、代人理财"的主要经营信托业务的非银行金融机构，信托业务是其主营业务。

信托业务是信托公司的表外业务。根据《信托公司管理办法》的规定，信托公司可以经营信托业务，包括资金信托、动产信托、不动产信托、有价证券信托及其他财产的信托业务和公益信托业务。其中，资金信托是以货币资金为信托财产的信托业务，由于目前信托财产多以货币资金形式存在，信托公司最主要的业务还是资金信托业务；动产信托是以机器设备、交通运输工具等财产为信托财产的信托业务；不动产信托是以房屋、土地使用权等财产为信托财产的信托业务；有价证券信托是以股票、债券等各种有价证券为信托财产的信托业务；其他财产信托是指以上述这些财产之外的其他财产权、知识产权等为信托财产的信托业务。公益信托则是指以实现公益为目的开展的信托业务。

信托公司开展信托业务，不得有以下行为：（1）以卖出回购方式管理运用信托财产；（2）利用受托人地位谋取不当利益；（3）将信托财产挪用于非信托目的的用途；（4）承诺信托财产不受损失或者保证最低收益；（5）以信托财产提供担保；（6）法律法规和国务院银行业监督管理机构禁止的其他行为。

2. 固有业务

信托公司的固有业务是与信托业务相对应的信托公司业务组成部分，是信托公司运用自有资本金开展的业务。信托公司固有业务项下可以开展存放同业、拆放同业、贷款、租赁、金融类公司股权投资、金融产品投资和自用固定资产投资等业务。信托公司固有业务相对受限。

信托公司开展固有业务，不得有以下行为：（1）以固有财产进行实业投资，但监管部门另有规定的除外；（2）开展除同业拆入业务以外的其他负债业务，且同业拆入余额超过其净资产的20%，国务院银行业监督管理机构另有规定的除外；（3）对外担保余额超过其净资产的50%；（4）未经国务院银行业监督管理机构批准，信托公司设立或变相设立分支机构；（5）向关联方融出资金或转移财产；（6）为关联方提供担保；（7）以股东持有的本公司股权作为质押进行融资。

第三节　信托公司的治理与管理

信托公司的业务经营离不开良好的公司治理与管理。信托公司的治理与管理包含两个层面的内容，其中治理层面包括外部监管和法人治理；管理层面主要包括内部的管理结构、风险控制等方面的内容。良好的公司治理与管理有利于促进信托公司经营与发展。

一、信托公司的治理

信托公司的治理形式有两种：一是外部监管[①]，由中国人民银行、银保监会等金融监管部门组织实施；二是法人治理，由信托公司自己开展组织，即通过股东会、董事会、监事会、高级管理层（三会一层）所构成的组织架构及其互相监督制衡关系以实现受益人利益最大化，从而保证公司决策的科学化，最终维护各方利益。与银行、证券、保险等其他金融机构相比，信托公司的治理形式基本相同，两种治理形式互为补充，相辅相成，但信托公司在具体的治理框架与内容上亦有其独特之处，下面将具体分析。

（一）信托公司治理原则

信托公司作为我国金融业重要的组成部分，为进一步完善信托公司治

---

① 外部监管在本书上册第四章有具体阐述。

理，加强风险控制，促进信托公司的规范经营和健康发展，保障信托公司股东、受益人及其他利益相关者的合法权益，2007年1月22日，中国银监会发布的《信托公司治理指引》对信托公司治理应遵循的原则作了规定，可总结为以下五个方面：

一是有效管理和最大利益原则。信托公司应当认真履行受托职责，遵循诚实、守信、谨慎、有效管理的原则，恪尽职守，为受益人能获得最大利益处理信托事务。

二是权责明确原则。信托公司应当明确股东、董事、监事、高级管理人员的职责和权利、义务，完善股东（大）会、董事会、监事会、高级管理层的议事制度和决策程序。

三是效益优先原则。信托公司应当建立完备的内部控制、风险管理和信息披露体系以及合理的绩效评估和薪酬制度。

四是全面风险管理原则。信托公司应当树立风险管理理念，制定有效的风险管理政策和翔实的风险管理制度，建立全面的风险管理程序，及时识别、计量、检测和控制各类风险。

五是结构优化原则。信托公司应当积极鼓励引进合格战略投资者、优秀的管理团队和专业的管理人才，优化治理结构。

（二）信托公司治理架构

《信托公司管理办法》中明确要求信托公司应当建立以股东（大）会、董事会、监事会、高级管理层（三会一层）等为主体的组织架构，明确各自的职责划分，保证相互之间独立运行、有效制衡，形成科学高效的决策、激励与约束机制（见图6-1）。

1. 股东（大）会

股东（大）会由公司全体股东组成，是股东行使所有权的最高权力机构。股东（大）会行使权力的具体方式是召开股东会议，在会议上就公司的一切重大问题做出决议。根据《信托公司治理指引》，信托公司股东（大）会应当遵循以下特别规定：

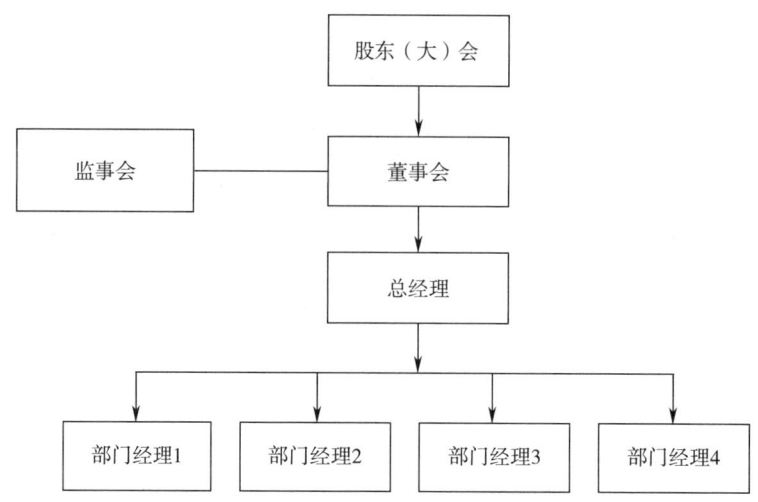

图 6-1 信托公司"三会一层"治理架构

（1）信托公司股东（大）会的召集、表决方式和程序、职权范围等内容，应在公司章程中明确规定。

（2）股东（大）会议事细则包括通知、文件准备、召开方式、表决形式、会议记录及其签署等内容，由董事会依照公司章程制定，经股东（大）会审议通过后执行。

（3）股东会议通常分为股东定期会议和股东临时会议两种形式。股东（大）会定期会议除审议相关法律法规规定的事项外，还应当将下列事项列入股东（大）会审议范围：①通报监管部门对公司的监管意见及公司执行整改情况；②报告受益人利益的实现情况。

（4）信托公司股东单独或与关联方合并持有公司 50% 以上股权的，股东（大）会选举董事、监事应当实行累积投票制。累积投票制是指股东（大）会选举董事或者监事时，每一股份拥有与应选董事或者监事人数相同的表决权，股东拥有的表决权可以集中使用。

（5）股东（大）会会议记录应做到真实、完整，并自做出之日起至少保存 15 年。股东（大）会的决议及相关文件，应当报国务院银行业监督管理机构或其派出机构备案。

2. 董事会

董事会是信托公司的常设权力机构。董事会设董事长、副董事长、常务董事、董事若干人。除依据《公司法》等法律法规履行职责外，还应当按照《信托公司治理指引》的要求，履行以下职责：

（1）信托公司董事会对股东（大）会负责，并依据《公司法》等法律法规的规定和公司章程行使职权。董事会授权董事长在董事会闭会期间行使董事会部分职权的，授权内容应当明确具体。董事会、董事长依法行使职权，不得越权干预高级管理层的具体经营活动。

（2）董事会应制订信托公司的战略发展目标和相应的发展规划，了解信托公司的风险状况，明确信托公司的风险管理政策和管理规章。

（3）董事会应当制定规范的董事会召集程序、议事表决规则，经股东（大）会表决通过，并报国务院银行业监督管理机构或其派出机构备案。

（4）董事会每年至少召开两次会议。董事会会议记录应做到真实、完整，并自做出之日起至少保存15年。出席会议的董事和记录人应当在会议记录上签字。董事会决议应当经董事会一半以上董事通过方为有效，但表决重大投资、重大资产处置、变更高级管理人员和利润分配方案等事项，须经董事会2/3以上董事通过。

（5）有下列情形之一的，董事会应当立即通知全体股东，并向国务院银行业监督管理机构或其派出机构报告：①公司或高级管理人员涉嫌重大违法违规行为；②公司财务状况持续恶化或者发生重大亏损；③拟更换董事、监事或者高级管理人员；④其他可能影响公司持续经营的事项。

（6）董事会应当向股东（大）会及国务院银行业监督管理机构或其派出机构及时报告一致行动时可以实际上控制信托公司的关联股东名单。

（7）董事会应当下设信托委员会，成员不少于三人，由独立董事担任负责人，负责督促公司依法履行受托职责。当信托公司或其股东利益与受益人利益发生冲突时，保证公司为受益人的最大利益服务。根据公司实际情况和需求，董事会还可以下设人事、薪酬、审计、风险管理等专门委员会。

（8）董事会应当设董事会秘书或专门机构，负责股东（大）会、董事会的筹备、会议记录和会议文件的保管、信息披露及其他日常事务，并负责将股东（大）会、董事会等会议文件报国务院银行业监督管理机构或其派出机构备案。

3. 监事会

监事会负责监督董事会及其他有关部门的活动。监事会应当制定规范的议事规则，经股东（大）会审议通过后执行，并报国务院银行业监督管理机构或其派出机构备案。按照《信托公司治理指引》的要求，信托公司监事会职责和权利如下：

（1）监事会由监事会主席负责召集。监事会可下设专门机构，负责监事会会议的筹备、会议记录和会议文件保管等事项，为监事依法履行职责提供服务。

（2）监事会每年至少召开两次会议。监事会会议记录应当真实、完整，并自做出之日起至少保存15年。出席会议的监事和记录人应当在会议记录上签字。

（3）监事会可以要求公司董事或高级管理人员出席监事会会议，回答所关注的问题。公司应将其内部稽核报告、合规检查报告、财务会计报告及其他重大事项及时报监事会。

（4）基于履行职责的需要，监事会经协商一致，可以聘请外部审计机构或咨询机构，费用由信托公司承担。

4. 高级管理层

高级管理层负责公司的经营管理工作。高级管理人员的任职资格应当符合法律、行政法规和银保监会的规定。信托公司不得聘任未取得任职资格的人员担任高级管理人员或承担相关工作。根据《信托公司治理指引》，信托公司高级管理层应当遵守以下职责：

（1）高级管理人员应当遵循诚信原则，谨慎、勤勉地在其职权范围内行使职权，不得为自己或他人谋取属于本公司的商业机会，不得接受与本公司交易有关的利益。

（2）公司总经理和董事长不得为同一人。总经理向董事会负责，未担任董事职务的总经理可以列席董事会会议。总经理应当根据董事会或监事会的要求，向董事会或监事会报告公司重大合同的签订与执行情况、资金运用情况和盈亏情况。总经理必须保证该报告的真实性。

（3）高级管理层应当为受益人的最大利益认真履行受托职责：①在信托业务与公司其他业务之间建立有效隔离机制，保证其人员、信息、会计账户之间保持相对独立，保障信托财产的独立性；②认真管理信托财产，为每一个集合资金信托计划至少配备一名信托经理。

（4）高级管理层应对公司的各个层面实施风险评估，实施评估的深度和广度应与公司的业务范围和各部门的职责相适应；同时应加强风险管理，有效检测、评估、控制和管理风险，逐步提高风险识别和风险管理的能力。

（5）高级管理层应当根据公司经营活动需要，建立健全以投资决策系统、内部规章制度、经营风险控制系统、业务审批及操作系统等为主要内容的内部控制机制，并报国务院银行业监督管理机构或其派出机构备案。内控制度应当覆盖信托公司的各项业务、各个部门和各级人员，并融入到决策、执行、监督、反馈等各个经营环节，保证各个部门和岗位既相互独立又相互制约。

（6）信托公司应当设立内部审计部门，对本公司的业务经营活动进行审计和监督。信托公司的内部审计部门应当至少每半年向公司董事会提交内部审计报告，同时向国务院银行业监督管理机构或其派出机构报送上述报告的副本。

（7）高级管理层应当设立合规管理部门，负责公司的合规稽核，对公司各部门及其人员行为的合规情况进行全程监控，协助高级管理层有效识别和管理信托公司所面临的合规风险。

二、信托公司的管理

（一）信托公司管理概述

信托公司为了各项经营活动的稳定开展，还需加强其内部管理，不断提高经营与抵御风险的能力，切实保障委托人和受益人的合法利益，维护金融体系的稳定。信托公司的内部管理主要包括以下几个方面：

一是建立符合现代化企业制度要求的、健全的管理结构。信托公司应当按照职责分离的原则设立相应的工作岗位，前中后台设置合理、分工明确，操作相互独立，以保证公司对风险能够进行事前防范、事中控制、事后监督和纠正，形成健全的内部约束机制和监督机制。

二是建立规范的信托业务操作规程。信托公司应当设立符合要求的营业场所，完善各种符合法律要求的信托业务操作规范与风险控制措施，以规范信托人员的行为，防范经营风险，保护委托人和受益人的利益，维护信托公司的信誉。

三是建立完善的信托从业人员管理制度。信托公司作为经营信托业务的主体，发挥了财产管理的职能作用，其业务活动具有较强的专业性，信托公司是承办信托业务的受托人，这就要求其从业人员应当具有丰富的财产管理经验、专门的技术和知识水平以及高度的责任心。因此，为促进信托业的健康发展，信托公司必须建立从业人员管理制度，包括对董事、高级管理人员任职资格的审查制度；从业人员资格考试制度，未取得信托从业人员资格证书的，不得经办信托业务；建立业务档案制度，营业人员经营业绩不佳，未达到一定程度和一定要求，应取消其从业资格；建立违法查处制度，员工在从业时发生违规或违法行为，不仅应追究其经济责任，还应取消其从业资格。

（二）信托公司的管理结构

信托公司的管理结构是指信托公司内部组织或部门的设置，以及这些组织或部门之间的分工和联系。经过多年的发展，信托公司形成了与自身经营业务特点相适应的管理结构，呈现出与其他金融机构不同的特点：一是按照资金管理性质的不同,固有业务和信托业务独立管理,信托公司前台业务部门包括管理自有资金的固有业务部门和代他人管理资金的信托业务部门;二是信托公司地域机构设置呈现与股东背景相关的个性化特征。与银行等其他金融机构分支机构广布全国不同,在信托公司的管理架构中,异地业务部门设置多与股东背景相关,信托公司主要依托大股东公司所在地或势力范围设立异地业务机构。

目前,我国各家信托公司的内部管理架构设置模式不完全相同。有的信托公司按照职能分工模式设置内部组织结构,有的信托公司按照服务对象分工模式设置内部组织结构,还有的信托公司将不同设置模式互相融合,创造出综合型的内部组织结构设置模式。下面将对三类组织管理结构做具体分析。

1. 按职能分工的管理结构

在传统的直线职能型架构下,前台业务部门不区分业务领域和地区,较多采用信托一部、信托二部等的命名方式,进行业务开展。中台、后台部门都以职能部门形式存在,统一由公司层面管理,具体结构可参见图6-2。这种职能部门式的组织架构在形式上更加扁平化,汇报层级相对较少,是信托业在融资类业务快速发展中普遍适用的模式。

这样一种分工的优势在于各部门专业实力雄厚,便于做出正确的决策,可以较好地运用信托财产,既保证了管理体系的集中统一,同时可以充分发挥各个职能部门的作用。该类管理结构的不足之处在于可能涉及的服务有多个部门,存在职能部门之间的协调配合性差、领导管理负担重等问题,这样由于文件往来、部门之间信息不畅等原因,造成人力、时间上的不必要浪费。一般情况下,比较适合规模较小、经营业务品种相对单一的信托公司。随着信托公司业务规模的不断扩大、经营领域的拓展,外部环境的日益复杂,该类组织结构的弊端日益凸显,难以适应信托公司新的发展目标和任务,给信托公司的经营与业务发展带来了一系列问题,如专业化管理水平低,产品创新能力不足、风险管理链条长,对市场反应速度慢等。

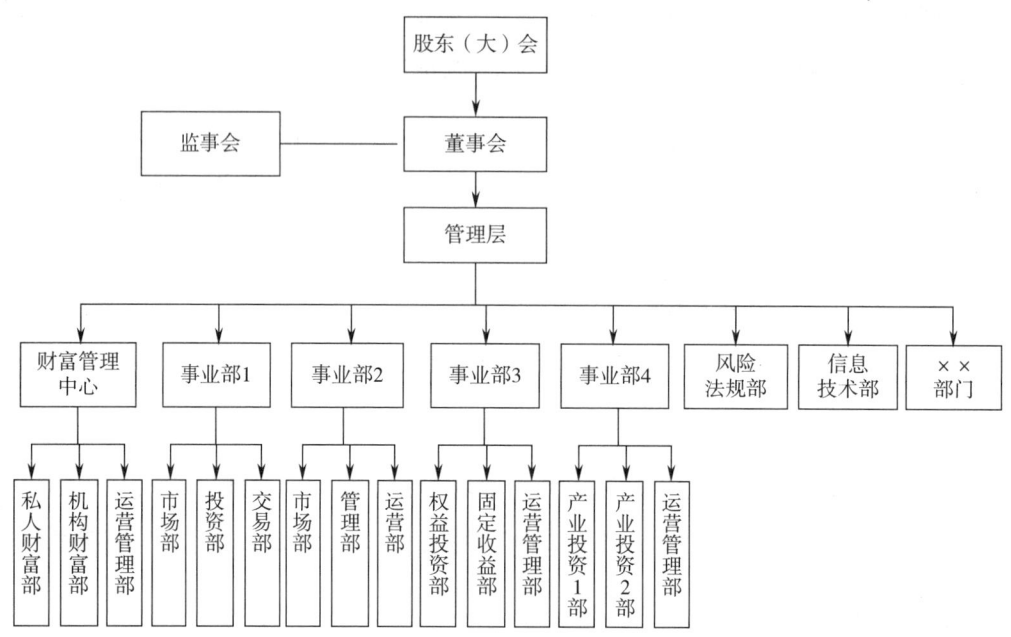

图 6-2 信托公司按服务对象分工的管理架构

2. 按服务对象分工的管理结构

随着信托公司业务的迅猛发展，信托服务渗透到了各个领域，为了适应这种越来越广泛和复杂的社会需求，出现了按产品即按服务对象进行分工组织的趋势，这种组织管理结构通常被称为事业部制架构。事业部制即在信托公司的管理层领导下，设置若干个事业部，每个事业部独立核算，并可根据自身业务发展需要设置新的组织机构，对其内部的经营管理具有较大的独立性，是一种分权式的管理结构。

事业部制管理结构的优势在于避免了职能型结构存在的不足之处，具有以下几个优点：一是各事业部具有独立的产品和市场，能够更好地进行战略规划，迅速对市场中的新情况做出反应，具有良好的适应性，即任何一个服务对象的信托财产都是在一个部门内处理，这样该部门的业务人员对客户能做到充分的了解，提高了业务效率，利于发挥信托业务部门拓展业务的专业性、有效性和灵活性；二是有助于减轻公司高层管理负担，利于管理层集中精力考虑未来发展的战略性问题；三是各事业部自主经营，独立核算，利于权、责、利的划分，便于建立与各事业部相符合的考核指标与绩效评估体系。但是由于按服务对象分工，同一业务在不同部门内部都要设置，公司与事业部的职能机构重复建设，这样就造成了专业人员分散和资源的浪费，增加了管理成本。

3. 综合分类的管理结构[①]

为了避免以上两种组织结构的不足之处，信托公司开始探索综合分类的组织结构。这种分类结构的优点是既保留了按产品分类的方法，又把职能比较重要的部门分列出来，成立独立的部门，形成矩阵型的管理结构。矩阵型结构是指按照组织固有的一些特性，将一个业务部门分为不同的事业部，在每个事业部中，设计一些职能类别类似的组别，这些组别又分属于不同的职能部门领导，从而形成一个二维或多维结构的组织。矩阵型结构是在前两种结构基础上，把按职能划分的管理结构与按产品划分的管理结构结合起来，使得同一名事业部的工作人员既与原来的职能部门保持组织和业务上的垂直关系，又与按产品划分的事业部保持横向联系（见图6-3）。

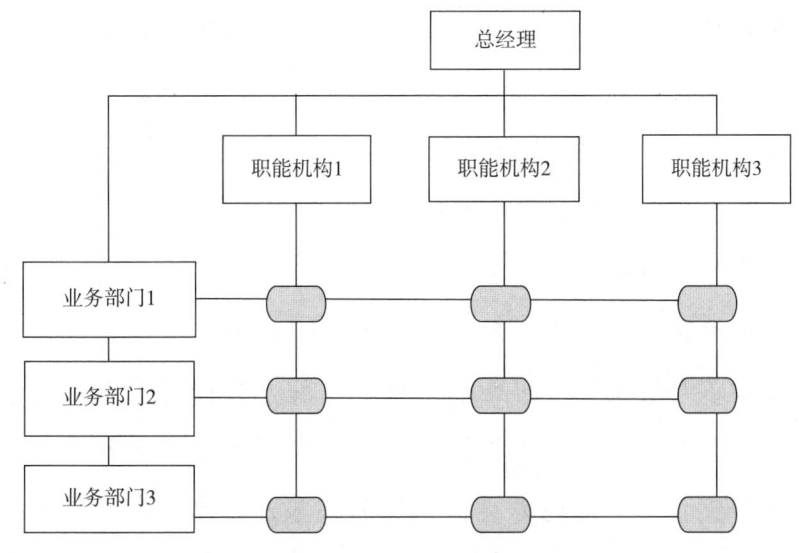

图6-3 信托公司综合分类的管理架构

---

① 骆志芳，许世琴. 金融机构经营管理［M］. 北京：经济科学出版社，2019.

矩阵型管理结构的优点在于：一是打破了传统结构中信息堵塞问题，加强了部门之间的配合和信息交流；二是减少了管理层次，提高了组织决策效率；三是可合理调配资源，降低运营成本。当然，综合分类仍然存在一定程度上的业务职能与服务对象之间的矛盾，其缺点主要在于：一是实行双重领导，容易产生由意见分歧导致的工作矛盾；二是纵向与横向管理线条交叉，使权、责、利结构设计、管理流程的设计复杂化，各纵向部门之间的联系弱化，内部管理难度较大，较难形成统一的意见，沟通成本相对较高。

专栏 6-1　信托公司治理情况

1. 增资情况分析

充足的资本金是信托公司抵御风险，保持长期稳健发展的基础。信托公司通过增资，可增强资本实力与风险抵抗能力，为公司转型发展提供全面支持。近年来信托公司不断增资，补充资本金，满足了信托业务做大做强的需求。根据银保监会的正式批复，2019 年共有 8 家信托公司增加注册资本，增资总额达 163 亿元，其中多家公司的控股股东为央企、地方政府或国企。

在增资过程中，信托公司控股股东通常会通过增资进行股权增持，进一步巩固了大股东地位。由此，信托公司股权将更加集中于有实力的股东，部分实力较弱或不满足条件的股东对股权的控制力进一步被稀释，大股东对信托公司的战略定位与发展方向拥有更多话语权。同时，随着《信托公司股权管理暂行办法》实施，对信托公司"主要股东"持续补充资本金的能力提出了更高要求，因此，未来信托公司增资事宜也将更加依赖于大股东。

2. 股权变更情况分析

信托公司股权变更的原因主要包括国企改革、股东构建金控集团、引入股东战略资源与外资股东持续退出。综合来看，无论是混合所有制改革、引入战略投资者还是股东构建金控集团，均利于信托公司市场化运营，增强资本实力。

(1) 引进战略投资者

近年来，信托公司适时引入战略投资者，积极推进股权结构多元化，优化公司股权结构、健全公司法人治理，增强公司市场竞争力。对于信托公司而言，引进战略投资者，利于增强公司的资本实力和品牌效应，同时有助于规范公司的经营决策行为。在战略投资者的选择方面，信托公司一般青睐拥有丰富的业务资源与经营管理经验的大型集团，从而有效推动信托公司发展。信托公司应当着重改善自身的管理制度，营造有利于战略投资者参与信托公司治理的制度环境和文化环境，将战略投资者所具有的优势逐渐转化为自身发展的竞争力，使战略投资者真正对信托公司的治理结构和经营发展起到完善和推动作用。

(2) 推进混合所有制改革

从微观组织的资源配置和规范经营角度看，不完善的股权结构很难建立起良好的法人治理结构。目前，我国信托公司以国有控股为主，国有大股东享有了信托公司较多的经营利益，同时也承担了更多的经营风险。由此，监管部门支持信托公司探索混合所有制改革，这为引进社会资本推动行业发展打开了政策窗口。从理论上看，混合所有制将国有股东的资源优势和社会资本的机制优势有机结合到一起，进而有效实现优势互补，产生协同效应。需要注意的是，在推动混合所有制的过程中，需引进社会资本形成制约权，建立起国有股的退出机制，以更好地规避管理层的道德风险和社会资本的机会主义行为。

3. 独立董事设置情况分析[①]

1940 年，美国颁布的《投资公司法》首次提出独立董事，我国在 2001 年颁布的《关于在公司建立独立董事制度的指导意见》中要求公司要建立和完善独立董事制度。董事会的独立性通常由董事会独立董事占比来衡量。对信托公司而言，董事会独立性越强，其对信托公司经营管理者发挥监督和决策的能力也越强，越能更加客观公正地评价经营管理者的经营绩效。同时，《信托公司治理指引》第十九条第二款规定"独立董事人数应不少于董事会成员总数的四分之一；但单个股东及其关联方持有公司总股本三分之二以上的信托公司，其独立董事人数应不少于董事会成员总数的三分之一。"根据 2018 年中国信托业协会调研数据，63 家公司独立董事比例均值为 32.62%，高于《信托公司治理指引》的要求（见表 6-1）。

表 6-1　　　　　2018 年信托公司独立董事人数分布情况*

单位：人，家，%

独董人数	0	1	2	3	4	5
信托公司家数	1	4	9	43	5	1
占比	1.6	6.3	14.3	68.3	7.9	1.6

* 以 63 家填写调研问卷的信托公司数据计算占比。
数据来源：根据中国信托业协会 2018 年调研问卷数据整理。

三、信托公司的风险管理

（一）信托公司风险管理概述

1. 信托公司风险的概念[②]

信托公司风险是指信托公司在开展信托金融活动的过程中，由于某些

[①] 中国信托业协会. 中国信托业发展报告（2018—2019）[M]. 北京：中国金融出版社，2019.

[②] 信托公司在展业过程中面临的具体风险将在本书第十章信托业务中的风险管理部分具体阐述。

因素发生意外的变动导致信托财产遭受损失，对信托当事人产生不利影响的可能性。信托公司风险包含以下三个要素：

一是风险因素，是指信托公司在金融市场上为客户提供了资产管理、财富管理、资金融通、金融创新等各种金融服务，这些信托金融活动为风险事故的发生创造了机会和必要条件。

二是风险事故，是指某些因素发生意外的变动。这里某些因素的变动，既有信托公司自身因素的变动，也有交易对方或外部环境的变动；既有微观因素的变动，也有宏观因素的变动；既有经济因素变动，也有政治、社会或自然等因素变动。这些因素变动的"意外"性，意味着这种变动是偶然发生的，是未被信托公司预期到、计划到的。

三是损失的可能性，包括信托财产遭受损失，对信托当事人产生不利影响等，主要是指经济损失的可能性。经济损失意味着有关当事人要丧失一定量预期的经济价值，或者是实际经济效益小于预期经济收益，或者是实际经济成本高于预期经济成本。这里的可能性，恰恰表明了风险的实质，即未来的经济损失的发生与否是不确定的。

2. 信托公司风险管理特征[①]

任何金融机构的发展，都需要把风险管理与业务发展放在同等重要的位置，这是金融机构区别于其他企业的重要标志。可以说，业务发展和风险管理是金融机构发展的两条生命线。对于信托公司而言，由于信托制度的独特设计，信托公司作为受托人，风险管理对其显得尤其重要。

与其他金融机构相比，由于法律和制度的特殊性，信托业务形成信托公司的表外资产，尽管信托财产名义上属于信托公司，实质上却并不属于信托公司本身所有，因此信托公司面临着更大的法律合规风险，加之信托业务作为一种特殊的金融业务，有着经营范围广泛性、经营手段灵活性与

---

① 李蓓. 我国信托公司风险管理体系改进策略研究：基于 COSO-ERM 框架的视角 [D]. 成都：西南财经大学，2012.

服务功能独特性的特点，使得信托公司的风险管理更为复杂，相较于银行等其他金融机构有着诸多不同之处。

风险系数大，风险管理基础薄弱。相比银行、证券公司等金融机构，信托公司的主要业务是代客理财业务，其经营情况关系到投资者的利益，因而信托公司面临的风险更为突出，一方面由于监管部门对于上述金融机构的内部控制的监管明确严格，且均已形成了较为稳定的风险管理体系；另一方面信托行业的高杠杆性将风险系数成倍放大，尤其是在2010年《信托公司净资本管理办法》还未正式出台前，信托公司业务规模没有受到明确限制，管理资产规模急剧膨胀，使其风险系数比其他金融机构高出许多。同时由于历史原因，信托公司当前内部控制制度基础比较薄弱，无法对风险作出及时而有效的反应。

刚性兑付文化浓重，流动性风险管理难度大。相比其他金融机构，信托公司的业务特点是大量资产投资于非标准债权。这类债权的特点在于到期日固定，抵押物变现能力较弱，在到期日之前没有现金流入，故一旦项目不能到期偿付，信托计划兑付将会延后，信托公司将面临着较大的流动性风险。我国信托公司流动性风险管理难度大主要是由于：一是缺乏稳定的负债支撑，信托公司不能比较方便地以合理的利率借入资金，应对资金周转不灵，从而发生支付困难。对资金的流动性要求是由信托公司的经营特点所决定的，如果没有足够可运用的资金保证业务运转，信托公司就无法及时支付资金以履行对客户的经营承诺，从而影响信誉及自身的生存和发展；二是信托公司的流动性安排与其他金融机构也形成了鲜明的对比，投资者无法自主、有效地根据自身资金需求、信托产品变化、金融市场波动等情形及时转让信托份额、收回投资，这也使得信托公司相较于其他金融机构刚性兑付文化更为浓重，并且加剧了其经营风险。

风险管理范畴更为广泛。以市场风险为例，市场风险是系统性风险，信托公司和商业银行、证券公司等金融机构所面临的市场风险较为类似，但是商业银行主要关注利率和汇率风险，证券公司更加关注股票价格风险,而对于信托公司来说,由于其业务范围横跨货币、资本和实业三大市场,开展的项目多种多样,设计的交易结构更是纷繁复杂,多样的交易结构和资金投向使得信托公司面临的市场风险更为广泛,如股权质押类信托项目主要受到股票价格的影响,而房地产项目的市场风险更是来自多个方面。

(二)信托公司的全面风险管理

基于以上的分析,我们可以知道信托公司风险管理具有基础弱、难度大、范围广的特点,因此信托公司应当建立起全面的风险管理体系,进行整体化的风险管理。全面风险管理是指从整个公司角度进行整体化风险管理,采取定性和定量相结合的方法,通过制定风险管理识别、评估、计量、监测、报告、控制的总体流程,搭建涵盖"三会一层"在内、厘清"四道防线"①的全面风险管理架构体系,实现全员风控、全业务条线风控、全风险种类风控。全面风险管理是现阶段应用的一种最新的风险管理模式,是站在全公司角度进行的整体化风险管理。

1. 信托公司全面风险管理体系建设的必要性

近年来,国内外经济发展不确定性因素增多,行业监管环境日趋严格,客户观念与需求也持续变化,面对日益复杂的经营环境,信托公司风险管控压力也日益加大,亟待建立起全面的风险管理体系,对机构各层次的业务单位以及各类风险进行通盘管理。综合来看,信托公司建立全面的风险管理体系具有充分的必要性。

一是顺应监管导向之需。我国经济金融环境的深刻变化,宏观经济周期和产业结构调整等对信托公司风险管理的影响日益加剧。2016年9月27日,银监会发布的《银行业金融机构全面风险管理指引》强调加速提升银行业金融机构全面风险管理水平,并要求信托公司等经国务院银行业

---

① 信托公司的风险管理组织架构,大致可概括为"四道防线并行的垂直管理模式"。其中,第一道防线主要由业务部门搭建,第二道防线由风险管理部、合规管理部、信托财务部等中后台部门搭建,第三道防线由稽核审计部搭建,第四道防线则由董事会和监事会搭建。

监督管理机构批准设立的其他金融机构参照执行。由此可见，建立全面的风险管理体系不仅是信托公司自身经营管理的需要，也是监管机构对其提出的新要求。

二是补齐内控短板的必然要求。随着金融开放进程的进一步推进，大资管市场竞争日趋激烈，在银行业普遍建立起了全面风险管理体系的情况下，目前信托公司风险管理体系的完整性与各部分的协调性还有所欠缺，整体风控能力明显滞后。信托公司迫切需要建立起一套完善的风险管理体系，以覆盖信用、市场、操作三大主要风险要素以及声誉、政策、道德、合规、法律及流动性风险等六大其他类风险要素。

三是助力行业转型发展之需。随着资管新规及配套细则陆续落地，信托公司经营模式将逐渐由粗放式转向集约式发展，在向主动管理转型的阶段，公司战略转型提上日程，业务流程面临重组，产品创新层出不穷，综合化经营趋势将日益明显，这些都将使信托公司面临新的风险形势和考验；同时，随着我国居民财富的日益积累，客户财富传承、子女教育、公益慈善等多样化需求也将对信托公司的风险管理能力提出更为多样化和细致化的要求，信托公司全面风险管理体系亟待建设。

2. 信托公司全面风险管理体系的建设原则[①]

（1）全面风险管理原则

全面风险管理原则要求信托公司对各业务品种、业务流程、公司部门及人员的风险实施全面有效的风险管理，将风险管理渗透到信托公司的各项业务流程和各个操作环节当中，覆盖所有部门、岗位和人员，最终建立起包括信用风险、市场风险、操作风险及法律合规风险在内的风险管理体系。

---

① 中国信托业协会. 2013 年信托业专题研究报告（上册）：信托公司全面风险管理体系的研究与设计 [R]. 2013.

（2）风险管理独立性原则

独立性原则要求风险管理部门应独立于决策机构和其他业务部门，并具有直接向董事会和管理层报告的渠道。具体来看，独立性原则一方面要求风险管理部门在组织和管理上独立于其他部门，另一方面还要求风险管理岗位可以在不受其他任何因素影响的情况下，独立地进行风险的评估和判断。不论是业务部门的初步风险评估，还是第三方机构的风险调查，都不能替代风险管理岗位的风险评判，更不能影响其独立判断。

（3）风险管理创造价值原则

风险管理创造价值原则要求信托公司摒弃"风险管理与业务发展是一对天敌"的观念，并树立起"有效的管理风险创造价值"的核心风险文化理念，进而将风险管理与业务发展有机结合，选择最优的风险管理方案，有效平衡风险与收益，兼顾控制与效率，促进业务部门与风险管理部门协调运作，形成合力，共创业务价值。

3. 信托公司全面风险管理体系的建设框架

全面风险管理建设包括组织架构、流程设计、管理技术、风险文化和考核与评价五大方面。这五个方面以风险控制为内核，既各自发挥相应功能，又相互协调配合，实现风险管理的动态发展，最终构成信托公司全面风险管理体系的总体框架。

（1）搭建合理的组织架构

组织架构是信托公司风险管理其他构成要素的基础，合理的组织架构可以为信托公司全面风险管理保驾护航。信托公司需要构建董事会领导下的职责清晰、分工明确的全面风险管理组织架构，确保风险管理的独立性，推动风险管理由风险管理部门主导向业务全程化管理转变，风险评估方法由定性向定性和定量相结合转变。针对不同风险类型，推行信用风险垂直化、市场风险集中化、操作风险与合规风险层次化的组织体系，结合公司组织架构改革来不断完善风险管理组织架构。

(2) 优化全业务流程设计

信托公司应紧密围绕投向管理、投前管理及投后管理三个关键管理流程，结合业务发展实际，充分梳理并持续优化业务流程。在投向管理方面，应对风险管理策略和风险战略偏好、信托业务产品和模式、客户及产品准入标准、资产配置管理等关键流程进行优化；在投前管理方面，应重点关注尽职调查与中介评估、审查复核与审议审批、法律确权及放款审核、合同文件的档案管理等环节；在投后管理方面，应注重完善实时跟踪及反馈报告、风险排查和重点监控、压力测试及风险演练、风险预警、缓释和化解等关键环节。

(3) 覆盖各类风险管理技术

信托公司应以经济资本为核心建立风险与效益双重约束机制，涵盖经济资本计量方法及以此为基础的经济资本分配、经济资本配置、产品定价、绩效考核、战略决策等各个层面的管理制度和方法。同时，以明确发展模式、强化资本管理、加强资产组合管理并建立资本约束机制为要求，对信用风险等重要风险进行技术设计，以实现有约束的理性增长、降低资产整体风险、加速信托公司全面风险管理体系建设的目标。

(4) 培育风险管理文化

风险管理文化是全面风险管理体系的灵魂，有效的风险管理体系建设必须以先进的风险管理文化培育为先导。随着现代金融工具日益复杂，风险管理文化对于信托公司的健康持续发展也日益重要，信托公司需要倡导和培育自身的风险管理文化，并将风险管理理念贯穿于信托业务的全流程，将其融入企业文化建设的全过程，树立有效的风险管理能够创造价值的理念，将风险文化作为风险管理的重要组成部分来落实。作为信托公司企业文化重要的子系统，风险管理文化应由精神文化、制度文化、行为文化和物质文化四个层次有机组成，通过四个层次的建设，形成理念科学、制度完善、四位一体的全面风险管理文化。

(5) 构建有效的考核与评价体系

考核和评价是根据一定的标准，通过特定的程序对全面风险管理体系的运行和效果进行检测，其目的在于检查情况、发现问题、找出差距、明确方向并最终促进全面风险管理的持续发展。信托公司应采用合理的考核与评价体系，对自身经营质量进行客观评价，一方面充分考核与评价组织结构、流程、技术及文化的执行有效性，对前述几个方面的运行情况进行动态评估并及时改进其缺陷；另一方面还需对执行风险管理过程中的人的行为进行考核，两个方面相互配合，共同防范信托公司和信托业务可能面临的风险。

第四节 信托公司的财务报表

信托公司经营管理成果将直接通过财务报表体现出来，因此信托公司财务报表的结构与科目特征与信托公司的业务经营密切相关。全面了解信托公司财务报表的特征与结构将为后续科学评价信托公司经营绩效奠定基础。

一、金融机构财务报表的特征分析

与一般企业一样，现代金融机构的基本目标都是追求企业价值最大化。但由于金融机构具有经营特殊性，其除了盈利性目标外，还有安全性和流动性的经营要求，因而与非金融机构对比来看，金融机构的财务报表也呈现出了显著的特殊性。

（一）资产类科目对比分析

在共同资产类科目方面，"货币资金""可供出售金融资产""固定资产"和"在建工程"四个科目虽然在两类机构中都同时存在，但占总资产的比重却呈现出明显差异。在金融机构中，"货币资金"和"可供出售金融资产"占比较大，但"固定资产"和"在建工程"占比却较小，但在非金融机构中却恰好相反，"固定资产"和"在建工程"占比较大，但

"货币资金"和"可供出售金融资产"却具有较小的占比。

在特殊资产类科目方面,金融机构包含"拆出资金""应收利息""以公允价值计量且其变动计入当期损益的金融资产"等与金融业务密切相关的多个资产类科目,且"以公允价值计量且其变动计入当期损益的金融资产(交易性金融资产)""买入返售金融资产"和"持有至到期投资"占有较大比重,而非金融机构包含的"存货"和"应收账款"两个资产类科目却与金融业务无关(见表6-2)。

表6-2 金融机构与非金融机构的资产负债表对比(资产类科目)

会计科目	金融机构	非金融机构
资产:		
货币资金	大	
可供出售金融资产	大	
固定资产		大
在建工程		大
长期待摊费用		
递延所得税资产		
无形资产		
长期股权投资		
拆出资金		—
应收利息		—
以公允价值计量且其变动计入当期损益的金融资产(交易性金融资产)	大	
买入返售金融资产	大	
衍生金融资产		
持有至到期投资	大	
存货	—	
应收账款	—	

注:深灰色部分表示金融机构的特殊科目,浅灰色部分表示非金融机构的特殊科目,无颜色填充的部分表示两类机构的共有科目;"大"代表对应科目占总资产的比重较大,"—"表示对应机构没有该科目,下同。

(二)负债类科目对比分析

在负债类科目中,金融机构具有"应付债券""应付利息""拆入资金"等多个特有科目,其中"应付债券"和"卖出回购金融资产款"占比较大;非金融机构包括"应付账款""短期借款"和"长期借款",且"应付账款"占比最大。"应交税费""应付职工薪酬""递延所得税负债"和

"预计负债"属于两类机构的共同科目,但占比都较小(见表6-3)。

表6-3　　金融机构与非金融机构的资产负债表对比(负债类科目)

会计科目	金融机构	非金融机构
负债:		
应交税费		
应付职工薪酬		
递延所得税负债		
预计负债		
应付债券	大	—
应付利息		—
拆入资金		—
以公允价值计量且其变动计入当期损益的金融负债(交易性金融负债)		—
衍生金融负债		—
卖出回购金融资产款	大	—
应付账款	—	大
短期借款	—	
长期借款	—	

(三)所有权益类科目对比分析

在所有权益类科目中,金融机构包含"一般风险准备"这一特殊科目。该科目是按照《金融企业财务规则——实施指南》规定而设定的[①]。"股本(实收资本)""资本公积金""盈余公积金"和"未分配利润"为两类机构的共同科目(见表6-4)。

---

① 财政部《金融企业财务规则——实施指南》(财金〔2007〕23号)第十一条规定,从事银行业务的金融企业,原则上一般准备金余额不低于风险资产期末余额的1%。从事保险业务的金融企业,应按本年实现净利润的10%提取总准备金。从事证券业务的金融企业,应按本年实现净利润的10%提取交易风险准备金。从事期货经纪业务的金融企业,应按本年实现净利润的10%提取风险准备金。从事信托投资的金融企业,应按本年实现净利润的5%提取信托赔偿准备金。主营担保业务的企业,应按本年实现净利润的10%提取一般风险准备金。从事基金管理业务的金融企业,应按本年实现净利润的1%提取风险准备金。从事金融租赁业务的金融企业,应按本年实现净利润的1%提取一般风险准备金。属于财务公司性质的金融企业,应按本年实现净利润的1%提取一般风险准备金。 http://www.mof.gov.cn/zhengwuxinxi/caizhengwengao/caizhengbuwengao2007/caizhengbuwengao2 0077/200805/t20080519_26632.html,访问日期:2019年4月27日。

表 6-4　　金融机构与非金融机构的资产负债表对比（所有者权益类科目）

会计科目	金融机构	非金融机构
所有者权益：		
股本（实收资本）		
资本公积金		
盈余公积金		
未分配利润		
一般风险准备		—

（四）利润表科目对比分析

在特殊科目方面，由于金融机构的营业收入主要来源于其主营的金融业务所产生的收入，如"利息收入""管理费收入""手续费及佣金收入""汇兑收益""公允价值变动收益"以及其购买的金融资产所产生的投资收益，如"投资收益"。其中"利息收入""管理费收入""手续费及佣金收入"和"投资收益"占有较大比重。而非金融机构的营业收入则都来源于其主营业务所产生的收入。此外，金融机构的营业支出类科目中存在"手续费及佣金支出""利息支出"等与金融活动相关的营业支出，而非金融机构的营业支出则主要来源于其主营业务所产生的支出，该支出占据营业支出的绝大部分。

在共同科目方面，金融机构与非金融机构都拥有"管理费用"和"资产减值损失"两个科目，其中金融机构的"管理费用"占比较大，主要构成为职工薪酬（见表 6-5）。

表 6-5　　　　　　　金融机构与非金融机构的利润表对比

会计科目	金融机构	非金融机构
营业收入：		
利息收入	大	—
管理费收入	大	—
手续费及佣金收入	大	—
投资收益	大	—
汇兑收益		—
公允价值变动收益		—

续表

会计科目	金融机构	非金融机构
主营业务收入	—	大
营业支出：		
手续费及佣金支出		—
利息支出		—
营业成本	—	大
管理费用	大	
资产减值损失		

总结来看，金融机构经营金融业务的特性，无论在资产负债表还是在利润表中的会计科目都得到了充分体现，而非金融机构并不经营金融业务，因此各会计科目没有体现出金融业务的特性。

二、信托公司的财务报表分析

在对信托公司财务报表特征与结构进行具体分析之前，需要先行了解信托公司会计核算的特点。

（一）信托公司会计核算特点

会计核算的前提条件之一是会计假设，会计假设一般由会计主体、持续经营、会计分期、货币计量等组成。就会计主体而言，其是指企业会计确认、计量和报告的空间范围，由于信托公司除经营管理自有财产外，还经营信托业务，且往往经营的信托资产总额远高于其自有财产规模，因此为了保证委托人及受益人的利益，避免信托公司将信托财产与固有财产进行交易，《信托公司管理办法》规定信托公司应当将信托财产与其固有财产分别管理、分别记账，并将不同委托人的信托财产分别管理、分别记账，因此信托会计核算呈现出有别于其他金融机构的特点。

1. 信托资产不属于信托公司的资产和负债

信托资产是指信托公司因接受委托人信任托付而取得的财产，以及因信托财产的管理运用、处分或者其他情形而取得的财产。信托财产不属于信托公司的固有财产，也不属于信托公司对受益人的负债。信托公司终止时，信托财产也不属于其清算财产。

2. 固有资产和信托资产分开管理和分别核算

固有业务（自营业务）是以信托公司自有财产开展的业务，按照《信托公司管理办法》的规定，信托公司可以开展存放同业、拆放同业、贷款、租赁、投资等固有业务。而信托财产独立于信托公司固有财产，且《信托公司管理办法》对信托公司可以开展的固有业务和信托业务规定的范围不同。基于此，信托公司进行会计核算时，对固有业务、信托业务必须分别建账、分别核算，从而明确区分固有业务与信托业务财产经营情况，并保证信托财产及其收益的独立性。

3. 信托公司会计报表不包含信托业务会计报表数据

由于信托公司固有业务和信托业务分别核算，因此信托公司对固有财产和信托财产分别编制会计报表，但信托公司一般是对外披露以反映公司实际资产状况及经营情况的固有业务报表，而对于信托业务会计报表并不会合并到信托公司的会计报表中，一般是在会计报表附注中进行披露，并按监管要求对信托业务经营情况进行必要的说明。

4. 信托项目作为信托业务独立会计核算主体

《信托业务会计核算办法》规定信托公司管理不同类型的信托业务，应分别按项目设置信托业务明细账进项核算管理，并且明确了信托项目应作为独立的会计核算主体，以持续经营假设为前提，独立核算信托财产的管理运用和处分情况，各信托项目应单独记账，单独核算，单独编制财务报告，不同信托项目在账户设置、资金划拨、账簿记录等方面应相互独立。

（二）信托公司财务报表特征分析

尽管金融机构都在从事金融业务，但由于不同的金融机构的业务范围与类型不尽相同，因而各金融机构的财务报表具有一定的相似性，但同时也具有一定独特性。总体来看，不同金融机构的财务报表包括了其行业特有的资金来源和不寻常的会计系统。银行机构的资产负债表以贷款、客户存款等为主要部分,利润表最重要的组成部分是贷款收入以及存款的利息支付;保险公司收入的主要来源包括保单收入、投资所得和货币或资本市场借款;基金公司主要持有公司股票、债券和货币市场工具,其资金主要由基金份额的销售收入组成。证券公司也持有类似范围的股票和债券投资,为这些融资的是货币和资本市场借款以及股东的权益资本,同时证券公司也为客户购买和销售证券,帮助企业发行证券以及为顾客资产评估提供咨询也能获得大量收入[①]。

与上述的金融机构相比,信托公司的财务报表具有其自身特殊的科目,或在共同的财务报表科目存在比例上的差异,整体呈现出与其自身业务经营特点一致的特征,下面将做具体分析。

1. 资产类科目特征分析

与其他金融机构相比,信托公司具有不同的特殊资产类科目,且占比较大。信托公司固有业务与信托公司信托业务都具有"发放贷款及垫款"这一特殊科目,该科目在信托公司(信托业务)中占据较大比重,且主要是企业贷款。银行的特殊资产类科目主要为"现金及存放中央银行款项""存放同业和其他金融机构款项"等。保险公司的特殊科目主要都与保险业务有关,包括"应收保费""应收代位追偿款""应收分保账款"等八个会计科目。证券公司的特殊科目中,"结算备付金"和"存出保证金"占比都较小,而"融出资金"属于证券公司特有的"两融业务"中的融资业务,具有最高的占比。基金(公司)以及基金(产品)的特殊科目与证券公司相似(见表6-6)。

---

① 彼得·S. 罗斯. 商业银行管理 [M]. 北京:机械工业出版社. 2013:123.

表 6-6　　　　　　　　　　　不同金融机构资产类科目对比

资产负债表	银行	证券	保险	基金（公司）①	基金（产品）	信托（固有业务）	信托（信托业务）
资产：							
现金及存放中央银行款项	大						
存放同业和其他金融机构款项							
结算备付金							
应收保费							
应收代位追偿款							
应收分保账款							
应收分保未到期责任准备金							
应收分保未决赔款准备金							
应收分保寿险责任准备金							
应收分保长期健康险责任准备金							
保户质押贷款							
独立账户资产							
存出保证金							
应收证券清算款							
应收申购款							
发放贷款及垫款	大						大
融出资金		大					
货币资金		大		大			
拆出资金							
以公允价值计量且其变动计入当期损益的金融资产（交易性金融资产）		大			大		大
买入返售金融资产		大					
可供出售金融资产	大	大	大	大		大	大
衍生金融资产							
长期股权投资							
持有至到期投资	大	大					
应收利息							
固定资产							
投资性房地产							
在建工程							
无形资产							
长期待摊费用							
递延所得税资产							
其他资产							

注：深灰色部分表示各金融机构的特殊科目，浅灰色部分表示各金融机构的共同科目，"大"代表对应科目占总资产的比重较大，下同。

①根据相关规定，基金公司既需要制定公司层面的财务报表，又需要针对基金产品单独建账。

2. 负债与所有者权益类科目特征分析

与其他金融机构，信托公司（信托业务）具有包括"应付受托人报酬""应付托管费"和"应付受益人收益"三个特殊负债类科目，但占比都较小。银行的特殊科目中，"同业和其他金融机构存放款项"和"吸收存款"占比较大，而由于存款业务作为银行最为重要的负债业务，"吸收存款"的占比必然在整个负债中会具有最高的占比。证券公司负债类特殊科目都与证券公司固有的承销与经纪业务相关："代理买卖证券款"占比较大。保险公司的特殊科目主要涉及与保险业务相关的科目，包括"预收保费""应付手续费及佣金"等科目。基金（产品）的特殊科目主要包括"应付托管费""应付证券清算款"等科目（见表6–7）。

表6–7　　　　　　　不同金融机构负债和所有者权益类科目对比

资产负债表	银行	证券	保险	基金（公司）	基金（产品）	信托（固有业务）	信托（信托业务）
负债：							
同业和其他金融机构存放款项	大						
向中央银行借款							
吸收存款	大						
代理买卖证券款		大					
代理承销证券款							
预收保费							
应付手续费及佣金							
应付分保账款							
应付赔付款							
应付保单红利							
存入保证金							
保户储金及投资款							
未到期责任准备金							
未决赔款准备金							
寿险责任准备金			大				
长期健康险责任准备金							
独立账户负债							
应付受益人收益							大

续表

资产负债表	银行	证券	保险	基金（公司）	基金（产品）	信托（固有业务）	信托（信托业务）
应付受托人报酬							■
应付托管费					■		■
应付证券清算款					■		
应付赎回费					■		
应付管理人报酬					■		
应付交易费用					■		
应付销售服务费					■		
拆入资金	■						
以公允价值计量且其变动计入当期损益的金融负债	■						
衍生金融负债	■						
卖出回购金融资产款		大					
应付债券		大					
应付职工薪酬							
应交税费							
其他应付款							
预计负债							
递延所得税负债							
其他负债							
所有者权益：							
股本（实收资本）				大		大	
实收基金（实收信托）					大		大
资本公积金		大					
盈余公积金							
未分配利润							
一般风险准备							

3. 利润表科目特征分析

虽然相比资产负债表，信托公司与其他金融机构在利润表科目中的共同科目更多，但在共同科目比例上也存在其特殊性。例如，信托公司（信托业务）的"利息收入"占比较高，主要包括信托项目因存款、拆放、贷款、办理回购业务而取得的利息收入，且以贷款产生的利息收入为主，这与我国当前信托公司信托业务中贷款类资产占比较高相关；信托公司（固有业务）的"手续费及佣金收入"占比较大，且绝大部分来源于信托手续费收入；信托公司"投资收益"占比较大，且是以股权投资收益为主（见表6-8）。

表6-8　　　　　　　　　不同金融机构利润表科目对比

利润表	银行	证券	保险	基金（公司）	基金（产品）	信托（固有业务）	信托（信托业务）
营业收入：							
已赚保费			大				
管理费收入				大			
销售服务费收入				大			
利息收入	大	大					大
手续费及佣金收入	大	大				大	
投资收益		大	大		大	大	大
公允价值变动收益							
汇兑收益							
其他业务收入							
营业支出：							
退保金			大				
赔付支出			大				
提取保险责任准备金			大				
保户红利支出							
分保费用							
营业税金及附加							
业务及管理费	大	大	大	大		大	大
资产减值损失	大						
其他业务支出							
手续费及佣金支出		大	大				
利息支出	大	大			大		
管理人报酬					大		
托管费							
销售服务费							
交易费用							

（三）固有业务财务报表种类及结构

信托公司固有业务报表主要反映信托公司的实际资产状况及经营情

况，报表类型主要包括资产负债表、利润表、现金流量表、所有者权益变动表等，但除此之外信托公司还需要向监管部门呈报非现场监管报表，包括各项资产减值损失准备情况表、资产质量五级分类情况表、流动性比例监测表、有价证券及投资情况表、资本充足率汇总表、表内加权风险资产计算表、表外加权风险资产计算表、长期股权投资风险情况表和债券托管及证券交易保证金存放情况表等。以下将主要从信托公司经营层面，对资产负债表、利润表、所有者权益变动表做结构分析。

1. 资产负债表

资产负债表是反映企业在某一特定日期的财务状况的会计报表，其主要提供某一特定日期关于企业资产、负债、所有者权益及其相互关系。

（1）报表结构

作为金融企业，信托公司的资产、负债、所有者权益的构成项目与一般工商企业有所区别。资产方面通常需要列示：货币资金（现金及存放中央银行款项、存放同业款项等）、拆出资金、交易性金融资产、衍生金融资产、买入返售金融资产、应收利息、可供出售金融资产、持有至到期投资、长期股权投资等。负债方面通常需要列示：短期借款、拆入资金、交易性金融负债、衍生金融负债、卖出回购金融资产款等。所有者权益包括实收资本、资本公积、盈余公积、一般风险准备和未分配利润等（见表6-9）。

表6-9 　　　　　　　　　　信托公司资产负债表

单位：万元人民币

项目	期末余额	年初余额	项目	期末余额	年初余额
资产：			负债：		
现金及存放中央银行款项			向中央银行借款		
存放同业款项			同业及其他金融机构存放款项		
贵金属			拆入资金		
拆出资金			交易性金融负债		
交易性金融资产			衍生金融负债		
衍生金融资产			卖出回购金融资产款		
买入返售金融资产			吸收存款		

续表

项目	期末余额	年初余额	项目	期末余额	年初余额
应收利息			应付账款		
预付账款			预收账款		
其他应收款			应付股利		
其他流动性资产			其他应付款		
发放贷款和垫款			应付职工薪酬		
可供出售金融资产			应交税费		
持有至到期投资			应付利息		
长期股权投资			预计负债		
投资性房地产			应付债券		
固定资产			递延所得税负债		
无形资产			其他负债		
长期应收款			负债合计		
递延所得税资产			所有者权益：		
其他资产			实收资本（或股本）		
			资本公积		
			减：库存股		
			盈余公积		
			一般风险准备		
			未分配利润		
			所有者权益合计		
资产总计			负债和所有者权益总计		

(2) 重点指标分析

资产是指企业过去的交易或者事项形成的、由企业拥有或控制的、预期会给企业带来经济利润的资源。

信托业务是信托公司的主营业务，但固有业务同样是信托公司业务的重要组成部分，一方面固有业务的发展可以协助信托业务的发展，另一方面固有资产还为信托公司风险项目提供了流动性支持，实力雄厚的总资产规模能够为信托公司长期稳健发展奠定坚实的基础。

专栏 6-2　信托公司固有资产总额排名前十情况

排名	公司简称	2018年12月31日（万元）	2017年12月31日（万元）	增长率（%）
1	重庆信托	22989814.72	22474570.38	2.29
2	平安信托	15707631.87	13889267.55	13.09
3	中信信托	3791253.24	3618878.73	4.76
4	兴业信托	3760453.78	3599545.41	4.47
5	安信信托	3153620.19	2512611.56	25.51
6	中融信托	3072743.22	2878829.50	6.74
7	华润信托	2387940.69	2224429.83	7.35
8	中诚信托	2305009.63	2265988.74	1.72
9	上海信托	2250974.71	2504764.43	-10.13
10	建信信托	2227495.51	1910983.20	16.56

数据来源：中国信托业年鉴 2018—2019。

2. 利润表

利润表是反映企业在一定会计期间经营成果的会计报表，可以反映出企业经营业绩的主要来源和构成，提供了不同方面能够形成企业利润的相关指标，有助于使用者判断净利润的质量及其风险。

（1）报表结构

信托公司利润表主要包括以下信息：营业收入，主要包括利息净收入、手续费及佣金净收入、投资收益、公允价值变动收益、其他业务收入等；营业支出，主要包括营业税金及附加、业务及管理费、资产减值损失和其他业务成本等；此外还有营业外收入、营业外支出、所得税费用和净利润等（见表6-10）。

表 6-10　　　　　　　　　信托公司利润表

单位：万元人民币

项目	本期发生额	上期发生额
一、营业收入		
利息净收入		

续表

项目	本期发生额	上期发生额
利息收入		
利息支出		
手续费及佣金净收入		
手续费及佣金收入		
手续费及佣金支出		
投资收益（损失以"－"号填列）		
其中：对联营企业和合营企业的投资收益		
公允价值变动收益（损失以"－"号填列）		
汇兑收益（损失以"－"号填列）		
其他业务收入		
二、营业支出		
营业税金及附加		
业务及管理费		
资产减值损失		
其他业务成本		
三、营业利润（亏损以"－"号填列）		
加：营业外收入		
减：营业外支出		
四、利润总额（亏损总额以"－"号填列）		
减：所得税费用		
五、净利润（亏损以"－"号填列）		
六、每股收益		
（一）基本每股收益		
（二）稀释每股收益		

(2) 重点指标分析

①营业收入指标分析

营业收入是指企业在日常活动中形成的、会导致所有者权益增加的、与所有者投入资本无关的经济利益的总流入。

信托公司固有业务收入整体相对较小，主要来源于投资收益，且固有业务的收入一般与净资产呈正相关，固有业务收入较高的，表明公司发展势头相对良好。

专栏 6-3　信托公司固有资产营业总收入排名前十情况

排名	公司简称	2018 年度（万元）	2017 年度（万元）	增长率（%）
1	平安信托	1619364.43	1653608.69	-2.07
2	重庆信托	691059.55	708912.19	-2.52
3	中融信托	588884.57	653460.43	-9.88
4	中信信托	536524.35	739896.86	-27.49
5	建信信托	453477.29	327373.64	38.52
6	上海信托	392436.38	434500.63	-9.68
7	兴业信托	359193.20	313369.35	14.62
8	华能信托	349188.55	342582.90	1.93
9	中航信托	339910.05	294090.35	15.58
10	外贸信托	299775.72	258446.50	15.99

数据来源：中国信托业年鉴 2018—2019。

② 净利润指标分析

净利润是指企业在一定会计期间的经营成果，是衡量企业经营业绩的重要指标。对于管理者而言，净利润是进行经营管理决策的基础；同时，净利润也是评价企业盈利能力、管理绩效以及偿债能力的基本工具。

专栏 6-4　信托公司固有资产净利润排名前十情况

排名	公司简称	2018 年度（万元）	2017 年度（万元）	增长率（%）
1	平安信托	571133.26	645374.82	-11.50
2	重庆信托	372715.24	448012.55	-16.81
3	中信信托	335866.59	359036.62	-6.45
4	华能信托	241829.99	208735.72	15.85
5	华润信托	230593.85	224771.33	2.59
6	中融信托	214223.14	280538.23	-23.64
7	建信信托	205586.40	185217.47	11.00
8	外贸信托	194613.69	162144.01	20.03
9	江苏信托	185740.90	161797.29	14.80
10	中航信托	184664.70	162825.09	13.41

数据来源：中国信托业年鉴 2018—2019。

3. 所有者权益变动表

所有者权益变动表是反映构成所有者权益的各组成部分当期的增减变动情况的报表，一方面列示导致所有者权益变动的交易或事项，另一方面按照所有者权益各组成部分列示交易或事项对所有者权益各部分的影响。

（1）报表结构（见表6-11）

表6-11　　　　　　　　　　信托公司所有者权益表

单位：万元人民币

项目	本年金额							上年金额						
	实收资本（或股本）	资本公积	减：库存股	盈余公积	一般风险准备	未分配利润	所有者权益（合计）	实收资本（或股本）	资本公积	减：库存股	盈余公积	一般风险准备	未分配利润	所有者权益（合计）
一、上年年末余额														
加：会计政策变更														
前期差错更正														
其他														
二、本年年初余额														
三、本期增减变动金额（减少以"-"号填列）														
（一）综合收益总额														
（二）所有者投入和减少资本														
1. 所有者投入资本														
2. 其他权益工具持有者投入资本														
3. 股份支付计入所有者权益的金额														
4. 其他														
（三）利润分配														
1. 提取盈余公积														
2. 提取一般风险准备														
3. 对所有者（或股东）的分配														

续表

项目	本年金额							上年金额						
	实收资本(或股本)	资本公积	减：库存股	盈余公积	一般风险准备	未分配利润	所有者权益(合计)	实收资本(或股本)	资本公积	减：库存股	盈余公积	一般风险准备	未分配利润	所有者权益(合计)
4. 其他														
(四) 所有者权益内部结转														
1. 资本公积转增资本(或股本)														
2. 盈余公积转增资本(或股本)														
3. 盈余公积弥补亏损														
4. 其他														
(五) 其他														
四、本期期末余额														

（2）重点指标解析——所有者权益指标

所有者权益，是指企业资产扣除负债后，由所有者享有的剩余权益，在数值上一般等于净资产。净资产也代表着企业所有者在企业中的财产价值，是反映企业经营业绩的重要指标。

对于信托公司而言，从《信托公司净资本管理办法》发布以来，信托业务的发展需要以净资本支持为前提，信托公司净资产的高低对其整体业务的发展起着至关重要的作用。

专栏6-5　信托公司固有资产净资产排名前十情况

排名	公司简称	2018年12月31日(万元)	2017年12月31日①(万元)	增长率（%）
1	平安信托	5183514.33	5202323.24	-0.36
2	重庆信托	3276530.94	2934752.28	11.65
3	中信信托	2521344.59	2265586.77	11.29

排名	公司简称	2018年12月31日（万元）	2017年12月31日[①]（万元）	增长率（%）
4	华润信托	2030657.17	1891543.98	7.35
5	中融信托	1940594.32	1854014.67	4.67
6	华能信托	1847023.33	1222346.69	51.10
7	江苏信托	1779080.48	1137839.15	56.36
8	兴业信托	1754244.54	1668863.76	5.12
9	中诚信托	1711352.92	1682282.66	1.73
10	上海信托	1594359.90	1438179.70	10.86

数据来源：中国信托业年鉴2018—2019。

（四）信托业务财务报表种类及结构

信托业务为信托公司的主营业务，特别是在监管持续引导信托公司回归信托本源业务的指引下，信托业务在信托公司中的地位逐步上升。信托业务报表主要反映了信托公司的管理资产情况，涉及报表有信托项目资产负债表、信托项目利润及利润分配表、信托公司管理信托财产状况统计表、信托项目到期情况统计表、信托公司关联交易风险及客户集中度情况表等。以下将主要就信托项目资产负债表和信托项目利润及利润分配表做结构分析。

1. 信托项目资产负债汇总表

信托项目资产负债表是反映一定时点信托资产、信托负债和信托权益的情况。资产方面通常需要列示：货币资金、拆出资金、应收款项、买入返售金融资产、长期债权投资、长期股权投资等。负债方面通常需要列示：应付受托人报酬、应付托管费、应付受益人收益、其他应付款项、应交税金等。所有者权益包括实收信托、资本公积、未分配利润等。

(1) 报表结构（见表 6–12）

表 6–12　　　　　　　信托项目资产负债汇总表

单位：万元人民币

信托资产	年初数	期末数	信托负债和信托权益	年初数	期末数
信托资产：			信托负债：		
货币资金			应付受托人报酬		
拆出资金			应付托管费		
应收款项			应付受益人收益		
买入返售金融资产			其他应付款项		
短期投资			应交税金		
长期债权投资			卖出回购资产款		
长期股权投资			其他负债		
客户贷款			信托负债合计		
应收融资租赁款			信托权益：		
固定资产			实收信托		
无形资产			资本公积		
长期待摊费用			未分配利润		
其他资产			信托权益合计		
信托资产总计			信托负债及信托权益总计		

(2) 重点指标分析——信托资产指标

信托资产不属于信托公司自有资产范畴，是指信托公司因接受委托人信任托付而取得的财产，是最为直观反映信托公司资管能力的业务指标。

自资管新规发布以后，信托通道类业务持续萎缩，使得部分信托公司资产规模呈现负增长，在监管层持续引导信托公司回归本源业务的情形下，如何在业务转型升级过程中保持管理规模稳健增长，是摆在各信托公司面前的一大难题。

专栏 6-6　信托公司信托资产总额排名前十情况

排名	公司简称	2018年12月31日（万元）	2017年12月31日（万元）	增长率（%）
1	中信信托	165219704.37	198672975.97	-16.84
2	建信信托	140393891.69	140966996.55	-0.41
3	华润信托	95491944.59	134693939.73	-29.10
4	交银国际信托	87052154.49	96562955.22	-9.85
5	上海信托	76868476.77	91239146.83	-15.75
6	兴业信托	72894840.15	93216512.33	-21.80
7	华能信托	72789739.76	101025339.76	-27.95
8	中融信托	65466498.96	66990705.08	-2.28
9	中航信托	63269867.23	65776656.21	-3.81
10	渤海信托	62033224.29	75497485.03	-17.83

数据来源：中国信托业年鉴2018—2019。

2. 信托项目利润及利润分配汇总表

信托项目利润是指信托项目在一定会计期间的经营成果，信托项目利润应按信托文件的约定，分配给信托受益人。信托项目利润及利润分配表主要包括以下信息：营业收入（包括利息净收入、投资收益、租赁收入、其他收入等），营业费用，营业税金及附加，可供分配的信托利润等。

（1）报表结构（见表6-13）

表6-13　　　　　　信托项目利润及利润分配汇总表

单位：万元人民币

项目	本年度累计	上年度累计
一、营业收入		
利息收入		
投资收益		
租赁收入		
其他收入		
二、营业费用		
三、营业税金及附加		
四、扣除资产减值准备前的信托利润		
减：资产减值损失		

续表

项目	本年度累计	上年度累计
五、扣除资产减值准备后的信托利润		
加：期初未分配信托利润		
六、可供分配的信托利润		
减：本期已分配信托利润		
七、期末未分配信托利润		

（2）重点指标分析——营业收入指标

信托项目营业收入是指信托项目管理运用、处分信托财产而形成的收入，包括利息收入、投资收益、租赁收入和其他收入等。

 专栏 6-7　信托公司信托资产营业收入排名前十情况

排名	公司简称	2018 年（万元）	2017 年（万元）	增长率（%）
1	建信信托	7171351.31	6177291.45	16.09
2	中信信托	7024115.05	7807201.41	-10.03
3	华能信托	5451912.27	5755573.69	-5.28
4	交银国际信托	4680385.56	4448119.77	5.22
5	渤海信托	4396938.58	3473927.70	26.57
6	中航信托	3770910.46	3728017.65	1.15
7	中融信托	3552568.54	4987828.28	-28.78
8	兴业信托	3537567.26	5850909.57	-39.54
9	上海信托	3537324.19	5861344.92	-39.65
10	五矿信托	3059984.15	3204161.90	-4.50

数据来源：中国信托业年鉴 2018—2019。

第五节　信托公司的评价体系

信托公司的经营绩效是信托公司经营管理的综合反映。因此，选择合理的经营绩效评价方法、构建科学的信托公司评价体系具有重要的意义和价值。

一、金融机构的经营绩效评价[①]

金融机构经营绩效是在一定经营时期内,金融机构的经营者业绩和经营效益的综合反映。如何正确地评价金融机构经营绩效,是金融机构经营管理的重要内容。金融机构的经营绩效评价主要是从财务报表的角度,对金融机构的经营绩效进行评价。金融机构的经营绩效评价方法主要有比率分析法、杜邦分析法、经济增加值评价法和平衡计分卡法等。

(一) 比率分析法

比率分析法是以同一期财务报表上若干重要项目的相关数据相互比较,求出比率,用以分析和评价公司的经营活动的一种方法。比率分析法的核心是绩效评价指标,但孤立的指标数据是毫无意义的,并不能说明公司经营业务的好坏,必须在比较中才能发挥作用。比较的形式主要是同业比较和趋势比较,在实际分析当中应当结合使用。

比率分析法的核心是绩效评价指标,主要包括盈利能力、流动性、风险、清偿力四方面的指标分析(见表6-14)。

表6-14 比率分析法主要评价指标

绩效评价指标	主要衡量指标
盈利能力分析	资产收益率 = 净利润/资产总额 × 100%
	资本收益率 = 净利润/资本总额 × 100%
流动性分析	现金资产比例 = 现金资产/资产总额
	流动比率 = 流动资产/流动负债
	易变负债比例 = 易变负债/负债总额
	预期现金流比例 = 现金流入/现金流出
风险分析	利率风险:利率风险缺口 = 利率敏感性资产 − 利率敏感性负债
	信用风险:不良贷款比率 = 不良贷款/贷款总额
清偿力分析	资本充足率
	核心资本充足率

总的来说,比率分析法是用两个数据得出一个比率,然后用几个相关

[①] 骆志芳,许世琴. 金融机构经营管理[M]. 北京:经济科学出版社,2019.

的比率综合分析财务状况的一个侧面，或者用一系列的比率得到机构财务状况的每一个方面，然后综合起来得到机构整体的经营状况，其特点是简单直接，用途广泛。但也存在局限性：一是比率分析法属于静态分析，对于预测未来并非绝对合理可靠；二是盈利性、流动性及各项风险指标之间是单列的，缺乏相互联系。因此在应用比率分析法时，要注意所分析项目要具有可比性和相关性，并且将各种比率有机联系起来进行全面分析，不可孤立地看某类比率。

（二）杜邦分析法

1. 杜邦分析法的基本内容

杜邦分析法是利用几种主要的财务比率之间的关系来综合地分析企业的财务状况。具体来说，它是一种用来评价公司盈利能力和股东权益回报水平，从财务角度评价企业绩效的一种经典方法。其基本思想是将企业净资产收益率逐级分解为多项财务比率乘积，这样有助于深入分析比较企业经营业绩。由于这种分析方法最早由美国杜邦公司使用，故名杜邦分析法。杜邦分析法利用各个主要财务比率之间的内在联系，建立财务比率分析的综合模型，来综合分析和评价企业财务状况和经营业绩，其核心是权益报酬率，该指标具有很强的综合性。杜邦分析法的体系框架如图6-4所示。

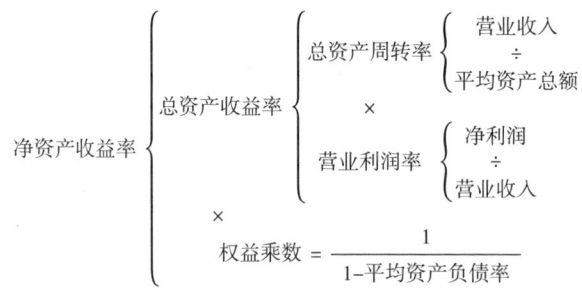

图6-4 杜邦分析法的体系框架

2. 基于杜邦分析法的金融机构经营绩效评价

对于金融机构的控股股东而言，运用杜邦分析法对机构的经营绩效进行评价需要对净资产收益率、总资产收益率、权益乘数三方面进行分析。

(1) 净资产收益率分析

净资产收益率等于总资产收益率与权益乘数的乘积，是反映金融机构盈利能力的最重要指标。该指标代表了控股股东拥有的净资产获利的能力，反映控股股东权益的收益水平。该指标越大表明金融机构盈利能力越强，经营绩效更为优异。

(2) 总资产收益率分析

总资产收益率是净资产收益率指标的组成部分，反映了金融机构全部资产的创利能力，是反映金融机构经营效率和盈利能力的一个重要指标。该指标可以进一步分解为营业利润率与总资产周转率的乘积，因而可进一步对营业利润率与总资产周转率进行分析。

营业利润率分析。营业利润率是金融机构的净利润与营业收入之比，反映了金融机构营业收入对净利润的贡献程度。通过上面的分析可知，金融机构的营业收入主要由利息收入、手续费及佣金净收入、投资收益、公允价值变动收益、汇兑收益和其他业务收入等会计科目构成，其中以利息收入和手续费及佣金净收入为最重要的组成部分。同时，营业支出中占比最大的会计科目为管理费，其数值的大小会影响净利润的变动。由此可见，金融机构营业利润率受利息收入、手续费及佣金净收入以及管理费的影响较大，金融机构可通过提升利息收入与手续费及佣金净收入，同时降低管理费的方式来提升营业利润率，进而提高总资产收益率。

总资产周转率分析。总资产周转率为金融机构营业收入与平均资产总额的比率，是衡量金融机构总资产利用率的重要指标。显然，该指标既与总资产科目密切相关，又与营业收入，尤其是利息收入和手续费及佣金净收入紧密相关。由此可见，总资产并非越高越好，而是有越高的利用率越好。

(3) 权益乘数分析

权益乘数是平均总资产与平均净资产之比，该指标能够反映金融机构的资本结构。在总资产收益率不变的情况下，提高权益乘数就能提高净资产收益率，但同时也会增加财务风险。因此，对于金融机构而言，只有制定合理的资本结构才能够达到真正有效提升净资产收益率的目的。

综上所述,对于金融机构的控股股东而言,基于杜邦分析法对净资产收益率、总资产收益率、营业利润率、总资产周转率以及权益乘数进行综合分析,就能够对金融机构的经营绩效进行评价。

3. 杜邦分析法的评价

从以上的分析可以看出,杜邦分析法是一种综合分析方法,可使财务比率分析的层次更清晰、条理更突出,有助于企业管理层更加清晰地看到权益基本收益率的决定因素。但从金融机构绩效评价的角度来看,杜邦分析法也有其局限性。主要表现在:一是对短期财务结果过分重视,有可能助长公司管理层的短期行为,忽略企业长期的价值创造。二是杜邦分析法不能准确计量公司为股东创造的价值。由于在分析过程中没有考虑股权资本成本,导致成本的计算不准确,无法准确计量为股东创造的价值。三是不利于预测公司未来的增长潜力。杜邦分析法主要利用会计信息进行评价,反映的是企业过去的经营业绩,没有关注公司未来业绩的增长。

(三)经济增加值法

1. 经济增加值法的基本内容

经济增加值是指运用经济增加值(Economic Value Added,EVA)指标衡量或评价公司绩效的方法。该指标由美国思腾思特公司在20世纪80年代推出,用于衡量公司的价值创造能力。经济增加值是指从税后净营业利润中扣除包括股权和债务的全部投入资本成本后的所得。其核心是资本投入是有成本的,企业的盈利只有高于其资本成本(包括股权成本和债务成本)才会为股东创造价值。

EVA是指资本收益与资本成本之间的差额,即金融机构税后营业净利润与全部投入资本(债务资本和股本资本之和)成本之间的差额。其计算公式为

经济增加值(EVA)= 税后净营业利润 − 资本成本

其中:资本成本 = 资本成本率 × 资本总额

2. 基于经济增加值法的金融机构经营绩效评价

运用 EVA 法对金融机构经营绩效进行评价的核心是资本成本分析。资本成本是指金融机构占用资本所花费的代价，由于不同的融资方式会给控股股东带来不同风险，因而也对应不同的资本成本，因此在计算资本成本率时，就需要考虑包含权益与债务资本两类不同融资方式的加权平均资本成本率（Weighted Average Cost of Capital，WACC），即 WACC =（债务总额/（债务总额 + 权益总额））×债务成本系数×（1 - 所得税税率）+（权益总额/（债务总额 + 权益总额））×权益成本系数[①]。

由于在进行债务融资时，通常借款合同会规定具体的利率，因此债务成本系数即为该利率，同时，所得税税率也已知。因此，对于 WACC 而言，关键在于计算权益成本系数。目前估计权益成本系数的方法主要有 3 种，分别为资本资产定价模型法、套利定价模型法和风险补偿法[②]。因此，控股股东可根据自己的目标选择其中一种方法计算权益成本系数，并基于债务成本系数、所得税税率、债务总额以及权益总额的数值，就可以计算得到 WACC。

由此，基于上述计算获得的资本成本率、资本总额和税后净营业利润，就可以获得金融机构的 EVA，并基于 EVA 的大小，控股股东就可以对金融机构的经营绩效展开评价。根据公式可知，当该指标小于零时，说明金融机构经营没有达到正常利润水平，资本所有者投入资本不但没有得到保值，反而遭受损失，经营业绩较差；当该指标大于零时，说明资本所有者投入资本获得增值，经营业绩较好。总而言之，EVA 越大表明金融机构经营绩效越良好，反之则表明金融机构经营绩效越差。

3. 经济增加值法的评价

经济增加值法在一定程度上克服了现有盈利性财务指标的缺陷，具有

[①] 通常债务总额与权益总额都是基于市场价值计算，但当公司未上市或估值较困难时，可以使用账面价值进行计算，见张进智，王春. EVA 与企业激励绩效考核［M］. 海口：南海出版公司，2004。

[②] 关于权益成本系数估计的 3 种常用方法更为详尽的内容，可参考张进智，王春. EVA 与企业激励绩效考核［M］. 海口：南海出版公司，2004。

以下几点优势：一是考虑了权益资本成本，从而能更加真实地反映金融机构的经营绩效；二是该法并不鼓励牺牲长期绩效来夸大短期效果，而是着眼于公司的长远发展，鼓励能够给公司带来长远利益的投资决策。

虽然经济增加值法相对于杜邦分析法有很多方面的优势，但还是存在其局限性：一是过分强调公司是否能为股东创造价值，强调股东的利益。尽管从目前的市场发展理论来看，追求股东价值最大化是一个企业最重要的经营目标，但如果过分强调股东利益而影响了经理人、员工的利益，势必会造成利益的不均衡，影响经理人和员工的积极性，不利于公司的长远发展；二是经济增加值法之所以能反映公司真正的盈利水平是因为考虑了资本成本，但在实际的计算中，资本成本是很难准确计算的，目前也没有一套统一精确的计算方案。

（四）平衡计分卡法

1. 平衡计分卡法的基本内容

平衡计分卡法是1992年由哈佛大学商学院的罗伯特·卡普兰教授和诺兰·诺顿研究所所长诺顿教授经过近两年的合作研究提出来的，其是根据企业组织的战略要求而精心设计的指标体系。作为一种绩效管理工具，平衡计分卡法将企业战略目标逐层分解转化为各种具体的相互平衡的绩效考核指标体系，并对这些指标的实现状况进行不同时段的考核，从而为企业战略目标的完成建立可靠的执行基础。

平衡计分卡法的基本思路是将企业的战略目标逐层分解为具体的绩效评价指标，其主要分为四个维度的评价体系，即财务、客户、经营过程、学习与成长。显然，与上述绩效评价方法相比，平衡计分卡法不仅包含公司的财务指标，还考虑到了公司的非财务指标，因而整个绩效体系更加完善[①]。

[①] 关于平衡计分卡法更为详尽的内容，可参考兰卫东. 商业银行绩效考核 [M]. 青岛：中国海洋大学出版社，2009。

2. 基于平衡计分卡法的金融机构经营绩效评价

对于金融机构而言，需要对平衡计分卡法下的财务、客户、经营过程以及学习与成长四个维度进行分析，进而得出综合的经营绩效评价。

(1) 财务维度分析

财务业绩指标可以显示企业的战略及其实施和执行是否对改善企业盈利作出贡献。对于金融机构而言，在财务维度上的战略核心目标为控股股东利益的最大化，围绕这一核心目标，可进一步将其分解为提升盈利能力、降低成本费用、降低经营风险三大战略子目标，并分别针对这三大战略子目标设定相应的关键业绩指标，如净资产收益率、人均净利润率、经济增加值；成本收入比率、管理费复合增长率；资产负债率、客户资源集中度等。

(2) 客户维度分析

在客户维度上，金融机构的战略核心目标为客户持续保持满意度。围绕这一战略核心目标，可进一步将其分解为扩大市场份额、稳定与增加客户数、增强客户获利能力、提升客户满意度四大战略子目标，并分别对这四大战略子目标设定相应的关键业绩指标，如目标市场占有率；客户保持率、新客户获得率；客户获利比率、客户的平均收益率；客户有效投诉件数复合增长率、客户满意度等。

(3) 经营维度分析

在内部经营层面上，金融机构的战略核心目标是提高经营效率、促进经营成效。围绕这一核心目标，金融机构的战略目标可进一步分解为提升风险化解能力、增强产品创新能力、保证经营的合规性三大类，并分别对这三大类战略目标设定相应的关键业绩指标，如项目风险化解率、已到期项目交付状况；新产品数量的复合增长率、开发费用与营业利润的比重；新产品所带来的手续费及佣金收入之和与营业收入的比重；内部控制中发现的违规次数、责任事故数、重大案件发生数、整改落实率等。

(4) 学习与成长维度分析

在学长和成长层面,金融机构的战略核心目标是增强学习能力、保证组织健康成长。围绕这一核心目标,战略目标可进一步分解为提高员工的工作投入度、提升员工业务能力两大类,并分别对这两大类战略目标设定相应的关键业绩指标,如员工违规情况、员工满意度、员工流失率;员工培训频率、岗位考试合格率、各岗位胜任员工占比、业务技能达标率等。

对于金融机构而言,通过以上对财务、客户、经营过程、学习与成长四个维度对金融机构的战略目标进行分析,并进一步分解出不同的子目标,进而根据各子目标设计相应的关键业绩指标,并对各关键业绩指标进行打分,然后对各维度、各子目标以及各关键业绩指标赋予相应权重,最终通过加权汇总为总得分,总得分越高,表明金融机构经营绩效越良好,反之则表明金融机构经营绩效越差(见表6-15)。

表6-15　　基于平衡计分卡法的金融机构经营绩效评价体系

维度	战略核心目标	一级权重	战略子目标	二级权重	关键业绩指标	三级权重	评分	加权评分
财务	控股股东利益的最大化		提升盈利能力		净资产收益率			
					人均净利润率			
					经济增加值			
			降低成本费用		成本收入比率			
					管理费复合增长率			
			降低经营风险		资产负债率			
					客户资源集中度			
客户	客户持续保持满意度		扩大市场份额		目标市场占有率			
			稳定与增加客户数		客户保持率			
					新客户获得率			
			增强客户获利能力		客户获利比率			
					客户的平均收益率			
			提升客户满意度		客户有效投诉件数复合增长率			
					客户满意度			

续表

维度	战略核心目标	一级权重	战略子目标	二级权重	关键业绩指标	三级权重	评分	加权评分
经营过程	提高经营效率、促进经营成效		提升风险化解能力		项目风险化解率			
					已到期项目交付状况			
			增强产品创新能力		新产品数量的复合增长率			
					新产品所带来的手续费及佣金收入之和与营业收入的比重			
					开发费用与营业利润的比重			
			维持经营的合规性		内部控制中发现的违规次数			
					责任事故数			
					重大案件发生数			
					整改落实率			
学习与成长	增强学习能力、保证组织健康成长		提高员工工作投入度		员工违规情况			
					员工满意度			
					员工流失率			
			提升员工业务能力		员工培训频率			
					岗位考试合格率			
					各岗位胜任员工占比			
					业务技能达标率			

3. 平衡计分卡法的评价

平衡计分卡的四个维度不是毫不相关的，而是具有紧密的内在逻辑关系的。这些逻辑关系表现为前后呼应、因果相照的关系。财务指标是金融机构最终的追求和目标，也是股东最关心的部分，而金融机构要提高在财务指标方面的表现，就必须树立"客户至上"的观念，不断满足客户的需求，提高客户的忠诚度。要不断提高客户的满意度，就必须从自身下手，不断提高机构内部流程的运营效率，而提高金融机构内部流程效率的前提是金融机构的员工不断进行新技术、新知识的培训学习。

平衡计分卡法打破了业绩管理办法只注重财务指标的传统,结合了财务指标与非财务指标,从多个维度综合评价金融机构的经营绩效,因而较其他评价体系更为全面与综合。但也正是由于该评价体系的维度与指标过多,使得金融机构经营者的目标过于分散,从而会做出为实现某个维度目标而牺牲另一个维度目标的情况,同时在指标权重的设定上也存在较强的主观性。

综上所述,以上四种经营绩效评价方法各有优劣,金融机构在对经营绩效进行评价时,应当结合自身发展实际,选择符合自身实际情况的评价体系,或者也可有机结合多个评价体系来进行更为综合全面的评价(见表6-16)。

表6-16　　　　　　　　　各经营绩效评价法优劣对比

绩效评价方法	优点	缺点
比率分析法	简单直接,用途广泛	1. 属于静态分析,对于预测未来并非绝对合理可靠;2. 各指标之间是单列的,缺乏相互联系
杜邦分析法	综合分析方法,可使财务比率分析的层次更清晰、条理更突出	1. 对短期财务结果过分重视,可能助长公司管理层的短期行为;2. 没有考虑股权资本成本,不能准确计量公司为股东创造的价值。3. 反映的是企业过去的经营业绩,没有关注公司未来业绩的增长
经济增加值法	1. 考虑了权益资本成本,从而能更加真实地反映金融机构的经营绩效;2. 着眼于公司的长远发展,鼓励能够给公司带来长远利益的投资决策	1. 过分强调公司是否能为股东创造价值,强调股东的利益;2. 在实际的计算中,资本成本难以准确计算,目前也没有一套统一精确的计算方案
平衡计分卡法	打破了业绩管理办法只注重财务指标的传统,结合了财务指标与非财务指标,较其他评价体系更为全面与综合	1. 评价维度与指标过多,从而使得金融机构经营者的目标过于分散;2. 指标权重的设定上也存在较强的主观性

二、信托公司的评价体系

在金融机构财务报表对比分析的部分,我们知道不同的金融机构财务报表具有其共性和个性,对于金融机构经营绩效评价亦是如此。比较来看,不同金融机构经营绩效所关注的关键指标有所区别。银行机构重点关注股东权益收益率、资产收益率、净利息收益率以及非利息净收益率,这些指标反映了管理层与职员使收益增长(主要来自贷款、投资和收费服务)大于成本增长(主要是存款与资本市场借款的利息以及雇员工资与福利)的能力。而有些绩效指标只适用于非银行类的金融机构,如对保险公司而言,主要的业绩评价指标包括净承保保费增长率(总销售收入的一种衡量)和寿险与养老金储备之和/总资产,同时保险公司也会密切关注效率指标——(已偿索赔+经营费用)/来自保单持有人的保费。基金公司的主要业绩指标包括净销售额增长率(总销售份额减去公众赎回的份额)、服务费/平均资产以及基金投资回报率等[1]。

信托公司作为一类特殊的金融机构,其绩效评价和重点关注的绩效指标更具有其行业独特性,下面将对以上绩效评估方法进行综合考虑,并结合信托公司的业务特点,构建适用于信托公司的评价体系。

(一)评价意义

信托业作为连接金融市场与实体经济的重要纽带与桥梁,为经济金融体制的改革和实体经济的发展作出了巨大贡献,在我国金融体系中占有重要地位。尤其在资管新规出台后,信托行业进入提质增效发展新阶段,通过转型与创新,信托公司试图形成更加多元的发展体系,以此巩固、提升核心竞争力。可以说,在信托公司创新转型的攻坚期,构建信托公司综合评价体系具有重要的意义和价值。通过构建客观公正、科学有效的信托公司综合实力评价体系,一方面,有助于各信托公司对照自身发展经历和资源禀赋,提高市场竞争能力和改善经营管理能力,调整和打造自身专属的核心竞争力;另一方面,可为投资者和社会公众提供一套成体系的具有专业理论支撑和行业发展实践验证的参考标准,以便于投资者和监管部门更全面地了解行业主体状况,推动信托业提升资产管理能力和财富管理能力。

---

[1] 彼得·S. 罗斯. 商业银行管理[M]. 北京:机械工业出版社,2013:147.

（二）评价原则

信托公司评价体系构建需遵循以下五项基本原则：

1. 目的性原则

信托公司评价体系是为了衡量信托公司当前市场环境下的竞争力，因此指标的选择要根据目的性原则判断其是否影响信托公司的竞争力，影响程度如何，以保证体系构建的目的性。

2. 全面性原则

评价指标的选取要覆盖到反映信托公司综合实力的各方面，应尽可能全面纳入各类有代表性的指标，考虑到信托公司之间的差异性，要避免采用不能反映具有共性标准的指标来衡量信托公司的综合实力。

3. 有效性原则

有效性原则要保证指标在选取过程中不脱离实际，要能体现各个指标之间的差异，一方面能够有效地衡量出各个因素对于能力评价的贡献度，另一方面要保证各指标之间的逻辑关系。

4. 可行性原则

选取的指标不仅能够实现评价目的，更应该注意的是指标的可获得性并且能够被合理量化，应多考虑一些已标准规定过的指标，如相关的会计指标、统计指标、业务核算指标等。

5. 科学性原则

在信托公司评价指标的选取上，严格遵循理论原理，且指标选取的目的明确、定义准确。同时，规范所有定量指标的计算及其含义，规范数据来源，且所运用的计算方法和模型也要确保科学规范，以保证评价结果的真实和客观。

（三）信托公司综合评价体系[①]构建特点与应用价值

1. 信托公司综合评价体系构建思路与特点

根据对信托机构绩效评价的评估主体及其目的的不同，可以将绩效评

---

① 信托公司综合评价体系主要参考普益标准相关的评价体系研究内容。

价体系分成监管性评价、行业自律性评价[①]和市场第三方机构评价，其中监管性评价和行业自律性评价分别是站在监管和行业的角度进行评价，而第三方评价则主要是站在投资者的视角进行评价，常因为其超然性、公正性和独特性而为社会所重视。而信托公司综合评价体系就是站在投资者的视角，通过第三方评价，从行业整体出发，自下而上地选择微观经营指标，构建信托公司在公司经营、信托业务展业、产品发行三个层面的竞争力分析维度，并最终形成信托公司综合评价体系。同时，在具体的构建过程中，通过定性与定量相结合的方式，来解构国内信托公司的各经营环节，更全面、深入地对国内信托公司竞争力进行分析。具体来看，信托公司综合评价体系的构建具有如下几个特点：

（1）站在投资者视角，通过第三方评价，增强了评价体系的专业性与客观性。信托公司评价体系构建作为一项意义重大的工作，专业程度较高，引入第三方机构评价具有多方面的意义：一是由于第三方机构的独立性和专业性，凭借其社会经济职能与自身优势，有利于促进评价工作的公正合理，保证评价效果和评价质量，提高社会的认可程度；二是第三方评价主要站在投资者的角度来看信托公司的发展情况，有助于减少信息不对称，促进受托人和受益人的权益保护；三是也有利于缓解政府部门的工作压力，节省宝贵的行政资源，以更好地履行指导和监督职能。

（2）充分借鉴银保监会与信托业协会在信托公司评价过程中的经验，并结合市场关注方向，使评价体系更加科学、可操作。信托公司综合评价体系构建过程中，充分学习、借鉴了信托行业内的评价方法，包括信托公司监管评级、信托公司行业评级两套体系，从中吸取相关经验，例如核心指标的选取、核心指标的相关性拓展、评价指标之间权重的大小关系、关联指标的计算方法等。除此之外，考虑到官方评价中部分数据无法公开获

[①] 监管性评价和行业自律性评价可具体参考银保监会和信托业协会相关评价体系，本书不做具体阐述。

取的情况，评价体系结合市场投资者关注的一些方向，调整加入了更多官方评价中没有的指标，构建了较为完整的评价体系。通过学习官方评价中业内专家探索形成的智慧成果，再结合市场投资者关注的方向，综合评价体系能够更具科学性、可操作性，也让该体系具有更大的现实意义。

（3）通过对信托公司相关经营指标的选择与权重设定，综合评价体系全面、成体系地反映出各家信托公司竞争力变化情况，以及竞争力变化的原因。综合评价体系从信托公司经营、信托业务开展、集合资金信托产品发行等三个维度对信托公司进行分析，每个维度下设有若干细项指标，来对信托公司三个维度进行拆解，让三个维度的竞争力评价有较为充分的解释力度，将公司发展的变化通过细项指标来进行解释。

2. 信托公司综合评价体系的应用价值

对于信托公司综合评价体系的使用者而言，可以在本体系中挖掘出以下几个方面的应用价值。

对信托公司而言，可以通过本体系获取更加充足的行业对比信息。信托公司综合评价体系能够根据不同机构在不同使用场景中的差异化需求，提供多类别的参考价值。一方面，信托公司可以通过本体系较为便利地了解自身或对标公司在综合竞争力、分指标竞争力方面的变化情况；另一方面，可通过对细项指标的分拆，找到总指标与分指标变化的原因，了解到不同信托公司在资本实力、业务实力、风控能力、成长能力、人力资源、信托业务实力、信托产品收益等方面的竞争力水平，有的放矢地进行业务部署，以发挥竞争优势、弥补短板。

对于信托投资者而言，可以更加全面地了解不同信托公司的经营水平。信托行业的私募定位让信托公司无法进行公开宣传，导致投资者不易了解到不同信托公司在经营水平、特色业务、风控能力等方面的差异，大多是通过口碑传递、服务人员介绍等方式来了解信托公司大致的水平。通过本体系，投资者可以一目了然地掌握到信托公司的经营实力的差距，是了解、掌握信托公司的快速通道。

（四）信托公司的综合评价体系

1. 信托公司综合评价体系内容

基于上述评价思路与原则，并综合全面考虑影响信托公司综合竞争力的各类因素，构建了信托公司综合评价的三大方面，包括信托公司经营能力、信托业务能力和产品发行能力。

信托公司经营能力评价维度由股东实力、资本实力、盈利能力、公司成长能力、投研实力、业务创新实力、信息与科技实力、人力资源积累、风险管理等指标组成，各分指标都能够体现出该信托公司在某个方向或某个分支上的实力。理想的信托公司经营实力评价与考量指标内容如表6-17所示。

表6-17　　　　　　　　信托公司经营实力评价与考量指标

一级指标	细项指标
股东背景	股东企业类型
资本实力	注册资本
	总资产
	净资产
	净资本
盈利能力	营业收入
	净利润
	人均净利润
	净资产收益率
	费用利润率
公司成长能力	总资产成长率
	营业收入成长率
	职员人数增长率
	净利润成长率
	净资本成长率
投研与创新实力	研究产出水平
	辅助拓展新投资领域
	投研人员绩效考核
	创新业务模式
	创新业务领域
	创新产品发行与成立

续表

一级指标	细项指标
信息与科技实力	企业系统建设水平
	科技创新应用程度
	业务支撑能力
	对外科技输出能力
人力资源积累	职员人数
	职员年龄构成
	职员学历构成
	职员人均净利润
	职员培训次数及开销
风险管理能力	信托赔偿能力
	风险覆盖能力
	应急变现能力
	公司风险制度建设
	负面舆情及事件管理

资料来源：普益标准。

信托公司业务实力维度主要比较信托公司在信托业务展业、信托产品盈利能力、回归本源与服务实体经济水平、信托业务成长能力等指标方面的竞争力，理想的信托公司业务实力评价与考量指标内容如表 6-18 所示。

表 6-18　　　　　　　　信托公司业务实力评价与考量指标

一级指标	细项指标
信托业务展业	信托资产余额
	信托业务收入占比
	人均信托资产
	信托业务营收贡献率
	主动化转型：规模与占比
信托产品盈利能力	加权年化信托报酬率
回归本源与服务实体经济水平	服务信托业务
	降低实体企业融资成本
	财富管理信托业务

续表

一级指标	细项指标
信托业务成长能力	信托资产增速
	信托业务收入增速
	营业费用收入比

资料来源：普益标准。

产品发行能力维度主要比较信托公司在集合资金信托产品方面的竞争力，其中一级指标包括产品收益、产品期限、产品投向、产品风控措施、产品交易对手、信息披露水平、信托产品丰富度等。理想的信托公司产品发行能力评价与考量指标内容如表6-19所示。

表6-19　　　　　　信托公司产品发行能力评价与考量指标

一级指标	细项指标
产品收益	业绩比较基准/产品收益率
产品期限	产品投资期限
产品投向	基础产业
	金融机构
	工商企业
	房地产
	证券投资
	其他
产品风控措施	抵押
	质押
	保证担保
	其他措施
产品交易对手	企业背景
	注册资本
	营业收入与利润水平
	现金流水平
	公司成长性
信息披露水平	信托产品说明书字段完整性
信托产品丰富性	资金投向丰富性
	资金运用方式丰富性
项目所在地分布	项目在全国各地分布比例

资料来源：普益标准。

2. 重点评价指标说明

（1）资本实力

总资产指标是指一个时期内归属于信托公司本身的、以后可以给信托公司带来收益的全部资产，反映公司的资产实力。

净资产指标是总资产减去总负债后的剩余资产，是代表所有者权益的资产，它反映了信托公司的经营状况和股东实力。

净资本指标是在净资产的基础上对各固有资产项目、表外项目和其他有关业务进行风险调整后得出的综合性指标，是净资产中的高流动部分。

（2）盈利能力

营业总收入指标包含信托业务收入和固有业务收入，营业收入是企业的主要经营成果，是企业取得利润的重要保障。

人均净利润指标主要是指净利润与年均员工数的比值。该指标衡量了单个人力资源能够为信托公司创造的价值，反映了人力资本运用效率和管理能力。

信托业务收入占比指标是信托业务收入在营业总收入中的占比，反映信托业务在信托公司经营中的地位。

（3）风险管理能力

风险覆盖率指标是净资本与各项业务风险资本之和的比，反映信托公司在出现风险时的偿付能力。

信托风险赔偿率指标是信托公司提取的赔偿准备金余额与信托资产余额的比值，表明单位信托资产所对应的信托赔偿准备，反映信托公司的风险准备力度，即风险来临时的担保能力。

（4）业务实力

信托资产余额指标是指信托公司管理的信托资产规模，是衡量信托公司资产管理能力的重要指标。

主动管理型信托资产占比指标是主动管理信托规模占公司信托管理规模的比重，该指标能够体现出信托公司的专业管理能力。

第七章

信托公司的市场需求与客户

市场基础和不断增长升级的客户需求是信托行业赖以生存和长久发展的前提和条件，分析客户的需求特征并做有针对性的营销服务是信托公司经营管理的基础性工作。本章聚焦于信托公司市场需求与客户分析的具体内容，共分五节。第一节首先基于信托金融的功能，根据客户需求和目的的不同，将信托金融市场的目标客户分为三类——以融资为目的的信托客户、以投资为目的的信托客户、以特定服务为目的的信托客户，并对每一类客户的市场需求总体状况做概括性描述。接下来从第二节至第四节分别论述了三类信托客户的金融需求与行为特征，并与银行客户、证券客户、保险客户等进行比较，为有效识别信托客户并对其进一步细分提供思路和线索。第四节中还结合服务信托需求客户的特点，特别分析了客户的需求如何随着时间和条件的变化而改变，各类需求的信托客户之间存在怎样的联系与转换。第五节结合金融服务营销理论的工具与方法，论述了针对信托客户营销服务的战略性市场规划、营销服务流程、营销策略与实施方式、客户关系管理的原则与思路等。

第一节 信托公司的客户结构与市场需求基础

客户是信托产品与服务的使用者与付费者，是商业模式的逻辑起点。在金融"资产—产品—组合—资金"的产业链上，分布着多样的客户群体，信托公司从中选择客户的过程，也是识别、取舍目标客户的过程。信托业与银行业、证券业、保险业并称为金融业的四大支柱。在整体的金融业态中，不同金融子行业具有不同的制度基础、功能定位、业务范围和经营规则，因此，这四个子行业有不同的目标客户群体。

一、信托金融市场的目标客户及其分类

学界和业界一般将金融客户的需求分为三个类型：一是作为资金需求者，期望以尽可能低的综合成本获得资金的使用权；二是作为资金提供者，需求包括投资获利、保值增值、保险、套利等；三是作为既不直接提供资金也不获得资金使用权的客户，其需求可概括为除投融资以外的其他目的。客户的不同金融需求伴随着不同的目标约束条件和风险特征，因此在面对不同的金融需求时，会选择不同的金融中介服务机构和相应的金融产品。

信托基本的制度功能是转移财产和管理财产，并由此派生出融通资金、中介服务、投资开发、促进社会福利与公益以及培育社会信用基础等功能①。从信托功能和行业实践看，信托金融市场能够为融资端和资金端的客户分别提供对应的产品和服务，提升社会资金融通的整体效率，也能基于信托制度功能为客户提供除投融资以外其他特定目的的服务信托产品。

（一）以融资为目的的信托客户

以融资为目的的信托客户其金融需求较为明确——获取一定条件下一

---

① 详见本书上册第一章第二节相关内容。

定量的融资。融资方式一般分为债权融资和股权融资两种,信托机构可灵活采用一种或多种方式组合的形式为客户设计融资结构。从信托金融学的概念范畴看,一切有融资需求的自然人、企业或其他法人组织都有可能成为信托客户并从信托金融市场获得融资。从实践层面看,融资类信托业务的单笔规模较大,以融资为目的的信托客户以企业为主,具体来说包括房地产企业、政府融资平台、工商企业等融资人;自然人客户通过信托金融市场获取融资的方式主要依靠消费信托产品,但目前信托公司一般不会以具体的自然人作为营销对象,其主要通过与消费金融公司合作的模式为最终底层大量的分散的个人资金需求方提供贷款或其他金融服务。

(二) 以投资为目的的信托客户

以投资为目的的信托客户[①],其金融需求以资产管理为主,希望通过专业机构的资产配置和风险管理等方式达到资产保值和增值的目的。客户通过信托的方式将资金或其他财产交付给信托公司进行管理、运用或处分,自担投资风险并获得信托利益或者承担损失。以投资为目的的信托客户为信托金融市场提供长期稳定的资金来源,是信托行业和信托机构赖以发展的基础。实践中,客户主要通过投资信托公司发行的资金信托产品与信托公司产生金融契约关系。

根据客户的自然人和法人属性,以投资为目的的信托客户分为个人客户和机构客户,机构客户又包括金融机构客户和非金融机构客户。目前,我国信托金融市场上以投资为目的的个人客户主要指个人合格投资者。根据资管新规等监管文件的要求,个人合格投资者是指具备相应风险识别能力和风险承担能力,投资于单只资产管理产品不低于一定金额且符合下列条件的自然人:

(1) 具有 2 年以上投资经历,且满足以下条件之一:家庭金融净资

[①] 以投资为目的的信托客户又可称为"信托投资者",或简称"投资者",是信托公司财富管理业务和资产管理业务的主要服务对象,所以也可称之为"财富管理客户"或"资产管理客户"。

产不低于 300 万元人民币，家庭金融资产不低于 500 万元人民币，或者近 3 年本人年均收入不低于 40 万元人民币。

（2）金融管理部门视为合格投资者的其他情形。

机构合格投资者是指具备相应风险识别能力和风险承担能力，投资于单只资产管理产品不低于一定金额且符合下列条件的法人和其他组织：

（1）最近一年末净资产不低于 1000 万元人民币的境内法人或者依法成立的其他组织。

（2）基本养老金、社会保障基金、企业年金等养老基金，慈善基金等依法成立的社会公益基金。

（3）合格境外机构投资者（QFII），人民币合格境外机构投资者（RQFII）。

（4）接受国务院金融监督管理机构监管的机构依法发行的资产管理产品。

（5）国务院银行业监督管理机构视为合格投资者的其他情形。

（三）以特定服务为目的的信托客户

信托客户除投融资以外的特定专业受托服务需求可通过信托公司提供的服务信托业务得到满足。根据 2020 年 5 月下发的《信托公司资金信托管理暂行办法（征求意见稿）》，服务信托业务是指信托公司运用其在账户管理、财产独立、风险隔离等方面的制度优势和服务能力，为委托人提供除资产管理服务以外的资产流转，资金结算，财产监督、保障、传承、分配等受托服务的信托业务。以特定服务为目的的信托客户，其需求具有个性化、多样化、综合性、事务性、专业性等特征，这也是信托客户区别于其他金融客户最根本的特征。从行业实践看，信托客户的特定目的信托需求包括但不限于财富传承、资产隔离、风险隔离、公司治理、企业年金管理、账户管理、产品估值和清算、公益慈善等需求。任何具有专业特定服务目的需求并能借助信托独特的制度优势得以满足的客户都属于服务类信托客户。在服务信托业务实践中，信托公司主要为客户提供托管、运营等管理服务，本质是财产保管及其衍生服务，偏向于事务性服务，而非投资理财（或融资）决策或顾问服务。

随着经济社会的发展，金融客户的需求不断表现出多样性和综合化的特点，本章以融资为目的、以投资为目的、以特定服务为目的的客户划分并非将各类客户完全"割裂"。一方面，融资类客户在一定条件下具有投资需求；投资类客户在一定条件下具有融资需求；众多融资类、投资类客户在一定条件下具有特定服务目的需求。另一方面，在一定条件下，客户可能对信托公司同时具有融资需求、投资需求、特定服务目的需求中的两类甚至三类需求。信托公司提供的产品或服务可能既具有融资功能又具有服务功能，或者既具有投资功能又具有服务功能。如在资产证券化业务中，信托公司可能既作为 SPV 提供特定托管和运营服务（此时客户为服务类客户），又帮助客户寻找和匹配投资者，获取资金（此时客户为融资类客户）；在财富管理业务中，信托公司可能既为客户提供资产配置等投资理财决策服务（此时客户为投资类客户），又为客户提供账户综合管理的服务等（此时客户为服务类客户）。

二、信托金融市场的融资需求概览

信托业支持实体经济最主要的方式之一是为实体企业直接提供各类融资服务。我国经济已由高速增长转向高质量发展阶段，正处在转变发展方式、优化经济结构、转换增长动力的攻坚期。在国家重大战略、传统产业优化升级、战略性新兴产业等领域将催生大量的融资需求，并体现在以各类工商企业、房地产企业、政府融资平台等融资人为主的信托客户融资需求层面。如传统产业转型升级催生了并购重组浪潮，大量且多元复杂的融资需求使现有标准化的融资方式显得捉襟见肘，亟待综合化、创新的融资方式出现。

（一）工商企业信托融资需求

信托公司可采用股权、债权以及夹层融资等多种方式运用信托资金，为生产、服务和贸易等类型的企业提供并购资金、流动资金以及项目资金的信托融资服务，支持和服务国家工商企业发展。自2012年第二季度以来，工商企业一直是信托资金投向的第一大配置领域。

我国经济发展质量不断提高、经济发展结构不断优化，各类工商企业发展制约因素的"破、立、降"力度全面加大。无论从存量优化，还是从增量扩展看，工商企业的融资规模和缺口均显巨大[①]。一方面，传统周期性行业有复苏迹象，行业集中度提高，为传统周期领域的工商企业信托融资带来发展机会；另一方面，我国经济向高科技、高附加值方向转型，政府出台了一系列鼓励、扶持中小企业和战略性新兴产业发展的政策，工商企业信托融资未来发展前景良好，重要性将持续提升。

（二）房地产企业信托融资需求

一直以来，房地产企业是信托公司的重要融资类客户。从房地产融资市场发展情况看，国家坚持"房住不炒"总基调，对房地产市场的金融监管力度逐步加大，房企融资渠道持续收紧。但是，房地产行业是推动我国国民经济增长的重要行业，行业的平稳发展和长效机制的建立与完善对于整体经济发展的稳定起到至关重要的作用。

未来，房地产企业的融资需求仍将持续，无论房地产新增投资还是存量改造都将存在大量的资金需求。从整体发展趋势看，房地产行业分化与多元化将成为主旋律，主要体现在房企集中度提高和细分领域多元化两个方面。从细分领域看，物流地产、长租公寓、养老地产等领域的融资需求将不断增加。

（三）基础产业信托融资需求

基础设施投资是我国经济发展的重要推动力，也是我国逆周期调节经济的重要手段。经过多年的持续投入和发展，中国的基础设施建设水平取得了长足进步，基础设施建设已成为中国经济增长的支撑。目前我国的基础设施水平特点是一方面总量大、增速快，另一方面人均水平和密度水平

---

① 特别是我国中小微企业融资难、融资贵的问题仍未得到充分解决。

仍然较低。由于城镇化进程和稳增长的需要，基础设施建设每年有高强度的持续投入。基础设施建设的庞大资金需求需要通过各种方式筹集，信托金融市场正是我国基础产业投资资金筹集的重要来源之一，信托公司主要通过政府融资平台为基础产业投资提供金融支持。

（四）其他信托融资需求

信托金融市场的融资类客户并不局限于工商企业、房地产企业、政府融资平台这三类。随着"大数据"理念与"金融科技"研究的深入和实践运用的扩张，以消费金融信托为代表的一些创新信托服务不断发展出新的外延，直接为自然人放贷的金融服务也逐渐兴起。可以预判国内融资类客户类型将不断丰富，整体信托融资需求空间将不断扩大。同时，我国信托业国际化布局明显加速，信托公司积极配合"引进来、走出去"、共建"一带一路"等国家级国际化发展政策，组建具备海外市场经验和能力的专业团队，建设国际化业务平台。海外广阔的市场可能为我国信托金融市场的发展提供另一片发展空间，海外市场的融资需求值得信托公司关注和探索。

三、信托金融市场的投资需求概览

投资类信托客户主要通过认购信托公司发行的资金信托产品满足其投资需求。随着我国经济的稳健发展，居民财富的不断积累，我国高净值客户和合格投资者数量保持着较高速增长。同时，我国企业法人投资意识增强、投资需求增加。以上市公司为例，2011—2018 年，购买理财产品的公司数量、公司购买的产品数量和规模均高速增长，年认购规模已于 2017 年突破万亿元[①]。不断增长的客户基础和多样化的客户需求为包括信托金融市场在内的投资理财市场提供了巨大的发展空间。

---

① 根据 Wind 数据统计得出。数据显示，在 2018 年创出峰值后，近两年 A 股上市公司购买理财产品的规模和数量均出现一定减少，但仍保持在年规模万亿以上。其中，2020 年共有 1214 家上市公司认购理财产品，认购总规模近 1.35 万亿元。

（一）投资类信托客户分布及投资规模现状

根据中国信托登记有限责任公司 2021 年 2 月初公布的数据，在如今信托业转型过程中，非金融企业和自然人的投资规模和占比持续提升。2020 年末，在全部存量信托产品中，非金融企业和自然人的投资规模分别达到 4 万亿元和 3.5 万亿元以上，上升态势明显。金融机构和金融产品投资规模分别下降至 10 万亿元以下和 3 万亿元以下，持续收缩。金融机构、金融产品、非金融企业和自然人投资信托产品的规模占比分别为 45.99%、14.20%、22.10% 和 17.71%，其中非金融企业和自然人投资规模占比同比分别提升 3.79 个百分点和 4.12 个百分点。从 2020 年新增信托产品的投资者情况来看，非金融企业和自然人投资规模同比实现正增长，增速分别为 32.14% 和 16.50%。同时，信托产品投资者数量持续增加，2020 年末较年初净增加 22.89 万个至 82.42 万个，增幅高达 38.46%。其中自然人投资者增加了 24.12 万人，金融产品略有增加，而其他两类投资者则不同程度地减少，所以总体来看，信托产品投资者总数呈上升趋势，自然人投资者显著增加。可见在信托行业转型发展脱虚向实的过程中，信托产品越来越受到自然人投资者青睐。

（二）投资类信托客户委托资产现状

《中国信托业发展报告（2018—2019）》中行业调研收集到的 41 家[①]信托公司的有效样本数据显示，41 家信托公司共有 101.94 万个自然人客户和 5.28 万个机构客户投资过信托产品[②]。截至 2018 年末，尚有 28.76 万个自然人客户和 1.5 万个机构客户在上述 41 家信托公司仍有信托产品投资余额，分别为 1.21 万亿元和 8.78 万亿元，占全部自然人客户和机构客户数量的 28.21% 和 28.41%，即存在 71.79% 的自然人客户和 71.59% 的机构客

[①] 全行业共计 68 家信托公司，根据《中国信托业发展报告（2018—2019）》披露的 41 家公司数据推测另外 27 家信托公司可能数据未反馈或数据质量差。

[②] 数据是根据行业调研披露所得，与中国信托登记有限责任公司披露的数据可能存在差异。因为同一投资者可能在多家信托公司投资产品，而被重复计算。

户流失的风险。如何继续有效吸引这些没有信托产品投资余额的客户是信托公司面临的严峻考验。另外，信托公司主动管理类项目的绝大部分委托资产来源是机构客户，客户结构尚不平衡，有待调整优化。

 专栏 7-1　投资类信托客户分布、投资情况调研结果

表 7-1　44 家信托公司自然人客户分布及投资规模情况（截至 2018 年末）

单个自然人客户投资规模区间	客户数量（个）	客户占比（%）	投资规模（亿元）	投资规模占比（%）
1. ≥100 万元，且 <300 万元	111354	44.68	1497.33	14.71
2. ≥300 万元，且 <1000 万元	120409	48.32	4864.15	47.78
3. ≥1000 万元，且 <5000 万元	16357	6.56	2636.17	25.90
4. ≥5000 万元，且 <1 亿元	716	0.29	462.85	4.55
5. ≥1 亿元	370	0.15	719.18	7.06
合计	249206	100.00	10179.69	100.00

表 7-2　41 家信托公司 2018 年末客户数量及委托资产情况

客户数量及委托资产	
1. 自然人客户数量（万人）	101.94
其中：有信托产品余额的自然人客户数量（万人）	28.76
2. 有信托产品余额的自然人客户数量占比（%）	28.21
3. 自然人客户委托资产规模存量（亿元）	12077.57
4. 机构客户数量（万户）	5.28
其中：有信托产品余额的机构客户数量（万户）	1.5
5. 有信托产品余额的机构客户数量占比（%）	28.41
6. 机构客户委托资产规模存量（非常透）（亿元）	87838.28
7. 自然人、机构客户委托资产规模存量合计（亿元）	99915.85
8. 自然人委托资产规模存量占比（%）	12.09

（三）投资类信托客户潜在需求

中国建设银行和波士顿咨询公司（BCG）发布的《中国私人银行 2019》报告显示，2018 年中国个人可投资金融资产的规模总量为 147 万亿元人民币，仅约 8% 投资于信托市场，规模约为 11.76 万亿元；2018 年，国内居民个人财富增长的势头依然延续，个人可投资金融资产与 2017 年相比增长 8%，但增速较 2013—2017 年平均增速 16% 的水平有明显下降；个人可投资金融资产 600 万元人民币以上的高净值人士数量达到 167 万人，从规模看，中国高净值人群总人数稳居全球第二；未来五年，在克服了短期经济周期波动之后，2023 年个人可投资金融资产有望达到 243 万亿元人民币，年复合增长率约 11%。目前信托公司已有客户数量与该报告数据相比，信托公司潜在的投资类客户数量巨大，市场前景可期。

招商银行与贝恩公司发布的《2019 中国私人财富报告》显示，新经济、新动能推动新富人群崛起，"互联网+""智能+"和新兴产业规模化共同注入经济发展新动能。新经济崛起下的股权增值效应，推动企业中高级管理层与专业人士等新富人群涌现；新富人群具备良好教育背景和较复杂的企业需求，投资风格稳中求进。同时，经历资本市场洗礼，高净值人群更趋向机构的专业服务，高净值人群重视财富保障传承的同时关注财富长期积累；客户更加成熟理智，对专业机构资产筛选、组合配置、风险控制和客户体验等四大专业能力的要求进一步提高。值得关注的是，境外投资逐渐回归"中国机会"，在动荡的国际形势下，中国相对平稳的发展势头使得更多高净值人群投资重心回归境内。高净值客户的群体细分、投资行为及心态、需求的变化和升级一方面为投资理财市场和信托公司带来了挑战，另一方面也给予了市场和机构创新发展的时代机遇。

从海外投资需求看，我国信托公司可拓宽服务范围和服务客群，为海外投资者服务，为其分享中国经济增长效益提供平台和机会。随着我国经济实力和国际影响力的提升，海外投资者对中国境内的投资需求兴起且不断加强，特别是在我国打赢 2020 年新冠肺炎疫情防控阻击战之后。未来，全球范围内的客户的资金涌向中国是大概率事件，这将为信托金融市场带来另一片蓝海。

四、信托金融市场的服务信托需求概览

从国外经验看,服务信托在满足多元化社会需求、促进社会和谐发展等方面发挥了积极作用,是发达国家规模占比最大的信托业务类型。在英国,信托业务以个人信托为主,主要开展财产管理、执行遗嘱、管理遗产和财务咨询等业务。在日本,近十几年来,资产管理型信托受托财产余额的增长速度远高于资产运用型[①]。在美国,以世界上最大的托管和保管服务提供商、美国信托服务领域的领军者——纽约梅隆银行(Bank of New York Mellon)[②]为例,非管理型信托业务[③]占据绝对支配性地位。从发达国家的信托业发展历程与业务结构来看,家族信托、资产证券化信托、企业年金信托、慈善信托、证券投资服务信托是规模相对较大的服务信托业务类型。

未来,服务信托在我国拥有广阔的发展前景。随着居民财富日益积累、经济改革不断深化、金融制度不断完善,各类特定目的受托服务需求逐渐增多,而社会经济生活中受托人缺失现象却广泛存在。在金融领域中,服务信托可作为某些特定金融工具创设或资金投放的载体。在贸易与消费中,各种预付款、押金、保证金等财产保管的场景普遍存在,比如,共享单车押金、美容美发、餐饮娱乐、房产预售等各种预付款保管,社区

---

① 日本信托业务分为三类:一是资产运用型信托,是受托者(信托银行等)自由裁量运用资产的信托;二是资产管理型信托(类似于服务信托),是受托者依照委托者的旨意进行资产管理的信托;三是资产流动化型信托,是为了资产的流动化,原资产保有者进行资金周转的一种信托。

② 美国由于没有独立的信托业,缺乏专门的信托业统计数据。但依据美国联邦金融机构审查委员会(Federal Financial Institutions Examination Council, FFIEC)制定的《财务状况和收入综合报告的编制指南》《信托及相关服务》的要求,以资产或账户形式提供信托服务的机构应当定期完整提供《信托及相关服务》的统计报表,能查到纽约梅隆银行其信托账户的特点。

③ 美国的信托账户根据受托机构对信托财产的运用权利可划分为:管理型与非管理型两类。管理型信托账户,即该受托机构对该账户的资产具有投资自由裁量权;非管理型信托账户,即受托机构对该账户的资产没有投资自由裁量权,受托机构仅提供投资选择的清单列表,最终的决策权在账户所有人或其委托的其他投资经理。纽约梅隆银行2018年末管理型信托资产余额占比约为4.1%,非管理型信托资产余额占比约为95.9%。

维修基金保管，税费缴纳代办等财产代保管与代缴，二手房交易保证金和B2B贸易保证金保管等。由于缺乏独立的第三方来负责资金的监督与管理，多数情况下用户资金直接转到商户开设的银行账户中，商家卷款跑路、挪用资金等事件屡见不鲜，严重侵害了消费者或买卖双方的合法权益。信托公司凭借自身社会声誉与信托制度的破产隔离功能，是这类商业场景中比较理想的受托人[①]。另外，随着金融科技与互联网技术的快速发展，消费信托、资金清结算等服务信托业务需求也呈现上升态势。

从已经形成一定商业模式的服务信托业务规模看，截至2018年底，我国信托公司家族信托业务总规模约为850亿元[②]，与巨大的家族财富存量相比，仍有巨大发展空间。中国资产证券化市场持续快速发展，2019年发行各类产品2.34万亿元，存量规模突破4万亿元，同比增长36%，为信托公司获取资产证券化业务的客户提供了稳定的市场基础。此外，相关数据也表明服务信托业务的潜在发展空间巨大：截至2018年底，已备案私募基金管理人24448家、私募证券投资基金35983只，基金规模达2.24万亿元。资管新规要求资管产品实行净值化管理，对信息披露方式、内容、频率均提出较高要求，不断扩张的私募投资基金对运营服务外包的需求增加；截至2018年第三季度末，建立企业年金的企业达84452个，参加职工人数达2352.26万人，累计基金规模达14223.17亿元，而进行受托管理的企业年金信托的市场占比分别仅为0.40%、0.80%、0.98%[③]；慈善信托作为一种将慈善行为和金融手段融合创新的成熟业务模式，已成为慈善机构、金融机构及社会公众参与慈善事业的重要渠道。2018年全国新增设立慈善信托84单，较2017年同比增长86.67%。慈善信托规模总额突破11亿元大关，累计达11.17亿元，较2017年同比增长

---

① 《2019年信托业专题研究报告》第一篇——《服务信托业务研究——业务类型、功能定位与前景展望》。

② 数据来源于《中国信托业发展报告（2018—2019）》。

③ 数据来源于《人力资源和社会保障部全国企业年金基金业务数据摘要》和《中国信托业发展报告（2018—2019）》。

87.13%。随着客户财富的增加和慈善意识的增强,预计慈善信托市场需求仍将继续保持较高速度的增长。

第二节 以融资为目的的信托客户需求与行为特征

金融市场中的融资类客户作为资金需求者与金融机构产生契约关系。识别信托金融市场的融资类客户,了解其信托融资方式和特点,并对客户进行行为约束与风险管理是本节重点讨论的内容。

一、识别信托金融市场的融资类客户

(一) 作为资金需求者的客户比较与信托客户定位

融资是一个企业或个人资金筹集的行为与过程。以企业为例,融资是根据自身的生产经营状况、资金拥有状况以及企业未来经营发展的需要,通过科学的预测与决策,采用一定的方式,从一定的渠道向企业的投资者和债权人筹集资金、组织资金的供应,以保证企业正常生产需要、经营管理活动需要的金融行为。

一般来说,客户获取融资主要通过间接金融市场和直接金融市场两种方式。银行贷款是最为典型的间接金融融资方式,是企业和个人比较常用的一种融资方式,也是首选的融资方式。银行将资金贷款给需求者,并约定利率水平以及归还期限。银行贷款的流程一般是融资客户提出贷款申请,然后银行进行资信调查,最终确定是否放款。从偿还期限看,银行的贷款可以分为长期贷款、中期贷款和短期贷款等;从贷款的担保条件看,主要包括贴现贷款、信用贷款、商品抵押贷款等。

直接金融是资金供给者和资金需求者无须经过金融中介,分别作为最后供给者和最后需求者,或者由资金供给者直接购入资金需求者的有价证券而实现资金融通的金融行为。直接融资主要包括债券融资和股票融资。从期限看,直接融资的期限一般较间接融资更长,债券的期限一般较长且

可以在二级市场上流通，而股票则是无期限的。从融资成本看，直接融资的成本一般要高于间接融资的成本，进行直接融资时还需花费如评审费、证券印刷费、广告宣传费、代理发行费等额外费用。

信托融资是既不同于间接融资又不同于直接融资的一种融资方式，目前信托业界对信托融资的性质尚未有定论，大体看来其主要是通过金融机构的媒介，由信托公司向资金需求者进行的融资活动。但是，信托公司作为信用中介的受托人在整个信托过程中仅仅处于金融服务层面上，提供的是金融手段，并非真正的融资主体，融资过程中的任何风险和收益仍归属于资金提供方，即投资者。信托融资的这种转化显然突破了传统银行存贷融资的局限，创新了一种有别于股票、债券的新型融资模式。从融资期限看，信托融资比较灵活，但一般在12个月以上。从融资成本看，信托融资的融资成本一般要高于银行贷款、债券融资和股票融资。

任何融资方对融资渠道的选择都必须充分考虑自身特点、融资方式的特点、融资成本和风险等。一般来说，客户优先考虑以银行贷款为主的间接融资，其次考虑直接融资。在直接融资中传统企业优先采用债券方式融资，高新技术企业优先采用股权方式融资。信托计划相对于银行贷款和企业发债，融资成本较高，但其融资门槛、融资难度和时效性均优于其他方式。总体来说，选择信托融资的客户通常未达到银行贷款和发债要求，其财务和信用质量相对较差。当然，也存在由于额度、时效等原因选择信托融资的情况。此外，一个融资类客户在不同发展阶段可能分别或同时存在银行贷款、直接金融市场融资和信托融资的需求。

（二）融资类信托客户细分

根据客户的自然人和法人属性，融资类客户可分为个人客户和企业客户，从行业实践看，目前信托融资类客户以企业为主。由于目前信托公司基本不将个人作为融资类业务的营销对象，故本章不对融资类个人客户作进一步分析（以下所称"融资类信托客户"均指企业客户）。

融资类信托客户的分类标准有多个维度。一是根据企业所属行业属性分类，如工商企业信托客户、房地产信托客户、基础产业信托客户、其他融资类信托客户等。二是根据企业拟采用的信托融资方式分类，如贷款信托融资客户、股权信托融资客户、租赁信托融资客户、债权信托融资客户、投贷联动客户等。三是根据客户信用评级等级分类，国内通常将企业信用等级划分为三等十级，信用程度由高到低依次表示为：AAA 级、AA 级、A 级、BBB 级、BB 级、B 级、CCC 级、CC 级、C 级、D 级。四是根据微观层面的客观数据分类，如根据客户所在区域、资产规模水平、企业发展阶段、资产负债率、流动性比率、融资行为特征等进行分类。五是根据价值贡献和客户重要性进行客户分层，如客户融资规模占比、贡献收入或利润占比等。

二、融资类客户信托融资方式和特点

（一）融资类客户信托融资的主要模式

融资类客户信托融资模式灵活且丰富，包括但不限于贷款信托融资、股权信托融资、租赁信托融资、债权信托融资、信托型资产证券化、投贷联动融资等模式。

1. 贷款信托融资

贷款信托是指受托人（信托公司）接受委托人（投资类信托客户）的委托，将委托人的资金按其指定或按信托计划的对象（融资类信托客户）、用途、期限、利率和金额发放贷款，并负责到期收回贷款本息的一项金融业务。一般来说，信托公司有专门的风险评估团队对融资企业的资信和项目的优劣进行专业评估，并且可通过实施抵押、质押、担保等增信措施来控制贷款风险。贷款信托的利率一般要高于银行的贷款利率，因此该类融资类信托客户承担的资金成本较高。

2. 股权信托融资

信托公司设立股权信托的过程通常为：信托公司将从投资者处募集而来的信托资金按照合同的约定投资于融资企业的信托项目，从而成为该企业的股东，然后以股东的身份参与投资项目管理，通过股东大会或者董事会监控投资项目，及时了解资金的用途，确保项目按计划实施。这种股权融资方式有利于规避融资类客户的管理者的道德风险，从而确保投资类客户的资金安全。

3. 租赁信托融资

租赁信托是指信托公司以信托资金购买设备租赁给承租人（融资类信托客户）使用，并收取租金。租金、购买设备的佣金等形成信托收益。客户选择租赁信托融资购买大型设备的优势在于，不仅可以加快设备的折旧速度，推动企业及时更新技术，促进企业升级，而且能减少企业在建设期间大额的资金投入，降低企业整体的融资成本。

4. 债权信托融资

债权信托融资是指融资类客户将其在经济活动中所拥有的象征债权的借据、定期存款单、保险证书、票据等作为信托财产，委托信托公司作为受托人催收、管理、运用的信托。债权信托中的债权大部分是银行贷款或企业的应收账款，大量的应收账款会对企业的经营产生不良影响，不利于资金的正常流动。信托公司开展债权信托，可以通过其专业化的管理对债权进行清理和处置，并利用受益权的转让机制和资产证券化技术，变现债权资产，帮助客户改善企业资产状况，提高资金的周转速度，为其融资开辟新的渠道。

5. 信托型资产证券化

信托型资产证券化是指客户将未来可能产生现金流的资产真实销售给信托公司，由信托公司或其选择的其他机构作为发行人，以该资产未来现金流为投资者的收益来源，将该资产转化为证券加以销售并偿付对价的一种表外结构性融资方式。

第七章 信托公司的市场需求与客户

专栏 7-2　信托公司开展资产证券化业务的典型案例①

2018年6月，某信托公司作为受托人在银行间市场注册发行了"工元2018年第一期不良资产证券化信托"产品，发行规模为4.7亿元，以客户（发起银行）合法拥有的不良信用卡贷款债权为基础资产。交易结构方面，该产品设计了优先档证券和次级档证券的两层简单分层结构，用以缓解由于不良贷款回收金额和回收时间不确定性大所带来的证券兑付风险，同时采用包括设立流动性储备账户、信用触发机制等内外部信用增级方式保障优先级投资者利益的相关安排。该产品是商业银行不良资产证券化的典型案例之一，体现了资产证券化在盘活存量、提升不良资产处置效率、提高拨备覆盖率等方面的作用。

6. 投贷联动融资

投贷联动是指信托公司灵活运用"股权+债权"两种不同的金融工具，为处于生命周期不同阶段的融资类客户提供综合化的投融资服务。信托公司横跨货币市场、资本市场和产业市场，在投贷联动方面具备先天的制度优势。投贷联动的基本思路是围绕股权资金进入的过程，灵活设计贷款进入的时间节点和方式，实现股权投资与贷款的高度结合，相互渗透。实践中，根据信托资金参与方式不同，投贷联动业务模式分为"信托资金直接股权投资+信贷融资"和"信托资金与外部股权投资机构合作实现投贷联动"两种形式。近些年，信托公司已初步探索多种投贷联动业务模式服务融资类信托客户，但业务模式仍较为单一，参与的广度和深度不够，业务量相对较小，尚处于投贷联动的初级阶段。

（二）融资类客户信托融资需求特点

从行业实践来看，融资类客户选择信托融资时具有寻求多样且灵活的

---

① 该案例选自《中国信托业发展报告（2018—2019）》。

资金获取方式、方便快捷的融资流程、愿意且能够承担较高成本等特点。

1. 寻求多样且灵活的资金获取方式

融资类客户选择信托融资的主要出发点是信托交易结构灵活,擅长整合运用多种金融工具为客户提供全方位的金融服务。具体来说,信托资金可以通过股权、债权、"夹层"以及各种收益权投资等多种方式为融资类客户输入资金,提供支持。同时,客户会要求信托公司在融资期限、规模、资金使用范围等方面较银行贷款有更宽松的约定。

2. 要求方便快捷的融资流程

融资类客户在资金获取和使用方面希望通过信托融资提高审批效率和缩短资金到位的时间。一般来说,信托融资操作相对简单,期限设计和资金运用方式灵活,从设计到审批(或备案)以及发行所需的时间较少。与银行和证券的评估、审核等流程所花时间成本相比,信托渠道的筹资周期较短。

3. 愿意且能承担相对较高的成本

融资成本指融资者要为筹措的资金付出融资过程中的组织管理费用、融资后的资金占用费用以及融资时支付的其他费用。一般来说,信托融资作为银行贷款等方式的补充,融资类客户会在银行贷款受阻时才选择信托融资。对于融资类客户而言,选择信托融资方式的成本一般比较高,以换取更为灵活和高效的融资过程。同时,融资成本又会在客户的可接受范围之内,以保证自身的可持续经营与发展。

三、融资类信托客户的行为约束与风险管理

(一)融资类信托客户的行为约束与偏离

一般地,融资类信托客户在与信托公司签订的信托合同中会有一系列的承诺,如融资期限、还本付息方式和利率、担保人增信、抵押或质押相关财产等。同时,信托公司也会从风险管理的角度对融资人的行为提出一系列具体的约束和要求,如资金使用目的和投向、资产负债率、流动比

率、债务结构、管理层变动、重要信息披露要求等。

当信托计划成立，信托资金转移到融资者财务体系之后，随着市场环境和融资主体内部环境的变化，融资方可能主动或被动地偏离自身的承诺和信托合同对其行为的约束。从融资方行为主动偏离看，融资方可能出于获取更高收益的目的将信托资金违规挪用至高风险的项目，或者违规将信托资金用于偿还其他短期债务，或者故意不还本付息拖欠债务致信托产品违约等。从融资方行为被动偏离看，融资方可能由于经营环境的恶化导致收入意外的大幅下降，而无法按时还本付息，或者由于融资方自身应收账款大量被拖欠而无法获取经营和偿还债务所需的现金流等。

针对融资类信托客户行为的主动偏离，信托公司应该及时识别和制止，并提前做好相应的风险防范机制。针对客户行为的被动偏离，信托公司应该加强与融资方的沟通，及时客观全面地了解市场环境和融资主体内部环境的变化，剖析融资方真实的还款能力和还款意愿，利用信托制度的灵活性为客户"排忧解难"，如提供短期过渡资金或认购部分股权等方式帮助融资方回归经营的正轨。

(二) 针对融资类信托客户的风险管理

作为融资方的企业的经营管理是一个实时的、连续的过程，信托公司通过债权投资或股权投资，与融资方成为利益相关方，有必要在融资方的治理结构中形成决策参与、监督、纠正和反馈的机制。在针对融资类客户的风险管理方面，信托公司一方面要监督融资人是否按照合同的约定履行各项义务，另一方面也可通过掌握一定的投票权参与融资人日常的经营管理决策。

从实际操作层面看，针对融资类信托客户的风险管理[①]体现在风险预警、识别、评估、监测、控制和处置等方面。风险预警方面，根据与融资

[①] 关于信托公司、信托业务、信托产品风险管理层面更多的内容请参见本书第五章、第六章、第七章的相关内容。

方的合同，信托公司在项目存续期内具有灵活的相机抉择空间，当融资人的经营指标或者经营行为超出了合同允许的范围时，应及时主动采取相应的管理措施。风险识别方面，针对不同类型的融资类信托业务和客户，信托公司应分别建立相应的风险识别指标，如针对一般工商企业融资客户、房地产融资客户、基础产业融资客户，应根据其业务特点和企业行为特征，发现并建立相应的易观察和评估的风险识别指标和体系。风险评估方面，信托公司在针对融资方充分风险识别的基础上，采用定量与定性结合的方法，对风险发生的可能性和影响程度进行计量和评价。风险监测方面，信托公司需要建立完善的、具有自身特色的风险管理体系，建立标准化、集中化的信贷决策流程和运营管理流程，以及建立覆盖前、中、后台的风控文化。风险控制方面，信托公司经过识别和评估的风险，结合动态监测的结果，综合权衡成本与收益，针对不同风险的特性，提出风险决策意见、确定相应风险策略、采取措施并有效实施。风险处置方面，当融资方真实存在行为偏离并产生实质性风险的情况下，信托公司应及时组建专业团队，对危机进行处理，与融资方深度沟通并掌握其真实的财务状况，通过担保人尽责、资产和债务重组、起诉、拍卖抵质押品等方式避免风险的进一步恶化，尽量挽回或减少损失。

第三节 以投资为目的的信托客户需求与行为特征

金融市场中的投资类客户作为资金提供者与金融机构产生契约关系。识别信托金融市场的投资类客户，了解客户的需求和风险特征，并对其进行服务和适当性管理是本节重点讨论的内容。

一、识别信托金融市场的投资类客户

（一）作为资金提供者的客户比较与信托客户定位

作为资金提供者的信托客户与银行客户、证券客户、保险客户具有差

异较大的需求和风险特征。银行客户的需求最为宽泛，涵盖存款、贷款、汇兑、支付、结算等各类金融需求。作为资金提供者的银行客户，主要将资金以各类存款的方式转移给银行。双方建立的底层法律契约关系主要为债权债务关系，客户资金的安全和收益性只与商业银行有关。只要不发生大的金融危机，客户均可到期得到本金和利息收入。银行存款较低的风险或者说无风险导致存款利率相对较低。一般来说，客户选择银行活期存款是为了保证一定的现金流储备，选择定期存款跟自身的风险厌恶特征相关，其投资的目标更多在于保证资产安全的前提下实现保值，而非资产的绝对增值。

证券公司在直接金融市场上具有重要的作用，能够满足客户参与直接金融市场投资的需求。作为资金提供者的证券客户，通过证券公司提供的服务直接投资于标准化的金融产品，自主决策，享受收益并自担风险。二级市场的波动性相对较大，期望收益相对较高，且流动性相对更高。客户选择证券市场直接投资主要是为了寻求较高的收益，其风险承受能力相对较高且具有一定的风险偏好。从全体客户人员结构看，证券客户更多是大众客户，或者说一般客户，并非一定为高净值客户，证券客户没有合格投资者认定的标准，所以证券类客户的范围相对投资类信托客户更为广泛。

保险业是具有很强独立性的系统。保险客户的金融需求以保障和风险管理为主。由于保险对于个人和家庭的财产保护具有重要作用，每一个自然人或家庭都有保险需求。作为资金提供者的保险客户，通过向保险人支付保险费的方式，获得在特定条件下的财产收入。客户的投保行为本身是一种金融风险管理行为，同时也是一种财富管理行为。

信托首先是一种财产管理制度，这也是信托业务区别于纯粹的银行业务和其他金融业务的标志，只有明确这一点，才能找准信托投资类客户的定位及其与其他金融客户的区别。不同的信用关系和信用工具会形成利益相关者之间不同的权利、义务和风险分担机制。根据本书第一章的分析，一般来说，经济关系越简单明确的金融工具，其构成要素的组合方式也就越少，所能反映的风险收益组合的种类也就越少，满足多元化、多样性金融需求的能力也就越弱。对传统的债权信用工具和股权信用工具无法满足的金融需求所形成的巨大市场空间，信托产品可以很好地予以填补。对信托来说，因为法律赋予了其权利重构的制度功能，这就使得信托可以反映一种特殊的经济关系，并且这种经济关系中的权利和义务的具体内容很大程度上是由信托合约来约定，而非由法律规定。信托合约则是由信托客户和受托人根据客户的需求、约束条件等制定。从投资角度看，信托客户与受托人之间的关系可用"卖者尽责，买者自负"八个字来概括。

总体来说，作为资金提供者的信托客户与银行客户、证券客户、保险客户具有差异较大的需求和风险特征。从需求看，银行客户的需求最为宽泛；证券客户的需求以直接参与资本市场投资为主；保险客户的需求最为明确；信托客户的需求以财产管理为基础。但基于财产管理的基础需求，在一定的风险约束条件下，可衍生出客户多样化、周期性、综合性的金融需求和非金融需求。从收益和风险看，一般而言，信托客户对于资金回报率的要求高于银行客户和保险客户而低于证券客户。与此对应的是，信托客户的风险类型较银行客户和保险客户更为激进，而较证券客户更为稳健和保守。

从目前各类金融机构业务发展和客户服务实践看，信托公司与商业银行、证券公司、保险公司的客户不仅具有传统的互补特征，也逐渐具有客户交叉的特征，而交叉领域集中体现在以信托关系为基础制度的投资理财领域。如今，各类金融机构均提供投资理财服务或更为综合化和高端的财富管理服务，在争夺投资客户层面具有明显的竞争态势，如商业银行提供银行理财产品和财富管理、私人银行服务，保险公司提供保险资产管理产品，证券公司提供券商资管计划等。可以预见，未来各类金融机构将充分借助信托制度功能，依托各自禀赋优势在投资理财和财富管理领域展开更加激烈的竞争。

(二) 投资类信托客户细分

投资类信托客户的分类标准有多个维度。一是根据客户的自然人和法人属性，可分为个人客户和机构客户，机构客户又可分为金融机构客户和非金融机构客户。二是根据客户风险偏好，可分为风险偏好型客户、风险厌恶型客户和风险中立型客户。三是根据客户微观层面的客观数据分类，如根据客户所在区域、财富水平、年龄特征、职业特征、家庭特征、产品购买行为特征等进行分类。四是根据价值贡献进行客户分层，如客户投资规模占比、贡献收入或利润占比等。

法律和监管层面对信托客户的分类主要指第一个维度，即个人客户和机构客户。该分类标准也是信托公司实践层面最为重要的客户分类标准。针对个人和机构客户的不同特点，信托公司在产品设计、客户营销和管理方式上均有明显的差异。在西方发达国家，个人信托占全部信托市场的70%左右。个人信托制度弥补了财产制度的许多不足，使财产所有者不仅可以通过信托设计实现自己的各种期望，而且可借助信托工具避免财产上的纷争。机构与个人一样，有通过信托方式实现财富保值增值的需求。金融机构和非金融机构具有不同的信托投资目的和风险特征，所以实践中，信托公司通常将机构客户分为金融机构和非金融机构客户两类。非金融机构客户中，具有投资理财需求的上市公司是信托公司的重点服务对象。

基于风险偏好等心理学族群特征对投资类信托客户进行分类是实践中信托财富经理营销和服务客户的必要环节，也是开展投资者适当性管理的前提条件。假设 A 资产在未来的收益不确定，即有一定的概率获取超额收益但同样会有一定的概率发生较大损失，此时该资产的收益称为期望收益；确定性收益是指 B 资产的未来收益是确定的，但这种收益通常不会很高。若 A 资产的期望收益和 B 资产的确定性收益恰好相等时，更倾向于选择 A 资产的投资者被称为风险偏好型投资者；更倾向于选择 B 资产的投资者被称为风险厌恶型投资者；认为两种资产带给自己的效用没有差异的投资者被称为风险中立型投资者。

根据客户微观层面的客观数据进行分类是信托公司进行客户精细化管理的重要举措。如根据客户所在地理区域进行分类，并通过在当地设立财富中心的方式更为便捷地接触和服务客户；根据客户的财富水平提供不同起投金额的信托产品和服务；根据客户的年龄特征提供不同流动性要求和风险特征的产品；根据客户购买产品的行为特征设立不同的营销和服务渠道（如APP、微信服务号、公司官网、线下物理网点等）；根据客户产品偏好（如固定收益偏好型、浮动收益偏好型、房地产类偏好型、基础设施建设偏好型等）为不同客户推荐相匹配的信托产品等。

根据客户的价值贡献度进行客户分层是信托公司区分客户价值、挖掘核心客户、设定服务水平分级标准的必要途径，也是信托公司实现盈利最大化的理性行为。基于客户与信托公司建立的长期信任关系，信托投资者一般具有重复投资的行为规律。按照"二八定律"，信托公司大致也可将80%的资源配置和服务于20%的重点客户上。通过整合当前最有价值的客户，能够帮助信托公司实现对部分客户的交叉销售[1]和向上销售[2]。

二、投资类信托客户需求和风险特征

（一）投资类信托客户需求特征概览

从本质上看，信托公司为投资类信托客户提供的服务属于财富管理服务。作为资金提供者的投资类信托客户，其主要需求是资产管理。从需求类型细分看，客户资产管理需求大致分为保值增值需求、流动性需求、避税需求、对冲风险需求、海外置业需求等。同一客户或其家庭在生命周期的不同阶段具有差异性的资产管理需求。全市场资金在各种需求中的此消彼长，一般同市场风险偏好、经济前景预期、政策以及人口结构相关。

---

[1] 交叉销售指向购买某产品或服务的客户推荐与该产品或服务相关的其他产品或服务。
[2] 向上销售指向购买某产品或服务的客户推荐更高端的同类产品或服务。

1. 基于客户需求特征视角的全球市场概览

在资金来源上，全球资管市场的资金构成基本稳定，机构资金基本保持在60%左右。根据波士顿咨询发布的《2018年全球资产管理报告》，全球资产管理市场资金来源主要包括个人客户（占比39%）和机构客户（61%）两大类。其中，个人客户包括银行渠道、私人银行全权委托、个人账户直接投资公募基金、个人养老金以及个人保险；而机构客户主要包括养老金、保险、政府、企业和非营利机构。

在欧美等发达市场，由于资产管理行业相对成熟、居民理财习惯相对固定，其资金流通常受存量资产表现、风险偏好和人口结构的变化影响更多。例如随着美国婴儿潮[①]一代逐步退休并进入老龄化，其所投资的养老金产品开始出现稳定的现金支出，因而资产配置从原先的低流动性高风险模式，逐步转化为以满足负债端支出为主的高流动性低风险模式。相应地，这部分养老金产品对下游基础产品的配置比例会相应调整，从而引导下游金融机构进行产品结构调整。此外，金融危机后投资者风险偏好出现分化，较为谨慎的投资者更加注重理财对其具体需求的贴合，设计更为复杂的解决方案型产品受到欢迎，而复杂的设计往往最终诉诸衍生品及对冲基金，因而对另类投资的要求会有所提升；相对地，偏好较为激进的客户更加强调主动管理的附加值，而主动管理在传统股票和债券上的附加值已经不高，因此也对另类投资产生更多需求。

2. 基于客户需求特征视角的国内市场概览

从客户结构看，国内资产管理市场中，机构投资者的占比尚低，个人投资者表现活跃。在我国，除保险公司外，养老金、主权财富基金、捐赠基金等主流机构投资者在国内资产管理市场的参与度不足。例如，养老金中只有社保基金、企业年金和少量基本养老基金进入市场。

---

① 美国婴儿潮是由 Baby boom（婴儿潮）翻译而来，特指美国第二次世界大战后的"4664"现象：从1946年至1964年，这18年间婴儿潮人口高达7600万人，这个人群被通称为"婴儿潮一代"。

个人投资者中，一方面高净值客户仍是中坚力量，其投资行为的成熟化和需求的复杂化对财富管理机构提出了新的要求；另一方面，中产、数字大众等客群兴起，财富管理机构可以凭借互联网渠道以较低的成本服务此类客户。

从投资者行为看，我国参与财富管理市场的部分投资者尚不成熟，表现出行为短期化，与其资金属性、投资目标等不匹配，倒逼财富管理机构行为短期化。中国家庭可接受的银行理财产品回报周期普遍较短，缺少长期理财规划。广发银行和西南财经大学2019年1月联合发布的《2018中国城市家庭财富健康报告》显示，对于可接受的银行理财产品的回报周期，选择3个月内、3~6个月、6~12个月的家庭占比分别为35.8%、37.2%、33.7%，可见大多数家庭接受的是1年及以下的回报周期。

在满足客户投资理财需求方面，我国相对欧美等发达市场的特殊性在于，过去泛资管时代，在银行理财存在刚性兑付的情况下，客户将其作为高息存款看待，投资决策只需要考量管理和激励费用的成本。国内财富管理机构为客户提供的产品类型丰富度也相对不足，难以满足客户各方面的资产管理需求。另外，中国家庭的住房资产占比过高，吸收了家庭过多的流动性，挤压了金融资产配置。《2018中国城市家庭财富健康报告》显示，住房资产在家庭总资产中占比77.7%，远高于美国的34.6%。而金融资产在家庭总资产中占比仅为11.8%，在美国这一比例为42.6%。同时，中国家庭存在低收益资产配置过多、高风险资产投入太极端、投资不够多样化等特点。67.7%的中国家庭仅仅拥有一种投资品，22.7%的中国家庭拥有两种投资品，拥有三种或者三种以上投资品的家庭仅仅占到10.6%。而拥有三种或者三种以上投资品的美国家庭占比高达61%。不过，居民财富增长将催生大量投资理财需求，居民财富配置逐步由房产为主导，转为金融资产为主导。老龄化趋势会进一步促进投资理财需求增加。

随着资管新规的落地，刚性兑付的打破使客户承担资产本身的风险，经济环境、对未来波动及走势的预期、自身财富规划开始被纳入投资决策过程。资金需求的分化过程会更加明显和剧烈，信托公司发行的信托产品也需做好结构调整的准备。

(二) 投资类信托客户需求特征的微观分析

从行业实践来看，目前大部分客户投资信托产品获得的收益为固定收益。信托产品的预期回报率在同类固定收益类金融产品中属于较高的。产品期限方面，信托产品的期限相对较长，一般为12个月以上。投资额度方面，根据中国信托业协会2019年行业调研数据，单笔投资在300万元以下的客户占比约45%；投资额在300万~1000万元的客户占比最大，达48%；投资额在1000万元以上的客户占比较少。客户投资信托产品的目的明确，主要为了实现较高的投资收益和整体的资产配置。关于受托机构的选择，信托客户在遴选信托产品时会从品牌效应、底层资产质量、增信措施等层面考虑，从而在相同收益水平的情况下选择相对优质的投资。由于资金信托的私募性质和微观调研数据的缺乏，本书在第一版编撰中对于自然人信托客户投资需求特征的描述难以进行深入分析和得出完整的信托客户画像，我们将在后期的更新版本中逐渐丰富相关研究内容[①]。

从机构客户方面来看，自证监会2012年底出台《上市公司监管指引第2号——上市公司募集资金管理和使用的监管要求》，放宽上市公司募集资金的投资要求以来，上市公司投资理财的需求逐渐增大。从2011年到2018年6月底上市公司认购信托产品的数据看，共计170家上市公司购买了958款信托产品，规模为911.9亿元。上市公司购买信托产品，从参与企业的数量、购买数量、投资规模三项指标的增速来看，各年均保持稳定增长态势，特别是2017年三个指标的同比增速均超50%，说明上市公司对信托产品的认可度在逐渐增加。上市公司购买信托产品的平均收益

---

① 关于客户微观层面的需求和行为特征研究，具有重要的理论和实践价值，这也是值得广大学者关注的领域。

率为 7.32%，平均期限为 340 天[1]，表明上市公司客户更看重安全性与流动性。从单笔投资额看，上市公司认购的信托产品平均规模达 9500 万元，远高于个人合格投资者，说明机构客户对底层资产的判断力更强，更加注重定制化。同时，不同行业的上市公司投资理财需求的差异较大，体现在购买量、产品期限、收益率、企业参与率等指标上。

随着投资类信托客户财富管理意识的提升，信托公司财富管理服务能力的提高，客户在微观个体层面的需求也不断丰富，逐渐从单一的投资理财产品的需求过渡到基于生命周期的综合财富管理需求层面。国外学者埃文斯基等在《新财富管理》一书中对财富管理流程、客户的目标和约束条件、风险的多重含义、客户教育等内容进行了系统深入的分析。客户的目标包含隐含目标、非投资（短期）目标、中期目标、终身（退休）目标、财富转移目标等。其中，隐含目标处于第一优先级，要合理量化风险管理和应急储备两方面的费用资金；五年以内的短期目标为非投资目标；中期目标需要考虑时间、金额、优先级等因素；终身财务自由的目标适用于所有投资者；财富转移目标具有他益性，需明确时间、金额和税收优惠等。确定各类目标的优先级和排序是客户的责任，让客户明白其决定的后果是金融机构和客户经理的责任。关于客户的约束条件主要包括投资期限要求、流动性和市场性需求、税收环境、客户风险容忍度和承受能力、法律与监管因素等五个方面。[2]信托公司也需从如上各方面深入剖析客户微观特征，以提供优质且合适的产品和服务。

目前国内关于投资类信托客户的需求缺乏系统性研究和微观层面深入的研究，相关需求特点的研究散点分布在针对财富管理客户[3]研究的相关

---

[1] 根据普益标准集合信托产品数据不完全统计，同时期整体集合信托产品平均收益率为 8.19%，平均期限大于 1 年。

[2] 哈罗德，埃文斯基，等. 新财富管理 [M]. 翟立宏，等，译. 北京：机械工业出版社，2015.

[3] 财富管理业务的基本制度基础为信托关系，财富管理客户与投资类信托客户从金融业态、行为特征、契约关系上看，属于同类客户。

文献中。颜红、蔡宏兵（2013）认为高净值客户具有很强的区域特征、职业特征、行业特征、需求多元化特征[①]。张沐光（2012）认为财富管理从本质上来说，是以客户为中心，通过创新产品和差异化服务，满足客户多层次的需求。财富管理的转型代表着从微观上对客户的争夺，转移到宏观上对客户需求的争夺[②]。蒋松荣、钟磊（2013）分析了中国私人银行客户的需求，认为有六个特征：一是偏爱海外投资，并且自己投资的意愿很强，不太愿意委托他人管理其财富；二是国内投资渠道单一，以房地产、银行理财产品为主；三是富裕阶层私密性很强，且不愿意将财产交给一个机构打理；四是需求群体较为年轻，平均年龄仅为 39 岁；五是私人财富管理传承需求较强；六是人口老龄化刺激了个人财富管理的需求[③]。李晋（2011）通过对国内外客户与业务的对比讨论了西欧、北美及亚太地区私人银行客户的整体需求特征，详细描述了目前我国高净值客户的需求偏好，从渠道需求、产品需求及服务需求的角度展开论述，指出在中国开展业务不能盲目照搬国外模式，应以客户需求为引导形成自己的特色[④]。

（三）投资类信托客户风险特征概览

1. 基于客户风险特征视角的全球市场概览

2008 年国际金融危机爆发以来，投资类客户的风险偏好越发趋于保守，对绝对收益产品的需求不断增加。金融危机使大多数投资人经历了空前的挑战，机构投资者挑选金融机构的标准更为严格，对其投资过程、历史业绩和风险管理系统等的审视也更加系统化和多元化。有关调查显示，超过 1/3 的机构认为美国、英国、德国、法国等主要市场的投资顾问服务

[①] 颜红，蔡宏兵. 商业银行财富管理业务发展研究 [J]. 金融论坛，2013.

[②] 张沐光. 客户分类视角下的财富管理新探 [C]. 创新与发展：中国证券业 2012 年论文集，2012.

[③] 蒋松荣，钟磊. 中国私人银行客户需求结构理论分析：基于财富管理视角 [J]. 对外经贸，2013.

[④] 李晋. 私人银行客户产品与服务需求分析的国际比较与业务应对 [J]. 国际金融，2011 (4)：74-78.

重要性明显增加,接近一半的机构认为中东和亚洲地区投资顾问的重要性显著上升。此外,金融危机使投资者要求金融机构提升专业化的服务水平,要求产品、费用和风险等方面的信息披露更为清晰透明。可以说,当前客户更关注的不是资产虚拟净值,而是风险规避和绝对收益,尤其是在保本基础上的安全收益。

2. 基于客户风险特征视角的国内市场概览

在国内投资理财市场占据重要地位的个人投资者的平均风险偏好水平较低。中国家庭在投资理财产品时,过半家庭不接受本金有任何损失,刚性兑付的要求较强。广发银行和西南财经大学2019年1月联合发布的《2018中国城市家庭财富健康报告》显示,54.6%的家庭不希望本金有任何损失,同时又期望较高的理财收益。

过去由于多数资产管理产品预期收益的属性,客户的风险偏好无法直接在其投资行为当中得到真实反映。无论何种风险偏好的客户,面对实质刚兑的预期收益率型产品时,无须进行风险收益的评估和权衡,而仅需关注产品收益率和期限。无风险高收益的存在,也扭曲了客户的财富管理观念,资产配置理念难以发挥其价值。

资管新规致力于让资产管理和财富管理行业回归"受人之托、代人理财"的本源。随着投资类客户逐渐接受"风险收益"概念,客户的风险偏好将日益分化,资产配置、投资建议需求进一步显现。各类不同资管产品的"风险—收益"特征会显性化,不同真实风险偏好的客户资金投向可能截然不同。根据波士顿咨询与中国建设银行联合发布的《中国私人银行2019》预计,真实风险偏好较高的客户可能向主动管理能力更高和经验更丰富的机构分流;真实风险偏好较低的理财客户的部分资金将回归银行表内存款型产品;希望尽可能维持现有投资风险收益水平的客户,资金可能向风险偏好更稳健的头部机构聚集,以对冲破刚兑后产品风险的上升。

整体来说,从中长期看,资管新规的影响和客户风险偏好的变化有助于信托公司提高经营自主性和灵活性,通过加强主动管理提升资产收益水平，从而塑造产品核心竞争力并吸引更多投资者。资管新规实施后，短期内居民较低的风险偏好难以改变，资产配置将仍以无风险和低风险产品为主，个人投资者金融资产配置的期限结构将会有所拉长，收益波动性有所加大。长期来看，有望推动投资者形成风险自担的投资理念，投资者或日趋分层。

(四) 投资类信托客户风险特征的微观分析

投资类信托客户的风险特征主要包括两个方面，一是客户的风险偏好，探讨风险特征主观层面的问题；二是客户的风险承受能力，探讨风险特征客观层面的问题。风险偏好测定和风险承受能力评估是信托业务中客户信息收集的核心内容。风险偏好和风险承受能力在客户适当性管理中扮演的角色不同。其中，风险偏好与客户心理的舒适程度有关，即使不满足，也不会影响其基本生活需要。风险承受能力是向客户推荐产品和服务时必须要满足的条件，因为超出客户风险承受能力的风险很可能会使客户的正常生活难以为继。所以，实践中，信托公司把风险承受能力作为客户要满足的基本条件之一，把风险偏好作为进一步提高客户舒适度的指标。客观的风险承受能力较容易衡量，但是准确衡量主观的风险偏好较为困难。

1. 客户风险偏好

面对风险时，人们通常会要求提高收益率来补偿，称之为风险补偿金。要求的风险补偿金多少取决于他们对待风险的态度，越反感风险的人要求的风险补偿金越高。尹志超等（2014）指出风险偏好程度会影响消费者的金融市场参与意愿[1]。赵青（2017）认为金融消费者对金融知识的掌握程度会影响其风险态度，进而影响其参与金融市场的行为[2]。一般而

---

[1] 尹志超，宋全云，吴雨. 金融知识、投资经验与家庭资产选择 [J]. 经济研究，2014 (4).

[2] 赵青. 金融知识、风险态度对借贷行为的影响：基于 CHFS 的经验数据 [J]. 金融观察，2017.

言，影响信托客户风险偏好的因素包括投资经历、投资风格、风险认知水平等。投资经历是客户的过往投资经历。投资风格是指机构或个人在构建投资组合和选择产品的过程中所表现出的理念、操作、风险意识等外部表现的总称。不同客户对风险的认知也各不相同。研究表明，人们对迅速发生、一次性破坏大的风险估计过高，对长期的、潜伏性的风险估计过低。风险认知水平与个体特征、期望水平、风险沟通、风险的可控程度、风险的性质、知识结构、成就动机、事件风险度等相关。根据客户对待风险的不同态度可以将客户分为风险偏好型、风险厌恶型和风险中立型。一般来说，信托客户大部分是风险厌恶型客户。但过去由于多数信托产品预期收益的属性，客户的风险偏好无法直接真实反映在其投资行为当中[①]。

2. 客户风险承受能力

客户在办理开户手续时，必须进行风险承受能力评估，并根据评估结果对客户进行分类管理。对客户实行分类管理的目的是为客户提供与其风险承受能力相适应的服务或产品，引导客户从自身实际情况出发，审慎投资，合理配置金融资产。风险承受能力的测定主要通过问卷调查等方法进行。客户在办理开户手续时必须填写个人投资者风险承受能力评估问卷或机构投资者风险评估问卷，同时认真阅读并签署相关风险揭示书。信托公司对客户的评估指标主要包括客户基本信息、专业知识、投资经验、心理波动影响、风险偏好和资金流动性需求等。值得注意的是，同一个人或家庭在其生命周期的不同阶段具有差异性的风险特征。所以，对客户风险承受能力的评估需要进行相应的动态调整。

影响客户风险承受能力的因素跟个体差异有关，如性别、年龄、教育水平、职业、成长环境等。在风险承受能力方面，自然人客户的个体差异也各有不同。不同年龄段的客户风险承受能力不尽相同，60岁以上的客

---

① 学界关于投资类信托客户微观层面的风险偏好特征的研究较少，但该类研究具有重大的理论和实践价值，值得学者关注。

户由于面临养老等问题，即使拥有比较丰厚的资本积累，也更加倾向于资产的保值增值，风险承受能力较低。

实践中，根据风险承受能力评估结果，大致可将客户划分为保守型、稳健型、平衡型、成长型、进取型五种类型。其中，保守型客户的首要目标是保护本金不受损失、保持资产流动性，风险承受能力非常低。稳健型客户与保守型客户一样，风险承受能力较低，希望本金安全并有一定程度的增值，但总体上并不追求较高的投资回报。平衡型客户愿意承受一定的、较小的风险而追求一定的收益，其对风险有较为客观、清醒的认识，对产品的选择也较为谨慎，愿意承受市场平均风险。成长型客户在任何投资中都追求较高收益，对风险有清醒的认识，可承受一定的投资波动。进取型客户在任何投资中，为了获得长期增值，可承受较大风险，追求长期的超高回报（见表7-3）。

表7-3　　各类型客户的配置策略及适宜的产品类型

客户类型	配置策略及适宜的产品类型
保守型客户	标准为结构简单、容易理解、流动性高、过往业绩及净值的历史波动率低、投资标的流动性很好、不含衍生品，本金遭受损失的可能性极低
稳健型客户	标准为结构简单、容易理解、过往业绩及净值的历史波动率较低、投资标的流动性较好，投资衍生品以套期保值为目的，本金遭受损失的可能性较低
平衡型客户	标准为结构较复杂，过往业绩及净值的历史波动率较高，流动性较高，投资标的流动性较好，投资衍生品以对冲为目的，本金安全具有一定的不确定性
成长型客户	标准为结构复杂，过往业绩及净值的历史波动率较高，流动性较低，投资标的流动性较差，本金安全面临较大的不确定性
进取型客户	标准为结构复杂，不易理解，不易估值，透明度较低，投资标的流动性差，过往业绩及净值的历史波动率很高，杠杆较大，本金面临极大不确定性

一般而言，投资类信托客户以稳健型、平衡型为主[①]，随着信托产品和投向的丰富，信托公司也不断吸引并服务保守型、成长型和进取型客户。刘发跃（2016）利用业内部分信托公司的投资者调查问卷发现，越

---

① 学界和业界针对投资类信托风险偏好、风险承受能力等相关的调研较少，微观层面的数据和资料不多。该领域的研究值得学界和业界的研究者关注。

年轻的投资者风险承受能力越强。青年期通常能承担较高的投资风险，中年期虽然积累了一定财富，但是财务负担会相应增加，因此风险承受能力略低[①]。

三、投资类信托客户服务流程与适当性管理

（一）投资类信托客户服务流程

信托公司针对投资类客户的投资服务流程可以被合理地分成四个相互关联的大类——建立客户关系，客户定位，投资策略，投资组合的执行、监督和市场审查（见图7-1）。

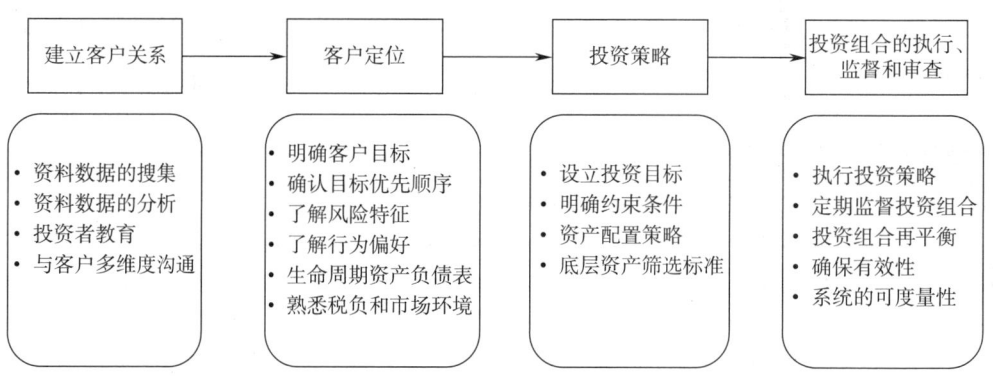

图7-1 投资类信托客户服务流程示意图

在建立客户关系方面，应明确任何投资服务流程的开端均需与客户建立基于沟通、教育和信任上的稳定关系；持续从客户和专业人士处进行资料数据的搜集与分析；利用信息对客户进行指导和培训，使其了解流程、可采取的投资方案、目的不同的投资策略等，且培训过程随客户的熟悉度和舒适度不断变化调整。

客户定位主要通过客户画像过程实现。客户定位包括明确客户目标并根据货币时间价值量化目标排出优先顺序、确认客户风险、了解客户的行

---

① 刘发跃. 瞻前还要顾后 信托客户风险承受能力全透视［J］. 当代金融家，2016，(11)：93-96.

为偏好和约束条件、制定客户生命周期资产负债表、熟悉税负和市场环境等。

投资策略说明是指导所有投资决策的基础性文件，它为有效管理投资组合设定了投资目标（风险和收益）和约束条件（流动性、时间范围、税负、法律及监管因素及独特的情况）。资产配置也应纳入投资策略说明中。

投资组合的执行、监督和市场审查方面。执行指可选单个的资产来构建投资组合，也可选共同基金、交易型开放式指数基金或挑选单个负责投资的资产经理来执行投资策略。监督指需定期监督投资组合和投资策略的执行情况。市场审查过程通常依据客户特性的更新、改变和市场的发展变化而显现出来，需对投资组合进行再平衡，还涉及审视整个流程的执行如何确保其有效性以及系统的可度量性。整体来说，针对投资类信托客户的投资服务流程是一个非线性和递归的流程。

（二）投资类信托客户适当性管理

投资类信托客户主要通过认购信托公司发行的资金信托产品进行投资。资金信托是买者自负的私募资管业务，面向合格投资者以非公开方式募集，投资者人数不得超过二百人。每个合格投资者的投资起点金额应当符合资管新规的规定。任何单位和个人不得以拆分信托份额或者转让份额受益权等方式，变相突破合格投资者标准或者人数限制[①]。

传统银行业务、证券业务和保险业务不是私募性质，可针对不特定人群进行公开宣传，且客户准入门槛不高，一般情况下不需要进行合格投资者等相关认定。作为资金提供者的金融客户，在商业银行开立账户进行合法存款等行为一般不受限制；通过证券公司开立资本市场账户参与直接市场投资的流程相对简单；通过保险公司进行投保的门槛相对较低。

基于资金信托的私募性质，以及信托特殊的经济关系，信托公司在开

---

① 国务院银行业监督管理机构另有规定的除外。

展投资类客户营销和服务时需做好适当性管理。一是履行合格投资者确定程序，有效识别投资者身份，充分了解投资者的资金来源[①]、个人及家庭金融资产和负债等情况，采取必要手段进行核查验证，审查投资者是否符合合格投资者标准，依法履行反洗钱义务，不得为客户从事违法违规活动提供通道服务。二是应当对资金信托划分风险等级，对个人投资者风险识别和承受能力进行评估并划分风险承受能力等级，不得向投资者销售风险等级高于其风险承受能力等级的产品。三是信托公司或代理销售机构应当要求销售人员充分揭示资金信托风险，保存销售人员的相关销售记录。相比较而言，在传统银行业务、证券业务和保险业务中，客户与金融机构的关系和责权利明晰，交易结构和经济关系相对简单，客户的适当性管理相对不复杂，主要需做好客户资金来源确定和履行反洗钱义务等。而对于信托客户的营销更类似于一个全面诊断过程，对客户的财务状况和生活目标进行综合诊断，分析问题，明确合理目标，再制订服务方案。

第四节　以特定服务为目的的信托客户需求与行为特征

以特定服务为目的的信托客户的需求并非财产的保值增值或直接获取融资，而在于安全、独立、便利等其他诉求。识别信托金融市场的服务信托客户，了解客户需求特征，分析不同类型信托客户的联系及转换是本节重点讨论的内容。

一、识别信托金融市场的服务信托客户

（一）银行中间业务与服务类信托客户

银行中间业务是指银行在资产业务和负债业务的基础上，利用技术、

[①] 根据《信托公司资金信托管理暂行办法（征求意见稿）》，投资者应当以自己合法所有的资金参与资金信托，不得以借贷资金、发行债券等筹集的非自有资金或者非法汇集的他人资金参与资金信托。

信息、机构网络、资金和信誉等方面的优势，不运用或较少运用银行的资财，以中间人和代理人的身份替客户办理收付、咨询、代理、担保、租赁及其他委托事项，提供各类金融服务并收取一定费用的经营活动。在资产业务和负债业务两项传统业务中，银行是作为信用活动的一方参与；而中间业务则不同，银行不再直接作为信用活动的一方，扮演的只是中介或代理的角色，通常提供有偿服务。

国际上最常见的划分中间业务种类的依据是收入来源，美国银行业根据收入来源将中间业务分为以下五类：一是信托业务，指信托部门产生的交易和服务收入；二是投资银行和交易业务，指证券承销、从事金融交易活动所产生的收入；三是存款账户服务业务，包括账户维护等；四是手续费类收入，包括信用卡收费、贷款证券化、抵押贷款再融资服务收费、共同基金和年金的销售、自动提款机（ATM）提款收费等；五是其他手续费类收入，包括数据处理服务费、各种资产出售收益等。根据这个标准，信托公司为客户提供服务信托业务产生的交易和服务收入属于第一类银行业中间业务收入。

服务信托起源于委托人、受益人各种各样不同的诉求，最能体现信托的制度价值，是可以将信托公司与其他金融机构区别开来的特有业务。商业银行不能为客户提供现金以外的托管服务，证券公司不能为客户提供证券以外的托管服务，而信托财产范围广泛，包括资金、不动产、财产权等。信托公司为客户提供的服务功能恰能弥补商业银行与证券公司托管服务的局限性，并能深入具体商业场景，为客户提供针对性的财产保管衍生服务。相比其他银行中间业务，信托公司的服务信托业务更依托信托的特殊制度功能，更能体现客户的主观特定目的和个性化需求。从本质上说，服务信托的内涵和外延可以非常丰富，任何具有专业特定服务目的需求并能借助信托独特的制度优势得以满足的客户都属于服务类信托客户。根据 2020 年 5 月 8 日中国银保监会有关部门负责人就《信托公司资金信托管理暂行办法（征求意见稿）》答记者问，以受托服务为主要服务内容的信托业务包括家族信托、资产证券化信托、企业年金信托、慈善信托及其他监管部门认可的服务信托。这类型业务的服务对象即为信托公司的服务类信托客户。这类客户的目标并非财产的保值增值或直接获取融资,而在于安全、独立、便利等其他诉求。相应地,受托人的职责不在于投资管理和融资服务,更侧重于托管和运营等方面。基于目前监管对服务信托的定义、行业实践,以及本章关于客户分类的逻辑,本书所指的服务信托主要包含信托公司为客户提供的投融资服务以外的信托服务,包括托管运营、管理代理等服务,并不含投资理财(或融资)决策或顾问服务。

(二)服务类信托客户细分

服务信托属于一种新业务分类口径,涉及的业务类型和客户对象广泛,制度体系建设还存在诸多不完善之处。从目前研究和行业实践来看,服务信托尚处于探索阶段。但可以预见的是,未来服务信托业务将渗透到金融市场和经济社会的各个细分领域,满足各类客户特定目的的服务信托需求。例如,服务信托在资本市场领域,可以承接中小私募机构证券投资中的交易、清算、估值、账户管理等运营服务;在资产证券化领域,可以承担 SPV 角色,将特定资产从原有主体剥离,实现资产流动化;在家族信托领域,可以按照委托人意愿管理家族财产,实现财富的保护、传承与管理;在公益慈善领域,可以受托对捐赠财产进行监督与分配;在生活消费领域,可以受托管理预付款资金,保障消费者权益。

《2019 年信托业专题研究报告》[①] 第一篇《服务信托业务研究——业务类型、功能定位与前景展望》,将服务信托的内容分为金融活动的服务和非金融活动的服务。其中,为金融活动提供服务的业务包括证券投资服务信托业务、资产证券化业务、清算结算业务等,为非金融活动提供业务

---

① 由中国信托业协会编写,在中国信托业协会官网对外发布,详见 http://www.xtxh.net/xtxh/reports/45794.htm。

包括家族遗嘱信托、企业年金及账户管理服务、消费信托、员工持股信托、股权信托、慈善公益信托等。所以，服务类信托客户可划分为金融活动服务需求客户和非金融活动服务需求客户两类。同时，该报告基于信托的商业属性，又将服务信托业务划分为四大类：一是牌照型服务信托，二是代理型服务信托，三是交易型服务信托，四是混合型服务信托。相应地，服务类信托客户还可划分为牌照型服务信托客户、代理型服务信托客户、交易型服务信托客户和混合型服务信托客户。

从客户定位来看，牌照型服务信托的客户定位为在创设或投资金融产品时需要信托计划作为特殊目的载体的金融机构；代理型服务信托的客户定位为持有某种财产份额较少、难以单独行使自身合法权利的个人或机构；交易型服务信托的客户定位为在企业和企业、企业和个人、个人和个人之间的消费与贸易中，有保管、支付、结算服务需求，但彼此缺乏了解与信任的个人或机构；混合型服务信托的客户定位为有家族信托、保险金信托等综合性需求的超高净值财富客户。

二、服务信托客户需求特征

服务信托的目的不是信托财产的保值增值，而是风险隔离、财产权利规划分配、交易按约执行等，整个信托结构追求的是独立、效率、公平、安全等价值，而不再局限于经济价值。服务信托的目的可概括为"受人之托，忠人之事"，而不是"受人之托，代人理财"。基于目前行业实践现状和客户基础，本节针对服务信托客户的需求特征主要描述证券投资服务信托客户、家族信托客户和慈善信托客户三类具有代表性需求特征的服务信托客户[①]。

[①] 未来，随着资产证券化信托、企业年金信托、保险金信托、消费信托、结算清算服务信托、土地流转信托、员工持股信托等其他服务信托业务规模和客户数量达到一定量后，本书将在后期版本更新中添加和完善。

（一）证券投资服务信托客户需求特征

证券投资服务信托是由信托公司搭建产品的法律架构，并为客户提供交易（包括设置投资范围、预警线、平仓线等）、清算（包括申购、赎回、付费等）、估值、受益人信息登记、信息披露等证券投资运营服务的一类交易型服务信托业务。证券投资服务信托客户以中小私募机构为主，这类机构客户往往信息系统建设相对薄弱，中后台运营服务能力相对薄弱，加之自身企业信用度不高，其外包证券投资运营服务需求很大。

整体来看，证券投资服务信托客户对信托公司的需求包括开户/建账/会计、财产保管/登记、交易、执行监督、结算/清算、估值、权益登记/分配、信息披露、业绩归因、合同保管等各类托管和运营类需求。该类客户对于服务的要求是方便、快捷、准确、个性化以及过程翔实且可追溯等。

（二）家族信托客户需求特征

根据2018年8月银保监会下发的《信托部关于加强规范资产管理业务过渡期内信托监管工作的通知》，家族信托是指信托公司接受单一个人或者家庭的委托，以家庭财富的保护、管理和传承为主要信托目的，提供财产规划、风险隔离、资产配置、子女教育、家族治理、公益（慈善）事业等定制化事务管理和金融服务的信托业务。家族信托财产金额或价值不低于1000万元，受益人应包括委托人在内的家庭成员，但委托人不得为唯一受益人。单纯以追求信托财产保值增值为主要信托目的，具有专户理财性质和资产管理属性的信托业务不属于家族信托。

目前，高净值人群的家族财富管理需求已经从基本的投资理财需求发展到以资产管理为核心，以代际传承、税务筹划、风险隔离等为重要诉求的全方位家族服务需求。与一般的财富管理相比，财富传承是一个复杂的系统工程，涉及复杂的法律、税务和家庭关系安排，总结起来可以归纳为"风险隔离、基业长青、私人定制"三大根本性需求。

风险隔离的核心是确保传承资产的合法性和独立性。由于家业不分、家庭关系复杂、个人隐性负债等问题，中国高净值人士在进行财富传承安排时，风险隔离是最基本的需求，需要在个人、家庭、企业和其他利益相关方之间建立起防火墙机制。

基业长青的核心是通过企业所有权、经营权、受益权的合理安排，最大限度地实现企业平稳过渡和家族持续受益。民营企业家关心的核心问题之一就是企业接班问题。虽然很多企业主倾向于让子女或家族成员继承企业，以保证家族对企业的持续控制权，但子女的接班意愿、复杂的家庭关系等都会给企业传承安排带来挑战。

私人定制的核心是满足高净值客户个性化的财富传承意愿。中国人极为重视血缘亲情，许多高净值人士财富传承的目的不仅是要保障子孙后代生活无忧，更希望后辈品行正直，有所成就。因此，在财富传承中，往往需要通过设计财富分配条款，在保证子女基本生活的同时，激励或规范继承人的行为。对于婚姻和家庭关系复杂的客户，则希望通过合理的规划和设计，对财富进行有效分配，以避免家庭矛盾的产生。这些个性化的诉求都需要在财富传承过程中进行定制设计。同时，家族信托客户对于自身金融投资行为决策的私密性和安全性要求十分严格，对于自身价值的实现、精神层面的享受更为关注。就投资范围的广度而言，家族信托客户的要求也会高于一般信托客户，家族信托客户着眼于全球范围的市场变化，制定并实现自身事业发展的全球战略规划及愿景。

专栏 7-3　家族信托典型案例①

客户为私营企业主 Y 先生，家庭美满，年龄近 60 岁，育有两个儿子。客户将 1 亿元人民币设立家族信托，同时将自己已存续多年的寿险保单嫁接入家族信托架构中去，实现杠杆效应。根据客户的上述需求，

---

① 该案例选自《中国信托业发展报告（2018—2019）》。

> 某信托公司设计的信托架构是，Y 先生作为委托人与某信托公司签订信托，设置他益信托，实现自身资产与传承资产的隔离；Y 太太担任监察人，对家族信托拥有信托合同约定的监督权，当事人达到领取信托资金的前提时需经监察人确认；将 2 个儿子以及 5 个孙辈全部列入第一顺位受益人，同时约定各受益人发生意外后，相应信托财产的归属安排。其中，1 亿元现金及初始保额为 5000 万元的保单受益权（将保单的受益人设置为某信托公司）作为信托财产，期限是永久存续，由某信托公司主动投资管理。
>
> 家族信托有如下几个实现效果：
>
> 资产隔离保护：装入家族信托的财产避免与夫妻财产、公司财产混同，因此不受家庭资产情况、公司经营情况的影响。
>
> 分配方式灵活：根据 Y 氏夫妇的意愿，某信托公司为每位受益人设计了不同的分配金额、分配时间及特定分配事项。
>
> 财富延绵永续：受益人全部丧失受益资格后，保障家族财富在直系后代内传承。同时，信托合同中设计了诸多正向激励机制和负向惩罚机制，促进良好家风的传承。
>
> 保险金的统一规划：原本只能设置一位家族成员成为保单受益人，但现在可以将保险金接上信托这个"水龙头"，实现杠杆效应的同时亦实现了资金归属于多位信托受益人，更将激励机制融入，使得保险金对家族成员的作用更加具有引导意义。

（三）慈善信托客户需求特征

慈善信托属于公益信托，是指委托人基于慈善目的，依法将其财产委托给受托人，由受托人按照委托人意愿以受托人名义进行管理和处分，开展慈善活动的行为[①]。委托人作为慈善信托的设立人，其慈善意愿直接决

---

① 定义来源于《慈善信托管理办法》第二条。

定了慈善信托目的的设定，慈善项目的信托目的设置越明确，委托人的慈善意愿就越能得到准确地实现，慈善信托慈善效果的可评估性也就越强。根据《中国信托业发展报告2018—2019》，2018年慈善信托委托人的慈善目的呈现精准多元的特点，信托目的指向的领域更聚焦，受益人范围的选择标准也更明确。

慈善信托客户的金融需求相较于投资类的信托客户需求更为复杂，其行为目标更加倾向于资产管理和运用的透明化。慈善信托客户在资产增值方面的要求不高，金融资产配置的安全性是其重要的考虑因素。从期限结构看，2018年备案发行的84单[①]慈善信托的期限设置灵活，呈现多样化特点。2018年新增设立的慈善信托中，5年期及以下的42单，10年期的12单，20~50年期的3单，不设固定期限的7单，永久存续期限（永续型）的20单，占比分别为50.00%、14.29%、3.57%、8.33%和23.81%。总体来看，5年期及以下的慈善信托占比最大，表明2018年慈善信托的期限设立以短期为主，慈善信托的发展存在短期效应，以特定任务导向为驱动，例如扶贫、济困、救助等公益项目，均需要在短期内体现成效。

从慈善目的看，在慈善信托发展初期，慈善信托的信托目的多以"文化教育""医疗""扶贫"等大类来表示。随着慈善信托业务的发展和成熟，越来越多的专业机构、专业技术平台参与到慈善信托的业务中，为慈善信托项目筛选和运营提供专业指导和技术支持。客户慈善信托目的的设定逐渐聚焦到更具体的行业领域，通过对特定慈善信托项目专业化赋能，能够有效地保障慈善项目的实施效果和实际影响力。

三、不同类型信托客户的联系及转换

整体来说，信托客户的金融需求具有有限理性、派生性、可诱导性、

---

① 根据"慈善中国"信息平台公开数据整理。

可替代性、伸缩性等特点。理性指客户决定参与某种信托活动时是带有明确目的的，是在认真对比、分析、计算的基础上选择较好的方案。但行为金融学认为客户的认知存在一定的偏差和情绪、偏好等方面的原因，以及客户对当前市场信息获取不足，导致客户是有限理性的，这在投资类客户层面表现得比较明显。派生性指客户的需求往往从其他各种复杂的需求派生出来，如投资者购买信托产品是为保值增值，其真实的需求可能是满足未来 3 年孩子的教育支出。可诱导性指客户的需求可以被唤起，或在一定的条件下从一种需求转向另一种需求，如投资者教育可看作是唤起潜在信托客户投资需求的"诱因"。可替代性指客户的某些需求可以相互替代。伸缩性指受外部环境的影响，客户的需求可能被明显放大或缩小。

客户的需求会随着时间和条件的变化而改变。融资类信托客户在一定条件下具有投资需求和服务信托需求；投资类信托客户在投资和资产管理需求基础上也具有家族信托等服务信托需求且在一定条件下也存在融资需求；服务类信托客户在一定条件下也将具有融资或投资需求。甚至在特定条件下，某些信托客户同时存在两类或三类信托目的的需求。

虽然服务信托的概念正式进入信托公司广泛研究的视野源自 2018 年末的中国信托业年会，历史不长[①]。但从实践中可看出，其实服务信托一直根植于传统信托业务中。例如，在证券业务的主经纪业务（PB）、资产证券化业务的托管清收、消费金融的 PB 业务、小微金融、供应链金融等传统信托业务中，只要涉及财产权保管与运营的环节，服务信托都在发挥其价值。受托人在管理运用信托财产过程中，有关交易、估值、盯控、核算、划款、信息披露、清算分配和档案整理等都属于服务信托的范围，可以说，传统信托业务客户在一定条件下都属于服务类信托客户。服务信托业务是信托制度禀赋集中的体现。信托公司可通过"服务 +"的理念整

---

① 2018 年中国信托业年会上，信托行业监管部门领导在阐述信托行业的未来发展定位和展业方向时，首次提出了资金信托、服务信托和公益（慈善）信托的划分方式，服务信托的概念自此正式进入了信托公司广泛研究的视野，成为实践探索的发力点。

合各类信托客户及其需求，加强客户协同管理，提升交叉销售和向上销售的效率。

在为融资类客户服务时，信托公司可从投融资产品创设、资产证券化、交易结构设计等服务切入，基于客户资产负债表优化和业务发展需求，综合运用债、股、夹层等方式，进一步为客户提供综合的融资解决方案。以"ABN+私募投行"实践为例，传统私募投行业务项下的债权类资产是资产证券化业务中规模巨大、可复制性强的基础资产来源。信托公司开展此类业务，可逐渐从受托人角色，转变为参与底层资产发现、承销等多元角色，提升与融资类客户的业务协同，扩展业务链价值。

在为投资类客户服务时，一方面，信托公司可以以企业或金融机构投资需求为核心，从受托服务、估值清算、账户管理等服务切入，自建或整合内外部的投资管理能力，提供资产管理解决方案。如通过在证券服务业务上持续加强与私募投资管理人、商业银行等合作，逐步推进FOF模式（TOT模式），开展主动管理类证券业务，发起设立母基金，分散投资于优选出的下层基金，优选投资管理人，通过配置组合实现投资收益。另一方面，信托公司可以以高净值客户财富管理需求为核心，发挥信托财产长期托管与传承的制度优势，提供包含财富保障与传承、资产配置等综合的财富解决方案。以"合作型家族信托+直销型家族信托+传统信托理财"的实践为例：商业银行私人银行部与信托公司的合作仍是当前国内家族信托业务的主流模式之一，但是基于合作型家族信托可全方位提升信托公司在业务设计、财富传承、资产隔离等方面的服务能力，进而促进信托公司直销型家族信托的开展。而上述两种家族信托的展业也可以与传统信托理财产生有效协同：一方面，家族信托引入的长期、大体量资金，与信托理财逐步探索搭建"货基、固收、权益"产品体系可以相互促进；另一方面，客户开拓与服务层面，强化家族信托业务正是传统信托理财向综合财富管理升级的重要举措。

第五节　信托客户的营销与关系管理

信托客户营销，即信托机构组织创造、沟通、传递和交换对信托客户具有价值的信托金融服务的一系列活动、制度安排和流程体系。客户关系管理是一套完整的客户关系解决方案，是一种现代管理理念，而不仅仅是一种软件或系统工具。信托客户营销战略性市场规划、营销服务流程、策略与战术、客户关系管理是本节重点讨论的内容。

一、信托客户营销战略性市场规划

没有战略计划就实施营销战术，就如同没有图纸就建房子一样。信托公司针对客户的营销首先需建立战略性市场规划，战略性市场规划一般包括市场细分、定位与品牌创造、市场计划三个层面。

（一）市场细分

市场细分是最基本的营销战略。市场细分是指根据消费者对产品的不同欲望与需求、不同的购买行为与购买习惯，把整个市场划分为若干个由相似需求的消费者组成的消费群体，即小市场群。市场细分需要将具有某些共同特征的客户分到同一组中，问题的关键在于如何确定某些共同特征，以便建立可行的、能够获利的细分市场。对于每一个计划开发的细分市场，进行的研究必须确定如下内容：市场潜力、销售潜力、竞争状况、接触市场的难易程度、成本、其他资源和适合性。

对于信托客户营销而言，最基本的市场细分是根据客户需求类型划分为融资类需求市场、投资类需求市场、特定服务需求市场。因为这三类信托客户具有不同的信托目的、金融需求和行为特征，所以对其进行细分有助于聚焦信息、制订营销计划和提高客户反馈率。对于这三类基本的目标信托客户群，还有更为具体的市场细分标准和方法，如基于客观数据（如人口细分、地理细分、生命周期细分、产品细分、产品购买行为细分等)、心理学族群特征（如风险偏好等）、客户价值（如规模、收入、利润贡献度等）等对目标信托客户展开进一步分类和分层[①]。

(二) 定位与品牌创造

定位与品牌一起详细定义了你（某信托公司）是谁，传播的价值有多大，与提供相似金融产品和服务的其他竞争对手的不同之处在哪里，以及为什么你的客户应该更青睐你而不是你的竞争对手。

定位最容易的方法就是创造差异化，即确定自身与竞争对手的不同。实践中，信托公司主要根据自身股东及发展背景、地理区域环境、业务结构和禀赋优势、客户基础与结构等特点确定自身的市场定位。实施差异化有很多方法。有些差别点是有形的，比如价格、选择、条款和交易时间；有些则是无形的，比如服务质量、专业技能、形象、价值和地位。为了实现差异化，信托公司还可以对其产品增加附加价值，如提供更为定制化、综合化的免费咨询服务和实时的信息资讯服务等。一旦确定了自己的定位策略，就要保证产品、服务和营销的全部要素与之呼应。实践中，信托公司的市场化定位有"专业私募投行""资产管理平台""产业金融服务商""全球资产和财富管理提供商""综合金融服务提供商"等。

围绕"品牌"这一重要概念，存在着很多相关词汇，如企业形象、声誉、品牌价值、身份特性和品牌认同感等。品牌力图在产品和最终用户之间创建一种独特的感知，一个情感和智力的结合。所有的公司和产品都要进行定位，但不是所有的公司或者产品都能被品牌化。良好的品牌会在信托金融市场中享有很高的知名度和忠诚度，能为信托公司带来竞争优势，是其长久可持续发展的重要资产。一方面，信托公司要摆脱过去的单只产品营销模式，对自身产品条线进行梳理，在加强塑造公司整体品牌形象的同时，针对三类不同客户分别构建系列化品牌体系，强化客户认知；另一方面，信托公司可通过线上品牌推广和线下客户活动相结合的方式，

[①] 关于具体的客户分类结果详见本章第二节、第三节、第四节相关内容。

对品牌进行立体宣传,并注重对品牌的维护。实践中,部分信托公司在整体战略定位的基础上针对投资类和服务类客户已经形成特色财富品牌或特色家族信托品牌。

(三)市场计划

市场计划是信托客户营销过程的核心。在制订营销计划过程中,需利用好收集到的市场细分和定位信息,明确具体的市场目标,制订实现目标的财务预算和方法。通过制订市场营销计划,可节省营销实践时间、便于衡量营销工作效果和提高营销成功率。同时,市场计划是一份动态性文件,需要不断测评和调整,以更新时间表、修订战术和重新分配职责。

实践中,信托公司在制订市场营销计划时,需考虑的要素包括市场环境分析,识别目标细分市场,市场定位和建立品牌战略,制定具体营销目标,确定时间进度表、财务预算、人力资源、职责和责任,制定执行战术,确定跟踪和衡量机制等方面。表7-4所示"信托公司市场营销计划清单(例)"供参考。

表7-4 信托公司市场营销计划清单(例)

该营销计划方案的商业原因及重要性
计划的具体目标(如客户关注量、获客数量、客户反馈量、销售增加额等)
衡量该计划是否成功的具体变量有哪些
计划的预算费用额度及使用规划
该计划是否可持续且能复制
管理层、销售人员及其他必要的支持群体对该方案是否认可并支持
是否所有相关人员均知晓该计划的总体目标和各自的分目标
该市场计划是否适应公司的总体战略,是如何适应的
为了达到计划的预期结果,执行该计划时还需做什么、需注意什么
是否需要开展相应的产品培训
是否有辅助营销的相关材料
该计划的目标是否已经确定并对外公开和传播
针对该计划必要的跟踪和衡量工具是否确定,标准如何

二、信托客户营销服务流程

根据行业实践,信托客户营销服务流程与其他金融服务营销类似,主要包括客户准入与客户分类、精准营销、沟通和客户画像、提供产品和服务、客户反馈与客户满意度管理、产品和服务优化与创新迭代等环节。当然，各环节在流程上的顺序并非一成不变，如沟通和客户画像贯穿整个信托客户营销服务流程。值得强调的是，针对投资类信托客户的投资者教育在营销服务流程中具有重要的价值和地位，且已逐渐成为客户营销服务的必要环节。

（一）客户准入和客户分类

客户准入和客户分类是信托公司营销需做的前提准备。资管新规强调统一监管，对客户的分类标准进行了一定程度的统一。但由于不同信托公司之间自身发展阶段、业务模式、产品属性的差异，信托公司可在监管对于客户的要求基础之上，根据自身机构情况再分别制定针对三类信托客户更为细致的客户准入门槛和分类标准，通过"第一道筛选机制"缩小目标客户范围，再为不同类型的目标客户提供差异化的营销和服务方式，提高营销效率。融资类客户方面，信托公司可通过设定更为细化具体的标准筛选优质融资客户，如以房地产信托为例，在监管要求的"432 原则"[①]基础上，信托公司还可为客户准入和客户分类设定企业资产负债率、流动比率、抵（质）押率等指标。投资类客户方面，"合格投资者认定"是最为重要的客户准入门槛，而客户分类则需要综合使用本章第三节投资类客户细分中的多种分类标准。服务类信托客户方面，由于服务信托以特定信托目的为出发点，不同类型服务信托业务其客户特征不一致，所以信托公司可根据自身情况确定计划开展的服务信托业务并设定相应的客户准入和分类标准。当然，客户准入和客户分类标准不是一成不变的。市场的变化意味着市场细分战略要随之而变。市场细分必须考虑信托金融市场和信托

---

① "4"是指该项目在信托项目发行时需要保证至少四证齐全：国有土地使用证、建设用地规划许可证、建设工程规划许可证、建筑工程施工许可证；"3"是该地产类项目的总资金中必须至少有30%的资金来自融资方；"2"是该地产类项目的融资方至少拥有二级以上（包括二级）的开发资质。

客户的复杂性和多变性,并要与之同步。大数据和金融科技的推广和应用,也为更能反映现实情况的客户分类提供了技术支撑。

(二) 客户精准营销

明确客户准入和客户分类标准后,可有针对性地开展特定区域、特定人群、特定客户的营销工作。随着信息技术的发展,大数据、云计算、人工智能等技术在信托金融市场中不断运用,在机构积累和能获取到的客户信息愈加丰富的基础上,可运用一定的营销技术和科技技术开展客户精准营销,提高营销和客户关系管理效率。信托公司可利用数据挖掘和机器学习技术,尝试"千人千面"的探索,实现不同客户所见产品和界面不同,以完成客户精准营销,尤其是针对投资类信托客户。信托公司可通过客户关系管理系统(CRM系统)数据挖掘技术,对产品特性及客户行为特征进行深入分析,并结合客户及产品的风险等级,为待销售产品和服务寻找适配的目标客户,提升产品营销精准度。

(三) 沟通和客户画像

对接和获取客户只是营销的前奏,客户沟通和客户画像则是为客户提供产品和服务之前的核心步骤。对于融资类客户,信托公司可通过财务报表审核、现场尽职调查、高管访谈等形式与客户深入沟通并获取客观真实信息,做好风险评估和客户画像。对于投资类客户,信托公司可通过问卷调查(主要是客户风险评估问卷)和访谈的形式与客户深度沟通,并基于各渠道获取的各维度信息对客户进行画像。信托公司可通过五个维度构建投资类客户的投资属性,对其进行客户画像:投资目标、风险承受能力、风险容忍度、决策方法、特殊要求[①]。对于服务类客户,由于客户信托目的和需求的特殊性、个性化、综合性,信托公司需要通过各种能获取

---

① 投资目标包含流动性需求、有计划的支出和投资、收益目标(目标收益)等。风险承受能力包含投资坐标、净资产和覆盖生活费的投资收益的依赖程度、工作收入的稳定性、无计划资金外流的可能性等。风险容忍度包含投资经验、产品经验、对损失的反应、损失容忍度、对年度收益和市场波动认同程度等。决策方法包含签约能力、可利用时间、金融市场利率、对代理决策的认同、对投资组合代理监管的意愿等。特殊要求包含纳税、法律、投资约束等。

信息的线上、线下方法与客户多维度沟通，以及与信托目的涉及的各利益相关方沟通确认，以确保设定的服务信托结构和产品要素能满足客户的多方位需求。

(四) 提供产品和服务

信托公司在对各类信托客户进行画像的基础上，遵循相应的标准和流程，通过特定的服务系统为客户提供相应的产品和服务。融资类客户方面，信托公司主要通过签订金融合约为其提供融资服务，包括确定融资金额、期限、利率、还本付息方式、风控措施等。投资类客户方面，信托公司需要遵循投资组合管理流程且考虑客户的独特性，撰写投资策略书，并提供相应的信托产品和服务。信托公司通过提供的产品和服务达到客户资金保值增值的目的。与其他金融业态相比，信托公司在为投资类信托客户提供产品和服务过程中还应尽到信息披露的职责，一是推介、销售信托应当有规范、详尽的信息披露材料，明示资金信托类型和风险等级，充分揭示风险收益特征和投资者风险自担原则；二是在信托文件中约定信息披露的内容、方式、渠道、频率以及各方责任，按照有关规定和信托文件约定及时、准确、完整披露信息。服务类客户方面，信托公司提供的产品和服务相对复杂和多样化，甚至需要"外采"部分产品和服务，如法律咨询、教育和医疗服务等。同时，信托公司提供的产品和服务类型，以及需要遵循的相应标准和流程都须充分体现在签订的信托合约上。

(五) 客户反馈与客户满意度管理

一种信托关系的建立必须经历时间的考验，维持良好关系对保留客户是非常关键的。无论是对于融资类、投资类还是服务类信托客户而言，信托公司均需要建立相应的定期与客户沟通的机制和渠道，通过设计客户满意度问卷调查等形式去了解和熟知客户对各阶段产品和服务的使用反馈情况。目前，由于反馈渠道有限且信息化程度不高，信托公司对客户满意度获知具有滞后性、片面性。在信托行业整体转型的趋势下，未来比拼的是服务能力与服务理念的转变，也即客户满意度的管理。信托公司应建立和完善各种客户反馈渠道和机制,精心设计反馈问卷,并通过信息技术及时、客观、高效地将客户的反馈传达到相应部门,以形成优化方案。同时,信托公司还应建立有效的客户投诉处理机制,明确受理和处理客户投诉的途径、程序和方式,根据有关规定和信托文件约定妥善处理客户的投诉。

(六)产品和服务优化与创新迭代

当客户签订第一笔信托合约时,并不是营销的结束。信托产品和服务与客户各阶段的基本状况(如企业客户的生命周期阶段、财务状况等;自然人客户的年龄、家庭人口信息、财务状况等)息息相关,同时也受宏观经济环境、金融市场、科技和信息技术的影响。信托客户营销与服务不是具有单次效应的流程,而应具有闭环或循环效应,应把产品和服务的优化与创新迭代融入整体流程之中。信托公司需要与时俱进,根据客户反馈与客户满意度管理情况,结合外部环境的变化,积极对产品和服务进行合理的优化和创新迭代,以满足客户全方位的个性化的信托需求。

(七)投资者教育

投资者教育主要是针对投资类信托客户的服务。投资者教育是提升投资者信心、保护投资者权益的重要环节,也是投资者适当性管理中对传统监管规则和执行措施的重要补充。国外的投资者教育已积累了丰富的经验并形成稳定机制。在我国,特别是资管新规之后,投资者教育是助力打破刚性兑付、优化市场环境、传播正确财富理念的有效方式。对于信托公司而言,投资者教育是信托公司为客户提供增值服务的有效方式,是坚持投资者适当性管理和践行"卖者尽责,买者自负"的必要措施,是助力信托文化建设的有效举措。

一般来说,投资者教育工作可以分为四大板块:引导树立理性投资观念、投资常识及法规监管政策宣传、投资者合法权益保护、金融法制教育。信托投资者教育具体是以保护信托受益人权益为目的和核心,以传播信托本质内涵和引导信托投资理念、普及信托投资理财知识、宣传投资理财政策法规、揭示投资理财风险、引导投资者依法维权和加强金融法制观念等方面为内容的各项活动的统称。从投资者教育形式的角度看，投资者教育可分为现场与非现场两种形式。现场形式包括主题沙龙、专题讨论、专题汇报等。非现场形式，目前主要通过信息技术实现网络传播。实际操作中，投资类信托客户一般为高净值客户，信托投资者教育往往倾向于成本较高的现场形式。这种形式能够给信托投资者带来高端服务、个性定制、扩大社交等额外的价值。

专栏7-4 信托投资者教育的目的

基于信托关系的特殊性，本书将信托投资者教育的目的概括为——帮助客户做好一名合格的投资者。具体来说，"施教者"通过投资者教育帮助客户更好地了解自己的需求，了解行业的价值，了解机构的能力，了解产品的特征。

了解自己的需求是作为一名合格投资者的逻辑起点。这包括两方面：一是确定自己要达到的收益目标，不能是简单地多多益善、越高越好，因为金融投资的铁律是高收益必定伴随高风险。收益目标的确定通常和特定的财富管理目标结合，如购房、子女教育、养老、遗产传承等，不同的财富管理目标和约束条件对资产配置的收益高低和确定性程度的要求是不同的。二是要了解自己的风险特征，包括由许多客观因素决定的风险承受能力和主要由心理因素决定的风险偏好。

信托投资者确定了对资产配置的收益需求和风险约束后，需要面对的另一个重要选择是自己亲自管理投资还是委托专业机构来管理。这需要投资者了解信托行业的价值。从理论看，信托行业或财富管理行业的存在可以用交易成本、不确定性和跨期平滑、信息不对称、风险管理和参与成本等理论模型来解释，其价值已被现代金融理论的多种研究所证实。从实证看，国内外大量的研究发现，与机构投资者相比，

> 散户投资者资产选择面相对更狭窄，投资风格相对更激进，对市场行情判断过度自信，风险控制更趋感性等，且大多数研究并未发现这些特征能为散户带来稳健的超额回报。基于对金融投资市场和信托行业的理解，本书倡导投资者要信任专业，依靠专业机构和团队来管理资产。
>
> 信托投资者在进入信托市场之前和之后，需要对不同的信托公司有充分的了解，包括了解信托机构的综合管理和服务能力。在进入之前，投资者需要了解的主要是机构的管理能力，包括发行能力、收益能力、风控能力、创新能力、服务能力等。在进入之后，投资者最需要了解的是机构对自己应履行的责任，主要包括法定责任和约定责任。投资者在此基础上还可以在相关的产品和服务协议中明确更为详细的内容。通过协议对管理者有所约束是对其有所了解的一种可靠方式。
>
> 购买信托产品是大多数信托投资者接受信托公司服务的方式。市场上的产品种类较多，投资者需要了解产品最基本的分类方法和相应特征，才能保证在产品选择上不会出现根本性的失误。不同类型的产品分别适用不同的投资范围、杠杆约束、信息披露等监管要求。投资者应该在了解产品分类标准的基础上，理解各类产品的收益和风险特征，将其与自己的收益需求和风险约束结合起来，选择最适合的产品组合。

三、信托客户营销策略组合

（一）信托客户营销的一般性策略

现代意义的市场营销理论和思想始于 19 世纪，经过百年发展，逐步发展出 4Ps、4Cs、4Rs、4Vs 等营销理论。4Ps、4Cs、4Rs、4Vs 等营销策略如今仍能应用于各行各业的营销实践，信托公司在进行客户营销中可根据内外部环境单独和组合使用各类营销策略。

4Ps营销理论由美国营销学大师杰罗姆·麦卡锡在其著作《基础营销》[①]中最先提出，之后被广泛应用于营销实践中。其中提到的4P即产品（Product）、价格（Price）、渠道（Place）、宣传（Promotion）。对于信托客户营销，"产品"主要关注点在于信托公司需要开发出具有独特卖点的产品，把产品的功能性放在了首位。"价格"是根据不同市场细分应该制定出不同的价格定位。"渠道"是指信托公司在营销时应该建立网络渠道与客户展开联系。"宣传"是指信托公司应该注重宣传和促销，以刺激消费者来促进销量的增长，但在宣传中需注意信托产品私募性质的要求。有学者认为有效的服务市场营销应包括七种变量，在传统的产品、价格、分销渠道、促销4P组合之外，又增加了三项要素——人（People）、有形展示（Physical evidence）和过程（Process），形成了7P理论。

随着20世纪90年代媒介传播速度越来越快，传统4Ps理论开始受到越来越多的挑战，罗伯特·劳特朋提出了以消费者需求为导向的4Cs理论，该理论更关注消费者的需求和期望。理论内容为顾客（Customer）、成本（Cost）、便利（Convenience）和沟通（Communication）。4Cs营销策略应用于信托客户营销中，顾客即强调客户的需求，信托公司应该了解和研究客户，对客户进行综合诊断，明确其目标和需求。成本概念强调信托公司对产品的定价，应该包括客户的"购买"心理成本。便利即能够为客户提供最大化便捷条件。而沟通是指信托公司不能单向对客户进行劝导促销，而应该通过沟通实现双向目标的达成。4Cs理论的提出开始能够满足大规模定制化的需求，因此能够迅速捕捉和发现细分市场的客户需求，进而实现客户和企业的双赢。

2001年，美国营销学者艾略特·艾登伯格提出了一种以关系营销为核心的营销理论即4Rs理论，4Rs理论的内容为关联（Relevancy）、反应

[①] 小威廉·D. 佩罗特，尤金尼·E. 麦卡锡. 基础营销学[M]. 15版. 上海：上海人民出版社，2006.

(Reaction)、关系（Relationship）和报酬（Reward）。4Rs理论提出了如何建立客户关系，使企业可以长期拥有客户，在营销学上是一次重大进步。该理论强调以竞争为导向，在日趋成熟和竞争激烈的市场，着力实现企业和客户的共赢，不仅适应客户的需求还主动创造需求。通过倾听迅速了解客户希望、渴求和需要，并及时做出满足客户需求的产品。这对于强调长期客户关系管理的信托客户营销而言是一项值得重点关注和合理使用的策略。

以信息技术、新材料技术、生物技术为代表的高技术产业在20世纪80年代迅猛发展，整个世界在互联网、移动通讯等物理载体的普及下日益密切，企业之间、客户之间、企业与客户之间的信息不对称得到极大改善。2001年6月，我国学者吴金明在《中国工业经济》上发表《新经济时代的"4V"营销组合》一文，认为"4V"是由差异化（Variation）、功能化（Versatility）、附加价值（Value）和共鸣（Vibration）构成的营销组合理论，从而使4Vs营销组合得到广泛的认可与传播。金融科技与信托业跨市场、多工具、灵活性的经营方式具有良好的契合关系，二者之间具有广泛的融合发展空间，既符合当前金融与科技深度融合、协同发展的大潮流，又能够实现二者优势互补、强强联合，具有极其广阔的发展前景。以大数据、云计算、区块链、人工智能等为代表的新一代信息技术，有效赋予了信托业向数字化、信息化、智能化、智慧化转型发展的能力，为信托营销服务"智能化"提供了有力支撑。实践中，部分信托公司已经开始运用互联网技术对其客户服务系统进行优化升级，并取得了一定成果。

（二）信托客户营销策略实施方式

金融营销策略实施的方式包括媒体广告、公共关系、赞助与活动营销、研讨会（会议）营销、关系营销等。这些营销方式在信托公司针对三类信托客户的营销中均可单独或整合使用①。

1. 媒体广告

媒体广告给潜在信托客户带来舒适感，让他们感觉自己正在做出正确的决定。媒体广告的重要功能包括品牌构建、增强熟悉程度、维系客户、接触有影响力的第三方、保持市场份额、提升员工士气等。经典广告理论认为，广告建立在知名度、兴趣、愿望以及行动（简称"AIDA"）的基础上。首先须受到目标信托客户的关注；其次需要提供客户为什么要倾听广告信息的理由；再次，这些信息能够激发客户对某种信托产品或服务的渴望；最后，目标客户需要产生购买行为。值得注意的是，金融服务广告是所有行业中监管最为严格的一类广告。信托公司必须遵守一般性的广告准则以及金融监管当局的要求。鉴于我国监管层面对信托公司发布媒体广告的要求十分严格，实践中，信托公司开展媒体广告的行为较少。

2. 公共关系

公共关系（Public Relations，PR）是为个人、公司或产品塑造形象和建立信誉的最有效手段之一，是一种通过第三方的认可来定位产品或公司的手段。公共关系包含了多种学科的内容，包括危机管理、内部沟通、投资关系、政府政策影响和社会关系等。获得具有媒体影响力的专业研究机构和新闻媒体的认可，并与其保持良好的关系对于建立公共关系具有重要作用。信托公司可从如下几个方面入手与新闻媒体打交道：始终保持积极、客观、真诚的态度，了解出版物及其目标读者群，寻找合适的出版物和编辑，明确记者在寻找哪类信息，积极主动分享行业信息并乐意以行业专家的身份出现，明确新闻与信息的区别，为相关员工提供采访方面的专业培训等。

---

① 关于信托公司客户营销战术的研究具有重要理论和实践价值，行业中也有丰富的实践案例等基本素材，值得广大学者结合行业实际深入研究。

3. 赞助与活动营销

赞助与活动营销有助于建立公司诚信，展示企业的爱心和良好的公民责任，向公众传播品牌哲学，并且通过员工和所在社会的共建活动提高员工的士气。赞助与活动营销主要作用是品牌建设，而非迅速带来客户或实现销售。赞助与活动营销提倡多样性、创造性和互动性，这样公司才能够以个性化、直接的方式与其受众进行沟通。信托公司在策划赞助时，需要制订短期目标和长期目标，也要拟定评价标准，更要确保赞助活动与公司的形象、定位、产品和服务在战略上保持一致。信托公司通过慈善信托的方式赞助一些慈善事业不失为一种明智的营销战术选择。

4. 研讨会（会议）营销

研讨会提供了面对面接触预期客户的机会，通常参会者都是符合条件的客户，同时会议也能帮助客户迅速了解相关产品和服务。存在的挑战是如何把他们的注意力吸引到公司自身的产品和服务上。研讨会之前，信托公司需要对研讨会制订详细的会议计划，包括会议主题、日期选择、地点选择、合作伙伴（或协办单位）选择、演讲专家邀请等。研讨会期间，信托公司作为主办方，需做好会场的布置、工作人员的安排、会场相关设施设备的使用和熟悉等具体细节工作。研讨会结束并不代表营销的结束，而是意味着真正工作的开始。信托公司需在研讨会结束的较短时间内约见高潜客户并为客户寄送会议相关材料等，将会议营销的价值发挥到最大。

5. 关系营销

在信托客户营销过程中，无论是针对哪一类型的信托客户，营销工作集中于维系现有客户、交叉销售和深度销售领域都是非常重要的。据估计，开发新客户的费用是维系客户费用的 5~10 倍，甚至更多。拥有客户的时间越久，该客户提供的价值就越高。现有客户是最好的潜在新客户，且现有客户会向朋友们推介，帮助信托公司以较低的成本获取高潜力的客户。信托公司与客户关系构建的方法有多种，例如：对新客户予以特殊关注，包括赠送欢迎大礼包、特别增值服务、专业特殊服务团队等；通过客户关系管理系统（CRM 系统）识别客户反常行为模式，并对之先行干预，如提前设计好道歉信、解释信、礼品包等；保持不间断的联络，沟通的方式包括实时通讯、定期预制的个人信件和电话、开放参观和研讨会等。

四、信托客户关系管理

客户关系管理涉及公司多个部门，拥有复杂的流程，包括前后台的搭建、各系统的功能分配和连通等，这需要从整体上进行统筹规划，远远不是仅有系统技术便可以单独解决的。

（一）信托客户关系管理的价值和作用

客户关系理论于 1993 年首次被美国咨询公司德高纳（Gartner Group）提出，它起源于 20 世纪 80 年代初提出的"接触管理"（Contact Management），即专门收集整理客户与公司联系的所有信息。随着电子商务浪潮席卷全球，市场竞争日趋全球化，客户有更多的选择机会，其忠诚度降低。为了给客户提供满意的产品和服务，客户关系管理应运而生。客户关系管理是企业利用信息技术和互联网技术，以客户为中心，实现企业和客户共赢的一种运营模式。客户关系管理的具体内容包括客户定位、接触点管理、客户满意度分析和客户忠诚度分析、客户生命周期管理及业务流程改进等。

客户关系管理对于信托行业而言具有重要价值和作用。首先，客户关系管理可以帮助信托公司与客户更有效地沟通。通过客户关系管理的实施，信托公司与客户之间可以建立起双向互动渠道。公司对客户需求更清晰，差异化的服务将更有针对性；客户满意度和忠诚度的提高使客户更愿意与公司进行交流，及时将问题或建议反馈给公司，有利于信托公司与客户的共赢。其次，客户关系管理可以为信托公司营销和管理决策提供依据。公司管理人员在分析了公司核心客户分布的基础上，有利于制定相应的公司经营战略；营销人员通过客户分析可以决定如何更有效地提供差异化服务来推销公司产品。再次，客户关系管理可以构建良好的业务平台，规范信托公司的业务流程。客户关系管理强调信息共享，促进信托公司各技术平台的对接，使业务平台的使用更加方便快捷，内部资源得到更广泛的共享。最后，信托公司应用客户关系管理可以提高企业员工的业务能力，加强内部机制的协作和交流，从整体上提升企业的核心竞争力，为公司长期稳定发展打下坚实基础。

（二）信托客户关系管理系统与功能

客户关系管理是一项信息化系统，技术在其中扮演着重要的角色。客户关系管理系统（CRM系统）是目前信息化、移动化和智能化时代信托公司必需的业务支持系统。信托公司需要重视客户资料的收集，不断加强客户关系管理。自然人客户的年龄、职业、个人财务情况等基本信息和机构法人客户的股东属性、行业和区域属性、财务报表等基本信息都是为其定制有效信托产品和服务的关键。客户关系管理系统包括客户开立账户时客观基本资料的收集和客户所有历史数据的统计资料。客户关系管理系统能够及时掌握客户的动态，适时调整信托计划，从而更好地为客户提供各种信托产品和服务。

针对融资类、投资类、服务类信托客户的客户关系管理系统应该具有差异化的功能和协同管理的功能。差异化方面，由于三类信托客户的基本需求特征和行为特征差别较大，针对各类客户的关系管理系统在客户分类标准、营销渠道和方式、客户画像、风险评估等方面需要有所区别。协调管理方面，三类客户均属于信托公司的客户，需要整合和协同管理，某项信托业务可能同时涉及融资类、投资类、服务类其中的两类甚至三类客户。同时，客户的需求随着时间和客观环境的变化会有所改变，客户关系管理系统应该为交叉销售提供有效支撑。

此外，信托公司的客户关系管理系统不仅仅是收集、整理、储存和利用客户的数据和信息，还应包括信托公司自身产品库、案例库、问题库、人力数据库等子系统的建设，这也能让新接手的信托客户经理尽快掌握客户基本信息和公司产品和服务的特征，从而减少信托客户由于信托经理人员的流动产生的不满和流失。需要注意的是,客户关系管理系统不仅是一个静态的操作软件,而且是一整套动态的客户关系管理体系,需要信托公司根据外部市场环境和公司自身业务与产品线的变化及时更新并逐渐完善系统功能。

第八章

信托公司的业务与产品

　　信托公司服务信托客户、满足市场需求的基本载体是通过其业务组合和产品体系来实现的。信托业务与产品通常也是信托行业区别于其他金融行业最显性的标志。本章用六节的篇幅介绍分析信托公司的业务与产品。第一节首先基于主要金融业务类别和产品谱系，将信托业务和产品与银行业、保险业、证券业的主要业务和产品进行概览性的比较。第二节从信托功能、信托财产类型、投资资产性质、最新监管导向等不同角度对信托业务与产品进行分类。第三节简要介绍了信托产品的设立、登记与流转。第四节回顾梳理了微观金融领域和信托产品定价与估值相关的理论基础和基本方法。基于这些理论与方法，第五节分析阐述了投资类信托、融资类信托、服务类信托以及慈善信托产品定价估值思路。第六节结合理论工具和市场实践，尝试构建了一套从外部市场角度对信托产品进行评价的指标体系。

第一节 金融业务与产品谱系中的信托

得益于近年来我国经济的快速增长和居民财富的不断积累,我国的金融行业也取得了蓬勃发展。目前,我国金融业已形成了覆盖银行、信托、证券、保险、基金、期货等领域种类齐全、竞争充分的金融机构体系。与此同时,各类金融机构的业务模式也日渐成熟,产品类型不断丰富。

一、商业银行的业务与产品

商业银行是社会化大生产和市场经济的产物,作为经济发展中最重要的金融中介机构,商业银行具有不可替代的作用。随着商业银行的不断发展演变,目前其业务范围已形成了包括负债业务、资产业务和中间业务在内的三大支柱业务。

商业银行负债业务主要通过存款业务的形式展开,存款业务的开展一是为了维持商业银行资产的增长,二是保持商业银行的流动性。存款业务是商业银行经营活动的起点,也是商业银行开展资产业务和其他业务的基础和前提,业务形式主要包括活期存款、定期存款、可转让定期存单、可转让支付命令存款账户、自动转账服务存款账户和掉期存款等。

资产业务是商业银行对资金运用的过程,主要形式为贷款业务,是商业银行取得利润的最主要业务。与此同时,贷款业务也一直是商业银行最主要的经济功能之一,合理的贷款规模和结构能够满足经济增长对资金的需求,从而促进经济发展。按贷款的偿还期限可以将贷款业务划分为活期贷款和定期贷款;按贷款的保障程度可以分为抵押贷款和信用贷款。

中间业务是现代商业银行除资产业务、负债业务之外的第三大支柱业务。中间业务的开展是以商业银行的资产业务和负债业务为基础,主要接受客户的委托,服务于客户的金融和信息咨询需要,不运用或不直接运用自己的资金,以收取手续费的形式获取收入。2001年6月,中国人民银行发布的《商业银行中间业务暂行规定》，从商业银行中间业务的功能和形式角度，将中间业务分为支付结算类中间业务、银行卡业务、代理类中间业务、担保类中间业务、承诺类中间业务、交易类中间业务、基金类中间业务、咨询类中间业务和其他类中间业务等九大类。资产管理类业务同样也属于商业银行中间业务，是指商业银行接受客户委托，担任资产管理人，以客户财产增值、保值为目标，按照与客户的约定形式对其资产进行投资管理。

二、保险公司的业务与产品

保险，指投保人根据合同约定，向保险公司支付保险费，保险公司对于合同约定的可能发生的事故因其发生所造成的财产损失承担赔偿保险金责任，或者当被保险人死亡、伤残、疾病或者达到合同约定的年龄期限时，承担给付保险金责任的商业保险行为。

保险公司的主要业务即保险业务，是指与保险产品的承保、理赔相关的活动，按照保险标的，保险公司的保险业务可以分为人身保险、财产保险与责任保险。

人身保险是以人的身体或生命为保险标的的一种保险，根据其保障风险的不同，又可分为寿险（以死亡为给付条件）、年金（以约定期限内生存为给付条件）、残疾保险（以发生约定的伤残为给付条件）、健康保险（补偿因受伤或疾病而发生的医疗费用）。

财产保险是指以财产及其相关利益为保险标的，以货币或实物方式对保险事故导致的财产损失进行补偿的一种保险。广义的财产保险包括财产损失保险、责任保险、保证保险等，狭义的财产保险以有形的物质财富及其相关利益为保险标的，包括火灾保险、海上保险、汽车保险、航空保险、农业保险等。

责任保险是以被保险人依法应负的民事损害赔偿责任或经过特别约定的合同责任为保险标的的一种保险。责任保险主要包括公众责任保险、产品责任保险、职业责任保险、雇主责任保险等。按照实施方式，保险可以分为自愿保险和强制保险。

三、证券公司的业务与产品

证券公司是专门经营证券业务、具有独立法人地位的有限责任公司或者股份有限公司。我国证券公司随着证券市场的不断完善而快速发展，当前已经形成了经纪业务、投行业务（承销、保荐）、自营业务和资产管理业务四大主要业务。

证券经纪业务，又称为代理买卖证券业务，是指证券公司通过其设立的证券营业部，接受客户委托，按照客户的要求代理客户买卖证券业务，是证券公司最基本的一项业务。在证券经纪业务中，证券公司不向客户垫付资金，不分享客户买卖证券的差价，不承担客户的价格风险，只收取一定比例的佣金作为业务收入，其实质上只是一种金融中介服务关系。

证券公司投行业务主要是指证券承销与保荐业务。证券承销是证券公司代理证券发行人发行证券的行为，我国证券法规定发行人向不特定对象公开发行的证券，法律、行政法规规定应当由证券公司承销的，发行人应当同证券公司签订承销协议。而证券保荐是指在证券发行时，需要有专门的保荐机构来对证券的发行和上市做推荐。证券公司在开展保荐业务时，主要职责是上市之前的辅导、尽职推荐证券发行上市、对申请人的有关文件做出仔细的审核和披露并承担相应的责任、持续性督导等。

证券自营业务，是证券公司以自己的名义和合法资金买卖证券从而获取利润的证券业务。买卖的证券产品包括在证券交易所挂牌交易的A股、基金、认股权证、国债、企业债券等。

证券公司的资产管理业务是委托人将自有资产委托给证券公司，由证券公司为委托人提供资产管理服务，其业务类型主要分为3种：为单一客户办理定向资产管理业务；为多个客户办理集合资产管理业务；为特定目的客户办理专项资产管理业务。

四、信托公司的业务与产品

信托公司具有两大业务,分别为固有业务和信托业务。固有业务是指信托公司运用资本金的业务,信托公司资本金项下可以开展存放同业、拆放同业、贷款、租赁、投资等业务。

信托业务是信托公司的主营业务,根据我国《信托法》的定义,信托是指委托人基于对受托人的信任,将其财产委托给受托人,由受托人按委托人的意愿以自己的名义,为受益人的利益或者特定目的,进行管理或处分的行为。信托业务是指信托公司以营业和收取报酬为目的,以受托人身份承诺信托和处理信托事务的经营行为。信托公司作为持牌金融机构,运用信托制度设计发行的信托产品能够充分集中体现信托的法律要素属性和金融契约特征,发挥信托制度的金融功能和法律安排作用。信托产品也可定义为:信托公司为开展业务需要,针对特定市场上客户的信托需求而设计和发行的产品,其基本形式为以信托合约确定的或与之相关的信托服务。

表 8-1 列示了不同金融机构业务与产品的情况。

表 8-1　　　　　　　　　不同金融机构业务与产品对比

机构类型	业务与产品	业务与产品特点
商业银行	负债业务	负债业务和资产业务主要是商业银行在资本盈余和资本短缺之间实现货币资本的融通,体现的是其信用中介的职能
	资产业务	
	中间业务	中间业务是商业银行接受客户委托,服务于客户的金融和信息咨询需求,体现其结算性、管理性、担保性、融资性及其功能
保险公司	人身保险	保险业务本质上体现的是一种契约经济关系,从经济角度看,保险是分摊意外事故损失的一种财务安排;从法律角度看,保险是一种合同行为,是一方同意补偿另一方损失的一种合同安排
	财产保险	
	责任保险	
证券公司	经纪业务	证券自营业务是指证券公司自负盈亏的证券买卖投资行为。经纪业务、投行业务和资产管理业务本质上均是一种"金融中介"服务,经纪业务是一种代理买卖证券业务,投行业务更多的是提供股债融资、并购重组、综合财务顾问以及资本中介服务,而资产管理业务是作为委托人为受托人提供投资管理服务的行为
	投行业务(承销、保荐)	
	自营业务	
	资产管理业务	

续表

机构类型	业务与产品	业务与产品特点
信托公司	固有业务	固有业务是信托公司运用资本金的业务，可以开展贷款、租赁、投资等业务。
	信托业务	信托业务以信用委托为基础，信托公司以受托人身份承诺信托和处理信托事务的经营行为，信托公司实质上提供的也是一种"金融中介"服务

第二节　信托业务与产品的分类

不同于公募类产品，信托产品具有明显的私募属性，即信托产品采用非公开方式发行，面向少数投资者募集资金，因而客户受众面相对狭窄。但信托业务范围广泛、产品类型丰富，依据不同的分类标准，信托业务与产品有多种分类方法，因此对信托产品进行统一、规范的分类就尤为必要。首先，统一信托产品的分类有利于提升投资者对信托行业、信托公司及信托产品的理解和认识，保障投资者的合法权益；其次，有利于促进信托产品的研发与创新，提高信托公司业务经营水平；最后，统一信托产品的分类有利于监管部门统一监管报送数据的标准，提高信托行业、信托公司对信托产品信息披露数据的质量，提升监管部门监管政策制定的科学性与合理性。

以经营情况和监管环境为基础，可将信托业务与产品按信托功能、信托财产类型、信托产品投资资产性质、信托最新监管导向等进行具体分类。

一、按信托功能分类

根据信托功能划分，可将信托产品分为融资类信托、投资类信托和事务管理类信托（见图8-1）。

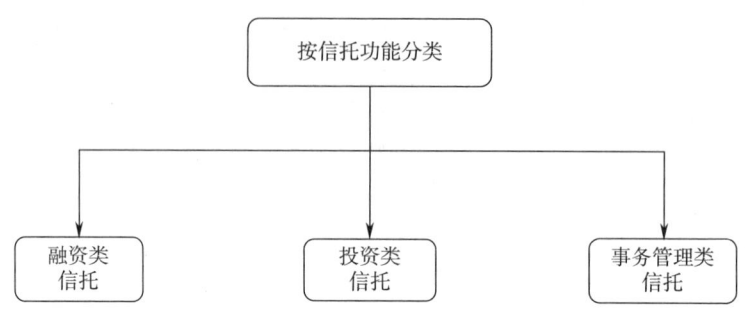

图 8-1 按信托功能分类

(一) 融资类信托

融资类信托是指将受托资金(或资产)以融资的方式借给资金(或资产)需求方,信托公司与融资方产生债权债务关系。融资类信托通常以资金需求方的融资需求为驱动因素和业务起点,信托目的以寻求信托资产的固定回报为主,信托资产主要运用于信托设立前已事先指定的特定项目。

融资类信托强调的是债权及债务角色,信托计划将所募集的资金以债权人的角色参与到融资方的融资项目中,信托受托机构与融资方所产生的是债权债务关系,融资方通常以其所拥有的某项资产按照一定的抵押率做抵押,承担按照约定到期还本付息的义务。

融资类信托作为一种直接融资产品,其违约风险在融资人、信托计划和受益人之间的传递是线性的。融资类信托面临的最大风险是来自交易对手不履行到期资金偿付义务的可能性,同时融资人违约对信托计划造成的损失程度又主要受到交易结构和增信措施的影响,如因融资方、担保人等在贷款、资产回购、后续资金安排、担保、履约承诺等交易过程中不履行承诺造成信托财产潜在损失的可能性。

具体来看,融资类信托产品一般又可分为信托贷款,带有回购、回购选择权或担保安排的股权融资型信托,信贷资产受让信托,应收账款买入返售信托等。

1. 信托贷款

信托贷款是指信托公司制订信托发行计划,募集资金,通过信托计划募集的信托资金,对自行审定的单位和项目发放的贷款。信托贷款属于直接金融产品,其受到信托目的特定化的约束,资金从委托人到受托人到融资人手中,处于环行封闭运行状态,风险传递是线性的,不同信托项目之间风险互不交叉、利益互不渗透,即如果一个信托贷款项目发生风险,其他信托计划不受影响。与之不同,银行贷款属于间接金融产品。资金从资金盈余方到资金短缺方经过银行中介,金融风险集中于银行。此外,间接金融的风险具有传染效应、羊群效应,如果一家银行发生风险,可能迅速传递给其他银行,存款人在恐慌心理的驱动下,群体挤兑容易造成系统性风险。

信托贷款的业务流程相对简单,风险控制方法比较成熟,一般都要求融资方提供足额的抵押和其他担保,抵押率一般不高于40%,故该模式的风险相对较低。但是,由于监管部门希望限制贷款类信托业务发展,因而《信托公司集合资金信托计划管理办法》规定,信托公司管理信托计划向他人提供贷款不得超过其管理的所有信托计划实收余额的30%。

2. 回购、回购选择权或担保安排的股权融资型信托

股权融资信托实质是股权资产信托(证券)化,是一种基于资产信用的融资方式,即融资人以股权做抵押或者是以增资入股的方式通过信托公司进行信托融资,简而言之,就是信托投资公司发行信托产品募集资金,之后以股权投资的方式(收购股权或增资扩股)向项目公司注入资金,同时融资方承诺在一定的期限(如两年)后溢价回购信托投资公司持有的股权。

当前对于股权投资附加回购条款的法律效力存有争议,有学者认为[1],若以股权增值为最终投资收益目的,股权回购并非必然结果,回购条件(如回购价格以及触发条件等)设置合理,不违反法律与行政法规,则应认定为合法有效;但若以股权回购之名行资金拆借之实,规避监管,

---

[1] 谈李荣. 金融信托交易模式演进的法律逻辑 [J/OL]. http://www.iolaw.org.cn/showNews.aspx?id=61077.

则存在不被认可的法律风险。

> **专栏 8-1　案例分析[①]：名为资产收益权转让与回购实为借贷之司法认定**
>
> （一）特定资产收益权转让暨回购合同约定的业务内容属于信托公司正常的业务经营活动，合同性质为营业信托性质
>
> 最高人民法院案件——A 信托有限公司与 B 有色金属集团有限公司营业信托纠纷二审民事判决书，简称"有色金属信托纠纷案"。
>
> 1. 案情介绍
>
> 20××年10月24日，A 信托公司与 B 有色金属公司签订了股权收益权转让暨回购合同（以下简称回购合同），约定 B 有色金属公司将其合法持有的 C 有色再生金属有限公司（以下简称再生金属公司）87.37%的股权收益权转让给 A 信托公司，转让价款为人民币 5 亿元。A 信托公司取得特定股权收益权后，B 有色金属公司应按合同约定回购全部特定股权收益权并支付回购价款。20××年10月27日，A 信托公司成立了信托计划并向 B 有色金属公司支付股权收益权转让价款人民币 5 亿元。后因 B 有色金属公司未按期支付回购溢价，信托公司遂诉至法院。
>
> 2. 法院观点
>
> 依据信托公司——有色金属公司股权收益权投资集合资金信托计划，信托公司与案外委托人之间形成了信托法律关系；依据回购合同，信托公司与有色金属公司之间形成了股权收益权返售回购法律关系。

[①] 申骏律师事务所. 名为资产收益权转让与回购实为借贷之司法认定 [J/OL]. http://www.sunjunlaw.com/sdian_mb.php?article=1122.

根据《信托公司管理办法》《信托公司集合资金信托计划管理办法》等信托业监管规定，在具体的信托计划项下，信托公司可以采用"买入返售"等信托资金管理模式。信托公司采用股权收益权转让暨回购的方式管理信托资金，并发行相应的信托计划，与信托贷款业务存在区别。回购合同第2.1条规定："信托公司取得的特定资产收益权及其产生的全部收益归入信托财产。"该约定说明，在信托公司取得特定资产收益权期间内，特定资产产生的任何收益均属于信托公司所有。因此，信托公司的收益不是固定收益，回购价格应为最低收益。该合同约定的业务内容属于信托公司正常的业务经营活动。本案回购合同签订后，信托公司已向其监管单位Q省银监局履行了报备手续，Q省银监局并未提出整改意见。原审法院认定本案合同性质为营业信托性质，并无不当。上诉人有色金属公司关于本案合同属于名为营业信托实为借贷性质的上诉理由不能成立。

3. 类似案例

某高级人民法院案件——D信托有限责任公司与E商贸股份有限公司、F房地产开发有限公司等营业信托纠纷一审民事判决认为：信托公司采用特定资产收益权转让及回购的方式经营信托资金，符合"买入返售"的信托资金管理模式，特定资产收益权转让暨回购合同为营业信托性质，未违反法律、行政法规的强制性规定，合法有效。

某中级人民法院案件——G信托股份有限公司与H房地产开发集团有限公司等借款合同纠纷一审民事判决认为：本案所涉股票收益权转让、回购及相应股票质押，是当前资本市场上投融资的一种创新交易形式，而不同于单纯的借贷合同。涉案回购合同、质押合同均系当事人真实意思表示，并不违反法律法规禁止性规定，也未出现因恶意规避证券监管而被查处的情形，故涉案合同对各方当事人均具有法律约束力。

（二）股权收益权转让及回购协议在实质上并非《信托公司管理办法》规定的"买入返售"合同，双方当事人的真实交易目的在于通过出卖而后回购的方式以价金名义融通资金

最高人民法院案件——J投资发展有限公司与K信托股份有限公司等合同纠纷二审民事判决书，简称"J公司信托纠纷案"。

1. 案情简介

20××年9月18日，J公司与K信托公司签订股权收益权转让及回购协议约定，K信托公司以其受托信托财产，受让J公司持有的T公司100%股权对应的股权收益权。转让价格为3亿元，转让期限自20××年9月18日至20××年9月17日。转让期满，J公司应当归还全部转让款并支付回购溢价款（合同还约定了溢价款计算方式）。该合同约定，违约金以应支付股权收益权转让款为基数，按年利率20%计付。在转让合同项下，各方还签署了股权质押合同、保证合同等担保文件。后因J公司未能按时支付回购价款，K信托公司遂诉至法院。

2. 法院观点

人民法院认定民事合同的性质，应根据合同条款所反映的当事人的真实意思，并结合其签订合同的真实目的以及合同的实际履行情况等因素，进行综合判断。K信托公司主张案涉股权收益权转让及回购协议项下的业务类型属于使用信托财产而从事的"买入返售"业务，符合《信托公司管理办法》第十九条规定的信托财产管理运用或处分方式。然根据"买入返售"的应有之义，该信托资金管理业务模式分为买入、返售两个阶段，包含信托公司向合同相对方买入资产、信托公司将该资产返售给该合同相对方的两个转让合同关系。"买入返售"模式的每个阶段，均应符合合同法规定的买卖合同的构成要件。

本案中，股权收益权转让及回购协议主要包括K信托公司以3亿元对价购买J公司持有的T公司100%的股权收益权，以及K信托公司将该股权收益权以特定对价即3亿元和每年13.5%的溢价款返售给J公司两部分内容，在形式上符合《信托公司管理办法》规定的"买入返售"模式。但根据股权收益权转让及回购协议约定的具体条款以及协议实际履行情况判断，K信托公司并无买入案涉标的股权收益权并承担相应风险的真实意思。

第一，股权收益权转让及回购协议第一条虽约定标的股权收益权系指收取并获得标的股权的预期全部收益的权利，包括但不限于经营、管理、处置股东分红、转让标的股权产生的所有收益，以及因标的股权产生的其他任何收益，但协议第十条又特别约定K信托公司受让标的股权收益权后，J公司持有的标的股权仍由其负责管理，J公司如收到标的股权收益，应在三个工作日内将其全部收益转入K信托公司指定账户。K信托公司仅间接获得J公司经营、管理、处置、转让标的股权等所产生的收益，并不参与能够产生收益的标的股权的经营管理。

第二，股权收益权转让及回购协议虽约定K信托公司有权获得J公司经营管理标的股权产生的收益，但协议第十条又约定协议履行期内J公司不得以任何形式分配利润。协议第七条还约定J公司应与K信托公司签订股权质押合同将标的股权质押给K信托公司，该标的股权事实上亦实际出质给K信托公司，限制了J公司通过处置、转让标的股权产生收益的可能。

第三，股权收益权转让及回购协议第二条约定的标的股权收益权转让对价并无符合市场价值的证明，协议第六条又约定K信托公司向J公司返售的标的股权收益权对价系直接在其支付的买入对价基础上增加固定比例的溢价款，K信托公司并不承担买入标的股权收益权期间的风险。

> 由上所知，股权收益权转让及回购协议在实质上并非《信托公司管理办法》规定的"买入返售"合同，K信托公司关于合同性质的主张不能成立。根据股权收益权转让及回购协议的具体约定，并结合T公司、王某瑛、黄某海为J公司履行协议提供担保的事实，J公司的主要合同目的在于向K信托公司融通资金，K信托公司的主要合同目的在于向J公司收取相对固定的资金收益，一审法院认定双方当事人的真实交易目的在于通过出卖而后回购的方式以价金名义融通资金，具有事实和法律依据。因案涉股权收益权转让及回购协议不属于合同法规定的有名合同，一审判决根据协议性质参照合同法分则中最相类似的借款合同的相关规定处理，适用法律正确。
>
> 3. 类似案例
>
> 某市高级人民法院案件——L信托股份有限公司与史某、M钢管有限公司等借款合同纠纷一审民事判决认为：L信托公司与N公司签订的信托融资协议、收益权转让合同系双方当事人的真实意思表示，不违反法律、行政法规的强制性规定，应属有效。上述合同名为信托融资或收益权转让合同，但L信托公司按固定比例收取报酬、收回本金，实为借款合同，借款本金为收益权转让款。

3. 信贷资产受让信托

一般来讲，信贷资产受让信托是指银行将协议信贷资产转让给信托公司，转出行负责溢价回购，由信托公司发行以信贷资产为支撑的信托计划，其实质是将信贷资产包装成信托产品，为投资者提供固定收益的定期理财产品。

信贷资产受让信托是一种准资产证券化的信托产品，即通过发行信托计划募集资金，将信托资金用于购买商业银行的信贷资产，然后由银行到期回购（或设立分级受益权），以保证信托资金的稳健增值，它以银行信用作保证，具有较高安全性。

4. 买入返售信托

信托买入返售业务是指融资方（委托方）为了融入资金，将其合法持有的尚未到期的资产（如应收账款等）或权益转让给信托公司（受让方），同时约定在未来的某一时期，由融资方按事先双方约定的价格向信托公司（受让方）回购（远期买入）原有资产或权益的交易行为。

（二）投资类信托

投资类信托是指以信托资产提供方的资产管理需求为驱动因素和业务起点，以实现信托财产的保值增值为主要目的，信托公司作为受托人主要发挥投资管理人功能，对信托财产进行投资运用的信托业务。

投资类信托强调的是权力及权益角色，信托计划所募集的资金以购买融资方某项权利的方式参与到融资项目中，信托公司与融资方所产生的是股权和权益关系。且由于投资类信托业务权益投资的属性，更多的是考验信托公司作为受托人的主动管理能力、对市场的判断能力和作为投资方对交易对手的管控能力。

具体来看，投资类信托又可以分为股权投资信托和证券投资信托等。

1. 股权投资信托

股权投资信托是指自然人、法人或者依法成立的其他组织（即委托人）基于对信托公司（即受托人）的信任，将其资金或财产委托给受托人，受托人以受益人的利益最大化为原则、按委托人的意愿以自己的名义对项目公司进行的股权投资，并适时退出实现增值，进而将信托收益按照信托合同的约定交付给受益人的资本运营方式。

近年来，随着行业逐步从融资型业务向投资型业务转型，越来越多的信托公司开始布局股权投资信托业务。股权投资信托业务的展业模式主要有三种：一是通过信托计划直接投资于单一的未上市企业；二是采取"信托计划＋有限合伙"的模式，即信托计划认购有限合伙企业的有限合伙（LP）份额，通过有限合伙间接投资一个或多个未上市企业；三是子公司作为普通合伙人（GP）发起设立有限合伙基金，或是子公司发行私募契约股权基金，由子公司进行主动管理。在上述三种模式中，"信托计划+有限合伙"的模式最为常见，这主要是因为有限合伙企业作为投资主体更便于后续以 IPO 的方式退出。

此外，股权投资信托的优势是委托人不必以自己的身份出现在项目公司的股东名单上，而由受托人代为出面和管理，股权投资信托适应了那些想获取高回报并愿意承担投资风险类型的投资者需要。

2. 证券投资信托

证券投资信托主要是指信托公司接受机构或个人投资者的委托，将集合或单一信托计划项下的资金投资于依法公开发行并符合法律规定的交易场所公开交易的证券的产品。根据不同的类别划分方式，可以对证券投资信托业务进行多种分类。

按照投资标的不同进行分类，可以将证券投资信托分为：股票投资类信托、债券投资类信托、基金投资类信托、组合投资类信托等。其中股票投资类信托又可分为二级市场股票投资类信托、定向增发投资类信托、新股申购投资类信托；组合投资类信托的投资标的可以为上述多种标的的组合。

按照信托受益权风险承担和收益设置不同进行分类，又可以将证券投资信托划分为：管理型证券投资信托、结构化证券投资信托。管理型证券投资信托，是指信托公司接受委托人委托对其资金实施管理运用，将信托资金投资于证券市场产品获取投资收益，在管理型证券投资信托业务当中，信托计划没有关于信托受益权风险承担的分层配置安排，各受益人风险承担水平一致，收益特征一致。对于管理型证券投资信托，通常又可分为主动管理型、投资顾问型以及有限合伙等业务类型。其中主动管理型是指由受托人不聘请投资顾问，依靠信托公司自身证券投资团队自主进行投资决策的业务模式；投资顾问型主要指由受托人审核所聘请的投资顾问提出的投资建议并决策的业务模式。

区别于管理型证券投资信托，结构化证券投资信托业务在交易结构中设计了优先委托人与劣后委托人对风险承担的分层配置安排，通过按照一定比例配置优先级和劣后级信托受益权，配合设置适当的预警和止损安排，实现以劣后级信托资金为优先级信托资金提供风险损失保障的功能；同时，以设置适当的分层收益分配机制实现优先级和劣后级信托受益权享有不同水平的收益。

（三）事务管理类信托

事务管理类信托是指委托人交付资金或财产给信托公司，指令信托公司为完成信托目的，从事事务性管理的信托业务。其核心要义不在于价值创造和风险承担，而是利用信托权益重构、名实分离、风险隔离、信托财产独立性等制度优势，按照委托人意愿执行事务，为实现委托人设立的信托目的服务。

事务管理类信托是相对主动管理类信托业务而言的，其在信托项目的产品设计、客户推介、项目筛选、投资决策等重要环节不承担实质责任，主要承担一般信托事务的执行职责，仅对委托人的决策、指令进行简单的执行。也就是说，事务管理类信托业务区别于主动管理类信托业务的判断标准是，是否具有信托财产运用裁量权，若不具备即为事务管理类信托业务。

具体事务管理类信托业务中，除了动产不动产、有价证券等财产型事务管理类信托业务外，还包括家族信托、消费信托、资产证券化、企业年金以及大量的以通道类融资型业务为主的资金型事务管理类信托。下文将从其他分类标准中，具体对常见的事务管理类信托做详细分析。

二、按信托财产类型分类

根据信托财产的性质和初始状态，可将信托产品分为资金信托、动产信托、不动产信托、有价证券信托、其他财产或财产权信托（见图8-2）。

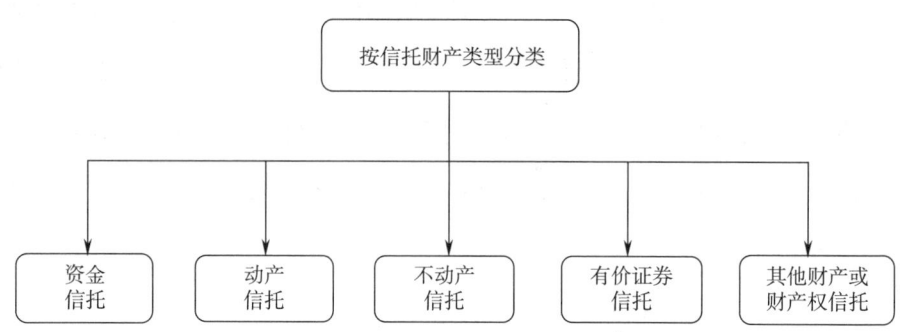

图 8-2 按信托财产类型分类

（一）资金信托

资金信托是指委托人基于对受托人的信任，将自己的资金委托给受托人，由受托人根据委托人的意愿以自己的名义，为受益人的利益或特定目的管理、运用资金的行为。资金信托中，委托人转移给受托人的信托财产是金钱，即货币形态的资金，信托终了，受托人交付给受益人的信托财产仍是货币资金。资金信托产品的种类繁多，依据委托人数量、资金投入领域或者产业的不同又可以将其细分为不同种类的资金信托。

1. 单一资金信托和集合资金信托

根据委托人数量的不同，可将资金信托分为单一资金信托和集合资金信托。单一资金信托是指信托公司接受单个委托人的资金委托，依据委托人确定的管理方式，或由信托公司代为确定的管理方式，单独管理和运用货币资金的信托。单一资金信托的委托人具有不同的风险偏好、期限要求和收益率期望值，这些个体性问题都可以通过委托人和受托人之间的商业谈判达成合意后载明于信托合同上。

集合资金信托是指信托公司按照委托人的意愿，将两个以上（含两个）委托人交付的资金进行集中管理、运用或处分的资金信托产品。集合资金信托一般由信托公司根据信托资金运用项目及资金使用人的特点，设计交易结构和资金运用方式，拟制信托文件，然后向不特定委托人发出设立信托的要约，进行推介和发行。集合资金信托是信托公司为募集并运用资金而主动创设，鲜明地体现了信托公司的主观能动性和业务创新能力，是一种非常典型的金融产品。

2. 工商企业信托、基础设施信托、房地产信托、证券投资信托和金融机构信托

根据资金投入的领域或者产业不同，资金信托可以分为工商企业信托、基础设施信托、房地产信托、证券投资信托、金融机构信托等。

工商企业信托，是指信托资金的用途是为生产、服务和贸易等类型企业提供流动资金、并购资金以及相关项目资金的信托产品。工商企业通过信托公司发行信托产品来募集资金，信托资金用于补充融资人日常生产经营周转的流动资金需求或用于融资人固定资产投资的固定资产贷款需求。该类信托产品可采用股权、债权以及夹层融资等多种方式运用信托资金。当前市场上，工商企业信托仍以债权类产品居多，工商企业信托的增信措施包括生产设备、存货、股权等抵（质）押措施和第三方担保等。

基础设施信托，是指委托人将其资金委托给受托人，由受托人按委托人意愿以自己的名义设立信托计划投资于交通、通信、能源、市政、环境保护等基础设施项目，为受益人利益或者特定目的进行管理或者处分的行为。基础设施信托涉及领域广泛，包括发电、防洪、道路交通、市政工程、供水、供暖、天然气、桥梁、污水处理、水务设施、城市改造、管网工程等。投资方式多样，包括贷款、股权投资、财产收益权、产业基金等。基础设施信托一般以政府财政陆续到位的后续资金、所投项目公司阶段性还款以及项目预期收益形成的分红作为偿还保证。

房地产信托，是指信托公司按照委托人的意愿以自己的名义，为受益人的利益或者特定目的，以房地产或其经营企业为主要运用标的，对信托财产进行管理、运用和处分的行为。房地产信托业务是信托公司的重要产品类型之一，房地产信托业务的模式有贷款融资模式、股权投资信托模

式、财产收益权信托融资模式。创新型的业务模式有基金化房地产信托和即将在我国金融实务中得到运用的房地产投资信托基金（REITs）等。

证券投资信托，与上述按信托功能分类标准下的证券投资信托分析相一致，此处不做重复赘述。

金融机构信托，是指信托公司依据信托文件的约定，将信托资金运用于银行、证券、保险等金融同业机构的信托产品。根据监管文件的规定，金融机构信托分为金融机构被动管理类信托和投资非标同业类信托两大类。金融机构被动管理类信托，是指委托人为金融机构，金融机构将资金投资于信托公司被动管理的信托产品，典型的产品包括银信合作信托、保信合作信托、证信合作信托等。其中，金融机构是指国务院金融监督管理机构依法实施监督管理并持有金融牌照的机构。投资非标同业类信托，指信托资金通过信托产品投资于其他金融机构发行的非公开市场交易的主动管理型金融产品，典型的产品包括投资于其他信托产品、银行理财、证券公司资产管理计划等的信托产品。

（二）动产信托

动产是指不动产以外之物，如机器设备、交通工具、原材料、金银等。动产信托是指接受的信托财产是动产的信托，其目的是管理或处理这些财产。其中动产设备信托是动产信托的主要部分，作为信托财产的主要是机器设备、交通工具等设备动产。除此之外，根据动产类别的不同，还存在贵金属信托、艺术品信托、著作信托等动产信托种类。以下将主要介绍动产设备信托。

动产设备信托是指委托人将动产设备委托给信托公司管理运用，并达到为设备供应商和设备使用者融物和融资目的的信托业务。动产设备信托与融资租赁型资金信托都涉及动产设备的租赁和出售，但是融资租赁型资金信托的初始信托财产是资金，而动产设备信托的初始信托财产为动产设备，这是两者的根本不同之处。

根据对动产设备的不同处理方法，可以将动产设备信托分为三类①：管理处理型动产设备信托、随时处分型动产设备信托及出租型动产设备信托。

管理处理型动产设备信托的特点是受托人先以出租方式向动产设备的使用者提供动产设备，最终在特定时间将动产所有权一次性出售给动产使用者。

随时处分型动产设备信托的特点是，在信托设立时，受托人与动产使用人签订动产买卖及质押权设定合同，将动产出卖给使用者，出售价款以分期付款的方式收回。在这种信托中，动产的所有权从一开始就转移给了使用者。而为确保使用者分期支付货款，将动产设备设定质押权。此后，使用者根据买卖合同的约定以分期付款的方式交付货款。

出租型动产设备信托的特点是，受托人接受委托人信托财产的同时将动产设备出租给使用者，受托人与使用人之间签订的是动产出租合同。在这种信托中，信托财产的所有权最终应从受托人手中转移至受益人手中，动产使用人不取得动产的所有权。在信托合同中，应对信托财产的所有权做出约定，即信托终了时，受托人把信托财产退还给委托人。

（三）不动产信托

不动产信托是不动产所有人为受益人的利益或其他特定目的，将所有权移转给受托人，受托人依信托合同来管理运用该不动产的信托行为或信托关系。不动产信托以不动产如建筑物、土地等作为信托财产，由受托人按照信托合同将不动产通过开发、管理、经营及处分等程序提高不动产的附加值，并将受托成果归还给受益人的信托业务。

不动产信托的法律关系与一般信托并没有差异，所不同的是其信托财产为不动产，必须办理信托登记。另外，在不动产信托中，委托人交由信托的财产其初始状况为实物形态的不动产，但在信托终止时，可能信托财

---

① 杨林枫等著. 信托产品概述 [M]. 北京：中国财政经济出版社，2008.

产会以货币、证券（股权）等形态出现，具体情况因信托合同的约定及不动产信托的管理运用方式不同而不同。

根据不动产的类型，可以将不动产信托区分为土地信托、房产信托、房产租赁权信托及其他不动产信托。其中，土地信托、房产信托是最常见的不动产信托形式。

1. 土地信托

土地信托，是指土地所有权人为有效利用土地，提高不动产的开发与经营效率，而将土地信托给受托人，由受托人利用其专业的规划与管理能力，将土地开发经营的利润作为信托收益交付给受益人。土地信托按信托财产处分方式的不同，又可以分为租赁型土地信托和出售型土地信托。

2. 房产信托

房产信托，是指房产法律上或契约上的拥有者将该房产委托给信托公司，由信托公司按照委托者的要求进行管理、处分和收益，信托公司再对该信托房产进行租售或委托专业物业公司进行物业经营，使投资者获取溢价或管理收益。根据管理方式和信托目的，房产信托可分为出租型房产信托、处分型房产信托、担保型房产信托等。

（四）有价证券信托

有价证券信托，是以有价证券为信托财产，以证券的管理、运用、处分为目的所设立的信托。有价证券主要包括：股票、公司债券、国债等。

有价证券信托产品的特点在于信托成立交付财产时，委托人交付给受托人的信托财产必须为有价证券，至于信托成立后，信托财产则不一定要保持有价证券的形式。

根据信托目的，有价证券信托可分为管理型有价证券信托、处分型有价证券信托及运用型有价证券信托三种。

管理型有价证券信托是以证券管理为目的的信托业务，信托公司接受委托人委托后，主要是代替委托人行使相应的权利，重点是维护获取收益的权利，定期向义务人索取有价证券的孳息。根据信托合同的约定，定期或在信托关系结束时,将所收利益转给受益人。

在以处分为目的的有价证券信托中,受托人主要是依据委托人的指示将有价证券转让出去,转让的价格、方式等事项应当在信托合同中载明。

运用型有价证券信托是指委托人不仅委托信托公司管理其证券,而且委托信托公司进一步运用证券进行理财以取得利益。运用方法有:①融券,即将有价证券直接借给第三者(融券),以取得出借收益(类似利息收益);②质押,以取得借款或进行证券回购交易,由借来的资金再作其他投资,赚取利息、利润或者其他收益;③利息、红利暂不分配而作重复运用。在以运用为目的的有价证券信托中,受托人所负担的责任与义务比较重,应当根据委托人的指示,利用其金融理财的优势,采取措施,通过多种方式的市场运作,提高有价证券的效益。

(五)其他财产或财产权信托

财产权信托也称为权利信托,是以财产权为信托财产所设立的信托关系,财产权包括债权、股权、收益权、知识产权、受益权等。根据财产权性质与种类的不同,权利信托产品的主要形态包括债权信托、股权信托、收益权信托、知识产权信托等。

1. 债权信托

债权信托是指委托人将其在经济活动中合法拥有的象征债权的商业票据、定期存单、商务借据等委托给信托公司,由其管理、运用、处分以提高债权资产的价值和流动性而设立的信托。信托公司可以根据债权的信用等级和现金流等设计信托产品,将债权信托受益权有偿转让给投资者,从而使债权委托人获得融资并降低管理成本。债权信托主要包括应收账款信托、人身保险债权信托、债转股信托等,其中以应收账款信托为主。

应收账款信托,是指拥有应收账款类的债权人把该受益权转让给信托公司,由信托公司发行信托产品募集资金,将资金支付给拥有应收账款类的债权人或其指定的受益人,作为企业应收账款受益权的对价。将来,应收账款回收时,用以支付信托产品投资人的本金和收益。应收账款可以是普通的销售货款、工程类企业的应收工程款及其他具有应收款性质的收款权。

2. 股权信托

股权信托是指股权所有人以其持有的股权作为信托财产设立的信托,委托人为持有股权的股东,受益人则可以是委托人自己或者其指定的其他人。股权信托分为股权收益权信托和表决权信托。

表决权信托也被称为商务管理信托,指一名或者多名股东根据信托合同或者其他信托文件将其持有的表决权股份或者股权转让给一名或者多名受托人,受托人在约定或者法定期限内为实现特定目的而持有股权,并行使表决权的信托形式。

3. 收益权信托

收益权信托是指收益权行使人将收益权转移给受托人所设立的信托关系。收益权行使人为委托人,受托人根据委托人的指示或者信托合同的约定,对收益权进行管理和处分。收益权具有多种形式,包括土地收益权、房屋收益权、股权收益权等。

4. 知识产权信托

知识产权信托是指知识产权所有者将其所拥有的专利权、著作权等知识产权委托给信托公司,由信托公司进行管理或者处分,以实现知识产权价值的一种信托业务。受托人管理运用处分知识产权的方式包括转让、以知识产权出资入股其他企业、结合资金信托方式引进开发资金实现专利项目的商业化等。

在知识产权信托管理过程中,受托人是以自己的名义管理、处分知识产权,这与知识产权代理明显不同。在知识产权代理活动中,代理人只能以被代理人名义而不能以自己名义从事代理活动。

三、按投资资产性质分类

2018年4月,中国人民银行联合多部门发布的资管新规,明确了资产管理产品按照投资性质不同的分类标准。从资管新规监管要求出发,信托投资产品可以分为固定收益类产品,权益类产品,商品及金融衍生品类产品和混合类产品(见图8-3)。

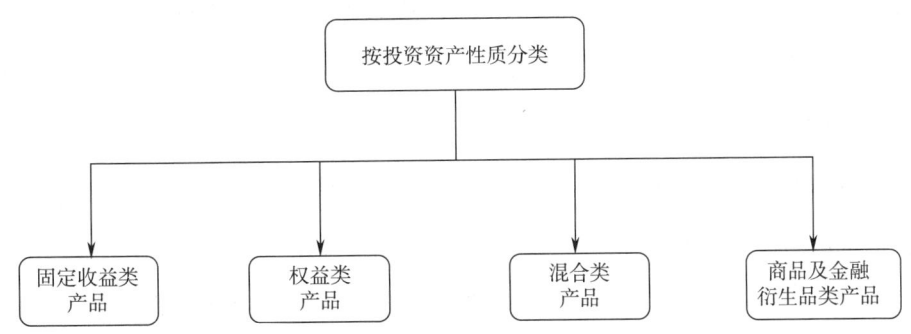

图8-3 按投资资产性质分类

(一)固定收益类产品

固定收益类产品主要是指投资于存款、债券等债权类资产的比例不低于80%的资产管理产品。对于固定收益类产品,金融机构应当通过醒目方式向投资者充分披露和提示产品的投资风险,包括但不限于产品投资债券面临的利率、汇率变化等市场风险以及债券价格波动情况,产品投资每笔非标准化债权类资产的融资客户、项目名称、剩余融资期限、到期收益分配、交易结构、风险状况等。

(二)权益类产品

权益类产品主要是指投资于股票、未上市企业股权等权益类资产的比例不低于80%的资产管理产品。对于权益类产品,金融机构应当通过醒目方式向投资者充分披露和提示产品的投资风险,包括产品投资股票面临的风险以及股票价格波动情况等。

(三)商品及金融衍生品类产品

商品及金融衍生品类产品主要是指投资于商品及金融衍生品的比例不

低于80%的资产管理产品。对于商品及金融衍生品类产品，金融机构应当通过醒目方式向投资者充分披露产品的挂钩资产、持仓风险、控制措施以及衍生品公允价值变化等。

（四）混合类产品

混合类产品是指投资于债权类资产、权益类资产、商品及金融衍生品类资产且任一资产的投资比例未达到前三类产品标准。对于混合类产品，金融机构应当通过醒目方式向投资者清晰披露产品的投资资产组合情况，并根据固定收益类、权益类、商品及金融衍生品类资产投资比例充分披露和提示相应的投资风险。

金融机构在发行资产管理产品时，应当按照上述分类标准向投资者明示资产管理产品的类型，并按照确定的产品性质进行投资。在产品成立后至到期日前，不得擅自改变产品类型。混合类产品投资债权类资产、权益类资产和商品及金融衍生品类资产的比例范围应当在发行产品时予以确定并向投资者明示，在产品成立后至到期日前不得擅自改变。产品的实际投向不得违反合同约定，如有改变，除高风险类型的产品超出比例范围投资较低风险资产外，应当先行取得投资者书面同意，并履行登记备案等法律法规以及金融监督管理部门规定的程序。

四、按最新监管导向分类

2020年5月8日，中国银保监会就《信托公司资金信托管理暂行办法（征求意见稿）》（以下简称资金信托新规）公开征求意见，按照信托活动形式、法规适用范围，最新监管导向将信托业务划分为资金信托、服务信托和公益（慈善）信托三个层次（见图8-4）。

（一）资金信托

资金信托新规明确了资金信托产品的定义，其是指信托公司接受投资者以其合法所有的资金设立信托，按照信托文件的约定对信托财产进行管理、运用或者处分，按照实际投资收益情况支付信托利益，到期分配剩余

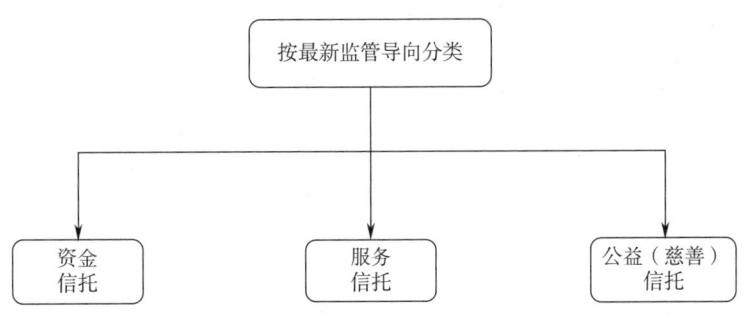

图 8-4　按最新监管导向分类

信托财产的资产管理产品。

资金信托新规同时将资金信托业务定位为基于信托法律关系的资产管理业务，具有以下特征：一是由信托公司发起且以信托财产保值增值为主要信托服务内容。二是对投资者交付的财产进行投资管理，对于以非现金财产设立财产权信托，若其通过受益权转让等方式向投资者募集资金，同样属于资金信托。三是投资者自担投资风险并获得收益或承担损失。

从产品分类形式上看，此处资金信托与上述按信托财产类型分类标准中的资金信托大体相同，此处不再赘述。

（二）服务信托

资金信托新规同时也明确了服务信托业务的定义，其是指信托公司运用其在账户管理、财产独立、风险隔离等方面的制度优势和服务能力，为委托人提供除资产管理服务以外的资产流转，资金结算，财产监督、保障、传承、分配等受托服务的信托业务。服务信托类型主要包括家族信托、资产证券化信托、保险金信托、养老信托、企业年金信托、消费权益信托、预付款信托等。

1. 家族信托

2018 年 8 月，中国银保监会下发了《关于加强规范资产管理业务过渡期内信托监管工作的通知》，其中明确了家族信托的定义，其是指信托公司接受单一个人或者家庭的委托，以家庭财富的保护、传承和管理为主要信托目的，提供财产规划、风险隔离、资产配置、子女教育、家族治理、公益（慈善）事业等定制化事务管理和金融服务的信托业务。

家族信托的财产金额或价值不低于 1000 万元，受益人应包括委托人在内的家庭成员，但委托人不得为唯一受益人，此外，单纯以追求信托财产保值增值为主要信托目的，具有专户理财性质和资产管理属性的信托业务不属于家族信托。

就我国目前家族信托的运作模式来看，主要有如下四种典型的运作模式。

（1）信托公司主导模式

信托公司主导模式主要由信托公司主导家族信托业务的客户拓展和产品服务。信托公司提供的两大主要功能分为财富传承和资产配置。而财富传承又可以分为设立专项基金、婚姻与血缘风险管理、私人与法人财产分割、公益慈善、多元化财富分配等。在信托公司主导的模式中，信托公司主导信托产品的设计、投资方向等各个方面。选择该模式开展家族信托业务的信托公司多归属于大型金融集团，有较好的客户资源，且拥有较强的投资管理能力。

（2）"私人银行主导 + 信托通道"模式

私人银行掌握着大量的高净值客户资源，在家族信托的业务开展方面拥有得天独厚的优势。在私人银行部门主导的家族信托中能够在现有银行金融产品的基础上，提供增值服务，满足银行高端客户的多元化需求。由于银行的私人银行部门主导的家族信托具备客户优势和渠道优势，在整个家族信托交易结构中，信托公司处于事务管理服务的地位，也承担相对有限的责任。相对而言，信托公司在此类模式中处于较为被动的地位，主动管理作用体现不明显，在一定程度上类似于"通道"作用。

（3）私人银行与信托公司合作模式

在私人银行与信托公司合作的模式中，私人银行与信托公司构建战略合作关系，双方处于比较平衡的地位，双方优势互补，在信托产品设计、潜在客户分析、客户需求分析以及投资策略选择等方面各取所长，共同管理信托资产。在高净值客户营销方面，私人银行充分发挥其客户资源优势，形成客观的市场需求；在产品投资策略方面，凭借信托公司丰富的资产管理经验，满足高净值客户多元化的信托目标。

（4）保险公司与信托公司合作模式

保险公司与信托公司合作的模式相对较少，也被称为"类家族信托"，该模式中委托人购买保险产品之后，利用其保险赔偿请求权设立信托。该信托规定，当保险赔偿发生后，委托人的保险赔偿请求权自动转移给受托人，由受托人代为行使相关处理事项，保险赔偿款也通过保险公司直接划转至受托人名下，受托人根据委托人的要求和意愿对信托资金进行管理。在受益人设置上，可以设置为未出生的三代、四代直系亲属等。

2. 资产证券化信托

资产证券化是一种结构化融资工具，是把特定的具有预期稳定现金流的资产作为一个资产池，通过结构性重组，使之成为可以在金融市场上出售和流通的证券，从而进行融资的过程。从服务范畴来看，信托公司在资产证券化服务过程中主要充当特殊目的载体（SPV）角色，即拥有基础资产的所有者（发起机构）将资产转移给信托公司，然后由信托公司发行以该资产未来产生稳定现金流为支撑的资产支持证券，再由投资者购买这些资产支持证券，并以基础资产产生的现金流来支付投资者持有的证券本息。

由于信托作为 SPV 主体构建的资产证券化产品具有灵活性、安全性等优势，信托公司也就成为资产证券化业务中 SPV 最合适的参与者。

首先，信托型 SPV 的构建比较简单，节约操作成本，更主要的是这种资产证券化对于投资者有较高的保障功能。这种资产证券化交易的实质是投资人转贷给发起人的抵押贷款，发起人信托的剩余价值实质上起到了超额担保的作用，发起人对其信托剩余价值的享有取决于投资人收回本金和利息的情况，投资人具有优先求偿权。这样一种结构安排兼顾了发起人与投资人两者的利益，实际又具有二元追索的实效。

其次，在资产证券化交易过程中，信托型 SPV 的优势还表现在信托自身所具有的独立性。信托具有独特的破产隔离功能，资产证券化采取特定目的信托模式，使证券化资产（即信托财产）实现了真正独立，达到资产证券化风险隔离和真实销售的要求。其一，特定目的信托实现了证券化资产与发起机构（委托人）之间的风险隔离。发起机构将证券化资产设立特定目的信托后，这些资产就脱离了发起人自身的风险，发起机构的债权人对证券化资产无请求权，从而使得资产支持证券持有人对该资产的权益得到了保护。其二，特定目的信托实现了证券化资产与受托人之间的风险隔离。证券化资产成为信托财产后，与受托人之间形成了破产隔离，而且特定目的信托的运作不受受托人自身变化的影响，这也使信托财产隔离于受托人自身的各种风险。

3. 保险金信托

保险金信托，是指以保险金或保单受益权作为信托财产，由委托人和信托公司签订信托合同，当达到保险合同约定的赔偿或给付条件时，保险公司将保险金交付于受托人，由受托人依信托合同约定的方式管理、运用信托财产，并于信托期间终止时，将信托资产及运作收益交付信托受益人。保险金信托的核心功能，都在于弥补寿险保险金再分配不够灵活、再管理缺失的缺陷，帮助约束投保人子女按父母生前的意愿妥善运用保险金，同时避免寿险保单被列入投保人的清算资产或课征遗产税等。

4. 养老信托

养老信托是信托公司开展的养老金融业务。养老金融是指围绕社会成员各种养老需求所进行的金融活动的总和，具体包括养老金金融、养老服务金融和养老产业金融三部分。结合信托的功能和信托公司的实践，养老信托具体包括养老融资信托、养老投资信托、养老金信托、养老消费信托、养老公益信托、养老财产信托等多种形式。

从当前市场情况来看，养老金信托较为常见，即养老保险经办机构将单位和个人按照有关法律、法规规定缴纳的养老保险费作为信托资产，交给金融信托公司管理和经营，职工退休后获益的一种信托形式。在养老金信托中，员工享有的利益取决于职业养老金计划的类型。通常，职业养老金计划分为两种，一种是收入关联计划，另一种是货币购买计划。收入关联计划也称为最终薪金计划、利益确定计划，它按照受益人退休或离开企业时在企业工作时间的长短计算应得的养老金利益。这种计划一般有最低年数限制。货币购买计划是根据员工和企业交纳的分摊款，以及养老基金的投资报酬，来决定企业员工能够获得的利益。

5. 企业年金信托

企业年金信托，是指信托公司参与企业年金的受托管理的信托业务，也就是开展企业补充养老保险的企业单位作为委托人，将计提的补充养老保险基金委托给信托公司，受托的信托公司按委托人的意愿，以自己的名义，为受益人的利益对受托资金进行管理、运用和处分的一种信托。

信托公司发展企业年金信托业务优势明显，具体表现为其特有的财产运用、管理与分配制度，以及综合金融服务能力两大优势。

（1）信托特有的财产运用、管理与分配制度契合年金信托需求

信托公司在深入了解客户需求的基础上，充分发挥信托制度特有的资产隔离、受益人保护及税收筹划等功能，先后开发包括企业年金、薪酬福利信托计划、员工国内及海外持股在内的一系列信托型养老与薪酬福利金融产品，帮助企业解决现有管理方式存在的资产所有权不明、账户管理不清及多重纳税等多方面的问题，成为了企业人力资源管理综合金融服务方面的专业机构。

（2）综合金融集团背景优势有助于年金信托业务的拓展

由于年金牌照的外部溢出效应，金融集团内的任一控股子公司可将年金牌照的优势辐射至整个集团。部分信托公司拥有综合金融集团背景，其成为受托管理人后，通过整合集团内部资源，协调体系内的证券公司、基金公司、银行或保险公司，一揽子地提供投资管理、托管服务及账户管理等业务，在降低边际成本的同时提高收益，从而在企业年金市场的竞争中

获得优势。

6. 消费权益信托

消费权益信托主要是指针对信托受益人的信托利益,将信托理财收益与消费权益有机结合的新型消费信托模式,在遵循信托目的和委托人意愿的前提下,受益人在享有信托理财收益的同时,还享有相对应的消费权益选择权。随着经济结构性调整和泛资管时代竞争的加剧,信托行业进入转型期,消费权益信托作为信托转型方向之一受到信托公司青睐。养老消费信托、手机消费信托、汽车消费信托和医疗消费信托等一系列消费权益信托产品逐渐进入投资者的视野。随着大数据理念与互联网金融研究的深入和实践运用的扩张,消费权益信托不断发展出新的外延,覆盖消费领域逐步扩大。

7. 预付款信托

预付款信托是一种以保护消费权益为核心目标的自益信托,委托人将未来可能使用的消费款项交付给受托人,受托人根据委托人指令,严格遵守信托合同条款管理运用信托资金,该笔信托资金一般只进行低风险性保值增值管理,或不进行保值增值管理,完全用于支付委托人未来的消费行为,若消费目标企业发生破产消亡,信托终止,剩余财产返还委托人。

(三)公益(慈善)信托

公益(慈善)信托是指委托人将财产或者财产权转移予受托人或为其处分,由受托人为救助贫困,发展文化、教育、医疗卫生、环境保护、科学技术事业,或为其他公共利益,管理或处分信托财产的信托行为和信托关系。设立公益信托的目的必须与发展公益事业有关,即必须是为了救济贫困、救助灾民、扶助残疾人、发展教育、保护环境等社会公共利益目的而设立的,因此公益信托只能是他益信托。

而根据《慈善法》的定义,慈善信托是指委托人基于慈善目的,依法将其财产委托给受托人,由受托人按照委托人意愿以受托人名义进行管理和处分,开展慈善活动的行为。慈善信托相较其他信托最显著的特点就在于慈善信托设立时没有确定特定的受益人,而是为了更广泛的公共利益和慈善目的而设立。

第三节 信托产品的设立、登记与流转

信托公司根据市场需求设立不同类型的信托产品,同时按照监管要求进行信托产品的登记备案。同其他金融产品一样,为了提高资金流动性,信托产品同样具有流转需求,且随着我国信托产品交易平台建设的不断完善,信托产品的交易流通将更加顺畅。

一、信托产品的设立

信托公司可以根据市场需要,按照信托目的、信托财产类型或对信托财产管理方式的不同,设计不同类型的信托产品。信托有效设立后,信托财产就从委托人的其他自由财产中分离出来,成为一项独立运作的财产,仅服务于信托目的。信托财产的独立性、财产权利与利益相分离的特点,使得信托产品不同于其他资管产品。不同类型信托产品,其设立流程是不同的,但信托产品设立的总体流程主要包括产品立项、尽职调查、产品审核、产品推介、产品成立等环节(见图8-5)。

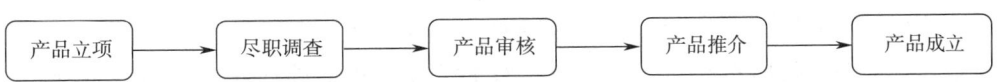

图 8-5 信托产品的设立流程

(一)产品立项

产品立项是信托产品设立的起始环节,也是信托产品风险控制的起点,信托公司需要判断信托产品设立的初步可行性。在前期广泛的项目调研的基础上,信托业务承办部门先就拟受托承办的信托项目确定产品框架,撰写立项报告,同时对该产品的销售、营销进行可行性分析,撰写可

行性报告，并首先在部门内部对项目进行评估筛选。在通过部门的初步评估后，信托业务部门正式将项目提交至公司内部进行立项申请。

（二）尽职调查

尽职调查是以信托目的为导向，以交易结构为基础，覆盖项目所在行业、市场、目标企业和委托人等多个方面的调研活动。在信托产品各方当事人达成初步合作意向后，信托公司作为受托人，需按照法律法规和公司内部程序的规定，亲自或委托第三方开展尽职调查，就项目的可行性、合法性、风险性等事项进行仔细评估，并出具尽职调查报告。

尽职调查包括现场调查、委托调查、信息收集、资料分析等一系列工作。如有必要，信托业务部门也会与会计师事务所、律师事务所、资产评估机构及其他专业顾问团队紧密合作，围绕信托目的、委托人要求和受益人利益，开展尽职调查的各项工作。

（三）产品审核

产品审核包括信托产品文件制作、产品报审、产品审批多个环节，需要信托公司内部各个部门的协同运作。

信托产品通过简单评估和尽职调查后，就会进入信托产品文件制作阶段。在前期广泛沟通的基础上，信托业务部门会就拟受托承办的信托项目确定其产品框架，撰写完备的可行性报告，同时对该信托产品的风控、销售、运营等方面的内容进行逐一落实。

在信托产品报审阶段，由合规部门对项目的合规性进行审核，并出具合规意见；由风险管理部门对项目的风险进行预评估，并出具风控意见。信托公司在正式设立信托产品前，如果根据相关法律法规规定需要提出申请的，还应当依法向监管机构或信托项目涉及的其他主管机构进行报告、申请，并获得相关的批复意见。

在合规部门和风险控制部门分别对项目出具合规意见和风控意见后，信托产品文件提交至项目评审/决策委员会进行评定，由项目评审/决策委员会综合决策信托产品是否通过评审。

（四）产品推介

信托公司应采取非公开方式募集资金，在推介信托产品时，信托公司会向合格投资者提供规范、详尽的产品信息披露材料，明示信托产品的风险、收益特征。信托产品的推介具体包括直接销售和代理销售两种方式：直接销售是指信托公司通过自己的财富管理中心或者市场部，专门负责向合格机构和个人投资者推介信托产品；代理销售是指信托公司与银行、证券公司等第三方金融产品销售机构签订代销服务合同，由第三方市场机构代理销售信托产品。

（五）产品成立

推介期满后，信托产品按照信托文件规定的条件成立。依法需要办理信托登记或者需要主管部门审批的信托项目，于办理完毕信托登记手续或者获得主管部门批准后成立。

依信托文件约定成立的信托产品，信托公司应当将信托计划财产存入信托财产专户，并在五个工作日内向委托人披露信托计划的推介、设立情况，并正式发布产品成立公告。成立公告至少应载明信托产品的名称、期限、成立日期等关键要素。信托产品成立后，信托公司还应向相关监管机构进行事后报备。

二、信托产品的登记

2017年8月，银监会发布了《关于印发信托登记管理办法的通知》，按照"集中登记、依法操作、规范管理、有效监督"的总体原则，规定了信托产品的登记流程、登记信息管理、监管要求等。信托公司开展信托业务，应当办理信托产品的登记，包括预登记、初始登记、变更登记、终止登记及更正登记等，登记信息包括信托产品名称、信托类别、信托目的、信托期限、信托当事人、信托财产、信托利益分配等信托产品其他信息和变动情况。

（一）信托产品预登记

信托公司申请办理信托产品预登记的，应当提交下列文件：

(1) 信托预登记申请书，包括信托产品名称、信托类别、拟发行或者成立时间、预计存续期限、拟发行或者成立信托规模、信托财产来源、信托财产管理或者运用方向和方式、交易对手、交易结构、风险提示、风控措施、清算方式、异地推介信息、关联交易信息、保管人信息等内容。

(2) 法律、行政法规、国务院银行业监督管理机构要求的其他文件。

对于信托产品在信托预登记后6个月内未成立或者未生效的，或者信托公司未按照要求办理信托产品初始登记的，信托公司已办理的信托预登记自动注销，无须办理终止登记。

信托公司办理信托产品预登记后，信托登记信息发生重大变动的，应当重新申请办理信托产品预登记。

（二）信托产品初始登记

信托公司应当在信托产品成立或者生效后10个工作日内申请办理信托产品的初始登记。

信托公司申请办理信托产品初始登记时，应当提交下列文件：

(1) 信托初始登记申请书；

(2) 加盖公章的信托文件样本；

(3) 法律、行政法规、国务院银行业监督管理机构要求的其他文件。

（三）信托产品变更登记

信托产品存续期间，信托登记信息发生重大变动的，信托公司应当在相关事项发生变动之日起10个工作日内就变动事项申请办理信托产品变更登记。

信托公司申请办理信托产品变更登记时，应当提交下列文件：

(1) 信托变更登记申请书；

(2) 证明发生变更事实的文件；

(3) 法律、行政法规、国务院银行业监督管理机构要求的其他文件。

（四）信托产品终止登记

信托产品终止后，信托公司应当在按照信托合同约定解除受托人责任后 10 个工作日内申请办理信托产品终止登记。

信托公司申请办理信托终止登记的，应当提交下列文件：

（1）信托终止登记申请书；

（2）受托人出具的清算报告；

（3）法律、行政法规、国务院银行业监督管理机构要求的其他文件。

（五）信托产品更正登记

信托公司发现信托产品登记信息错误需要更正的，应当在发现之日起 10 个工作日内申请办理信托产品更正登记。

信托公司申请办理信托产品更正登记的，应当提交下列文件：

（1）信托更正登记申请书；

（2）证明发生需要更正事实的文件；

（3）法律、行政法规、国务院银行业监督管理机构要求的其他文件。

三、信托产品的流转

信托产品与其他所有金融产品一样，其最基本的属性是收益性、安全性和流动性。但作为一种非标准化产品，信托的流通转让并不畅通，当前信托产品的交易流转主要以信托受益权的流转形式开展。我国《信托法》第四十八条规定：受益人的信托受益权可以依法转让和继承，但信托文件有限制性规定的除外。信托受益权的流转，即是指在信托合同允许，且不改变信托受益权的性质和内容的情况下，受益人根据自己的意愿，以各种形式将受益权转让给他人或使其在市场中流动的行为；包括信托受益权的转让、继承，信托受益权的质押等。

（一）信托产品流转参与主体

完整的信托产品交易流转市场参与主体包括发行主体、购买主体和中介主体等。明确市场的参与主体，建立相应的准入规则不仅是产品流转的前提，也是促进交易平台活跃程度、履行事前监督职能的重要手段。

1. 发行主体

目前，信托产品的发行人主要是信托公司，未来信托产品流转市场上的发行主体可包括满足监管机构批准设立的信托公司或是信托受益权的持有人（受益人）。

信托公司作为发行主体，交易流转平台可参考交易商协会对发行主体进行分级管理，设置相应的准入标准，带动发行主体的积极性。交易流转平台可以将标准化产品的准入设置为具有较高会员资质、等级评价或较高自主开发能力的信托公司。按照信托公司的产品设计能力、产品经营管理能力、产品的风险措施等因素，对发行主体进行分级，并纳入会员制管理体系，使得创新能力更高、产品管理能力更好的信托公司享受更多的发行便利。

以受益人为发行主体的主要为资产证券化产品，目前市场上资产证券化产品的标准化程度较高，因此交易流转平台发行该类产品应制定统一的准入、交易、信息披露等标准。而受益人作为发行主体时，交易流转平台可设置委托代理方或承销机构，并建立名单制管理，由受益人委托更具有专业能力的信托公司或机构代理发行流转。

2. 购买主体

当前，信托产品交易流转尚未形成专门的管理办法，现行的"一法三规"和资管新规中对合格投资人有原则性条款的约束，因此原则上符合合格投资人定义的投资人都可纳入购买主体范围。在实际操作中，自然人作为购买主体时存在很多限制和困难，因此信托产品交易流通的购买主体仍以信托公司、商业银行等法人机构为主，另外也包括代理个人客户的中介机构，比如信托公司、商业银行等，此类机构主要代理自然人客户报价结算等。

3. 中介主体

信托产品交易流转的中介主体主要包括出具尽职调查报告的律师事务

所、对各购买主体进行审计的会计师事务所、对资产进行估值的资产评估机构、能促进市场活跃度的承销机构/代销机构、提供咨询服务的咨询机构、对信托公司和产品进行评级的评级机构等常规性的中介机构。

(二) 信托产品流转渠道①

目前信托产品转让渠道，主要包括区域性交易所、证券交易所、银行间交易市场、信托公司内部或者自身搭建平台转让、互联网金融平台和中国信登信托产品交易平台等。

1. 区域性交易所

区域性交易所主要包括北京金融资产交易所、天津金融资产交易所、上海信托登记中心。三大平台充当信息中介，发行主体依然需要与购买主体面谈，并到信托公司完成受益权变更登记，但是受地域、准入门槛等因素影响，区域性交易所中信托产品转让比例并不高。

2. 证券交易所

上交所资产管理转让平台成交相对活跃，涉及交易额一般较大。但由于信托产品为非标准化产品，如果需要在上交所进行转让，往往是以信托受益权为基础资产转换成标准化产品上市流通，证券交易所为信托产品交易流转提供平台，以基于买卖双方的拍卖报价进行撮合作为交易机制。

3. 银行间交易市场

2015年中国银监会发布了《银行业信贷资产流转集中登记规则》，对银行间市场信贷资产流转登记的内容、流程、IT要求做了详细的规范，进一步推动了信贷资产的有序规范流转。《2015年信贷资产登记流转业务统计分析报告》显示，2015年信贷资产流转业务的流转标的以信托受益权为主，银行理财计划是信贷资产的主要受让方，非银行金融机构积极参与。

---

① 信托业协会. 信托产品登记及信托受益权流转问题研究 [R]. 2017.

4. 信托公司内部或者自身搭建平台转让

信托公司与有需求的客户沟通，或者设立产品集中转让期实现内部转让，是目前各信托公司普遍采取的转让方式。一般是信托公司在其官网上设置转让入口，需要转让的客户到其网站或销售部门登记申报，由信托公司撮合成交，然后由信托公司再办理登记转让手续。这种"点对点"的转让服务方式，弊端是无法实现各信托公司之间信托产品的转让，效率较低。从长远来看，如果有一个集中转让的平台，将大大提升转让效率，增强流动性。

信托公司自身搭建平台转让通常以信托受益权质押业务为核心。尽管法律上对于信托受益权质押的规定存在不明朗之处，在风险处置时无法对抗不特定第三人，但基于信托受益权流动性的需要，实践中仍有相关金融机构尝试开展此业务。金融机构开展信托受益权质押业务时，多采取"买入返售"的"类质押融资"业务作为变通方式，以满足信托受益权持有方的质押融资需求。

5. 中国信登信托产品交易平台

2016 年，《中国信托登记有限责任公司监督管理办法》和《中国银监会关于中国信托登记有限责任公司开业的批复》，明确了中国信托产品交易平台（以下简称中信登）作为监管授权的、法定的全国信托业基础服务平台的行业地位及职责定位、任务目标、经营范围等，明确中国信登可以提供信托产品发行、交易、转让、结算等服务以及开展信托受益权账户的设立和管理。中信登作为信托行业的基础服务平台，承担信托产品及其受益权登记和信息统计平台、信托产品发行与交易平台及信托业监督信息服务平台等"三大平台"功能。目前，中信登已完成信托业全国统一的登记平台的开发和信托受益权账户系统的建设，后续中信登将沿着"以产品登记夯实基础、以交易流转拓展服务"的方向，打造信托行业的"登记中心+交易所"，促进信托产品的交易流通。

第四节　信托产品定价估值的理论基础和基本方法

金融产品收益取决于底层资产的贡献，实质上对金融产品的估值定价也即是对产品所投资的不同类别金融资产的估值定价。由于不同类别金融资产的属性不同，其估值定价的规则和标准也有各异。因此，在介绍信托产品估值定价之前，需先了解金融资产或金融产品的估值定价理论基础和基本方法。

一、金融产品的定价

（一）金融资产定价理论

1. 现金流贴现法（DCF法）

现金流贴现法是现代资产定价理论的基石，理论依据在于不同时间点发生的现金流会有不同的价值，其考虑的是不同时点现金流的时间价值。

为了比较不同时间点的现金流，将所有时间点的现金流都折现到当前时点的现金流，而不同时点的现金流会有不同的机会成本，此时折现率的选取变得非常重要。折现率是由市场决定的资金使用的机会成本，也就是同一笔资金用于除考察用途之外的所有其他用途中最好的用途所能得到的收益率。机会成本是市场反映的金融资产的收益率，而资产的收益率一定与该资产的风险水平对应。一般来说，较高风险的资产一般对应较高的收益率。在金融实践中，折现率通常为无风险利率加上风险补偿率。无风险利率是指货币资金在不冒任何风险的情况下可以取得的收益率，常用国库券的短期利率为参考；风险补偿率取决于金融资产风险的大小，风险越大需要的风险补偿率越高。

理论上，不同期间使用不同的贴现率进行贴现，因为资本的机会成本在不同时期会随着市场条件的变化而变化。就是说，同一资产的收益率对于不同的投资期限是不一样的，对这一问题的研究就是利率的期限结构，利率是金融市场上最重要的价格变量之一，它直接决定了相关金融产品的定价和利率风险的管理。利率期限结构是指不同期限证券的到期收益率和到期期限之间的关系，它对于利率风险的管理和金融资产的定价十分重要。

2. 资本资产定价模型（CAPM）

资本资产定价模型（Capital Asset Pricing Model，CAPM 理论）是由美国斯坦福大学教授夏普（William Sharpe）等人提出的，其主要用于研究证券市场中资产收益率与风险之间的关系。

CAPM 理论包括两个重要部分：资本市场线（CML）和证券市场线（SML）。

沿着投资组合的有效边界，将无风险资产加入已经构成的风险资产组合中，将形成一个由无风险资产和风险资产构成的新的投资组合，而且可以证明新组合的有效边界是一条射线。在市场均衡条件下，这条射线反映了市场组合和无风险资产的所有可能组合的收益和风险的关系，该线形有效集被称为资本市场线。

CML 的实质就是在允许无风险借贷下的新的有效边界，它反映了当资本市场达到均衡时，投资者将资金在市场组合 M 和无风险资产之间进行分配，从而得到所有有效组合的预期收益和风险的关系。但是 CML 并未标明一项单独资产的期望收益率如何与其自身的风险相联系。而 CAPM 要解决的是在市场均衡条件下，某项风险资产的预期收益与其所承担的风险之间的关系，这种关系可以用 CML 和市场组合推导出来，从而形成了证券市场线（SML），即资本资产定价模型。

与 CML 不同的是，SML 用贝塔值来衡量风险。证券市场线很清晰地反映了风险资产的预期报酬率与其所承担的系统风险贝塔系数之间呈线性关系，充分体现了高风险高收益的原则。

3. 套利定价理论（APT 法）

套利定价理论是 CAPM 的拓展，由美国著名经济学家斯蒂芬·罗斯

(Stephen Ross) 于 1976 年提出，该理论将资产的期望回报与资产的内部风险及资产的外部风险联系起来。外部风险通常指 GDP 的增长率、国内的失业率、商品的通货膨胀率等，通常对每一个风险因素赋予不同的风险系数，各个风险系数加总之后再加上市场的无风险利率，继而得出市场的投资者对资产的期望收益率。

此外，APT 理论又可以分为单因素模型和多因素模型，单因素模型是把宏观经济系统中的所有自变量都概括为一个总的经济指标，并假定这个指标对整个市场环境会产生影响；多因素模型则是对每个影响因素赋予一定程度的权重然后通过线性加总得到该资产的总收益率，其优点在于考虑了多种因素相结合对资产收益率的影响，该模型更贴合 APT 理论的实质。

4. 期权定价模型

期权定价模型认为资产价值只与"未来"有关，而和"历史"无关，该模型的成立也是建立在以下重要的假设之上的：首先，金融资产收益率服从正态分布，并且在期权的有效期内，无风险利率和金融资产的收益率保持恒定状态；另外，市场无摩擦，即不存在交易成本和税收问题；期权必须是欧式期权，即买入期权后必须在期权到期日才能行使权力，且在期权有效期内没有分红或其他所得。该模型决定期权的价格机制比较复杂，其中股票内在价值、股票现在的价格、期权产品的期限、无风险资产的利率水平以及交易的价格等都会对期权价格产生影响。

(二) 金融产品定价影响因素

1. 外生宏观环境因素

宏观经济环境对金融市场有着重要影响，经济金融相关数据通过影响债券市场、股票市场等进而影响金融产品的价格，因而在对金融产品定价时需先认识到其所处的宏观经济环境。以下将从广义货币供应量、居民消费价格指数、利率等方面介绍金融产品定价的外生影响因素。

(1) 广义货币供应量 (M_2)

货币供应量，是指一国在某一时期内为社会经济运转服务的货币存量，也是中央银行调控市场的重要货币政策工具。根据经济运行的需要可以分为扩张性货币政策和紧缩性货币政策。其中广义货币供应量 M_2 是社会流通货币总量加上活期存款以及定期存款和储蓄存款的总和，不仅反映现实的购买力，还反映潜在的购买力。当 M_2 增加时，市场流动性不断增加，投资者有更多的资金投入金融和投资市场，此时融资方获取资金比较容易，融资成本较低，在这种供求关系的不断调节下，相应的金融产品定价就会降低。

（2）居民消费价格指数

居民消费价格指数（Consumer Price Index，CPI），指政府为了调节宏观经济的通货膨胀或紧缩程度的指标，反映一定时期内居民购买的消费品及服务的价格水平的变动趋势和程度，也是一国货币购买力的体现。当居民消费价格指数升高时，代表着人们持有货币的意愿降低，可以购买的消费商品和服务越少，当居民消费价格指数持续变高时，他们可以用这些货币买的东西更少，此时投资者更偏向投资那些收益率高于通货膨胀率和时间成本之和的金融产品，避免资产受到通货膨胀和时间流逝的减值，因此当经济环境发生大规模通货膨胀时，投资的金融产品的收益率必须高于实际利率才能赢得消费者的青睐和支持，因此从理论上说金融产品的定价与CPI 同比增长率呈现正向变化。

（3）利率

利率是金融市场中非常重要的宏观调节工具，它的波动变化体现着不同时间点的货币价值，也能反映当前的通货膨胀的影响程度，利率水平的变动对于预估和评价宏观环境、金融市场乃至微观的金融产品的风险收益和定价都具有显著的意义。利率的变动会影响资金流向，进而影响金融市场和相关产品的预期收益率，这个过程中也会对融资者的融资成本和金融产品的定价造成影响。当利率升高时，投资者要求的金融产品收益率就会相应升高，而当利率降低时，投资者要求的收益也会相应降低。

2. 内生产品特征因素

（1）资金投向

金融产品资产配置多样，包括银行存款、债券、股票、商品及金融衍生品类资产、非标准化债权类资产等，不同资产风险类别有所差异，且不同种类的金融产品其收益结构也不相同，底层资产风险程度较高的，投资者对其可能的回报率要求也会变高。投资领域和标的风险程度的高低，决定了金融产品定价和预期收益的高低。

（2）产品期限

产品期限也是影响金融产品定价的重要因素之一，不同金融产品期限的不同，会直接导致其机会成本和风险程度不同。由于资金的时间价值以及长期投资不确定的增加，供求双方都会要求较高的预期收益率。通常来说，产品期限与预期收益率的关系是正向的，较长期限的金融产品往往会伴随着更高的收益率和价格。

（3）产品规模

金融产品的定价与产品规模具有一定的正向关系，投资者投资额度的加大往往希望得到较高的预期收益率。特别是对于融资类金融产品而言，产品规模增大致使经营管理难度提升，同时项目承受的风险也有所加大，综合导致产品定价的提高。

二、金融产品的估值

（一）金融资产的估值规则

当前市场上金融产品主要投资资产包括货币市场工具、债券类、股票、非上市股票、权证、非标资产和其他资产等，这些投资品种在估值上有着不同的规则和要求。

1. 货币市场工具类的估值

（1）存款类资产

存款类资产主要按照成本法估值，即按照约定利率在持有期内逐日计提应收利息，在利息到账日以实收利息入账。

（2）逆回购交易

逆回购交易以成本列示，按商定利率在实际持有期间内逐日计提利息。

2. 债券类的估值

（1）在证券交易所市场挂牌交易的债券

实行净价交易的债券按估值日收盘价估值，估值日没有交易的，按最近交易日的收盘价估值。

（2）在证券交易所市场挂牌交易的未实行净价交易的债券

该类债券按估值日收盘价减去债券收盘价中所含的债券应收利息得到的净价进行估值，估值日没有交易的，按最近交易日债券收盘价减去所含的最近交易日债券应收利息后的净价进行估值。

（3）在银行间债券市场交易的债券

该类债券按照中央国债登记结算公司提供的公允价值加应收利息进行估值。

（4）同时在两个或两个以上市场交易的同一债券

该类债券按债券所处的市场分别估值。

3. 上市公司股票估值

上市流通股票按估值日其所在证券交易所的收盘价估值；估值日无交易的，以最近交易日的收盘价估值。

4. 非上市股票估值

（1）送股、转增股、配股和公开增发新股等发行未上市的股票

这些股票主要按估值日在证券交易所挂牌的同一股票的市价估值。

（2）首次公开发行有明确锁定期的股票

同一股票在交易所上市后，按交易所上市的同一股票的市价估值。

（3）非公开发行有明确锁定期的流通受限股票

这类股票主要按监管机构或行业协会有关规定确定公允价值。

计算公式为：股票的估值 = [（市价 – 成本价）/限售天数 × 已持有天数] + 成本价。

（4）非上市公司股权

采用最近市场交易价格法，并根据目标公司最新一期财务报表，参考行业属性选择合理的可比公司法、现金流贴现法进行估值。在现有估值方法难以可靠计量公允价值的情况下按成本计量。

5. 权证的估值

（1）配股权证

配股权证从配股除权日起到配股确认日止，若收盘价高于配股价，则按收盘价和配股价的差额进行估值；若收盘价等于或低于配股价，则估值为零。

（2）基金持有的权证

基金持有的权证从持有确认日起到卖出日或行权日止，上市交易的权证投资按估值日在证券交易所挂牌的该权证投资的收盘价估值，估值日没有交易的，按最近交易日的收盘价估值；未上市交易的权证投资（包括配股权证）按公允价估值。

6. 非标资产的估值

非标资产全称为非标准债权资产，是相对于标准化金融资产来讲的，包括但不限于信贷资产、信托贷款、委托债权、各类受（收）益权、带回购条款的股权性融资等。市值法估值是资管新规的鼓励方向，但由于非标资产缺乏交易和流动性等特征，因此一般需要使用估值技术确定公允价值。

除此之外，资管新规规定，符合以下条件之一的非标资产，可按照企业会计准则以摊余成本进行计量：

（1）资产管理产品为封闭式产品，且所投金融资产以收取合同现金流量为目的并持有至到期。

（2）资产管理产品为封闭式产品，且所投金融资产暂不具备活跃交易市场,或者在活跃市场中没有报价,也无法采用适当的估值技术可靠计量公允价值。

7. 其他资产估值

其他投资品种存在并可以确定公允价值的,以公允价值计算,公允价值不能确定的以取得时的成本按摊余成本法计算。

比如,一般基金产品以估值日前一交易日基金净值估值,估值日前一交易日基金份额净值未公布的,以此前最近一个交易日基金份额净值计算。货币基金以成本估值,每日按前一交易日的万份收益计提红利。

(二) 金融产品估值原则与技术

1. 公允价值原则

《企业会计准则第39号——公允价值计量》中定义公允价值是指市场参与者在计量日发生的有序交易中,出售一项资产所能收到或者转移一项负债所需支付的价格(有序交易,是指在计量日前一段时期内相关资产或负债具有惯常市场活动的交易,清算等被迫交易不属于有序交易)。

企业以公允价值计量相关资产或者负债时,应当假定出售资产或者转移负债的有序交易在相关资产或负债的主要市场进行。不存在主要市场的,企业应当假定该交易在相关资产或负债的最有利市场进行。主要市场是指相关资产或负债交易量最大和交易活跃程度最高的市场。最有利市场是指在考虑交易费用和运输费用后,能够以最高金额出售相关资产或者以最低金额转移相关负债的市场。通常情况下,企业正常进行资产出售或者负债转移的市场可以视为主要市场(或最有利市场)。简而言之,公允价值就是指资产或负债在公平交易下的可变现价格。

按照国际通行的会计准则基本要求,金融资产计量应坚持公允价值原则。但采用公允价值计量不等于市价法。一般而言,对于存在活跃市场的情况,应以活跃市场上未经调整的报价作为计量日的公允价值;对于活跃市场报价未能代表计量日公允价值的情况,应对市场报价进行调整以确认计量日的公允价值;对于不存在市场活动或市场活动很少的情况,则应采用估值技术确定其公允价值。企业以公允价值计量相关资产或负债，应当采用在当前情况下适用并且有足够可利用数据和其他信息支持的估值技术。

2. 估值技术

企业使用估值技术的目的，是为了估计在计量日当前市场条件下，市场参与者在有序交易中出售一项资产或者转移一项负债的价格。根据《企业会计准则第39号——公允价值计量》，估值技术主要包括市场法、收益法和成本法。

（1）市场法

市场法是利用相同或类似的资产、负债或资产和负债组合的价格以及其他相关市场交易信息进行估值的技术。企业应用市场法估计相关资产或负债公允价值的，可利用相同或类似的资产、负债或资产和负债的组合（例如，一项业务）的价格和其他相关市场交易信息进行估值。

（2）收益法

收益法是企业将未来金额转换成单一现值的估值技术。企业使用收益法时，应当反映市场参与者在计量日对未来现金流量或者收入费用等金额的预期。企业使用的收益法包括现金流量折现法、多期超额收益折现法、期权定价模型等估值方法。

（3）成本法

成本法是反映当前要求重置相关资产服务能力所需金额（通常指现行重置成本）的估值技术，通常是指现行重置成本法。在成本法下，企业应当根据折旧贬值情况，对市场参与者获得或构建具有相同服务能力的替代资产的成本进行调整。折旧贬值包括实体性损耗、功能性贬值以及经济性贬值。企业主要使用现行重置成本法估计与其他资产或其他资产和负债一起使用的有形资产的公允价值。

3. 摊余成本计量

财政部2017年修订的《企业会计准则第22号——金融工具确认和计

量》中规定，金融资产或金融负债的摊余成本，应当以该金融资产或金融负债的初始确认金额经下列调整后的结果确定：扣除已偿还的本金；加上或减去采用实际利率法将该初始确认金额与到期日金额之间的差额进行摊销形成的累计摊销额；扣除累计计提的损失准备（仅适用于金融资产）。摊余成本法计量是指对计价对象以买入成本列示，按照票面利率或协议利率并考虑其买入时的溢价与折价，在剩余存续期内按实际利率法摊销，每日计提损益。

以摊余成本计量的金融资产必须满足两个条件：企业管理该金融资产的业务模式是以收取合同现金流量为目标；该金融资产的合同条款规定，在特定日期产生的现金流量，仅为对本金和未偿付本金为基础的利息的支付。

根据企业会计准则，以摊余成本法计量，必须扣除金融资产的减值损失。当以摊余成本计量的金融资产发生减值时，应当将该金融资产的账面价值减记至预计未来现金流量现值（不包括尚未发生的未来信用损失），减记的金额确认为资产减值损失，计入当期损益。预计未来现金流量的现值，应当按照该金融资产的原实际利率折现确定，并考虑相关担保物价值（取得和出售该担保物发生的费用应当予以扣除）。原实际利率是初始确认该金融资产时计算确定的实际利率。对于浮动利率贷款、应收款项或持有至到期投资，在计算未来现金流量现值时可采用合同规定的现行实际利率作为折现率。

金融资产的本期摊余价值＝上期摊余价值＋实际利率计算的利息－现金流出－已发生的减值损失（仅适用于金融资产）

摊余成本法计量不考虑资产的市场风险，不考虑价格的波动，主要反映持有资产的时间价值，适合于收取合同现金流及持有至到期的资产，采用摊余成本法计量的资管产品，其净值一般比较稳定，不受市场波动的影响，有利于满足低风险偏好的投资者需要，但对于存在活跃交易市场的金融资产，摊余成本法可能无法准确体现资产实际价值变动的情况。

摊余成本法与净值化管理中的公允原则并不矛盾,资管新规规定符合以下条件之一的金融资产,可按照企业会计准则以摊余成本进行计量:一是资产管理产品为封闭式产品,且所投金融资产以收取合同现金流量为目的并持有至到期。二是资产管理产品为封闭式产品,且所投金融资产暂不具备活跃交易市场,或者在活跃市场中没有报价、也不能采用估值技术可靠计量公允价值。资管新规同时要求,金融机构以摊余成本计量金融资产净值,应当采用适当的风险控制手段,对金融资产净值的公允性进行评估。当以摊余成本计量已不能真实公允地反映金融资产净值时,托管机构应当督促金融机构调整会计核算和估值方法。金融机构前期以摊余成本计量的金融资产的加权平均价格与资产管理产品实际兑付时金融资产的价值的偏离度不得达到5%或以上,如果偏离5%或以上的产品数超过所发行产品总数的5%,金融机构不得再发行以摊余成本计量金融资产的资产管理产品。

第五节　信托产品的估值与定价

相比其他资管产品,信托产品资产配置范围较广,产品类型丰富,不同信托产品的估值定价体系大不相同,因此信托产品的估值定价较为复杂,且随着资管新规等监管政策的出台,对资管产品的估值提出新的要求,信托产品的估值、定价体系面临重塑。

一、投资类信托产品的估值

(一) 投资类信托产品估值方法

结合资管新规和企业会计准则的要求,在对资管产品进行净值化管理时,金融资产的估值应首选公允价值计量,并优先采用市值法,如果不能采用市值法,则可以采用估值技术进行估值。

根据投资类信托产品的业务模式和合同现金流量特征,将投资类信托产品估值方法分为两大类：

一是公允价值计量。公允价值计量的信托产品可细分为两类，即以公允价值计量且将其变动计入其他综合收益的信托产品和以公允价值计量且将其变动计入当期损益的信托产品。以公允价值计量且将其变动计入其他综合收益的信托产品应同时满足以下两个条件：（1）公司管理该信托产品的业务模式既以收取合同现金流量为目标又以出售该信托产品为目标；（2）该信托产品的合同条款规定，在特定日期产生的现金流量，仅为对本金和以未偿付本金金额为基础的利息的支付。按照《企业会计准则 22 号——金融工具确认和计量》中分类为以摊余成本计量的信托产品和以公允价值计量且其变动计入其他综合收益的信托产品之外的信托产品，企业应当将其分类为以公允价值计量且其变动计入当期损益的信托产品。

二是摊余成本计量。以摊余成本计量的信托产品应同时符合下列条件：（1）该信托产品的业务模式是以收取合同现金流量为目标。（2）该信托产品的合同条款规定，在特定日期产生的现金流量，仅为对本金和以未偿付本金金额为基础的利息的支付。

（二）投资类信托产品估值核算[①]

1. 固定收益类信托产品的估值

根据资管新规，固定收益类产品是指投资于存款、债券等债权类资产的比例不低于 80% 的资管产品，按照这个标准，信托公司传统的融资类[②]集合资金信托计划、债券类集合资金信托计划、组合投资类集合资金信托计划（混合投资于债券等标准化资产以及非标债权资产）都属于固定收益类信托产品的范畴，但由于投资标的的差异，其产品估值体系也不尽相同。

---

① 中国信托业协会. 2018 年专题研究报告 [M]. 北京：中国金融出版社，2018.

② 此处仅从资产端（非标准化债权类资产）引入介绍融资类信托产品的估值，与下面从信托贷款融资功能角度介绍融资类信托产品的定价有所差异。

(1) 非标债权信托产品

非标债权信托产品主要是指传统融资类资金信托产品，信托资金一般投向为单一或多个融资主体，也可以是投资于底层资产为非标债权的资管产品（包括信托受益权、资管计划等）。

就投资于非标债权资产的传统融资类信托产品而言，由于产品的期限大都是固定的，所投非标债权资产一般都是以收取合同现金流（本金及利息）为目的并持有至到期，且非标债权资产也不具备活跃交易市场，根据企业会计准则的要求，并结合资管新规中"金融资产坚持公允价值计量原则，鼓励使用市值计量""符合以下条件之一的，可按照企业会计准则以摊余成本进行计量：一是资产管理产品为封闭式产品，且所投金融资产以收取合同现金流量为目的并持有至到期。二是资产管理产品为封闭式产品，且所投金融资产暂不具备活跃交易市场，或者在活跃市场中没有报价、也不能采用估值技术可靠计量公允价值"的规定，投资于非标债权资产的封闭式信托产品可采用摊余成本法对资产进行估值。事实上，相比于企业会计准则，资管新规对于资管产品采用摊余成本法施加了更严格的限制，不仅要求资产层面满足企业会计准则中的要求，还要求资管产品本身必须是封闭式产品，这意味着投资于非标债权资产的开放式信托产品以及未来要出售的非标债权资产（非标债权资产的期限超过产品到期期限），则应采用公允价值计量，即分类为以公允价值计量且其变动计入其他综合收益的金融资产[①]。

(2) 债券投资信托产品

债券投资信托产品是指投资于债券、买入返售等标准化债权资产的信托产品。

由于债券是标准化资产，在银行间市场、证券交易所进行交易，对于

---

① 樊效峰，董耕宇. 关于非标准化债权资产期限错配和债券按摊余成本计价的可行性 [J/OL]. https://www.sohu.com/a/212923558_211428? qq-pf-to=pcqq.group.

债券信托产品,信托公司在估值核算及运营管理上基本已经实现了净值化管理。不过,在产品形式和管理理念方面,目前有部分信托公司管理的标准化债券资金池产品并没有实现完全的净值化管理,这类债券资金池虽然采用公允价值计量法对债券进行估值并进行净值核算,但是在运作模式和收益类型上,仍然是延续预期收益型产品的形式,不同期限对应于不同的预期收益率,这与券商的标准化资金池以及公募基金的定期理财债券基金类似,按照资管新规的要求,这类产品未来也需要转为真正的净值型产品,从产品形式到运作模式都需要符合净值化管理的要求。

总体来看,由于债券的估值操作已经比较成熟,且有公募、券商等其他资管机构的做法供借鉴,信托公司对于债券投资类信托进行净值化管理的转型压力较小,未来主要应推进债券资金池产品转为真正的净值型产品。目前,银行净值化转型的发力点主要放在开发各类债券型理财产品上,未来信托公司也应把净值型债券信托产品作为主动管理转型的重点,持续提升主动管理能力和流动性风险管理能力。

(3)债券组合投资类信托产品

组合投资类信托产品主要是指同时投资于标准化债券资产和非标债权资产的信托产品。组合投资类信托产品主要为期限固定的组合投资类产品。这类产品期限固定,投资标的涵盖了各类标准的、非标的固定收益类资产,且一般非标投资占比高,但这类产品不属于投单一融资项目,属于组合投资。资管新规也进一步明确,金融机构应当做到每只资产管理产品的资金单独管理、单独建账、单独核算,不得开展或者参与具有滚动发行、集合运作、分离定价特征的资金池业务。

对于这类产品的估值核算,所投资的非标债权资产,按照摊余成本法进行估值,并要考虑信用风险减值,以真实反映资产的价值;对于债券,则应根据债券所在交易场所、债券品种、债券流动性等因素,优先采取收盘净价估值,没有收盘净价的,采用第三方估值公司提供的估值,对于无法采用估值技术估值的,使用摊余成本法进行计量。

固定收益类信托产品的估值框架如图 8-6 所示。

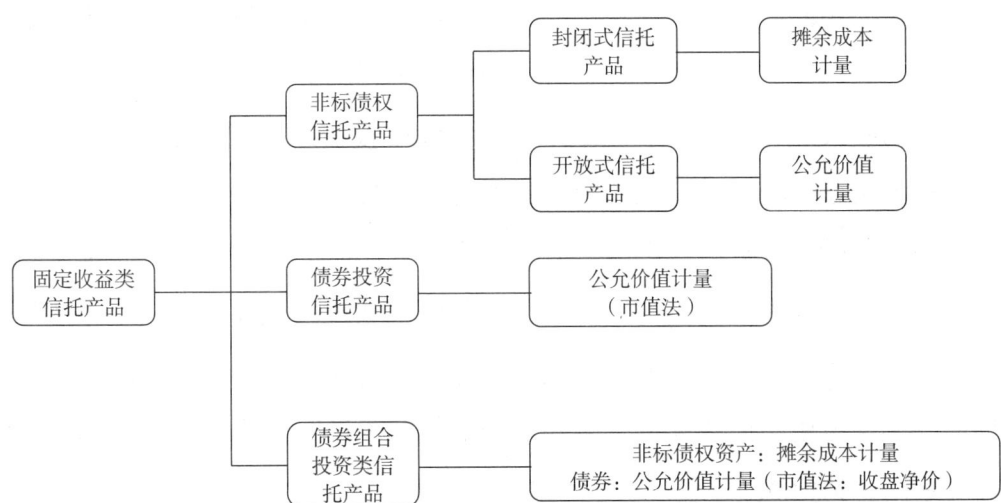

图 8-6　固定收益类信托产品的估值框架

2. 权益类信托产品的估值

权益类信托产品是指投资组合中 80% 以上的资金投向股票、股权的信托产品。根据这个定义，目前权益类信托产品主要分为两大类：一类是主要投资于二级市场的股票投资信托产品；另一类是投资于未上市企业、项目公司股权、私募股权基金 LP 份额的股权投资类信托产品。

（1）股票投资信托产品

信托公司的股票投资信托产品主要有两大类：一是与私募合作的管理型产品；二是结构化配资的产品。另外，少数信托公司有主动管理的二级市场投资信托产品。二级市场股票为标准资产，目前信托公司对于股票投资信托都是公允价值计量，按照市价法进行估值，完全实行净值化管理。通常情况下，股票的市价一般都是选取当日收盘价，估值日对持有的股票估值时，如当日收盘价大于上一日收盘价，则为估值增值；如当日收盘价小于上一日收盘价，则为估值减值[①]。

---

① 中国证券业协会. 证券公司资产管理业务估值指引 [Z]. 2013.

(2) 股权投资信托产品

信托公司的股权投资信托产品主要有两类：一类是投资于非上市企业的股权。这具体又细分为投资于房地产项目公司的股权、投资于未上市非房企业的股权即 PE 投资、认购有限合伙股权投资基金的 LP 份额。另一类是投资于新三板挂牌企业的股权或通过新三板基金投资的企业股权。

相比于股票投资信托产品，股权投资信托产品的估值则相对要复杂得多，这主要是因为股权投资无法通过业务模式和合同现金流测试，不能采用摊余成本法计量，而应采用公允价值计量。但股权投资不存在活跃交易场所，无法采用市值法计价，需要采用估值技术进行估值，对估值的专业度要求高，估值难度较大。

根据资管新规投资于未上市企业股权的资管产品不得为开放式产品，因此股权投资信托产品只能是固定封闭期的产品。除了房地产项目公司的股权投资期限较短（一般为 2～3 年），其他股权投资的资管产品期限一般为"3+2"甚至"5+2"[①]。

权益类信托产品的估值框架如图 8-7 所示。

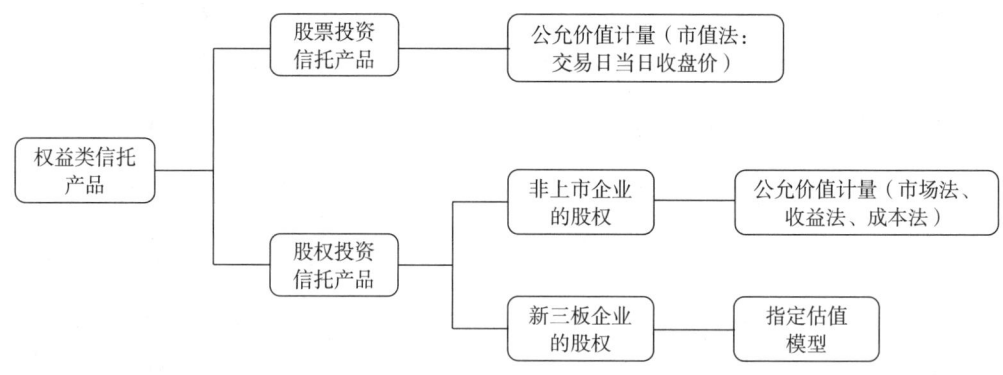

图 8-7 权益类信托产品的估值框架

---

① 中国证券投资基金业协会估值小组. 私募投资基金非上市股权投资估值指引（试行）[Z]. 2018.

3. 混合型信托产品的估值

混合类产品是指投资于债权类资产、权益类资产、商品及金融衍生品类资产且任一资产的投资比例未达到 80% 及以上的资管产品。信托公司可以归为混合型产品的业务包括以下几类：一是投资于股票、债券的混合型证券投资信托产品，这类似于混合型公募基金。二是股债结合型非标产品。信托公司具有以股权、债权、夹层等多种方式运用信托资金的灵活优势，实践中，股债结合的房地产信托产品大量存在。三是配置类信托产品，如 TOF、TOT 以及专户投资，下层资产为不同类型的基金或是信托产品，穿透至底层资产后既不属于权益类产品也不属于固定收益类产品。考虑到前述已经对非标债权、债券、股票、未上市股权等资产的估值核算分别进行了讨论，在此基础上，只需要根据混合型产品所投的各项资产，按照资产类别分别进行估值即可。

（1）混合型证券投资信托产品

对于投资股票、债券的混合型证券投资基金，应参照公募基金，采用市价法进行估值，这类产品没有设置预期收益率的传统，都是浮动非保本类型，信托公司的管理理念以及投资人的投资理念都不存在刚兑的束缚，净值化管理运作较为成熟。

（2）股债结合型非标产品

目前股债结合的非标信托产品大都为房地产信托，股权部分可以通过转让或是持有至项目结算获取分红退出，债权部分则按照约定利率收取利息，并会约定未来可以获取股权部分的分红收益。对于这类混合型产品，债权投资部分应采用摊余成本法估值，股权部分如果是真股权投资，则应采用估值技术进行公允估值。

（3）配置类信托产品

对于配置型产品，如 TOT、TOF，如果底层产品是投标准化资产的证券投资信托、私募证券基金或是公募基金，净值化管理可以参照基金业协会《基金中基金估值业务指引（试行）》进行估值。这类产品的估值可以直接采用底层产品的份额净值或是市价（上市交易型产品）进行估值，但信托公司应重点关注可投资标的基金的估值方法、估值频率和披露频率与 TOF、TOT 所采用的估值方法、估值频率和披露频率的一致性。当可投资标的基金的估值方法、估值频率和估值披露频率与基金中基金存在差异时，信托公司应在设定投资策略时评估该差异对该产品估值公允性的影响。如果底层资产涉及非标债权或股权投资，也应采用底层产品管理人的估值结果，并考虑估值频率及披露频次的一致性。

混合型信托产品的估值框架如图 8-8 所示。

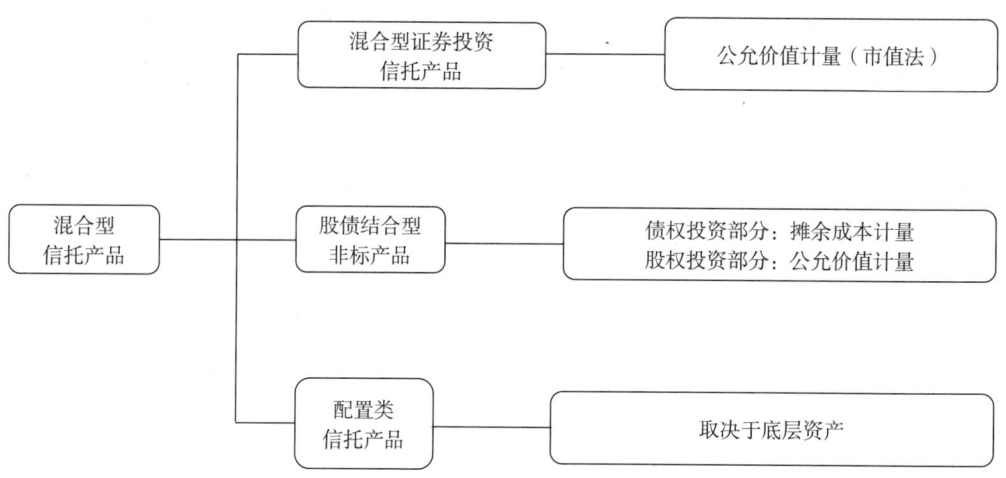

图 8-8 混合型信托产品的估值框架

二、融资类信托产品的定价

融资类信托体现出一定的信贷属性，其与银行信贷具有一定的相似性，均由资金提供方以合法的方式筹集资金，向借款人进行融资，对借款人形成债权，并约定到期收回本金和利息。因此，通过比较不同银行信贷定价模式，以对融资类信托产品的定价提供参考和指引。

(一) 信贷定价模式[①]

1. 成本加成法

成本加成法定价模式认为，商业银行进行贷款定价时，应能够保证补偿其吸收资金所付出的成本和相关费用，具体而言贷款利率应至少覆盖筹资成本和贷款损失所导致的风险溢价，并能够使银行获得一定的利润。

一般来说，成本加成法在定价时都应该包括以下四个部分：一是资金成本。即商业银行为筹集贷款资金所付出的成本。二是贷款费用。即商业银行的非资金性经营成本，包括直接费用和间接费用。三是风险补偿。商业银行经营贷款不可避免地面临着风险，因此，必须为这些风险进行定价做出必要的补偿。由于贷款的对象、行业特征、保障水平、期限结构等因素各不相同，每笔贷款都面临独特的风险，不同的风险导致了不同贷款价格，应以差异化定价策略对贷款的不同风险进行补偿。风险补偿包括期限风险补偿和信用风险补偿等。四是目标收益。贷款目标利润是商业银行收益最重要的来源，在经营信贷资产时，商业银行可以在总体目标利润下，设定贷款的净回报预期。

根据以上分析可以得出成本加成法下贷款利率的计算公式为

贷款利率 = 资金成本率 + 管理费用率 + 风险补偿率 + 目标收益率

成本加成法的优势在于很直观地表明了贷款价格的结构，对价格的各构成因素区分得很清楚，使商业银行明确各项业务成本，有利于确保其目标利润的实现。同时，这种方法也为商业银行提供了一种降低价格、提高竞争力的手段，即通过分析不同成本的压缩空间，寻求降低成本的途径，从而在不降低目标利润的前提下降低贷款价格，提高其在信贷市场上的竞争力。

总体来看，成本加成法是一种"内部成本导向型"定价模型。该方法主要是从商业银行自身角度出发，考虑贷款业务的成本、费用和风险

[①] 陆唐荣. 我国信托公司融资类信托项目定价分析和管理 [D]. 上海交通大学，2012.

等,它一般适用于居于垄断地位的商业银行以及处于贷款市场需求旺盛期的其他贷款人。

2. 价格领导法

价格领导法是国内外银行业广泛采用的贷款定价方法之一。其基本思路为:首先选择一种市场所普遍接受的基准利率,如优惠利率或主导利率等;然后针对客户信用等级或贷款风险程度的不同确定不同的利差水平,一般是在基准利率基础上"加点数"或乘上一个"系数",根据基准利率和风险溢价来确定贷款的实际利率。价格领导法用公式可以表示为

$$贷款利率 = 基准利率 + 风险溢价加点$$

$$或贷款利率 = 基准利率 \times (1 + 风险溢价系数)$$

选择何种利率为基准利率,是这一模型的核心问题,也是模型合理与否的关键所在。基准利率应该能够对市场上的其他利率品种产生可预测且稳定的影响,并能由中央银行直接调控。在利率市场化的情况下,中央银行一般通过对基准利率的控制和调整来影响市场利率。央行控制的基准利率必须有交易规模大、交易频率高的金融产品进行对应和交易,以保证充分的市场供求,形成市场机制下的基准利率。实践操作中,一国的国债回购利率或同业拆借利率通常用于基准利率或基准利率的研判。竞争策略、目标效益、资金成本、资金供求等因素共同决定了基准利率水平。

总体来看,该方法属于市场导向型模型。但是其要求利率市场化程度和竞争程度较高,金融市场相对完善,以及信贷市场处于买方的条件,在金融市场环境方面要求很高。它依然没有考虑银行与客户的全面关系,其制定的价格对一些在银行存款量、结算量较大的客户,或银行需要竞争的客户而言缺乏竞争力,不利于识别和竞争优质客户。

3. 客户盈利分析法

客户盈利分析法是指银行在贷款定价时,要全面考虑银行与客户之间产生的各类费用和利润,并根据风险溢价、利润目标等确定贷款价格。除了贷款以外,资产、负债和中间业务均会对银行产生影响,因此都应纳入

考虑范畴。该方法从"银行—客户"的整体关系入手,是一种"客户导向型"模式。从经济学角度看,能够保证至少实现收支相抵或盈利是银行与客户往来的前提条件。用公式表示为

来源于某客户的总收入 ≥ 该客户提供服务的成本 + 银行的目标利润

鉴于贷款利息是银行的主要收益来源,上式可变为

$\sum$(贷款额 × 期限 × 利率) × (1 - 营业税及附加) + 其他服务收入 × (1 - 营业税及附加) ≥ 该客户提供服务的成本 + 银行的目标利润

总体来看,客户盈利分析法是一种"客户导向型"模型。该方法建立在客户与银行有一定过往历史关系的情况下,计算的收入是依据银行对每个客户历史中已经实现的收入,因而这种方法比较适用于与银行具有一定成熟关系度、资金需求量比较大的客户,对于新开户企业不宜采用。

4. 风险调整收益法

风险调整收益法也称 RAROC 模式,其核心思想是通过扣除收益中的风险参数,将贷款的预期损失量作为贷款成本,并以此为基础对风险进行调整,衡量经风险调整后的损益;将每一笔贷款的预期收入同银行承担的风险相比较,考虑收益是在承担了多大风险的基础上获得的。RAROC 计算公式如下:

$$RAROC = \frac{贷款风险调整收益}{贷款占用经济资本} = \frac{收益 - 资金成本 - 费用 - 预期损失}{贷款占用经济资本}$$

$$= \frac{贷款额 \times 利率 - 资金成本 - 费用 - 预期损失}{贷款占用经济资本}$$

由此可以推出:

$$贷款利率 = \frac{经济资本 \times RAROC + 资金成本 + 费用 + 预期损失}{贷款额}$$

总体来看,风险调整收益法有利于实现贷款价格(利率)与风险的匹配,具有较为广泛的适用性,并充分体现了收益与风险对称的思想,可以视为一种"风险和价值导向"型的模型,有利于提高定价的科学性和系统性。该方法也具有一定局限性,主要表现在它依赖于银行的历史数

据,并且应用时需要银行本身对当前及今后宏观经济发展情况进行预期,使贷款定价具有预见性,以便反映银行未来可能承担的风险。此外,该方法的应用对于风险度量的技术要求很高。

(二) 融资类信托项目定价策略

对于银行贷款而言,上述四种定价方法和模型各有其优缺点,结合融资类信托项目的特殊属性和特征,可以综合评价各类定价模式对于信托融资的适用性和实用性,进而借鉴和选择出最佳的定价方法。如表8-2所示:

表8-2　　　主要定价方法的比较及对信托融资的适用性检验

定价方法	主要思想	优点	缺点	适用范围	对信托融资的适用性
成本加成法	贷款的价格补偿银行成本和风险,并能使银行获得一定的利润	直观表明贷款价格的结构,明确各项业务成本,保证贷款有利可图	对成本计算精细度要求高,忽略其他影响贷款价格的重要因素	居于垄断地位的商业银行以及处于贷款市场需求旺盛期的其他贷款人	以客户预期收益率为资金成本,明确业务成本,适用性较强
价格领导法	在基准利率基础上"加点数"或乘上一个"系数"	既考虑利率风险,又考虑违约风险,具有较高的合理性和竞争力	未考虑银行与客户的全面关系,不利于识别和竞争优质客户,未考虑综合成本	在基准利率可以确定的条件下可广泛使用	资金来源并非存款,基准利率参考性不强,适用性弱
客户盈利分析法	计算客户的成本与收益,在评价客户全面贡献的基础上进行定价	体现"以客户为核心"的经营理念,保证银行的整体盈利水平	成本核算要求高,操作成本高	适用于与银行往来关系密切,资金需求较大的客户,对于新开户的企业和潜在客户不适用	受到信托目的的特定化约束,综合效益不佳,适用性较弱
风险调整收益法	将收益与其所承担的特定风险直接挂钩,衡量资本收益率,通过预设资本收益率来决定贷款定价	充分体现了收益与风险对称的思想,有利于实现贷款价格与风险的配比	依赖于银行业务的历史数据,对于风险度量的技术要求高	在对历史数据大量积累的基础上可广泛使用	历史数据和样本量较小,项目结构的标准化程度低,适用性较弱

综上所述，对于融资类信托项目而言，其资金来源与资金用途的高度对应，具有一致性，可以便捷地计算出资金成本；且涉及公司内部人员和流程较少，可较为简单地计算和预测出项目运作前和运作中的各项费用，便于成本核算；此外，受到信托目的的特定化约束，整个流程处于封闭的运行状态中，不同项目之间的风险相互隔离，保证每个信托项目的盈利性。因此，鉴于信托公司中间人的地位，以成本加成法为基础作为融资类信托项目的定价模型是最佳方案[①]。

三、服务类信托产品的定价

（一）服务定价理论

服务是用于出售或连同产品一起提供的活动、利益或满足感，是服务供应商与服务消费者之间的一种交互关系[②]。服务不仅仅本身可以单独作为商品，也可以作为许多实体商品的一部分，而且服务也是营销组合的重要因素。影响服务价格构成的主要因素包括服务成本、客户的感知价值、竞争者的价格以及其他因素。服务产品的提供方对于服务价格的需求是覆盖服务成本并获取利润，服务价格的上限不能超过客户的感知价值，一旦超过客户的感知价值，则无法实现供需的有效结合，市场上的竞争者的价格，将影响服务供给方的价格竞争力，在服务同质性严重的情况下，服务的价格受到竞争者价格的影响较为巨大。同时，服务的价格将受到诸如企业目标、市场定位、相关政策、替代品价格等其他因素的影响。

一般来说，对服务产品的定价主要包括成本导向型策略、竞争导向型策略及需求导向型策略。

成本导向型策略主要与服务的成本因素有关，由于服务的主要构成成本是人工成本，其时间成本与单位成本较难衡量，该种策略在确定服务价

---

① 陆唐荣. 我国信托公司融资类信托项目定价分析和管理 [D]. 上海：上海交通大学，2012.

② 刘尚亮. 服务价格构成因素及定价策略研究 [J]. 价格理论与实践，2011.

格时，站在企业角度去考虑定价，容易忽视需求因素和竞争因素，造成服务的服务定价与定价目标产生偏差。

竞争导向型策略的优势是服务价格跟随市场需求的变化而变化，能够获取快速占领市场的先机。但是该种策略容易忽视企业的成本，也无法反映服务的价值，常常会造成恶意价格竞争的局面，最终影响企业的盈利水平。

需求导向型的策略能够紧紧贴近市场的需求，充分考虑客户对价格的敏感性及客户通过价格对服务价值的感知，价格因客户需求变化而变化，但其难点在于如何衡量客户的感知价值。

（二）服务信托定价策略

服务信托属于轻资产业务，侧重服务属性，现阶段服务信托的商业模式仍处于初步的研究探索和实践验证阶段，成熟的服务信托理念和可复制的业务模式尚未形成。从定价方面来看，当前信托公司服务信托的定价普遍采取行业平均的费率为定价基础，再根据不同类别的产品，进行差别化服务定价，即多采用的是随行就市的定价策略或捆绑式的定价策略。

未来，随着信托公司服务信托业务运营管理模式的成熟，信托公司在进行产品定价时，非但要考虑业务的成本和竞争因素，更多也应体现出服务的价值。

四、慈善信托产品的定价

（一）慈善信托定价基础

近年来随着我国慈善事业日益壮大，慈善信托作为新型的慈善方式取得了良好发展。但是由于慈善信托的立法和实践仍处于初期起步阶段，慈善信托要实现规模放量和影响力提升还面临着较多的阻碍。在诸多问题之中，如何建立可持续的商业模式、如何对慈善信托产品进行定价一直是信托公司探讨的重点。

事实上，早在2008年汶川地震发生之际，为帮助和支持灾区重建工作，银监会办公厅曾下发《关于鼓励信托公司开展公益信托业务支持灾后重建工作的通知》（以下简称《通知》），鼓励信托公司依法开展公益信托业务。《通知》第六条指出，信托公司管理费和信托监察人的报酬，每年度合计不得高于公益信托财产总额的0.8%。《慈善信托管理办法》明确慈善信托属于公益信托，目前慈善信托的定价很大程度上参考了《通知》对公益信托的定价要求。

但当前信托公司在开展慈善信托业务的实践中，绝大多数都不收取信托报酬，这主要是因为慈善信托开展数量少，规模普遍较小，即使收取报酬，收取的规模也非常有限，所以很多公司更多的是将慈善信托作为公司践行社会责任、回报社会以及宣传企业品牌形象的一种方式；少量收取信托报酬的慈善信托收费在0.3%左右。

需看到的是，为了维持慈善信托业务的正常运转，信托公司要保持一定的费用支出，包括合理化的员工薪酬费用支出，来保证吸引和留住高质量的人才，同时也要不断对员工进行培训，使其不断开发、创新解决社会问题的方案；再者，信托公司还需要搭建完备的财务和IT系统等。因此，信托公司开展慈善信托业务收费的合理性毋庸置疑。同时《慈善信托管理办法》第十四条也明确指出，慈善信托文件应当载明信托报酬收取标准和方法，意味着信托公司在开展慈善信托业务时可以收取合理的报酬。而在现行的定价模式之下，信托公司开展慈善信托业务收取的费用过低或不收费，使其经常处于入不敷出的亏损状态。然而，信托公司作为以营利为目的的商业企业，在缺乏明确收益甚至是亏损的情况下，显然缺乏持续推动慈善信托发展的内在动力。因此，为了慈善信托的可持续发展，有必要为其制订合理的定价方案。

（二）慈善信托定价方法

信托公司开展慈善信托业务具有明显的正外部性，根据经济学原理，外部性将导致市场失灵，使得资源配置偏离帕累托最优状态。具体而言，我们假设信托公司开展慈善信托业务获得的收益为V_1，产生的社会收益

为 V_2，信托公司付出的成本为 C。由于外部性的存在，所以 $V_1 < V_2$，在目前的收费水平下，易得 $V_1 < C < V_2$。由于业务亏损，所以信托公司缺少开展慈善信托业务的内在激励，慈善信托的供给将低于社会所要求的最低水平。因此，我们认为，虽然慈善信托作为公益事业，信托公司开展慈善信托业务不宜将营利作为目的，但至少应当收取适当的费用以保证满足各项成本的支出，即至少需要使 $C = V_1$。

不过，即便如此，信托公司开展慈善信托业务的动力仍是不足的。原因在于，在投入同样成本的情况下，信托公司开展的其他业务不仅能够覆盖成本，而且能够获得显著的正收益。所以，在信托公司收取以成本为限的费用的基础上，监管层还需要对信托公司给予政策激励。用经济学原理来解释，目前信托公司开展慈善信托业务的亏损是 $(C - V_1)$，社会上其他人获得的收益为 $(V_2 - V_1)$，由于 $(V_2 - V_1) > (C - V_1)$。所以，可以将社会上其他人所有的收益中的一部分拿来补偿信托公司的损失，激励其增加慈善信托的开展，增加社会整体的利益，以实现帕累托改进。

综上所述，信托公司开展慈善信托业务收取的费用应当落在成本 C 和社会收益 V_2 之间，但由于 V_2 难以度量，而成本 C 的度量则相对容易。因此慈善信托的定价需要尽可能地接近成本 C，同时监管层需要对信托公司开展慈善信托业务给予适当的政策激励，比如允许信托公司适当地提高报酬的比率，让信托公司获取一定的收益，或者在信托公司评级方案中给予慈善信托更大的权重，以及完善税收优惠等。

第六节 信托产品的外部评价

近年来，我国信托管理资产规模快速增长，成为投融资市场的重要参与者。与此同时，信托产品凭借着财产独立、风险隔离等方面的制度优势，越来越受到高净值人士财富管理与资产配置的青睐。信托行业重要性的提升以及信托产品市场需求的增加，使得市场上对信托产品的研究层次不断丰富，信托产品的评价应运而生。

一、外部评价的目的和意义

当前市场上信托产品的评价并不完善，缺乏信托产品综合评判的构架体系。而大多数投资者一般仅考虑收益率、发行机构、期限等简单指标对信托产品进行评价，因此构建科学、完善的信托产品评价体系就显得尤为重要。一方面，可助力信托公司业务转型发展。资管新规后，信托公司转型发展需求强烈，信托产品评价体系的搭建有利于各信托公司将其信托产品与市场同业优质产品进行多维度比较，以此来优化升级自身产品体系。另一方面，可辅助投资者进行资产配置选择。当前，信托产品的信息披露质量相对较差，投资者较难了解到不同信托产品间的差异性和风险性，且在打破刚性兑付的大环境下，投资者如何在日益丰富的信托产品中做出合理配置选择成为一大难题。信托产品评价体系的搭建对信托产品全面、客观、公正的评价，有利于投资者直观地对比各类信托产品的利弊情况，方便投资者选择适合的信托产品来实现资产配置。

二、评价对象

从监管导向来看，当前信托产品主要可以划分为三大类，分别为：资金信托、服务信托和公益（慈善）信托。但由于服务信托、公益（慈善）信托、单一资金信托具有较强的个性化，且产品信息披露不够完善，因此难以制定标准化的评价体系；而当前标品资金信托产品发行量相对较小，产品评价的意义不大，因此以下信托产品评价体系[①]将主要聚焦于信托公司发行的传统集合资金信托产品，包括资金投向于基础产业、工商企业、房地产、金融机构领域的信托产品（不包括证券投资的信托）。

---

① 产品评价体系主要借鉴于普益标准集合资金信托产品评价研究成果。

三、评价体系

信托公司作为信托产品的发行人,承担着为受益人利益尽职管理的职责。投资者在选择信托产品时,除了关注于信托产品本身外,往往同样会关注信托公司的实力、资产管理能力等。完善的信托产品评价体系也应包含对信托产品发行机构层面的评价。

因此,集合资金信托产品的评价体系包含两大维度,分别为:产品发行机构和信托产品自身,评价权重分别为50%、50%,在两大评价维度下又划分了九大指标体系,具体如表8-3所示。

表8-3　　　　　　　　　　集合资金信托产品评价体系

项目	评价指标	二级指标	指标明细
产品发行机构	公司实力	股东实力	央企
			中央金融机构
			其他金融机构
			地方国企
			民企
		固有业务实力	总资产规模
			总资产规模增速
			净资本规模
	资产管理能力	资产管理能力	受托管理资产规模
			受托管理资产增速
		主动管理能力	主动管理资产规模
			主动管理资产规模增速
		信托报酬率	加权年化信托报酬率
	受托人声誉	机构负面舆情	
		投资负面事件	
		监管处罚事件	
	历史产品表现	产品延期或违约情况	
信托产品	产品收益	产品最高收益	
	产品期限	产品投资期限	
	产品资金投向	基础产业	
		金融机构	
		工商企业	

续表

项目	评价指标	二级指标	指标明细
信托产品	产品资金投向	房地产	
		其他	
	产品风控措施	抵押	
		质押	
		担保	
		增信	
	产品交易对手	企业实力	央企
			地方国企
			外资企业
			民营企业
		注册资本	

资料来源：普益标准。

（一）产品发行机构评价

产品发行机构的评价，从公司实力、资产管理能力、受托人声誉和历史产品表现四个维度展开[①]。

（二）信托产品评价

信托产品自身评价，主要从产品收益、产品期限、产品资金投向、产品风控措施和产品交易对手五个细项指标进行评价，也是本节主要分析的信托产品评价指标。

1. 产品收益

信托产品的收益体现了投资的收益预期，是评价信托产品竞争力的最直观指标之一。就本质而言，产品收益并非越高越好，但考虑到投资者的实际需求，评价中仍将收益率判定为越高越好，而产品风险因素主要体现于其他评价指标。

一般来说，信托产品的收益评价用期限调整后的收益率去衡量，即指标计算时需先对产品的投资期限与收益率进行回归，得出调整系数，再计算每个产品调整后的年化收益率，产品收益越高，评分越高。

---

① 关于信托机构层面评价的更多内容详见本书第六章第五节。

2. 产品期限

产品期限是评估产品流动性的指标，同时也可以反映出所投资产的灵活度。一般而言，产品期限越短，流动性越强，投资不确定性越小，潜在风险更低，对应的评分越高。但考虑到不同信托产品资产投向不同，产品期限设置也就存有一定差异，因此该项指标在信托产品评价体系中权重一般较低。

3. 产品资金投向

每只集合信托产品的资金都有对应的投资领域，产品投向决定了产品最底层的风险水平。例如，在当前我国严控房地产投资领域的情况下，房企资金链不稳定，产品兑付存在较大压力；而基础产业则是当前政策鼓励发展方向之一，且基础产业投资有较好的还款兑付预期。具体来说，当前在对产品投向领域进行评估时所遵循的原则为：基础领域、金融机构较高，证券投资和工商企业次之，房地产和其他领域较低，但需要注意的是产品资金投向衡量标准一般会随着宏观环境的变化而调整评判准则。

4. 产品风控措施

风控措施体现了交易对手在融资上的信用预期，产品的风控措施越完善，产品的抗风险能力就越强。抵押、质押、担保、增信都能够不同程度提升产品的风控水平，但就风险控制效果而言，抵押＞质押＞担保＞增信，因此评分依次降低（暂不考虑极端情况）。但需要注意的是，单只产品可以有多项风控措施，风控措施指标项分值可累加。

5. 产品交易对手

信托产品的交易对手一般从企业背景和企业注册资本两个维度衡量。

企业背景一定程度上决定了交易对手的实力以及产品兑付的预期，企业背景越强，产品投资风险越低。

注册资本是在信息数据有限的情况下，最直观体现交易对手实力强弱的数据。注册资本金额越大，承担责任越强，对应的评分越高。

第九章

信托中的投资管理与资产配置

资产管理与财富管理是信托制度最基础的功能，也是我国信托公司业务转型和升级的基本目标。现代金融学科为金融行业资产管理和财富管理的业务实践提供了大量的理论储备和技术方法，本章将基于这些理论工具分析阐述其在信托投资管理与资产配置中的具体应用。

本章分为五节。第一节介绍投资管理的理论基础，包括现代投资组合理论、资本市场理论、多因素模型、行为组合理论、价值投资理论等。第二节从资产配置的内涵与分类入手，基于信托公司的投资管理场景，详细梳理了大类资产配置与细分资产配置的具体策略方法。第三节分别介绍了信托标准化投资管理的流程以及信托非标投资管理的流程。第四节基于英国、美国、日本三个国家的数据与资料，分析了这些国家不同时期各类金融机构的资产配置和信托资产配置的发展情况。第五节从资金运用方式和投向等方面分析我国信托资产配置的发展，并与我国其他金融机构资产配置情况进行比较，结合理论分析和实践探索预判了信托资产配置与投资运营的未来发展方向。

第一节　投资管理的理论基础

资产投资组合的构建与分析是投资管理中的基础，简单来说是投资者选择纳入投资组合的多种证券如股票、债券、银行存款等，并确定其适当的权重，通过投资的多样化，降低风险达到优化。投资组合不是标的的简单随意组合，它体现了投资者的意愿和投资者所受到的约束，即受到投资者对投资收益的权衡、投资比例的分配、投资风险的偏好等限制。

现代投资组合理论（Modern Portfolio Theory，MPT）既为多样化提供了理论依据，又在实现适当的多样化过程中为组合各种证券提供了分析框架。其有狭义和广义之分，狭义的现代投资组合理论指的是马柯维茨投资组合理论；而广义的现代投资组合理论除了经典的马柯维茨投资组合理论以及该理论的各种替代投资组合理论外，还包括由以有效市场假说为核心、资本资产定价模型为基础的资本市场理论，以无套利定价理论为基础衍生的多因素模型，以及从传统有效市场不能解释的市场异象衍生出的行为金融理论等。它们的发展极大地改变了过去主要依赖基本分析的传统投资管理模式，使现代金融业投资管理日益朝着系统化、科学化、组合化的方向发展。通过现代投资组合理论和资产配置方法在信托业的运用，可以搭建有效的投资组合来帮助实现信托管理的目标。

同时，价值投资理论作为投资组合理论框架外的一套理论体系补充，在对投资者的投资理念、具体的证券投资选择、企业项目投资选择上，也有较为重要的借鉴意义。其对于企业内部价值的评估体系与方法，在信托投资的资产配置和标的选择中也有较大的应用价值。

一、现代投资组合理论

现代投资组合理论的基础与核心就是马柯维茨的投资组合理论，其提出了有效投资组合构建的基本概念,也为投资组合分析的其他方面奠定了基础。后续托宾在此基础上拓展的资产组合理论,以及其他投资组合理论的发展,都进一步丰富完善了马柯维茨的投资组合理论。

(一)马柯维茨的投资组合理论

1952年3月,美国经济学家哈里·马柯维茨发表了《资产组合选择——投资的有效分散化》[①]论文,标志着现代投资组合理论的创立。

马柯维茨传递的主要理念是投资者应同时关注投资回报率均值和回报率中的风险因素,风险是投资的真正核心,投资管理的本质是风险投资组合的构成,而分散化投资可以通过资产组合间的相关性来降低风险。"不要把鸡蛋放在同一个篮子里"的分散化理念虽早已有之,但直到马柯维茨才开始用量化方式解决多样化问题。

具体来说,马柯维茨的投资组合理论包含两个重要内容:均值—方差分析方法和投资组合有效边界模型。主要基于以下假设发展而成:

(1)假设市场是有效的,投资者能得知市场上多种资产收益与风险的变动及其原因;

(2)假设投资者都是风险厌恶的,并追求期望效用最大化;

(3)单一资产的风险以预期收益率的方差或标准差表示;

(4)假设投资者都是根据资产的预期收益率和标准差来选择投资组合;

(5)假设所有投资者都处于同一单期投资期。

基于上述假设,马柯维茨提出了以期望收益及其方差确定的有效投资组合。"均值—方差分析"即将收益率作为衡量资产收益的指标、收益率方差或标准差作为衡量资产风险的指标,标准差越大,说明该资产的投资风险越大;对两种或两种以上的资产组合,将所有可选资产看作一个整体,用资产的加权平均回报率来衡量组合收益,用各资产的方差及资产间

---

① MARKOWITZ H. Portfolio Selection [J]. Journal of Finance, 1952, 7 (1): 77-91.

的协方差来共同衡量组合风险。协方差衡量资产间的相关程度为零时，说明资产间不相关；大于零时，表明资产间呈现正相关性；小于零时，呈负相关性，协方差绝对值越大相关性越强。由此可以得到资产组合 p（各资产权重为 ω_i）的期望收益和方差有

$$E(r_p) = \sum_{i=1}^{n} \omega_i E(r_i), \sigma_p^2 = \sum_{i=1}^{n} \sum_{j=1}^{n} \omega_i \omega_j Cov(r_i, r_j)$$

由此可以看出，投资者可利用资产组合之间的相关性来分散风险，相关性越小，多样性越有效，投资组合的风险就越低。而在理性假设下，投资者追求既定风险下的最高期望收益，或是在既定期望收益水平下的最小风险，由此可以在均值—标准差坐标图中，形成最优风险资产组合的"有效边界"。具体来说，如图 9-1 中风险资产 S、H、G，形成伞状的封闭图形，为"有效集"，即组合的收益与风险集；而在投资者不同的期望收益水平下，可得到使方差最小的资产组合解，构成最小方差组合即有效组合，有效组合的期望收益率和相应的最小方差之间所形成的曲线，称为投资的"有效边界"，即图 9-1 中 GES 点之间向上凸起的曲线部分。最后，每个投资者根据自身的收益目标和风险偏好（用无差异曲线表示），在有效边界上选择自己最优的投资组合方案如图 9-1 中的 M 点，由此得到最优资产权重配置。

在信托投资管理中，马柯维茨的均值—方差模型作为现代投资组合理论的基础与开端，是投资管理、资产配置实践的重要基石。虽然在实际运用中存在对模型参数输入值变动过于敏感、输出结果不稳定等诸多缺点，但其地位无可取代，后续大量的定价理论、资产配置策略等都是在其基础上发展演进的。

（二）托宾的资产组合理论

美国经济学家詹姆斯·托宾在 1958 年发表的《流动性偏好作为影响

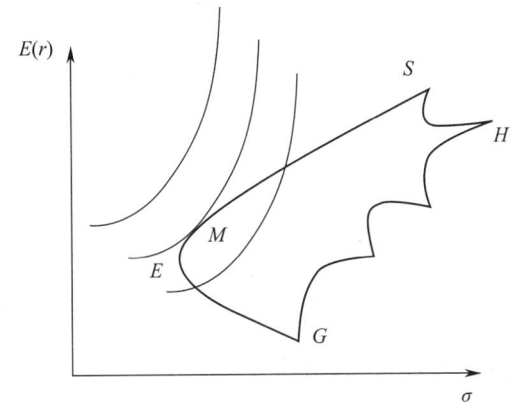

图 9-1 最优投资组合的选择

风险的行为》[①] 一文中也提出了自己的资产组合理论。与马柯维茨不同的是，托宾在研究中将无风险资产考虑进来，讨论了无风险资产和风险资产之间的选择和组合，因此他的资产组合理论是对马柯维茨理论的延续和拓展。

托宾认为，投资者在进行风险资产构成比例选择的基础上还需要考虑风险规避度的问题，因此在均值—方差界面中，所有的有效组合都在一条通过无风险收益率并与马柯维茨有效边界相切的直线上，这样投资者的最优组合选择问题可以分为以下两个步骤：

第一，投资者先选择最优的风险投资组合，这一风险投资组合在马柯维茨有效边界上，而通过无风险收益率并与有效边界相切的直线的切点就是最优风险资产组合，连接无风险利率和切点的直线就是投资者面临的有效组合的集合，同时投资者在选择这一最优风险资产组合时不考虑个体风险偏好，对任意偏好和需求的投资者都一样，这是投资决策。

第二，每个投资者在自己风险规避度和财富的约束下都会形成一个基于均值和方差的无差异曲线，同时投资者会将自己所拥有的财富在无风险

---

① TOBIN J. Iiquidity Preference as Behavior Towards Risks [J]. Review of Ecomomic Studies, 1958, 25: 65-85.

资产和最优风险组合之间进行分配，这一最优组合就是上述无差异曲线和有效组合的切点。即投资者可以根据自己的偏好和需求来选择无风险资产与最优风险投资组合之间的组合比例，可以以无风险利率贷出资金，或者借入资金，相当于融资决策。

因此，托宾将投资者的资产组合决策分解成了两个步骤，首先是最优风险资产组合的选择，其次是投资者最优投资组合的选择，并且这两个选择是互相独立的，即投资决策与融资决策完全分离，因此也叫作两基金分离定理或共同基金分离定理[1]。其理论意义在于，相较于马柯维茨得出的不同投资者有不同风险资产组合的结论，该理论得出所有投资者在选择风险资产组合时都有一个共同的"最优解"[2]，这为后来的资本资产定价模型奠定了理论基础。

从实践意义上讲，共同基金定理为共同基金、信托基金投资奠定了理论基础。不管投资者的风险偏好如何，都应该持有相同的风险资产组合，个体风险偏好仅影响风险资产组合与无风险资产配置的比例。

二、资本市场理论

资本市场理论建立在资产组合理论的基础上，是对资产组合理论的拓展。可以说马柯维茨模型是规范性的，指明了投资者应该如何去行动；而资本市场理论是实证性的，分析解决行动中的具体问题。资本市场理论以有效市场理论为核心，以资本资产定价模型（CAPM）为其主要模型，并在 CAPM 基础上不断扩展演进，适用于更接近现实的场景应用。

（一）有效市场理论（EMH）

金融理论中有一个著名的争论至今仍未有定论，那就是市场是否有效。对有效市场的理论探索和实证检验贯穿于现代金融学理论发展的整个

---

[1] 杨长汉. 中国企业年金投资运营研究 [M]. 北京：经济管理出版社，2001.
[2] 田立. 金融学方法论 [M]. 北京：中国金融出版社，2017.

进程。而有效市场理论奠定了资本市场理论的基石并构成其核心内容。

大部分研究认为"有效市场"概念是最先由法国数学家路易斯·巴舍利尔在 20 世纪初提出的。肯德尔（Kendall，1953）与罗伯茨（Roberts，1959）则发现股票价格序列类似于随机漫步，他们认为所有已知信息一定已经被反映于股价中了，股价只对新信息作出上涨或下跌的反应，由于新信息不可预测，那么随新信息变动的股价必然是随机且不可预测的。1970 年，尤金·法玛对有效市场进行了定义：所有可得到的信息总能充分地反映在价格变化中的市场为有效市场，他把这些理论形式化为有效市场假说（Efficient Market Hypothesis，EMH）[1]。

有效市场假说认为，在法律健全、功能良好、透明度高、竞争充分的股票市场中，一切有价值的信息已经及时、准确、充分地反映在股价走势当中，包括企业当前和未来的价值，除非存在市场操纵，否则投资者不可能通过分析以往价格获得高于市场平均水平的超额利润。因此，能够反映当前所有信息的股票价格表现为随机游走过程。尤金·法玛根据投资者可以获得的信息种类，将有效市场分成了三个层次：弱式有效市场（Weak - Form EMH），半强式有效市场（Semi - Strong - Form EMH）和强式有效市场（Strong - Form EMH）。

1. 弱式有效市场

弱式有效市场指当前证券价格已经充分反映了全部能从市场交易数据中获得的信息，包括过去的价格成交量、未平仓合约等。因为当前市场价格已经反映了过去的交易信息，所以弱式有效市场意味着根据历史交易资料进行分析交易是无法获取经济利润的。这实际上等同于宣判技术分析无法击败市场。

---

[1] FAMA E F. Efficient Capital Markets: A Review of Theory and Empirical Work [J]. Journal of Finance, 1970, 25 (2): 283 - 417.

2. 半强式有效市场

半强式有效市场指所有的公开信息都已经反映在证券价格中。公开信息包括证券价格、成交量、公司的经营情况、整个国民经济资料以及与公司价值有关的所有公开信息等。半强式有效市场意味着根据所有公开信息进行的分析，包括技术分析和基础分析都无法击败市场。因为投资者根据公开信息分析，一旦发现价值被低估或高估的证券，就会立即进行买卖，从而使证券价格迅速回到合理水平。

3. 强式有效市场

强式有效市场指所有的信息都反映在股票价格中。这些信息不仅包括公开信息，还包括各种私人信息，即内幕消息。强式有效市场意味着所有的分析都无法击败市场，获得超额利润。因为只要有人得知了内幕消息，他就会立即行动，从而使证券价格迅速达到该内幕消息所反映的合理水平。

对于中国股票市场有效性的相关研究也存在一定争论，大部分学者认为我国股票市场没有达到半强式有效市场，也有不少学者通过研究表明我国股票市场是在逐渐趋于或基本达到弱式有效。[1]

（二）资本资产定价模型（CAPM）

资本资产定价模型（Capital Asset Pricing Model，CAPM）是从马柯维茨均值—方差分析衍生出的资本市场理论的一般均衡模型，在 1964 年由威廉·夏普等人提出[2]，其主要研究证券市场中资产的预期收益率与风险资产之间的关系，以及均衡价格是如何形成的。

CAPM 的假设除了基于马柯维茨模型的假设外，还增加了以下假设：

---

[1] 朱孔来，李静静. 中国股票市场有效性的复合评价 [J]. 数理统计与管理，2013（1）：145 – 154. 屈博，庞金峰. 有摩擦条件下中国股票市场的弱式有效性研究 [J]. 金融与经济，2016（3）：73 – 78. 刘捷，侯卫真. 信息经济学视角下中国股市半强式有效的经验证据 [J]. 财经问题研究，2018（3）：70 – 77.

[2] WILLIAM F. Sharpe. Capital Asset Price：A Theory of Market Equilibrium Under Conditions of Risk [J]. Journal of a Finance，1964，19（3）：425 – 442.

投资者可以以无风险利率无限制地进行借入和贷出；所有投资者对于证券回报率的均值、方差及协方差具有相同的期望值；没有税负及交易成本，所有投资者可及时获得充分的市场信息。

CAPM 认为，单个证券的合理风险溢价取决于单个证券对整个投资组合的风险的贡献程度，与市场组合 M 的风险溢价是成比例的，与证券的 β 系数也成比例。β 系数用来度量证券收益率与市场一起变动的程度，反映了证券收益率对整个证券市场变动的敏感度。β 越大的资产，期望回报率应该越高。如果以 β 为横坐标，资产期望回报率为纵坐标，表征不同资产的点应在斜率为正的直线上，称为证券市场线（SML），这是 CAPM 导出的可以被验证的数量结论：

期望收益率 = 资金的时间价值(无风险利率) + 风险溢价
$$E(r_i) = r_f + \beta_i [E(r_M) - r_f]$$

从 CAPM 模型可以看到，分散化可以消除资产回报率中的一部分不确定性。市场组合所包含的不可通过分散化而加以消除的波动叫作系统性风险，而各类资产所包含的可以通过分散化消除的波动叫作非系统性风险或个体风险。

在信托投资实践中，可运用 CAPM 来确定资产组合或项目的贴现率，即用它过去回报率的历史数据计算 β，再用 CAPM 计算对组合或项目而言合理的贴现率，进而得到合理估价；可运用 CAPM 简化均值—方差分析中投资组合优化问题，如方差协方差矩阵可用 β 改写，大大减少需要估计的参数数量；还可运用 CAPM 来衡量投资业绩，詹森阿尔法（又称"詹森指数"）即是利用 CAPM 思想构造的，用于衡量共同基金表现，是测度某只共同基金平均回报率相对证券市场线的垂直偏离[1]。CAPM 中的市场组合，尽管投资中难以完全一致，但一个充分分散化的投资组合（指数基金）与市场组合仍具有很好的一致性，这使得股票与市场组合所形成的

---

[1] 徐高. 金融经济学二十五讲 [M]. 北京：中国人民大学出版社，2018：98－100.

贝塔值仍不失为一个有效的风险测度。可以说CAPM使得证券理论从以往的定性分析转入定量分析，从规范性转入实证性，对证券投资的理论研究和实际操作，甚至整个金融理论与实践的发展都产生了巨大影响。但CAPM模型关于市场的完全竞争性质、信息完备性质和一致预期性质等假设都和现实相距甚远，后续也不断有修正模型的发展。

（三）CAPM模型的扩展演进

CAPM问世半个世纪以来，人们不断改进CAPM的方法论，不断检验其功效。改进的一个思路是试图放松其假设条件，如费雪·布莱克（1972）[1] 提出的零贝塔模型放松的约束是存贷利率相等的无风险投资假设，发展存在无风险利率借入限制条件下的预期收益—贝塔均衡关系；罗伯特·默顿（1973）[2] 提出的跨期资本资产定价模型（ICAPM），放松了单一投资期假设，将模型扩展到动态环境中，构建连续时间的投资组合。

CAPM模型改进的另一个思路是除证券收益外，关注额外风险因素。如考虑流动性风险得到经过流动性调整的资本资产定价模型（Liquidity - Adjusted CAPM）（Acharya，Pedersen，2005[3]），该模型认为具有较大的流动性风险就要求较高的风险溢价，开拓了后续理论研究和实际应用模型开发的一个新的空间。再如基于消费的CAPM模型。[4] 这是由罗伯特·卢卡斯（Robert Lucas）在1978年构建的著名的树模型，给出了宽泛偏好形式下资产的定价方程式。这个方程式有着类似于CAPM定价方程的形式，但被设计为跟踪消费资产组合，即与消费增长相关性最高的资产组合，代替CAPM模型中的市场组合以关注消费机会的风险，因而被称为基于消费的

---

[1] BLACK F. Capital Market Equilibrium with Restricted Borrowing [J]. Journal of Business, 1972, 45 (3): 444 – 454.

[2] MERTON R C. An Intertemporal Capital Asset Pricing Model [J]. Econometrica, 1973, 41 (5): 867 – 888.

[3] ACHARYA V V, PEDERSEN L H. Asset Pricing with Liquidity Risk [J]. Journal of Financial Ecomomics, 2005, 77 (2): 375 – 410.

[4] 韩立岩，部慧. 金融资产风险与定价 [M]. 北京：机械工业出版社，2015.

CAPM（C – CAPM）。尽管实际运用中，C – CAPM 与 CAPM 模型一样存在并非所有资产都具有可交易性等问题，不过其可将消费对冲及可能的投资机会的变换结合起来，将资产价格与宏观指标联系在一起，加深了我们对资产定价的理解。有研究表明，这一模型比 CAMP 模型更能成功地解释资产的收益。

三、多因子模型

资本资产定价模型是指定一个单一风险因子来解释单个证券或证券组合的内在波动性，而后发展出很多运用多因子来解释风险与收益率关系的思想与应用。套利定价理论是多因子模型发展的起点，同时也是对资本市场理论的进一步拓展，后续法玛的三因子模型、五因子模型更是发展完善了多因子模型。

（一）套利定价理论（APT）

套利定价理论（Arbitrage Pricing Theory，APT）是 1976 年由斯蒂芬·罗斯提出的[①]，是对 CAPM 在逻辑上的自然延伸，同时又包含了一些无套利的思想，认为套利行为是市场均衡形成的一个决定因素。如果市场未达到均衡状态，就会存在无风险套利机会，并且用多个因素来解释风险资产收益。CAPM 与 APT 的差异是本质上的，CAPM 是一般竞争均衡，其对于投资者的要求是一致的，而 APT 允许投资者的异质性，突出少数套利机会发现者的套利机理。

APT 建立在比 CAPM 更少更合理的假设基础上，基本假设仅有三个：投资者有相同的理念；投资者是回避风险的，而且还要实现效用最大化；市场是完全的，因此对交易成本等因素都不作考虑。

APT 又可以分为单因子模型和多因子模型，一般是多因子模型，套利

---

① ROSS S A. The arbitrage theory of capital asset pricing [J]. Journal of Economic Theory, 1976 (13): 341 – 360.

均衡公式为：$\bar{r}_i = r_f + \sum_{k=1}^{K} \beta_{i,k} \lambda_k$（其中 λ_k 为第 k 个因子的风险溢价）。其含义是，在没有套利机会时，一个证券或者组合的必要收益率等于无风险利率加上风险因素的风险溢价。结论：当所有证券关于因子的风险价格相等时，则证券之间不存在套利。在 APT 多因子模型中，可不断发掘对资产回报率有解释力的因子，可以是直接可观测的变量，也可以是无法观测的。从 APT 模型中可以看到系统风险并不仅仅只是整个市场或经济的波动，还可能来自其他源头。

在信托投资实际运用中，APT 多因子模型运用得很广泛。主要运用在对冲、选股和统计套利上。如以跟踪各种金融指数的 ETF 基金作为因子，构建的多因子模型可以用来对冲风险；如用一个对股票期望回报率有强解释力的因子来给所有股票从好到坏排个序，买入前面的股票（卖出后面的股票），就应该能获得不错的回报。但缺点在于实际用因子拟合来预测资产回报率是困难的。

（二）三因子模型和五因子模型

尤金·法玛在 1993 年提出了著名的"三因子模型"[1]，指出资产的回报可以由其所界定的三个因子来很好地解释，包括市场溢价、规模溢价和价值溢价：

$$R_{it} = \alpha_i + \beta_{iM} R_{Mt} + \beta_{iSMB} SMB_t + \beta_{iHML} HML_t + e_{it}$$

其中，SMB 表示市值规模小的股票投资组合与市值规模大的股票投资组合的收益差，HML 为高账面—市值比的股票投资组合与低账面—市值比的股票投资组合的收益差。2013 年法玛和弗伦奇又在此基础上提出了五因子模型[2]，新加入了高—低盈利股票投资组合的回报之差 $E(RMW)$，以及低—高再投资比例公司股票投资组合的回报之差 $E(CMA)$。

---

[1] FAMA E F, FRENCH K R. Common Risk Factors in the Returns on Stocks and Bonds [J]. Journal of Financial Economics, 1993, 33 (1): 3 - 56.

[2] FAMA E F, FRENCH K R. A Five – factor Asset Pricing Model [J]. Journal of Financial Economics, 2015, 116 (1): 1 - 22.

有实证研究证明，法玛和弗伦奇（Fama-French）的多因子模型在中国的证券市场，对股票横截面收益率具有显著的解释力。也有研究提出，其他流动性因素、技术因素、政策因素等，对中国股市也有不可忽视的影响效应。

四、市场异象与行为金融学

现实市场往往存在违背有效市场理论的市场异象，通过对这些异象的利用可以获得超额收益，但并不能确定其是反映了没有考虑到的风险溢价，还是无效市场。异象在主流金融理论框架下有相应的解释，同时对异象的研究也催生了行为金融学派的产生和发展。不同于传统理论认为投资者是理性的，行为金融以投资者的非理性为前提，并由此衍生出基于行为金融的组合理论和资产定价理论等。

（一）市场异象及其解释

现有文献中常被分析到的市场异象有以下几种：①股票溢价之谜，指股票市场的总体历史收益率水平高出无风险收益率（同期国债收益率）的部分很难由基于消费者的资产定价模型来解释。②波动率之谜，指证券价格的波动明显过大，远远大于由有效市场理论所预测的内在价值的波动。③日历效用。有一月效应，研究表明一月份的股票收益率是一年中最高的，至少是其他月份的股票收益率的两倍；有交易周的日效应，研究者发现股市上星期一的平均收益率常为负数，星期三和星期五的收益率则为正数；还有节日效应，即节前的几天收益率特别高，而节后的收益率一般较低。④规模溢价之谜，指小公司股票的收益率大于大公司股票的收益率。

对于异象存在着多种解释。首先我们注意到，在某种程度上，这些现象是部分相关的。法玛和弗伦奇（1993）认为这些效应可以解释为风险溢价的典型表现。就跟上面提到的三因子模型一样，法玛和弗伦奇认为这些收益模式与有效市场中收益和风险的相匹配是一致的。

相反的解释是由拉克尼肖克，施莱费尔和维什尼（Lakonishok，Shleifer，Vishney，1995）提出来的。他们认为这些现象是无效市场的证明，更进一步说，是股票分析师预测的系统偏差。他们认为，分析师将过去的业绩外推到太远的未来，因而最近表现好的公司股票定价过高，而最近表现差的公司股票定价过低。最终，当市场参与者认识到了他们的偏差以后，价格就开始逆转。

（二）金融市场摩擦

市场异象的一部分还可以用金融市场中的摩擦来解释。无论是CAPM等均衡定价模型，还是APT等套利分析，都是在理想的世界中分析金融问题。在理想的世界里，世界所处的状态（或是事件）是公共信息，所有人都知道。市场是完备的，人们可以自由地交易，从而在任意两个状态之间调配资源，任意资产的价格也可以被唯一地确定下来。而在真实世界中，广泛存在着各种各样的金融摩擦（financial frictions），这些摩擦包括信息不对称（asymmetric information）、交易成本（transaction cost）、期限错配（maturity mismatch）等。这些金融摩擦的广泛存在，让许多在理想世界中可以进行的交易在真实世界中无法发生。将这些摩擦忽略掉，很多真实世界中的金融现象就无从分析。①

首先，信息不对称是引起金融市场摩擦的主要原因之一。所谓信息不对称，指不同的经济主体之间对信息的掌握并不一致。信息不对称可以分为两大类。一类是逆向选择（adverse selection），发生在事前即交易合约签订之前的信息不对称，具体是说当交易的双方存在不对称信息时，有私人信息的一方可能会选择性地进行那些对自己有利的交易，而不进行对自己不利的交易，从而让另一方利益受损。另一类是道德风险（moral hazard），发生在事后即交易合约签订之后的信息不对称，具体是指当交易一方的行为不为另一方所知，且行为的成本由另一方承担时，做出行为的一

---

① 徐高. 金融经济学二十五讲 [M]. 北京：中国人民大学出版社，2018：252-253.

方会变得更加不审慎。

信息不对称放在金融市场中举例来说，当公司从金融市场上募集资金时，对募集资金所能获得的投资回报率，公司比市场上的投资者了解得更清楚，因而带来了信息不对称的问题。投资者由于无法区分企业好坏，就只能给所有企业的融资都打上一个折扣，以弥补自己碰上坏企业会遭受的损失。这会让高回报的好企业面临更为不利的融资条件，形成了好企业对坏企业的交叉补贴。当然，企业也有可能通过其行为来揭示其好坏类型，从而企业的价值也会因为投资者掌握信息的不同而发生变化。信息分布的不同也可能带来很不一样的资产价格。

其次，交易成本也是引起金融市场摩擦的原因，与信息不对称有一定程度的重叠，因为信息成本也是重要的交易成本之一。威廉（1985）将交易成本归类为签约、谈判、保障契约等事前的交易成本，契约不能适应所导致的事后的交易成本、讨价还价的成本以及约束成本。交易成本的产生原因：一是交易商品或资产的专属性，即交易所投资的资产本身不具有市场流通性，或者契约一旦终止，投资于资产上的成本难以回收或转换使用用途。二是交易不确定性，指交易过程中各种风险的发生概率，交易双方往往通过契约来保障自身的利益，因此交易不确定性的升高会伴随着监督成本、议价成本的提升。三是交易的频率，频率越高，相对的管理成本与议价成本也会升高。

最后，期限错配引起的金融市场摩擦，简单说就是资金借出方与资金借入方所需求的期限不匹配。理想的金融市场不需要金融中介机构的存在，但现实世界中金融中介机构除了改善信息不对称引起的市场摩擦，更重要的功能就是通过期限转换来解决期限错配的问题，从而为金融市场提供流动性。

（三）行为金融学与应用

1. 行为金融学思想

除了金融摩擦引起的原因外，市场异象仍有很多不能解释的现象。前述的理论都是建立在理性的框架下讨论的，理性意味着人们会在约束条件下选择对其最有利的选项，如果市场中有不理性的人或行为，套利者会从中获取套利收益，从而让市场行为不断向理性收敛。但观察现实世界，套利可能存在各种限制，非理性的投资者也是普遍存在的。针对传统有效市场理论的基本假设，行为金融学提出了质疑，认为人们在投资过程中是非理性或有限理性的。所以行为金融学就从微观个体非理性行为以及产生这种非理性行为的心理动因来解释、研究和预测金融市场的发展。

行为金融理论认为，投资者心理与行为对证券市场的价格决定及其变动具有重大影响。这种影响可分为套利限制和心理偏差两部分。一方面行为金融学认为市场中的套利力量并非完美，会因为种种原因而在市场中留下未被发掘的套利机会。另一方面用心理学研究中发现的人所普遍具有的认知偏差（如厌恶损失、过度自信等）来替换经济学的理性人假设，具有行为偏差的人自然就会导致在市场中形成不一样的资产价格。[①]

大体来说，行为金融学所认为的对套利的限制来自基本面风险、实施成本和噪声交易者风险等因素。如果理性投资者能够从行为角度在投资者的错误中接受教训，则这些行为偏差对股票定价就不会产生影响。因为一旦价格有所偏离，理性的利润追逐者将通过交易重新建立恰当的价格。然而，行为金融学的倡导者认为，实际上有一些因素限制了从定价不当中获利的能力，这些因素既有决策主体行为和心理层面的，又有市场环境和制度层面的。从这个意义上来看，行为金融理论和主流金融理论也有交叉和重合。

2. 行为组合理论和行为资产定价模型

行为金融学的理念在现代资产组合理论中进一步发展，拓展了原有的资产组合理论和资本资产定价模型。

行为组合理论（Behavior Portfolio Theory，BPT）是在现代资产组合理论的基础上发展起来的，由斯塔曼（Meir Statman）和谢弗林（Hersh She-

---

[①] 徐高. 金融经济学二十五讲［M］. 北京：中国人民大学出版社，2018：282.

frin）于 2000 年首创性提出。它针对马柯维茨的现代资产组合理论中均值—方差方法以及以其为基础的投资决策行为分析的缺陷，从投资人的最优投资决策实际上是不确定条件下的心理选择的事实出发，以此来研究投资者的最优投资决策行为。

行为资产定价模型（Behavioral Asset Pricing Model，BAPM）是行为金融理论的核心，是对资本资产定价模型（CAPM）的扩展。在 BAPM 模型中，投资者被划分为信息交易者和噪声交易者。信息交易者是"理性投资者"，他们通常支持 CAPM 模型，避免出现认识性错误并且具有均值方差偏好。噪声交易者通常跳出 CAPM 模型，易犯认识性错误，没有严格的均值方差偏好。当信息交易者占据交易的主体时，市场是有效率的，而当后者占据交易的主体地位时，市场是无效率的。可以看出，BAPM 既有限度地接受了市场有效性，也秉承了行为金融学所奉行的有限理性、有限控制力和有限自利[1]。

五、价值投资理论

在现代投资组合理论发展的同时，价值投资理论也有其忠实拥趸并不断发展。格雷厄姆和多德在 1934 年首次提出了"价值投资"的概念。区别于有效市场假说认为的证券能立即反映所有现有信息，以及投资组合理论、CAPM 等基于的"理性人"、市场无摩擦、信息充分等假设，价值投资倡导的基本理念是市场并不完全有效，价格与价值差异经常存在，收益是以价格与价值之间的绝对差额来衡量的，而降低风险的途径是寻找价值超过价格所带来的安全边际，理论的核心是基本面分析具有重要价值。

格雷厄姆和多德认为，"价值投资的本质在于以低于股票内在价值的价格购买股票，以获得股票超额收益，企业未来的经营风险应该以低于有

---

[1] 参考 MBA 智库百科．行为组合理论，行为资产定价模型，https：//wiki.mbalib.com/wiki/%E8%A1%8C%E4%B8%BA%E7%BB%84%E5%90%88%E7%90%86%E8%AE%BA。

形账面价值的股票交易来对冲①。格雷厄姆提出运用基本面分析来衡量上市公司"内部价值",主要考虑的基本面因素有公司规模、财务状况、盈利能力以及投资潜力等。公司规模越大,在行业发展中的地位越重要,经营和收益状况越稳定;盈利能力包括利润稳定性和利润成长性两大方面,利润稳定性考察近几年公司的每股收益或净利润是否持续稳定,利润成长性考察企业利润的增长率;财务状况以流动比率和每股净流动资产为代表,数值越大,企业偿还账务和破产清算的能力越大,投资者的安全边际也越大;投资潜力以市盈率P/E、股价资产比以及股息支付能力等为代表,投资潜力越大,越容易获得超额收益。

格雷厄姆还区分了防御型和积极型投资者,提出相对应的证券组合策略及选股建议②。对防御型投资者,建议将资金分散投资于高等级的债券和多样化的优质普通股,投资于股票的资金不低于25%、不高于75%;在选股上遵循适当分散投资股票,选大型企业、杰出企业、融资保守的企业,股息持续发放20年以上,市盈率不超过25倍等原则。对积极型投资者,推荐三种选股策略:购买相对不受市场追捧的大公司股票;买进被严重低估的便宜股票;特殊情况或"破产债务重组"股票套利。

费雪(1959)则认为"格雷厄姆的内在投资策略过于强调价值投资的安全性,而忽视上市公司的成长性,要想实现超额利润,就必须投资那些发展潜力大的上市公司,并尽可能地与最有能力的管理者合作③"。在选股策略上,费雪更加侧重根据上市公司的内部管理能力和营运能力筛选价值股,强调上市公司的成长性,主张从"质"的方面对上市公司进行基本面分析,以判断上市公司的内部价值。但费雪提出的定性指标存在难

---

① Graham B, Dodd D L. Security Analysis: Principles and Technique [M]. McGraw-Hill, 1934.
② 本杰明·格雷厄姆. 聪明的投资者 [M]. 4版. 王中华,等,译. 北京: 人民邮电出版社, 2010.
③ FISHER P A. Common Stocks and Uncommon Profits and Other Writings [M]. John Wiley&Sons, 2015.

以评估量化的问题。

后续巴菲特等价值投资的追随者，则将格雷厄姆的"安全边际"与费雪的"超额利润"相结合，寻找高成长性公司的安全空间，从操作上落地。巴菲特理解的安全边际是"用4毛钱的价格去购买价值1元钱的股票"。

从信托投资的实践运用来看，价值投资理论相对于投资组合理论，更多的是在具体的选股策略、具体的企业项目选择策略、非标准化投资流程上有所启发，尤其是在对企业的内部价值评估上，有很多值得参考的指标参数，如财务状况、盈利能力、稳定性、增长性、偿债能力、投资潜力等。尤其是针对信托投资中非标资产配置的主体选择和项目选择，价值投资理论的思想和方法很有借鉴意义。

第二节　信托资产配置的策略

资产配置是指根据不同投资者的收益风险偏好及投资类型等约束条件，将投资资金在不同资产类别之间进行分配的一种投资策略，其核心思想是分散化投资，以获取各类资产的风险溢价，提高收益风险比。

在信托的投资运营管理中，资产配置是最关键的步骤，是最核心的决策，是决定信托机构或产品长期收益的最重要因素之一。为了有效地做出资产配置决策，达到长期的收益与风险目标，业界与学界拓展了很多资产配置的策略方法。从不同的角度可以将资产配置分为不同类型的策略，从大类资产配置和细分资产配置的具体策略来说，历史演进中也发展了各类模式方法，有其各自的优缺点。而投资管理与资产配置是个动态的过程，需要不断进行执行、反馈的流程。

一、资产配置的内涵与分类

长期以来，有效的资产配置被视为投资组合业绩表现的关键因素。从实证层面对于资产配置重要性的讨论,最早源于布林森等人(BHB,1986)[①],他们研究了 91 只养老基金,指出资产配置可以解释投资组合业绩差异的 93.6%(另外两个因素为证券选择和市场择时),后续更新为91.5%(1991)[②]。尽管其后的研究也有数据、方法、研究视角等方面的差异和分歧,但主流文献如伊布森和卡普兰(2000)[③]、熊、伊布森等人(2010)[④] 的研究用共同基金、养老基金等数据,进一步证实资产配置策略是收益水平以及收益率差异的主要原因。

在信托资产投资组合的管理中,若要通过有效的资产配置获得分散化投资优势,就需要配置相关度较低的不同类别资产,低相关性可以更好地权衡与匹配资产组合的收益与风险,从而实现信托投资组合收益风险比的提升。多资产配置在将资金分散到不同资产类别的同时,也将风险进行了分散。通常大类资产配置所选择的资产类别具有较低的相关度,且它们对股票市场、货币市场、利率、通胀、信用利差、波动率等可能有不同的反应与敏感度,可以有效降低组合的波动率。相比于集中化投资,获取相同收益的同时多资产配置可能会有更低的风险,故其有利于长期操作,在保证信托本金的同时赚取一定收益。

从不同的角度来看,资产配置策略大致可以有以下几种分类。

(一)自上而下与自下而上的配置策略

自上而下按照"宏观—中观(行业或板块)—微观(公司或企业)"的体系,进行投资组合的构建,注重于在宏观和行业的分析下,对大类资产的积极配置,在具体的择时和选股上采取相对消极的态度。在宏观分析

---

① BRINSON, GARY P, HOOD L R, Gilbert L. Beebower: Determinants of Portfolio Performance [J]. Financial Analysts Journal, 1986, 51 (1): 133 – 138.

② BRINSON, GARY P, SINGER B D, BEEBOWE G L. Determinants of Portfolio Performance: II: An Update [J]. Financial Analysts Journal, 1991, 47 (3): 40 – 48.

③ IBBOTSON, ROGER G, KAPLAN P D. Does Asset Allocation Policy Explain 40, 90, or 100 Percent of Performance [J]. Financial Analysts Journal, 2000, 56 (1): 26 – 33.

④ XIONG, JAMES X, IBBOTSON R G, THOMAS M I, CHEN P. The Equal Importance of Asset Allocation and Active Management [J]. Financial Analysts Journal, 2010, 66 (2): 22 – 30.

时，结合国家的经济增长、通胀、政治、货币等基本因素，以及流动性、市场情绪、波动幅度等技术因素，进行预测分析。

自下而上的投资策略偏重对公司层面的分析，侧重于从择时、选股方面着手，采用定量分析或定性分析的方式，直接选择资产类别中的具体投资标的，可分为行业集中配置和个股集中配置。

(二) 战略型与战术型的配置策略

战略型资产配置（SAA）也叫方向性资产配置，是长期策略，一般在5年到10年。根据长期收益率—风险投资目标，确定资产组合中所包括的资产类别，以及最优化资产权重结构。即以追求长期回报为目标，对投资组合中的资产类别进行选择，并在评估持有期回报率和风险后，决定长期内不同资产的目标配置比例，在可容忍风险水平上选择能提供最优回报率的投资组合。

战术型资产配置（TAA），是短期策略，一般在3个月到12个月。即在短期内通过抓住相对价值和市场机遇变化带来的机会，对风险进行转移和调整，以实现增强业绩表现的目的，是一个对战略型资产配置的资产权重进行调整的过程，可以迅速有效地调整资产配比。战术型资产配置通过增加来源不相关的"阿尔法"来优化有效边界，也可以看作是主动投资策略的一种。战术型资产配置分为基础投资工具交易策略、衍生工具覆盖策略、单一战术型资产配置策略。择时交易是战术型资产配置的极端形式，但大多数的结论表明择时交易策略并不能增加价值。

(三) 主动管理与被动管理的配置策略

主动管理即根据资本市场预期的变化而进行投资调整，是建立在对经理人能力的信任之上的，这种能力需要经理人比其他投资者能更持久、更准确地评估资产的当前价值或未来发生的事件对价值可能产生的影响。主动管理的经理人在付出一定时间和成本后，可能战胜市场。

被动管理是与主动管理相对立的概念，即不随资本市场预期的变化而变化。通常被认为等同于指数管理，实际上指数管理是被动管理的一个特殊附属部分。被动管理的经理人也可能做出主动的交易决策，但其决策是基于当前所有投资者都可以获得的信息之上，不是建立在预测未来走势和事件的基础上。

二、大类资产配置的具体策略

下面简要介绍几个在国外资产配置应用研究的发展历史中有代表性的策略，它们中的大部分至今仍在投资与资产管理实践中被反复使用与拓展。

（一）资产配置策略的起始与基石

1. 恒定混合策略：资产配置策略的起始

早期的大类资产配置策略可以追溯到 20 世纪 60 年代以前，始于传统简单的恒定混合策略，即保持投资组合中各类资产的价值权重不变，起到一定的分散风险的作用。典型的恒定混合策略包括等权重配置策略和 60/40 配置策略。

等权重配置策略，就是在有 N 种可投资资产时，保持每类资产的投资权重为 1/N。这种平均化分配财富的思想可追溯到《巴比伦法典》（也称《汉谟拉比法典》）中的记载：人们应将财富设置为同等比重的土地、商业贸易和现金储备。① 该策略一方面是简单的最大分散化策略，关键在于保持所配置资产具有足够的多样性，以降低风险。另一方面实质上是一种反转策略，即在一段时间内，当某类资产获得超常上涨时，其持有数量将被调低，保持固定权重不变；反之将被调高。因此当资产收益呈现均值恢复的规律时，这种高抛低吸的操作会使资产组合自然获利。这也需要对市场变化做出实时反应，及时重新配置。等权重策略操作简单，长期收益效果也较好，许多学术研究表明，等权重模型比其他很多资产配置模型都

---

① 张学勇，张琳. 大类资产配置理论研究评述［J］. 经济学动态，2017（2）：137-147.

更有效（如德米格尔等，2009[①]）。其理论层面的主要意义在于具化了在各种环境中实现资产保值增值的思想，并为之后量化交易和智能投顾奠定了基础。但主要缺陷在于不考虑各种资产收益率之间的相关关系，简单地追求分散化操作，且当组合中存在某个资产风险远大于其他资产时，等权重组合风险分散能力就大打折扣了。

60/40配置策略，产生于20世纪30年代的美国市场，最初是将资产的60%配置标普500指数股票，40%配置10年期美国国债，定期（如每年）进行平衡。20世纪50—70年代，主流的长期目标资产配置是60%股票、30%债券、10%现金及等价物。在当时美国市场盛行该策略的原因主要基于两方面：一方面从投资者观点来说，当时普遍认为股票收益和债券的相关关系几乎为零，因此60/40配置策略被认为能够达到分散风险的目的；另一方面基于当时的美国市场，这一策略主要针对的是养老金投资，从历史上以十年为尺度看，美股都拥有比较确定的收益，美国国债的收益率也相当可观，显著地跑赢通胀，且当时还没有足够丰富的全球资产可供配置，选择美国国内的资产也是必然之选。这种策略的优点是简单，但主要缺点在于风险暴露程度较高，波动率较大，投资者需要更分散的投资组合。

从投资管理实际运用中来看，恒定混合策略也一直受到不少投资者的喜爱。瑞士经济学家和基金管理人麦嘉华（Marc Faber）就长期使用等权重投资组合策略，将总资产等分地投资在黄金、股票、房地产或房地产股票、债券或现金四大类资产上。从1973—2013年全球市场的实际数据来看，该组合是为数不多的十年平均实际收益率均为正的投资组合之一（Faber，2015[②]）。而60/40配置策略则可能是被最广泛使用的资产配置模

[①] DEMIGUEL V, GARLAPPI L, UPPAL R. Optimal versus naive diversification: How inefficient is the 1/N portfolio strategy? [J] Review of Financial Studies, 2009 (22): 1915–1953.

[②] FABER M. Global Asset Allocation: A Survey of the World's Top Investment Stragies [M]. The Idea Farm, 2015.

型，很多主权基金和养老金都主要以股债配置为主，例如挪威主权养老基金 GPFG（60% 股票 + 40% 债券）和日本政府养老金投资基金（50% 股票 + 50% 债券），都是该策略的运用拓展。但早期的恒定策略还是相对简单机械了，没有足够的主观因素判断，也没有相机抉择的机制，随着全球可配置资产种类的扩大以及 20 世纪 90 年代以来的利率逐渐走低趋势，这些简单策略更多是作为一种子策略或者策略组合成分在运用了。

2. 均值—方差模型：资产配置理论的基石

20 世纪 50 年代，马柯维茨（Markowitz，1952）[①] 均值—方差模型的提出正式将大类资产配置由实践层面的摸索提升到了理论层面的推演，将风险管理和资产管理划时代地联系起来，资产配置由此开始从定性向定量转变，可以说均值—方差模型是后续资产配置策略发展的奠基石。

均值—方差模型是基于历史可以重复的假设，用历史数据量化各类投资的期望收益和风险方差特征，并采用最大化投资者效用函数，获得既定风险下的最高收益或既定收益率下的最低风险的投资组合。由此出发，资产配置领域也相继有最小方差模型（Min Variance）、最大化分散模型（Most Diversified）、目标风险模型（Target Variance）、目标收益模型（Target Return）等。

均值—方差模型的优点在于简单直观，量化收益与风险，所需参数仅有预期收益、波动率以及相关系数，在给定约束下求解最优。但其缺陷也很突出，后续的模型也是针对这些缺陷不断在各方面改进：一是结果对输入参数高度敏感，收益预期的轻微改变就会引起组合权重的较大震荡，导致输出的结果不稳定，收益与风险的估计误差会极大影响资产权重，有时会出现持仓过度集中。为解决输入参数的敏感性问题，通常有三种方式：附加约束条件、重抽样以及逆向优化（后续要讲的 B - L）。二是限于单期投资，是静态模型，没有考虑跨期现金流动，在实际运用中存在局限性。

---

① MARKOWITZ H. Portfolio Selection [J]. Journal of a Finance, 1952, 7 (1): 77 - 91.

后续的改进以默顿（Merton，1969）[①]为代表，其从几何布朗运动出发，通过动态规划的方法得到了最优投资消费策略的显式解。三是没有充分刻画下行风险，使用方差测算风险，同等对待收益率的正负离差，没有区分收益和损失，如果收益并非正态分布，就会对资产的真实风险产生误判。

在投资管理理论与实践中，均值—方差模型是很多策略组合的构建基础，后续很多模型、方法、优化运用也都是在均值—方差模型基础上的变形改进，直至现在业界与学界仍不断在此基础上进行探索研究。

（二）在传统理论上改进的资产配置策略

很长一段时间，资产配置策略都是在现代投资组合理论的框架下进行改进发展，衍生出很多更适用于投资实践的资产配置策略。这里选取几个迄今为止仍广泛使用的经典策略加以说明。

1. 投资组合保险策略：锁定基本收益

投资组合保险策略的研究起源于风险承受能力较低的保险机构的需求，由于其受资金端成本的约束，保险机构比一般机构投资者更关注投资风险，对损失有可控性的强烈要求，故可以保护投资者基本收益的投资组合保险策略应运而生。简单来说，投资组合保险策略就是将一部分资金投资于无风险资产，从而在保证资产组合最低价值的前提下，将其余资金投资于风险资产并随着市场的变动调整风险资产和无风险资产的配置比例。

早在20世纪70年代，莱兰和鲁宾斯坦（1976）[②]在期权定价公式基础上，提出基于期权的投资组合保险策略（Option – based Portfolio Insurance，OBPI），策略主要运用期权的方式平抑风险，通过在投资初期支付期权费来换取未来投资标的价格下跌时受到补偿的权利，从而锁定投资组合下跌的风险。开始用的是欧式保护性卖权，但实际市场上很难找到一致

[①] MERTON R C. Lifetime portfolio selection under uncertainty: The continuous – time case [J]. Review of Economics and Statistics, 1969, 51 (3): 247 – 257.

[②] LELAND H M. Rubinstein. Evolution of portfolio insurance [J]. Portfolio Insurance: A Guide to Dynamic Hedging, 1976.

的对应标的卖权。于是他们（1981）① 又设计出了复制性卖权策略（Synthetic Put Option，SPO），将欧式保护性期权中的股票和卖权的组合变为只有无风险资产和风险资产的组合。虽然 SPO 弥补了 OBPI 的不足，但实际运用中需要对许多参数进行估计，并且需要根据市场变化不断调整，估计误差和交易成本很容易吞噬组合的收益甚至本金，这促进了设定参数型投资组合保险策略的产生。

设定参数型投资组合保险策略从复制性卖权策略上发展出来，具体包括两种。一种是固定比例投资组合保险策略（Constant Proportion Portfolio Insurance，CPPI），由布莱克和琼斯（1987）② 提出，允许投资者根据个人收益期望值和风险承受能力选择金额、风险乘数和固收资产预期收益三大核心参数，并通过动态调整风险资产和无风险资产的组合比例，保证本金安全。另一种是时间不变性投资组合保险策略（Time Invariant Portfolio Protection，TIPP），由埃斯特普和克里茨马（1988）③ 提出，出发点是"既保护本金，又保护收益"，将保险额度与资产净值挂钩，当市场走向多头时，对保险额度进行只上不下的动态调整。设定参数投资组合保险策略消除了参数估计误差，但仍存在连续调整频繁交易带来的交易成本问题，和追涨杀跌策略带来的对趋势判断要求较高的问题，因此有许多学者分别从策略绩效、保险成本、调整法则等角度进行了研究和修正。④

在投资管理实践运用上，目前我国的避险策略基金（保本型基金）、股债平衡基金等使用的投资策略组合很多都是 CPPI 与 TIPP，各基金的区别主要是策略参数以及所投细分资产的差异。而由于国内期权工具较缺

---

① RUBINSTEIN M，LELAND H E. Replicating options with positions in stocks and cash [J]. Financial Analysts Journal，1981，37（4）：63 – 72.

② BLACK F，R. W，JONES. Simplifying portfolio insurance [J]. Journal of Portfolio Management，1987，14（1）：48 – 51.

③ ESTEP T，KRITZMAN M. TIPP：Insurance without complexity [J]. Journal of Portfolio Management，1988，14（4）：38 – 42.

④ 张学勇，张琳. 大类资产配置理论研究评述 [J]. 经济学动态，2017（2）：137 – 147.

乏,复制性卖权策略则用得较少。可以看到,在目前净值化管理的新格局下,刚性兑付的保本型产品逐步清退,探索以组合保险为代表的避险策略是满足以"保本"为目标的低风险投资需求的主要方向之一。

2. Black-Litterman 模型:融入投资者观点

从 20 世纪 50 年代均值方差模型出现到 90 年代之前,大类资产配置多停留于理论研究阶段,直接可用于大类资产配置的量化策略并不多见,主要是因为不同种类资产之间存在较大差异,很难通过统一的标准进行评价。直到布莱克和莱特曼(1992)[①]在高盛投资公司就职期间提出 Black-Litterman 模型(以下简称 B-L 模型),可用于实践的量化型大类资产配置策略才开始发展壮大。

B-L 模型综合运用了均值方差理论与贝叶斯定理的混合估计法,将投资者主观观点与市场均衡回报相结合,使模型结果更稳定。具体思路为:先根据逆向优化思想,得到隐含的市场均衡收益率,这个先验信息即为先验预期收益率;再融入投资者对资产的主观预期构成观点矩阵和信心矩阵,基于先验的预期收益率运用贝叶斯法则形成新的期望收益率和方差参数,此即后验预期收益率;最后基于模型得出的后验预期收益率得到最终的后验资产配置权重。其主要特点一是通过市场可观察信息推出隐含参数,减少了人为设定;二是加入了投资者对资产的主观预期并进行量化,且可以融合多方观点给出不同权重,使模型结果更加稳定和准确。而主要缺陷在于涉及的参数较多、主观性的运用使得估计和运算难度提升,且其对主观观点的质量要求较高,需要具备一定的专业性。后续很多学者以及机构分别从输入参数和模型结构两方面对 B-L 模型提出了改进意见,使其更加适用于真实的市场环境,更符合投资者习惯。

从在资产管理的实际运用中看,B-L 模型自推出之后在全球资产配

---

① BLACK F R, LITTERMAN. Global portfolio optimization [J]. Financial Analysts Journal, 1992, 48 (5): 28-43.

置实务中得到了很好的应用，现已成为高盛公司资产管理部门在资产配置上的主要工具。国内很多资管机构也在资产配置策略中将 B – L 模型作为基础配置工具，加以改进配合运用。

3. 大学捐赠基金模型：另类资产的配置价值

大学捐赠基金模型是一类投资组合管理理念的统称，自 20 世纪 90 年代开始，以耶鲁大学捐赠基金为代表，很多美国大学出于自身需求以及合理避税等考虑，纷纷利用其智力资源，主动管理所接受的捐赠资金，且逐渐采取更为积极主动的资产配置方式。

大学捐赠基金本身主要有永续性、每年支出可控和规模大的特征，这就为其投资流动性低、投资周期长但回报率高的资产种类（如私募股权基金等）提供了可能。所以捐赠模型是在均值方差模型的基础上拓展了资产类别，更加注重另类资产的配置价值。其主要特点在于：针对长期目标采取主动型多元化投资策略，配置了房地产、对冲基金、私募基金、PE 等非传统另类资产，更频繁地根据市场情况进行灵活调整，增加另类资产的配比改善了整体投资组合的收益水平，也增强了回报的稳定性。美国高校经营管理协会（National Association of College and University Business Officers，NACUBO）对美国 802 所高校投资机构的调查显示[①]，截至 2018 年 6 月末，美国高校投资基金规模约为 6165 亿美元，在另类投资、股票、现金/固收上的配置比例分别为 53%、36% 和 11%。其中顶级大学捐赠机构（包括哈佛、耶鲁、普林斯顿、哥伦比亚等 11 所高校）在另类资产上的配置高达 58%，远高于股票（32%）和现金/固收（10%）。但捐赠基金由于其覆盖完整的经济周期，对管理者的主动管理能力要求也较高。也有学者（Barber&Wang, 2013）[②] 对大学捐赠模型的投资表现提出质疑，认为并没有证据表明大学基金管理过程中经理人选择、市场择时等

---

① 资料来源：NACUBO 官网, https://www.nacubo.org/。

② BARBE B M, WAND G J. Do (some) university endowments earn alpha? [J]. Financial Analysts Journal, 2013, 69 (5): 26 – 44.

策略能为基金带来超额回报。

目前,从盈利能力来看,耶鲁大学投资办公室管理的耶鲁基金被称为全球运作最成功的大学捐赠基金。其良好的投资业绩使得一些国家主权财富基金、家族资产基金、养老基金在管理过程中也或多或少地借鉴耶鲁基金的资产配置方法。我国也有不少学者和机构对其进行研究模仿,但更多的是学习其分散投资相关性低的资产、重视另类资产等理念。

(三)融入经济周期、风险权衡或各类因子的资产配置策略

资产配置策略在发展中不断加入新的视角,有考虑经济周期的变化带来的不同资产配置重点,有考虑仅从风险配置的角度来搭建所有环境下都能使用的组合配置,还有考虑各类因子溢价构建因子策略组合等。以下是其中的典型代表。

1. 美林投资时钟模型:基于宏观视角

美林证券公司的格里瑟姆和哈特内特(2004)[1]首次提出了投资时钟模型(见图9-2),其基于美国20年的经济数据,将宏观经济周期、大类资产收益和行业轮动联系起来,根据产出缺口和通货膨胀的不同状态,将中短期经济周期划分为复苏(经济上行,通胀下行)、过热(经济上行,通胀上行)、滞胀(经济下行,通胀上行)、衰退(经济下行,通胀下行)四个阶段,每个阶段表现较好的资产分别是股票、商品、债券和现金,指导投资者在不同经济周期下进行不同的资产配置。比如当经济处于复苏阶段(经济上行,通胀下行)时,股票对经济的弹性更大,相对于债券和现金存在明显的超额收益,配置策略应为:股票＞债券＞现金＞大宗商品。

美林投资时钟的应用重点在于判断当前经济形势所处阶段。判断要点之一在于选择什么指标来衡量经济增长和通货膨胀情况。在经典美林投资

---

[1] GREETHAM T, HARTNETT M. The Investment Clock [J]. Merrill Lynch, Research Paper, 2004(10).

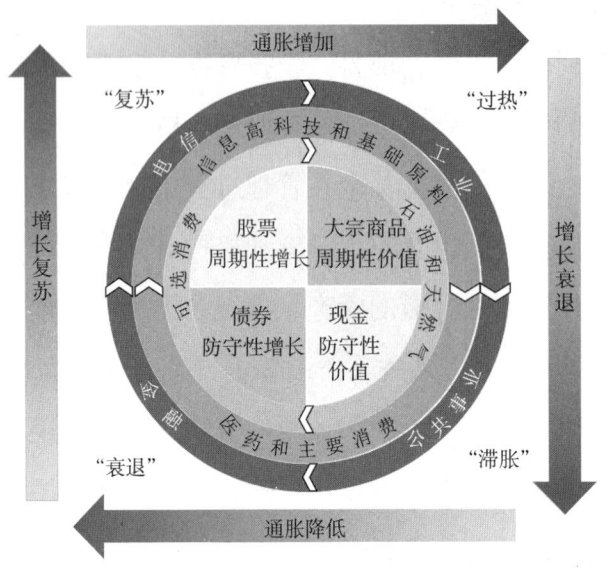

图 9-2 美林投资时钟模型

时钟理论中，美林证券采用了央行政策指标、商业信心指数、GDP 预期指数、产出缺口、CPI 预期指数等指标。判断要点之二在于采用什么方法预测阶段变化的拐点，确定了所处阶段就可以直接运用投资时钟了。可以说，投资时钟模型很好地将实体经济与资产配置策略动态紧密地联系起来，简单易行，操作性强，在学术界和业界产生了深远的影响，国内外有许多文献对经济周期的划分方法和划分指标做出了创新。但也存在不足，如未考虑当期资产本身价格高低，容易出现高回撤风险；关于经济周期的划分以及大类资产收益率的测算口径也缺乏统一的标准，各国存在很大差异；且在后金融危机时期，全球各大央行不断改变货币政策常使得经济脱离周期运行，时钟模型有效性丧失。

在我国投资管理的应用中，有机构报告[1]指出中国过去一段时间基本还是符合了美林时钟的逻辑，但结果还是有出入，偏差主要来自中国持续的高增长和开放经济体特点对于经典美林时钟诞生背景（稳态的发达国

---

[1] 国泰君安证券研报. 大类资产配置手册（2017 版，上篇）[N]. 理论发展与中国故事，2017-09-20.

家）的背离。也有研究报告[①]指出无论中国还是美国，经济、通胀数据都越来越平稳，用原来的指标越来越难以识别周期和资产表现的规律，但运用稳增长下的货币信用周期来划分，可以得到较好的效果。

2. 风险平价策略：基于风险视角

风险平价模型是将组合着眼于风险平衡控制的投资策略。其追求组合风险敞口均衡的理念起源于20世纪90年代桥水基金（Bridge Water）的"全天候"投资组合（All Weather Portfolio）。而钱（Qian，2005）[②]将这一思想与数理逻辑更为严密的风险贡献的概念相结合，正式提出了风险平价的概念，并建立了量化的风险平价模型。该理论关键在于使配置中各类资产对投资组合的风险贡献相等，因此也称为等量风险贡献组合，即资产配置组合面对不同因子的风险敞口（或称为风险贡献度）暴露程度等同。由于波动越高的资产，配置权重会越低，则可通过借入或者持有部分现金或债券，调整杠杆比例，使整个投资组合与其风险容忍度相对应。风险平价在本质上是一种特殊形式的均值方差优化（Mean-variance optimization，MVO），不需要估计预期收益和相关系数，只需要估计波动率。最简单有效的求解方法是直接利用波动率的倒数占组合所有资产波动率倒数之和的比重来求权重系数，即贝塔投资组合。

风险平价策略以风险为立足点，避免了对回报进行预测的不确定性，所需的输入参数显著减少，且波动率更容易预测，所以可以得到较为稳健的配置结果。且相较60/40股债配置的90%风险由股票部分承担，风险平价能实现真正的分散化风险。但缺点在于要求资产类别间的相关性较低；模型往往高配债券，导致整体收益率较低。由于在不能卖空的限制下，风险平价模型倾向于低β资产，收益率可能不能满足投资者需求，从而衍生出了带杠杆的风险平价模型、引入相对动量的风险平价模型、基于最大回

---

① 光大证券研报. 金融周期下的大类资产配置框架［N］. 2019-09-16.
② QIAN E. Risk parity portfolios［J］. Pan Agora Asset Management Research Paper, 2005, Sept.

撤的风险平价模型等多个相关策略。

从投资管理的实际运用上来看,风险平价的投资理念在后金融危机时期受到了广泛关注,从市场整体表现来看,基于风险平价模型的投资策略在包括我国市场在内的多个市场表现卓异。如具有代表性的 AQR 风险平价基金自成立以来,始终将风险在股票、债券、货币和大宗商品等资产之间平衡分配,并利用利差、动量和估值等技术进行战术调整,过去 20 年来的收益水平整体位于行业前列。我国近年来对风险平价的研究运用也较多,如在 ETF 的配置、FOF 的构建上等。

3. Smart Beta 策略:基于各类因子

20 世纪 90 年代,风险与风格两种研究视角登上配置投资组合的历史舞台。风险的视角旨在将配置资产转变为配置风险,代表是风险平价模型。而风格的视角专注于从多类指标中提炼风格因子以构成多维度因子体系来达到风格均衡的最终目的,从而衍生出 Smart Beta 策略。

从 2005 年"Smart Beta"这一名词就不断地出现,但对其定义并没有广泛一致认可的标准。随着 CAPM 模型的演进和完善及法玛和弗伦奇(Fama-French)因子模型的提出,Smart Beta 更多地被认为是一种因子投资,策略收益来自因子的风险溢价。实际上之前的策略都在一定程度上涉及各类因子配置,如风险平价就是典型的基于风险因子的配置,投资时钟基于宏观因素配置,耶鲁基金配置另类资产也利用了价值和低流动性因子等。

现在通常所说的 Smart Beta 是介于主动策略和被动策略之间,遵循固定的投资标准的策略。通过因子构建,以获得各类风险溢价为目的而设计的系列投资策略,这些策略增加了投资组合对各类风险因子的暴露从而获得较高的投资收益。包括单因子策略、多因子策略、另类加权策略以及事件驱动策略等,较多用于构建 ETF 产品,在大类资产配置中的应用还较为有限。目前市场上所开发的因子非常多,如宏观因子(经济增长、通胀、利率等)、风格因子(价值、动量、小盘股、质量、波动率等)和市场因子（股市贝塔、债券久期、信用利差、套利等）。

目前，全球的 Smart Beta ETF 产品发展迅速，就美国来说，2018 年 ETF 资产规模已占美国所有 ETF 的 20%。我国的 Smart Beta ETF 市场也发展迅猛。但同时也受到越来越多的质疑，Research Affiliates 的首席执行官 Rob Arnott 及其研究团队就指出一些 Smart Beta 产品追逐高收益的行为实际上承担了许多额外风险，因为这一策略鼓励投资者买入更贵的股票，而不是基本面更好的股票[1]。格卢什科夫（Glushkov, 2016）[2] 认为 Smart Beta 策略虽然能通过故意倾向于某些因子而获得因子溢价，但在构造组合的过程中，也会不经意带入一些足以抵消优势因子收益的其他因子。

三、细分资产配置的具体策略

在资管业务的投资组合构建中，首先要决定资产组合中的大类资产构成类别以及分给债券、股票或其他各资产的配置比例，即上一节提到的大类配置策略；其次就是要决定在每个细类中采用哪种投资方式来进行投资，这就涉及不同资产类别下不同的子策略。下面简要介绍传统的固定收益和股票资产投资策略，以及对冲基金、私募股权等另类资产的投资策略。

（一）固定收益投资相关策略

固定收益投资主要投资于各类债券，其投资策略可分为消极投资策略和积极投资策略两大类。

1. 消极投资策略

20 世纪 60 年代之前，只有消极的策略可用，并且大部分的债券投资组合根据买入并持有策略进行管理。现代经常使用的消极管理策略主要有

---

[1] ARNOTT R, et al. How can "smart beta" go horribly wrong? [J]. Research Affiliates Research Paper, 2016, Feb.

[2] GLUSHKOV D. How smart are smart beta exchange-traded funds? Analysis of relative performance and factor exposure [J]. Journal of Investment Consulting, 2016, 17 (1): 50-74.

两类,一类是指数策略,另一类是定制策略,两者处理利率暴露风险的方式很不相同。

(1) 指数策略

指数策略是试图让管理的资产组合重复一个已有指数的业绩。其中纯债券指数化法(或完全复制法)通过买入所有被列入指数中的债券、且持有比例与指数相同来复制该指数,创造与基准组合完全相同的投资组合。但很多债券在市场中很少交易,该策略难操作、效率低、执行成本高,用得较少。

在此基础上发展出增强指数化法,主要有两种方式。一种是采用主要风险因子匹配来构建组合,需要投资于大样本债券,被匹配的风险因素可以有久期、现金流分配、部门、信用品质、赎回风险等。另一种是采用少量风险因子不匹配来构建组合,允许在风险因素(久期除外)中出现微小的匹配误差,使组合投资倾向于某些特定因素。

(2) 定制策略

定制策略是为满足投资者特定基金需求而专门设计的固定收益策略,可以分为免疫策略和现金流匹配策略两类。

免疫策略是一种被长期投资机构譬如银行、保险公司或养老基金广泛运用着的技术,旨在构建投资组合,使其在某一特定时期内获得预设的利润而不受利率变化的影响。其被设计用来保护金融机构、金融体系,以免其遭受利率波动的风险。固定收益债券的投资者面临着两种有相互抵消作用的利率风险:价格风险和再投资利率风险。利率提高会导致资本损失,但同时,再投资收入会增加。如果资产组合的久期选择得当,这两种影响恰好可以相互抵消。免疫策略的目标就是构建这样的投资组合,使得在持有期两种影响相互抵消以获得确定收益率,具体可分为单期免疫、多期负债免疫和一般现金流的免疫。

现金流匹配策略指通过构造债券组合,使债券组合产生的现金流与负债的现金流在时间上和金额上正好相等,这样就可以用投资组合的息票收入和到期的本金支付为未来的负债流提供资金,规避利率风险。该策略只需选择证券来配比负债的时机与数量,简单但实际较难实施。

2. 积极投资策略

20世纪60年代至70年代初期,积极债券投资组合管理策略开始兴起,这里简要介绍几种积极的管理策略。

(1) 利率预测

通过预期不确定的未来利率来改变投资组合,风险较大。当预期利率将要上升时通过缩短投资组合的久期来减少资本损失,当预期收益率将降低时通过增加投资组合的久期以获得可观的资本利得。

(2) 估价分析

依据债券的内在价值对债券组合进行重构和调整。依据投资者对特征成本的分析,应该买进被低估的债券,而抛售或回避被高估的债券。

(3) 信用分析

通过对债券发行者的详细分析,以确定其违约风险的预期变化。信用分析试图解释债券信用等级的变化,并应用这一策略购买信用等级预期上调的债券,而卖出或回避信用等级下调的债券。

(4) 收益利差分析

假设不同种类的债券之间存在一定的关系(比如长期国债与短期国债之间、工业债券和公用事业债券之间存在收益率差),因此一旦发现异常情况,就立即抓住时机进行调期。

(5) 债券互换

同时购买和出售具有相似特性的两只以上债券,获得收益级差。

(6) 利用收益率曲线

具体包括子弹策略、哑铃策略、梯形策略。子弹策略将偿还期限高度集中于收益率曲线上的一点;哑铃策略将偿还期限集中于两个极端;梯形策略中,每个偿还期限的债券所占比重大致相同。

(二) 股票投资相关策略

对于股票类别的投资，可以分为消极型投资策略、积极型投资策略以及半积极型投资策略。

1. 消极型投资策略

在消极型管理中，投资者不会根据其投资预期来改变证券的持有情况。最主流的消极方法是指数化，指投资于一个试图配比某个特定基准表现的投资组合。但指数化投资组合也只有在分析决策层面是消极的，实施过程中也需要不断根据股票的进入退出或权重发生变化时，对投资组合进行相应调整。

三种最重要的指数化投资组合分类为：标准指数共同基金、交易所交易基金（ETF），以及设计来跟踪一个基金指数的独立账户或合并账户。在实际操作中有完全复制法和分层抽样法来构建指数化投资组合。

2. 积极型投资策略

为力图超越给定的基准投资组合，投资经理鉴别出其认为会比基准投资组合业绩更好的股票，买入或持有，同时回避其认为会差于基准的股票。虽然指数化在过去几十年越来越流行，但积极型投资策略仍占到绝大多数。

威廉·夏普（1992）将股票分为大盘价值型、大盘成长型、中盘股和小盘股。价值型投资风格是更偏向关注价格，寻找收益或资产的买入价被认为是较为便宜的股票，其又可以分为低市盈率、反向操作和高收益率等子类风格。成长型投资风格是更偏向于关注收益，寻找每股收益在未来可能有所增长且市盈率不降的公司，其又可分为持续增长和收益动量等子类风格。另外，还有中盘股、小盘股、微盘股等投资偏好与风格。

3. 半积极型或增强型指数化投资策略

实际上是积极型管理的变形，投资经理试图超越一个给定的基准，倾向于构建一个围绕着基准收益率表现波动非常有限的投资组合。其分为两种基本形式：基于衍生品型和基于股票型。基于衍生品的半积极型股票策略意图用一项衍生品对理想的股票市场敞开头寸，同时用股票投资以外的方式来提高收益率。基于股票选择的增强型指数化策略试着通过识别出那些将跑赢或跑输指数的股票来生成阿尔法值。

(三) 对冲基金投资相关策略

对冲基金是一种私募形式的集合投资工具,投资者在投资组合中可能会部分配置对冲基金。对冲基金所受限制较少,可以做空、可运用杠杆、可集中投资,可以广泛运用投资策略和技术。对冲基金的投资策略灵活,投资标的丰富,包括但不限于股票、债券、商品及各种衍生品等,提供了多样化的效益和风险,很值得在资产配置领域学习参考。从全球对冲基金按策略类别分布来看(见图9-3),国际上主要将对冲基金策略分为股票多空、多策略、管理期货(CTA)、事件驱动、套利、固定收益、全球宏观、相对价值、不良债务等策略。借鉴国际对冲基金分类体系,结合我国行业现状和发展趋势进行划分,又可将对冲基金策略分为方向性策略、相对价值策略、事件驱动策略和多元化策略四大类。①

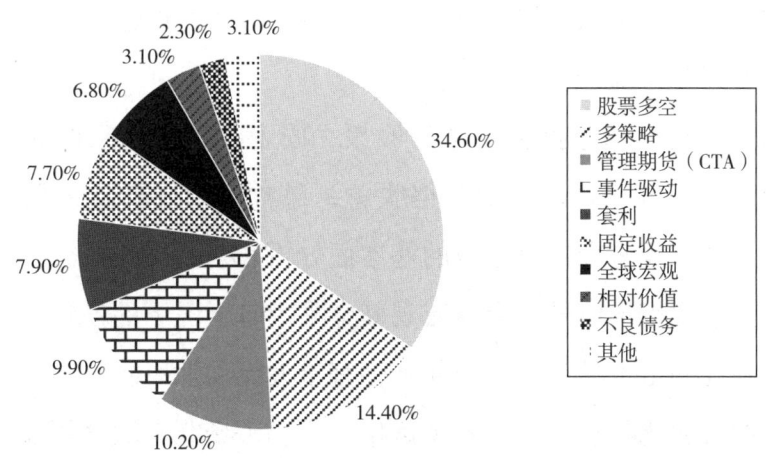

图9-3 全球对冲基金按策略类别分布权重图(2020年1月)

(资料来源:Eurekahedge [EB/OL]. https://www.eurekahedge.com/.)

---

① 参考 Yoram Lustig. 资产配置手册 [M]. 李聘,等,译. 北京:电子工业出版社,2017。

1. 方向性策略

方向性策略是对冲基金最广泛采用的投资策略，这类对冲基金很像共同基金，它们的收益依赖于市场的收益，但不同的是对冲基金可以卖空证券，或者持有大量衍生品，从而使它们可以控制风险敞口。常见的有以下三种子策略。

（1）股票多/空策略

这是最早也是最常见的对冲基金投资策略，该策略具有容量大、收益稳定、波动性较低、高夏普比率等特征，一直稳居对冲基金各大策略之首。对冲基金管理者试图发现被错误定价的股票，买入价值被低估的股票，卖出价值被高估的股票，建立多头头寸与空头头寸，同时从价值被低估和高估的证券价格调整过程中获得利润，产生"双重阿尔法"。股票多头或空头对冲基金可以广泛投资股票市场，也可以专注于股票市场的某些特定领域，比如新兴市场的多/空头投资。通常做空的标的资产多为大盘股或指数的期货，也做空流动性好、易于做空的大盘股。

（2）全球宏观策略

全球宏观对冲基金投资全球的股票、固定收益、大宗商品和外汇市场，从宏观经济事件和发展中获得收益，通常使用杠杆且采用方向性策略。有的全球宏观基金通过经济的基本面分析和判断投资机会，有的则采用定量模型捕捉市场信号。全球宏观基金采用自上而下的投资方法，通常投资高流动性的衍生品市场，因此不会有重大流动性风险，为投资组合提供强有力的分散化收益。全球宏观策略的目标市场既有欧美等发达国家金融市场资产，同时也投资于经济增长速度快、增长潜力大的新兴市场国家，由此衍生出新兴市场策略。

（3）管理期货（CTA）

管理期货是基于技能而非资产类别，有时被归类为对冲基金，可分属于全球宏观对冲基金的一个子类。管理期货是一种由期货交易顾问（CTA）利用技术或基本面分析对各期货品种进行投机交易的期货投资基金。与其他对冲基金策略不同之处在于管理期货通常在全球主要的商品市场、外汇市场和期货期权市场进行投资,主要投资于商品期货以及金融期货、期权、远期等交易品种,较少配置股票、债券、外汇等基础资产。管理期货与股票和债券投资组合的相关性较低,标准差通常小于股票,但大于债券,提高了平均风险回报率,在市场承压或混乱时期表现较好。

2. 相对价值策略

相对价值策略是利用投资品种的相对错误定价进行套利。错误定价可以发生在相关证券之间,也可以发生在衍生品及其标的资产之间,还可以发生在单只证券与整个市场之间。运用不同的估值模型来确定投资品种的真实价值,并利用价值与现行价格的差异获利。有些相对价值策略的方向性较小,有些则是市场中性的,旨在消除方向性。常见的有以下几种子策略。

(1) 股票市场中性

股票市场中性投资策略是利用价格差异,即识别估值过高和过低的股票,并通过持有长短期股票的多空对冲头寸,来抵消投资组合在市场上的风险敞口,控制基金的总体波动性,方向性较小。在没有运用杠杆化的情况下,这些投资组合的预期收益率一般要比无风险利率高2%~4%,因此有些投资者也将这种策略称为绝对收益策略。

(2) 固定收益套利

固定收益套利是利用由不断变化的市场状况、投资者偏好或固定收益市场波动等所导致的债券价格差异,根据对收益率曲线或信贷息差的预期变化,借助杠杆对相关证券建立多空头寸,以将利率风险降到最低。固定收益资产组合中通常包含了买空和卖空,方向性市场运动被中和。

(3) 可转换套利

可转换套利寻求可转换证券(如可转换债券、可转换优先股或权证)价格的错误定价或异常情况。一个常见的方式是买入被低估的可转换债券并卖空基础股票,从而将债券的嵌入式转换期权分离出来。获取的收益来自可转换债券的利息收入、卖空股票所产生的收入的利息，以及随着转换期权被执行的可能性提高而导致可转换债券的价格上涨，同时也常运用杠杆化来提高收益。

3. 事件驱动策略

事件驱动策略是利用公司发生的兼并重组、定增、大宗交易、股票回购等重大事项时资产价格短期波动进行投资获利。由于事件的复杂性和走向不确定性，市场对信息的消化和反应迟钝，使得股票、债券等相关证券价格存在被高估或低估的可能性。在事件发生前，基金管理者基于对事件发布后证券价格波动的预测来建立多头和空头。常见的有以下几种子策略。

（1）困境证券策略

困境证券策略也即不良证券投资，指投资面临财务困境的公司的贷款或债券。由于发行人有违约风险，所以这类贷款和债券会折价出售。如果对冲基金可以规避发行人的破产或清算，那么这类贷款或债券能够升值并提供较高回报。这类基金通常是多头（非对冲）投资组合，由于缺乏流动性，投资期限较长，可以对其投资者设置锁定期限。

（2）风险套利策略或并购套利策略

风险套利策略或并购套利策略旨在从诸如兼并、收购和清算等企业重组中，捕捉公司证券的现行市价与其价值之间的价差从而获利。例如，一家公司宣布收购另一家目标公司，由于收购公司通常需要溢价购买目标公司，所以通常收购公司的股价会下跌，目标公司的股价会上涨。基金管理者可以通过做多目标公司的股票并做空收购公司的股票来获利。这类策略的风险是相关事件并未发生，因此基金管理者需要通过研究来评估事件落空的风险。

（3）特殊情况策略

特殊情况是指那些影响公司股价的事件，比如公司分拆、证券发行、股份回购等企业行为，或财务重组、资产重组等。基金管理者需要预估事件并调整头寸，从中获利。

4. 多策略组合

组合基金即对冲基金的基金（Fund of Funds，FOF）是指投资于一定数量的目标对冲基金的对冲基金。一个典型的FOF投资10~30只对冲基金，目的在于在对冲基金投资空间内实现资产配置充分分散化。组合基金可以只选择某种特定的策略，然后在不同的对冲基金管理者之间进行分散化，这是一种多重管理者方式；也可以在不同的策略之间实行分散化，这是一种多元化策略方式。

对于投资者来说，组合基金的缺点在于需要向FOF母基金的基金经理以及母基金所投的各基金的基金经理支付双层费用，投资的成本可能比较昂贵。但是对于无法分散化投资的小型投资者而言，FOF投资仍有价值，FOF会为投资者提供更多的流动性，也有数据经验表明，母基金的回报率与股市的正相关程度要高于对单只对冲基金的回报率。

可以看到，对冲基金的策略很灵活，投资标的丰富，表9-1对上述策略进行了简要概括。

表9-1 对冲基金策略分类及主要研究方法

对冲基金分类		对冲策略简介	主要研究方法
方向性策略	股票多/空	构建股票多头和空头组合，减少市场波动风险，获取投资收益	基本面分析、数量分析
	全球宏观	结合宏观基本面分析，预测全球不同金融资产走势进行投资	基本面分析、数量分析
	新兴市场	投资新兴市场或发展中市场的货币、债券或股票等工具获取收益	基本面分析、数量分析
	管理期货	系统判断期货价格走势，并进行主动或程序化投资，获取套利收益	基本面分析、数量分析
相对价值策略	股票市场中性	通过对冲等手段构建股票中性组合头寸，获取投资收益	数量分析
	固定收益套利	基于固定收益资产定价偏差，并结合债券套利策略进行获利	数量分析
	可转换套利	利用可转债与正股之间的定价偏差进行套利，获取套利收益	数量分析

续表

对冲基金分类	对冲策略简介	主要研究方法
事件驱动	基于事件效应研究，构建投资组合，获取投资收益	基本面分析、数量分析
多策略组合	将股票多空、市场中性、事件对冲、固定收益策略、管理期货等多策略结合，通过分散化投资降低组合风险	基本面分析、数量分析

资料来源：光大证券研究所。

（四）私募股权投资相关策略

私募股权投资（Private Equity，PE）是指以非公开的方式向少数机构投资者或者个人投资者募集资金，主要向未上市企业进行权益性投资，最终通过被投资企业上市、并购或者管理层回购等方式退出而获利的一类投资。

1. 策略划分

按被投资企业发展阶段划分，私募股权投资策略有以下几种[①]。

（1）创业风险投资

创业风险投资一般投向初创的、业务处于起步阶段的企业，主要是技术创新项目和科技型初创企业。通过对处于初创时期的企业提供资金支持和咨询服务，使企业从研发阶段充分发展并得以壮大。由于初创企业的发展存在着财务、市场、营运以及技术等诸多方面的不确定性，因而具有很大的风险，风险投资的成败很大程度上取决于对公司前景的判断能力。

（2）成长资本

成长资本是中国私募股权投资中比例最大的部分，针对的是已经过了初创期而发展至成长期的企业，其经营项目已经从研发阶段过渡到市场推广阶段并产生一定的收益。由于成长期企业已经具有一定规模的营业收入和正现金流，且具有良好的成长潜力，所以成长资本一般有可控的风险和可观的回报。

---

① 卢明明. 一本书读懂私募股权投资［M］. 北京：人民邮电出版社，2016.

(3) 并购资本

并购资本主要专注于并购目标企业，通过收购目标企业股权，获得对目标企业的控制权，再通过更换管理层、削减成本、出售资产等方式进行重组改造，提升企业价值，实现投资收益。并购资本一般是针对相对成熟的企业，目的在于帮助新股东融资以收购某企业、帮助企业融资以扩大规模或者是帮助企业进行资本重组以改善其营运，涉及的资金规模较大。

(4) 夹层投资

夹层投资的目标主要是已经完成初步股权融资的企业。它是一种兼有债权投资和股权投资双重性质的投资方式，其实质是一种附有权益认购权的无担保长期债权。这种债权总是伴随相应的认股权证，投资人可依据事先约定的期限或触发条件，以事先约定的价格购买被投资公司的股权，或者将债权转换成股权。夹层投资的风险和收益低于股权投资，高于优先债权。

(5) Pre – IPO 投资

Pre – IPO 投资主要投资于处于上市前阶段的企业，或者预期近期上市的、企业规模与盈利已达到可上市水平的企业，其退出方式一般为上市后从公开资本市场上出售股票。其投资者主要有投行型投资基金和战略型投资基金两类。Pre – IPO 投资具有风险小、回收快的优点，且在企业股票的市场反应较好情况下，可以获得较高的投资回报。

(6) 上市后私募投资

上市后私募投资指投资于已上市公司股份的私募股权投资，以市场价格的一定折价率购买上市公司股份以扩大公司资本的一种投资方式。其可分为传统型和结构型两种形式，传统型是发行优先股或普通股，结构型是发行可转换为普通股或优先股的可转换债券。相对于二次发行等传统的融资手段，其融资成本和融资效率相对较高，监管机构的审查较少，获得资本的成本和时间大大降低。

2. 投资流程中的策略与方法

整体来看，私募股权投资遵循"募、投、管、退"的流程，具体可分为寻找项目、项目评估、尽职调查、公司的价值评估、交易构造和管理、项目退出六个阶段。①

（1）寻找项目

私募股权基金要取得良好的投资回报，如何在众多项目中以较低的成本和较快的速度获得好的项目是关键，因此基金经理会积极通过自有渠道、中介渠道以及品牌渠道等获取项目信息，建立多元化的项目来源渠道。

在选择项目的时候，一般要遵循这些标准：企业和产品具有高成长性，企业具有一定的竞争优势；企业面对的市场足够好；企业具有优秀企业家团队；企业财务状况良好，看其资产负债、现金流量状况、利润预测等。从投资行业领域来看，私募股权投资机构的投资策略分为两种：一是多领域投资，多产业布局；二是重点投资某一领域。

（2）项目评估

基金经理在收到创业项目的基础资料后，根据基金的投资风格和投资方向要求对创业项目进行初步评价。通常都有一套自己的投资政策，筛选标准包括投资规模、投资行业、投资阶段选择、产品竞争力、管理团队、投资地域等。

对于通过初步评估的项目，基金经理需要进行进一步调查研究，对项目进行全面的技术、经济认证和评价，从而更全面地了解项目未来发展前景。评估要点有：商业计划书评估，包括行业特征、产品或服务的技术开发、经营目标与前景预测、财务状况与盈利预测、风险管理与控制、投资收益等；技术评估，包括技术因素、经济因素、社会因素评估；市场评估，包括市场容量、市场份额、目标市场、竞争情况、产品替代性、市场

---

① 卢明明. 一本书读懂私募股权投资［M］. 北京：人民邮电出版社，2016.

进入障碍等；管理团队评估，包括企业家素质、团队精神、年龄范围、个人素质等；以及退出方式及产业价值评估。

(3) 尽职调查

因为投资活动的成败会直接影响投资和融资双方公司今后的发展，故投资方在决策时一定要清晰地了解目标公司的详细情况，包括目标公司的营运状况、法律状况及财务状况。尽职调查的目的主要有三个：发现问题、发现价值、核实融资企业提供的信息。

在这一阶段，投资经理除聘请会计师事务所来验证目标公司的财务数据、检查公司的管理信息系统以及开展审计工作外，还会对目标企业的技术、市场潜力和规模以及管理队伍进行仔细的评估。这一程序包括与潜在的客户接触，向业内专家咨询并与管理队伍举行会谈，对资产进行审计评估；还可能包括与企业债权人、客户、相关人员如以前的雇员进行交谈，这些人的意见会有助于投资机构作出关于企业风险的结论。

(4) 公司的价值评估

价值评估是私募股权基金基于尽职调查所得到的项目企业历史业绩、预期盈利能力等资料，通过科学的价值评估方法对企业价值进行评估的过程。价值评估是私募股权基金对外投资过程中关键的一步，无论是项目投资还是项目退出，都需要对项目企业进行价值评估。对企业的价值评估方法主要有收益法、市场法和成本法三种。

(5) 交易构造和管理

投资者一般不会一次性注入所有投资，而是采取分期投资方式，每次投资以企业达到事先设定的目标为前提，这就构成了对企业的一种协议方式的监管。这是降低风险的必要手段，但也增加了投资者的成本。监管方式包括采取报告制度、监控制度、参与重大决策和进行战略指导等。

(6) 项目退出

私募股权投资的退出是指基金管理人将其持有的所投资企业的股权在市场上出售，以收回投资并实现投资的收益。私募股权投资的目的是获取高额收益,而退出渠道是否畅通是关系到私募股权投资是否成功的重要问题。所以退出策略在开始筛选企业时就需要注意。一般有三种退出方式:IPO、股权转让、企业清算。

第三节 信托投资管理的流程

不同类型的信托,由于其驱动因素和目标投向有较大差异,在投资管理流程上也有所不同。根据现实中信托业务的具体实践,以下分别介绍主要应用于标品信托投资管理的标准化投资管理流程和主要适用于非标资产投资的信托投资管理流程。

一、信托标准化投资管理的流程

投资运营与资产配置是一个动态流程,是结合投资目标约束、市场预期等进行投资策略、投资标的的确定,按照既定的资产配置策略构建投资组合计划,并不断进行执行、反馈的连续而系统的流程,大致有以下几个步骤。

(一)设定投资目标与约束

设定投资目标是资产管理投资运营流程的起点,每类投资乃至每个投资组合都有其不同的投资目标和投资约束,投资计划的首要任务就是确认并量化投资者的期望收益、风险承受力以及其他投资限制。

具体来说,在设定投资目标上,一是可以先确立合理的投资基准,奠定投资组合的基本基调,如按风险划分是稳健型、平衡型还是激进型,每个基准组合应包括基准的资产配置、收益情况、风险情况。二是根据投资者的收益或风险要求,在基准组合基础上,确立相应的投资目标,可选择基准组合收益作为目标收益,再根据风险承受力确定目标风险;或者根据基准组合风险确定目标风险,再根据风险设定合理目标收益,如可设定为战胜基准指数。三是在确立目标过程中,要对经济背景进行分析,结合不同的估值、市场情绪、利率水平和经济周期所在的阶段,将预期目标放在经济背景中进行管理。

在设定投资约束上,通过明确投资范围或最高最低的仓位来对投资者风险投资类别或每类资产配置额度进行限制,目的在于控制流动性风险、市场风险等,根据投资者的偏好选择投资工具。主要包括投资期限、流动性、税费、监管规定以及来自投资者的其他特殊要求,这种约束可能是内部的,例如设置仅投资股票、债券和现金等传统类别,或限制不超过50%的股票持仓以控制整体风险,或限制不低于2%的现金持仓以保证流动性要求等;也可能是外部的,如法律法规要求,例如对于银行、保险等资金,监管有明确要求不得涉足某些投资领域。

对信托投资管理而言,可投资的资产种类越多意味着更多元化的组合、多样化的机会,更具灵活性和成本效率,但同时也意味着需要更专业的能力进行管理。所以在制定投资策略前,要充分明确投资目标和投资范围。

(二) 制定投资策略

在明确投资目标、投资限制后,随后要制定整体投资策略,这是整个投资过程的指南针。

具体来说,从投资期限来看,若投资组合的投资期限是长期的,需制定长期战略型资产配置策略。先确定投资资产种类,再对每一类资产的长期收益、风险与资产间的相关性进行预测。预测方法可采用历史数据法,即假定未来与过去相似,根据过去的数据基础推测未来的资产类别收益;或采用情景分析法,通过对未来经济环境可能的状态做出评估,以情景的发生概率为权重,通过加权平均的方法估计各类资产的收益与风险。经过资产类别选择以及资产收益、风险与相关性预测后,就可以选择合适的模型,如上节提到的均值方差模型、B-L模型、风险平价模型、美林时钟模型等,根据投资目标要求的收益风险和其他约束条件,确定各资产的长期配置权重。若投资期限是短期的,可运用战术型资产配置策略,抓住市场的中短期变化，伺机捕捉短期投资机会。战略型与战术型资产配置方法也可搭配制定，通过增减投资组合中的资产配置比例或叠加衍生品的方法，在长期资产配置中实施战术配置，抓住短期内出现的新的市场机会，或者规避突发性的风险，从而起到优化组合收益风险比的目的。

从投资方法来看，若采取被动投资方式，可使用指数化策略即持有复制某一特定证券指数的投资组合，或持有固定的、非指数化债券投资组合直至到期；若采取主动投资方式，即持有与投资组合的基准或对照组不同，以期获得超额风险调整收益率的投资组合；若采取半主动性即增强型指数化方法，是根据投资组合基准严格控制相关风险的情况下追求正的阿尔法值。

一般要出具一份投资策略说明，作为指导性文件，反映投资目标、约束条件与投资者的长期资本市场预期之间的相互影响。典型的投资策略说明可包含以下要素：客户的简要说明；确立政策和指导方针的目的；当事人的职责和投资责任；对投资目标和约束的说明；对投资业绩和投资策略说明本身进行回顾的安排；投资业绩评估时使用的评估方法和基准；在优化战略型资产配置时需要考虑的各种要素；投资策略和投资风格；基于反馈的投资组合再平衡的指导方针。[①]

在信托投资中，制定符合目标、清楚明晰、兼具灵活性与可行性的投资策略，是在众多机构、业务、产品中脱颖而出的制胜法宝，也是需反复回看、严格执行，并可定期调整优化的关键环节。

（三）构建并执行投资组合

投资策略构建完成后，如何选择投资标的也显得至关重要，需要选择投资标的以将策略转化为可实现的投资组合。该环节包括很多方面，需要确定投资类型、投资风格以及投资工具等。最终选择的投资标的应达到如

---

① 约翰·L. 马金, 等. 投资组合管理：动态过程 [M]. 李翔, 刚健华, 译. 北京：机械工业出版社, 2012：5.

下目的：使构建的资产组合与目标风险相匹配，即配置得到合适的 beta；识别潜在的能够增加收益回报的投资机会，获取 alpha；评估构建的投资组合是否能在预期风险下得到预期收益。

结合投资策略、市场预期、收益风险预测等，将战略型、战术型资产配置与投资标的选择相结合，从多资产投资组合整体出发，将不同资产类别下的不同投资标的进行组合。可使用投资组合最优化技术，在设定模型中输入各类预期或量化的参数，考虑不同资产类别之间的相关性及投资组合整体风险，从而完成投资组合的构建，确保投资组合整体与风险和收益目标匹配。

而在具体的执行决策中，要注意成本管理，缺乏管理的实施会造成额外的交易成本，降低其业绩水平。交易成本包括显性交易成本与隐性交易成本。显性交易成本包括支付给中介商的佣金、支付给交易所的费用和税费等；隐性交易成本包括买卖差价和大笔交易对市场价格的影响等。

（四）监控与再平衡

投资组合实施执行后，还需要不断地进行监控与再平衡，以确保客户现期的目标与约束能够持续得到满足和实现。主要监控两类因素：一是与投资者相关的要素，二是经济、市场的输入要素。要素发生变化会导致投资组合对目标组合的偏离，需要进行投资组合的修正。

修正投资组合的一大动因是由于投资者情况改变了，产生了投资目标和约束的变动，从而需要进行投资组合的相应变动，并在投资策略中重新列出。

另一重要动因是在配置一段时间后，出现由于投资标的净值发生变化而导致的各资产整体比例失衡的情况，需要进行再平衡。不同于战术性配置要实现的"低买高卖"，此处再平衡更像直接依据资产价格的"低买高卖"，以保证各类资产比例始终维持在预定的水平，从而使得投资组合始终与投资策略、投资目标相匹配。考虑到再平衡的目的，实现再平衡的方式主要有两种，一是时间驱动的定期再平衡，限制一定时间内将各投资产品的权重调至初始值；另一种是事件驱动的再平衡，通过实时监测，当投资组合内各资产的权重与初始权重偏离达到一定程度时（最大偏离阈值），进行再平衡操作。最大偏离阈值可依据风险水平进行设定，也可直接依据权重比例进行设置。例如原本配置政策要求投资组合包含70%的股票和30%的债券，如股票价值增加了40%而债券只增加了10%，此时投资组合约是75%的股票和25%的债券，偏离了设定的5%阈值，就应该进行再平衡。

（五）绩效回顾评估

整个投资组合管理流程是持续而动态的流程。应当定期对业绩表现进行衡量和回顾，从而评估该投资组合是否达到或正在接近其投资目标，是否在其风险目标和投资限制之内，是否遵守了其投资策略等。

业绩评估是衡量投资目标是否实现或进行业绩比较的基础。评价投资业绩的一种基本度量指标是计算一段时期内所投入资产的回报率。在计算回报率时一般要用时间加权来调整这一时期内投资的各项现金流入和流出。但仅考虑投资回报率并不完全，还应结合考虑风险大小，对回报率进行风险调整。比较常用的综合衡量指标包括：①詹森指数，是投资组合的实际收益率与市场组合的期望收益率之差，由于引入了市场组合，詹森指数是系统性风险调整后的收益率。②特雷诺指数，是投资组合的超额收益率与β值之比，代表每单位系统性风险资产获得的超额收益率。③夏普指数，是投资组合的超额收益率与标准差δ之比，代表每单位总风险资产获得的超额收益率。④信息比例，也被称为评估比率，等于投资组合的平均收益率超出基准投资组合收益率的差额除以这一超额收益率的标准差。⑤风险调整资本回报率（RAROC）指数，是投资组合的超额收益率与在险价值VaR之比。通常在进行综合业绩评估时，会使用多种指标进行衡量。

在业绩评价后，一般要找到基准进行比较，或进行同业比较。很多投资者将市场指数作为比较基准，来对比投资的相对业绩表现。同时，还可对业绩进行归因分析。投资组合管理者一般可以通过两种方式为投资者带来价值增值：选择优秀的证券；或者利用卓越的市场时机选择能力将资金配置到不同的资产类型或市场板块中。归因分析旨在识别上述两个因素中哪一个是证券组合总体业绩的来源。具体而言，这种方法就是将投资组合管理者的实际总收益率与一个预定的基准投资组合的收益率进行比较，并将两者之间的收益率差额分解成两部分：资产配置效应和证券选择效应。

以上是整个标准化的投资管理流程，基本适用于大多金融机构的标准市场投资，以及资产管理与财富管理等领域的市场投资。图9－4是著名的摩根士丹利公司的资产配置投资流程，从中可以看到基本也是围绕这些重点来加以细化。在信托行业，随着信托自身的发展需求以及监管的导向，信托投资中的标准化投资比例将逐渐加重，相应的业务流程构建至关重要。

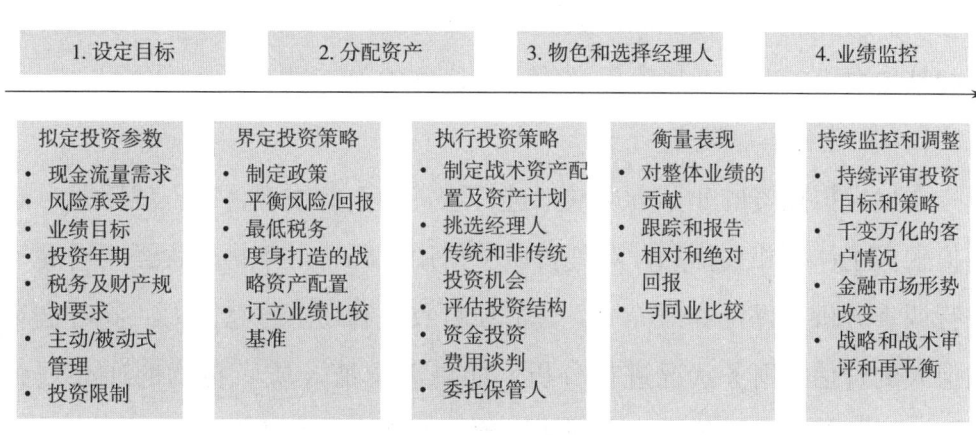

图9－4 资产配置投资流程

（资料来源：摩根士丹利）

二、信托非标投资管理的流程

非标准化的信托投资主要包括股权投资类信托和债权投资类信托两大类。非标准化股权类投资的流程与前述私募股权投资流程类似，而非标准化债权类投资的流程可以参考借鉴项目融资或银行对公信贷管理的相应流程。以下结合监管要求和相关实践对非标准化债权类投资流程做简要梳理①。

(一) 制定准入标准

根据监管部门的界定标准化债权类资产应符合：等分化，可交易；信息披露充分；集中登记，独立托管；公允定价，流动性机制完善；在银行间市场、证券交易所市场等经国务院同意设立的交易市场交易。而标准化债权类资产之外的债权类资产均为非标准化债权类资产。② 一般的非标资产形式有票据类、信托贷款、委托贷款、信贷资产转让、受（收）益权、交易所委托债权、应收账款、带回购条款的股权性融资等。

当前的监管政策上对可投资的非标资产进行了比例和投向的限制。这就需要各信托机构根据监管规定和自身的风险容忍度水平、负债久期、收益率要求、涉入产业范围和深度等，对其资产配置池中的非标资产制定准入标准。对拟进入的行业和区域、拟投资的资产形式、对融资人或融资项目的基本要求、收益及风险要求等进行标准的确定。

(二) 进行尽职调查

在确定拟投资的非标资产或拟进行融资的企业或项目后，就需要广泛搜集融资主体的相关信息，对其资质、信用状况、财务状况、经营情况等进行调查分析，评定资信等级，评估项目收益和还本付息能力。同时也对担保人的资信、财务状况进行分析，如果涉及抵（质）押物的还必须分析其权属状况、市场价值、变现能力等。调查内容大致分三类：

1. 合规性调查

合规性调查包括借款人、担保人的合法主体资格，抵（质）押物的合法性，融资资金用途合法合规性，购销合同真实性等。

---

① 中国银行业协会. 公司信贷 [M]. 北京：中国金融出版社，2018.
② 参见《关于规范金融机构资产管理业务的指导意见》。

2. 安全性调查

安全性调查包括融资主体的基本情况、信用状况、财务状况、经营状况、还款能力，评定其资信等级。同时也对担保人的资信、财务状况等进行分析，如果涉及抵（质）押物的还要分析其权属状况、市场价值、变现能力等。

3. 效益性调查

效益性调查包括评估项目收益和还本付息能力，对收益进行预测。

（三）审查评估风险

在尽职调查后，最关键的环节在于对调查资料进行审查评估，对融资主体及项目各方面情况进行全面风险评价，主要从以下方面进行分析。

1. 宏观与区域经济分析

（1）宏观经济运行与经济政策分析

宏观经济环境是影响企业生存、发展的最基本因素，需要考察宏观经济周期、政策、利率、物价水平等宏观经济因素变动对企业收入的影响及潜在风险。经济政策上主要包括财政政策、货币政策与汇率政策，在企业支持、货币供给等方面影响整个经济的景气度，对不同行业与企业带来不同影响。

（2）区域经济与金融发展分析

区域经济与金融的发展与当地行业乃至企业的发展息息相关，如地区经济出现问题，必然会影响当地实业与金融业。经济分析指标包括地区生产总值、地区财政收入、固定资产投资总额、人均零售商品总额等，还有是否有针对产业的配套政策，都可能直接影响到企业的盈利能力。金融分析指标包括地区存贷款总量及增长率、地区社会融资规模、存贷比水平，以及区域不良贷款率等，都可能对融资质量产生影响。

2. 行业分析

（1）行业政策

行业分为支持发展的行业、一般性行业和限制发展的行业，看是否属于政策支持或限制发展的行业,以及是否受关于防污控制、水质、产品标准、价格控制等政策法规的影响。受政策法规影响程度越大,相对风险性更大。

(2) 行业成熟度

行业发展通常经历启动、成长、成熟、衰退阶段,每个阶段供求、销售、利润等有所不同。一般来说,处于启动和衰退阶段的行业风险较高,成长和成熟期阶段的行业风险较低。

(3) 经济周期对行业影响

从经济周期分析行业风险时,要考虑经济周期对行业的整体影响,首先判断行业是周期性、反周期性还是非周期性行业,然后要判断周期对销售、利润和现金流的影响程度。影响程度越大,信用风险就越大。

(4) 行业在产业链中的地位

行业在产业链中的地位是决定行业盈利能力和现金获取能力的重要影响因素。重点分析所属行业对上下游行业的依赖程度及议价能力,可从上下游行业的竞争激烈程度、所属行业对上游资源及技术的依赖程度、对下游行业销售渠道的依赖程度、所属行业向上下游行业拓展的难度等方面进行分析,依赖程度越大、议价能力越低,潜在风险越大。

(5) 行业内竞争程度

不同行业的企业竞争程度差别很大,这决定了行业内企业获利能力和现金流稳定性。竞争越激烈,企业面临的不确定性越大,经营风险就越大。行业内竞争程度可以从行业集中度衡量,行业的集中程度是指在某个市场中参与竞争的企业的数量、规模和分布。一般而言,行业的集中程度越低,竞争越激烈,利润率越低。其他因素包括产品差异较小、市场成长缓慢、退出市场成本较高等,也会导致竞争程度加大。

3. 融资主体基本分析

(1) 历史背景分析

主要关注融资主体成立组建的动机、主要经营范围、以往重组情况等。此外，对控股股东的情况和背景也要关注。

（2）法人治理结构分析

要关注控股股东行为的规范、董事会的组成结构、运作方式和决策规则，以及对内部控制人的激励约束等。法人治理结构的不完善，可能会给正常生产经营带来难以预期的负面影响。

（3）高管团队及人员的素质

评价内容包括高管人员的教育背景、商业经验、修养品德、经营作风、进取精神等。

（4）制度建设及发展战略

关注是否具有完善的制度建设，是否制定了如成本领先、差异化或集中化等的竞争发展战略。

4. 融资主体经营管理分析

（1）经营业绩分析

经营业绩指标主要有销售增长率，高于行业平均的增长率说明经营业绩较好；市场占有率，所占市场份额越大，行业中地位越高；还有主营业务收入占销售收入总额的比重，比重越大说明经营方向越明确。

（2）产品竞争力分析

产品竞争力主要取决于产品自身的性价比，竞争力越强，市场认同度越高。而获取竞争力的关键在于是否有较高的技术水平和研发能力，这与未来的市场适应能力、产品竞争能力、成本控制能力等息息相关。

（3）供应阶段分析

供应阶段的核心是进货，分析货品质量、价格、供货稳定性、进货渠道、运输成本等。

（4）生产阶段分析

生产阶段的核心是技术，分析技术水平与研发能力，设备相较同业的先进程度、新旧程度，以及产品合格率等。

(5) 销售阶段分析

销售阶段的核心是市场，分析市场定位与目标客户稳定性、销售渠道布局合理性、产品价格变化等。

5. 融资主体财务分析

可单从资产负债表、利润表、现金流量表进行分析，但更多的是交叉分析，用综合指标评价盈利能力、偿债能力、营运能力等。

(1) 资产负债表分析

资产端关注资产质量与结构，即有哪些重点资产、各项资产占总资产的比重，来判断资产分配的合理性，主要与同行业平均水平进行比较。负债端关注资金结构，关注整体杠杆水平，一般借入资金比例越大，偿债能力越差；期限错配程度，即长期资产应由长期资金和所有者权益支持；异常资金结构，如与同行平均水平差距很大，需要判断是否有实质风险。

(2) 利润表分析

利润表分析主要是指对收入支出占比进行结构分析。

(3) 现金流量表分析

现金流量表分析主要区分经营活动、投资活动和筹资活动带来的现金流，关注现金来源及用途。

(4) 盈利能力分析

盈利能力衡量指标有销售毛利率、销售利润率、净利润率、成本费用利润率、资产收益率、净资产收益率等。

(5) 偿债能力分析

长期偿债能力衡量指标有资产负债率、负债与所有者权益比率、长期资本负债率、负债与有形净资产比率、利息保障倍数、现金流量利息保障倍数、现金债务总额比等。短期偿债能力衡量指标有流动比率、速动比率、现金比率、现金流量比率等。

(6) 营运能力分析

营运能力衡量指标有资产周转率、营运资本周转率、应收账款周转率、存货周转率、现金循环周期等。

6. 具体项目分析

对于专门针对某个项目如固定资产项目的投资，则需要结合项目建设与运营进行评估分析。评估内容主要涉及项目建设的必要性、项目建设配套条件、项目技术、借款人及项目股东情况、项目财务状况、项目担保及风险、项目融资方案、项目投资效益等。

（1）非财务分析

非财务分析包括项目背景分析、项目借款人分析、市场需求预测和竞争力分析、生产规模分析、原辅料供给分析、技术及工艺流程分析、项目建设和生产条件分析、环境影响分析、项目组织与人力资源分析等。

（2）财务分析

财务分析包括项目现金流量分析、项目盈利能力分析（财务内部收益率、财务净现值、净现值率、投资回收期、投资利润率、投资利税率、资本金利润率等指标）、项目清偿能力分析（资产负债率、贷款偿还期、利息备付率、偿债备付率等指标）、项目不确定性分析（盈亏平衡分析、敏感性分析）。

7. 增信分析

对涉及的不动产抵押、动产质押、保证担保等增信手段进行分析。对抵（质）押物需进行权属状况、市场价值、变现能力等方面的分析。

对抵押，要关注抵押物是否有虚假，是否办理了相关登记手续，共有财产抵押是否经共有人同意，资产评估是否真实，抵押物价值是否容易贬损或难以变现等风险点。对质押，要关注虚假质押风险、司法风险、汇率风险、操作风险等。对保证担保，要关注保证人是否具备担保资格、担保能力，是否有虚假担保人，是否存在公司互保，担保手续是否完备等风险点。

综上所述，对非标债权信托产品的融资主体评估，主要从评估主体信用风险角度切入，对其经营风险、财务风险等因素进行量化评估，从而判断受评主体的信用资质,这里将融资主体评级的总体框架列表如下,对关注重点更一目了然(见表9-2)。

表9-2　　　　　　　　　　融资主体评估的总体框架

宏观及区域经济环境		重点考察宏观环境对主体所处行业产品或服务需求、原料供给及价格、外部融资环境等方面的影响;重点分析区域经济发展状况和产业配套效应对企业盈利能力的影响
行业分析	产业政策	重点关注是否获得国家政策支持,以及具体政策如何变化并如何影响行业内企业的发展
	行业供求和产品价格变化趋势	分析当前产品供求状况,结合行业周期性及所处阶段,以及产业链中地位、短期行业内产能规划情况等,预测未来供给需求的变化趋势,进而分析未来产品价格及对企业所处行业盈利能力的影响
	行业内竞争	重点专注行业集中度、核心企业经营状况、竞争手段及竞争程度
经营风险	规模和市场地位	重点分析资产、收入、产能、产品市场占有率、协同效益
	技术水平和研发能力	重点分析当前主要生产技术与行业主流的生产技术的差异,同时考察研发人员素质、研发经费投入和成果水平等
	采购渠道稳定性和议价能力	重点分析采购渠道、集中度、价格、原材料运输成本等
	生产设备和产品结构	重点分析生产设备的行业比较,产品结构盈利能力
	销售渠道建设和稳定性	重点分析销售渠道布局与生产规模是否匹配、下游客户集中度和稳定性、产品价格变化趋势
管理与战略		法人治理结构、管理团队及人员素质、集团管控能力、制度建设及发展战略
财务风险	资产质量	重点分析流动资产变现能力和价值的合理性,非流动资产重点关注在建工程、无形资产和固定资产
	资本结构	重点分析债务负担及变化趋势、债务结构、所有者权益的稳定性等
	盈利能力	重点分析毛利率、总资产收益率、三费占比、投资收益和营业外收入的稳定性
	现金流	重点分析经营活动获现能力及与收入和利润的匹配程度,融资能力及与投资的匹配程度
	偿债能力	重点分析经营活动净现金流及 EBITDA 对债务本息的覆盖倍数
外部支持		股东支持、政府支持(支持能力和支持意愿两个维度考量)、银企关系

资料来源:中国信托业协会,2018年信托业专题研究报告[EB/OL]. http://www.xtxh.net/xtxh/reports/45793.htm.

(四)交易构造执行

在正式交易时,要对交易结构进行构造。先从产品形式上选择,是直接信托贷款,还是带回购的股权融资、信贷资产受让或应收账款买入返售等。其次是设置各层次的风控措施和增级措施,主要包括优先、劣后结构化设计，不动产抵押、股权质押、担保保证、资金监管、降价条款和受托人向项目公司派出董事、监事等。

在非标业务执行开展过程中会形成各种项目文本，包括决议类文本、协议类文本和预留类文本。决议类文本，是指项目参与方的有权机构按照法定或公司章程规定的程序，就开展融资或提供增信等重大事项作出决定或决议的书面载体，如股东（大）会决议、董事会决议、合伙人决议等。协议类文本，是指项目参与方就项目开展各方面内容达成一致意思表示的书面载体，如合同/协议、说明书、标准条款、备忘录等，是核心项目文本。预留类文本，是指项目参与方为项目运行制备并经各方认可，但暂未填写具体内容的格式性文本，如指令样式、通知函样式、确认函样式等。[①] 在与融资主体签订合同时，一般包含交易方式、融资金额、期限、利率、借款用途、还款方式、还款保障、违约条款及风险处置等要素和有关细节。融资人以特定项目融资的，需重点说明项目本身情况以及项目未来现金流情况。保证担保贷款还需与担保人签订合同，抵（质）押担保贷款还需与财产所有人签订合同。

（五）进行投后管理

非标金融产品面临的信用风险主要是由各种产品项下交易面临的风险传递的，最终主要来自交易对手的违约，所以投后的管理非常重要。

要监督借款人的贷款使用情况，跟踪掌握企业经营与财务状况及其清偿能力，检查贷款抵（质）押品和担保权益的完整性，督促借款人按合同约定用途合理使用贷款，并设置风险预警机制。

第四节　国外信托资产配置的发展

本节选取介绍英国、美国、日本的信托资产配置发展情况，并将其与

---

① 严骄，李红成. 非标业务常见风险及应对［M］. 北京：中国法制出版社，2018.

各自国家其他金融机构资产配置的概况进行比较分析。海外信托资产配置的发展变化及策略应用对于我国信托业的发展具有一定的借鉴意义。

一、英国信托资产配置的发展

英国是信托的发源地，始于13世纪出现的用益（Use）制度。开始时完全是个人信托，后续逐步发展出法人信托。英国法人信托主要由投资信托（Investment Trusts）与单位信托（Unit Trusts）构成。

（一）各金融机构资产配置对比

英国从21世纪初逐渐形成混业经营模式，但从英国不同金融机构来看，职能或业务重点仍有显著不同，从而在资金运用即金融资产的组成上，侧重也有所不同，如表9-3所示。

（1）对银行等货币金融机构，传统贷款和存放其他机构的存款是其主要的资产，各占三分之一左右，且近几年占比都有小幅增长；金融衍生品与雇员股票期权占比虽有所下降，也仍占20%的资产比重；对长期债券的投资略有增加，达到11%；对各类股票股权的投资则略微下降，仅占2%，总体上趋于保守。

（2）英国的投资基金大部分是单位信托，其占比最大的资产配置是股票，包括上市股票和其他股权，占据60%左右的资产比重；其次是债券资产，长期债券占比逐渐提升，达到24%；投资基金资产占比也提升到11%；同时可以看到，投资基金没有贷款资产，存款资产占比也很小，总体上配置资产期限较长。

（3）保险公司和养老基金在资金运用上，长期债券资产和投资基金资产都在不断提升，分别达到31%和24%；保险养老金资产略有增长，占20%；股票资产则大幅下降，由2007年的30%下降到2018年的13%。可见该类机构在投资上趋于稳健。

（4）除投资基金、保险公司和养老基金外的其他金融机构，与银行相似，存款资产、金融衍生品与雇员股票期权资产占比最大，分别为

30%和27%;贷款资产占比下降较多,由2007年的36%下降到2018年的19%,也可以看出次贷危机后的信贷紧缩;债券和股票资产近几年略有增加,分别为12%和11%。

表9-3 英国不同金融机构金融资金运用(2007年、2013年、2018年)

单位:十亿英镑,%

金融资产(资金投向)2007年、2013年、2018年	银行等货币金融机构		投资基金(不含货币市场基金)		保险公司和养老基金		其他金融机构	
	金额	占比	金额	占比	金额	占比	金额	占比
1. 通货和存款	2572.5 3252.6 3800.8	26.9 28.1 32.7	19.5 30.3 42.1	3.5 3.3 3.5	119.1 146.1 170.0	4.1 4.2 4.1	950.3 1188.3 1313.4	30.1 25.1 29.8
2. 贷款	784.8 1242.4 1252.7	35.2 28.3 34.1	0.0	0.0	105.4 205.9 215.1	3.6 5.9 5.2	1147.3 764.3 829.1	36.4 16.1 18.8
3. 债券	934.2 1305.7 1297.0	9.8 11.3 11.2	103.2 196.6 299.5	18.6 21.5 25.0	758.0 1002.5 1292.5	25.8 28.8 31.1	244.3 311.1 510.7	7.8 6.6 11.6
短期债券	149.4 63.3 44.2	1.6 0.5 0.4	3.8 9.2 18.1	0.7 1.0 1.5	40.3 16.1 17.2	1.4 0.5 0.4	78.2 54.5 100.9	2.5 1.2 2.3
长期债券	784.8 1242.4 1252.7	8.2 10.7 10.8	99.4 187.4 281.4	17.9 20.5 23.5	717.7 986.4 1275.3	24.4 28.3 30.7	166.1 256.6 409.8	5.3 5.4 9.3
4. 股票	326.8 342.5 257.1	3.4 3.0 2.2	382.9 548.5 694.3	69.2 59.9 58.0	876.4 634.0 541.5	29.8 18.2 13.0	411.8 445.3 482.0	13.1 9.4 10.9
上市股票	26.2 22.5 24.1	0.3 0.2 0.2	213.7 246.8 256.2	38.6 26.9 21.4	467.5 185.4 88.1	15.9 5.3 2.1	49.9 36.1 8.7	1.6 0.8 0.2
未上市股票	123.2 150.9 69.3	1.3 1.3 0.6	1.3 4.6 4.9	0.2 0.5 0.4	4.1 7.1 9.3	0.1 0.2 0.2	185.7 224.4 229.6	5.9 4.7 5.2
其他权益	177.5 169.1 163.7	1.9 1.5 1.4	168.0 297.1 433.2	30.4 32.4 36.2	404.7 441.6 444.0	13.8 12.7 10.7	176.2 184.8 243.7	5.6 3.9 5.5

续表

金融资产（资金投向）2007 年、2013 年、2018 年	银行等货币金融机构		投资基金（不含货币市场基金）		保险公司和养老基金		其他金融机构	
	金额	占比	金额	占比	金额	占比	金额	占比
5. 投资基金份额/单位	1.7 1.8 2.8	0.0	39.5 107.3 126.8	7.1 11.7 10.6	427.8 781.4 1013.9	14.5 22.4 24.4	3.3 4.2 61.6	0.1 0.1 1.4
6. 保险养老金	0.4 0.1 0.1	0.0	0.0 0.0 0.0	0.0	529.9 556.1 820.0	18.0 15.9 19.7	0.3 0.1 0.1	0.0
7. 金融衍生品与雇员股票期权	2368.4 3406.2 2306.7	24.7 29.4 19.8	7.5 28.1 32.0	1.4 3.1 2.7	48.8 126.1 71.9	1.7 3.6 1.7	380.4 2002.4 1192.6	12.1 42.3 27.0
8. 其他应收账款	0.2 0.1 0.1	0.0	0.9 5.2 3.2	0.2 0.6 0.3	75.9 34.3 31.5	2.6 1.0 0.8	14.3 22.5 23.8	0.5 0.5 0.5
合计	9577.5 11591.5 11627.1	100.0	553.6 916.1 1197.8	100.0	2941.5 3486.5 4156.3	100.0	3151.8 4738.1 4413.3	100.0

资料来源：OECD [EB/OL]. https://stats.oecd.org/index.aspx#.

注：1. 鉴于篇幅限制，只选取了 3 个年份的数据资料，每栏从上到下三个值分别代表 2007 年、2013 年和 2018 年的值。

2. 占比指每项与同年合计资金之比。

3. 货币市场基金（MMF）包括在货币金融机构中。

4. 其他金融机构不含投资基金、保险公司和养老基金。

由此可以看出各机构整体资产配置的重点有所不同。再来详细看长期资产中股票和债券的占比变动。从图 9-5 和图 9-6 可以看到，法人信托整体长期资产规模占比较高，注重采取长期投资策略，其中股票资产占比远高于债券资产，并显著高于银行、保险公司、养老基金的股票资产占比，虽然其从 2000 年到 2017 年下降了 24%，但仍维持在 60% 以上；债券资产占比虽有缓慢增长，但仅占 21.7%。对比来看，银行整体长期资产规模占比不高，更注重于短期投资策略，而长期资产中债券资产占比也始终高于股票资产占比，且有小幅增长；养老基金和保险公司则从以股票资产占比为主转变为以债券资产占比为主，股票资产占比下降幅度较大。从而我们可以看出，英国法人信托主要以股权投资为主，资产配置中股票配置较重，相较于其他金融机构，更偏向积极型的投资。

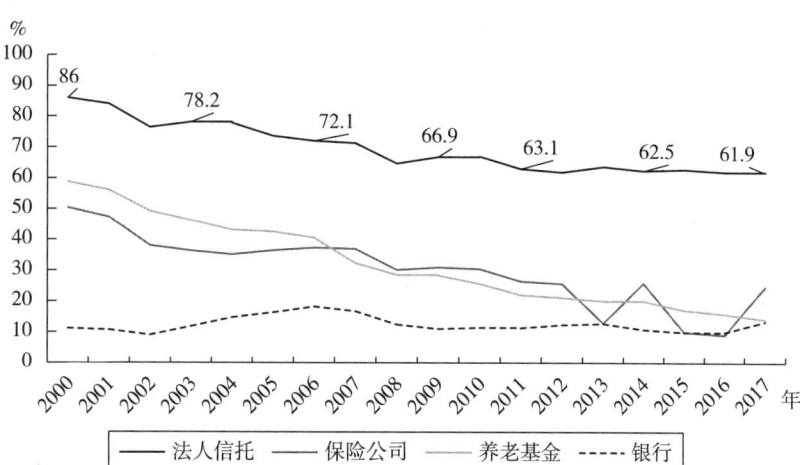

图9-5 英国不同金融机构的长期股票资产占比变动（2000—2017年）

（资料来源：Office for National Statistics ［EB/OL］. https：//www.ons.gov.uk/economy/investmentspensionsandtrusts/datasets/mq5investmentbyinsurancecompaniespensionfundsandtrusts）

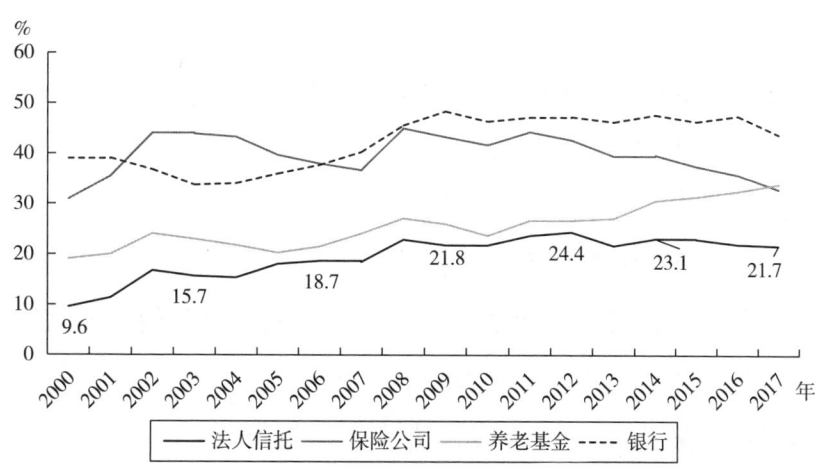

图9-6 英国不同金融机构的长期债券资产占比变动（2000—2017年）

（资料来源：Office for National Statistics ［EB/OL］. https：//www.ons.gov.uk/economy/investmentspensionsandtrusts/datasets/mq5investmentbyinsurancecompaniespensionfundsandtrusts）

从各金融机构对各行业股票投资分布情况来看，以2016年和2018年为例（见图9-7），各类金融机构持有的非制造业的股票投资占比最高，但近年来除银行外,其余金融机构对于非制造业股票的投资比重有所减少,对制造业的投资比重有所增加,银行对金融业股票的投资比重有所减少。从趋势上看,资产配置比重与经济政策的导向有关,近年来更多政策导向对实体经济的支持。

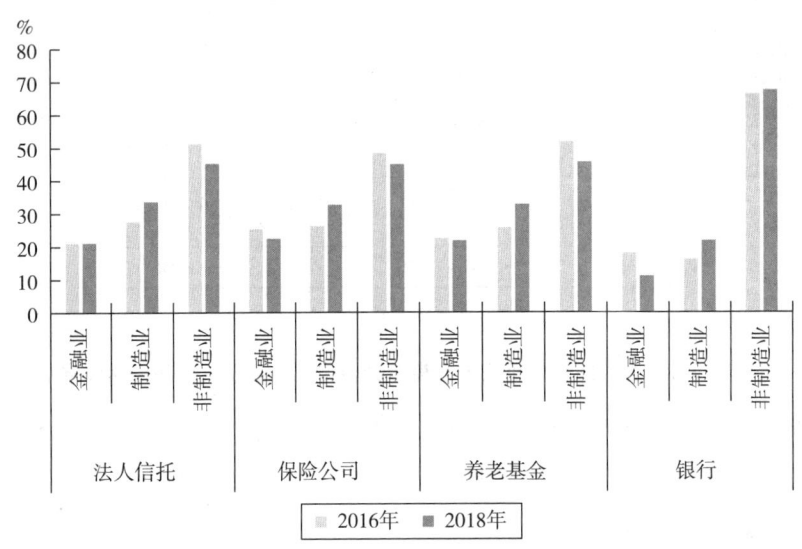

图 9-7 2016 年与 2018 年英国不同金融机构各行业股票的投资分布占比

(资料来源:Office for National Statistics [EB/OL]. https://www.ons.gov.uk/economy/investmentspensionsandtrusts/datasets/mq5investmentbyinsurancecompaniespensionfundsandtrusts)

(二) 信托资产配置发展情况

从法人信托的细分信托种类来看,投资信托和单位信托的长期资产中股票与债券配置占比有所不同。图 9-8 显示,尽管投资信托与单位信托在长期资产的配置上都以股票资产为主,但投资信托的债券资产配置很低,股票配置占比基本都在 80% ~ 90%;而单位信托配置有一定比重的债券资产,且债券配置的比重从 2000 年的 10% 增加到 2017 年的 23%,股票配置的比重从 2000 年的 85% 下降到 2017 年的 60%。可以看出单位信托的投资配置策略更加稳健,投资信托配置策略偏向激进。

同时,对比投资信托和单位信托的股票投资在不同行业的分布情况可以发现(见表 9-4),无论是单位信托还是投资信托,对于非制造业的投资比重

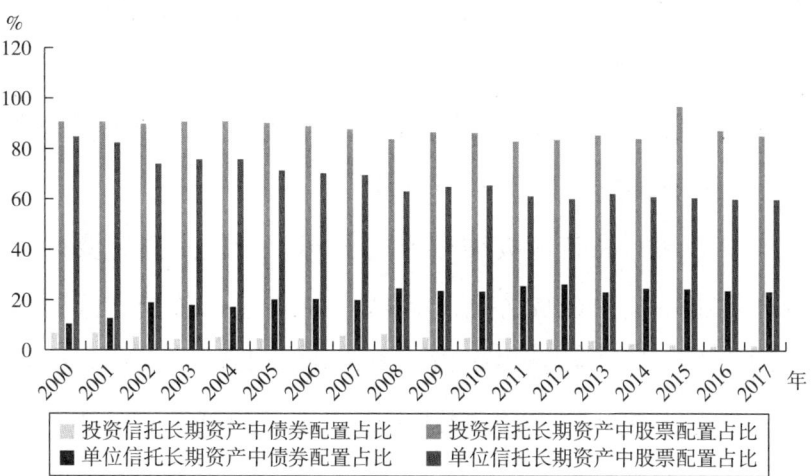

图 9-8 英国不同法人信托的长期资产投向占比（2000—2017 年）

（资料来源：Office for National Statistics [EB/OL]. https：//www.ons.gov.uk/economy/investmentspensionsandtrusts/datasets/mq5investmentbyinsurancecompaniespensionfundsandtrusts）

都最高，但近年来都处于逐渐减少的趋势。相对制造业，投资信托则更加重视金融业的投资；与之相反，单位信托则更加重视对于制造业的投资。

表 9-4　　　　　　　　不同法人信托各行业股票的投资分布

单位：%

机构	行业	2010 年	2012 年	2014 年	2016 年	2018 年
投资信托	金融业	19.6	14.5	21.7	21.5	28.3
	制造业	21.0	29.4	32.0	26	26.9
	非制造业	59.4	56.1	46.3	52.6	44.8
单位信托	金融业	19.8	15.4	19.9	21.1	20.1
	制造业	24.1	28.4	31.7	27.9	34.6
	非制造业	56.1	56.2	48.4	51	45.3

资料来源：Office for National Statistics [EB/OL]. https：//www.ons.gov.uk/economy/nationalaccounts/uksectoraccounts/datasets/unitedkingdomeconomicaccountssectorfinancialcorporations/current。

二、美国信托资产配置的发展

美国在 18 世纪末到 19 世纪初从英国引进信托制度，传承了英国民事信托服务，同时商事信托有了极大的发展。目前美国的信托业务包括民事信托、商事信托和公益信托，是世界上信托业最发达的国家。

(一) 各金融机构资产配置对比

美国在 20 世纪末正式确认了混业经营模式，各类金融机构间的业务交叉融合，又各有侧重，如表 9-5 所示。

(1) 对商业银行和其他吸纳存款的公司，贷款是其主要的资金运用方式，资产占比一直在 60% 左右，表明其主要通过放贷方式行使融资职能；而长期债券作为补充融资渠道，资产占比小幅上升至 23%；存款资产相对占比不大，仅 8%；股票和基金资产占比很低，可见银行等存款公司更注重资产安全性。

(2) 美国的投资基金主要指共同基金和单位投资信托，其资产配置主要是股票和债券，其中上市股票资产占比高达 67% 左右，其次是长期债券，占比达 27%；其他资产占比都较小。可见投资基金的投资相对积极激进，主要通过直接投资股市、债市获取收益。

(3) 保险公司的主要资产是长期债券，占比为 46%；股票和基金资产各占 13% 和 15%。养老基金则资产分布较为均匀，保险养老金、股票、债券、基金资产占比均在 20% 以上。这两类机构也是偏稳健型。

(4) 除投资基金、保险公司和养老基金外的其他金融中介，与银行相似，大部分资产都在贷款上，占比高达 81%，属于银行外的补充融资渠道。

表 9-5　美国不同金融机构金融资金运用 (2007 年、2013 年、2019 年)

单位：十亿美元，%

金融资产 (资金投向) 2007 年、2013 年、2019 年	商业银行和其他吸收存款公司		投资基金 (不含货币市场基金)		保险公司		养老基金		其他金融中介	
	余额	占比	余额	占比	余额	占比	余额	占比	余额	占比
1. 通货和存款	96.4	0.7	16.6	0.2	102.9	1.4	67.5	0.5	352.7	1.8
	2288.1	14.5	34.3	0.2	86.5	1.0	87.4	0.5	379.9	2.6
	1642.7	8.2	44.8	0.2	142.3	1.3	97.9	0.4	316.7	2.0
2. 贷款	9029.2	68.7	251.5	2.5	484.6	6.8	68.1	0.5	13763.7	72.0
	8814.3	55.9	444	3.0	533.5	6.2	35.6	0.2	11538.5	79.1
	12465.3	62.2	520.7	2.2	815.8	7.3	68.4	0.3	12783	81.2

第九章 信托中的投资管理与资产配置

续表

金融资产（资金投向）2007年、2013年、2019年	商业银行和其他吸收存款公司		投资基金（不含货币市场基金）		保险公司		养老基金		其他金融中介	
	余额	占比	余额	占比	余额	占比	余额	占比	余额	占比
3. 债券	2753.3 3479.3 4647.3	20.9 22.1 23.2	2342.9 4346.1 6569.1	23.1 29.1 28.3	3289.8 4062.5 5211.7	46.3 47.2 46.7	2634.6 3479.2 4982.9	18.7 17.9 20.4	2613.2 1007.9 971	13.7 6.9 6.2
短期债券	0.4 0 0.7	0.0 0.0 0.0	46 127.3 158.8	0.5 0.9 0.7	76.5 101.7 85.1	1.1 1.2 0.8	73.6 87.2 103.3	0.5 0.4 0.4	114.8 33.1 15.7	0.6 0.2 0.1
长期债券	2752.9 3479.3 4646.6	20.9 22.1 23.2	2296.9 4218.8 6410.3	22.6 28.2 27.6	3213.4 3960.8 5126.5	45.2 46.0 45.9	2560.9 3392 4879.7	18.1 17.5 20.0	2498.4 974.8 955.3	13.1 6.7 6.1
4. 股票	368.2 473.9 517	2.8 3.0 2.6	7302 9705.9 15528.4	71.9 64.9 66.8	904.3 1069.4 1391.8	12.7 12.4 12.5	4031.1 4707.5 6292	28.5 24.3 25.8	739.4 622.5 791.9	3.9 4.3 5.0
上市股票	88.8 99 147.7	0.7 0.6 0.7	7302 9705.8 15527.9	71.9 64.9 66.8	694.3 859.3 1138.1	9.8 10.0 10.2	4031.1 4707.5 6292	28.5 24.3 25.8	224.8 172.4 166.7	1.2 1.2 1.1
其他股权	279.4 374.9 369.3	2.1 2.4 1.8	0 0.1 0.5	0.0 0.0 0.0	210.1 210.1 253.8	3.0 2.4 2.3	0 0 0	0.0 0.0 0.0	514.6 450.1 625.2	2.7 3.1 4.0
5. 投资基金份额/单位	31.8 58.1 64.9	0.2 0.4 0.3	0 0 0	0.0 0.0 0.0	1254 1506.5 1708.5	17.7 17.5 15.3	2934.5 3629.4 5089.6	20.8 18.7 20.9	0 0 0	0.0 0.0 0.0
6. 保险养老金	104.3 143.8 178.3	0.8 0.9 0.9	0 0 0	0.0 0.0 0.0	529.7 607.4 889.4	7.5 7.1 8.0	3750.6 6681.4 6749.6	26.6 34.5 27.7	0 0 0	0.0 0.0 0.0
7. 其他应收账款	769.1 519 535.8	5.8 3.3 2.7	240.6 419.4 568.8	2.4 2.8 2.4	536.5 749.1 998.1	7.6 8.7 8.9	634.4 772.6 1123.4	4.5 4.0 4.6	1645.7 1041.3 871.8	8.6 7.1 5.5
金融资产合计	13152.2 15776.6 20051.8	100	10153.7 14949.6 23231.8	100	7101.8 8614.9 11157.6	100	14120.6 19393 24403.8	100	19114.7 14590 15734.3	100.0

资料来源：OECD 统计．OECD [EB/OL]．https：//stats.oecd.org/index.aspx#。

注：1. 鉴于篇幅限制，只选取 3 个年份的数据资料，每栏从上到下三个值分别代表 2007 年、2013 年和 2019 年的值。

2. 占比指每项与同年合计资金之比。

3. 货币市场基金 MMF 和中央银行未纳入计算。

4. 其他金融中介不包括投资基金、保险公司、养老基金及金融附属机构。

611

（二）信托资产配置发展情况

在美国，信托资产多由专业机构打理，信托提供的是资产管理中的法律构造，因此信托的资产配置和回报率取决于信托受托管理人。在美国从事信托业务主要由商业银行信托部、储蓄机构以及不经营储蓄业务的信托公司组成[①]。其中，商业银行的信托部在数量、信托资产规模和信托业务收入中均占垄断地位。从信托产品层面来看，美国银行部门及信托机构的信托产品主要有集合投资基金和共同信托基金。[②]

从图9-9的发展趋势线和图9-10的2019年分布饼状图可以看到，美国集合投资基金和共同信托基金的资产配置分散化程度是较高的，涉及资产种类较多。其中，国内股票的配置占比大部分时间都是最高的，且次贷危机后逐年上升，2019年已超过50%，表明美国股票市场是信托的主要投向，这与美国的资本市场发达程度有关；同时，国际股票的配置比重也在缓慢上升，目前占比已达16.5%，排名第二，说明配置的国际化程度有所提升，分散化效果更加明显；股债混合的配置比重排在第三，发展过程中有所波动；而原来排名第二的短期投资及货币市场比重的下降较为明显，这表明在利率降低的宏观环境下，信托更倾向于进行长期投资和投向资本市场，获取更好的收益；债券投资方面，应税债券比重也有所下降，市政债券比重则一直较低，基本可忽略。

此外，从美国共同基金划分为不同基金种类的规模占比上，我们也可以看出相应的资产配置侧重分布。从图9-11可以看到，从长期市场看，偏重股票配置的股票基金占比基本一直领先于其他基金种类，目前超过50%，可以看出美国股票市场的投资热度与配置偏重；其次是股债混合基金，比重缓慢上升，目前占比22.9%排名第二；而偏重债券配置的债券

[①] 不经营储蓄业务的信托公司可以为客户提供投资管理和财富传承安排等服务，但禁止吸收客户存款和发放贷款。

[②] 这两类产品同时属于美国的资产管理业务，但信托业务远不止这两类产品，这里仅用这两类产品的资产配置做典型来介绍，并不能反映美国信托业务的全貌。

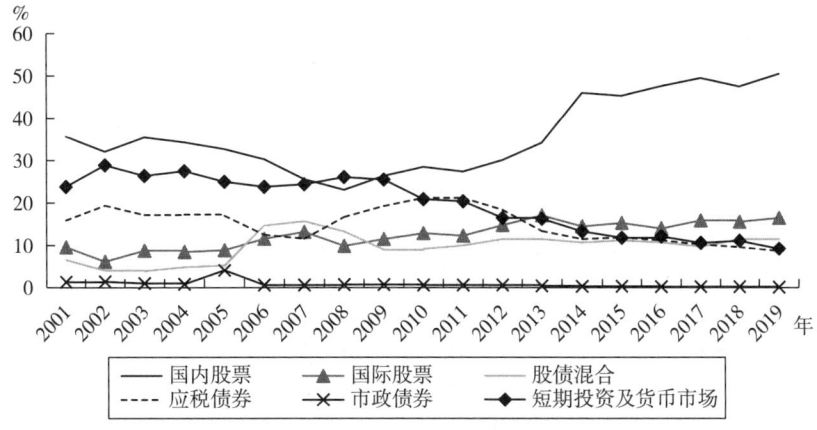

图 9 – 9　美国集合投资基金和共同信托基金的资产配置分布变动（2001—2019 年）

（资料来源：FDIC［EB/OL］. https：//www7. fdic. gov/idasp/advSearch _ warp _ download _ all. asp？intTab =4）

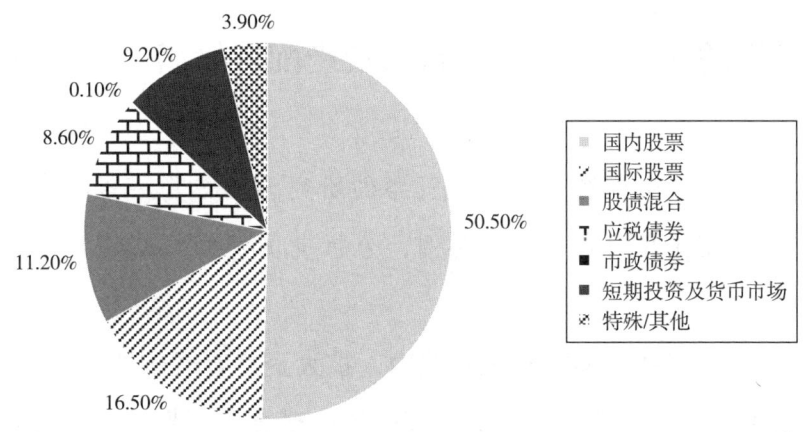

图 9 – 10　2019 年美国集合投资基金和共同信托基金的资产配置分布

（资料来源：FDIC［EB/OL］. https：//www7. fdic. gov/idasp/advSearch _ warp _ download _ all. asp？intTab =4）

基金占比一直较低；从短期市场看，主要配置于短期货币市场的货币市场基金占比在不断下降，与政策的收紧有关，也反映出投资者对长期投资的倾向提升。

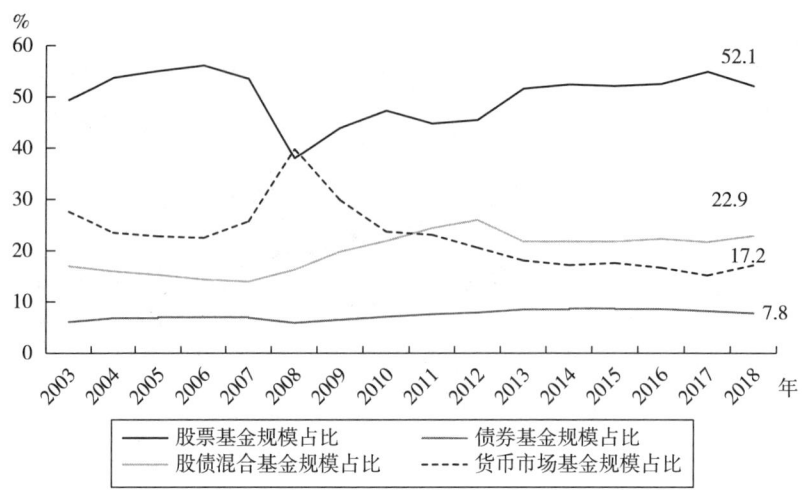

图 9-11　美国不同类别的共同基金的规模占比变动（2003—2018 年）

（资料来源：ICI ［EB/OL］. https：//www.icifactbook.org/ch2/19_fb_ch2）

 **专栏 9-1　美国资管机构资产配置策略——以贝莱德为例**

美国的资管机构在资产配置策略的研究开发方面一直走在全球同行的前面。在此我们以贝莱德为例，分析美国资管机构资产配置策略的应用。

一、通过兼并收购提升投资能力，扩大资产管理规模

自 2005 年，贝莱德进行了一系列的转型合并，增加了核心投资能力，资产管理规模实现了快速增长。2005 年收购了道富研究与管理公司，提升权益投资研究能力，2006 年收购美林证券公司的投资管理部门，在权益、固定收益、多资产配置和现金管理等方面补足短板，两年间资产管理规模从 3000 多亿美元增至 1.1 万亿美元，一举确立了贝莱德行业第一的位置。2009 年贝莱德又兼并巴克莱全球投资（BGI），该并购总价 135 亿美元，贝莱德自身仅拿出 8 亿美元现金，其余均从资本市场上融资得来。通过该笔收购获得了 iShares，拥有了配置更多活跃的指数和交易所交易基金的能力，在策略结构上更加完善（被动策略占比上升至60%）。

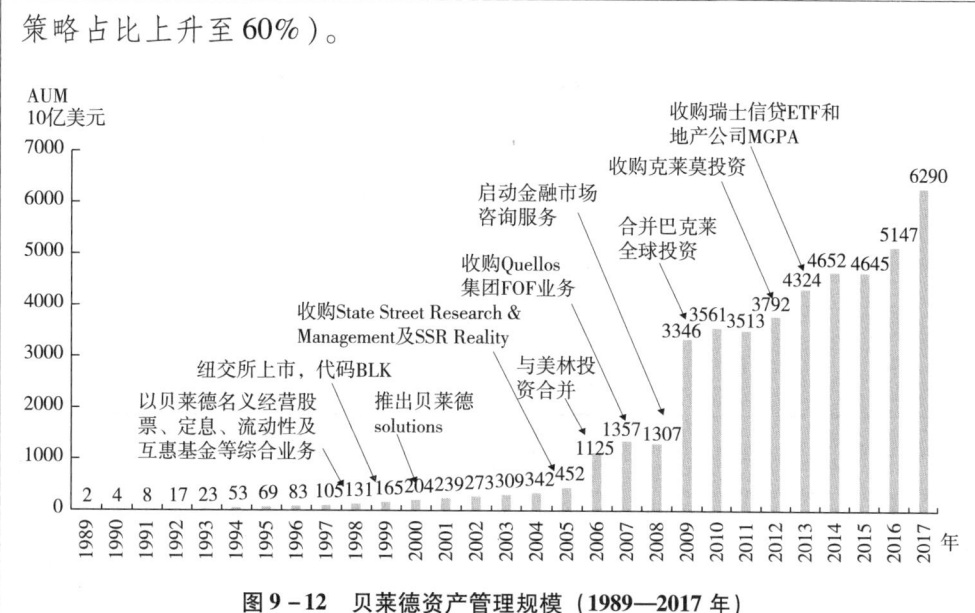

图 9-12 贝莱德资产管理规模（1989—2017 年）
[资料来源：贝莱德年报（1989—2017 年）]

二、被动式投资和权益投资为主，大力发展机构投资者

丰富的被动型投资产品被认为是贝莱德取得成功的关键，通过降低管理费和发展智能投顾，不但迅速提升了资产管理规模，也有效降低了市场策略和资产类别表现轮动对公司资产管理规模的影响。作为被动投资的典型，ETF 在过去 10 年的规模年增速高达 25%，资产管理规模已经超过 3 万亿美元。贝莱德的被动投资业务占比高达 62.9%，在全球 ETF 市场的占比高达 40%。机构投资者占比 63.9%，偏爱被动投资。

表 9-6 贝莱德管理资产结构

单位：%

资产分类	零售	ISHARE	机构	合计
主动管理①	9.50	0	19.60	29.20
指数共同基金（非ETF）	1.00	0	37.90	37.90
ISHARE ETF②	0	25.00	0	25.00
现金及高流动性资产	0.50	0	7.30	7.80
咨询	0	0	0.10	0.10
合计	11.00	25.00	63.90	100.00

数据来源：贝莱德年报（1989—2017 年）。

注：① 主动管理包括主动管理的债券基金、股票基金、多资产投资基金、另类投资等基金。
② ISHARE 是贝莱德旗下的 ETF 基金产品系列的统称。贝莱德也有非 ETF 的指数共同基金，二者构成了其被动投资业务。

贝莱德的投资范围涵盖了几乎所有资产类别,但其资产配置以权益投资为主,占比52%,现金管理类产品仅占不到5%,与国内资产管理机构不计成本的发展现金管理类产品以实现规模扩张形成鲜明对比。贝莱德的主要业务集中在美国,亚太地区占比7.8%,规模近4000亿美元。

表9-7 贝莱德管理资产投资范围

单位:%

产品分类	北美	欧洲、中东和非洲	亚太	合计
权益	34.68	13.40	4.10	52.18
固定收益	17.39	10.45	2.78	30.62
混合	5.02	2.59	0.48	8.10
另类	1.28	0.77	0.37	2.43
现金管理	4.65	1.74	0.06	6.46
咨询	0.16	0.06	0	0.22
合计	63.18	29.02	7.80	100.00

数据来源:贝莱德年报(1989—2017年)。

三、重视风险管理,建立强大的风险分析和运营系统

贝莱德与其他的资产管理公司最大的不同在于,其将风险管理、交易运营融合在一起,风险管理是公司整个平台运营的基础。2000年,贝莱德解决方案公司(BlackRock Solutions)开发出阿拉丁风险管理系统。"阿拉丁"系统的基础是一个大型历史数据库,与30000种投资组合联系密切,通过模拟揭示一系列未来条件下所有种类股票和债券的表现。该系统为170多家银行、退休金、保险公司、主权投资者及捐赠基金进行市场风险分析,被认为是贝莱德的核心竞争力。

贝莱德内部建立了一站式的风控和运营系统,该系统可以将贝莱德的全球团队连接在一起,简化业务流程,由统一渠道向世界各地投资者公布投资信息;加强电子交易能力,促进内部交叉交易;建立网络社区平台,允许客户自由选择几乎所有资产类别的投资产品和解决方案,所有交易都可以在系统内部达成。

第九章　信托中的投资管理与资产配置

图 9-13　贝莱德投资风险管理

专栏 9-2　美国耶鲁模式（均值—方差模型 + 另类投资）

作为全球运作最成功的大学捐赠基金，耶鲁基金的资产规模在 1980 年时不足 10 亿美元，到 2018 年已近 300 亿美元。2018 年，耶鲁大学的捐赠基金扣除费用后的回报率为 12.3%。过去十年的年回报率为 7.4%，其业绩超过了基准基金，也超过了机构基金指数。且捐赠基金每年的支出也在增长，十年间从 8.5 亿美元增至 13 亿美元，年增长率为 4.2%，为学校学者的运营预算提供了大量的现金流。

1985 年，大卫·斯文森出任耶鲁基金的首席投资官，将当时先进的均值方差模型、最小化风险组合以及市场投资组合（CAPM）融入耶鲁基金的资产配置策略之中，并采取了多元化投资的方式，1973 年开始引进私募股权（PE）投资，通过资产多元化和另类资产获得了非常好的收益。耶鲁的投资组合可以说是结合了学术理论和市场判断，一方面依赖于均值方差分析，使用统计技术来组合投资资产的预期收益、

617

方差和协方差,并使用均值—方差分析来估计各种资产配置方案的预期风险和收益概况;另一方面加入定性的考虑,将定量分析和市场判断相结合。

在过去的30年里,耶鲁基金通过大幅增加另类资产配置比例,大大减少了其对国内有价证券的依赖。1985年,耶鲁基金超过80%的资产配置于美国股票、债券和现金,而目前国内有价证券仅占投资组合的约10%,外国股票、私募股权、绝对回报资产和实物资产几乎占耶鲁基金的90%。大量配置另类资产是基于其价值回归潜力和多元化的优势,通常另类资产由于缺乏有效的定价机制,其估值水平要低于传统的有价证券,因而耶鲁基金通过积极管理的方式充分利用市场的低效率寻找那些被低估的资产进行投资,主要的资产类别包括风险投资、杠杆收购、石油、天然气、木材和房地产等(见图9-14)。

耶鲁捐赠基金的机构特点包括:资产规模相对其他国家级基金较小;机构员工少,管理灵活;无显性负债;支出压力大,投资目标收益率高。相应其投资模式就具有以下特点:(1)坚持分散化投资理念;(2)坚持市场非有效性,存在超额收益机会;(3)看重对优秀投资管理人的选聘、激励和利益一致性;(4)流动性是基金管理的重要考虑因素。

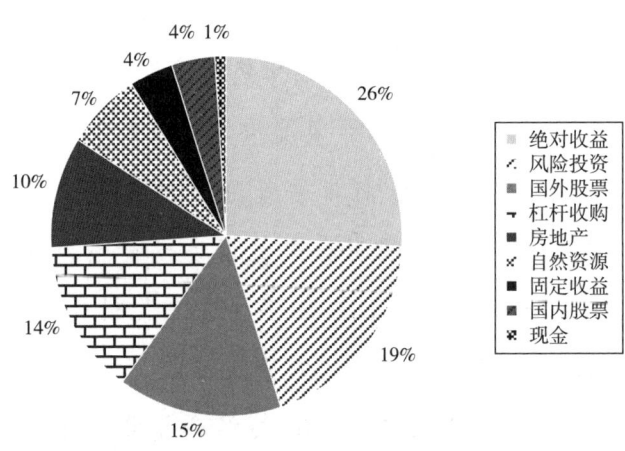

图9-14 2018年耶鲁大学基金资产配置比例

三、日本信托资产配置的发展

日本的信托业是从英美等国引进，也是大陆法系国家中首先接受信托制度的国家。日本信托业经营的特点有：第一，信托公司不得经营银行业务，同时银行也不得兼营信托业；第二，信托财产以金钱信托为主；第三，信托金融机构高度集中，信托业务主要集中在7家信托银行。日本的信托产品分类比较细，也可以从分类中看出其资产投向的侧重点[①]。

（一）各金融机构资产配置对比

日本也是实行混业经营模式，但不同于美国，信托不是由银行兼营的，各金融机构的整体资产配置侧重点也大相径庭，如表9-8所示。

（1）对商业银行和其他吸纳存款的公司，贷款作为传统业务，仍然是发挥融资功能的最重要方式，占比达41%；存款资产持续增加，占比28%；债券资产则有所下降，占比15%；股票、基金、衍生品等占比均较低，表明银行投资更注重安全性。

（2）对投资基金，比重最大的是其他应收账款项，占比53%，2018年较2013年下降了11.6%；股票、债券、基金资产占比均有小幅增加，分别达24%、10%、5%。一定程度上说明投资基金对项目类投资的减少，对金融市场投资的增加。

（3）对保险公司，债券资产占比最大，持续超过50%；其他应收账款占比小幅上升，达25%。对养老基金，其他应收账款占比也略有增加，达32%；债券资产占26%，保险养老金资产占15%。这两类机构股票资产都较少，投资也偏稳健。

（4）除投资基金、保险公司和养老基金外的其他金融中介，与银行相似，大部分资产都在贷款上，占比高达78%，也较好地发挥着融资职能。

---

① 这部分详细分类与数据见第三章第四节。

表 9-8　日本不同金融机构金融资金运用（2007 年、2013 年、2018 年）

单位：十亿日元，%

金融资产（资金投向）2007 年、2013 年、2018 年	商业银行和其他吸收存款公司		投资基金（不含货币市场基金）		保险公司		养老基金		其他金融中介	
	余额	占比	余额	占比	余额	占比	余额	占比	余额	占比
1. 通货和存款	162030 276723 553564	11.1 16.6 28	668 648 3936	0.7 0.6 1.8	8942 9069 15819	2.3 2.1 3.1	6698 8670 10074	4.6 5.8 6.4	10915 14570 25745	1.7 3 4.9
2. 贷款	671484 698510 803838	46.3 42 40.7	3717 5595 13031	3.7 4.8 6.1	67457 48933 40474	17.3 11.2 8	3469 5204 6290	2.4 3.5 4	506452 390556 406245	79.7 80.7 77.5
3. 债券	407695 448465 292271	28.1 27 14.8	8463 8471 21126	8.3 7.2 9.9	204107 255298 275634	52.3 58.2 54.5	38928 45224 41442	26.5 30 26.3	63287 24037 18879	10 5<(br>3.6
4. 股票	33833 28855 38901	2.3 1.7 2	19834 21309 52168	19.5 18.1 24.3	30502 24606 28542	7.8 5.6 5.6	17840 12392 11752	12.1 8.2 7.5	24092 29966 37601	3.8 6.2 7.2
5. 投资基金份额/单位	10159 18054 72260	0.7 1.1 3.7	4647 5811 11004	4.6 4.9 5.1	14290 16048 16419	3.6 3.7 3.2	8431 10431 13557	5.7 6.9 8.6	182 345 57	0 0.1 0
6. 保险养老金	19 52 41	0 0 0	0 0 0	0 0 0	776 1591 952	0.2 0.4 0.2	32637 24442 23875	22.2 16.2 15.2	0 0 0	0 0 0
7. 金融衍生品	28648 54410 43165	2 3.3 2.2	195 262 266	0.2 0.2 0.1	555 393 1070	0.1 0.1 0.2	140 554 752	0.1 0.4 0.5	1819 2060 3203	0.3 0.4 0.6
8. 其他应收账款	137496 137686 170197	9.5 8.3 8.6	64246 75356 112821	63.1 64.2 52.6	63892 82555 126978	16.4 18.8 25.1	38737 43775 49535	26.4 29 31.5	29086 22193 32139	4.6 4.6 6.1
金融资产合计	1451364 1662755 1974236	100	101770 117452 214351	100	390521 438494 505888	100	146880 150692 157276	100	635832 483725 523870	100

资料来源：OECD 统计．OECD [EB/OL]. https://stats.oecd.org/index.aspx#。

注：1. 鉴于篇幅限制，只选取 3 个年份的数据资料，每栏从上到下三个值分别代表 2007 年、2013 年和 2018 年的值；

2. 占比指每项与同年合计资金之比；

3. 货币市场基金 MMF 和中央银行未纳入计算；

4. 其他金融中介不包括投资基金、保险公司、养老基金及金融附属机构。

进一步来分析日本各主要金融机构在有价证券资产上的具体配置类别组成，包括国内债券、国内股票和外国证券各占有价证券的比例。如图9-15所示，对信托来说，三类资产占比相对比较平均，其中国内债券占比有下降趋势，国内股票与外国证券配置比例则有所上升。对银行来说，在有价证券中主要配置国内债券，虽有下降趋势，但仍占有价证券的50%以上；国内股票与外国证券配置比例略有上升，2018年各占比10%和24%；对保险来说，与银行类似，主要配置国内债券，占比略有下降但仍占近60%；国内股票占比基本维持在7%左右；外国证券配置占比有上升趋势，2018年达30%。可以看出，日本各主要金融机构在满足本身机构特性的基础上，对资产的配置都有所优化，并积极拓展海外投资市场。

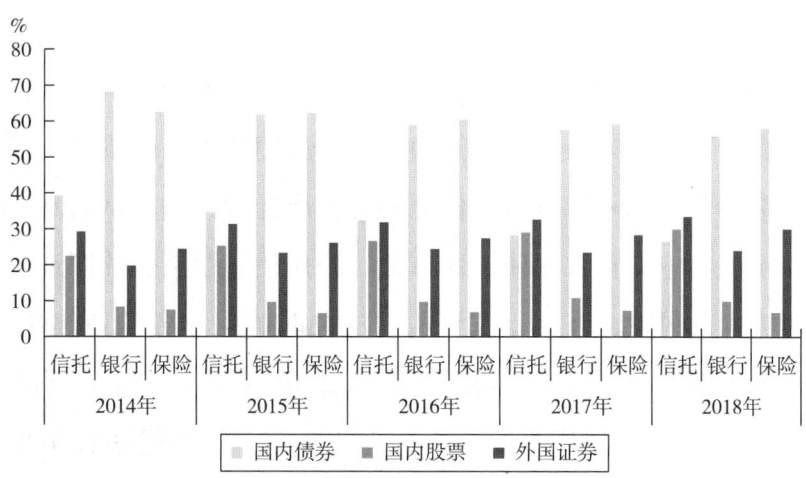

图9-15 日本主要金融机构的有价证券资产的具体配置组成（2014—2018年）

（资料来源：日本银行［EB/OL］. https：//www.boj.or.jp/statistics/pub/sk/index.htm/，日本信托协会［EB/OL］. https：//www.shintaku-kyokai.or.jp/data/statistics_list/，日本生命保险协会［EB/OL］. https：//www.seiho.or.jp/data/statistics/summary/）

（二）信托资产配置发展情况

再聚焦到日本信托业近年的信托资产投向，从表9-9可以看到，近几年投向占比相对都比较稳定，没有太大变化，其中主要是投向有价证券

（占比35%左右）、信托受益权（占比为31%~34%）。历史上，发放贷款是日本信托业的主要业务之一，但近年来投向贷款的规模占比已经非常小。

表9-9　　　　　　　　2010—2018年日本信托各类资产投向占比

单位：%

资产投向	2010年	2011年	2012年	2013年	2014年	2015年	2016年	2017年	2018年
贷出金	0.5	0.3	0.3	0.3	0.3	0.4	0.5	0.4	0.5
有价证券	39.8	39.8	38.7	38.5	37.0	36.0	35.2	35.0	34.4
有价证券投资信托	4.1	4.1	4.4	4.7	5.3	4.9	4.9	5.1	5.3
信托受益权	31.8	31.2	31.0	31.7	31.7	33.7	33.0	33.0	34.1
金钱债权	4.9	5.1	4.7	4.3	3.9	3.7	4.9	5.4	3.3
有形固定资产	3.3	3.3	3.2	3.1	3.1	3.2	3.2	3.2	3.3
同业拆借	1.4	1.4	1.7	1.9	2.3	0.4	0.8	0.9	1.8
银行贷款	0.7	0.7	0.8	0.9	1.1	3.8	2.7	2.6	2.6
其他	13.4	14.2	15.2	14.7	15.3	13.9	14.9	14.2	13.7

数据来源：日本信托协会［EB/OL］. https：//www.shintaku-kyokai.or.jp/data/statistics_list/。

其中有价证券作为最重要的投向，也是我们最关注的股票、债券类的资产配置类别，具体来看看对有价证券的资产配置比例。从表9-10可以看到，有价证券中配置了国债、地方债、公司债、股票、外国证券等，以分散投资方面的风险，在保证投资收益的同时确保业务的稳健性。其中，国内债券的配置比重有较大下降趋势，从2010年的48.7%，下降到2018年的26.6%，其中主要是由于国债投资的收缩；国内股票近年来比重不断攀升，在有价证券中配置占比约30%；外国证券的比重上升趋势更为明显，由2010年的22.2%提升到2018年的33.5%。由于日本后期和欧美部分国家相互放开了信托市场，日本信托业在经过整合后，通过设立海外分支机构或是子公司的形式，加大了对海外资产的投资力度，从2010年至2018年，日本信托行业对国外投资的占比逐步增加，优化了信托行业的配置。

表 9-10　　2010—2018 年日本信托对有价证券中各类资产配置占比

单位：%

有价证券类别	2010 年	2011 年	2012 年	2013 年	2014 年	2015 年	2016 年	2017 年	2018 年
国内债券	48.7	48.6	47.8	45.6	39.3	34.7	32.4	28.4	26.6
国债	36.7	37.0	36.4	34.6	29.0	25.1	22.5	20.2	19.1
地方债	2.9	3.0	3.2	3.2	3.1	2.8	2.6	2.2	2.0
公司债	9.2	8.6	8.2	7.9	7.3	6.7	7.4	6.0	5.4
国内股票	20.3	20.6	19.8	20.7	22.5	25.3	26.7	29.1	30.0
外国证券	22.2	22.3	23.1	25.2	29.3	31.4	31.9	32.7	33.5
其他证券	8.7	8.5	9.3	8.4	9.0	8.7	9.1	9.9	10.0

数据来源：日本信托协会［EB/OL］．https：//www.shintaku-kyokai.or.jp/data/statistics_list/。

第五节　我国信托业的资产配置概览

本节对我国信托行业整体的资产配置情况做一简要回顾，并通过与我国其他金融机构的资产配置进行比较分析，结合我国金融体系中几类主要金融机构和信托行业自身的发展定位，对信托业未来的资产配置发展方向做出展望。

一、我国信托业资产配置的发展

我国信托业大致从 2009 年开始进入高速扩张阶段，2012 年泛资管时代来临，资管市场竞争更加激烈，信托公司的业务增长速度有所下降，但加快了提升主动管理能力的步伐。信托公司的业务类型分为固有业务和信托业务，主要受《信托法》《信托公司管理办法》《信托公司集合资金信托管理办法》《信托公司净资本管理办法》等法律法规的约束，信托公司的信托业务和固有业务独立核算、独立运营管理，所以固有资产和信托资产的资产配置同样重要，关系着信托公司的收入和利润。现在我们来看下 2010—2019 年我国信托业分别在信托资金、固有资产的资金运用、资产配置方面的发展情况。

(一) 信托资金的资产配置

信托公司通过发行单一资金信托、集合资金信托和管理财产信托等产品募集信托资金。根据信托的功能，信托产品可分为融资类、投资类、事务管理类信托；根据信托资金的运用方式，信托产品可以分为贷款信托、可供出售及持有至到期投资、长期股权投资信托等；根据信托资金的投向，信托产品可以分为工商企业信托、基础产业信托、房地产信托、证券市场信托、金融机构信托等。每类产品根据其募集或投向的目的不同，相应的资金运用与配置重点也会不同，这里无法尽述。我们仅从整体资金的运用和投向来窥之一二。

1. 从资金运用方式来看

信托资金的运用方式是指资金投放的形式，可以是债权模式，可以是股权模式，也可以是介于二者之间的夹层模式，此外，还可以投资于某种特定的权益（比如特定资产收益权）。信托资金的具体运用方式与交易对手需求、监管要求、信托公司风险管控要求等因素有密切关系。信托资金的基本运用方式主要有以下几类，各类别的占比见表9－11。

表9－11　　　　2010—2018年资金信托的运用方式占比变化

单位：%

资产信托运用方式	2010年	2011年	2012年	2013年	2014年	2015年	2016年	2017年	2018年	2019年
贷款	54.4	37.4	42.9	47.1	40.4	36.5	35.4	38.2	40.5	40.7
可供出售及持有至到期金融资产	10.2	18.4	17.5	18.5	21.6	24.4	26.9	26.1	25.4	25.0
交易性金融资产投资	8.4	7.3	9.4	9.1	12.7	16.7	15.4	14.0	11.4	11.2
长期股权投资	15.7	14.1	9.9	9.1	8.5	7.3	7.8	8.9	9.8	9.1
买入返售金融资产	1.3	2.0	2.1	1.8	2.9	2.9	3.3	3.7	3.7	3.9
存放同业	2.9	9.7	7.8	6.8	7.8	7.1	5.8	3.7	3.2	2.6
租赁	0.2	0.2	0.2	0.1	0.1	0.0	0.0	0.0	0.0	0.0
其他	7.1	10.9	10.1	7.4	6.1	5.2	5.2	5.3	6.1	7.6

数据来源：中国信托业协会［EB/OL］. http://www.xtxh.net/xtxh/statistics/index.htm。

(1) 贷款类

贷款是最常见的信托资金运用方式，具有债权债务关系清晰、简洁的特点。目前，我国各类资管机构中，仅有信托公司能够发行贷款信托，这使得信托公司具有了参与非标业务的重要制度优势。为了促进信托公司多元化发展，监管部门对于信托资金贷款运用方式设定了限制，要求集合资金信托中贷款运用方式的信托业务规模占比不超过30%。从中国信托业协会公布的数据看，贷款类一直是信托资金最主要的运作方式，虽从2010年的54.4%下降到了2019年的40.7%，但仍高居首位。

(2) 可供出售及持有至到期投资

持有至到期投资是指到期日固定、回收金额固定或可确定，持有至到期的长期金融资产。可供出售金融资产是指交易性金融资产和持有至到期投资以外的其他的债权证券和权益证券，持有期限一般大于1年。这两类信托资金运用与证券投资信托、资管产品投资具有密切关系，两类信托资金运用规模占比从2010年的10.2%，上升到了2019年的25%，一跃成为第二大资金运用方式。

(3) 交易性金融资产投资

交易性金融资产投资是指为了近期内出售而持有的金融资产，如以赚取差价为目的从二级市场购入的股票、债券和基金等，短期内会出售的，归为交易性金融资产。与持有至到期投资不同，交易性金融资产投资持有期具有很大不确定性，与证券投资信托具有很大关联性。从历史数据看，交易性金融资产投资类信托占比波动性较大，从2010年的8.4%，增长到2016年的16.7%，又回落到2019年的11.2%，这可能与不同金融市场状态下的信托公司证券投资策略有一定关系。

(4) 长期股权投资

长期股权投资一般是指持有对被投资单位具有控制、共同控制或重大影响，且在活跃市场中没有报价、公允价值不能可靠计量的权益性投资，属于长期投资资产。根据企业生命周期融资理论，当企业处于初创期或者成长阶段，经营风险较高，一般更适合于进行股权融资，与企业一同承担风险、分享经营成果。2008年，监管部门发布了《信托公司私人股权投资信托业务操作指引》，该指引对信托公司开展私人股权投资信托的基本条件、业务规范、投资顾问资格、项目退出等方面都进行了明确要求。中国信托业协会统计数据显示，长期股权投资类信托产品规模从 2010 年的占比第二 15.7%，下降到 2015 年的 7.3%，2019 年末的占比为 9%，有所回升，但是仅排在第四位。信托公司长期股权投资占比并不高，主要还在于股权投资对于专业水平、投资者风险承担能力等方面有更高的要求，但是长期股权投资类信托业务仍是信托公司转型发展的重要方向，部分信托公司正在加大力度拓展此类业务。

（5）买入返售金融资产

买入返售指的是两家金融机构之间按照协议约定先买入金融资产，再按约定价格于到期日将该项金融资产返售的资金融通行为。从历史数据走势看，买入返售金融资产占比一直处于 4% 以下，近年来配置占比有所提升，2019 年末为 3.9%。

（6）存放同业

存放同业是指存放在其他非金融机构的款项，主要用于信托资金的流动性管理，具有风险低、收益低的特点。截至 2019 年末，存放同业的资金规模占比 2.6%，近年来占比较低。

从以上数据可以看出，信托资金的运用主要是贷款和金融资产两大类。从发展趋势来看，信托资金仍以贷款为主，反映了信托公司核心业务仍未发生变化，但债券、股票、股权等金融资产的投资比重在逐渐增大，体现了信托业务结构的逐步优化。

2. 从资金投向来看

信托资金的投向是指资金运作后进入的行业领域。我国的资金信托主要投向为基础产业、证券市场、金融机构、工商企业和房地产五大领域。受到宏观经济周期、行业景气度、投资者偏好等因素影响，不同阶段信托资金的投向有所差异，诸如证券市场牛市时，信托资金会更多流向该领域。从图 9-16 发展趋势图和图 9-17 饼状分布图可以看到各领域资金投向占比的变动和 2019 年的分布。

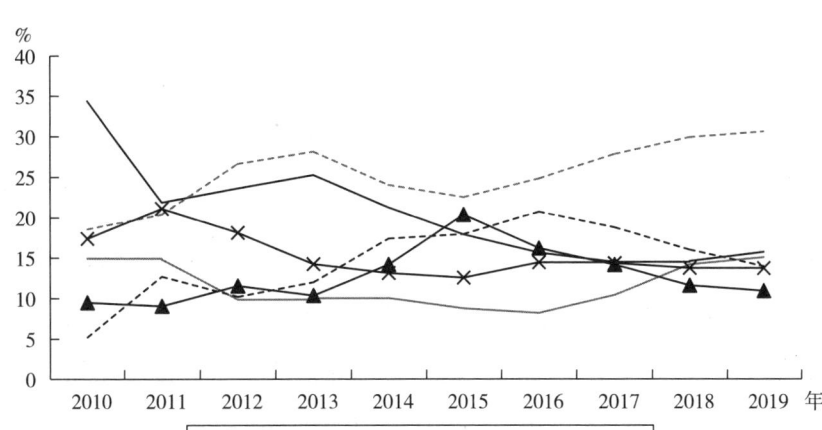

图 9-16 我国资金信托的不同投向占比（2010—2019 年）

（数据来源：中国信托业协会 [EB/OL]．http：//www.xtxh.net/xtxh/statistics/index.htm）

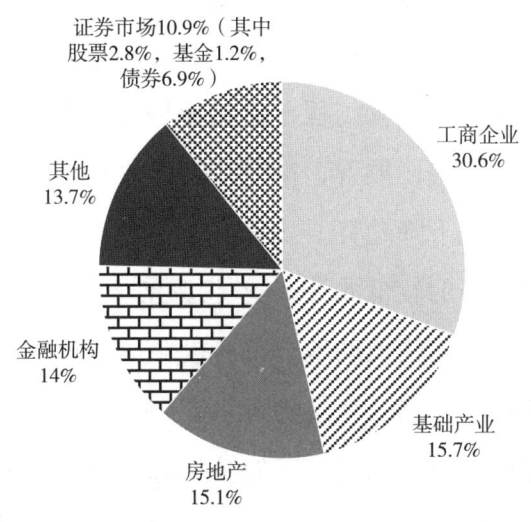

图 9-17 2019 年我国资金信托的不同投向占比分布

（数据来源：中国信托业协会 [EB/OL]．http：//www.xtxh.net/xtxh/statistics/index.htm）

（1）工商企业

截至 2019 年末我国实有市场主体 1.23 亿户，工商企业是中国经济的重要微观实体，是我国经济增长的根本动能。信托公司的发展根本在于服务实体经济，为实体企业提供经营发展所需要的金融服务。我国社会融资体系不健全，信托融资渠道已经成为银行等融资渠道之外的重要资金供给方式，实现了对各类企业发展的有力支持。自 2012 年开始，工商企业领域的配置比例一直是最高的，体现了信托行业通过投贷联动、供应链金融等模式积极服务实体经济的努力。不过工商企业领域的配置经历了一定波动，从 2010 年到 2015 年经历了先升后降的趋势，与宏观经济周期走势高度相关。而自 2016 年以来工商企业领域配置占比逐步提升，从 2010 年的 18.6% 增长到 2019 年的 30.6%，这一阶段信托行业对于工商企业领域的配置具有了更多创新内涵，也就是跟随我国供给侧结构性改革，进一步深入参与传统产业升级、战略性新兴产业的金融服务。

（2）基础产业

基础设施建设是我国经济建设的重要基础，是稳定经济增长的重要手段，信托公司一直参与基础设施建设，提供了大量资金支持。从参与领域看，一方面是国家重大基建工程，诸如交通、水利等；另一方面是参与区域发展的基础设施和民生改善工程，诸如参与粤港澳大湾区的城际铁路建设和产业园建设。从配置比例看，投向基础产业领域的信托资金占比排在第二位，不过一直呈现下降趋势，从 2010 年的 34.4%，下降到 2019 年的 15.7%，达到了近年来的较低水平。这主要在于自 2014 年，我国开始加强地方债务风险治理，加快推动地方政府投融资管理制度改革，朝着市场化、直接融资化的趋势发展。在这种背景下，信托业参与基础设施建设的难度增大，信托业加强模式创新，诸如参与 PPP 业务、基建项目资产证券化业务，拓展该类业务的发展空间，未来基础产业仍将是信托业的重要资产配置领域。

（3）房地产

房地产业具有周期长、资金密集的行业特点，是关系国计民生、拉动经济增长、改善居民生活条件的重要支柱产业。信托业长期深耕房地产行业，是房地产开发投资自筹资金中的重要资金供给方。房地产行业受到较为严格的宏观调控，体现了较强的周期性，每次房地产调控，房地产信托都会被纳入调控范围，从而形成房地产行业配置的波动性。2019年末房地产行业配置占比为15.1%，基本与2010年持平，仅次于基础产业。从历史演变看，房地产行业配置比例经历了先降后升的发展格局。2011年至2016年期间呈现持续下降的态势，最低降至8%左右，这主要在于此期间房地产行业经历了两次调控，房地产行业呈现较大的波动性，出于风险把控的要求，信托行业降低了对房地产行业领域的配置比例。2017年至2019年房地产信托占比呈现持续上升态势，提升了约7个百分点，这与房地产行业处于上升周期、资产荒程度上升等因素有较大关系。2019年下半年，监管部门对房地产信托实施额度管控，短期内房地产行业的配置比例会有下降趋势。

（4）金融机构

投向金融机构的信托资金主要服务于金融机构的投融资需求以及通道业务，占比从2010年的5.2%，上升到2016年的20.7%，这一时期通道业务增长较快，诸如银信合作、信证合作等，对于金融机构领域的配置贡献较多。自2017年开始，监管部门加大对通道业务的监管力度，2018年央行等部门联合发布资管新规，严格禁止通道业务，金融同业类通道业务近年来明显压缩，占比下降至2019年的14%，未来仍有继续下行态势，在信托资金资产配置中的重要程度会日渐降低。

（5）证券市场

投向证券市场的资金占比从2010年的9.5%，到2015年的20.4%后，近几年规模和占比都呈现下降趋势，2019年末仅占11%，这种波动既与证券市场的周期演变有关，也与去通道等因素有关。

再具体看在投向证券市场的资金中，分别投向股票、债券、基金的情况。从图9-18可以看到，在股票、债券、基金三者中，债券基本都是占比最高的证券市场投向，在2010—2015年期间占比不断提高，2016年达到最高占比11%，此期间债市表现为牛市，信托公司承接了较多委托投资等债券投资业务,推动债券资产配置提升;2017年后,债市经历了熊市的考验,2018年开始有所好转,但是委托投资需求下降,债券投资占比仍呈现下降态势,2019年仅为7%。投向股票的资金在2015年达到最高占比3.6%,此时正值2014年到2015年的股市牛市;此后股市不佳,直到2019年开始有所起色,但是信托公司在股票方面的配置仍较为审慎,配置比例在近几年下降到2019年末的2.8%。投向基金的资金主要进行流动性管理、大类资产配置,占比一直较低,也是在2015年达到相对最高,2019年末为1.2%。

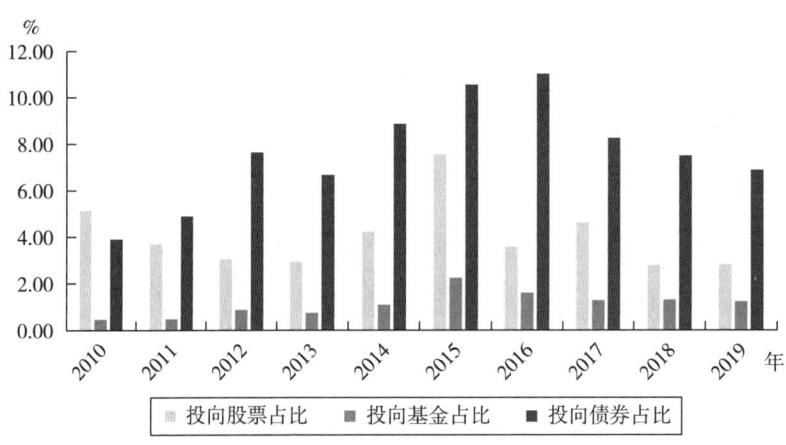

图9-18 我国资金信托在证券市场中细分投向占比(2010—2019年)

(数据来源:中国信托业协会[EB/OL]. http://www.xtxh.net/xtxh/statistics/index.htm)

(二)固有资产的资产配置

信托的固有资产资金来源主要为本公司资本金、收益留存及公司负债。信托的固有资产规模从2010年末的1483.44亿元,快速增长为2019年末的7677.12亿元,现在已经是信托公司重要的利润来源,发挥着越来越重要的作用。

1. 从资产配置来看

由于信托固有资产投资实业股权受限,且资产配置需要遵循收益性、流动性、安全性的原则,需要满足净资本监管要求,所以其资产配置主要为投资类资产、贷款类资产和货币类资产三类，其资产配置收益包括利息收入、投资收益、公允价值变动损益等。从图9-19可以看出，自2010年以来，投资类资产规模快速增加，且占比始终超过50%，从2010年的57.5%上升到2019年的78.8%。而贷款类资产和货币类资产的规模增长较为缓慢，相应占比则逐年递减，2019年末贷款类资产占比为5.9%，货币类资产占比为7.9%。

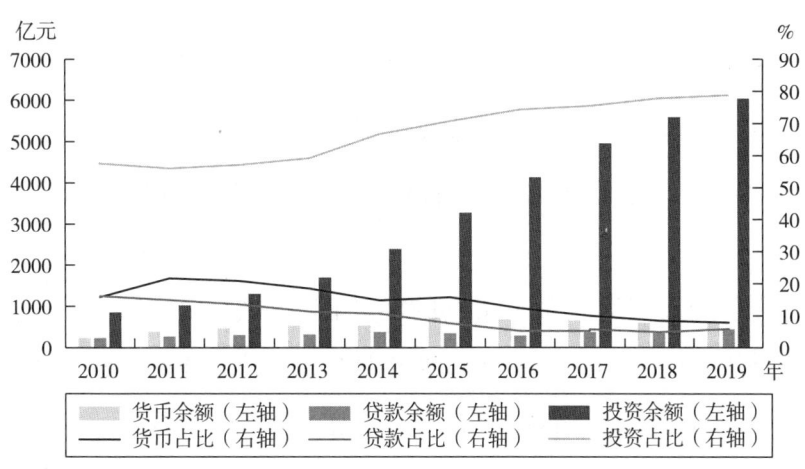

图9-19 信托固有资产配置占比（2010—2019年）

（数据来源：中国信托业协会［EB/OL］. http://www.xtxh.net/xtxh/statistics/index.htm）

可以看出，近年来信托公司固有资产配置一直以投资类为主。2018年末，在固有投资类资产的细分结构中，交易性金融资产、可供出售金融资产、持有至到期投资和长期股权投资占比分别为9.72%、40.98%、5.09%、12.85%[1]。由此可见，可供出售金融资产是固有投资类资产最重要的运用方向。具体来说，主要投资风险收益适中、期限合适的类固定收益类及现金管理类产品，实现平稳的资产配置。有些信托公司还进行了金融机构股权战略投资、实体企业投资，在布局优质权益资产的同时，进一步推进固有业务与信托业务的协同。

---

① 中国信托业协会. 2019年信托业专题研究报告［EB/OL］. http://www.xtxh.net/xtxh/reports/45794.htm。

2. 从资产投向来看

信托公司固有资金运用范围广泛，除各类证券产品投资外，还可以向基础产业、房地产业、工商企业、金融机构等领域进行投融资。根据61家信托公司年报数据，截至2018年末，固有资金投向及占比情况如图9-20所示。

与资金信托的资金投向有所差别，占比最高的是金融机构，为42%，配置比例近半，主要是信托持有的金融机构股权，诸如银行、公募基金管理公司、财务公司等；其次是房地产业，与信托业务协同，为部分房企提供债权融资；顺应国家加大金融支持实体经济的政策要求，固有资金对工商企业的配置占比约为10%；固有资金参与基础产业的配置比例较低，仅为5%。

固有资金的投向对政策及市场的变动较为敏感，信托公司通过良性调整固有资金的投资方向，防范政策调控风险、市场风险以及信用风险，有助于实现控制行业风险、促进行业良性发展的目标。

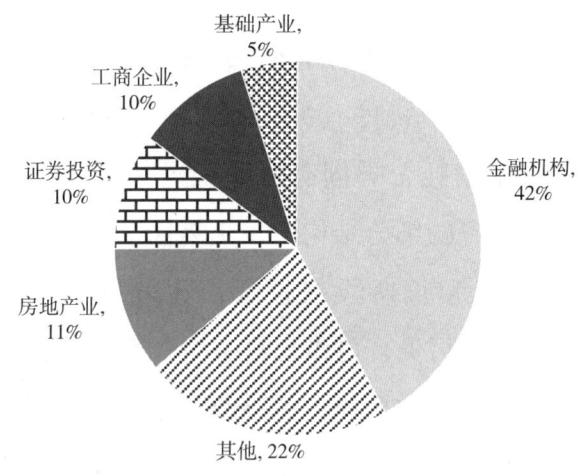

图9-20 信托固有资产配置占比（2018年）

（数据来源：中国信托业协会. 2019年信托业专题研究报告［EB/OL］. http：//www.xtxh.net/xtxh/reports/45794.htm）

(三) 资产配置策略运用

我国信托公司业务有实业投行、资产管理、财富管理、服务信托、公益信托等多个类别,资产配置策略的运用根据所属业务类别有所不同偏重。就当前正处于转型发展阶段的资产管理业务来说,在我国的信托资金组合投资配置中,信托资金的投资方向正由一对一转换成一对多,由单一的投资方向变成策略性的多元化投资范围。信托公司通常以非标资产为主,股票、债券、基金等浮动收益类产品投资为辅,并根据市场环境适时调整各类金融资产投资比例。

从角色定位来说,对于投资管理能力较强的信托公司而言,其资产管理业务的资产配置依托于自有的研究和分析。但鉴于目前我国的许多信托公司主动管理仍处于起步阶段,尚不具备大批主动管理人才和完备的机制,因此短期内在浮动收益产品方面有些会采取FOF或MOM的定位,即选择合适的基金或者基金经理,基于对对方的信赖,将投资策略的选择交与相关机构或个人,以给信托资金带来相对稳定的收益。这样安排的意义在于发挥各资管机构在各自细分领域多年积累的经验优势,最终达到优势互补,为组合投资带来相对稳定可观的收益的目的。

从自身资产配置理念来说,信托公司倾向于进行多元化资产配置,持有多个对经济、利率、政治、货币、通货膨胀以及其他动因反应不同的资产,以此可以产生非相关的回报,实现资产的多元化。在投资组合风险计量方法的选用上,信托公司通常使用金融统计中使用最广泛的"标准差"来计量相关资产的风险。例如,房地产投资信托与房地产公司股票具有正相关性,但根据统计,房地产投资信托与股票指数的相关性较低。相异而动的资产配置,将会在较长时间内为信托公司带来稳定的投资收益。

具体到资产配置策略选择上,当前我国信托公司多采用动静结合的资产配置策略。在动态资产配置方面,融入经济周期考量因素,参考美林时钟等经典的资产配置理论,并结合基本面、技术面等分析,对资产进行周期性动态调整;而静态资产配置则严格按照客户风格偏好执行。

二、信托资产配置的比较与方向

由于金融机构间职能定位、战略发展的不同,信托资产配置与其他金融机构的整体资产配置在发展历程、发展趋势上有一定差异。为了更好地了解信托资产配置的特点,需要将信托与其他金融机构放在一起作比较,找出不同机构的配置侧重点,从而对信托未来发展方向得出一些启发。

(一) 信托与其他金融机构资产配置的比较

这里我们主要为了更深入地了解各金融机构本源业务间的资产配置差别,所以比较各金融机构间的表内业务资产配置情况。

1. 商业银行资产配置情况

从商业银行自身的资产结构来看,在中国特殊的市场环境下,商业银行的利润在很大程度上依赖存款和贷款的利差,因此今天的中国银行业尽管有着庞大的总资产体量,但其中半数以上仍由传统信贷资产组成,资产结构相对单一。除了贷款资产以外,银行一般分类中占比相对较高的资产类别包括现金及存放中央银行款项、存放同业款项、交易性金融资产和可供出售金融资产等。在证券投资上,基本持有的是国债、地方债、政策性金融债、信用债等固定收益类资产,也有信托计划、资管计划、同业理财等非标资产投资。可以看出银行整体资产结构与政策影响及其自身职能定位关系较大,信贷、债券是资产投放的最主要方向。

这里选取了工商银行、农业银行、中国银行、建设银行四家商业银行的 2019 年年报做典型代表,将资产负债表中的资产项进行加总计算,得到各项资产的平均占比(见图 9 - 21)。可以看到,排在前三位的分别是贷款及垫款占比 54.8%,金融投资占比 25.9%,现金及中央银行款项占比 10.5%;然后是拆出资金占比 2.3%,买入返售金融资产占比 2.2%,存放同业款项占比 1.6%,以及未列出的固定资产、贵金属、递延所得税资产、衍生金融资产、长期股权投资、无形资产等其他资产。其中,金融投资项里包括了原来科目的应收款项类投资、持有至到期投资、可供出售金融资产。

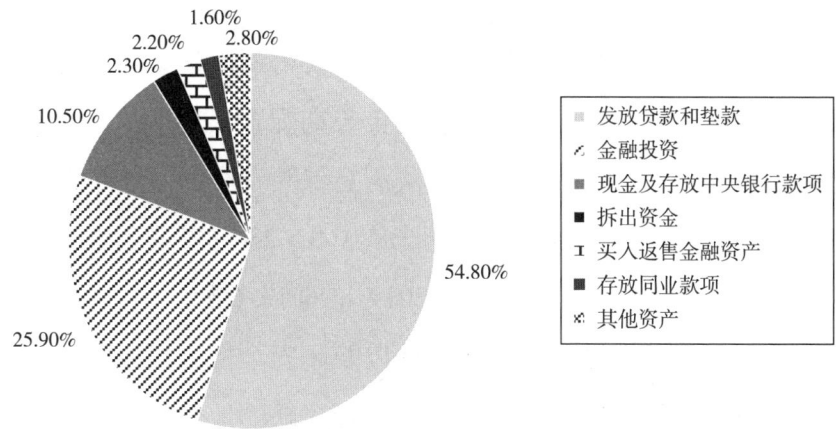

图 9-21 四家国有商业银行资产构成占比（2019 年）

（数据来源：上海证券交易所 [EB/OL]. http：// www.sse.com.cn/disclosure/listedinfo/regular/）

再看银行的信贷资金运用数据（见图 9-22），除贷款占大比重外，投资中债券投资占 19.8%，股权及其他投资占 7.1%，也可以看出银行的资产结构。贷款和债券投放是目前商业银行回归本源、支持实体经济的主要体现。

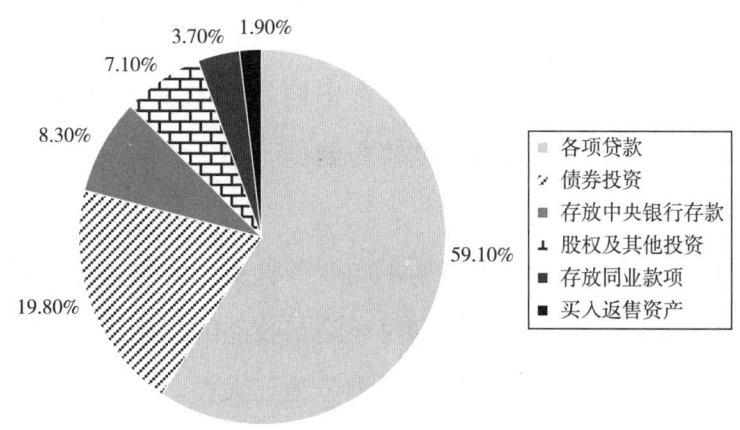

图 9-22 银行信贷资金运用（2019 年 12 月）

（数据来源：Wind）

2. 保险公司资产配置情况

从保险机构的业务需求以及宏观市场环境来看，保险业的资产配置有其独有特点。保险公司天然承担的赔付义务使得保险资金在配置时需要考虑维持足够的流动性，因此过去保险资金长期配置银行存款。但保险行业市场化改革后，银行存款利率已经无法满足保险资金的收益率要求，保险公司对银行存款的配置比例逐渐降低。从图9-23可以看到银行存款配置比例从2012年的34.5%逐渐下降到2019年的13.6%。

相比较下，债券同样具有高流动性以及高安全性，且收益率高出银行存款许多，因此在保险资金配置中占有不可或缺的地位。从图9-23可以看到债券配置比例虽有小幅下降，但仍占据了三分之一。股票和基金配置比例相对较低，但也略有增长，从行业看，保险公司更偏好高分红的蓝筹股，比如房地产、银行等，可见保险资金投资更注重稳健性。

而其他资产也即另类投资配置在保险资金中占据越来越重的比例，成为最重要的大类投资品种，2019年占比高达38.7%。其主要包括债权投资计划（含基础设施债权和不动产债权投资计划）、股权投资计划、信托计划。这是因为固收类非标产品出现后，以债权投资计划、项目资产支持计划为代表的非标资产收益率普遍高于传统债券，因此吸引了大量保险机构资金。目前我国保险行业资产配置中固定收益类资产比例合计超过60%，体现出保险公司投资策略整体稳健。

3. 证券公司资产配置情况

证券公司涉及业务种类较多，不同业务种类配置重点也不同。从证券行业整体配置风格来看，可以根据对风险与收益的权衡因素的不同，将国内大型上市证券公司的资产配置模式划分为三大类。

第一类：重自营投资的积极型资产配置模式。该模式通过自营投资对资产结构进行积极配置和调整，整体资产流动性更好，但资产收益受资产价格影响波动较大。

第二类：资产多元化的均衡型资产配置模式。该模式下自营投资和类

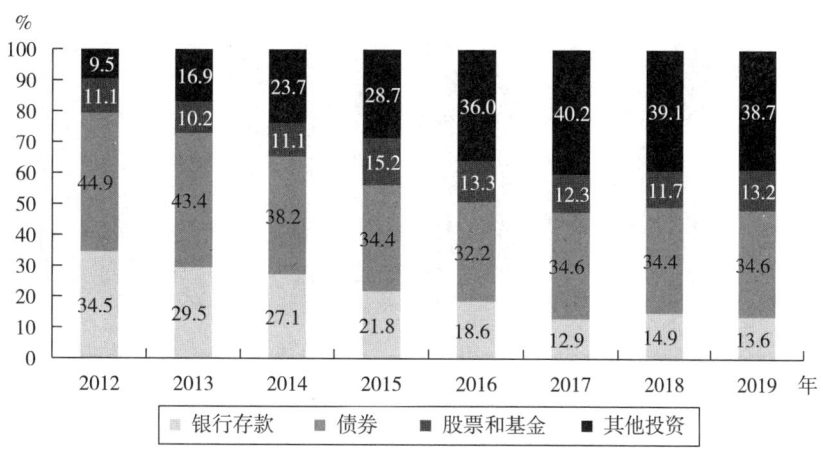

图 9-23 2012—2019 年保险资金配置比例

（数据来源：中国银行保险监督管理委员会［EB/OL］. http://www.cbirc.gov.cn/cn/view/pages/tongjishuju/tongjishuju.html）

贷款业务的占比接近，自营投资策略相对保守，讲究各项资产业务的多元化平衡发展，根据资产业务需求进行配置为主，资产流动性适中，但资产规模及配置结构受股票债券市场波动的影响较大。

第三类：偏类贷款业务的保守型资产配置模式。该类模式与第二类类似，但资产配置会向类贷款业务倾斜，同时该配置模式资产流动性相对较差。目前券商主动管理规模较小，投资决策主动性较差。但就主动管理业务层面而言，投资范围同样可以覆盖全品类资产，能够满足多层次投资者资产管理需求。

从证券自营业务的金融产品投资规模构成来看（见图 9-24），股票占比下降相当明显，从 2007 年的 70.3% 大幅降到 2018 年的 6.7%；相应的债券占比上涨幅度较大，从 2007 年的 19.4% 大幅提升到 2018 年的 68.2%。可以看出证券在自营业务上还是偏重稳健安全的，投资于股票的比例一般不会超过 20%。

从券商资管产品具体配置标的来看，主要包括股票、债券、基金和其他四大类，其中"其他"项又主要包括银行理财产品、信托计划、专项

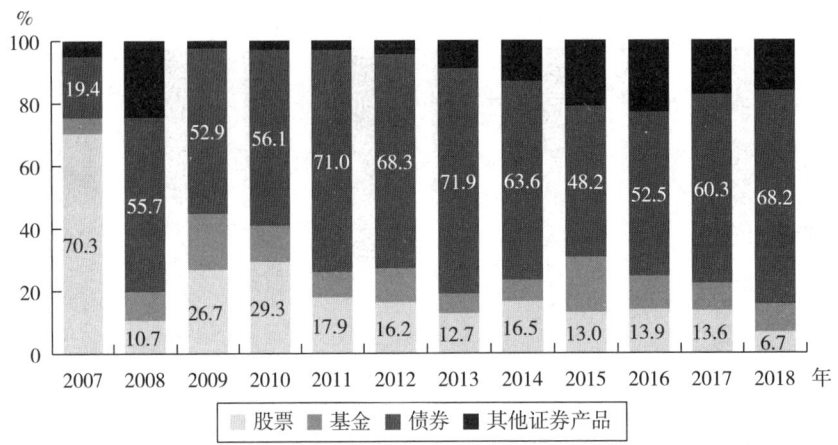

图 9-24 2007—2018 年证券公司自营业务金融产品规模构成

(数据来源：Wind)

资管计划、银行承兑汇票受益权、资产支持证券、资产收益权以及其他（买入返售、期货、协议存款、回购）。集合资管计划的资产配置比重会随着股票、基金等权益类资产的市场吸引力而经常发生变化；定向资管计划中，信托计划、银行承兑汇票收益权和资产收益权则是目前券商的主要配置方向。

4. 基金资产配置情况

公募基金运行模式最为规范，投资范围主要聚焦于标准化资产领域，并在股票投资管理方面具有一定优势，但不能投资于非标准化资产和股权项目，投资范围相当狭窄。从近几年各类公募基金的资产净值占比来看（见图 9-25），货币市场基金虽有所下降，但仍占一半规模；债券基金有小幅增长，股票基金占比变动不大，混合基金则有所下降。

私募基金投资全品类覆盖，但由于私募的专业化经营分类，不同私募管理人分别聚焦于各自投资领域。其中，私募证券投资基金主要投资公开交易的股票、债券、期货、期权、基金份额以及中国证监会规定的其他证券及其衍生品种；私募股权投资基金主要投资非上市公司股权或上市公司非公开交易股权；私募创业投资基金主要投资处于创业各阶段的未上市成

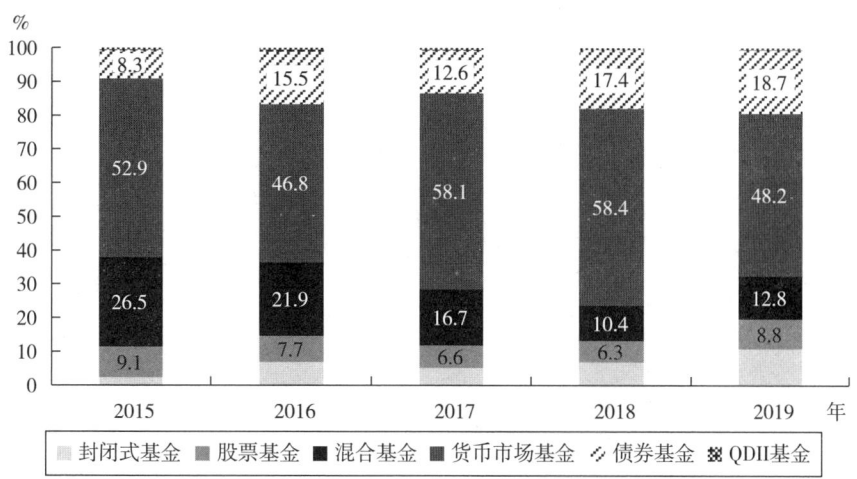

图 9-25 2015—2019 年公募基金资产净值占比

(数据来源:中国证券投资基金业协会[EB/OL]. https://www.amac.org.cn/researchstatistics/datastatistics/mutualfundindustrydata/)

长型企业的股权;其他私募投资基金主要投资除证券及其衍生品和股权以外的基金,如红酒、艺术品、商品基金、银行不良资产等;私募资产配置基金主要投资各类别私募基金(证券类、股权类以及其他类私募基金)以及公募基金或者其他依法设立的资产管理产品。

5. 信托与其他金融机构资产配置的比较

对于上述各金融机构资产配置的情况介绍,我们先用表 9-12 来做个直观的比较。

表 9-12 各金融机构资产配置比较

项目	信托	商业银行	保险	券商	公募基金	私募基金
资产配置侧重	信托资金主要投向贷款和金融资产,覆盖标准化资产、非标准化资产和其他资管产品范畴	资产结构相对单一,主要投向信贷、债券类、标准化债权资产	债券投资占比较大,股票投资占比提升;非标另类投资占比增加,成为最多	业务种类多,自营业务主要投向债券;资管业务对债权、股权类投资都涉及较多	主要聚焦于标准化资产领域,投资于股票、债券市场	投资全品类覆盖

续表

项目	信托	商业银行	保险	券商	公募基金	私募基金
资产配置优势	(1) 非标资产配置增厚产品收益；(2) 非标及投行项目管理能力较强	(1) 固收类资产为利差模式提供稳定利息回报；(2) 优质固收类资产挖掘和信用风险控制	(1) 另类资产投资收益普遍高于传统债券；(2) 资金供给保障，便于策略发挥	(1) 投资标的范围广，便于盈利模式切换；(2) 协同券商投顾优势	投资标的相对集中，投研聚焦，盈利平稳，权益市场投资能力较强	投资类别丰富，超额业绩报酬
战略定位	做强非标及投行项目投资，提高产品收益，同时部分转向标准化产品	深化固收类资产投研，逐步拓展投资谱系	综合服务竞争力强化	助于向综合化财富管理转型	聚焦权益市场，有利于构建竞争壁垒	发挥业务优势，实施差异化竞争

信托与商业银行、保险公司相比，银行和保险资产配置更加偏重固收类资产。从发展趋势来看，目前银行受业务限制主要投向信贷和债券，资产配置以债券和货币市场工具为主，但未来获取理财子公司"超级牌照"的银行系资管机构，资产配置类别可能会更丰富，在原有的债券、非标类基础上，资产配置范围将不断向权益类、商品及衍生品类等方向延伸，扩充至股票、股权、债券、非标资产、衍生品等多元资产类别。保险公司则在传统资产类别上，进一步提升另类资产的占比，更多投资于基础设施与不动产债权投资计划。

信托与券商、基金相比，都注重多元化资产配置，但侧重仍有差异，信托更加注重非标及投行项目，券商资管更加注重债权和股权的综合发展，公募基金更加聚焦权益市场。

从资产管理领域来看，资管机构核心能力各不相同，银行具有最广泛的渠道资源和市场品牌影响力，公募基金、券商资管则有较强的研究和投资管理能力，信托公司具有较强的产品创新能力。核心能力决定业务布局，银行的资产配置仍然以信贷类为主，而银行理财（及其子公司）主要布局货币基金、固定收益类产品；公募基金和券商重点布局标准化金融产品；信托公司则应牢牢抓住非标业务的核心优势，进一步拓展标准化业务。

（二）信托资产配置的优势与发展方向

信托业目前处于转型阶段，在回归本源、服务实体经济的方针指引下，要更多地考虑拓展创新，加强主动管理，提升投资管理与资产配置能力。在找准自身优势的基础上，结合政策导向确立发展方向。

1. 信托资产配置的优势

相比其他机构，信托公司主要有如下比较优势。

（1）独特的制度优势

信托具有多层次、多领域、多渠道配置资源的独特优势，可以为实体经济提供更为多元化、个性化、差异化的创新产品。信托公司在满足实体经济资金需求、丰富居民投资理财渠道的同时，优化了金融资源的整合和配置。

（2）宽阔的资产配置范围

信托公司为客户提供包括贷款、股权、事务管理等多种综合金融服务，与各种类型的客户进行广泛合作，长期以来横跨资本、货币、产业三个市场，具有较强的资产配置能力和管理能力。相对其他资管机构，信托公司能够提供涵盖不同风险收益的全产品线，包括现金管理、债券、固定收益、股票、股权等。

（3）优秀的财富管理能力

信托公司以服务高端客户以及机构客户为出发点，通过广泛设立财富销售网点，累积了一批忠诚客户。信托公司发挥信托制度优势，为机构客户提供全面的资产配置服务，为客户提供财富保护、财富传承等全方位的财富管理服务。

2. 信托资产配置的发展方向

在资管新规发布后，银保监会又发布了《信托公司资金信托管理暂行办法（征求意见稿）》，信托资管业务新规已初步成形。可以看到，新规对非标投资规模的限制，将进一步促进信托行业转型深化。可以预见，信托行业分化将进一步加剧,资本实力较弱或一直以非标融资为主、业务发展模式单一的信托公司将面临较为迫切的资本补充和业务结构调整压力。随着资金募集难度的加大,财富管理团队齐备、高净值客户和机构客户资源充足的信托公司竞争优势凸显。信托行业未来在投资运营与资产配置的发展上,需要更加专业化、丰富化、规范化,更加服务于实体。具体包括以下几个方向。

(1) 促进传统非标业务升级转型

对于非标资产,虽面临压缩,但仍占据较大比重。在非标资产投资领域,信托公司正在不断探索新的业务模式,推动打破刚兑,实现升级转型。以基础产业信托为例,一方面,发展基础设施投资基金。随着地方政府融资平台的转型发展,基础设施投资基金发展空间将显著增大,信托公司通过与专业投资机构、企业共同设立基础产业投资基金,可参与各类核心基础设施建设,提供长期股权资金,帮助优化资本结构。另一方面,创新发展基础设施证券化业务。信托制度具有显著的破产隔离效果,而且信托公司长期参与证券化产品发行,是信托公司回归本源的重要表现。同时,信托公司可以作为基础设施证券化分销商、投资人,发挥一、二级市场联动的效应,提供基础设施证券化业务的全链条服务。

(2) 由非标准化向标准化拓展

信托投资领域本身较为丰富,覆盖标准化资产、非标准化资产和其他资管产品范畴,其中在非标准化资产管理领域具有丰富的管理经验。资管新规发布实施后,监管机构禁止资管产品的多层嵌套,信托对于其他资管产品的投资大幅下降,倒逼信托提升主动管理能力。而《信托公司资金信托管理暂行办法(征求意见稿)》的出台,更是对于信托公司的非标准化资产投资提出了限制要求,信托传统业务转型压力较大。信托需要在巩固非标业务优势的同时,进一步紧抓资本市场改革的良好机遇,强化标品投资的能力,以迎合监管导向和投资者需求。

整体来看,我国资管行业监管标准趋于统一,各类金融机构同台竞技。传统信托业务空间将进一步压缩,迫使信托产品向标准化转型。未来加强标准化资产的主动管理和投研能力将是各家信托公司业务的发展重点。

(3) 积极开展股权投资业务

非标融资类业务发展的受限,将促使信托公司努力培养自身的投资能力,逐渐摆脱对融资类业务的过度依赖,从规模优先转变为质量优先的增长模式。鉴于信托在服务实业方面的独特优势,基于产业的主动管理业务将是信托公司在未来资管行业竞争中的主攻领域,而基于产业的主动投资管理能力将是令信托公司在行业转型发展中脱颖而出的核心竞争能力。未来,信托公司要培养专业投资团队,努力提升资产判断和把控能力,加大股权投资业务拓展力度,逐步提升主动投资管理能力。

(4) 创新资产配置种类

信托公司由于业务的综合性、灵活性和敏锐性,在引导资本进入实业、服务实体经济方面具有独特优势,同时也有着天然的制度优势。信托公司能够灵活运用股权、债权等多种投融资方式,为实体经济量身定制金融服务方案,满足实体经济多样化、多层次的金融需求。未来,信托公司将根据我国经济结构调整和产业升级,进一步抓住这一过程中的投融资机会,加快布局消费金融、新基建、战略性新兴产业等领域,丰富资产配置种类,为客户提升投资回报。

(5) 提升信托产品流动性

目前我国信托份额拆分转让存在限制,信托受益权转让交易非常不活跃,影响了投资者对信托产品的投资热情。监管部门已经逐步完善信托登记制度和信息披露制度,未来随着全国性的信托受益权交易平台的搭建,信托受益权逐步成为标准化金融工具,这将显著提高信托产品的竞争力。

(6) 实现净值化管理

目前,我国信托产品,尤其是非标信托产品,均未进行净值化管理,运作过程不透明,按照资管新规要求,所有资管产品都要进行净值化管理。信托公司将按照相关会计准则要求，选择适当的估值方法，建立起信托产品的净值化流程，更及时地展示投资者所持有资产状况。实施信托产品净值化管理有利于信托产品的规范化、标准化，破解"刚性兑付"的发展瓶颈，最终营造出成熟、理智、有序的信托业市场环境。

（7）大力发展财富管理业务，提升资产配置能力

回归本源是监管层对于整个行业长期发展的政策导向，开展以财富管理为代表的本源业务，是信托公司资金资产两侧实现良性互动的核心。信托公司在财富管理方面拥有自身的独特优势，财富管理将是未来信托重点发力的方向。信托公司将不断丰富产品体系，加强资产配置能力的培养，细化客户管理，打造符合市场需求的增值服务和长期的专属投资产品，扩大财富管理业务的外延。

第十章

信托业务中的风险管理

　　如本书上册导论所述,信托金融系统在风险机制上不同于间接金融和直接金融,作为金融中介的信托机构要承担由信托规制所界定和规范的"信义义务"的责任和风险,这种风险本质上是一种受托管理责任的风险。由于受托管理责任本身就要求管理与信托资产相关的投融资活动中的各类风险,因此信托机构经营管理的风险来源几乎涵盖了金融系统中的所有风险。如本书下册开篇所言,为客户提供管理风险的服务也是信托公司经营管理的核心目标之一。

　　本章即聚焦于信托公司日常业务中的风险管理,共分五节。第一节首先按照风险种类的通常划分,并结合信托业务的特点对其风险来源进行梳理介绍。第二节至第五节则分别按照风险识别、风险评估、风险决策、风险监测的金融风险管理流程对信托业务中的风险管控环节和所用技术方法逐一进行分析介绍。

第一节 信托业务风险来源与特征

金融学中的风险有广义和狭义之分。广义的风险偏向于强调风险的不确定性，但并未说明风险产生的结果（有可能带来损失，也有可能获利）。例如美国项目管理协会定义风险为：风险是指不确定的事件或条件，一旦发生的话，可能对项目的目标带来积极或消极的影响。通常我们所说的金融风险符合此类风险的定义。而狭义的风险强调"损失的不确定性"，忽略风险可能带来获利的情形，只考虑风险带来损失的可能性。美国学者海尼斯（1895）[①] 曾有过经典的表述：风险一词在经济学中和其他学术领域中，并无任何技术上的内容，它意味着损害的可能性。某种行为能否产生有害的后果应以其不确定性界定，如果某种行为具有不确定性时，其行为就反映了风险的负担。本章中所提到的信托业务中的风险，是指信托公司在开展信托业务的过程中面临的各种不利影响可能带来损失的不确定性，因此这里的信托业务风险属于狭义的风险范畴。

此外，由于信托业务的投资领域广泛，覆盖标准化资产、非标准化资产和其他资管产品的范畴，其财产运用方式既可以是债权投资、股权投资，又可以是收益权投资、夹层融资、组合投资；既能进行资本市场投资、货币市场投资，又能进行实业投资，业务跨度广、类型多样复杂。其复杂的业务范围与资金运用情况使得信托业务中的风险呈现出复杂化的特征，既存在着信托业务特有的受托赔偿责任风险，还包括金融投资管理过程中常见的信用风险、市场风险、流动性风险、操作风险、声誉风险等。

一、受托赔偿责任风险

（一）受托赔偿责任风险概述

信托是指以由委托人提供信托财产，由受托人管理该项财产并使由此

[①] HAYNES J. Risk as an Economic Factor, 1895.

所产生利益归属于受益人或者被运用于特定目的为内容的财产关系。信托的赔偿责任是一种产生于信托运作过程中且与受托人管理信托财产有关的法律责任,具体是指受托人因违反与管理信托财产有关的义务并致使信托财产毁损灭失,从而依据信托法所应当承担的赔偿责任。各国与各地区的信托法均规定了这种赔偿责任,由于信托法属于民法范围,故这种赔偿责任亦属于民事责任范畴[①]。

关于受托人违反信托的民事赔偿责任的性质,目前法学界存在以下两种不同的观点:一是兼具违约责任和侵权责任说。该学说认为,在信托法律关系中,受托人和受益人之间既有物权关系又有债权关系,受托人实施违反信托的行为,一方面可能因其不履行信托目的要求的管理、处分信托财产、给付信托利益的义务而具有债务不履行性质,另一方面可能因其积极实施违反信托目的的管理、处分行为,侵害了受益人的利益而具有侵权行为的性质。因此,受托人违反信托的民事赔偿责任兼具违约责任和侵权责任的双重性质[②]。二是独立民事责任说。这种学说认为,受托人违反信托的民事赔偿责任既不是违约责任,也不是侵权责任,而是一种独立的民事责任。其理由是,受托人负有的与管理信托财产有关的义务系以信托财产为履行对象而不是以受益人或委托人为履行对象,受托人违反与管理信托财产有关的义务的行为仅以信托财产为侵害对象而非以受益人的财产为侵害对象;各国和地区的信托法中均有"赔偿信托财产的损失"之规定,据此,受托人违反信托的赔偿责任系以信托财产为承担对象,而不是以受益人或委托人为承担对象。

至于在受托人赔偿责任认定、赔偿范围和方式等方面应采取违约责任还是侵权责任,应当首先依照信托文件的确定。信托文件是信托成立的基础,也是信托当事人的意思表示,依据信托文件确定受托人的赔偿责任能够充分体现民法的意思自治原则。如果信托文件中没有明确受托人的赔偿

---

① 张淳. 试论受托人违反信托的赔偿责任:来自信托法适用角度的审视[J]. 华东政法学院学报,2005(5):17-24.
② 张里安,符琪. 论违反信托义务的民事责任[J]. 法学评论,2006(3):111-115.

责任，则根据侵权责任的构成要件来确定①。

那么，受托赔偿责任风险具体到信托业务之中，则主要是指在信托产品的营销过程中未遵循风险匹配和审慎合规原则，存在误导甚至虚假宣传，或管理信托财产时未尽到法律规定和信托合同约定的义务而可能向信托投资者承担受托赔偿责任的风险。

一方面，从信托产品的发行来看，资管新规、《全国法院民商事审判工作会议纪要》（简称"九民纪要"）以及中国信托业协会发布的《信托公司受托责任尽职指引》均对信托业务中的信托产品营销提出了较为明确的要求。如信托公司在发行和销售信托产品时，如未遵循风险匹配和审慎合规原则，一旦信托产品出现兑付风险，可能导致信托投资者运用法律手段向信托公司索赔。

另一方面，从信托公司对信托财产的管理责任上来看，我国《信托法》仅在第二十五条第二款原则性规定了受托人的忠实义务与注意义务，信托公司的法定受托义务标准并不明晰，尤其是在信托产品基本都是由受托人主动发起的情况下，资产端项目成立时的商业标准是否能够完全符合法定受托义务标准的要求存在较大不确定性，而且部分信托产品在管理过程中还存在信托财产交易、抵质押物释放或置换等问题，均对信托业务中的管理责任提出了较高的要求。

（二）信托业务受托赔偿责任风险特征

信托业务中，信托公司与委托人之间形成信托法律关系，信托公司作为受托人履行受托责任。因此，对于委托人，信托公司面临的受托责任风险主要为受托责任履行是否合法合规及是否到位，以及由此引发的法律风险、合规风险、声誉风险等。一般来说，如果信托项目没有发生兑付风险，委托人不会向信托公司主张受托责任履行问题，一旦项目出险，则委托人首先会查找信托公司受托责任履行有无问题。

---

① 金鑫. 论信托受托人对信托财产损失的赔偿责任 [D]. 广西大学，2014.

信托业务中受托责任履行的依据主要为信托业的"一法三规"[①]、资管新规、九民纪要、《信托公司受托责任尽职指引》、其他相关法律法规、部门规章、规范性文件等规定以及信托合同约定等。根据上述法律法规、规范性文件、行业协会文件等规定及信托合同约定，以及司法实践，信托业务中主要面临的受托赔偿责任相关法律风险有以下几点。

1. 信托设立与推介风险

《信托公司集合资金信托计划管理办法》对信托公司信托推介行为有明确要求，如不得以任何方式承诺信托资金不受损失，或者以任何方式承诺信托资金的最低收益；不得进行公开营销宣传；不得委托非金融机构进行推介；推介材料不得含有与信托文件不符的内容，或者存在虚假记载、误导性陈述或重大遗漏等情况；不得对受托人过去的经营业绩作夸大介绍，或者恶意贬低同行。《信托公司受托责任尽职指引》规定，信托公司应加强信托产品风险等级评定，在有效评估投资者风险承受能力和投资需求的基础上，向投资者销售与其风险识别能力和风险承担能力相匹配的信托产品等。

九民纪要在第五部分关于金融消费者权益保护纠纷案件的审理中规定，卖方机构在推介、销售高风险等级金融产品和提供高风险等级金融服务领域需要履行适当性义务。金融产品发行人、销售者未尽适当性义务，导致金融消费者在购买金融产品过程中遭受损失的，金融消费者可以请求金融产品的发行人和销售者承担赔偿责任。因此，信托公司在发行销售信托产品时，若不能很好地履行适当性义务，很容易引发受托赔偿责任风险。

如果信托公司在业务开展中向委托人承诺保本保收益，就可能构成信托文件外的承诺，在诉讼中，如果委托人举证证明，则一旦发生风险无法兑付，由于上述承诺，信托公司将面临被法院依据合同法判决承担受托赔偿责任风险。

[①] 信托业"一法三规"指《中华人民共和国信托法》《信托公司管理办法》《信托公司集合资金信托计划管理办法》和《信托公司净资本管理办法》。

如果信托公司推介材料中，存在虚假记载、误导性陈述或重大遗漏，则可能面临被委托人依据合同法起诉认为构成欺诈或重大误解，起诉主张撤销信托合同的法律风险。

如果信托公司未能根据委托人风险评估结果推荐信托产品，因此推荐了不符合其风险承受能力的信托产品，则可能面临委托人主张信托公司管理不当，其投资构成重大误解，要求撤销信托合同；或者认为信托公司构成侵权，主张信托公司履行受托赔偿责任的法律风险。

2. 尽职调查与审批管理风险

《信托公司集合资金信托计划管理办法》等文件规定，信托公司设立信托计划，事前应进行尽职调查，就可行性、合法性、风险评估、有无关联方交易等事项出具尽职调查报告。信托公司无论是自行尽职调查还是委托第三方尽职调查，都应承担与尽职调查相关的风险及责任。

尽职调查是信托公司作为受托人为受益人利益最大化，尽职履责，做好资产管理的关键。如果信托公司在业务开展过程中未能按照法律法规要求进行尽职调查，或者在尽职调查中存在重大失误的，则委托人可能主张信托公司违背管理职责、处理信托事务不当致使信托财产受到损失，信托公司面临委托人请求法院撤销该处分行为，并要求受托人恢复信托财产的原状或者予以相应的受托责任赔偿的风险。

3. 运营管理风险

《信托法》规定，受托人除依照本法规定取得报酬外，利用信托财产为自己谋取利益的，所得利益归入信托财产。受托人将信托财产转为其固有财产的，必须恢复该信托财产的原状；造成信托财产损失的，应当承担赔偿责任。受托人违反法律规定将固有资产与信托财产交易，造成信托财产损失的，应当承担赔偿责任。受托人依法将信托事务委托他人代理的，应当对他人处理信托事务的行为承担责任。

《信托公司受托责任尽职指引》规定，信托公司应按照相关文件的约定采取行使诉讼权利或者实施其他法律行为等化解风险；相关文件没有约定的，信托公司应当根据具体情况，按照受益人利益最大化的原则采取合理应对措施。

如果信托公司在信托管理过程中利用信托财产为自己谋取利益，则获取的相关利益应归入信托财产，信托公司会面临被委托人主张返还的法律风险。

如果信托公司在信托管理过程中违反法律规定，造成信托财产损失，则面临被委托人主张赔偿，以固有财产承担损失的法律风险。

如果信托公司违反信托目的处分信托财产或者管理运用、处分信托财产有重大过失，信托公司还会面临被委托人解任的法律风险。

4. 合同风险

《信托法》等法律法规对信托合同应载明的内容有明确约定，如应载明信托目的、权利义务、风险揭示和承担、信托报酬、税费承担、信托终止、违约责任及争议解决方式等。《信托公司受托责任尽职指引》规定，信托公司制作信托文件时，对信托文件中免除或限制信托公司责任的条款及风险揭示条款，应当采用足以引起委托人、受益人注意的文字、符号、字体等特别标识或采取其他合理的方式提请委托人、受益人注意。

如果合同约定不明或内容存在缺失，则存在产生争议的法律风险，如果涉及受托人受托责任的确定时，存在边界不明、认定不清的风险；如果涉及信息披露，则存在委托人以信息披露不完整，或存在虚假陈述为由，主张撤销信托合同的法律风险；或存在委托人主张信托公司未能按照规定或合同约定及时披露构成违约的法律风险。

由于信托合同条款的专业性和复杂性，存在委托人以合同条款有免责条款未提示或显失公平，或存在欺诈为由，主张撤销信托合同恢复原状的法律风险。

5. 举证和证明责任风险

根据九民纪要中的规定，委托人和信托公司之间一旦发生受托管理责任争议，在案件审理过程中，信托公司需要对是否履行了适当性义务承担举证责任。如果信托公司不能提供其已经建立了产品（或者服务）的风险评估及相应管理制度、对消费者的风险认知、风险偏好和风险承受能力进行了测试、向消费者告知产品（或者服务）的收益和主要风险因素等相关证据的，就需要承担举证不能的法律后果。特别地，如果信托公司简单地以消费者手写了诸如"本人明确知悉可能存在本金损失风险"等内容就主张已经履行了告知说明义务，而不能提供其他相关证据的，法院对这类抗辩理由将不予支持。

因此，信托公司面临巨大的举证和证明责任风险，如果信托公司存在未忠实履行告知说明义务或虽履行相关义务，但因资料保管不当等原因导致责任履行相关证据未留痕等情况，则很容易败诉，引发受托赔偿责任风险。

综上所述，受托赔偿责任风险是信托业务独有的风险，具有很强的行业特征。受托赔偿责任风险在业务中主要源于对操作风险管控不力，从而会直接引发信托业务相关的法律风险和合规风险，一旦在法律判决中信托公司败诉，还极易引发声誉风险。因此，受托赔偿责任风险是信托业务中重点防范的风险之一。

二、信用风险

（一）信用风险概述

信用是以偿还为条件的价值运动，多产生于融资行为和商品交易的赊销或预付之中，如金融机构信用、商业信用等。信用风险（Credit risk）亦称"违约风险"[1]，是指债务人或交易对手未能履行合同所规定的义务或信用质量发生变化，影响金融产品价值，从而给债权人或金融产品持有人造成经济损失的风险[2]。

---

[1] 中国人民银行［EB/OL］. http://www.pbc.gov.cn/rmyh/109339/764650/index.html

[2] 更多关于信用风险、流动性风险、市场风险、操作风险等的拓展阅读内容，可参考《风险管理（第2版）》，王周伟主编，机械工业出版社；《金融风险管理师考试手册（第六版）》（*Financial Risk Manager Handbook*：6th Edition），普利普·乔瑞著，王博、刘伟琳、赵文荣译，中国人民大学出版社。

1. 按照信用风险的性质分类

按照信用风险的性质，可将信用风险分为违约风险、信用评级降级风险和信用价差增大风险。

违约风险（Default risk）是指借款人或交易对手违约给金融机构带来的风险。信用评级降级风险（Credit rating downgrade risk）是指由于借款人信用评级变动造成的债务市场价值变化的不确定性。信用价差增大风险是指由于资产收益率波动、市场利率等因素变化导致信用价差增大所带来的风险。

2. 按照信用风险所涉及的业务种类分类

按照信用风险所涉及的业务种类，可将信用风险分为表内风险与表外风险。

源于表内业务的信用风险称为表内风险（the risk from business in the balance sheet），如传统的信贷风险；而源于表外业务的信用风险称为表外风险（the risk from business outside the balance sheet），如商业票据承兑可能带来的风险。

3. 按照信用风险所产生的部位分类

按照信用风险所产生的部位，可将信用风险分为本金风险和重置风险。

当交易对手不按约足额交付资产或价款时，金融机构有可能收不到或不能全部收到应得的资产或价款而面临损失的可能性，这称为本金风险；当交易对手违约造成交易不能实现时，未违约方为购得金融资产或进行变现需要再次交易，这将有可能遭受因市场价格不利变化而带来损失的可能性，这就是重置风险。

4. 按照信用风险是否可以分散分类

按照信用风险是否可以分散，又可以分为系统性信用风险和非系统性信用风险。

系统性信用风险（Systemic credit risk）源于系统性风险因素，如经济危机导致借款人无力偿还贷款；非系统性信用风险（Non-systemic credit risk）是指特定行业或公司的特殊因素导致借款人不愿或无法履行合同给金融机构带来的信用风险。

信用风险是经济主体信用活动中的风险，既存在于企业、个人的商业信用中，更多存在于金融机构信用、国家信用当中。对大多数金融机构来说，贷款类业务是最大、最明显的信用风险来源。此外，信用风险还存在于债券投资等表内业务中，也存在于越来越多其他金融工具中。

（二）信托业务信用风险特征

信用风险是我国信托业所面临的主要风险之一，对于信托公司的信誉及其发展至关重要。目前在开展信托业务过程中，我国信托公司信用风险主要体现为：公司贷款类信托业务中贷款对象的信用风险；投资项目的资信不足出现的风险；往来金融机构间的信用风险；证券投资机构的违约风险等。其中，公司贷款类信托业务作为信托公司的主要业务，其贷款对象的信用风险（集合信托风险）是信托公司最主要的信用风险[1]。

信托财产在管理运用过程中会产生信托财产的运作当事人，形成新的委托代理关系，从而也会产生新的信用风险，该风险主要来自以下几个方面：

一是在业务运作前，信托财产的实际使用方（融资方）向信托公司提供虚假的融资方案与资信证明材料、提供虚假担保等，骗取信托财产，最终造成信托财产损失；二是在运作过程中，信托财产的实际使用方或控制方为了自身利益的最大化，未严格按合同约定使用信托资金，或将信托资金投向其他风险较高的项目，造成信托财产损失；三是在信托业务项目结束后，信托财产的实际使用方或控制方不按照合同约定，向信托公司及时、足额返还信托财产及收益，或担保方不承担担保责任等，造成信托财产损失。

信托业务信用风险的特点主要包括两点，一是衡量较为困难。由于信

---

[1] 易义军. 某信托公司信用风险压力测试研究 [D]. 湖南大学，2018.

托业务中涉及的信用资产通常流动性较差，信用交易存在明显的信息不对称性，持有期长、违约事件频率不确定，且信用风险不像市场风险那样具有数据的可得性等特点，导致信托业务开展过程中信用风险的衡量和检验较为困难。

二是具有较强的顺周期性。由于信托行业自身就具有较强的顺周期特征，随着宏观经济下行和刚性兑付的打破，信托行业的信用风险逐渐暴露。在信托行业高速发展阶段，信托资金投向大多集中在房地产和地方政府融资平台领域，随着经济结构调整，在该领域投放的信托资金即面临一定的信用风险。例如，房地产信托项目的集中度较高，投向区域主要分布于热点城市，较高的集中度可能带来更高的信用风险；而投向产能过剩领域的信托，在"三去一降一补"的背景下，大客户的风险暴露进程加快，也使得信托业务中的信用风险呈现上升趋势。

三、市场风险

(一) 市场风险概述

市场风险（Market risk）是指因市场价格（利率、汇率、股票价格和商品价格）的不利变动而使金融机构表内和表外业务发生损失的风险①。根据风险因素的不同，它可以分为利率风险、汇率风险、证券价格风险、商品价格风险与衍生品价格风险。它们分别是指由于利率、汇率、证券价格、商品价格和衍生品价格的不利变动而使金融机构业务或价值遭受损失的风险。其中，利率风险、汇率风险是最为主要的市场风险。

1. 利率风险

利率风险（Interestrate risk）是指因利率提高或降低而产生预期之外损失的风险。巴塞尔委员会在1997年发布的《利率风险管理原则》中将

---

① 中国银行业监督管理委员会. 商业银行市场风险管理指引（银监会令〔2004〕10号）. 2004-12-29.

利率风险定义为：利率变化使商业银行的实际收益与预期收益或实际成本与预期成本发生背离，使其实际收益低于预期收益，或实际成本高于预期成本，从而使商业银行遭受损失的可能性。利率波动对不同金融机构产生的影响可能不同，但是几乎每家机构都会受到利率波动的影响，因此利率风险是整个金融市场中最重要的风险。

利率风险按照来源的不同，可以分为重新定价风险、收益率曲线风险、基准风险和期权性风险。

重新定价风险（Repricing risk）也称期限错配风险，是最主要和最常见的利率风险形式，源于金融机构资产、负债和表外业务到期期限（就固定利率而言）或重新定价期限（就浮动利率而言）之间所存在的差异。这种重新定价的不对称性使金融机构的收益或内在经济价值会随着利率的变动而发生变化。

收益率曲线风险（Yieldcurve risk）是指金融机构的重新定价存在着不对称性，使得金融机构的收益率曲线的斜率、形态发生变化，即收益率曲线发生非平行移动，对金融机构的收益或内在经济价值产生不利影响，也称为利率期限结构变化风险。

基准风险（Basis risk）也称利率定价基础风险，也是一种重要的利率风险。在利息收入和利息支出所依据的基准利率变动不一致的情况下，虽然资产、负债和表外业务的重新定价特征相似，但是因其现金流和收益的利差发生了变化，也会对金融机构的收益或内在经济价值产生不利的影响。

期权性风险（Optionality）是一种越来越重要的利率风险，源于金融机构资产、负债和表外业务中所隐含的期权。

利率风险的主要影响因素包括：

（1）宏观经济环境。当经济发展处于增长阶段时，投资的机会增多，对可贷资金的需求增大，利率上升；反之，当经济发展低迷，社会处于萧条时期，投资意愿减少，自然对于可贷资金的需求量减小，市场利率一般较低。

（2）货币政策。一般来说，当央行扩大货币供给量时，可贷资金供给总量将增加，供大于求，利率自然会随之下降；反之，央行实行紧缩式的货币政策，减少货币供给，可贷资金供不应求，利率会随之上升。

（3）价格水平。市场利率为实际利率与通货膨胀率之和。当价格水平上升时，市场利率也相应提高，否则实际利率可能为负值。同时，由于价格上升，公众的存款意愿将下降，而工商企业的贷款需求上升，贷款需求大于贷款供给所导致的存贷不平衡通常会导致利率上升。

（4）国际经济形势。一国经济参数的变动，特别是汇率、利率的变动也会影响到其他国家利率的波动。自然，国际证券市场的涨跌也会对国际金融业务所面对的利率产生风险。

2. 汇率风险

汇率风险（Currency risk）又称外汇风险，是指经济主体在持有或运用外汇时，因汇率变动而蒙受经济损失的可能性，是预期以外的汇率变动对企业价值的影响。根据外汇风险的作用对象和表现形式，目前一般把外汇风险分为三类：交易风险、折算风险和经济风险。对于经营QDII等业务的信托公司而言，必须关注相应的汇率风险。

（1）交易风险

交易风险（Transaction risk）也称交易结算风险，是指运用外币进行计价收付的交易中，经济主体因外汇汇率变动而蒙受损失的可能性。它是一种流量风险。主要表现为：①在商品、劳务的进出口交易中，从合同的签订到货款结算的这一期间，外汇汇率变化所产生的风险；②在以外币计价的国际信贷中，债权债务未清偿之前存在的风险；③金融机构在外汇买卖中持有外汇头寸的多头或空头，也会因汇率变动而遭受风险。

（2）折算风险

折算风险（Translation risk）又称会计风险（Accounting risk），是指对财务报表，尤其是资产负债表的资产和负债进行会计折算时产生的波动。折算风险主要有三类表现方式：存量折算风险、固定资产折算风险和长期债务折算风险。当资产、负债或利润由交易货币折算成报告货币

（如母公司的报告货币）时，就会出现外币折算风险。从另一角度看，折算风险会通过影响资产负债表项目价值来影响企业，如应付账款和应收账款、外币现金和存款以及外币债务。与国外业务相关的长期资产和负债很可能会受到特别的影响。外币债务也可视为折算风险的一个来源。如果一个企业用外币借款，但没有抵消货币资产或现金流量，外币升值则意味着外币负债的折算市场价值增加。

（3）经济风险

经济风险（Economic risk）又称经营风险（Operating risk），是指意料之外的汇率波动引起公司或企业未来一定期间的收益或现金流量变化的一种潜在风险。可能导致经济风险的事件包括：①企业从外国购入资源。比如 A 公司在意大利购买设备，目的是为中国市场提供产品或服务。在这种情况下，该公司的成本是以欧元计价，而预期收入是以人民币计价。一旦人民币相对于欧元走弱，那么，从运营成本来看，这并不划算。②企业坚持仅以本国货币进行交易，以避免折算风险，但是这样可能导致供货商和客户更愿意与竞争对手交易的风险。③企业为在某国（比如英国）启动一项营销活动投入资金，目的是提供产品或服务，并在随后的几个月中与当地的生产商竞争。一旦人民币相对于英镑走强，那么，适当的英镑价格折合成人民币后，可能无法收回投资。

（二）信托业务市场风险特征

信托公司是国内最具创新空间的金融机构之一。在目前我国的分业经营体制下，信托公司是唯一可以同时运用贷款、投资等多种资产管理工具的金融机构，是为数不多的可以同时涉足资本市场、货币市场和产业市场的金融机构之一，这意味着，信托公司可以使用多种金融工具将委托财产投入金融市场和产业市场。信托的灵活性和广泛性为信托业务的多样性和丰富性创造了条件，但同时也为信托业务带来了相应的市场风险。

1. 客观性

信托业务和产品运作依托于金融市场，市场信息不完全、信息不对称等情况难免会使信托经营决策者对经济周期走势、金融产品收益、房地产经营收益等情况不能充分了解并完全掌握,这使得信托业务的市场风险是客观存在的。

2. 复杂性

由于信托业务的广泛性与创新性,使得信托通常在运作模式上具有复杂性,其市场风险来源同时包括实体经济与金融资产,而实体经济运行又是宏观经济走势的基础,两者相互影响错综复杂,产生宏观经济、各类投资子行业、金融市场等的影响,也决定了信托业务市场风险来源的复杂性。

3. 周期性

周期性是客观发展规律,经济运行也随经济发展趋势有规律地繁荣与衰退,多数行业与经济周期波动相关性强,随经济趋势跌宕起伏,金融市场产品尤为如此。受经济周期及产品自身经营影响,信托业务的市场风险也具有周期性特点。

4. 传导性

在货币宽松、资产荒延续的背景之下,高净值人群海外资产配置相关需求日益旺盛,为顺应投资形势,不少信托公司争相申请受托境外理财业务资格,完善全球资产配置功能。信托境外资产配置提升了财富管理实力,却也将各种市场风险因素串联,市场风险因素间相互传导易引发连锁效应,可能会将海外市场风险传导至国内金融机构,使得这类信托业务具备市场风险导体的特征[①]。

四、流动性风险

(一) 流动性风险概述

流动性风险(Liquidity risk)是指金融机构虽然有清偿能力,但无法及时获得充足资金或无法以合理成本及时获得充足资金以应对资产增长或

---

① 王瑞. 我国房地产投资信托基金市场风险分析 [D]. 山西财经大学, 2018.

支付到期债务的风险[1]。由定义可知，流动性风险产生的原因是流动性不足，表现为资产价值在未来的可能损失，这种可能损失既可以是资产价格的降低，也可以是资产收益率的减小[2]。

专栏 10-1　不同国际机构或管理部门对流动性和流动性风险的不同定义

国际机构或管理部门	流动性及流动性风险的定义
美国精算师学会	流动性是满足预期和非预期的现金需求的能力，是一个公司可以满足它的投保人和合约持有人的现金需求，而不必招致任何损失的能力。流动性可以反映一个公司的资产和负债两方面的情况，流动性风险是金融服务行业与生俱来的风险，必须对这一风险有充分的了解，并对其实施衡量、监控和管理
加拿大精算师协会	流动性风险就是不能通过当前的现金流量或者不能以公平的市场价格变卖资产来履行财务方面的承诺。清算风险是在急于变卖资产时，导致变卖的结果低于公平的市场价格这样一种潜在的损失。损失的程度就是公平的市场价格和急于出售的价格之间的差异
联邦存款保险公司（美国）	流动性反映一种能力，一种有效地和经济地补充存款的不足和应对其他的负债，同时支持资产增加的能力。一家银行具有流动性意味着能够以合理的成本及时地获得充足的现金
英国金融服务管理局	流动性风险是指一家企业尽管有偿付能力，但可能是要么没有充分的资金来源以应对到期的债务，要么为此需要付出额外的成本。大多数企业都在某种程度上需要直面这一基本的商业风险，尽管在重要程度上各有不同
通货检查局（美国）	流动性风险是指由于收益和资本不能及时地应对到期债务，因而发生令人无法接受的损失
巴塞尔银行监管委员会	商业银行流动性风险是指银行无力为资产的增加或负债的减少提供融资，即当银行流动性不足时，它无法以合理的成本迅速地变现资产或增加负债以获得足够的资金，从而影响其日常经营

资料来源：埃里克·班克斯. 流动性风险——企业资产管理和筹资风险 [M]. 褚韵，译. 北京：经济管理出版社，2005：5-6。

---

[1]　商业银行流动性风险管理指引. 银监发〔2009〕87号. 2009-09-28.
[2]　张金清编著. 金融风险管理 [M]. 2版. 上海：复旦大学出版社，2011.

我们可以从风险承载物和风险来源两个角度对流动性风险进行分类。

首先，按照风险承载物可将流动性风险分为机构或筹资流动性风险和市场流动性风险。筹资流动性风险是指金融机构缺乏足够现金流而没有能力筹集资金偿还到期债务而在未来产生损失的可能性；市场流动性风险是指由于交易的头寸规模相对于市场正常交易量过大，而不能以当时的有利价格完成该笔交易而在未来产生损失的可能性。

其次，按照风险来源可将流动性风险分为外生流动性风险和内生流动性风险。外生流动性风险是指由于金融风险因素的外部冲击而造成流动性的不确定性。外生流动性风险主要来源于国家的经济政策、政府的监管行为等因素的不确定性。这样的外部冲击是影响整个资本市场的事件，其结果是使所有资产的流动性降低，从而增加持有者的变现成本。外生流动性风险类似于系统性风险，不易度量，也难以控制。内生流动性风险是指由于内在原因导致流动性的不确定性。内生流动性风险的来源主要有资产配置的不合理性、资金需求的变化、债务期限的不当安排，等等。因此，内生流动性风险是部分可控的，可控程度取决于流动性风险的驱动因素。

流动性风险是一种综合性风险，是金融机构最终经营结果的综合反映。从流动性风险生成机理来看，尽管流动性风险是金融机构破产、倒闭、兼并和接管的直接原因，但实际上也是其他各类风险如市场风险、信用风险长期隐藏、积累的结果。与资产负债间的不匹配相比，这些风险是导致流动性风险的间接原因，其实也是根本原因。例如，在市场利率大幅波动时，如果存在资产负债期限结构不匹配的问题，金融机构可能会由于经营亏损巨大而无法满足客户的提现要求，这样就会出现由利率风险而引发的流动性风险。

（二）信托业务流动性风险特征

流动性风险与信用风险、市场风险相比，形成的原因更加复杂和广泛，通常被视为一种综合性风险。流动性风险的产生除了因为信托公司的流动性计划不完善之外，信用、市场、操作等风险领域的管理缺陷同样会导致信托公司的流动性不足,甚至引发风险扩散,造成整个行业出现流动性困难。因此流动性风险也是信托业务中的重要风险之一。

信托业务面临的流动性风险有两重:一是信托机构层面,由于信托公司不能负债经营,因此当信托公司面临具有垫付风险的或有负债入表等情形时,就有可能出现流动性风险。二是信托项目层面,指具体信托项目不能按期变现兑付清算的风险,以及对开放式的信托计划来说,存在开放式证券投资业务、开放式非标资金池业务的赎回资金规模大于申购资金规模从而引发流动性风险的可能性。

具体而言,较易产生流动性风险的信托业务主要集中在非标资金池信托业务、开放式证券投资信托和 TOT。

非标资金池信托指的是,信托资金投资于资本市场、银行间市场以外没有公开市场定价流动性较差的金融产品和工具,从而导致资金来源和资金运用不能一一对应的业务。非标资金池有几个特征:期限错配、滚动发行、开放募集、投资标的中非标资产所占的比重较大,因此流动性风险、信用风险问题均比较突出。在严监管趋势下,大部分信托公司都正在按照计划逐步压缩非标资金池项目。

开放式证券投资信托是一种主要投资于证券市场,类似开放式基金可以方便地实现买入和变现的信托产品。目前绝大多数证券投资信托为开放式设计,从资金来源端看,大多为按周或双周开放,个别信托产品甚至逐日开放,资金来源稳定性不强。从资金运用端来看,国债和金融债等高流动性债券较少,大多为企业债,部分信托产品还投资了流动性相对较差的私募债,在部分债券出现违约现象的时候,有可能由信用风险转化为流动性风险,进一步加大流动性管理压力。

TOT(Trust of Trusts)也就是信托的信托,它主要由银行、信托、券商发行,投资阳光私募产品。其操作方式是在信托平台成立一个母信托,然后由母信托再选择已经成立的阳光私募信托计划或类似产品进行投资配置,形成一个母信托控制多个子信托的信托组合产品。TOT 中上层信托产品通过开放式、分期发行、滚动发行等方式,将募集到的短期资金通过下层信托运用于非标资产等。穿透来看,资金来源于资产运用期限不一致,可能存在流动性和期限错配问题,带来流动性风险(见图10-1)。

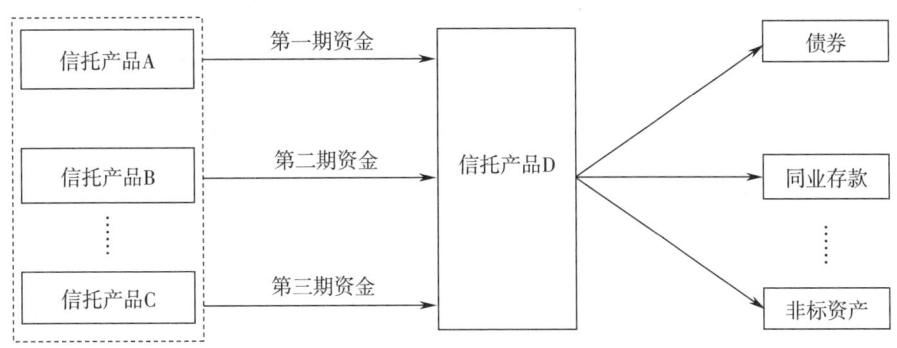

图 10-1　TOT 业务模式

五、操作风险

(一) 操作风险概述

操作风险是金融机构与生俱来的古老风险,近年来操作风险的管理逐渐受到重视。目前,对操作风险的界定出现了大量不同的版本,下面将主要定义版本列出。

定义 1:广义的操作风险定义为除市场风险和信用风险以外的一切金融风险。部分金融机构采用此种定义的初衷是期望能够了解和掌握在已经计量出的市场风险和信用风险之外所有潜在损失对其成本和利润的影响。但由于该定义过于宽泛,而且在实际中也很难准确区分三种风险对机构的影响,因此该定义的缺点是很难对风险进行确认、测度和管理。

定义 2:狭义的操作风险定义为仅由于操作不当而引发的风险,与交易过程和系统失灵有关。尽管这些风险容易控制,但在一定程度上遗漏了内外欺诈行为所产生的重大风险。

定义 3:操作风险是指金融机构所有可以控制的风险,包括内部欺诈,但不包括外部事件,如监管者或自然灾害等的影响。该定义首先将可控事件和由于外部实体（如监管机构、竞争对手）的影响而难以控制的事件进行了区分。并把可控事件的风险定义为操作风险，不可控制事件定义为"战略性风险"。显然，该定义只包括可控风险。相当多的金融机构采纳了此种观点，即仅对内部可控事件进行风险管理。

定义4：操作风险是由于错误或不完善的过程使得系统和人员或外部事件所造成的直接或间接损失的可能性。这一定义包括外部事件，如政治和监管风险、灾难风险、交易对手风险、证券违约风险等。根据该定义，可以将操作风险分为操作失败风险和操作战略风险。操作失败风险来源于内部的操作业务过程中发生失败的可能，包括由人、过程或技术的失败导致的风险；操作战略风险来自外部的因素，例如政治制度、监管环境等发生变化而导致的风险。

定义5：新巴塞尔协议将操作风险定义为"由于内部流程、人员、技术和外部事件的不完善或故障造成损失的风险"。新巴塞尔协议将操作风险事件按照导致损失的原因归纳为以下7种：

（1）内部欺诈（Internal fraud）：有机构内部人员参与的诈骗、盗用资产、违反法律以及公司规章制度的行为。

（2）外部欺诈（External fraud）：由机构外部人员所导致的诈骗行为。

（3）雇佣及工作现场安全性（Employ practices&workspace safety）：由于不履行合同，或者不符合劳动健康、安全法规所引起的赔偿要求。

（4）客户、产品以及经营行为（Client products&business practices）：有意或无意造成的无法满足某一顾客的特定需求，或者是由于产品本身的问题造成的失误。

（5）有形资产损失（Damage to physical assets）：由于灾难性事件或其他事件引起的有形资产的损坏或损失。

（6）经营中断和系统出错（Business disruption&system failure）。

（7）执行、交割以及交易过程管理（Execution delivery&process management）：交易失败，过程管理出错，与合作伙伴、卖方的合作失败。

在有关操作风险定义的诸多版本中,巴塞尔委员会给出的定义相对比较权威和全面,并且有关操作风险度量的主要方法大多也都以该定义为基础而展开。

在我国,根据《商业银行操作风险管理指引》(银监发〔2007〕42号)的规定,将操作风险(Operation risk)定义为由不完善或有问题的内部程序、员工和信息科技系统,以及外部事件所造成损失的风险。通常我国银行业金融机构所指操作风险包括法律风险,但不包括策略风险和声誉风险[①]。

(二) 信托业务操作风险特征

在我国现阶段,由于信托公司内控制度和金融监管部门监管制度的不完善,操作风险已经成为信托业所面临的主要风险之一。信托机构在开展信托业务过程中,面临的操作风险包括:内部欺诈,外部欺诈,信息系统失灵,业务操作不当,产品缺陷和对待客户不当,自然灾害、不可抗力以及关键人物事故导致的资产损失等。

操作风险普遍存在于各类信托业务和信托机构经营管理的各个方面,包括前台、中台和后台。操作风险不仅存在于业务流程之中,也存在于风险管理本身的实施过程之中,且单个操作风险因素与风险损失之间不存在清晰的数量关系,对业务延伸领域相当广泛的信托公司来说,非常容易受到操作风险的冲击。

与其他金融机构相比,当前我国信托业务中的操作风险也具有自身的特征,主要表现为:

第一,我国信托公司操作风险主要集中于信托业务领域,最终表现为信托项目管理失误。由于不同金融机构业务性质的不同,操作风险主要发生的业务也会有很大区别。2008年巴塞尔委员会的调查显示,银行零售、公司金融以及交易和销售业务条线是操作风险损失规模最大的业务条线,

---

① 中国银行业监督管理委员会. 商业银行操作风险管理指引. 银监发〔2007〕42号. 2007-05-14.

占比分别为32.0%、28.0%和13.6%。我国信托公司主要以信托业务为主,其业务收入约占总收入的80%,信托业务领域是信托公司操作风险发生的重点领域。我国信托公司现阶段业务并不涉及结算、储蓄、现金保管等业务,并不会出现诸如"流氓交易"、操纵金融市场等显著的操作风险事件。我国信托公司操作风险更多蕴藏在信托项目管理过程中,最终表现为项目无法兑付等信用风险形式,或者因信托财产管理纠纷而表现为法律风险。

第二,信托公司部分业务通过外包实现,因此还存在出现外部操作风险的可能性。例如,当前不少信托公司将金融科技建设作为公司重要的战略部署,而大部分信托公司在系统建设开发和互联网产品设计方面能力较弱,因此目前行业中绝大多数信托公司的系统开发建设是以外包模式为主,技术外包有利于信托公司快速架构起所需系统,但也会由于供应商因素存在一些业务外包风险隐患。又如,信托公司估值业务外包过程中,也可能因为数据和信息质量的原因引发外部操作风险。

第三,客户管理过程中的操作风险较为突出。我国信托公司定位高端理财领域,投资门槛较高,在这个过程中涉及的操作风险较为突出。一方面,对于投资者资格审查以及客户信息管理要非常重视,诸如投资者是否符合合格投资者的规定,客户信息是否有效保管。另一方面,客户资金来源审查是另一个重点,由于客户单笔投资资金较高,那么这些资金来源的合法性,也就是反洗钱问题非常值得重视。

第四,信托业务操作风险中法律风险、合规风险占比较大。我国信托业务除了要符合《民法典》等法律法规要求外,还要严格遵守《信托法》《信托公司集合资金信托计划管理办法》等特定领域内的法律法规,这也是非信托公司所不用考虑的。不同信托项目、不同信托交易结构所涉及的法律法规都不太一样,我国信托公司与委托人需要就各项权利义务以信托合同的形式做出书面约定。加之我国《信托法》还有很多不完善的地方,司法解释不详,因而信托业务操作风险中很大一部分与法律风险、合规风险相关。

第五，信托业务中操作风险对其声誉和客户信任度影响大。金融机构重大操作风险事件屡见不鲜，诸如巴林银行交易员违规交易、日本大和银行美国国债交易巨亏、法国兴业银行交易员欺诈、LIBOR 操纵案等，但是这与上述金融机构自营业务相关性更强，虽然可能对其声誉有很大影响，但是赖于其庞大的业务体量和较高的市场地位，声誉威胁相对可承受。我国信托公司的本源是"受人之托，代人理财"，客户的信赖是第一位的，加之社会对信托行业的认识不足，整个行业都处于成长发展时期，同时信托产品的理财市场也处于培育阶段，我国信托公司声誉和市场信任都较为脆弱，一旦出现操作风险并进一步转化为信托财产管理损失，会对信托公司经营管理带来极大负面冲击，也会加大监管部门对于信托公司监管的严厉程度，这种间接影响是很难用货币量化的。

第六，我国信托业务转型过程中所面临的操作风险不断增加。当前信托公司操作风险总体并不复杂，但是随着信托业务发展壮大以及业务转型，将会面临新的操作风险管理的考验。诸如信托公司不断加大信息系统建设力度，信息系统风险会越来越大；再如，信托公司不断加大新业务领域、创新产品的研发和实践，这其中也蕴含了较大的操作风险。我国经济社会处于又一个转型时期，法律法规将不断健全和完善。因此，不断变化的内外部环境使得信托公司所面临的操作风险复杂程度也在发生较大变化[1]。

六、合规风险

（一）合规风险概述

合规，是指使金融机构的经营活动与法律、规则和准则相一致。合规

---

[1] 袁吉伟. 我国信托公司操作风险管理问题与对策研究［J］. 金融理论与实践，2014（3）：103-108.

风险（Compliance risk），根据巴塞尔银行监管委员会发布的《合规与银行内部合规部门》，合规风险指的是：银行因未能遵循法律法规、监管要求、规则、自律性组织制定的有关准则，以及适用于银行自身业务活动的行为准则，而可能遭受法律制裁或监管处罚、重大财务损失或声誉损失的风险。在我国，合规风险主要指商业银行因没有遵循法律、规则和准则可能遭受法律制裁、监管处罚、重大财务损失和声誉损失的风险①。从内涵上看，合规风险主要是强调金融机构因为各种自身原因主导性地违反法律法规和监管规则等而遭受的经济或声誉的损失。这种风险性质更严重、造成的损失也更大。

传统的风险包括信用风险、市场风险、操作风险三大风险，合规风险是基于三大风险之上的更基本的风险。合规风险与三大风险既有不同之处，又有紧密联系。其不同之处是：合规风险简单地说是金融机构做了不该做的事（违法、违规、违德等）而招致的风险或损失，金融机构自身行为的主导性比较明显；而三大风险主要是基于客户信用、市场变化、员工操作等内外环境而形成的风险或损失，外部环境因素的偶然性、刺激性比较大。其联系之处在于：合规风险是其他三大风险特别是操作风险存在和表现的重要诱因，而三大风险的存在使得合规风险更趋复杂多变而难以禁控，且它们的结果基本相同，即都会给金融机构带来经济或名誉的损失。

虽然合规风险原本来自金融行业，并主要针对银行机构，但自 2002 年《萨班斯—奥克斯利法案》颁布以来，合规风险的概念已经从银行延伸到非银行类公司层面的内部控制风险。因此，随着合规理念的加深，更为广泛的合规风险定义为：在公司的内部控制和治理流程中，因未能够与法律、法规、政策、最佳范例或服务水平协定保持一致而导致的风险。

---

① 中国银行业监督管理委员会. 商业银行合规风险管理指引（银监发〔2006〕76 号）. 2006 – 10 – 25.

(二) 信托业务合规风险特征

一是强监管下合规风险压力增大。近年来，受经济周期下行影响，信托业经营面临着更加严格的监管环境，频繁收到罚单并有逐年上升的趋势，其中房地产信托业务、银信通道业务，以及信托贷后管理和信息披露等环节均为重灾区。据统计，2019年有29家信托公司共收到罚单42张，罚金总额接近两亿元，罚单数量及罚金总额均创出行业历史新高。从处罚案由看，罚单主要涉及信托公司业务合规性和内部控制管理两个方面，诸如违规开展关联交易、违规向资本金不足项目贷款、违规查看征信报告、违规通过非金融机构推介信托产品以及未按照规定履行反洗钱义务等。在国家对于影子银行业务深化监管的大背景下，信托公司一旦遭受有关监管处罚，将对业务开展以及品牌形象带来较大影响，甚至个别信托公司可能因为合规问题面临生死存亡的困境。

此外，随着传统信托业务的压缩，各家信托公司均先后开启全面创新转型，业务类型更丰富，开发领域更陌生，交易模式更复杂，合规风险管理的重点、难点、隐蔽点更多。同时，传统信托业务开展过程中形成的"大干快上"的业务风格，与监管日趋严格的趋势不匹配，导致业务更易在创新过程中"踩雷"[1]。

二是信托合规风险具有一定的差异性。由于各家信托公司的经营理念和管理模式不同，而合规风险管理与经营管理问题具有伴生性，导致最终每家公司合规风险管理的表象各不相同。但最普遍的问题在于重业务、轻合规管理，合规管理资源和整合能力有限，业务合规风险管控不到位，信托公司的员工合规执行能力和意识有待提高，内控合规执行力需进一步加强。

---

[1] 梦涵. 困难中突围，信托公司合规管理难点及开展建议 [EB/OL]. [2019-06-18]. 用益信托网. http://www.yanglee.com/Information/Details.aspx?i=65224.

七、声誉风险

(一) 声誉风险概述

声誉风险是指由金融机构经营、管理及其他行为或外部事件导致利益相关方对机构产生负面评价的风险。

目前对声誉风险的研究多集中在银行领域,对银行声誉风险的认识主要有四种主流观点:(1) 国外一些理论文献将声誉风险定义为,重大的负面公众评价所带来的资金和客户损失方面的风险,这种风险影响着银行建立新客户关系或服务渠道以及继续为现有客户服务的能力,会使银行面临诉讼、金融损失或者客户流失的局面。(2) 巴塞尔银行监管委员会认为,声誉风险产生于操作上的失误、违反有关法规和其他问题,声誉风险对银行损害极大,因为银行的业务性质要求它能够维护存款人、贷款人和整个市场的信心。(3) 中国注册会计师协会将商业银行声誉风险描述为,由于商业银行经营管理不善、违反法规等导致存款人、投资者和银行监管机构对其失去信心的可能性。(4) 银保监会发布的《银行保险机构声誉风险管理办法(试行)》(银保监发〔2021〕4号)指出,声誉风险是指由银行保险机构行为、从业人员行为或外部事件等,导致利益相关方、社会公众、媒体等对银行保险机构形成负面评价,从而损害其品牌价值,不利其正常经营,甚至影响到市场稳定和社会稳定的风险[①]。

以上四种观点可归纳为两种类型:其中第一种和第四种观点可归为一类,认为声誉风险产生的主要原因是负面评价;第二种和第三种观点可归为一类,认为声誉风险产生的主要原因是经营管理不善、操作上的失误、违反有关法规等事件,这些事件的产生将导致存款人、贷款人、投资者、监管机构对其失去信心。相比较而言,第一种类型的两种观点揭示的是声

---

① 中国银行保险监督管理委员会. 银行保险机构声誉风险管理办法(试行)(银保监发〔2021〕4号). 2021-02-08.

誉风险产生的外因；第二种类型的两种观点揭示的是声誉风险产生的内因[①]。

声誉风险产生的原因非常复杂，有可能是金融机构内、外部风险因素综合作用的结果，也可能是非常简单的风险因素就触发了严重的声誉风险。如果金融机构不能恰当地处理这些风险因素，就可能引发外界的不利反应。一旦被发现其金融产品或服务存在严重缺陷、内控不力导致违规案件层出不穷等，则即便花费大量的时间和精力用于事后的危机管理，也难以弥补对金融机构声誉造成的实质性损害。一家声誉风险事件频发的机构，会给公众一种内部管理混乱、管理层素质低、缺乏诚信和责任感等不良印象，致使公众特别是投资者对金融机构的信任程度降低，其工作职位对优秀人才失去吸引力，原有的人才大量流失，股东们因此对该机构的发展前景失去信心，最终导致监管当局采取严厉的监管措施等。

声誉风险与其他金融风险不同，难以直接测算，并且难以与其他风险分离和进行独立处理。良好的声誉是一家金融机构多年发展积累的重要资源，是金融机构的生存之本，是维护良好的投资者关系、客户关系等诸多重要关系的保证。良好的声誉风险管理对增强竞争优势，提升金融机构的盈利能力和实现长期战略目标起着不可忽视的作用。

（二）信托业务声誉风险特征

信托业务中声誉风险产生的原因比较复杂，经常与信用风险、市场风险、操作风险、流动性风险、法律风险、政策风险等风险交叉产生，是内部因素和外部因素综合作用的结果。具体来说，信托公司内部声誉危机事件、纠纷及诉讼、行业内个别信托公司出现声誉危机事件、媒体对敏感话题的不当报道等，均可能产生声誉风险。由于声誉危机事件是指引发信托业务声誉风险的相关行为或事件，因此，信托财产管理不善等导致信托公

[①] 常叶青，宋瑞武. 信托公司声誉风险的成因及管理策略 [J]. 财务与会计，2011（6）：18–20.

司声誉风险发生的事件都可归纳为声誉危机事件。这样，信托公司声誉风险可定义为由于信托公司发生声誉危机事件，导致公众对其作出负面评价，使委托人、受益人、监管机构对其失去信心的风险。

信托业务声誉风险的特征主要表现为以下几个方面：

一是声誉风险对于信托业务具有极高重要性。由于信托活动实质上是一种社会信用活动，信托成立的条件是基于委托人对受托人的信任。在信托制度中，信任贯穿始终。如果没有良好的声誉，不被公众信任，信托业务与信托公司是不可能存在的。因此，信托和银行一样也是经营信用和声誉的机构。若信托公司出现信托财产管理不善、操作上的失误、内控重大缺陷、违反有关法律法规等事件，就有可能导致公众对其作出负面评价，从而使得委托人、受益人、监管机构对其失去信心，以致影响其继续为现有客户服务和建立新客户关系的能力。

二是信托行业的声誉风险具有一定的传染性。行业内个别信托公司若出现声誉危机事件将引发业内其他信托公司的声誉风险。城门失火，殃及池鱼，行业内某家公司若发生声誉危机事件，可能引起公众和监管机构对整个信托行业声誉的质疑，从而引发其他信托公司的声誉风险。

第二节 信托业务风险识别

信托业务风险识别指的是在各类风险事件发生之前感知风险事故、分析风险原因并查找危险源，是信托业务风险管理的重要一环。风险识别的主要方法包括现场调查或专家调查法、情景分析法、财务分析法等。

一、风险识别概述

（一）风险识别的含义

风险识别（Risk identification）就是指通过连续、系统、全面的判断与分析，确定信托业务中的风险类型、受险部位、风险源、严重程度等，并且发掘风险因素引发风险事故导致风险损失的作用机理的动态行为或过程。风险识别的内容主要有：一是查找风险源，分析风险类型、受险业务、风险损失严重程度；二是找出风险因素诱发风险事故而导致风险损失的原理。

(二) 风险识别的原则

1. 实时性原则

实时性原则，要求信托业务的风险管理部门根据实时信息随时关注金融风险的变化，连续识别金融风险，并及时调整金融风险管理策略。否则，滞后的金融风险管理系统将难以适应瞬息万变的风险环境。

2. 系统性原则

系统性原则，要求按照信托业务风险活动的内在流程、顺序、内在结构关系识别风险。信托公司经济活动的每一环节、每一项业务都可能带来一种或多种风险。除了对其进行独立分析外，还应特别注意各个环节、各项业务之间的紧密联系。信托业务主体面临的整体金融风险可能大于也可能小于其单个金融风险的总和。信托公司的风险管理部门应根据实际情况及时调整，以充分分散风险，将整体风险控制在可接受范围之内。

3. 重要性原则

重要性原则，是指由于信托业务中风险管理的投入产出以及资源的稀缺性，风险识别应有所侧重：一是风险属性，着力把业务中一些重要的风险即期望风险损失较大的风险识别出来，对于影响较小的风险可以忽略，这样有利于节约成本，保证风险识别的效率；二是风险载体，那些对信托业务开展目标都有重要影响的结构单元，必然是风险识别的重点。

4. 经济性原则

经济性原则，信托业务风险的识别和分析需要花费人力、物力和时间等，风险管理收益的大小则取决于因信托业务风险管理而避免或减少的损失大小。一般来说，随着风险识别活动的进行，识别的边际成本会越来越大，而边际收益会越来越小，所以，风险识别要遵循经济性原则，要权衡成本和收益,从而选择和确定最佳的识别程度和识别方法[①]。

二、信托业务风险识别的流程

(一)感知风险

感知风险,即通过调查和了解来识别风险的存在。例如,在信托项目投资前尽职调查,了解风险主体是否存在财产损失、法律合规和商业环境等方面的风险。如通过财务调查,了解交易对手概况、会计政策、税务政策、损益表、资产负债表和现金流量表等信息;通过法律调查了解交易对手的合法性、历史沿革、财产权利情况、或有负债、重大合同履行情况、重大债权债务情况以及诉讼、仲裁或行政处罚情况;通过商业调查了解市场环境、竞争环境、交易对手等内容。

(二)分析风险

分析风险即通过归类,掌握风险产生的原因和条件以及风险所具有的性质。例如,我们可以分析造成信托公司财产损失、法律合规和商业环境等风险的原因和条件是什么,这些风险具有什么样的性质和特点。再如,我们通过分析信托业务中的流动性风险发现,较易产生流动性风险的信托业务主要集中在非标资金池等信托业务领域,而引起流动性风险的原因主要是期限错配等。

感知风险和分析风险构成风险识别的基本内容,且两者相辅相成,相互联系。这种联系表现在:只有感知信托业务风险的存在,才能进一步有意识、有目的地分析信托业务风险,掌握信托业务风险存在及导致信托业务风险事件发生的原因和条件。同时,在了解了信托业务风险的存在后,也必须进一步明确信托业务风险存在的条件以及导致信托业务风险事件发生的原因。因为信托业务风险管理的根本目的在于对客观存在的信托业务风险采取行之有效的应对措施,消除不利因素,克服不利影响,减少风险

---

① 王周伟. 风险管理 [M]. 北京:机械工业出版社,2017.

带来的损害。

因此,感知风险与分析风险是风险识别的两个阶段。感知风险是风险识别的基础,分析风险是风险识别的关键。只有通过感知风险,才能进一步进行分析。只有通过风险分析,才能寻找到可能导致风险事故发生的各种因素,为拟订信托业务风险处理方案和进行信托业务风险管理决策服务。

三、信托业务风险识别的方法

(一) 现场调查法和专家调查法

1. 现场调查法

现场调查法(Field survey)是指信托公司对有可能存在或遭遇信托业务风险的各个机构部门和所有经营活动进行详尽的现场调查来识别信托业务风险的方法。它一般包括以下内容和步骤。

在调查前,应查阅、了解被调查公司或项目的以往相关的各种背景、资料等;其次,编制现场调查表,特别应明确需要重点调查的信托项目,以防在调查过程中遗漏;再次,根据前述内容确定调查的步骤和方法;最后,应视调查内容的复杂性和时效性等情况确定调查需要花费的时间以及调查开始的时间。

在现场调查实施的过程中,信托公司的风险管理人员可以通过座谈、访问、查阅相关文件档案、实地观察业务活动等方式完成先期编制的现场调查表中所列举的项目,同时还需要根据在现场调查中发现的新信息来及时调整需要调查的项目和关注的重点,以期为尽可能成功地完成风险识别等后续工作获得准确、全面的第一手资料和信息。

现场调查后,信托业务风险管理人员应立即对现场调查的资料和信息进行整理、研究和分析,并在此基础上根据现场调查的目的来撰写调查报告。调查报告主要包括全面、系统、完整、规范的调查资料与信息处理报告;依据调查目的以及调查资料与信息处理报告所做出的初步结论、对策和建议；包括现场调查表在内的现场调查的原始资料附件等。

现场调查法之所以能够在金融风险识别中得到广泛应用，除了该法简单、实用、经济以外，还具有其他优点：一是可以直接获得进行金融风险识别的第一手资料，从而达到眼见为实的效果，在某种程度上可以确保所得资料和信息的可靠性；二是能加深风险管理人员与其他业务部门和项目人员之间的相互沟通、了解和联系；三是容易发现潜在风险，有助于使风险在萌芽阶段得到控制。

当然，现场调查法也有一些缺陷，主要体现在：一是进行现场调查需要花费大量的人力和物力，过于频繁的调查活动还会使被调查人员疲于应付；二是现场调查没有固定的方法可循，因而需要调查人员具有敏锐的观察力以及很强的创造力和灵活性等，这对调查人员来说都是很大的挑战。正是由于存在上述缺陷，所以并不是所有信托业务活动的金融风险识别都适合采用现场调查法。

2. 专家调查法

专家调查法（Expert survey）就是通过对多位相关业务专家的反复咨询，根据其意见反馈，确定主要风险因素，然后制成风险因素估计调查表，针对各风险因素在项目建设期或分析期内出现的可能性以及风险因素，由专家和相关工作人员对于风险出现后对对手方公司价值的影响程度进行定性估计，最后通过对调查表的统计整理和量化处理，获得各风险因素的概率分布和对公司或项目价值的可能的影响结果。

（二）情景分析法

情景分析法（Scenario analysis）就是通过运用有关数字、图表和曲线等，对未来的某个状态进行详细的描绘和分析，从而识别引起系统风险的关键因素及其影响程度的一种风险识别方法。它注重说明出现风险的条件和因素以及因素有所变化时，连锁出现的风险和风险的后果等。

一般而言，情景有四个组成要素，即最终状态、故事情节、驱动力量和逻辑。最终状态是指情景最终阶段的战略状态或结果；故事情节则是为了达到最终状态需要采取的行动；驱动力量是指塑造或推动情节发展的力量，如目标、竞争力、文化等，而逻辑则提供了某一驱动力量或主体为什么如此行动的解释。这四个要素相互交织，构成了各种不同的情景。

情景分析法包括以下三方面内容：

（1）筛选。筛选是按一定的程序将具有潜在风险的事件、过程、现象和人员进行分类选择的风险识别过程，具体包括：仔细检查→征兆鉴别→疑因估计。

（2）监测。监测是在风险出现后对事件、过程、现象、后果进行观测、记录和分析（其特征）的过程，具体包括：疑因估计→仔细检查→征兆鉴别。

（3）诊断。诊断是对项目风险及损失的前兆、后果与各种起因进行评价和判断，找出主要原因并进行仔细检查的过程，具体包括：征兆鉴别→疑因估计→仔细检查。

（三）财务分析法

财务分析法（Financial analysis）是指以企业的财务报表等会计资料为依据和起点，采用专门的方法，分析和评价企业的经营成果、财务状况及其变动情况，目的是了解过去、评价现在、预测未来，帮助信托公司改善决策。

财务分析的主要依据是财务报表，它包括资产负债表、利润及利润分配表和现金流量表，这三大财务报表包含了大量反映企业生产经营活动各方面情况的高度浓缩的会计信息。财务分析的最基本功能就是将大量的报表数据转变成对特定决策有用的信息，从而全面地了解和评价信托融资方企业的偿债能力、盈利能力、资产管理能力和发展能力，减少在信托业务投资决策中的不确定性。

财务分析的方法有很多，主要包括以下几种。

1. 比率分析法

比率分析法，是指把某些彼此存在关联的项目加以对比，计算出比率，据以确定经济活动的变动程度的分析方法。常用的财务比率有相关比率、结构比率、动态比率等。

2. 趋势分析法

趋势分析法，又称比较分析法，是指将连续数期的财务报表的金额并列起来，比较其相同项目的增减变动金额和幅度，据以判断企业财务状况和经营成果发展变化趋势的一种方法。财务报表的比较具体包括资产负债表比较、利润表比较、现金流量表比较等。

3. 结构分析法

结构分析法，是指对财务报表主要项目的构成情况进行分析的方法。一般是以财务报表中的某个总体指标为100%，再计算出其各组成项目占该总体指标的百分比，并可进一步比较各个项目百分比的增减变动，以此来判断企业财务活动的变化趋势。

4. 综合分析法

综合分析法，是指对企业的各项财务数据和财务指标进行系统、综合的分析，以便对企业的财务状况和经营成果进行全面、合理的评价的方法。综合分析法主要有财务比率综合评分法、杜邦分析法等，其中杜邦分析法在企业财务分析中应用最多。

通过财务分析法可以快速了解信托融资方在企业财务方面可能存在的风险，但它不能反映以非货币形式存在的问题，如人员素质、创新能力、体制改革和其他经济因素的变化等。所以，财务报表分析法需要辅以其他识别方法和手段来进行分析。

第三节 信托业务风险评估

信托业务的风险评估可细分为风险估计、风险评价两个环节，并遵循不同的工作流程。风险估计是对信托业务中单个风险因素的量化，需要收集风险数据、建立风险模型、进行风险可能性损失和影响的估计；而风险评价重点考虑整体风险及各风险之间的相互影响，需要确定评价目标、体系之后选择合适的方法和模型进行综合评价。信托业务风险评估的主要方法包括概率评估法、盈亏平衡分析、敏感性分析、蒙特卡洛随机模拟法、压力测试法等。

一、风险评估概述

（一）风险评估的含义

风险评估包括风险估计（Risk estimation）与风险评价（Risk assessmet）。一般来说，信托风险管理部门应当从状态、可能性、影响、后果和发生时间这五个角度对风险事项进行评估，即信托风险管理部门应该个别或分类考察整个项目主体中潜在事项的正面和负面影响；既要考虑固有风险，也要考虑剩余风险，并分别根据两者来进行风险评估，确定风险的可能性、影响程度和风险管理重点。固有风险是在信托公司风险管理部门没有采取任何措施来改变风险的可能性或影响的情况下，信托业务所面临的风险。剩余风险是在信托公司风险管理部门进行风险管理之后所残余的风险。一旦风险管理已经就绪，信托风险管理部门接下来就要考虑剩余风险。

（二）风险评估的内容

在风险管理的过程中，若要进行信托业务风险决策，必须从定性和定量两个方面弄清楚信托业务中风险的属性，对于每一具体的风险来说，需要估计以下四个方面。

1. 每一风险因素最终转化为风险事项的概率及其相应的损失分布

在信托业务风险发展过程中，并不是所有风险因素都能最终发展成导致损失的风险事故，因而通过判断其发生的概率，就可以对风险的影响程度和严重性做出判断，据此进行风险处理的决策。在估计风险分布规律时，可以采用专家调查法以及现场观察法、模糊综合评判法等适当的方法来估计目标风险的概率分布。

2. 单一风险的损失程度

如果某一风险因素导致事故损失的可能性很大，可能的损失却很小，对于这样的风险没必要采取复杂的处置措施。只有综合考虑了风险发生概率和损失程度，才能根据风险损失期望来制定风险处置策略。在估计目标风险的概率分布并了解其发生的可能性之后，还要估计单一风险可能造成的损失程度。风险损失可以依据风险载体的状况、风险的波及范围和可能造成的损坏程度来估计。

3. 若干关联的风险导致同一风险单位损失的概率和损失程度

风险管理人员在制订风险管理计划时，一般会关心在特定的风险管理子系统中承担的风险损失期望值，因此有必要从某一风险单位整体的角度，分析多种风险可能造成的损失总和以及发生风险事故的概率。

4. 所有风险单位的损失期望值和标准差

为了掌握风险管理系统总体的风险状况，风险管理人员还应估计总的风险管理系统中的所有风险单位的损失期望值和标准差，也就是将所有风险单位的风险因素叠加后的损失期望值，并且估计这个损失期望值与各种可能的损失值之间的偏差程度，通常用标准差来衡量这个偏差程度。

二、信托业务风险评估的流程

（一）风险估计的流程

风险估计是对识别出的信托业务中的风险因素进行量化分析和描述，探求各主要影响因素可能的变化范围以及对信托公司可能产生的有利或不利的影响。对于某种类型的风险，必须先弄清楚它将对信托业务产生的影响程度及相应发生的概率，才能据此进一步研究，选择正确处理这类风险的方法。

1. 收集风险数据

信托业务的风险管理人员除了收集历史损失资料和近期损失资料外，还应注意收集同类金融机构的损失资料及外界公布的有关损失统计资料，并注意国际性动态资料。这些数据和资料可以从过去的类似风险管理项目的经验总结或记录中及相关研究或试验中取得，也可以在风险识别实施过程中取得，还可以从市场、社会发展的历史资料中取得。所收集的资料要求客观真实、准确完整、具有较好的统计性。

原始数据收集之后，必须对其进行整理。所谓资料整理是指根据风险管理目标的需要，按照整理方案的要求，将收集来的所有资料进行加工、综合，使之条理化、系统化，从而成为能够反映信托业务风险特征的综合资料，并且能以某种易读易懂的形式提供给使用这些资料的风险管理部门人员。

2. 建立风险模型

以取得的有关风险因素的数据资料为基础，对信托业务风险事件发生的可能性和可能的结果给出明确的量化描述，称为风险模型。风险模型分为事件不确定性模型和损失分析模型，分别用于测算风险因素发生概率和风险损失程度。

3. 风险可能性及损失估计

信托业务风险模型建立后，就可以用适当的方法去估计每一风险因素发生的概率和可能造成的损失。信托业务风险事件发生的可能性通常用概率表示，可能的后果则用收益的损失或兑付期的拖后表示。

4. 风险影响估计

风险发生可能性和损失后果往往是有联系的，风险损失大小不同时，其相应发生的机会也不同。我们通常是将风险因素的发生概率和可能的结果综合起来进行评价。由于风险损失为连续变量，所以常用概率分布函数来描述损失与发生频率间的关系。对风险因素进行概率估算的途径有两种。一是根据大量试验结果用数理统计的方法进行分析计算，这种方法所得的概率是客观存在的，即客观概率。但实际上信托业务中有相当数量的风险不可能对其进行试验，且事件又都在将来发生，无法获取其准确信息，因而很难计算出客观概率。这时，需采用另外一种方法——主观概率算法,即由有关专家对事件的概率做出主观估计,所得的概率即为主观概率。

(二)风险评价的流程

风险估计是对信托业务单个风险分别进行估计和量化,没有考虑各单个风险综合起来的总体效果,以及这些风险是否能被信托公司所接受。而风险评价要考虑信托公司的整体风险,也要考虑各风险之间的相互影响、相互作用以及对风险主体的影响,还要考虑信托公司作为风险主体对风险的承受能力。

1. 确定评价目标

在进行信托业务风险评价之前,首先要确定风险评价的目标,这对以后的分析评价有指导作用,而且它是评价工作的方向和基准。信托业务风险评价目标的确定要考虑全面,既要考虑信托项目因素,也要考虑信托公司的因素,同时要进行目标的细分和结构化,做到目标明确,实事求是。

2. 建立评价指标体系

风险评价指标体系的确定至关重要,它要根据一定的原则和要求来建立,并保证既全面又科学。建立步骤具体包括:资料的收集、指标体系结构的确定、指标体系的初步确定、指标体系的筛选与简化、指标体系的有效性分析、定性变量的数量化等环节。

3. 选择评价方法与模型

信托公司风险管理人员要根据事项特点及目标要求选择风险评价方法,且该评价方法要能反映信托业务实际。其具体步骤包括评价方法的选择、权数的构造、评价指标体系的标准值与评价规则的确定。

4. 实施综合评价

综合评价实施的程序如下:第一,收集指标体系数据;第二,确定信托业务风险评价基准;第三,确定信托项目整体风险水平,项目整体风险水平是综合了所有个别风险之后确定的;第四,进行风险等级判别,对比单个风险和单个评价基准、整体风险水平与整体评价基准,并据此进行风险等级的判别;第五,评价结果的评估与检验;第六,评价结果分析与报告,其步骤包括评价结果的书面分析、撰写评价报告、提供与发布评价结果、资料的储备与后续开发利用。

三、信托业务风险评估的方法

风险评估应将定性与定量方法相结合。定性方法可采用问卷调查、集体讨论、专家咨询、情景分析、政策分析、行业标杆比较、管理层访谈、由专人主持的工作访谈和调查研究等。定量方法可采用统计推论(如集中趋势法)、计算机模拟(如蒙特卡洛随机模拟法)、失效模式与影响分析、事故树分析等。这里简要介绍几种常用的定量评估方法。

(一)概率评估法

概率评估技术的基本原理是根据特定的假设将一系列事项以及所造成的影响与这些事项的可能性联系起来,在历史数据或反映未来行为模拟结果的基础上,对可能性和影响进行评估。利用概率分布提出的风险度量指标包括波动性指标(如方差、标准差、协方差、离散系数等)、敏感性指标、风险调整指标(如风险价值 VaR、风险现金流量、风险收益)、损失分布、预期损失、非预期损失和事后检验等。

概率评估法中的风险度量处于经济学理论、精算统计学和现代概率数学的汇合点上。从统计角度看,塞葛(Szegö,2002)给出了一个风险指标及其发展的精彩回顾,以及对 VaR 方法论的批评。安布莱希特(Albrecht,2004)从精算角度对风险指标特别是相对风险指标做了清晰回顾。福尔默和希德(Föllmer,Schied,2004)指出了风险指标的数学意义及与现代金融学和定价理论的联系。这些理论的交汇为多种风险指标的提出提供了良好的环境(见表 10-1)。除了从投资理论中衍生出的经典指标,例如回报率的标准差,新的指标,VaR 或期望损失(Expected shortfall),近年其他指标也开始在风险管理文献中出现。最后是专业从业者,大多数来自对冲基金,也对此有所贡献,例如提出了诸如欧米伽值这样的"华尔街指标",用来衡量其他指标无法量化的风险[①]。

表 10-1　　　　　　　　部分常用风险指标

来源	风险指标
投资理论	方差和标准差
现代风险管理	VaR
	期望损失
	条件 VaR
	最差预期值
压力指标	欧米伽值

概率评估技术可以以不同的时间范围来估计不同时期信托业务使用的金融工具的价值范围等结果,还可以用来评估期望的或平均的结果,以及极端的或非期望的影响。

(二) 盈亏平衡分析法

盈亏平衡分析法(Break-even analysis)是一种通过分析产品成本、销售量和销售利润这三个变量之间的关系,掌握盈亏变化的临界点(保本点)而进行选择的方法。利用盈亏平衡分析可以对信托业务所投资的项目的风险情况及项目对各个因素不确定性的承受能力进行科学的判断,为信托业务中的投资决策提供依据。

传统盈亏平衡分析以盈利为零作为盈亏平衡点,没有考虑资金的时间价值,是一种静态分析,盈利为零的盈亏平衡实际上意味着信托项目已经损失了基准收益水平的收益,信托项目存在着潜在的亏损。把资金的时间价值纳入盈亏平衡分析中,将信托项目盈亏平衡状态定义为净现值等于零的状态,便能将资金的时间价值考虑在盈亏平衡分析内,变静态盈亏平衡分析为动态盈亏平衡分析。由于净现值的经济实质是项目在整个经济计算期内可以获得的、超过基准收益水平的、以现值表示的超额净收益,所以,净现值等于零意味着项目刚好获得了基准收益水平的收益,实现了资

[①] 沃尔特·V. 小哈斯莱特. 风险管理 [M]. 郑磊, 等, 译. 北京: 机械工业出版社, 2019, 53-60.

金的基本水平的保值和真正意义的"盈亏平衡"。动态盈亏平衡分析不仅考虑了资金的时间价值，而且可以根据信托公司所要求的不同的基准收益率确定不同的盈亏平衡点，使信托公司的投资决策和经营决策更全面、更准确，从而提高信托业务投资决策的科学性和可靠性。

盈亏平衡分析法广泛应用于预测所投资企业的成本、收入、利润，编制利润计划，估计售价、销量和成本水平变动对利润的影响，为各种信托投资决策提供必要的信息，并可用于安全性分析。

（三）敏感性分析法

敏感性分析法（Sensitivity analysis）是指在其他条件保持不变的前提下，研究单个市场风险要素（如利率、汇率、股票价格和商品价格）的变化对信托资产组合的收益或经济价值产生的影响的方法。例如，缺口分析可用于衡量信托产品当期收益对利率变动的敏感性。敏感性分析法用来评价潜在事项的正常或日常变化的影响，由于计算相对容易，敏感性分析方法有时也用来补充概率方法。

敏感性分析法通常包括以下几个步骤：第一，确定敏感性分析指标。敏感性分析的对象是具体的投资方案及其反映的经济效益。因此，投资方案的某些经济效益评价指标，例如息税前利润、投资回收期、投资收益率、净现值、内部收益率等，都可以作为敏感性分析指标。第二，计算该投资项目方案的目标值。一般将在正常状态下的经济效益评价指标数值，作为目标值。第三，选取不确定因素。在进行敏感性分析时，并不需要对所有的不确定因素都考虑和计算，而应视项目方案的具体情况选取几个变化可能性较大，并对经济效益目标值影响作用较大的因素。例如：所投资企业的产品售价变动、产量规模变动、投资额变化等；或是建设期缩短，达产期延长等，这些都会对方案的经济效益大小产生影响。第四，计算不确定因素变动时对分析指标的影响程度。若进行单因素敏感性分析时，则要在固定其他因素的条件下，变动其中一个不确定因素；然后，再变动另一个因素（仍然保持其他因素不变），以此求出某个不确定因素本身对方案效益指标目标值的影响程度。第五，找出敏感因素，进行分析和采取措施，以提高项目投资方案的抗风险的能力。

此外，在信托业务的标准化投资中，敏感性分析法可用线性近似法来估计固定收益证券价值的变化。这种近似是通过使用一个固定收益敏感性的度量建立起来的，它度量利率小幅度变化引起的价值变化，并且利用这种方法估计利率大幅度变化引起的价值变化。由于曲线的凸度，实际价值和估计的价值之间存在着差异。

（四）情景分析法

情景分析法（Scenario analysis）是指通过假设、预测、模拟等手段生成未来情景，并分析其对信托业务产生影响的方法。情景分析法包括历史情景重演法、预期法、因素分解法、随机模拟法等方法。与敏感性分析法对单一因素进行分析不同，情景分析法是一种多因素分析方法，结合信托业务中设定的各种可能情景的发生概率，研究多种风险因素同时作用时可能对于信托业务产生的影响。在情景分析过程中要注意考虑各种头寸的相关关系和相互作用。

情景分析中所用的情景通常包括基准情景、最好情景和最坏情景。情景可以人为设定（如直接使用历史上发生过的情景），也可以从对市场风险要素历史数据变动的统计分析中得到，或通过运行描述在特定情况下市场风险要素变动的随机过程得到。

（五）蒙特卡洛随机模拟法

蒙特卡洛随机模拟法（Monte Carlo method）又称随机抽样方法或统计实验方法，是指通过构造描述数学模型与计算机仿真得到相对较精确的风险事项概率分布，再据此来评估风险指标的方法。在信托业务风险评估中，该方法可以用来分析评估一些证券投资类信托风险发生可能性、风险的成因、风险造成的损失或带来的机会等变量在未来变化的概率分布。

其具体操作步骤如下：

（1）量化风险，即将需要分析评估的风险进行量化，明确其度量单位，得到风险变量，并收集历史相关数据。

（2）根据对历史数据的分析，借鉴常用建模方法，建立能描述该风险变量在未来变化的概率评估技术。建立概率评估技术的方法很多，如差分和微分方程方法，插值和拟合方法等。这些方法大致分为两类：一类是对风险变量之间的关系及其未来的情况做出假设，直接描述该风险变量在未来的分布类型（如正态分布），并确定其分布参数；另一类是对风险变量的变化过程做出假设，描述该风险变量在未来的分布类型。

（3）计算概率分布初步结果，即利用随机数发生器，将生成的随机数代入上述概率评估技术生成风险变量的概率分布初步结果。

（4）修正完善概率评估技术，即通过对生成的概率分布初步结果进行分析，用实验数据验证模型的正确性，并在实践中不断修正和完善模型。

（5）利用该模型分析评估风险情况。由于蒙特卡洛随机模拟法依赖于模型的选择，因此模型本身的选择对于蒙特卡洛方法计算结果的精度影响甚大，通常借助计算机完成。

现在蒙特卡洛法在金融实践中应用很广泛，是非常重要的风险测量手段。

（六）压力测试法

压力测试法（Stress test）是指在极端情景下，分析评估信托风险管理模型或内部控制流程的有效性，发现问题，制订改进措施的方法，其目的是防止信托业务中出现重大损失事件。压力测试法不同于情景分析法，因为前者集中关注的是单个事项或活动在极端情况下的一个变化产生的直接影响，这与情景分析法集中关注一个更常规的变化相反。

信托公司风险压力测试遵循金融机构压力测试的一般步骤，具体操作步骤如下。

1. 确定压力测试的目的

压力测试的目的一般依据监管要求与自身风险管理的目标进行设定，

目的是测试信托公司对各类风险的承受能力。进一步地，需要确定压力测试的对象。对于单家信托公司，压力测试的研究对象可以是所有业务线条，也可以是具体的某项业务。例如，信托公司的信用风险主要来源于信托公司的集合信托资产项目，由于部分集合信托项目规模较大，一旦集合信托项目到期，融资方不能按时兑付或者违约产生损失，很可能对公司的可持续经营造成严重威胁，因此需要对该类项目重点进行信用风险压力测试。又如，对于主动管理类开放式信托产品，其流动性状况容易受到宏观经济金融形势、金融市场变化、交易对手违约等因素影响，引发流动性风险，因此需要重点对开放式信托产品进行流动性压力测试。

2. 压力因素与压力指标设计

导致压力测试对象出现极端波动的原因一般被叫作压力因素，而对压力因素进行量化的指标，即压力指标。在实践过程中，宏观经济风险、重大事件风险、集中度风险等是信托公司压力因素的主要来源。压力指标的选择应满足相应的经济意义，同时，压力指标与压力测试对象应该有较高的关联性。例如，针对信托公司信用风险进行压力测试时，压力因素可以是宏观经济风险，由此会导致不良贷款率上升，进而引发集合信托项目违约等。

3. 压力情景设计

压力情景与压力因素相对应，是压力因素的一种具体的较为极端的状态，一旦压力因素达到这种状态，有可能对承压指标产生较大的冲击，造成承压指标的大幅度波动，进而可能出现极端风险。信托公司的压力情景设计一般有历史情景法、假设情景法与统计模型法等。

历史情景法（Shaw, 1997）即对情景的设计依据历史分布，压力因子的情景水平即历史上出现的极端水平。历史情景法存在的缺陷是无法设计出在历史上没有出现过的极端情景。假设情景法依赖于专家的经验、判断，一般由多位专家通过头脑风暴讨论获得，信托公司压力情景的设定可由风险管理部门负责人、经济学专家与一线产品业务员共同参与完成。统计模型法的基本思想是利用统计学、计量经济学方法，分析宏观变量之间的数量因果关系，研究压力因子之间的演化关系，在此基础上得到压力情景。统计模型法的步骤：一是建立压力指标清单并根据数据与模型选择合适的指标；二是构建压力情景生成器，估计模型参数。在实际压力情景设计中，可结合上述三种方法，设计出有针对性的、较为合理的压力情景。

4. 压力传导模型设计

压力传导机制是压力因子冲击转变到承压指标表现的传导过程，传导机构按路径可分为"自下而上"与"自上而下"方法。自下而上方法将每笔信贷资产的违约数据与宏观经济指标对应构建函数关系，进而得到整个信贷组合压力情景下的风险。由于对数据的要求较高，不同行业不同企业的信贷数据质量不同，难以进行大范围的应用。自上而下法属于宏观压力测试，通过统计学、计量经济学模型构建宏观或者行业经济因素与违约率、不良贷款率等之间的定量关系，得出压力因素对承压指标的影响。自上而下方法对原始数据的要求相对较低，数据一般为外部数据，因而使用范围更广。

5. 得出压力测试结果

基于上述压力测试流程得到压力测试结果并生成压力测试报告，根据结果判断信托业务或产品的承压能力，找到针对性的风险管理措施。

第四节　信托业务风险决策

信托业务风险决策是在确定了信托业务中各类风险的概率和影响的基础上，对各类风险事件做出的反应，提出风险应对方案及备选方案，并执行监督、不断反馈调整，以求能将风险的后果降至可以接受的程度。风险决策是信托业务风险管理的重要环节，主要可参考经验判断、专家咨询和期望损益等方法进行决策。

一、风险决策概述

风险决策是信托业务风险管理的重要内容之一。从决策发生的层次、决策的内容来看,决策包括战略决策、运营决策、业务决策等不同层次的决策,决策风险在每一个层次都会发生。一般情况下,越是高层的决策,影响越深,战略关联性越大,严重程度越大,将对信托公司造成持久、深远的影响;越是底层的决策影响就相对越小,严重程度也相对较小,一般能立即显示出来,表现为直接的经济损失。

(一)风险决策的含义

风险决策是指根据风险管理的目标和宗旨,在风险识别与评估的基础上合理地选择风险管理工具,进而制订风险管理总体方案和行动措施。通俗地讲,它就是在几个备选的信托业务风险管理方案中进行比较,筛选出一个最佳组合方案,从而制订出处置风险的总体规划。

按照风险管理过程的内容,风险决策所要解决的是如何从总体角度,根据风险管理的目标和风险的程度,综合选择各种风险管理技术,以最低的费用制订总体方案或总体计划。制定风险决策策略主要考虑四个方面的因素:可规避性、可转移性、可缓解性、可接受性。

(二)风险决策的原则

为了保证风险管理目标的实现,风险决策应该坚持以下原则:

1. 战略目标导向原则

风险决策目标应与信托公司的战略目标相一致,而且目标必须是积极、适当的。若目标过低,则失去风险管理应有的作用,信托公司也达不到总体战略目标;若目标过高,则会使人丧失信心,甚至可能影响正常业务开展。当然,在客观情况发生了大的变化时,风险决策目标要随之进行适当调整。

2. 经济性原则

风险决策的总体目标是以最少的经济投入获取最大的安全保障。在决策过程中,应该以成本与效益相比较这一原则作为权衡决策方案的依据。在实际运作中,比较可行的办法是在获取同样安全保障的前提下,选择成本最小的决策方案。

3. 客观性原则

风险决策属于不确定情况下的决策。在信托业务风险决策过程中,会遇到很多不确定的风险变量,这就要求信托公司的决策者要客观、实事求是地对决策变量进行分析,切忌主观臆测,这样才能做出合理的决策。

4. 满意性原则

在很多情况下,并不能找到获得风险收益的最优决策,此时只能退而求其次,选择一个使各利益相关者都感到"满意"但不是"最优"的决策方案。例如,如果一种风险决策方案就其所有特性而言在其他风险管理决策方案之上,就选择这种更让人"满意"的决策方案,虽然这种方案也不能使"效用最大化"。

5. 重要性原则

重要性原则是指先评价各风险决策方案的每个特性,再根据重要性依次对各方案的评价特性进行排序,依最重要特性决定方案的选择;假定它们是同等的,则比较次一级重要的评价特性,依此类推得到最终最佳方案。

(三)风险决策的内容

风险决策过程的活动是执行风险行动计划,以求将风险降至可接受程度。包括以下内容。

1. 对触发事件的通知作出反应

得到授权的信托业务风险相关人员必须对触发事件作出反应。适当的反应包括回顾当前现实以及更新行动时间框架,并分派风险行动计划。

2. 执行风险行动计划

对信托业务相关风险应该按照书面的风险行动计划进行。

3. 对照计划，报告进展

确定和交流对照原计划所取得的进展，定期报告信托业务风险状态，加强风险决策小组的内部交流，定期回顾风险状态。

4. 校正偏离计划的情况

如果信托业务风险决策中结果不能令人满意，就必须换用其他途径，并将校正的相关内容记录下来。

二、信托业务风险决策的流程

信托业务中风险管理的决策过程包括：

（1）界定各业务环节拟解决的问题范畴，确认风险偏好。

（2）识别风险（识别问题）。信托业务由于投资范围的广泛性，其风险也具有复杂性。对于业务过程中出现的各类风险问题，风险管理部门和决策者要积极地收集和整理情报，并对相关信息进行系统的风险诱因分析。

（3）确定风险衡量指标（确定目标）。确定信托业务中各类风险的指标类别、分级程度；确认风险管理目标。

（4）风险分析。确定风险的范围、性质、风险影响度、风险发生频率。

（5）风险评价。评估现有信托业务中的风险管理水平，根据风险的重要性实施风险排序，分析风险的相关性。

（6）设计风险应对备选方案（包括策略和措施）。在确定了问题和分析所得到的信息之后，信托风险决策者要拟订解决问题的若干可行性方案，通过从中择优以便做出科学的决策。在制订备选方案的过程中，决策者应尽可能保证备选方案的多样性，即从不同角度设想和精心设计若干可行方案，确保备选方案的质量。

（7）选择最佳风险应对备选方案。备选方案确定后，就要根据一定的标准对各备选方案进行分析和评价。在比较各种备选方案时，应根据信托业务风险评估的结果、风险问题的性质,权衡风险的成本、收益和机遇,考虑决策的目标、信托公司的资源和方案的可行性,对各备选方案的优劣进行综合评价,并根据优劣程度对各方案进行排序,进而选择最佳方案。

(8) 选择执行与监督。风险应对方案选定后就可以正式实施了。对于一些特别复杂的决策,在普遍实施之前,有时需要先进行局部试验,以验证其合理性、可靠性。在信托业务风险决策的实施过程中,同时应注意保持必要的监督,以便对出现的问题或实施的效果进行及时的反馈,进而对原决策方案进行一定的修正或改进。

(9) 反馈、调整和改进。在风险应对决策的实施过程中往往会由于客观情况的变化发生这样或那样与目标偏离的情况,通过决策的追踪和决策的反馈及时地掌握决策的进展情况,以便及时做好决策调整或决策改进。

三、信托业务风险决策的方法

(一) 经验判断法

经验判断法也叫直观判断法,是指信托业务风险的决策者根据过去的经验教训,以及所掌握的知识对决策方案做出评价,是一种定性的决策方法。尽管目前出现了很多现代化的手段和方法来帮助决策,但是这些手段和方法并不能完全替代经验判断法。对于一些简单决策、应急决策,经验判断仍不失为一种有效的方法。利用经验判断法做出的方案评价里,风险决策者的素质、经验、个性、思维方式等起着直接的决定性作用,但应注意避免经验主义错误。

经验判断法适用于以下三种情形:第一,决策问题不复杂,备选方案不多,方案的优劣可以明显地辨别时。第二,备选方案很多,虽各有利弊但都可行,综合差别不大,不能明显判断孰优孰劣时。第三,决策问题有多个目标,备选方案都可行,但是在各个目标上达到的程度不一样,要选出以达到主要目标要求为主的方案时。

（二）专家咨询法

由于信托业务中涉及一些业务的专业性较高，对于这类较为复杂的方案，也可以通过借助集体的经验、智慧进行决策，允许外部的专家参与进来。

头脑风暴法通过有关专家之间的信息交流，集思广益，鼓励提出任何种类的方案设计思想，同时禁止对各种方案的任何批判，是一种比较常用的集体决策方法。实践经验表明，头脑风暴法可以排除折中方案，通过对所讨论的问题客观、连续的分析，找到一组切实可行的方案，因此在企业决策中有着广阔的应用前景。

德尔菲法依据系统的程序，采用匿名发表意见的方式，团队成员之间不得互相讨论，不发生横向联系，只能与调查人员发生关系，通过多轮次调查专家对问卷所提问题的看法，经过反复征询、归纳、修改，最后汇总成专家基本一致的看法，作为决策的依据。这种方法具有广泛的代表性，较为可靠。

（三）期望损益法

风险管理的决策对象是风险，风险的决策者可以根据不同风险因素所引致的风险概率对某一个决策方案进行决策。风险管理决策的任一方案面临一个或几个风险因素，各个方案因风险因素所引致的风险损失后果也不同，这样就无法直接比较不同风险管理决策方案的优劣。不同决策方案导致的期望损益的大小可以作为选择决策方案的标准。期望损益法有期望损失和期望收益两种准则。

期望损失运用于纯粹风险，期望损失最小的方案为最优风险管理决策方案。期望收益运用于投机风险，期望收益最大的方案为最优风险管理决策方案。

（四）不确定型风险决策法

不确定型风险决策，是指存在可供选择的两个或两个以上行动方案，且每种行动方案在自然状态下的风险损益值可以计算的情形下的决策问题。在这样的决策中，决策者面临多种可能的自然状态，且未来自然状态出现的概率不可预知，可选方案在不同状态下结果不同。

当信托业务中的风险决策面临的是不确定状况，无法确定何种自然状态出现，无法确定它出现的结果，此时决策者只能依据一定的准则来进行决策分析。常用的决策准则有：乐观准则、悲观准则、折中准则、等概率准则、后悔值准则。根据这些准则求出方案的期望值，然后再确定每一决策问题的最优值。

1. 乐观准则

这种决策方法先考虑每种方案的最大收益，在每一个方案中选出最大的结果，然后比较最大收益的大小，最后选出收益最高的方案。由于乐观准则是估计每一方案中最大值中的最大值，反映了决策者的乐观情绪，他认为最有利的自然状态会出现，即反映了决策者敢于冒险的精神。当依据乐观准则做出决策的时候，决策者就要积极地为获得最大利润而努力有效地工作，而不是消极等待。

2. 悲观准则

这种决策方法先考虑每种方案的最小收益，在每一个方案中选出最小收益相对较大的方案。由于悲观准则是估计每一方案中最小值中的最大值，反映了决策者的悲观情绪，他认为最差的自然状态会出现，即反映了决策者的保守态度。

3. 折中准则

决策者认为最好和最坏的自然状态都有可能出现，决策者既不盲目乐观也不盲目悲观，那么根据决策者的估计和判断，对最好的自然状态的出现设置一个乐观系数 a，对应的悲观系数则为 (1 - a)。这个系数就作为权重，分别乘以各方案的最大最小收益值，得出的期望值最大的就是要选择的最佳方案。

4. 等概率准则

决策者认为每种自然状态出现的可能性是一样的，期望收益值就是每一个方案各状态收益值的和除以其自然状态个数的平均值。比较之后则选择期望收益最大或期望损失最小的方案为最佳方案。

5. 后悔值准则

该准则是一个基于机会损失的准则，是为了减少决策者后悔的程度的有效策略。由于自然状态的不确定性，在决策实施之后，决策者可能会后悔没有能够选择到最佳方案。这个因为决策造成的损失价值，称为后悔值。根据这一准则，把各个自然状态下的最高收益值当作理想值，所选方案在该自然状态下的收益值与理想值之差就是后悔值。后悔值越小，所选方案越接近于最佳方案。遵循后悔值准则的决策者追求后悔值最小，他首先在各个方案中选择最大后悔值，然后比较选出最小的那一个对应的方案为最佳方案。

（五）决策树法

如果风险决策中涉及多阶段决策，前一个阶段的决策会产生一些附带结果，这些结果对下一个阶段的风险决策又有影响，此时需要利用这些新的信息再次进行决策，这样又会产生一些新情况，又需要决策……这样，决策、新情况、决策、新情况构成一个按时间顺序先后相互依赖的风险多阶段序列决策，这种序列决策的有效工具就是决策树分析。它是利用决策树描述风险的多阶段序列决策问题，并直接利用决策树进行计算与决策的一种方法。

决策树分析是对所考虑的决策以及采用这种决策可能产生的后果进行描述的一种图解方法。它综合了每个事件的风险概率、逻辑路径及其成本或者收益，以及应采取的未来决策。决策树分析的最优决策准则可以是前面的任何一种。如以期望值准则为决策准则，当所有的不确定后果、成本、收益与随后的决策全部量化之后，最优方案就是能为决策者带来最大效用的期望值。

决策树是由决策点、状态点及结果点构成的树形图。一般地，决策点用方形节点表示，从这类节点引出的枝表示不同的决策方案；状态点用圆形节点表示，从这类节点引出的枝表示在决策方案下可能发生的不同状态，从它引出的分支称为状态枝，其上方标出数字表示期望收益值，其下方写明自然状态及其出现的概率，末端标明各方案在不同自然状态下的收益值。结果点用有圆心的圆形节点表示，位于每一个树枝的末梢处，并在这类节点旁注明各种结果的决策变量现值。每一个决策树都有决策节点，从它引出的每条分支代表一个决策方案，表示信托公司可以进行的选择，每个决策点都有与其相对应的进入该决策点的概率。决策树分析法通常有五个步骤。

第一步，明确决策问题，确定备选方案。对要解决的问题应该有清楚的界定，应该列出在不同决策时点的所有可能的备选方案。

第二步，绘出决策树图形。决策树用3种不同的符号分别表示决策点、状态点、结果点。决策点用方框表示，放在决策树的左端，每个备选方案即状态用从该结果点引出的树枝（线条）表示；实施每一个备选方案时都可能发生一系列风险事件，用图形符号圆圈表示，称为机会点，每一个机会点可能有多个直接结果，例如某种投资方案有3个结果状态（盈利、亏损、盈亏平衡），则状态点有3个枝。中间结果与最终结果都用有圆心的圆形节点表示，称为结果点，总是放在决策树每一枝的最右端。初始状态点在整个决策树的最左端，最终结果点放在整个决策树的最右端，从左至右状态点的顺序应该依照事件发生的时间先后关系而定。但不管状态点有多少个结果，从每个状态点引出的结果必须是互相排斥的状态，不能互相包容或交叉。

第三步，确定并注明各种结果可能出现的概率及损益值。所有这些概率都要在决策树上标示出来。在为每一个状态点引出的结局枝标记发生概率时，应注意各概率相加之和必须为1。运用期望效用准则还要对中间结果及最终结局标注适宜的效用值赋值。

第四步，计算每一种备选方案的决策变量值。计算期望值的方法是从"树枝末端"开始向"树根"的方向进行计算，将每一个状态点上所有风险状态的损益值或效用值与其发生概率分别相乘，其总和为该状态点的期望值或期望效用值。在每一个决策点中，将各状态点的期望值或期望效用值分别与其发生概率相乘，其总和为该决策方案的期望效用值，选择期望值或期望效用值最高的备选方案为最优方案。如果多阶段时间跨度大，还要考虑时间价值。

第五步，应用敏感性试验对决策分析的结论进行测试。敏感分析的目的是测试决策分析结论的真实性。敏感分析要回答的问题是当概率及结果效用值等在一个合理的范围内变动时，决策分析的结论会不会改变。

第五节 信托业务风险监控

由于信托业务风险与业务的开展相伴相生、不断变化，因此需要持续对信托业务中的风险进行监控，核实风险处置措施的有效性，并根据风险变化情况及时调整。要做到准确监控风险，信托公司定期性和特殊性的风险排查必不可少，还可通过建立风险预警系统、制订风险应急计划、建立风险监察机制来更好地监控信托业务中的风险。

一、风险监控概述

（一）风险监控的含义

风险监控（Risk monitoring and control）就是通过对风险规划、识别、分析、应对全过程的监督和控制，从而保证风险管理能达到预期目标。因为风险是随着内部和外部环境的变化而变化的，它们在信托公司经营活动的推进过程中可能会增大或者衰退乃至消失，也可能由于环境的变化又生成新的风险。

监控风险实际上就是监控情况的变化，其目的是核对风险管理策略和措施的实际效果是否与预期的相同；寻找机会改善和细化风险控制计划，获取反馈信息，以便将来的决策更符合实际。在风险监控过程中，及时发现那些新出现的以及预先制定的策略或措施不见效的或性质随着时间的推延而发生变化的风险，然后及时反馈，并根据对生产活动的影响程度，重新进行风险识别、风险评估、风险决策，同时还应对每一风险事件制定成败标准和判断依据。

风险监控包括两个层面的工作：第一是跟踪已识别风险的发展变化情况，包括在整个项目周期内，风险产生的条件和导致的后果变化，衡量风险减缓计划需求。第二是根据风险的变化情况及时调整风险决策计划，并对已发生的风险及其产生的遗留风险和新增风险及时识别、分析，并采取适当的应对措施。对于已发生过和已解决的风险也应及时从风险监控列表中调整出去。

（二）风险监控的依据和目标

风险监控的主要依据有如下四个方面：风险管理计划；风险决策计划；实际风险发展变化情况；可用于风险控制的资源。

风险监控的目标是：努力及早识别风险；努力避免风险事件的发生；积极消除信托风险事件的消极后果；充分吸取风险管理中的经验与教训。

二、信托业务风险监控的流程

准确的监控程序是信托业务风险管理中至关重要的一部分。信托公司可能已执行了为识别较重大风险而精心设立的程序，但是仍然必须定期根据风险的变化情况及时调整风险应对计划，并对已发生的风险及其产生的遗留风险和新增风险进行及时发现、识别、分析、判断。对此，信托公司应定期进行一般性风险排查，随时进行特殊风险排查，对存续期的信托项目的实施情况进行追踪，对于可能出现风险的项目进行重点关注，必要时可研讨制定"一户一策"的风险防控措施并持续跟踪和监督执行。

信托业务风险监控应该从以下几个方面入手：对未来到期需清算的信

托产品建立台账,实时监测清算进度,提前三个月安排清算事宜;关注和防范创新业务可能造成的风险传递,着力减小风险的扩散性;关注房地产、地方政府融资平台、矿产能源、艺术品信托等重点风险领域,及时化解单体项目风险;持续加强信托行业基础数据库建设,着力降低信息系统的脆弱性;密切关注突发事件以及外需减弱、产业结构调整可能引发的基础资产风险。同时,还要继续加强非法集资、高利贷、金融传销、民间融资等领域的"防火墙"建设,加强风险管控,严防上述行为的风险向信托公司蔓延,防止局部风险演化为系统性风险。

风险监控是按照一定步骤和流程进行的,风险监控的具体步骤[①]如图 10-2 所示。

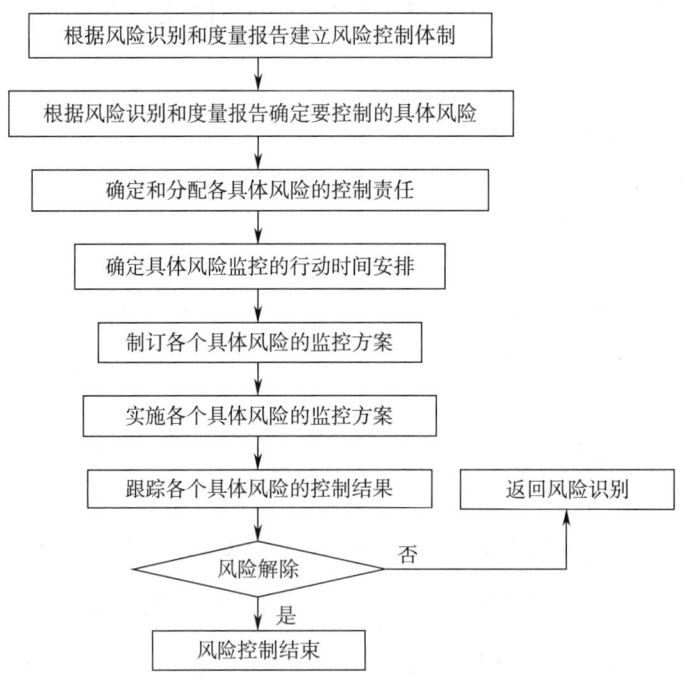

图 10-2 风险监控的具体步骤

---

① 孙立新. 风险管理:原理、方法与应用 [M]. 北京:经济管理出版社,2014,176-177.

三、信托业务风险监控的方法

风险监控是一个连续的活动过程,应该对组织整个流程中所有可能发生的各种风险进行监督和控制。

(一) 建立风险预警系统

风险预警管理,是指对信托业务管理过程中有可能出现的风险,超前或预先采取防范的管理方式,一旦在监控过程中发现有发生风险的征兆,及时发出预警信号,并采取校正行动,以最大限度避免或减轻不利后果发生。

信托业务风险预警可通过监控重要指标来实现,其指标体系可以是由一系列相互关联、相互补充的指标所构成的综合评价指标体系,遵循全面性原则、系统性原则、科学性原则、可操作性原则、灵敏性原则、定量和定性相结合的原则构建预警。其中,系统性风险部分可以关注宏观经济金融风险、政策风险、行业风险等方面,非系统性风险重点监控管理风险、业务风险、财务风险等方面[①]。

(二) 制订风险应急计划

应急计划是指在信托业务风险控制实施过程中为可能出现或突然发生的特定情况做好的事先准备,这是信托业务风险管理制度建设的重要一环。计划应包括对信托业务突发风险的描述,对完成计划所需的人、财、物等约束条件的掌握,对风险发生的可能性和风险影响的估计,所要采取的适当反应等方面的内容。

应急计划中应明确启动风险应急行动的触发方式,可分为以下四种:定期进行;以具体某一时间为行动信号;以实际值与预先确定的定量目标之间的差距为行动信号;以预先设定的阈值为行动信号。

---

① 朱丽萍. 我国信托公司风险预警指标体系的构建与应用 [J]. 金融理论与实践, 2016 (9): 97–101.

（三）建立风险监察机制

信托公司的各级领导、业务部门人员要经常到项目中进行检查与指导，并加强与对手方和业内人士的沟通，听取业内相关意见，及时把各种新的法律法规、内外形势变化、投资者和融资需求方的要求等传达给项目风险管理人员，并在检查中及时发现项目监理机构的不足，风险管理部门应针对项目存在的风险隐患，及时加以处理，使其消失于萌芽状态，避免风险事故的发生[1]。

---

[1] 孙立新. 风险管理：原理、方法与应用 [M]. 北京：经济管理出版社，2014.

参考文献

第一章

[1] 周小明. 信托制度的比较法研究 [M]. 北京: 法律出版社, 1996.

[2] 曾康霖. 金融学科建设与人才培养 [M]. 成都: 西南财经大学出版社, 1998.

[3] 黄达. 金融词义、学科、形势、方法及其他 [M]. 北京: 中国金融出版社, 2001.

[4] 黄达. 金融、金融学及其学科建设（金融覆盖范围、金融学科体系设计、金融专业办学方向）[J]. 当代经济科学, 2001 (4): 1-11.

[5] 许祥秦. 金融产品设计研究 [M]. 北京: 中国社会科学出版社, 2002.

[6] 王广谦. 金融学科建设与发展战略研究 [M]. 北京: 高等教育出版社, 2002.

[7] F. 艾伦，D. 盖尔. 比较金融系统［M］. 王晋斌，丁新娅，等，译. 北京：中国人民大学出版社，2002.

[8] 本杰明·M. 弗里德曼，弗兰克·H. 哈恩. 货币经济学手册［M］. 陈雨露，曾刚，等，译. 北京：经济科学出版社，2002.

[9] 胡庆康，刘宗华，魏海港. 金融中介理论的演变和新进展［J］. 世界经济文汇，2003（3）：67-80.

[10] 孔祥毅. 金融理论教程［M］. 北京：中国金融出版社，2003.

[11] 吴晓求. 金融的过去、今天和未来［J］. 中国人民大学学报，2003（1）：104-111.

[12] 吴晓求，王广谦. 金融理论与政策［M］. 北京：中国人民大学出版社，2003.

[13] 罗纳德·H. 科斯，等. 制度、契约与组织：从新制度经济学角度的透视［M］. 刘刚，冯健，杨其静，等，译. 北京：经济科学出版社，2003.

[14] 罗纳德·H. 科斯，等. 契约经济学［M］. 李风圣，等，译. 北京：经济科学出版社，2003.

[15] 曾康霖. 试论当代金融学科发展及与其他学科的交叉融合：从建国以来我国金融学科的建设和发展谈起［J］. 金融研究，2005（10）：1-8.

[16] 翟立宏. 信托产品创新：要素解构与环境分析——基于中国信托业发展进程的研究［D］. 西南财经大学，2005.

[17] 弗雷德里克·S. 米什金. 货币金融学［M］. 6版. 刘毅，王秀萍，等，译. 北京：中国人民大学出版社，2005.

[18] M.J. 塞勒. 金融研究必备：方法论大全［M］. 金马，译. 北京：清华大学出版社，2005.

[19] 弗雷德里克·S. 米什金，斯坦利·G. 埃金斯. 金融市场与金融机构［M］. 7版. 杜惠芬，译. 北京：中国人民大学出版社，2017.

［20］黄达．金融学［M］．2版．北京：中国人民大学出版社，2009．

［21］黄达．关于金融学科演进的几点认识［J］．中国金融，2009（4）：24-26．

［22］张显球．宏观审慎监管：理论含义及政策选择［M］．北京：中国金融出版社，2012．

［23］李俊峰．金融学学科前沿研究报告［M］．北京：经济管理出版社，2013．

［24］林继肯．再论建设中国特色社会主义金融学科［J］．中国金融，2013（19）：24-26．

［25］王国刚．宏观审慎监管理论及实践研究［M］．北京：中国社会科学出版社，2013．

［26］谢平．银行宏观审慎监管的基础理论研究［M］．北京：中国金融出版社，2013．

［27］白钦先．中国金融学科建设发展1978—2014［M］．北京：中国金融出版社，2014．

［28］廖岷，孙涛，丛阳．宏观审慎监管研究与实践［M］．北京：中国经济出版社，2014．

［29］盛松成．社会融资规模理论与实践［M］．北京：中国金融出版社，2014．

［30］哈罗德·埃文斯基，斯蒂芬·M.霍伦，托马斯·R.罗宾逊．新财富管理学［M］．翟立宏，杜野，张熊杰，译．北京：机械工业出版社，2014．

［31］中国社会科学院．财贸与金融学科前沿研究报告［M］．北京：中国社会科学出版社，2014．

［32］何凌云，王文宾，李凯风．大学金融专业教学的微观化导向：基于国内外金融学科差异的分析［J］．金融理论探索，2015（1）：58-62．

[33] 何凌云,李凯风,解凤敏. 准研究型大学金融学科的发展及实践矛盾[J]. 金融理论与教学,2015(4):100-103.

[34] 刘任重,王福友. 后金融危机时期的金融学科课程设置与调整[J]. 金融理论与教学,2015(4):78-80.

[35] 李永平,李淑峰. 金融与财务管理专业研究生教育课程体系建设研究[J]. 金融理论与教学,2015(5):94-97.

[36] 李俊峰. 金融学学科前沿研究报告[M]. 北京:经济管理出版社,2015.

[37] 吴念鲁. 关于国际金融教材和学科建设问题的探讨[J]. 金融研究,2015(7):7-12.

[38] 斯蒂芬·M. 霍伦,等. 私人财富管理[M]. 翟立宏,等,译. 北京:机械工业出版社,2015.

[39] 白钦先,张坤. 近现代中国金融研究范式的变迁[J]. 金融评论,2016(2):1-11.

[40] 李俊峰. 金融学学科前沿研究报告[M]. 北京:经济管理出版社,2017.

[41] 哈罗德,埃文斯基. 新财富管理[M]. 翟立宏,等,译. 北京:机械工业出版社,2015.

[42] 兹维·博迪,罗伯特·莫顿. 金融学[M]. 北京:中国人民大学出版社,2000.

[43] 黄达. 金融学[M]. 2版. 北京:中国人民大学出版社,2009.

第二章

[1] 田凯. 政府与非营利组织的信任关系研究:一个社会学理性选择理论视角的分析[J]. 学术研究,2005(1):90-96.

[2] 詹姆斯·科尔曼. 社会理论的基础:上[M]. 邓方译. 北京:社会科学文献出版社,1990:41-80.

[3] G. 齐美尔. 货币哲学 [M]. 许泽民译. 贵州：贵州出版集团, 贵州人民出版社, 2009.

[4] 洪明, 林哲. 论信托公司的信任基础构建：基于信任的六维特质视角 [J]. 上海经济研究, 2004 (8)：17.

[5] 弗兰西斯·福山. 信任 [M]. 长沙：湖南出版社, 2001.

[6] 李义奇. 由信任而信用：论信用问题的社会根源 [J]. 征信, 2010, 28 (2)：5-8.

[7] 彼得·什托姆普卡. 信任：一种社会学理论 [M]. 程胜利译. 北京：中华书局, 2005.

[8] 弗兰西斯·福山. 信任：社会道德与繁荣的创造 [M]. 李宛蓉译. 呼和浩特：远方出版社, 1998.

[9] 王芳. 中国金融转型秩序型构的非正式制度分析 [J]. 西北大学学报（哲学社会科学版), 2017 (3).

[10] 李新庚. 信用论纲 [M]. 北京：中国方正出版社, 2004：19-23.

[11] 卢曼. 信任 [M]. 李强译. 上海：上海人民出版社, 2005：1.

[12] 约翰·穆勒. 政治经济学原理（下册）[M]. 北京：商务印书馆, 1997：62.

[13] 万俊人. 信用伦理及其现代解释 [J]. 孔子研究, 2002 (5). 张维迎. 信息、信任与法律 [M]. 北京：三联书店, 2003：253-257.

[14] 黄达. 金融学 [M]. 2 版. 北京：中国人民大学出版社, 2009.

[15] 兹维·博迪, 罗伯特·莫顿, 等. 金融学 [M]. 2 版. 曹辉, 曹音, 译. 北京：中国人民大学出版社, 2018：10.

[16] 叶林, 郭丹. 保险本质和功能的法学分析 [J]. 法学杂志, 2012, 33 (8)：31-39.

[17] 奚君羊. 投资银行学 [M]. 3 版. 北京：首都经济贸易大学出

版社，2019：2-4.

[18] 钟瑞栋，陈向聪. 信托法［M］. 厦门：厦门大学出版社，2004：28.

[19] 陈赤. 信托文化的价值精髓［J］. 金融博览（财富），2018（10）：56.

[20] 王泽鉴. 民法物权［M］. 北京：中国政法大学出版社，2001.

[21] 陶芝兰，王欢. 信任模式的历史变迁：从人际信任到制度信任［J］. 北京邮电大学学报（社会科学版），2006，8（2）.

[22] 汪其昌. 信义关系：金融服务者与金融消费者关系的另一视角［J］. 上海经济研究，2011（6）：90-99.

[23] 孟建兵. 论英国信托法上受托人的忠诚义务［D］. 北京：对外经贸大学，2005：2.

[24] 钟瑞栋，陈向聪. 信托法［M］. 厦门：厦门大学出版社，2004，1：118-119.

[25] 江平，孔祥俊. 论股权［J］. 中国法学，1994（1）：73-82.

[26] 江平，曹冬岩. 论有限合伙［J］. 中国法学，2000（4）：49-57.

[27] 沈四宝. 美国合伙制企业法比较评析及对中国法的借鉴［J］. 甘肃政法学院学报，2006（2）：18-26.

[28] 申燕霞. 信托受托人忠诚义务的经济学研究［D］. 济南：山东大学，2013.

[29] 王旭. 信托关系中的受托人努力程度、总福利与注意义务［D］. 山东大学，2012.

[30] 哈罗德·埃文斯基，斯蒂芬·M. 霍伦，托马斯·R. 罗宾逊，等. 新财富管理［M］. 北京：机械工业出版社，2015.

[31] 郭莲. 文化的定义与综述［J］. 中共中央党校学报，2002，6（1）：115-118.

[32] 穆勒. 政治经济学原理 [M]. 北京：商务印书馆，1991.

[33] 马歇尔. 经济学原理 [M]. 北京：商务印书馆，2005.

[34] 蒋霞. 英美信托文化比较及对我国的启示 [J]. 西南金融，2012 (5): 28-30.

[35] 赵磊，于晗. 回归本源：财产法视角下的信托制度 [J]. 上海政法学院学报（法治论丛），2020，35 (3): 116-126.

[36] 黎群. 试论企业文化的形成机制与建设 [J]. 北京交通大学学报，2001，25 (5): 64-68.

[37] 艾亮. 企业文化建设研究 [D]. 天津：天津大学，2012.

[38] DAS T K, TENG B. Between trust and control: Developing confidence in partner cooperation in alliances. Academy of Management Review, 23 (3): 491-512, 1998.

[39] MCKNIGHT D H, CUMMINGS L L, CHERVANY N L. Initial Trust Formation in New Organizational Relationships. The Academy of Management Review, 1998.

[40] JONES G R, GEORGE J M. The Experience and Evolution of Trust: Implications for Cooperation and Teamwork [J]. The Academy of Management Review, 1998, 23 (3): 531-546.

[41] ROUSSEAU D M, SITKIN S B, BURT R S, CAMERER C. Not So Different After All: A Cross-Discipline View Of Trust, Academy of Management Review, 23 (3): 393-404, 1998.

[42] DONEY P M, CANNON J P, MULLEN M R. Understanding the Influence of National Cultrre on the Development of Trust [J]. Academy of Management Review, 1998, 23 (3): 601-620.

[43] HOSMER L T. Trust: The connecting link between organizational theory and philosophical ethics. Academy of Management Review, 20 (2): 379-403, 1995.

[44] MAYER R C, DAVIS J H, SCHOORMAN F D. An Integrative Model of Organizational Trust [J]. Academy of Management Review, 1995, 20 (3): 709-734.

[45] DAVID G. 9-Social Skills and the Analysis of, Conversation [J]. handbook of social skills training, 1986: 217-235.

[46] INGLEHART, RONALD. Modernization and Postmodernization: Cultural, Economic, and Political Changein 43 Societie [M]. Princeton: Princeton University Press, 1997.

[47] Restatement of (Third) Trusts.

[48] LA PORTA, RAFAEL, FORENCIO Lopez-de-Silanes, ANDREI Shleifer, ROBERT W. Vishny, Legal Determinants of External Finance, Journal of Finance, 1997, 32 (3): 1131-1150.

[49] COOTER R D, FREEDMAN B J. The Fiduciary Relationship: Its Economic Character and Legal Consequences [J]. New York University Law Review, 1991, 66 (4): 1045-1075.

[50] BRUDNEY, VICTOR, CLARK, etc. A New Look at Corporate Opportunities [J]. Harvard Law Review, 1981.

[51] GRIFFIN J, Human Rights. Oxford University Press, 2008: 32-33.

[52] HARRISON, LAWRENCE E. Underdevelopment Is a State of Mind: The Latin American Case. Harvard Center for International Affairs. Lan-ham: Madison Books, 1985.

第三章

[1] 肖崎. 金融体系的变革与系统性风险的累积 [J]. 国际金融研究, 2010 (8): 53-58.

[2] 林毅夫, 孙希芳, 姜烨. 经济发展中的最优金融结构理论初探 [J]. 经济研究, 2009, 44 (8): 4-17.

[3] 陈雨露, 马勇. 社会信用文化、金融体系结构与金融业组织形式 [J]. 经济研究, 2008 (3): 29-38.

[4] 肖华东. 金融体系演变的内在逻辑与我国金融体系改革的方向 [D]. 武汉: 武汉大学, 2004.

[5] 林毅夫. 新结构经济学评论回应 [J]. 经济学 (季刊), 2013 (3): 1095-1108.

[6] 龚强, 张一林, 林毅夫. 产业结构、风险特征与最优金融结构 [J]. 经济研究, 2014 (4): 4-16.

[7] 林毅夫, 章奇, 刘明兴. 金融结构与经济增长: 以制造业为例 [J]. 世界经济, 2003 (1): 3-21.

[8] 周莉萍. 金融结构理论: 演变与述评 [J]. 经济学家, 2017 (3): 79-89.

[9] 周立, 王子明. 中国各地区金融发展与经济增长实证分析: 1978—2000 [J]. 金融研究, 2002 (10): 1-13.

[10] 赵勇, 雷达. 金融发展与经济增长: 生产率促进抑或资本形成 [J]. 世界经济, 2010 (2): 37-50.

[11] 顾红梅, 何彬. 中国省域金融发展与碳排放研究 [J]. 中国人口·资源与环境, 2012, 22 (8): 22-27.

[12] 吕朝凤. 金融发展、不完全契约与经济增长 [J]. 经济学 (季刊), 2017, 17 (1): 155-188.

[13] 李健, 贾玉革. 金融结构的评价标准与分析指标 [J]. 金融研究, 2005 (4): 57-67.

[14] 刘桂荣, 鲍曙明, 佘金凤, 张红历. 中国金融产业结构的时空演绎分析 [J]. 地理研究, 2016, 35 (11): 2153-2166.

[15] 周悦, 董竹. 金融结构与实体经济发展空间溢出效应研究 [J]. 经济问题探索, 2020 (5): 134-149.

[16] 黄斌元. 新编英汉路透金融词典 [M]. 北京: 中国金融出版

社，2009：217.

［17］贾俊生，伦晓波，林树. 金融发展、微观企业创新产出与经济增长：基于上市公司专利视角的实证分析［J］. 金融研究，2017（1）：99－113.

［18］李红，谢娟娟. 金融发展、企业融资约束与投资效率：基于2002—2013年上市企业面板数据的经验研究［J］. 南开经济研究，2018（4）：36－52.

［19］叶德珠，曾繁清. 金融结构适宜性与经济增长［J］. 经济学家，2018（4）：63－72.

［20］刘晓光，苟琴，姜天予. 金融结构、经济波动与经济增长：基于最优产业配置框架的分析［J］. 管理世界，2019，35（5）：29－43.

［21］米什金，埃金斯. 金融市场与金融机构［M］. 8版，杜惠芬，译. 北京：中国人民大学出版社，2017.

［22］赵瑞政，王文汇，王朝阳. 金融供给侧的结构性问题及改革建议：基于金融结构视角的比较分析［J］. 经济学动态，2020（4）：15－32.

［23］刘哲希，王兆瑞，刘玲君，陈彦斌. 降低间接融资占比有助于去杠杆吗：金融结构与杠杆率关系的检验［J］. 财贸经济，2020（2）：84－98.

［24］易纲. 再论中国金融资产结构及政策含义［J］. 经济研究，2020（3）：4－17.

［25］魏曾勋，姚得骧，王春满. 信托投资总论［M］. 成都：西南财经大学出版社，1993.

［26］盖永光. 信托业比较研究：历史演进、定位与发展［M］. 济南：山东人民出版社，2004：77.

［27］王爱俭，牛凯龙. 次贷危机与日本金融监管改革：实践与启示［J］. 国际金融研究，2010（1）：68－73.

[28] GURLEY J G, SHAW E S. Money in Theory of Finance [M]. Washington D. C.: Brookings Institution, 1960.

[29] GOLDSMITH R W. Financial structure and development [M]. New Haven: Yale University Press, 1969.

[30] BOYD J H, PRESSCOTT E C. Financial Intermediary – Coalitions [J]. Journal of Economic Theory, 1986, 38 (2): 211 – 232.

[31] BOOT A W A, Thakor A V. Financial System Architecture [J]. Review of Financial Studies, 1997, 10 (3): 693 – 733.

[32] BOYD J H, BRUCE D S. The evolution of debt and equity markets in ecomomic development [J]. Economic Theory, 1998, 12 (3): 519 – 560.

[33] HARRIS R. Stock Market and Development: A Re – assessment [J]. European Economic Review, 1997, (41): 139 – 146.

[34] DEMIRGU – KUNT A, LEVINE R. Financial structures and economic growth: A cross – country comparison of banks, markets and development [M]. Cambridge: MIT Press, 2001.

[35] TADESSE S. Financial Architecture and Economic Performance: International Evidence [J]. Journal of Financial Intermediation, 2002 (11): 429 – 454.

[36] CULL R, XU L. Job growth and finance: Are some financial institutions better suited to early stages of development than others [R]. Policy Research Working Paper Series 5880: The World Bank, 2011.

[37] DEMIRGU – KUNT A, FEYEN E, LEVINE R. The Evolving Importance of Banks and Securities Markets [R]. Policy Research Working Paper, WPS5805: The World Bank, 2011.

[38] KPODAR K, SINGH R. Does Financial Structure Matter for Poverty [R]. Policy Research, No. WPS5915: The World Bank, 2011.

[39] BECK T, BUYUKKARABACAK B, RIOJA F, VALEV N. Who

gets the credit? And does it matter? Household vs firm lending across countries [J]. Journal of Macroeconomics, 2012 (12): 1 – 46.

[40] ALLEN F, GALE D. Comparing Financial System [M]. Cambridge: The MIT Press, 2000.

[41] BOYD J H, SMITH B D. The evolution of debt and equity markets in economic development [J]. Economic Theory, 1998, 12: 519 – 560.

[42] MERTON R C. A functional perspective of financial intermediation [J]. Financial Management, 1995, 24 (2): 23 – 41.

[43] BUTLER A W, Comaggia J. Does access to external finance improve productivity? Evidence from a natural experiment [J]. Journal of Finance Economics, 2011, 99 (1): 184 – 203.

[44] GOLDSMITH R W. Financial structure and development [M]. New Haven: Yale University Press, 1969.

[45] XIAO S, ZHAO S. Financial development, government ownership of banks and firm innovation [J]. Journal of International Financial Markets, Institutions & Money, 2019, 59: 74 – 89.

[46] MA Y, LIN X K. Financial development and the effectiveness of monetary policy [J]. Journal of Banking and Finance, 2016, 68: 1 – 11.

[47] CHIU Y B, LEE C C. Financial development, income inequality, and country risk [J]. Journal of International Money and Finance, 2019, 93: 1 – 18.

[48] International Monetary Fund. Global Financial Stability Report [R]. IMF, 2009.

[49] Nera Economic Consulting. De – Mystifying interconnectedness: Assessing "Too interconnected to fail" and the fallout from getting it wrong [R]. PCI White Paper, 2010.

[50] MCKINNO R I. Money and capital in economic development [M].

Washington D. C. ：Brookings Institution，1973.

第四章

［1］植草益．微观规制经济学［M］．朱绍文，胡欣欣等，译．北京：中国发展出版社，1992.

［2］布雷耶尔，麦卡沃伊．新帕尔格雷夫经济学大辞典（第4卷）［M］．北京：经济科学出版社，1992.

［3］丹尼尔·史普博．管制与市场［M］．余晖，何帆，等，译．上海：上海人民出版社，1999.

［4］沈伯平．管制、规制与监管：一个文献综述［J］．改革，2005（5）：116－120.

［5］祁敬宇．金融监管学［M］．2版．西安：西安交通大学出版社，2013.

［6］刘超，谢启伟，马玉洁，高扬．金融监管学［M］．北京：中国铁道出版社，2019.

［7］席月民，刘志远．"活的自律"：两岸信托业行业协会自律职能实证研究［J］．海峡法学，2017（1）：44－53.

［8］席月民．我国金融监管方式的法定化及其合理匹配［M］．北京：中国社会科学出版社，2008.

［9］王晓晔，邱本．经济法学的新发展［M］．北京：中国社会科学出版社，2008.

［10］刘凤军，庞晓鹏．美日德行业协会的职能、网络与自身建设［J］．首都经济贸易大学学报，2004（1）：29.

［11］王兆星．机构监管与功能监管的变革：银行监管改革探索之七［J］．中国金融，2015（3）：14－18.

［12］巴曙松，王璟怡，杜婧．从微观审慎到宏观审慎：危机下的银行监管启示［J］．国际金融研究，2010（5）：83－89.

[13] 孙天琦. 金融业行为风险、行为监管与金融消费者保护 [J]. 金融监管研究, 2015 (3): 64-77.

[14] 兹维·博迪, 罗伯特·C. 默顿, 戴维·L. 克利顿. 金融学 [M]. 2版. 北京: 中国人民大学出版社, 2010.

[15] 郑勇. 货币银行学 [M]. 武汉: 华中科技大学出版社, 2010.

[16] 郑杨. 全球功能监管实践与中国金融综合监管探索 [M]. 上海: 上海人民出版社, 2016.

[17] 巴曙松. 资管行业的功能监管框架: 国际经验与中国实践 [J]. 清华金融评论, 2018 (4): 21-24.

[18] 牛绮思. 全国金融会议上的新概念: 功能监管与行为监管 [J]. 中国经济周刊, 2017 (29): 31.

[19] 丁俊. 功能性金融监管: 我国金融监管体制发展的新方向 [J]. 国际金融研究, 2001 (3): 53-56.

[20] JORDAN J L. The 11th Annual Meeting of the Ohio Bankers Association, May 31, 2001 [C]. Federal Reserve Bank of Cleveland: Economic Commentary, 2001.

[21] DE LAROSIÈRE J. The high-level group of financial supervision in the EU [R]. Brusseis, 2009, http://www.hofinet.org/documents/doc.aspx?id=882.

[22] MILLARD L, DIMITRI V. Financial regulation: Change the rules of the game [R]. Policy Research Working Paper Series 803, The World Bank, 1991.

[23] KOCH T W, MACDONALD S S. Bank Management [M]. 8th edition, Cengage Learning, 2015.

[24] BIS. Core Principles for Effective Banking Supervision [EB/OL]. [2012-09]. https://www.bis.org/publ/bcbs230.pdf.

[25] CROCKETT A. Marrying the Micro-Macro prudential dimensions of

financial stability [R]. BIS Speech, 2000.

[26] G20. Declaration on Strengthening the financial system [R/OL]. [2009-04-02]. https://www.mofa.go.jp/policy/economy/g20_summit/2009-1/annex2.html.

[27] BIS. Cycles and the financial system [R]. 71th Annual Report, 2001: 123-141.

[28] BORIO C. Towards a macroprudential framework for financial supervision and regulation [J]. Cesifo Economic Studies, 2003, 4 (2): 181-216.

[29] KNIGHT M. Marrying the micro and macro prudential dimensions of financial stability: Six years on [R]. Speech Delivered at the 14th International Conference of Banking Supervisions, BIS Speeches, 2006.

[30] BERNANKE B. Financial reform to address systemic risk [R]. Remarks at the Council on Foreign Relations, 2009.

[31] National Association of Insurance Commission, Market Conduct Examiners Handbook [R/OL]. https://www.naic.org/prod_serv_publications.htm.

[32] TAYLOR M. Twin Peaks: A regulatory structure for the New Century [M]. London: Centre for the Study of Financial Innovation, 1995.

[33] MERTON R C. A functional perspective of financial intermediation [J]. Financial Management, 1995, 24 (2): 23-41.

[34] MERTON R C. Operations and regulation in financial intermediation: A functional perspective [R]. P. Englund, Ed., Operation and Regulation of Financial Markets, Stockholm, The Economic Council, 1993.

第五章

[1] 盛松成，阮建弘，张文红. 社会融资规模理论与实践 [M]. 北

京：中国金融出版社，2016.

［2］兹维·博迪，压力克斯·凯恩，艾伦·J. 马库斯. 投资学（原书第10版，汪昌云、张永骥译）［M］. 北京：机械工业出版社，2017.

［3］ALLEN F, GALE D. Comparing Financial Systems［M］. Cambridge：The MIT Press，2000.

［4］MERTON R C, BODIE Z. Deposit insurance reform：a functional approach［J］. Carnegie – Rochester Conference Series on Public Policy，1993，38（1）：1 – 34.

［5］MERTON R C, BODIE Z. The Global Financial System：A Functional Perspective［M］. Boston：Harvard Business School Press，1995.

第六章

［1］弗雷德里克·S. 米什金，斯坦利·G. 埃金斯. 金融市场与金融机构［M］. 北京：中国人民大学出版社，2019.

［2］王聪，于蓉. 关于金融委托理财业演变的理论研究［J］. 金融研究. 2006（2）：126 – 136.

［3］翟立宏. 对中国信托业市场定位的理论反思［J］. 经济问题，2007（2）：96 – 98.

［4］兹维·博迪，罗伯特·C. 莫顿. 金融学［M］. 北京：中国人民大学出版社，2000.

［5］王国言. 全球金融混业现象与中国金融体制结构的选择［J］. 国际经济评论，2001（Z1）：38 – 41.

［6］夏斌. 委托理财：政出多门可以休矣［J］. 银行家，2003（6）：12 – 14.

［7］杨忠海. 信托与租赁精讲［M］. 大连：东北财经大学出版社，2012.

［8］中国信托业协会. 信托基础［M］. 2版. 北京：中国金融出版

社,2019.

[9] 翟立宏,范杰. 信托公司的风险特征与应对[J]. 中国金融,2013.

[10] 蒋小敏,胡娅梅. 信托投资公司会计[M]. 上海:上海财经大学出版社,2012.

[11] 中国信托业协会. 中国信托业年鉴(2018—2019)[M]. 北京:中国金融出版社,2019.

[12] 艾全红. 信托公司会计核算的特点及审计策略[J]. 中国注册会计师,2009(9):53-55.

[13] 张倩茹. 我国信托公司竞争力评价分析[D]. 西安:西北大学,2018.

[14] 莫震勇. 我国信托公司竞争力评价与比较研究[D]. 杭州:浙江大学,2016.

[15] 彼得·S. 罗斯. 商业银行管理[M]. 北京:机械工业出版社,2013.

[16] 骆志芳,许世琴. 金融机构经营管理[M]. 北京:经济科学出版社,2019.

[17] 邵祥林,董贤圣,丁建臣. 信托投资公司经营与管理[M]. 北京:中国人民大学出版社,2004.

[18] 周小明. 对我国信托业的组织架构研究[J]. 经济导刊,1999(6).

[19] 李国柱,马君潞. 风险承担、风险缓冲与管理理念[J]. 经济与管理,2006,20(6).

[20] 高茵. 巴塞尔新资本协议下我国信托业全面风险管理思考[J]. 商业经济研究,2011(16).

[21] 朱建军. 关于我国信托业风险问题的思考[J]. 现代财经,2001,21(9):15-20.

［22］中国信托业协会.2013年信托业专题研究报告（上册）：信托公司全面风险管理体系的研究与设计［R］.2013.

［23］中国信托业协会.信托监管与自律［M］.北京：中国金融出版社，2012.

［24］中国银行业监督管理委员会：信托公司管理办法（银监发〔2007〕2号）.

［25］中国银行业监督管理委员会：信托公司治理指引（银监发〔2007〕4号）.

第七章

［1］黄达.金融学［M］.4版.北京：中国人民大学出版社，2017.

［2］中国信托业协会.信托基础［M］.2版.北京：中国金融出版社，2019.

［3］广发银行，西南财经大学.2018中国城市家庭财富健康报告［R］.2019.

［4］招商银行，贝恩公司.2019中国私人财富报告［R］.2019.

［5］饶育蕾，盛虎.行为金融学［M］.北京：机械工业出版社，2010.

［6］理查德·泰勒.错误的行为［M］.北京：中信出版社，2016.

［7］巴曙松.2018年中国资产管理行业发展报告［M］.北京：中国人民大学出版社，2018.

［8］中国建设银行，波士顿咨询公司.中国私人银行2019［R］.2019.

［9］波士顿咨询公司.2018全球财富管理报告［R］.2018.

［10］波士顿咨询公司.2018全球资产管理报告［R］.2018.

［11］波士顿咨询公司.2017全球财富管理报告［R］.2017.

［12］安永会计师事务所.2019安永全球财富管理报告［R］.2019.

[13] 陆金所,波士顿咨询公司.全球数字财富管理报告2018[R].2018.

[14] 中国光大银行,波士顿咨询公司.2015年中国资产管理市场报告[R].2016.

[15] 金融时报.2017互联网财富管理(行业)白皮书[R].2017.

[16] 邢成,袁吉伟.资金信托理论与实务[M].北京:经济管理出版社,2020.

[17] 杨米沙.金融营销[M].北京:中国人民大学出版社,2014.

[18] 吉莉恩道兹·法夸尔,亚瑟·梅丹.金融服务营销[M].2版.北京:中国金融出版社,2014.

[19] 哈罗德,埃文斯基,等.新财富管理[M].翟立宏,等,译.北京:机械工业出版社,2015.

[20] 斯蒂芬·M.霍伦.私人财富管理[M].翟立宏,等,译.北京:机械工业出版社,2015.

[21] 曾康霖.试论当代金融学科发展及与其他学科的交叉融合:从建国以来我国金融学科的建设和发展谈起[J].金融研究,2005(10):1-8.

[22] 蒋松荣,钟磊.中国私人银行客户需求结构理论分析:基于财富管理视角[J].对外经贸,2013.

[23] 颜红,蔡宏兵.商业银行财富管理业务发展研究[J].金融论坛,2013,18(4):60-65.

[24] 张沐光.客户分类视角下的财富管理新探[C].创新与发展:中国证券业2012年论文集,2012.

[25] 王道远,周萍,翁两民,贺洋.信托的逻辑[M].北京:中信出版集团,2019.

[26] 李晋.私人银行客户产品与服务需求分析的国际比较与业务应对[J].国际金融,2011(4):74-78.

[27] 赵青. 金融知识、风险态度对借贷行为的影响：基于 CHFS 的经验数据 [J]. 金融观察，2017.

[28] 尹志超，宋全云，吴雨. 金融知识、投资经验与家庭资产选择 [J]. 经济研究，2014（4）.

[29] 周晓明. 金融服务营销 [M]. 北京：机械工业出版社，2020.

[30] 小威廉·D. 佩罗特，尤金尼·E. 麦卡锡. 基础营销学 [M]. 15 版. 上海：上海人民出版社，2006.

[31] 朱正浩，刘丁己. 市场营销战略的经典要素：从 4Ps 到 4Rs [J]. 改革与战略，2007，000（0S1）.

[32] 井漫. 投资者适当性制度构建：国际经验与本土选择 [J]. 西南金融，2020（4）：65-77.

[33] 艾沃琳·艾尔林奇. 金融服务营销手册 [M]. 广州：广东经济出版社，2009.

[34] 刘发跃. 瞻前还要顾后　信托客户风险承受能力全透视 [J]. 当代金融家，2016（011）：93-96.

[35] 中国外贸信托，波士顿咨询公司. 2017 中国信托行业报告 [R]. 2017.

[36] 吴金明. 新经济时代的"4V"营销组合 [J]. 中国工业经济，2001（6）：70-75.

[37] 吴卫星，齐天翔. 流动性、生命周期与投资组合相异性：中国投资者行为调查实证分析 [J]. 经济研究，2007（2）：97-110.

[38] 何兴强，史卫，周开国. 背景风险与居民风险金融资产投资 [J]. 经济研究，2009，44（12）：119-130.

第八章

[1] 庄毓敏. 商业银行业务与经营 [M]. 北京：中国人民大学出版社，2019.

［2］徐爱荣. 保险学［M］. 上海：复旦大学出版社，2006.

［3］翟立宏. 信托产品创新：要素解构与环境分析——基于中国信托业发展进程的研究［D］. 成都：西南财经大学，2005.

［4］高朋. 揭开信托贷款的神秘面纱［J/OL］. http：//www. financialservicelaw. com. cn/article/default. asp？id＝1069，2011－05－14.

［5］谈李荣. 金融信托交易模式演进的法律逻辑［J/OL］. http：//www. iolaw. org. cn/showNews. aspx？id＝61077.

［6］申骏律师事务所. 名为资产收益权转让与回购实为借贷之司法认定［J/OL］. http：//www. sunjunlaw. com/sdian_mb. php？article＝1122.

［7］杨林枫等著. 信托产品概述［M］. 北京：中国财政经济出版社，2008.

［8］郑智，王文韬. 解码信托［M］. 北京：中信出版社，2014.

［9］中国信托业协会. 信托基础［M］. 北京：中国金融出版社，2012.

［10］许祥泰. 金融产品设计研究［M］. 北京：中国社会科学出版社，2002.

［11］姚王信，沙金，王烈胜. 信托产品投资实务［M］. 北京：经济管理出版社，2013.

［12］中国信托业协会. 信托产品登记及信托受益权流转问题研究［R］. 2017.

［13］刘娟秀. 我国证券信托产品的定价影响因素研究［D］. 昆明：云南大学，2017.

［14］财政部. 企业会计准则第39号：公允价值计量.

［15］财政部. 企业会计准则第22号：金融工具确认和计量（财会〔2017〕7号）.

［16］中国信托业协会. 信托业2018年专题研究报告［M］. 北京：中国金融出版社，2018.

[17] 樊效峰, 董耕宇. 关于非标准化债权资产期限错配和债券按摊余成本计价的可行性 [J/OL]. https：//www.sohu.com/a/212923558_211428？qq-pf-to=pcqq.group.

[18] 中国证券业协会. 证券公司资产管理业务估值指引.

[19] 中国证券投资基金业协会估值小组. 私募投资基金非上市股权投资估值指引（试行）2018.

[20] 樊效峰, 董耕宇. 关于非标准化债权资产期限错配和债券按摊余成本计价的可行性 [J]. 光大资管研究, 2017.

[21] 陆唐荣. 我国信托公司融资类信托项目定价分析和管理 [D]. 上海：上海交通大学, 2012.

[22] 刘尚亮. 服务价格构成因素及定价策略研究 [J]. 价格理论与实践, 2011.

[23] 贺佳佳. 对信托产品净值化管理的思考 [J]. 广西质量监督导报, 2019（5）：179+178.

[24] 鲁政委, 何帆. 资管新规下的估值、非标与权益资产 [N]. 证券日报, 2017-11-15（A3）.

[25] 中国证券业协会. 证券公司资产管理业务估值指引, 2012.

[26] 史红燕. 信托产品开发与信托流通机制 [J]. 新金融, 2004（2）：40-42.

[27] 吕朝阳, 许睿, 张文桥. 信托产品引入做市商机制的制度设计 [J]. 上海金融, 2004.

[28] 张继胜, 王苏星, 吴兰. 信托金融纲要 [M]. 北京：中国金融出版社, 2014.

第九章

[1] 杨长汉. 中国企业年金投资运营研究 [M]. 北京：经济管理出版社, 2001.

[2] 田立. 金融学方法论 [M]. 北京：中国金融出版社，2017.

[3] 张兵，李晓明. 中国股票市场的渐进有效性研究 [J]. 经济研究，2003（1）：54-61+87-94.

[4] 王少平，杨继生. 联合 p 值综列单位根检验的扩展及其对中国股市的弱有效性检验 [J]. 统计研究，2006（4）：36-41.

[5] 徐高. 金融经济学二十五讲 [M]. 北京：中国人民大学出版社，2018.

[6] 韩立岩，部慧. 金融资产风险与定价 [M]. 北京：机械工业出版社，2015.

[7] 兹维·博迪等. 投资学 [M]. 10 版. 北京：机械工业出版社，2017.

[8] 本杰明·格雷厄姆. 聪明的投资者 [M]. 4 版. 王中华，等，译. 北京：人民邮电出版社，2010.

[9] 张学勇，张琳. 大类资产配置理论研究评述 [J]. 经济学动态，2017（2）：137-147.

[10] LUSTIG Y. 资产配置手册 [M]. 李聘，等，译. 北京：电子工业出版社，2017.

[11] 卢明明. 一本书读懂私募股权投资 [M]. 北京：人民邮电出版社，2016.

[12] 约翰·L. 马金等. 投资组合管理：动态过程 [M]. 北京：机械工业出版社，2012.

[13] 中国银行业协会. 公司信贷 [M]. 北京：中国金融出版社，2018.

[14] 中国信托业协会. 2019 年信托业专题研究报告.

[15] 中国外贸信托. 资产配置 稳中求进：中国外贸信托举办 2019 年上海证券投资私募基金策略会的主题报告分享 [EB/OL]. https：//mp. weixin. qq. com/s/QbD6TCvNkCLsJ04pytBeFQ，2019-09.

[16] MARKOWITZ H. Portfolio Selection [J]. Journal of Finance, 1952, 7 (1): 77-91.

[17] TOBIN J. Liquidity Preference as Behavior Towards Risks [J]. Review of Ecomomic Studies, 1958, 25: 65-85.

[18] FAMA E F. Efficient Capital Markets: A Review of Theory and Empirical Work [J]. Journal of Finance, 1970, 25 (2): 283-417.

[19] WILLIAM F. Sharpe. Capital Asset Price: A Theory of Market Equilibrium Under Conditions of Risk [J]. Journal of Finance, 1964, 19 (3): 425-442.

[20] BLACK F. Capital Market Equilibrium with Restricted Borrowing. Journal of Business, 1972, 45 (3): 444-454.

[21] MERTON R C. An Intertemporal Capital Asset Pricing Model. Econometrica, 1973, 41 (5): 867-888.

[22] VIRAL V. Acharya, Lasse Heje Pedersen. Asset Pricing with Liquidity Risk. Journal of Financial Ecomomics, 2005, 77 (2): 375-410.

[23] ROSS S A. The arbitrage theory of capital asset pricing [J]. Journal of Economic Theory, 1976, 13: 341-360.

[24] FAMA E F, FRENCH K R. Common Risk Factors in the Returns on Stocks and Bonds [J]. Journal of Financial Economics, 1993, 33 (1): 3-56.

[25] FAMA E F, FRENCH K R. A Five-factor Asset Pricing Model [J]. Journal of Financial Economics, 2015, 116 (1): 1-22.

[26] GRAHAM B, DODD D L. Security Analysis: Principles and Technique [M]. McGraw-Hill, 1934.

[27] FISHER P A. Common Stocks and Uncommon Profits and Other Writings [M]. John Wiley&Sons, 2015.

[28] BRINSON, GARY P, HOOD L R, Gilbert L. Beebower: Deter-

minants of Portfolio Performance [J]. Financial Analysts Journal, 1986, 51 (1): 133 – 138.

[29] BRINSON, GARY P, SINGER B D, Gilbert L. Beebowe: Determinants of Portfolio Performance: II: An Update. Financial Analysts Journal, 1991, 47 (3): 40 – 48.

[30] IBBOTSON, ROGER G, KAPLAN P D. Does Asset Allocation Policy Explain 40, 90, or 100 Percent of Performance. Financial Analysts Journal, 2000, 56 (1): 26 – 33.

[31] XIONG, JAMES X, ROGER G. Ibbotson, Thomas M. Idzorek, Peng Chen: The Equal Importance of Asset Allocation and Active Management. Financial Analysts Journal, 2010, 66 (2): 22 – 30.

[32] DEMIGUEL V, GARLAPPI L, UPPAL R. Optimal versus naive diversification: How inefficient is the 1/N portfolio strategy? Review of Financial Studies. 2009 (22): 1915 – 1953.

[33] FABER M. Global Asset Allocation: A Survey of the World's Top Investment Stragies. The Idea Farm, 2015.

[34] MARKOWITZ H. Portfolio Selection. Journal of a Finance, 1952, 7 (1): 77 – 91.

[35] MERTON R C. Lifetime portfolio selection under uncertainty: The continuous – time case. Review of Economics and Statistics, 1969, 51 (3): 247 – 257.

[36] LELAND H M. Rubinstein. Evolution of portfolio insurance. Portfolio Insurance: A Guide to Dynamic Hedging, 1976.

[37] RUBINSTEIN M, LELAND H E. Replicating options with positions in stocks and cash. Financial Analysts Journal, 1981, 37 (4): 63 – 72.

[38] BLACK F, JONES R W. Simplifying portfolio insurance, Journal of Portfolio Management, 1987, 14 (1): 48 – 51.

[39] ESTEP T., KRITZMAN M. TIPP: Insurance without complexity. Journal of Portfolio Management, 1988, 14 (4): 38 – 42.

[40] BLACK F, LITTERMAN R. Global portfolio optimization, Financial Analysts Journal, 1992, 48 (5): 28 – 43.

[41] BARBE B M, WAND G. Do (some) university endowments earn alpha? Financial Analysts Journal, 2013, 69 (5): 26 – 44.

[42] GREETHAM T, HARTNETT M. The investment clock, Merrill Lynch, Research Paper, Nov.

[43] QIAN E. Risk parity portfolios. Pan Agora Asset Management Research Paper, 2005, sept.

[44] ARNOTT R, et al. How can "smart beta" go horribly wrong?. Research Affiliates Research Paper, 2016, Feb.

[45] GLUSHKOV, D. How smart are smart beta exchange – traded funds? Analysis of relative performance and factor exposure, Journal of Investment Consulting 17 (1): 50 – 74.

第十章

[1] 沃尔特·V. 小哈斯莱特. 风险管理 [M]. 郑磊, 等, 译. 北京: 机械工业出版社, 2019.

[2] 王周伟. 风险管理 [M]. 北京: 机械工业出版社, 2017.

[3] 孙立新. 风险管理: 原理、方法与应用 [M]. 北京: 经济管理出版社, 2014.

[4] 张金清. 金融风险管理 [M]. 2 版. 上海: 复旦大学出版社, 2011.

[5] 菲利普·乔瑞. 金融风险管理师考试手册 [M]. 王博, 等, 译. 北京: 中国人民大学出版社, 2010.

[6] 张里安, 符琪. 论违反信托义务的民事责任 [J]. 法学评论,

2006（3）：111-115.

［7］张淳．试论受托人违反信托的赔偿责任：来自信托法适用角度的审视［J］．华东政法学院学报，2005（5）：17-24.

［8］朱丽萍．我国信托公司风险预警指标体系的构建与应用［J］．金融理论与实践，2016（9）：97-101.

［9］朱丽萍．我国信托业务风险的特征、来源与影响因素分析［J］．价格理论与实践，2015（3）：93-95.

［10］袁吉伟．我国信托公司操作风险管理问题与对策研究［J］．金融理论与实践，2014（3）：103-108.

［11］常叶青，宋瑞武．信托公司声誉风险的成因及管理策略［J］．财务与会计，2011（6）：18-20.

［12］阎晓纳．西安国际信托有限公司信托业务风险管理研究［D］．西安：西北大学，2009.

［13］中国信托业协会．信托公司风险缓释机制研究［R］．2013年信托业专题研究报告（上册），2013.

［14］中国信托业协会．信托公司全面风险管理体系的研究与设计［R］．2013年信托业专题研究报告（上册），2013.

［15］中国信托业协会．信托业务发展创新年度报告［R］．2019年信托业专题研究报告，2019.

后　记

　　从动议到付梓历经4年,由多位业界、学界的专家学者共同参与编著的《信托金融学》一书终于和大家见面了。作为一门新兴的且正在构建中的探索性学科,信托金融学以金融体系中的信托子系统为研究对象,通过运用金融学科的理论体系和工具方法,研究信托的金融特征、金融规律和金融功能。《信托金融学》一书编著极具复杂性,项目构想、项目启动、项目执行、项目落地等各环节的相关参与单位和个人均付出了极大努力,这才有本书的正式问世。

　　2016年9月,搭建我国信托金融理论体系的主题沙龙活动于郑州召开。与会专家学者就信托金融理论研究的必要性、方式途径、框架构想、创新模式等展开了深入探讨,认为可以正式启动《信托金融学》的研究和编著工作,并安排相关人员做进一步调研和资料搜集整理。2017年6月至2018年1月,中国信托业协会组织开展了信托金融理论体系和研究框架构想的征文活动,并于2018年3月召开《信托金融学》编写启动会,依托征文获奖作者组建编写组,3月至6月征集表决《信托金融学》框架目录，发外部专家征求意见。2018年9月，中国信托业协会组织召开《信托金融学》编写组第一次工作会，确定框架目录及写作分工；2019年3月，编写组成员各章节初稿撰写工作初步完成。在此基础上，2019年4月，召开《信托金融学》编写组第二次工作会，此次会议决定对《信托金融学》框架重新进行结构调整和分工安排。2019年9月，结构框架经过重新调整的《信托金融学》各章修改稿陆续完成；2019年10月至2020年12月，进一步对《信托金融学》的框架、结构、内容等进行多次修改完善，直至最终成型。

《信托金融学》由中国信托业协会牵头组织，由普益标准、西南财经大学信托与理财研究所、百瑞信托、长安信托、光大信托、昆仑信托、江苏信托、粤财信托、北京信托、中航信托、山东信托、北方信托、浙金信托、英大信托、锦天城律师事务所、四川和信振兴股权投资基金管理有限公司等单位和机构的专家学者共同参与编著。

本书共分十章，各章的撰稿人分别为：导论和第一章，翟立宏（普益标准专业委员会主任、西南财经大学信托与理财研究所所长）；第二章，陈进（百瑞信托）、王旭（山东信托）、陈飞旭（普益标准）；第三章，邓婷（长安信托）、袁吉伟（光大信托）、高亮（四川和信振兴股权投资基金管理有限公司）、黄迅（普益标准）、杨琴（西南财经大学）；第四章，蔡概还（中国信托业协会）、薛晴（中国信托业协会）、车倩（中国信托业协会）、冯超（北方信托）、梁光勇（锦天城律师事务所）、李凯更（浙金信托）、黄迅（普益标准）、杨琴（西南财经大学）；第五章，乔发栋（英大信托）、刘博研（英大信托）、王鹏（普益标准、西南财经大学）、魏骥遥（普益标准）、梁鑫垚（西南财经大学）、鲍嘉瑾（西南财经大学）、王翔（西南财经大学）；第六章，矫德峰（昆仑信托）、徐绍颖（昆仑信托）、龙燕（普益标准）、李思静（西南财经大学）；第七章，闫丞锋（江苏信托）、陈源（粤财信托）、任萌（北京信托）、罗皓瀚（普益标准）；第八章，袁田（中航信托）、熊志远（中航信托）、于康（普益标准）；第九章，贺创业（山东信托）、王盛楠（山东信托）、陈磊（山东信托）、袁吉伟（光大信托）、陈雪（西南财经大学）、陈新春（普益标准）；第十章，贺创业（山东信托）、王盛楠（山东信托）、陈磊（山东信托）、康箐芸（普益标准）。全书由翟立宏教授统稿总纂，陈新春、龙燕协助统稿工作。

《信托金融学》突出展现了信托不同于银行、保险、券商的行业特征，尝试从法律关系和契约结构的视角拓展了金融中介学的研究视野，是第一本以金融行为概念为基础、金融系统概念为框架研究信托金融问题的研究型教程。为保证教程框架结构合理、逻辑线索清晰、资料内容翔实、语言凝练顺畅，各编写组成员前后易稿达十多次，反复进行调整和修改，为此付出了大量艰辛的努力。此外，本书在编著过程中得到了中国信托业协会、信托金融理论研究集合资金信托计划、各信托公司、科研高校和社会各界的大力支持，在此一并表示衷心的感谢！

受时间精力、研究能力和写作水平所限，难免有错漏之处，恳请社会各界专家和读者批评指正。

《信托金融学》编写组

2020 年 12 月